제 3 판

실어증과 신경언어장애

A Coursebook on Aphasia and Other Neurogenic Language Disorders

Third Edition

M. N. Hegde, Ph.D. 지음

김지채·김화수·이은경·이은정 옮김

CENGAGE Learning™ 박학사

Andover • Melbourne • Mexico City • Stamford, CT • Toronto • Hong Kong • New Delhi • Seoul • Singapore • Tokyo

CENGAGE Learning®

A Coursebook on Aphasia and Other Neurogenic Language Disorders

3rd Edition

M.N. Hegde

Original edition © 2006 Delmar, a part of Cengage Learning.
A Coursebook on Aphasia and Other Neurogenic Language Disorders, 3rd Edition by M.N. Hegde
ISBN: 9781418037369.

ISBN-13: 978-89-91633-91-9

Cengage Learning Korea Ltd.
Suite 1801 Seokyo Tower Building
133 Yangwha-Ro Mapo-gu
Seoul 121-837, Korea
Tel: (82) 2 322 4926
Fax: (82) 2 322 4927

Cengage Learning is a leading provider of customized learning solutions with office locations around the globe, including Singapore, the United Kingdom, Australia, Mexico, Brazil, and Japan. Locate your local office at: **www.cengage.com/global**

Cengage Learning products are represented in Canada by Nelson Education, Ltd.

For product information, visit **www.cengageasia.com**

Printed in Korea
1 2 3 4 15 14 13 12

역자 서문

이 책은 M. N. Hegde 박사가 저술한 『*A Coursebook on Aphasia and Other Neurogenic Language Disorders*』(3판)를 번역한 것이다. 저자가 서문에서 밝히고 있듯이 이 책은 신경언어장애를 공부하는 학부 및 대학원 학생들을 대상으로 저술되었으나 방대한 내용을 깔끔하게 정리한 점, 임상적인 측면을 간과하지 않고 충분히 다루고 있다는 점, 최신 연구 동향을 최대한 소개하고 있다는 점에서 신경언어장애를 공부하는 학생들이나 임상에 있는 치료사들 모두에게 도움이 될 것으로 생각된다.

역자들은 각각 학부와 대학원에서 신경언어장애 수업을 진행하면서 『*A Coursebook on Aphasia and Other Neurogenic Language Disorders*』(3판)를 교재로 사용해 왔다. 이 책은 특히 신경언어장애를 처음으로 접하는 학부생 및 대학원생들에게 기본 개념을 자세히 설명하는 동시에 신경언어장애의 평가와 치료 전반에 대한 포괄적인 내용을 담고 있다. 요사이 국내에 언어병리학이나 언어치료학의 이름을 가진 학과나 프로그램이 40여 개 이상으로 늘어나면서 한국어로 된 교재가 더욱 절실히 필요한 시점에, 우리는 이 번역본이 그러한 요구에 부응할 수 있는 교재가 되기를 바라는 마음으로 번역을 시작하였다.

번역을 하면서 저자가 사용한 전문 용어를 우리말로 정확히 옮기기가 쉽지 않았으나 가급적이면 저자의 의도를 이해하기 쉬운 우리말로 표현하여 독자의 이해를 돕고자 하였다. 그러나 원문의 내용을 충실하게 전달하려는 노력과 이해하기 쉬운 우리말로 옮겨지는 과정에 미흡한 부분이 있을 것으로 생각된다.

이 책은 전체 4부로 구성되어 있는데, 1부는 김지채·이은경이, 그리고 2부에서 4부까지는 김화수·이은정이 맡아서 번역하였다. 책의 원전에는 한 페이지의 절반을 할애하여 필기를 할 수 있는 공간을 제공하고 있으나 우리말로 번역하면서 이 부분을 없애고 책의 부피를 줄였다. 그러나 학생들이 수업을 할 때나 강사들이 강의를 준비할 때 교재로 사용하는 데 불편이 없도록 구성하였다.

많은 분들의 도움 없이는 이 책이 나올 수 없었을 것이다. 『*A Coursebook on Aphasia and Other Neurogenic Language Disorders*』를 소개해 주시고, 늘 밝은 웃음으로 격려해 주시던 故 정옥란 교수님의 모습을 역자들은 마음 깊이 그리워하고 있으며 또한 감사드리고 있다. 그리고 오랜 시간 동안 좋은 책이 나오도록 지원과 격려를 아끼지 않으신 박학사 구본하 사장님과 편집진 여러분께 감사의 말씀을 전한다.

2012. 8.

역자 일동

저자 서문

『*A Coursebook on Aphasia and Other Neurogenic Language Disorders*』(3판) 전에 출판된 두 권의 책은 교과서의 보조 교재로 저술되었으나 이번 3판은 보조 교재로 저술하지 않았다. 또한 이번 3판은 내용 면에서 상당히 강화되었으며 학부나 석사 수준의 학생들에게 실어증과 기타 신경언어장애에 대해 교과서만큼 충분한 정보를 제공한다.

이 책은 신경언어장애에 대한 광범위한 정보를 알기 쉽게 4부로 나누어 학생들이 알기 쉽게 설명하였다. 1부는 9개의 장으로 구성되어 있으며 실어증과 실독증, 실서증, 실인증에 대해서 기술하였고, 신경병리에 대한 기초적 지식과 신경진단 절차, 실어증과 신경언어장애에 대한 평가 및 치료법에 대해 기술하였다. 2부는 2개의 장으로 구성되어 있으며, 우반구 손상과 우반구 손상자의 평가 및 치료법에 대하여 기술하였다. 3부는 외상성 뇌손상의 정의와 특징, 평가, 치료를 2개의 장에 걸쳐 설명하였다. 마지막으로 4부는 치매의 정의와 특징, 원인 및 치매와 관련한 의사소통 장애에 대해 기술하였다. 이 책의 마지막 장은 치매로 인해 일어날 수 있는 의사소통 손상의 평가와 관리법에 대해 기술하였다. 3개의 장에 걸쳐 기술된 치매는 최근 10년간 활발한 연구가 진행된 영역으로 새로운 정보가 가장 많은 부분이다.

모든 장은 기술된 장애에 대한 포괄적이며, 임상적으로 자세하며, 최신의 정보를 중심으로 하여 완전히 새롭게 개정하였다. 신경학적 문제로 인해 발생하는 언어장애에 대해 최신 연구와 최근에 개발된 평가 및 치료방법을 반영하여 기술하기 위해 노력하였다. 또한 부록에는 일반적으로 사용되는 의학 용어의 생략과 상징, 세계보건기구(2001)의 기능·장애·건강에 대한 국제 분류(ICF), 치료사와 환자에게 도움이 되는 인터넷 사이트를 비롯하여 용어 해설을 기술하였다.

나는 신경언어장애 3판을 사용하여 교수와 학생들이 유용하게 수업을 할 수 있을 것이라고 약속한다. 여러 나라에서 나에게 보내 준 많은 적극적 비평들에 대해 감사를 표한다.

이 책의 개정판 출간에 심도 있는 제안을 해 주신 익명의 비평가에게 감사를 드리면서, 이 책의 어떤 모자람도 나의 책임임을 명백히 하는 바이다. 또한 이 책을 출간하는 동안 끈기와 인내심을 보여 준 Thomson Delmar Laerning의 편집자 Kalen Conerly에게 감사한다. 그녀의 주기적인 격려와 지원이 있었기에 기간 내에 개정판을 완성할 수 있었다. 또한 출간 담당자인 Juliet Steiner로부터 받은 지속적 관심도 개정판을 출간하는 데 귀중한 도움이었음을 밝힌다. 두 분에게 감사를 표하는 바이다.

저자 소개

M. N (Giri) Hegde, PhD.는 Fresno시에 위치한 캘리포니아 주립 대학의 의사소통과학 및 장애학과의 교수이다. 그는 인도 남부에 있는 Mysore 대학에서 실험심리학으로 석사학위를 받았으며, 석사학위를 받은 후 인도의 Bangalore 대학에서 의학(임상) 심리학으로 석사 졸업장을 받았다. Carbondale에 있는 Southern Illinois 대학에서 언어치료학으로 박사 학위를 받았다.

Dr. Hedge의 전공은 유창성 장애와 언어 장애, 연구 방법론 및 의사소통 장애의 치료이다. 그는 의사소통장애와 실험·응용 행동 분석 분야에서 수많은 국내 및 국외 강연 경험을 가지고 있다. Dr. Hegde의 깊고 넓은 학식을 보여 주는 실례로 과학적이고 전문적인 책을 여러 권 저술하여 주목 받았다. 그가 출간한 책은 *Treatment Procedures in Communicative Disorders, Clinical Research in Communicative Disorders, Introduction to Communicative Disorders, A Coursebook on Scientific and Professional Writing in Speech-Language Pathology, A Coursebook on Language Disorders in Children, PocketGuide to Treatment in Speech-Language Pathology, and PocketGuide to Assessment in Speech-Language Pathology*가 있다. 그는 Singular Textbook 시리즈에 편집자로서 참여하기도 하였다. 또한 그는 여러 유명 과학전문 학술지에 편집위원으로 참여하였는데 그가 편집위원으로 참여한 학술지는 *Journal of Fluency Disorders, American Journal of Speech-Language Pathology, Indian Journal of Communication*

*Disorders, Journal of Speech-Language Pathology and Applied Behavior Analysis*가 있다.

Dr. Hegde는 여러 상을 수상하기도 하였다. California Stat University-Fresno에서 수여하는 Outstanding Professor Award를 수상하였고 CSU-Fresno Provost's Recognition에서 수여하는 Outstanding Scholarship and Publication을 수상하였다. Southern Illinois University Department of Communication Science and disorders에서 수여하는 Distinguished Alumnus Award를 수상하였고, District 5 of California Speech-Language-Hearing Assoication에서 수여하는 Outstanding Professional Achievement Award를 수상하였다. 또한 그는 American Speech-Language-Hearing Association의 특별회원이다.

차 례

역자 서문 … iii

저자 서문 … v

저자 소개 … vii

제 I 부 실어증

제 1 장 실어증의 개관 ······ 3

1. 실어증의 중요성 … 4
2. 실어증에 대한 초기의 역사적 관점 … 5
3. 국재주의와 총체적 접근법 … 8
4. 인지주의의 출현 … 10
5. 근대기 … 11

◎ 읽을거리 … 15

제 2 장 신경해부와 신경생리 ·· 17

1. 용어에 대한 입장 ··· 18
2. 해부학 용어 ··· 18
3. 개관 ··· 21
4. 신경조직학 ··· 21
5. 신경전달 ··· 27
6. 신경계 ··· 29
7. 뇌막 ··· 56
8. 뇌혈관계 ··· 57
9. 뇌혈액 공급과 분수령 ··· 63
10. 정맥계 ··· 64
11. 혈뇌장벽 ··· 66

◎ 읽을거리 ··· 66

제 3 장 실어증에 대한 신경병리와 신경진단 ························ 68

1. 실어증과 신경병리적 증상의 이해 ··· 69
2. 신경학적 진단 방법 ··· 69
3. 실어증의 일반적 신경병리 ··· 82

◎ 읽을거리 ··· 95

제 4 장 실어증의 정의 및 분류 ·· 96

1. 실어증과 실어증에 동반되는 질병의 발병률 ··· 97
2. 실어증의 정의 ··· 102
3. 유형별 실어증 분류를 지지하는 근거 ··· 109
4. 유형별 실어증 분류를 반대하는 근거 ··· 110
5. 실어증 개관 ··· 112

6. 실어증의 일반적 증상 … 115
7. 실어증 환자의 의사소통 방법에 대한 일반적인 기술 … 124
8. 실어증 제외 대상 … 126
◎ 읽을거리 … 129

제 5 장 비유창성 실어증 ………… 131

1. 네 가지 유형의 비유창성 실어증 … 132
2. 실어증의 관점에서 본 유창성 … 132
3. 브로카 실어증 … 134
4. 연결피질 운동 실어증 … 143
5. 연결피질 혼합 실어증 … 148
6. 전체성 실어증 … 153
◎ 읽을거리 … 158

제 6 장 유창성 실어증 ………… 159

1. 실어증의 관점에서 본 유창성 … 160
2. 베르니케 실어증 … 160
3. 연결피질 감각 실어증 … 168
4. 전도성 실어증 … 174
5. 명칭 실어증 … 180
◎ 읽을거리 … 184

제 7 장 비전형적 실어증과 특수 집단의 실어증 ………… 186

1. 비전형적 증후군 … 187
2. 실독증 … 191
3. 실서증 … 197

4. 실인증 … 200
5. 특수 집단의 실어증 … 201
◎ 읽을거리 … 209

제 8 장 실어증의 평가 ………… 211

1. 실어증 평가: 실제적이고 전문적인 고려점 … 212
2. 가장 많이 평가되는 행동 … 216
3. 평가에 이용되는 활동 … 217
4. 반복적 관찰의 중요성 … 221
5. 표준화된 실어증 진단도구 … 222
6. 기능적 의사소통 평가 … 228
7. 특정 기술을 평가하기 위한 개별 평가도구 … 232
8. 실어증 평가의 개요 … 235
9. 다양한 문화적 배경을 가진 환자들의 평가 … 244
10. 기타 장애와의 감별 진단 … 246
◎ 읽을거리 … 256

제 9 장 실어증 치료 ………… 257

1. 실어증 치료의 효과에 대한 논의 … 258
2. 치료 결과에 영향을 미치는 요인 … 259
3. 실어증 환자의 약물치료 … 262
4. 실어증 환자의 언어치료의 원칙 … 263
5. 민족문화적 요인을 고려한 치료 … 267
6. 일반적인 치료 목표 … 268
7. 청각적 이해력 문제의 치료 … 269
8. 구어 표현의 치료 … 276
9. 실어증 재활에서 사회적 접근 … 295

10. 읽기 문제 치료 … 299
11. 쓰기 문제 치료 … 300
12. 실어증 환자의 집단 치료 … 301
13. 실어증 환자의 보완대체 의사소통 … 304
◎ 읽을거리 … 306

제 II 부 우반구 증후군

제 10 장 우반구 증후군 …… 311

1. 대뇌반구의 비대칭성 … 312
2. 우반구의 기능 … 313
3. 우반구 손상의 신경병리학 … 317
4. 우반구 손상 환자들의 행동 … 318
5. 우반구 대 좌반구 상해와 연관된 결함 … 332
◎ 읽을거리 … 333

제 11 장 우반구 증후군의 평가와 치료 …… 334

1. 우반구 손상 환자의 평가 … 335
2. 우반구 손상 환자의 치료 … 341
◎ 읽을거리 … 353

제 III 부 외상성 뇌손상

제12장 외상성 뇌손상: 원인과 증상 ………………………………… 357

1. 외상성 뇌손상의 정의 … 358
2. TBI의 발병률과 유병률 … 358
3. TBI의 주된 원인 … 360
4. 뇌손상의 유형 … 361
5. 비관통성 뇌손상의 생체역학 … 365
6. TBI의 일차 증상 … 368
7. TBI의 이차 증상 … 370
8. 회복과 관련된 변수 … 372
9. TBI의 신경행동적 결과 … 374
10. TBI와 관련된 의사소통장애 … 377

◎ 읽을거리 … 383

제 13 장 외상성 뇌손상의 평가와 치료 ……………………………… 384

1. 평가의 개관 … 385
2. 의식 및 인지 평가 … 387
3. 기억 및 추론능력의 평가 … 391
4. TBI와 연관된 의사소통장애의 평가 … 394
5. TBI 환자들의 임상관리 … 399

◎ 읽을거리 … 417

제 IV 부 치 매

제 14 장 알츠하이머형 치매 ········ 421

1. 치매의 발병률 … 422
2. 치매의 민족문화적 요인 … 422
3. 치매란 무엇인가? … 423
4. 가역성 치매 … 425
5. 비가역성 치매 … 427
6. 알츠하이머형 치매(DAT) … 427

◎ 읽을거리 … 439

제 15 장 치매의 다른 형태 ········ 440

1. 치매의 다른 형태 개관 … 441
2. 전두측두엽성 치매(픽병 포함) … 441
3. 파킨슨병 … 447
4. 헌팅턴병 … 454
5. 진행성 핵상 마비 … 458
6. 감염성 치매 … 460
7. 혈관성 치매 … 463
8. 외상성 뇌손상과 연관된 치매 … 466
9. 그 외 치매 증후군 … 467

◎ 읽을거리 … 469

제16장 치매 환자들의 평가 및 관리 ······························ 471

1. 치매의 평가 … 472
2. 치매의 임상관리 … 482
◎ 읽을거리 … 503

부록 A 의학용어의 생략과 상징 … 505
부록 B 세계보건기구(2001)의 기능, 장애, 건강에 대한 국제 분류 … 511
부록 C 치료사와 환자에게 도움이 되는 인터넷 참고 사이트 … 514
참고 문헌 … 516
용어 해설 … 540
영한 용어 대조 … 557
찾아보기 … 566

제 I 부

실어증

제1장 실어증의 개관

제2장 신경해부와 신경생리

제3장 실어증에 대한 신경병리와 신경진단

제4장 실어증의 정의 및 분류

제5장 비유창성 실어증

제6장 유창성 실어증

제7장 비전형적 실어증과 특수 집단의 실어증

제8장 실어증의 평가

제9장 실어증의 치료

제 1 장

실어증의 개관

이 장의 개요

- 실어증의 중요성
- 실어증에 대한 초기의 역사적 관점
- 국재주의와 총체적 접근법
- 인지주의의 출현
- 근대기

학습 목표

이 장을 학습한 후 학생들은,

- 실어증 연구의 중요성을 상술할 수 있다.
- 실어증 연구에서 역사적 발달의 개관을 알 수 있다.
- 실어증 연구의 시초를 설명할 수 있다.
- 실어증 연구에서 국재주의자와 총체적 접근 간의 차이를 진술할 수 있다.
- 역사적 상황에서 브로카와 베르니케의 공헌점을 나열할 수 있다.
- 실어증 연구에서 국재주의자, 총체주의자, 인지주의자들의 접근의 차이점을 설명할 수 있다.
- 실어증 연구에서 언어학적 그리고 구어언어 방법론의 공헌점에 관한 역사적 경향을 설명할 수 있다.

1. 실어증의 중요성

실어증(aphasia)이란 이전에 정상적으로 언어를 사용하던 성인의 언어능력 중 일부가 손상되거나 사라지는 것이다. 이러한 언어의 손상 혹은 상실은 최근의 대뇌 손상이나 외상과 관련되어 있다.

실어증은 임상적인 이유 또는 과학적인 이유로도 중요한 증후군이다. 실어증에 대한 임상적 이슈와 과학적 이슈는 서로 얽혀 있다.

1) 임상적 중요성

실어증 자체가 알려진 것은 몇 세기 전이지만, 그동안 실어증에 대한 이해는 오랜 시간 부족하였다. 신경심리학자, 의사, 심리학자, 언어학자를 포함한 많은 전문가들이 실어증에 대해 연구하였다.

최근 10여 년간 노화와 관련한 문제의 관심은 실어증에 대한 임상적 연구를 촉발시키는 결과를 가져왔다. 그 결과로 언어치료사는 실어증에 대해 연구, 평가, 치료하는 여러 전문가들과 팀을 이루어 왔다.

인구통계학적 변화는 노화와 관련한 주요문제인 실어증에 대한 임상적 연구에 관심을 유발시켰다. 노화로 인해 발생하는 노인병은 이차적으로 의사소통장애를 일으키며, 이러한 노인병의 증가는 실어증이나 치매(dementia) 환자의 서비스 요구로 이어지게 되었다.

우리는 인구통계학적 요인이나 인종적 변인들이 실어증이나 다른 신경학적 언어장애와 어떻게 관련되는지 알게 될 것이다.

2) 학문적 중요성

실어증은 뇌와 언어 사이의 신기하고 불가사의한 관계를 보여 주는 창이다. 다양한 대뇌질환이나 외상이 갑작스러운 언어의 손상이나 상실이 일어나는 순간 임상가와 과학자들은 뇌와 언어의 관계를 연구할 수 있는 기회를 갖게 된다. 뇌손상의 위치와 언어 기능의 손상은 관련이 있다.

대뇌의 병리나 외상과 언어손실에 대한 관련성이 반복적이고 체계적으로 제시된다면, 뇌와 정상적 언어 기능 사이에 잠재적 관련성 역시 주장할 수 있다. 임상적 자료는 대뇌의 특정한 영역이 특정 언어 기능을 통제함을 주장한다.

2. 실어증에 대한 초기의 역사적 관점

실어증의 병인(etiology)에 대한 초기 연구를 보면, 우선 실어증에 대한 타당한 소견이 늦게 밝혀졌고, 그로 인해 여러 가지 오해가 발생하였다. 초기의 가졌던 오해는 실어증은 뇌실에서 일어나는 것이며, 언어 기능과 같은 인지적 기능을 담당하는 피질(cortical matter) 문제는 아니라고 생각했으며, 또한 실어증은 혀의 마비로 인해 일어나는 것이라고 생각했다(Benton & Joynt, 1960).

실어증에 의해 발생하는 여러 기능손상에 대한 인식은 빨라야 17세기에 나타나기 시작했다. 몇몇 임상의는 환자의 혀가 마비되지 않아도 말하는 데 어려움이 있다는 사실을 이해하고 있었고, 이것이 대뇌질환이 원인일 것이라고 짐작하였다(Benton & Joynt, 1960). 소수의 연구자들은 그들이 **중풍**(apoplexy)이라고 부르는 뇌졸중과 그로 인한 읽기와 쓰기 문제에 대해 다소 자세한 설명을 하였다(Benton & Anderson, 1998). 그러나 진위를 확인하기 힘든 믿음과 이론은 이후로도 지속되었다.

17세기 일부 저자들은 실어증 증상을 기술하는데 **실성증**(aphonia)이라는 용어를 사용하였다(Benton & Anderson, 1998). **실성증**은 음성의 상실을 의미한다. 현재 실성증이라는 용어는 음성장애의 한 종류로 속삭이는 것은 가능하지만 발성할 수 없는 증상을 가리키는 말이다.

Johann Gesner가 1770년에 발표한 학술논문은 실어증을 주요 연구주제로 삼았다. 그는 실어증을 **구어 건망증**(speech amnesia)으로 명명했는데, 이는 이전의 연구자들이 종종 사용했던 용어였다(Benton & Anderson, 1998). Gesner는 실어증과 치매는 다르다고 생각하였다. 그는 다양한 언어, 읽기, 쓰기 장애가 실어증 환자에게서 나타난다고 기술하였다.

19세기에 이르러서야 실어증에 대한 연구가 본격적으로 이루어졌는데, 이 시기에 유창하지만 의미 없는 구어, 착어증(paraphasia), 자곤(jargon), 연결구어의 한계, 쓰기 문제가 모두 기술되었다. **실서증**(agraphia)이라는 용어는 쓰기 문제를 지칭하는 용어가 되었고, 현재와 같은 의미로 사용되었다. 실독증(alexia) 또한 이때부터 언급되었다(Benton & Anderson, 1998).

독일의 해부학자이자 골상학자인 Franz Joseph Gall(1758~1828)은 언어의 국재(localization)와 전두엽의 그 외 다른 지적 기능에 대해 주장한 초기 주장자 중 하나였다. 그러나 그의 관점은 받아들여지지 않았는데, 그들이 **골상학**(phrenology)과 관련 있기 때문이었다. 현재는 사이비 과학으로 알려진 골상학은 두개골의 형태, 즉 두개골의 융기, 모양, 크기가 정신이나 지적 기능과 관련이 있다고 주장하는 학문이다.

1) Paul Broca

1800년대부터 현재에 이르기까지 가장 오래된 이름 중 하나인 Paul Broca(1824~1880)는 프랑스의 신경외과의사이자 인류학자이다. 그는 Gall의 주장을 지지하였으며, 전두엽과 좌뇌가 언어를 산출한다는 임상 병리적 증거를 처음으로 제시하였다. Broca는 부검을 통해 축적된 사례 연구와 병리적 증거를 통해 프랑스에서 1863년과 1865년에 2개의 논문을 발표하였다(1865년에 발표한 Broca의 보고서 영문판은 1986년 Berker, Berker, & Smith의 논문 참조). Broca는 언어손상을 일으키는 병변이 대개 좌반구에서 발견된다는 사실을 알게 되었다. Broca는 이에 대해 유명한 구절을 남겼다. "우리는 좌반구로 말을 한다(Benton & Anderson, 1998)."

Broca가 기술한 뇌 병변 위치는 좌반구의 아래쪽, 뒤쪽 부분, 즉 중심구(central fissure)와 외측구(lateral fissure)의 접점에 분명히 나타나는 경향이 있다. 이 영역은 운동구어기능(motor speech function)과 관련이 있으며, 후에 브로카 영역(Broca's area)으로 알려지게 되었다(혹은 브로드만 영역 44, 45번으로 알려지기도 함).

Broca는 대뇌 병변에 따른 언어장애를 나타내는 용어로 **운동성 실어증**을 사용하였다. 또한 그는 운동성 실어증의 주요 증상을 다음과 같이 기술하였다.

- 말 유창성의 감소
- 실문법적, 전보문식 구어
- 많은 언어 산출 오류
- 구어의 이해에 국한된 손상

전문가들은 브로카 영역의 손상이 반드시 브로카 실어증 증상을 야기하는가에 대해 논쟁의 여지가 있다고 생각한다. 어떤 전문가들은 브로카 영역의 국재화와 그 증상 모두에 대해 의문을 나타냈다. 이에 대해서는 5장에서 좀 더 자세하게 공부할 것이다.

뇌손상과 관련된 언어장애에 대해 명확히 기술한 1800년대 중·후반기에 활약하던 전문가 중 한 사람은 영국의 신경학자인 John Hughlings Jackson(1885~1911)으로 『대뇌 질병이 구어에 미치는 영향(Affections of Speech from Disease of the Brain)』(1874)이라는 책을 저술하였다. Jackson에 대해서는 인지주의 학파의 실어증 연구에서 더 자세하게 다룰 것이다.

2) Carl Wernicke

독일의 신경심리학자인 Carl Wernicke(1848~1905)는 실어증 분야의 저명한 학자 중 한 사람이다. 그는 제일 먼저 Broca가 주장한 실어증의 증상과는 여러 면에서 대조적인 실어증의 유형을 발견했다. Wernicke는 언어손상 환자의 사체 해부와 임상 연구에 기초하여 1874년과 1886년 두 차례에 걸쳐 독일에서 연구를 발표하였다(Wernicke의 최초 연구에 대한 자세한 내용은 Eggert의 1977년 연구와 Geshwind의 1967년 연구 참조). 이 연구를 기초로 Wernicke는 좌반구 상측두회(superior temporal gyrus) 뒤쪽 부분의 손상이 원인이 되는 종류의 실어증이 있다는 결론을 얻게 되었고, 이 부분은 현재 베르니케 영역(Wernicke's area)이라고 알려졌다. 이로써 Wernicke는 뇌와 언어의 관계에 대한 국재주의자로서의 관점을 강화하였다.

Wernicke는 실어증의 증상을 다음과 같이 기술하였다.

- 유창하지만 의미 없는 구어
- 문법적으로 정확한 구어
- 구어이해의 심각한 손상
- 읽기이해의 어려움

Wernicke는 이러한 증상을 **감각성 실어증**(sensory aphasia)이라고 명명했으나 현재는 베르니케 실어증(Wernicke's aphasia)으로 알려졌다. 또한 Wernicke는 여러 다른 형태의 실어증의 가능성을 제기했는데, 연결피질 운동 실어증(transcortical motor aphasia, 5장 참조), 전도성 실어증(conduction aphasia), 연결피질 감각 실어증(transcortical sensory aphasia)이 있다(6장 참조).

3. 국재주의와 총체적 접근법

국재주의자(localizationist)는 뇌의 특정 해부적 구조물과 특정 기능이 연결된다고 본다. 따라서 국재주의자는 뇌의 특정 영역의 손상이 특유의 기능에 영향을 미친다는 것을 밝히기 위해 노력한다(Benton & Anderson, 1998; Goodglass, 1988). Broca와 Wernicke는 모두 국재주의자이다.

또한 대부분의 국재주의자는 **연합주의자**(associationist)이다. 연합주의자들은 실어증 환자들이 지적 능력은 온전하지만 실제 사물이나 활동을 단어나 구어 개념으로 연결하는 데 손상을 입는다고 생각하였다. 뇌병변은 사건, 경험을 처리하는 부분과 단어, 개념을 처리하는 부분의 연결을 단절시키는 것이라고 주장한다.

이에 반해, 총체적 접근법은 국재주의와는 반대되는 관점을 취한다. **총체적 접근법**(holistic approach)은 뇌는 통합적 단일체로서 기능하며, 뇌의 어떤 한 영역의 병변은 영역 대부분의 기능(비록 전부는 아닐지라도)에 영향을 미친다고 주장한다. 일반적으로 총체적 접근은 특정 언어 기능을 관장하는 특정 해부적 구조물의 존재를 부정한다. 따라서 모든 실어증 환자들은 대부분의 언어적 측면이 함께 손상된다(Benton & Anderson, 1998; Goodglass, 1988).

앞서 언급했던 영국의 신경학자인 John Hughlings Jackson은 Broca의 국재주의에 반대하였다. 뇌와 언어의 총체적 관점을 지지하는 Jackson은 뇌는 언어를 조직하고 표현하는 데 있어 통합적 단일체로서 기능한다고 주장하였다(Basso, 2003). 또한 Jackson은 실어증의 인지적 접근의 기초를 만들었다.

Pierre Marie(1853~1940)는 대뇌의 기능은 국재되어 있다는 Broca의 의견에 반대한 프랑스 출신의 초기 연구자이다. 그는 실어증이란 일원적 장애이며 구별되는 병변의 위치에 의한 복합적 장애의 모임이 아니라고 주장하였다. 또한 브로카 영역의 손상이 브로카 실어증을 일으키지 않을 수도 있으며, 브로카 실어증 증상을 보이는 환자도 뇌의 다른 영역에 손상이 있을 수도 있다고 주장하였다(Cole & Cole, 1971). 뿐만 아니라 Marie는 브로카 실어증의 경우 일반적으로 심각하게 손상되지 않는다고 알려진 청각이해능력의 손상이 실제로는 모든 실어증 환자에게서 나타난다고 주장하였다. 그는 베르니케 실어증만이 '진정한' 실어증이고 다른 다양한 실어증은 뇌의 다른 부분이 추가적으로 손상되었기 때문이라고 믿었다. 마지막으로 Marie는 실어증이 지능에 영향을 미친다고 믿었다. 그는 자신의 주장과 증거를 자주 정리하고 발표하였기 때문에 실어증의 총체적 접근을 주장한 초기 제창자 중 가장 영향력 있는 사람이 되었다(Basso, 2003; Benton & Anderson, 1998).

Henry Head(1861~1940)는 영국의 신경학자로 Marie의 주장을 지지하였다. '도식 제작자'라는 별칭을 가지고 있는 Head는 실어증에 대한 연합주의자의 생각을 거부하였다. 그는 약간의 지적 능력 손상은 실어증의 일부라는 Marie의 주장을 지지하였다. 그는 실어증이 상징을 조직하고 표현하는 것에 혼란이 있는 것이라 믿었다. Head는 지금은 고전이 된 그의 저서(1926)에서 실어증은 구두적, 비구두적 상징 행동 모두에 영향을 미친다고 주장하였다.

독일 게슈탈트 학파(형태심리학파)의 신경심리학자인 Kurt Goldstein(1878~1965)은 대뇌 기능의 해부적 국재화 이론을 지지하였다. 그는 실어증 환자는 함축적 사고능력이 손상된다고 주장하였다(Basso, 2003; Benton & Anderson, 1998; Goodglass, 1988). 언어와 뇌에 대한 Goldstein의 연구는 독일(1924년)과 영국

(1948년)에서 출간되었다(Goldstein, 1948). Goldstein을 비롯한 다른 게슈탈트 심리학자들은 각각의 고위 정신 기능이 게슈탈트(gestalt)라고 불리는 단일 통합체로 조직화되지만, 전체적 의미는 게슈탈트에서 작동되지 않는다. 게슈탈트 이론을 실어증에 적용하면, 언어 기능은 단일 활동으로 뇌에 조직화되고, 어떤 해부적 조직에 병변이 일어나면 모든 다른 영역의 기능에 영향을 준다. 역설적으로 Goldstein은 언어의 특정 측면의 문제가 특정 영역과 관련이 있다고 믿었다(Basso, 2003).

4. 인지주의의 출현

인지주의 학파의 시작은 실어증 환자에게 지적 능력의 손상 혹은 인지적 손상이 있다는 임상가들의 논증에서 비롯되었다. **인지**(cognition)는 뇌에서 일어나는 지식, 기억 및 정보처리에 대한 추정 모델을 포함하는 복잡한 지적 능력을 말한다.

프랑스의 임상의인 Armand Trousseau(1801~1867)는 실어증에 관한 언어-연합주의자들의 관점을 반대했는데, 언어-연합주의자들은 실어증에서 발견되는 문제점을 언어 기능의 손상에 한정지었다. 언어-연합주의자들의 이론에 따르면 실어증은 단어와 단어의 표현을 도와주는 경험 사이의 연결이 손상된 것이다. 언어-연합주의자들의 관점에 반박하여 Trousseau는 실어증은 지적 기능(인지)은 항상 손상되는 것이라고 주장하였다. 이러한 관점으로 볼 때 실어증은 언어 기능의 손상에 국한되지 않는다.

인지주의 학파의 설립자는 총체적 접근법을 주창한 John Hughlings Jackson이다(Benton & Anderson, 1998). 앞서 언급한 것처럼 Jackson은 말이란 자동적(감정적) 구성요소와 명제적 구성요소(의미가 있거나, 수의적이거나, 요구를 위해 사용하는 말)를 포함한다고 생각하였다.

의미와 목적이 있는 말, 요구나 격려를 위해 사용하는 말 혹은 주어진 상황에 적합하게 사용하는 말을 **명제적 구어**(propositional speech)라 한다. 대부분의 실어증 환자들은 특정 질문에 적합한 단어(목적이 있거나 명제적 구어)를 사용하여 대답하는 것에는 어려움을 보였으나 동일한 단어라도 말하기를 요구받지 않고 말할 때는 힘들어하지 않는다. Jackson의 주장에 따르면, 실어증은 명제적 구어를 사용하는 능력의 상실이다. 말은 사고의 일부분이기 때문에 말(언어) 산출에 어려움이 있는 실어증 환자 역시 사고 과정에 어려움을 나타낸다.

Benton과 Anderson(1998)은 앞서 언급한 프랑스 신경학자인 Pierre Marie와 영국 신경학자인 Henry Head와 더불어 인지주의 학파에 지대하게 공헌한 두 명의 신경학자이다.

근대기는 실어증의 인지주의 관점에 큰 발전이 있는 시기로, 일반적으로 신경심리학, 인지심리학, 언어학을 포함한 많은 학문들이 인지주의적 접근에 기여하였다.

5. 근대기

근대의 실어증 치료와 연구에 대한 관심은 제2차 세계대전 이후에 더욱 강화되었다. 러시아의 신경심리학자인 Alexander Luria(1902~1977)는 전후 시기에 활약한 중요한 실어증 연구자이다. 외상으로 인한 실어증 환자를 광범위하게 연구한 Luria는 극단적인 국재주의나 총체적 접근을 경계하였다(Luria, 1963, 1970). 그는 중도적 관점을 취했는데, 어떤 기능은 특정 뇌 영역에 대해 우선적으로 국재화되지만, 언어의 이해나 산출 시에는 뇌 활동이 전체적으로 일어난다고 보았다(Benson & Ardila, 1996).

Hildred Schuell은 초기의 영향력 있는 언어치료사로 실어증이란 보편적인 인지능력과는 관련이 없는 일원적 언어장애라고 믿었다(Schuell, Jenkins, & Jimenez-Pabon, 1964). Schuell은 표현 실어증과 수용 실어증을 구분하는 것에 이의를 제기하였다(Schuell, Jenkins, & Carroll, 1962). 또한 그녀는 미네소타 실어증 검사(Minesota Test for Differential Diagnosis of Aphasia, MTDDA)를 개발하였다(Schuell, 1955). 실어증 분야의 또 다른 선구적인 언어치료사로서 Joseph Wepman(1951), Jon Eisenson(1954), Martha Taylor Sarno(1969), Frederick Darley(1982) 등이 실어증의 총체주의적 관점을 지지하였다.

미국의 신경학자인 Norman Geshwind(1926~1984)는 1960년대 실어증 증상에 대한 국재주의적 관점에 대한 관심을 부활시켰다(Basso, 2003; Benson & Ardila, 1996). 당시 대세를 이루었던 총체적 관점에 도전한 Geshwind는 새로운 임상 증거와 해부학적 증거를 제시하며 실어증에 대한 초기 국재주의 관점을 지지하였다. 그는 실어증이 언어에 국재화된 영역의 손상으로 인해 일어나거나 언어 영역 간의 연결을 담당하는 신경섬유의 병변으로 인해 생긴다고 주장하였다(Geshwind, 1965).

실어증에 대한 임상 평가는 근대기에 진보하였다. 치료사인 Weisenberg와 McBride(1964)는 최초로 실어증을 양적으로 평가할 수 있는 절차를 개발했는데, 이것은 구어와 비구어 의사소통 모두를 평가할 수 있다. Weisenberg와 McBride는 실어증 환자와 실어증이 아닌 환자, 정상 집단을 측정하여 비교한 평가 결과를 발표하였다.

1) 언어학의 개입

실어증은 기본적으로 언어의 손상이므로, 그로 인해 언어학자들이 실어증 연구에 참여하게 되었고, 실어증을 연구하는 언어학자들의 활동 분야를 신경언어학(neurolinguistics)이라고 명명하였다. Roman Jakobson이 1956년에 발표한 실어증의 음운론적 측면에 관한 연구는 지난 몇 년간 대중적이 된 신경심리 연구의 새로운 영역을 개발했다. 언어학적 관점의 실어증 연구가 번창함에 따라 새로운 임상적 기술과 이론적 모델이 대두되었다. 실어증 환자의 언어손상을 설명하는데 실문법증(agrammatism)이라는 명칭이나 착문법증(paragrammatism), 단어 재현문제(word retrieval problem)라는 용어로 기술되었고, 구문 실어증(syntactic aphasia)이라는 용어도 문헌에 소개되었다.

Darley(1982)는 실어증을 신경언어학적으로 접근하는 것에 대해 좋은 인상을 가지지는 않았다. 그럼에도 그는 대부분의 신경언어장애 연구를 정리하고 실어증 환자가 언어 단위에 어떻게 다르게 반응하는지를 찾으려고 노력하였다. 언어적 단위는 짧은 것과 긴 것, 주관적인 것과 객관적인 것, 현재와 과거, 간단한 것과 복잡한 것,

직접적인 것과 간접적인 것, 능동과 수동, 추상적인 것과 구체적인 것, 장황한 것과 장황하지 않은 것, 단수와 복수, 강조한 것과 강조하지 않은 것, 긍정과 부정, 의문문과 평서문 등이 있다.

2) 언어치료사의 기여

실어증 영역의 언어치료는 대부분 제2차 세계대전 이후에 시작되었다. 대뇌 외상을 입고 그 결과 실어증이 나타난 대부분의 환자들은 의사소통에 대한 재활훈련이 필요했다. 제2차 세계대전 이후 언어치료사들이 실어증 분야에 중요한 기여를 하기 시작함으로써 실어증에 대한 연구와 치료는 1950년대와 1960년대, 또 그 이후의 시대에도 추진력을 갖고 이루어지게 되었다. 현재는 많은 언어치료사들이 세계에서 유명한 실어증 학자로서 활약하고 있다. 그들은 실어증 분야의 임상 연구에 크게 기여하고 있다.

다음 장에서 우리는 실어증 환자의 의사소통장애에 대한 평가와 치료에 대해 더 자세하게 공부할 것인데, 이러한 정보는 언어치료사가 전문가로서 실어증 분야에 기여한 바가 크다.

3) 손잡이에 대한 의문점

1936년에 캘리포니아의 신경학자 Joannes Nielsen(1890~1969)은 1860년대 이론인 손잡이와 언어 우세반구의 대칭설을 부활시켰다. 이 이론은 주로 쓰는 손(우세손)의 반대편 반구에 언어가 자리 잡는다는 이론이다.

추후 연구를 통해 우세 손이 언어 우세반구를 알려 주는 믿을 수 있는 지표가 아님을 알게 되었는데(Benson & Ardila, 1966; Calvin & Ojemann, 1980; Davis, 2000), 많은 왼손잡이들이 좌반구에 손상을 입었을 때 실어증이 발병한다는 사실이 밝혀졌기 때문이다.

손잡이와 우세반구의 관련성은 많은 연구를 통해 현재는 다음과 같이 정리되었다(Calvin & Ojemann, 1980; Davis, 2000).

- 전체 인구의 약 85%는 오른손잡이이며, 거의 모든 오른손잡이들의 언어 영역은 좌반구에 위치한다.
- 전체 인구의 약 15%가 왼손잡이이며, 다수의 왼손잡이(70% 이상)들은 좌반구에 언어가 위치한다. 따라서 대부분의 왼손잡이 실어증 환자들은 좌반구에 손상이 있다. 그리고 남은 30% 중 약 15%가 양 반구에 언어가 국재화되고, 단지 15%의 왼손잡이만이 우반구에 언어가 국재화된다. 따라서 전체 인구 중 매우 소수만이 언어가 우반구에 국재화된다.
- 손잡이를 고려하지 않고 언어 우세반구를 분석했을 때, 좌반구가 언어 우세반구인 경우는 전체 인구의 약 95% 정도이다. 따라서 대부분의 실어증 환자는 좌반구에 언어가 위치하고, 좌반구의 병변으로 인해 실어증이 발생한다. 오른손잡이 중 우반구의 손상으로 인해 실어증이 발생한 경우는 4% 이하이다.
- 소수의 사람들에게서 나타나는 양 반구에 언어 기능이 국재화된 소수의 사람들은 우반구와 좌반구에 언어 기능을 나누어 가지고 있다.
- 임상 자료는 우반구가 언어에 미치는 측면에 대해 타협점을 제시한다. 예를 들어, 우반구 손상 환자는 특히 집합명사(사과나 바나나 대신 과일)와 같은 특정 종류의 단어를 사용하기 어렵다든지, 담화나 대화의 이해가 어렵다든지, 적당한 연결구어를 말하기 어렵다는 것이다.

10장과 11장에서 우반구 증후군에 대한 좀 더 자세한 정보와 평가, 치료법에 대해서 제시할 것이다.

4) 진행 중인 논쟁점

실어증이 일원적 언어장애인지 병변의 위치에 근거한 여러 장애의 집합인지는 아직 논쟁 중에 있다. 엄격한 국재주의적 관점의 어려움을 어느 정도 인지한다 하더라도 대부분의 실어증 학자들은 실어증을 병변의 위치에 따라 단순하거나 복잡한 양상이 나타나는 증후군으로 보고 있다. 임상 연구 중 많은 사례가 국재주의적 관점을 반박한다. 대체로 특정 영역의 병변은 특정 유형의 의사소통 문제의 원인이 되는 경향이 있으나 병변의 위치와 특정 유형의 언어손상 간에 일대일 대응이 되는 경우는 거의 없다. 특정 영역의 병변이 예기된 결과를 반드시 나타내는 것은 아니며, 병변의 위치로 예측한 증상이 반드시 예측된 병변의 위치와 연관되는 것도 아니다. 예를 들어, 브로카 실어증이 반드시 브로카 영역에 병변이 있다는 의미는 아니며 다른 곳에 병변이 있을 수도 있다. 반대로 브로카 영역의 병변이 브로카 실어증을 일으킬 수도 있지만 브로카 실어증이 나타나지 않을 수도 있다.

실어증 분류에 대한 현재의 논쟁점은 이전에 있었던 것처럼 격렬한 것은 아니며, 그 또한 당연하다. 대부분의 임상가나 연구자들은 국재주의에 대해 중도적인 입장을 취하고 있으며 증거가 거의 없이 대뇌의 특별한 기능을 꾸며 내는 것에 대해 혐오한다. 임상가들은 증상의 복합성과 병변 위치에 대한 두 가지의 다양성에 대해 쉽게 인정한다. 아마도 국재주의자들의 관점에 대체적으로는 동의하지만 완전히 일치하는 것은 아닌 것 같다. 비록 많은 예외에 의해 모순되기도 하지만 이러한 관점은 많은 사례 연구에 의해 대다수의 임상가들이 받아들일 수 있게 되었다. 그럼에도 불구하고 대뇌손상의 위치에 기반한 분류 체계가 일반적으로 받아들여지는 것은 국재주의적 타당성에 대한 논쟁을 지속하는 것보다 편리하기 때문이다. 우리는 4장에서 실어증의 분류 체계에 대해 좀 더 많은 것을 알게 될 것이다.

읽을거리

실어증 연구의 역사에 대해 더 자세한 정보를 알고 싶으면 다음의 자료를 참고한다.

Basso, A. (2003). *Aphasia and its therapy.* New York: Oxford University Press.

Benton, A., & Anderson, S. W. (1998). Aphasia: Historical perspectives. In M. T. Sarno (Ed.), *Acquired aphasia* (3rd ed., pp. 1-24). New York: Academic Press.

Cole, M. F., & Cole, M. (1971). *Pierre Marie's papers on speech disorders.* New York: Hafner Press.

Eggert, G. H. (1977). *Wernicke's work on aphasia.* The Hague: Mouton.

Geshwind, N. (1967). Wernicke's contributions to the study of aphasia. *Cortex, 3,* 449-463.

Goldstein, K. (1948). *Language and language disturbances.* New York: Grune &

Stratton.

Goodglass, H. (1988). Historical perspectives on concepts of aphasia. In F. Boller & J. Grafman (Eds.), *Handbook of neuropsychology* (Vol. 1, pp. 51-63). Amsterdan: Elsevier.

Head, H. (1926). *Aphasia and kindred disorders.* London: Cambridge University Press.

Jackson, J. H. (1874). On affections of speech from diseases of the brain. *Brain, 1,* 304-330.

Luria, A. R. (1970). *Traumatic aphasia.* The Hague: Mouton.

Schuell, J. M., Jenkins, J. J., & Jimenez-Pabon, E. (1964). *Aphasia in adults: Diagnosis, prognosis and treatment.* New York: Hoeber Medical Division, Harper & Row Publishers.

Weisenburg, T. S., & McBride, K. L. (1964). *Aphasia.* New York: Hafner.

Wepman, J. M. (1951). *Recovery form aphasia.* New York: Ronald Press.

제 2 장

신경해부와 신경생리

이 장의 개요

- 용어에 대한 입장
- 해부학 용어
- 개관
- 신경조직학
- 신경전달
- 신경계
- 뇌막
- 뇌혈관계
- 뇌혈액 공급과 분수령
- 정맥계
- 혈뇌장벽

학습 목표

이 장을 학습한 후 학생들은,

- 해부용어에 대해 정의할 수 있다.
- 신경해부와 신경생리, 신경조직학을 구별할 수 있다.
- 중추신경계와 말초신경계를 기술할 수 있다.
- 여러 종류의 신경세포를 기술할 수 있다.
- 뇌신경과 척수신경을 구조적, 기능적으로 구별할 수 있다.
- 언어, 운동, 청각 영역의 위치를 기술할 수 있다.
- 대뇌의 피질하 구조물들을 기술할 수 있다.
- 뇌에 혈액을 공급하는 뇌혈관계를 기술할 수 있다.
- 여러 겹의 뇌막을 구별할 수 있다.

1. 용어에 대한 입장

실어증(aphasia)은 최근의 대뇌 외상이나 병리적 문제로 인해 발생한 언어장애를 의미한다. **신경학**은 신경계의 질병이나 장애, 그 진단과 치료를 연구하며 실어증과 관련이 있는 의학 분야이다. 따라서 실어증과 다른 신경학적 언어장애의 기초를 이해하기 위해 신경학의 여러 가지들에 대해서 기본적으로 이해하는 것은 필수이다. 신경학에 대한 4개의 주요 분야는 실어증을 학습하는 데 있어 매우 중요하다. 4개의 분야는 신경해부학, 신경생리학, 신경병리학, 신경진단학이다.

신경학의 한 분야인 **신경해부학**은 신경계의 구조에 대해 연구하는 학문이고, **신경생리학**은 신경계의 기능을 공부하는 분야이다. 이 장에서는 실어증에 대한 신경해부와 신경생리적 측면을 간단하게 다루고, 3장에서는 실어증에 관련된 신경병리와 이러한 병리적 이상들을 평가하는 데 사용되는 신경학적 진단 방법들에 대해 다룰 것이다.

이 장에 제시된 정보는 단지 학생들이 구어, 청각, 언어에 대한 신경학적 측면을 공부하는 데 필요한 구체적인 참고자료로서의 역할일 뿐이다. 그러므로 학생들은 구어와 언어에 대한 해부학, 심리학, 신경과학, 신경학을 다룬 책으로 복습하기를 권한다(Bear, Connors, & Paradiso, 2001; Bhatnager, 2002; Castro, Merchut, Neafsey, & Wurster, 2002; Haines, 2004; Haines & Lancon, 2003; Kierman, 2005; Lave & Web, 2001; Nolte, 2002; Seikel, King & Drumright, 2005; Webster, 1999; Zemlin, 1998).

2. 해부학 용어

해부 구조에 대한 공부는 해부 자세 및 위치, 면, 방향 등을 언급할 때 사용하는 용어를 이해하는 것으로 시작한다. 이러한 이해의 핵심은 해부 구조물 간의 관계를 파악하고 신체의 절대적 혹은 상대적인 3차원적 위치를 파악하는 것이다. 뇌의 안쪽이나 깊은 곳에 위치한 구조물을 보기 위해 실제로 자를 수는 없다. 뇌는 다른 각도로 자르거나 볼 수 있고, 그에 따라 다른 용어를 붙일 수도 있다. 그림 2-1은 인체의 절단면을 나타낸 것이다. 신경해부에 대한 이해를 돕기 위해 다음에 용어의 정의와 간단한 설명을 제시하였다.

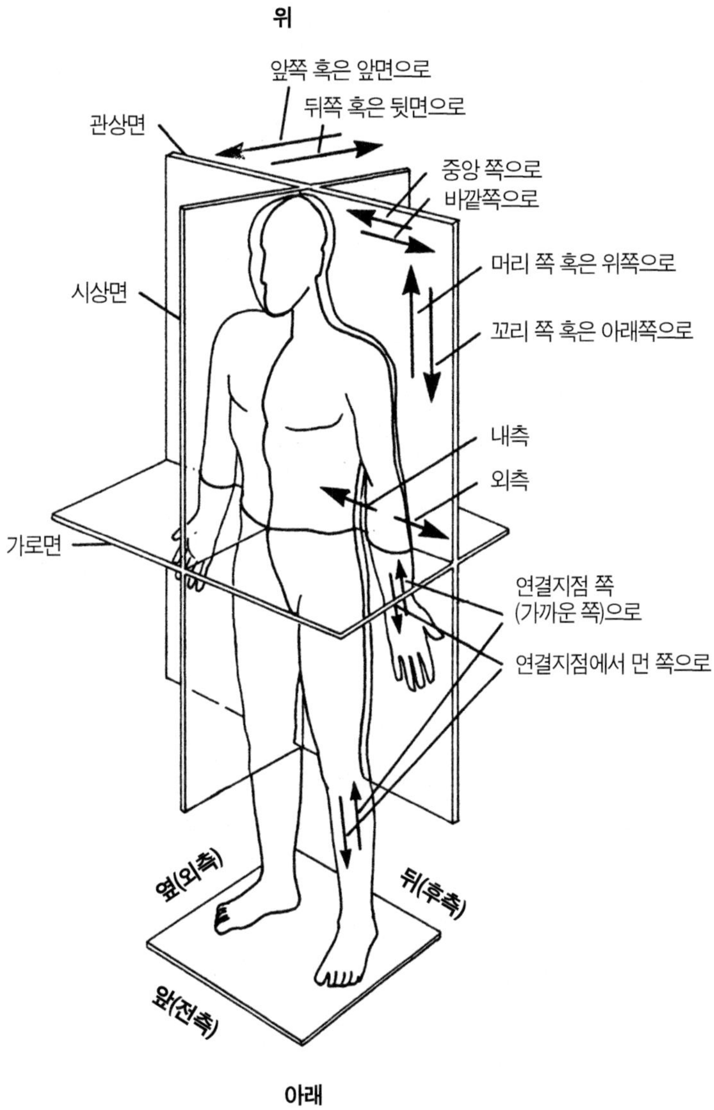

그림 2-1. 인체 절단면

출처: Seikel, J. A., King, D. W., & Drumright, D. G. (2005). *Anatomy and physiology for speech, language, and hearing* (3rd ed.). Albany, NY: Thomson Delmar Learning. 9쪽의 그림 2.1에서 발췌. 허락하에 인용함.

- 인간의 뇌는 2개의 축을 따라 발전해 왔는데, 척수(spinal cord)를 중심으로 하는 **수직축**(vertical axis)과 뇌(brain)를 중심으로 하는 **수평축**(horizontal axis)이다. 뇌의 **수평면**(horizontal plane)은 뇌를 위쪽과 아래쪽의 두 영역으로 구분해 준다.
- **관상면**(coronal plane)은 인체의 앞쪽과 뒤쪽을 수직으로 나누는 선이다.
- **정중면** 혹은 **정중시상면**(median or midsagittal plane)은 인체를 뇌를 중심으로 하여 수직으로 자르되 좌우로 절반을 나누는 것이다. **시상면**(sagittal plane) 역시 뇌를 중심으로 신체를 좌우로 절반을 자르는 것이다.
- **외측면**(lateral plane)은 정중면으로부터 떨어진 구조물을 말한다. 뇌의 측면도를 외측도(lateral view)라고 한다.
- **전뇌**(anterior, rostral brain)는 머리의 앞쪽 부분에 위치한 뇌의 일부분을 지칭하는 것이다.
- **상뇌**(superior brain)는 뇌의 꼭대기 부분을 의미한다.
- **후뇌**(posterior brain)는 뇌의 뒤쪽 부분을 의미한다.
- **배측뇌**(dorsal brain)는 뇌의 뒤쪽 부분을 지칭하는 용어로, 특히 앞쪽과 뒤쪽 사이에 위치하는 지점이다. 어떤 경우에는 배측을 뇌의 꼭대기로 정의하기도 한다. 신체의 전체로 언급할 때 배측은 뒤쪽 면을 의미한다.
- **복측뇌**(ventral brain)는 뇌의 아래쪽을 의미한다. 대뇌에서 복측 부분은 하측뇌(inferior)로 불리기도 한다. 복측뇌와 하측뇌 모두 상측뇌(suferior)와 대조를 이룬다. 신체의 전체로 언급될 때 복측은 앞쪽이나 배(복부) 쪽을 의미한다.
- **미부**(caudal, 꼬리) 구조물이란 일반적으로 척수의 아래쪽이나 꼬리 쪽을 의미하며, 뇌의 뒤쪽 부분을 지칭하기도 한다.
- **근위**(proximal) 구조물이란 언급된 구조물에서 상대적으로 가까운 구조물을 말한다.
- **원위**(distal) 구조물이란 언급된 구조물에서 멀리 있는 구조물을 말한다.

3. 개관

많은 신경생리학이나 실어증을 연구한 논문들은 특정 언어 기능을 조정하는 대뇌의 특정 영역이 존재한다고 기술한다. 우리가 1장에서 공부한 대로 대부분의 사람들의 좌반구는 언어에 대한 우세반구이다. 우리는 또한 언어를 산출하는 브로카 영역과 언어를 이해하는 베르니케 영역이 2개의 특별한 언어 영역이며 실어증을 공부하는 데 있어서 중요한 영역이라는 것을 알고 있다.

뇌가 언어의 개념을 형성하고, 산출하고, 이해한다는 사실을 알기 위해, 신경계를 구성하는 조직에 대해 공부할 것이다. 그 후에 신경계의 분류, 구어와 언어에 중요한 신경계의 영역을 좀 더 집중적으로 알아보고, 구조물의 기능에 대해서도 공부할 것이다.

4. 신경조직학

신경조직학(neurohistology)이란 신경세포(neural cells), 조직(tissue), 기관(organs)의 기본적 구조를 연구하는 광범위한 분야를 다루는 학문이다. 우리는 신경기능과 관련된 기본적인 신경세포에 대해 간단하게 공부할 것이다. 뉴런(neuron: 신경원)과 교세포(galial cell)의 구조와 기능에 대해 살펴보고 신경전달에 대해 설명할 것이다.

1) 뉴런

신경세포라고 알려진 **뉴런**은 신경계의 기본적인 구성요소이다. 신경계를 구성하는 기능적 단위인 뉴런은 수상돌기(dendrites)를 통해 전달된 정보를 세포체(cell body)에서 처리하여 축삭(axon)을 통해 다른 뉴런으로 전달한다.

뉴런의 모양과 크기는 매우 다양하다. **그림 2-2**는 대표적으로 알려진 뉴런과 그 외 다양한 뉴런의 형태를 나타내고 있다. 뉴런은 세포체(cell body/soma)와 수상돌기(dendrites), 축삭(axon)의 세 부분으로 나누며, 수상돌기와 축삭을 묶어 뉴런

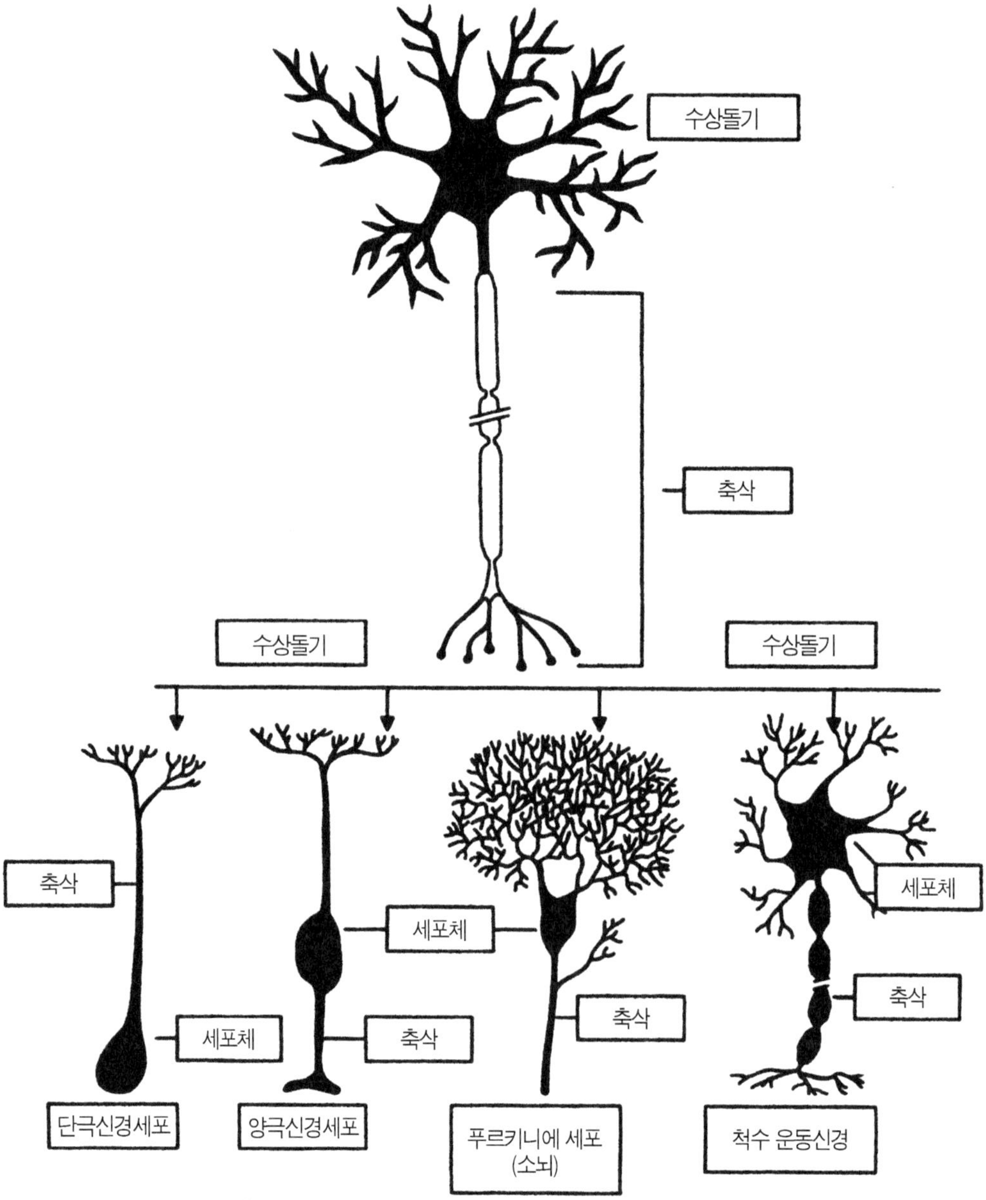

그림 2-2. 다양한 형태의 뉴런.

의 신경돌기(neurite)라고 부르기도 한다.

세포체(cell body/soma/somata)는 세포핵(nucleus)과 세포질(cytoplasm)로 구성되어 있다. 세포질은 세포체에서 세포핵을 제외한 모든 것을 말한다. 원형질

(protoplasm)은 세포핵과 세포질을 모두 포함하는 용어이다. **디옥시리보핵산**(deoxyribonucleic acid, DNA)이라고 불리는 유전정보가 포함된 염색체(chromosome)는 세포핵 안에 존재한다.

세포질은 **뉴런 세포막**(neuronal membrane)으로 싸여 있다. 뉴런 세포막은 세포의 기능을 이해하는 데 있어 중요한데, 세포막은 세포로 들어오거나 세포에서 나가는 화학물질(화학적으로 전달되는 정보)의 흐름을 통제하기 때문이다.

수상돌기와 축삭은 신경섬유(nerve fiber)의 종류 중 두 가지에 속한다. 세포체에서 연장된 **수상돌기**는 짧으며 수초가 없는 무수초신경섬유(unmyelinated fiber)이다. 세포체에 여러 개의 수상돌기가 붙어 있는 형태를 **다극성 뉴런**(multipolar neuron)이라고 한다. 이런 식으로 세포체에 1개의 수상돌기가 붙어 있는 경우를 **단극성 뉴런**(unipolar neuron), 2개의 수상돌기가 붙어 있는 경우를 **양극성 뉴런**(bipolar neuron)이라고 부른다.

수상돌기는 다른 뉴런의 축삭으로부터 들어오는 정보를 받는다. 따라서 수상돌기를 **원심성 신경**(afferent) 혹은 수용성 신경으로 분류한다. 수상돌기는 다른 세포체에서 들어오는 정보를 전달한다.

하나의 세포체에 여러 개의 수상돌기가 있는 양극성 신경원도 축삭은 단 하나만 존재한다. **축삭**은 수상돌기보다 길고, **축삭소구**(axon hillock)라고 불리는 원추형의 지역에서 시작한다. 소시지 모양의 끈처럼 보이는 관 형태의 축삭은 시작 부분은 가늘다가 갈수록 굵어지며, 구조적으로 완벽하지 않기 때문에 간극이 존재한다(Nolte, 2002).

축삭은 수초화되거나 탈수초화된다고 하는데 긴 축삭을 보호하는 **수초**(myelin)라고 불리는 흰색의 얇은 지방질에 의해 감싸여 보호받는다. 축삭의 종말 가지는 가는 실 형태의 **축삭끝가지**(telodendria)와 연결되어 있다. 축삭의 마지막 종착지는 **종말 단추**(terminal button)라고 불리는 작은 구조물로 덮여 있고, 종말 단추는 다른 뉴런과 기능적으로 연결된다.

축삭은 세포체에서 다른 뉴런으로 정보를 내보낸다. 즉, 축삭은 다른 뉴런이나 근육으로 정보를 전달한다.

1개의 뉴런에 있는 축삭이 다른 뉴런과 결합하여 정보를 주는 것에는 다양한 방법이 있다. 축삭은 (a) 다른 뉴런의 수상돌기와 연접하거나(**축삭수상돌기 간 연접**), (b) 다른 뉴런의 세포체와 연접하거나(**축삭세포체 간 연접**), (c) 다른 뉴런의 축삭과 연접하거나(**축삭 축삭 연접**), (d) 두개근(skeletal muscle)과 같은 작동 세포에 연접한다. 2개의 뉴런이 맞닿는 지점을 신경 접합, 즉 **연접**(시냅스, synapse)이라고 부른다. 축삭의 끝에 있는 여러 개의 작은 가지들은 수상돌기나 세포체, 다른 뉴런의 축삭 혹은 근육에 접합하는 연접 종말을 형성한다. 그러나 이것은 물리적으로 이어지는 것이 아니라 작은 공간, 즉 틈이 있는데 우리는 이 공간을 **연접 틈새**(synaptic cleft)라고 부른다. 연접 틈새는 물리적인 공간이지만 화학적 공간은 아니며, 특별한 형태의 단백질로 채워진다.

일단 질병에 의해 축삭이 손상되거나 파괴되면, 중추신경계의 축삭은 기능을 회복할 정도로 재생되지 않는다. 이러한 이유로 뇌손상이나 질병에 의해 신경조직이 손상되면 인지 기능이 충분히 회복되지 않는 것 같다. 재생할 수 없는 죽은 뉴런 세포는 단지 잔해 더미일 뿐이다.

2) 아교세포

아교세포(glial cells: 혹은 **교세포**로 불리기도 하며, 접착제를 뜻함)는 신경계에 속하나 신경세포는 아니다. **신경아교**(neuroglia)라고 불리기도 하는 이 비신경세포는 신경세포에 구조적인 안정성을 제공한다. 신경세포와 비교했을 때 그 비율이 5:1 이상이며, 뇌 전체 용적의 절반을 차지하는 아교세포는 신경계가 정상적인 기능을 하는 데 있어서 필수적이다.

중추신경계의 아교세포는 다음과 같이 세 가지 유형으로 분류할 수 있다. **성상교세포**(astrocyte), **희소돌기아교세포**(oligodendrocyte), **미세아교세포**(microglia)이다. 말초신경계에서 중요한 아교세포에는 축삭이 수초화된 **위성세포**(satellite cell)와 특정 신경세포체를 둘러싸고 있는 **슈반 세포**(Schwann cell)가 포함된다.

다른 세포에 정보를 전달하거나 다른 세포로부터 정보를 전달받지 못하는 아교세포는 대신 신경계의 구조적 뼈대를 제공하며 신경계의 화학적 활동이 유지되도록 도와주고 또한 신경전달물질의 농도를 조절한다. **그림 2-3**은 세 가지 형태의

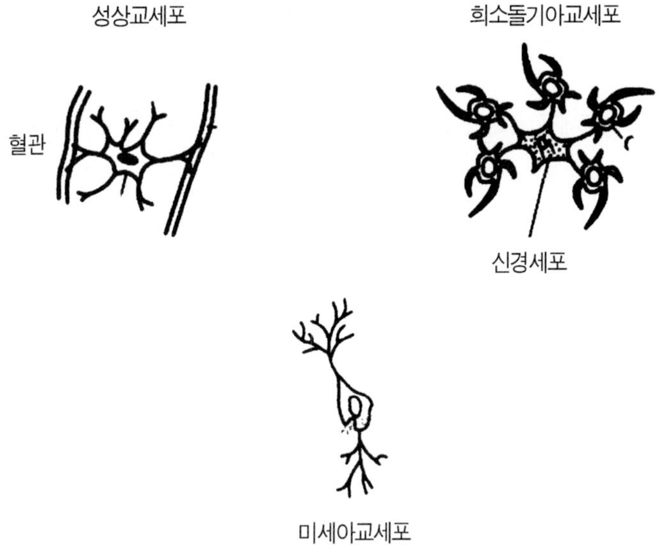

그림 2-3. 뇌 속의 신경세포 주변부에서 형태를 유지해 주는 일반적인 유형의 아교세포.

아교세포를 나타낸 것이다.

중추신경계의 아교세포인 **성상교세포**(astrocyte)는 뉴런 사이의 공간을 차지하는 다양한 가지로 구성된 작은 세포이다. 성상교세포의 가지는 종말 단추(end-feet)라고 불리는 구조로 끝난다. 아교세포의 대부분을 차지하는 성상교세포는 대뇌의 회질과 백질을 비롯한 중추신경계 전체에서 발견되며, 연결조직의 기능을 하는 성상교세포는 신경세포를 구조적으로 지지하기 위해 뇌의 표면까지 펴져 있다. 성상교세포의 다양한 종말 단추는 대뇌혈관을 감싸 신경조직과 대뇌혈관을 분리하는 역할을 한다.

성상교세포는 기능적으로 신경전달물질의 물질대사에 관여한다. 또한 성상교세포의 종말 단추는 내피세포의 혈관 접합부를 형성하여 혈뇌장벽을 만든다. 이 혈뇌장벽은 유해 화학물질의 침입으로부터 신경조직을 보호한다.

대부분의 악성 뇌종양은 성상교세포에서 발생하는데, 그 이유는 성상교세포는 다른 신경세포들과 달리 성숙한 뇌에서도 증식하기 때문이다. 종양의 가장 일반적인 두 가지 유형은 별아교세포종(astrocytomas)과 아교모세포종(glioblastomas)이다

(3장에서 구체적으로 기술). 뇌손상(예: 뇌졸중)으로 인한 세포의 손실은 성상교세포 증식의 계기가 되고, 세포의 손실로 인해 발생한 공간을 채우게 된다. 이렇게 발생한 **성상교세포 흉터**(astrocytic scar)는 정보의 전달을 방해하게 된다.

희소돌기아교세포(oligodendrocyte)는 아교세포의 다른 유형으로 중추신경계의 회질과 백질에서 발견된다. 성상교세포보다 크기가 작은 희소돌기아교세포는 중추신경계의 축삭을 수초화시키고, **수초화**(myelination)는 백질의 축삭 주변을 전기화학적으로 절연시킨다. 회질은 수초화되지 않는다. **고립된 수초**(myelin sheath)는 흰색이며 지방질에 의해 둘러싸인다. 말초신경계 역시 수초로 싸이는데 이때의 수초를 **슈반 세포**(Schwann cell)라고 부른다.

수초는 축삭 간에 일어나는 신경 충동의 속도를 증가시켜 준다. 활동 전위(신경충동)는 축삭 종말에서 다른 축삭으로 도약하기 때문에 속도가 증가한다. 희소돌기아교세포 또는 수초를 감소시키거나 파괴하는 탈수초화 질병은 신경계의 신호전달을 느리게 하거나 붕괴시키고, 운동, 시각, 감각, 인지 기능의 문제를 초래한다. 잘 알려진 탈수초화 질병은 다발성 경화증이다. 이는 신체의 면역체계가 신경섬유를 공격하는 것으로 알려져 있으며, 이로 인해 뇌기능이 붕괴된다.

3) 미세아교세포

아교세포의 세 번째 유형인 **미세아교세포**(microglia)는 세포질돌기로 분지되는 검고 긴 형태이다. 전체 아교세포 중 10%를 차지하는 미세아교세포는 건강할 때는 활동하지 않다가 뇌손상이 발생하면 활동하는 세포이다. 미세아교세포는 뇌손상 이후에 **포식세포**(phagocyte)로 변하여 죽은 세포나 박테리아, 외부 물질을 먹어 치우는 청소세포로, 포식 미세아교세포는 뇌병변이나 뇌손상 영역으로 이동하여 세포의 파편을 소화한다.

인간 면역결핍 바이러스(human immunodeficiency virus, HIV)는 중추신경계의 미세아교세포에 침입하여 신경손상을 일으킨다고 알려져 있다. 특히 미세아교세포가 활동하면 다양한 화학적 부산물을 분비하는데 이것이 세포 독성체(세포에 유해한)이고 대뇌 염증이나 혈뇌장벽을 개방시키는 것으로 알려져 있다.

5. 신경전달

실어증이나 치매와 같은 의사소통장애는 신경망 내에서 정보전달을 손상시킨다. 신경망에서 정상적으로 정보를 전달하는 것은 정상적인 의사소통과 인지 작용에 필수적이다. 다양한 종류의 신경병리는 정보의 효과적이고 빠른 신경전달을 방해하고, 이는 다양한 의사소통과 행동적 문제를 일으킨다. 따라서 언어치료사는 신경전달과 신경전달물질에 대한 기본적 지식을 갖추어야 할 필요가 있다.

1) 신경전달물질

인간의 신경계는 신경섬유에 의해 물리적으로 완벽하게 연결되어 있지 않다. 그보다는 개개 뉴런의 집합이라고 보는 것이 옳다(Nolte, 2002). 이러한 신경망 내에서는 물리적 공간이 존재한다. 앞에서 말한 것처럼, 축삭은 두 뉴런이 접합하는 지점에 물리적 공간이 있다(연접 틈새). 이러한 연접 틈새로 인해 신경망 내에서 정보는 전화선처럼 완전히 물리적으로 흐르는 것이 아니며, 이것은 정보를 신경섬유다발을 통해 물리적으로 전달하기보다는 전기화학적 반응으로 정보를 전달한다.

축삭은 전기 충격(electrical impulse)으로 정보를 전달한다. 정보는 다음 뉴런으로 전달되는데, 우리가 알고 있는 것처럼 뉴런 사이에는 물리적 공간(연접 틈새)이 있고 그 공간은 뉴런이 연결되는 지점이다. 따라서 메시지는 전기적인 전도를 통해 직접적으로 전달되지는 않는다. 연접 단계의 정보는 화학적 방법으로 변화하여 전달된다. 연접의 연결을 통해, 좀 더 정확히는 연접 틈새를 통해 이루어지는 신경전달은 전기화학적으로 정보의 변화가 일어난다. 화학적 방법이란 **신경전달물질**(neurotransmitter)을 통하는 것으로 축삭의 종말 단추에 들어 있는 신경전달물질이 연접 틈새에서 확산하여 두 세포 간의 접촉을 돕는 것이다. 확산된 신경전달물질은 후연접 막의 수용기(충격을 수용하는 뉴런)로 들어간다. 신경전달의 연쇄에서 확산된 신경전달물질은 다음 뉴런에 흥분제 혹은 억제제로 작용한다.

신경전달물질의 화학적 변화는 (a) 아미노산, (b) 아민, (c) 펩티드 세 가지로 분류된다. 아미노산과 아민은 때에 따라 하나로 분류되기도 하는데, 그 이유는 분자

구조가 유사하기 때문이다. 펩티드는 분자구조가 크기 때문에 따로 분류한다. 일반적으로 작은 분자구조는 짧은 반감기를 가지는 반면 큰 분자구조를 가진 신경전달물질은 효과가 일어나는 데 시간이 걸리는 편이다.

아미노산(amino acid)의 종류에는 감마아미노부티르산(gamma-aminobutyric acid, GABA), 글루탐산염(glutamate, Glu), 글리신(glycine, Gly)이 있다. **아민**(amin)은 아세틸콜린(acetylcholine, Ach), 도파민(dopamine), 에피네프린(epinephrine), 히스타민(histamine), 노르에피네프린(norepinephrine), 세로토닌(serotonin)이 있다. **펩티드**(peptide)에도 여러 종류가 있는데 콜레키스토키닌(cholecystokinin, CCK), 디놀핀(dynorphin), 뉴로펩티드(neuropeptide), 소마토스타틴(somatostatin)이 있다. 각 뉴런은 특정 종류의 신경전달물질을 방출한다. 예를 들면, 대부분의 **중추신경계 연접**은 정보를 빠르게 전달하기 위해 아미노산(글루타민, 감마아미노부티르산, 글리신)을 방출하고 아세틸콜린은 **신경근접합부**(neuromuscular junction)와 말초신경계 구석구석까지 빠르게 정보를 전달한다. 이에 반해 중추신경계에서 아세틸콜린의 전달은 다소 시간이 걸린다. 아세틸콜린은 수의적 운동을 조절한다. 모든 신경전달물질은 느린 형태의 정보 전달에 관여한다.

다양한 신경학적 질병이나 외상은 신경전달물질의 방출에 영향을 미친다. 신경전달물질은 신경계 장애로 인한 운동이나 인지적 손상과 관련이 있다. 예를 들어, 뇌간에 있는 도파민 생성 세포의 파괴로 인한 도파민 부족은 파킨슨병(Parkinson's disease)에서 보이는 진전이나 동작 조절 문제와 관련이 있다(이것은 15장에서 설명한다).

이러한 증거는 14장에서 설명한 알츠하이머병(Alzheimer's disease)에서도 볼 수 있는데, 해마(hippocampus)와 전두엽(frontal lobe)에 있는 아세틸콜린의 부족과 관련 있는 것으로 보인다. 파킨슨병을 야기하는 기저핵의 도파민 부족은 진전과 다른 유형의 마비말장애에 의해 일어나는 운동장애와 관련이 있다. 또한 전뇌(forebrain)에서 도파민이 과도하게 생성되는 것은 정신분열증(schizophrenia)과 관련이 있다.

감마아미노부티르산, 아미노산과 글루탐산염에서 파생된 물질은 뇌의 주요 신경전달물질이다. 글루탐산염이 흥분성 신경전달물질인 반면, 감마아미노부티르산은 억제성 신경전달물질이다. 감마아미노부티르산을 생성하는 뉴런이 있는 기저핵, 특히 미상핵과 담창구에 있는 뉴런의 파괴나 죽음은 헌틴턴병 환자들이 보이는 불수의적인 움직임의 원인이 된다.

2) 구심성 신경과 원심성 신경

특정 기능을 전달하도록 특화된 축삭이나 수상돌기 다발 또는 이들 모두를 **신경**(nerve)이라 부른다. 신경은 어떤 정보를 전달하느냐에 따라 크게 운동신경과 감각신경으로 나눌 수 있다.

운동신경(motor nerve) 혹은 **운동 뉴런**(motor neuron)은 근수축(움직임)이나 선의 분비를 일으킨다. 운동신경은 충동을 중추신경계에서 다른 곳으로 전달하기 때문에 **원심성 신경**(efferent nerve)이라고 불린다. 효과기에서 끝나는 원심성 신경은 선의 분비나 근육 운동을 일으킨다. 운동 혹은 원심성 신경은 뇌에서 시작하여 근육에서 끝난다. 본질적으로 뇌는 원심성 신경을 통해 선과 근육에 명령을 내린다.

감각신경(sensory nerve)은 말초에 있는 감각 기관에서 뇌로 감각 충동을 전달한다. 정보가 말초에서 중추 쪽으로 전달되기 때문에 감각신경은 **구심성 신경**(afferent nerve)으로 알려져 있다. 구심성 신경은 신체 내부 환경에 대한 정보(내장 감각)뿐만 아니라 외부의 환경 정보를 뇌로 전달한다. 감각 기관(예: 눈이나 귀)은 구심성 신경을 통해 뇌로 정보를 전달한다. 뇌로 보내진 정보는 다시 신체활동을 일으키는 구심성 신경 충동을 발생시킨다.

6. 신경계

해부적으로 신경계는 중추신경계와 말초신경계로 나눈다. **중추신경계**(central nervous system)는 뇌와 척수를 말한다. 뇌(brain)는 두개골(skull)에 의해 보호되고 있으며, 척수(spinal cord)는 척주(spinal column)가 보호하고 있다. 대뇌 질병이나 외상에 의해 일어나는 실어증이나 기타 언어장애는 말초신경계보다는 중추신경계와 더 밀접한 관련성이 있다. 그림 2-4는 신경계를 분류한 그림이다.

말초신경계(peripheral nervous system, PNS)는 뇌와 척수를 제외한 신경계의 모든 부분이다. 말초신경계라 불리는 이유는 이들 신경이 뇌 및 척수와 연결되어 있으나 위치적으로 뇌로부터 멀리 떨어져 있기 때문이다. 말초신경계는 뇌신경과 척수신경, 내장신경으로 구성된다.

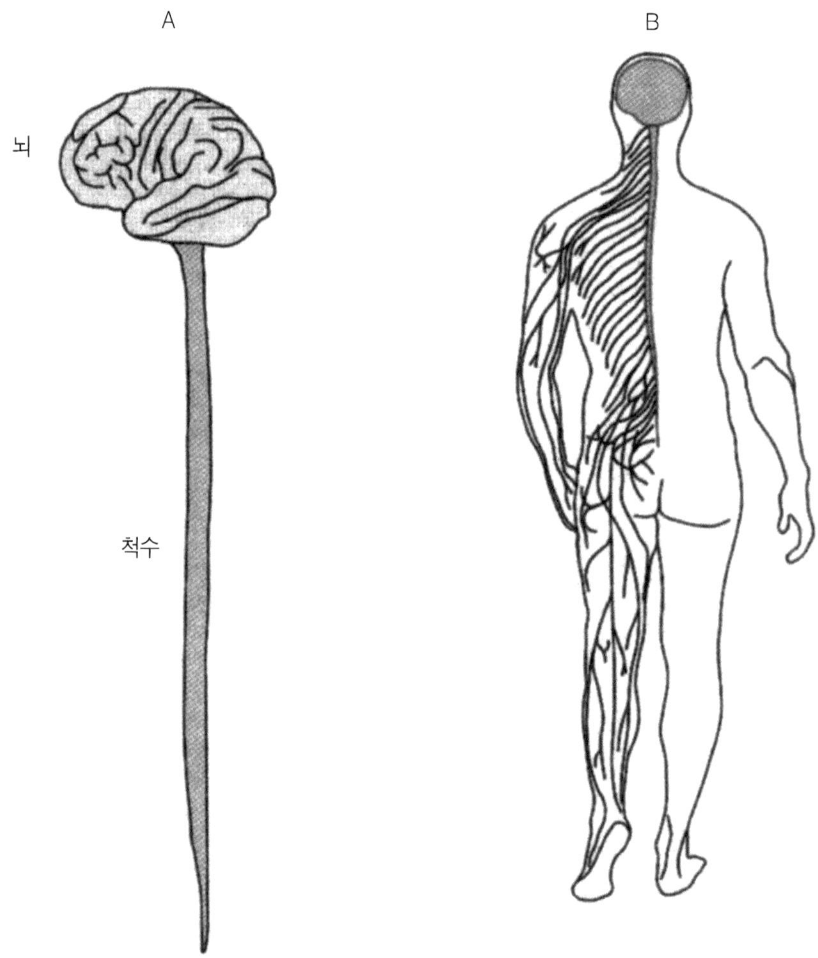

그림 2-4. 신경계를 이루는 두 개의 주요 분류. A는 중추신경계, B는 뇌신경과 척수신경을 포함한 말초신경계를 나타낸다.

1) 말초신경계

앞서 설명했던 바와 같이, 말초신경계(PNS)란 두개골과 척주 바깥에 있는 신경계를 지칭하는 용어이다. 뇌신경, 척수신경, 자율신경의 일부분이 말초신경계에 속한다.

뇌신경(cranial nerve)은 뇌간(brain stem)에서 기시하며, 뇌의 바닥면에 붙어 있다(뇌간 및 뇌신경 영역에서 뇌신경의 분포를 볼 수 있다). 뇌신경은 후두, 혀, 인두, 얼굴, 목, 머리의 여러 근육에 분포하고 있다. 이러한 형태의 신경분포로 인해 음성 및 말소리 산출에 중요한 역할을 한다. 뇌신경은 총 12쌍으로 구성되어 있다.

I. 후신경(olfactory n.): 후각(감각신경)
II. 시신경(optic n.): 시각(운동신경)
III. 동안신경(oculomotor n.): 안구운동(운동신경)
IV. 활차신경(trochler n.): 안구운동(운동신경)
V. 삼차신경(trigeminal n.): 안면(감각신경), 하악(운동신경)
VI. 외전신경(abducens n.): 안구운동(운동신경)
VII. 안면신경(facial n.): 혀(감각신경), 안면(운동신경)
VIII. 전정청각신경(verstibular acoustic n.): 청각과 균형(감각신경)
IX. 설인신경(glossopharyngeal n.): 혀와 인두(감각신경), 인두(운동신경)
X. 미주신경(Vagus n.): 후두, 호흡, 심장, 위장계(감각과 운동신경)
XI. 부신경(accessory n.): 어깨, 팔, 가슴의 움직임(운동신경)
XII. 설하신경(hypoglossal n.): 혀의 움직임(운동신경)

뇌신경은 감각이나 운동 정보를 전달하거나 혹은 두 가지 모두를 전달하기도 한다. 이렇게 감각과 운동을 모두 다루는 신경을 혼합신경(mixed nerve)이라 한다. 뇌신경은 언어를 이해하고 산출하는 데는 중요하지 않지만 효율적인 의사소통의 관점에서는 중요하다. 뇌신경에 손상을 입으면, 운동구어장애인 마비말장애(dysarthria)를 나타낸다. 실어증이나 뇌손상 환자 중 일부가 이러한 구어 산출 문제를 나타내기도 한다.

척수신경(spinal nerve)은 척수에서 기시된다. 31쌍으로 구성된 척수신경은 8쌍의 경신경(cervical n.)과 12쌍의 흉신경(thoracic n.), 5쌍의 요신경(lumbar n.), 5쌍의 천골신경(sacral n.), 1쌍의 미골신경(coccygeal n.)으로 구성된다. 8쌍의 경신경을 비롯한 31쌍의 척수신경의 이름은 각 신경이 기시되는 척주의 명칭에서 따온 것이다(경추, 흉추, 요추, 천추, 미추). 척수신경은 감각 정보는 중추신경계로 전달하고, 운동 정보는 근육으로 전달하는 기능을 한다.

척수신경은 언어의 이해나 표현에는 중요한 역할을 하지 않지만, 말소리의 산출에는 중요한 역할을 하는데, 그 이유는 일부 척수신경이 정상적인 구어 산출에 핵심적인 기능을 하는 호흡을 조절하기 때문이다. 호흡을 담당하는 척수신경에 손상을 입게 되면, 호흡 근육의 기능이 손상된다. 이러한 호흡 근육의 기능 손상은 운동구어장애와 연관된다.

자율신경계(autonomic nervous system)는 대부분이 신체 내부의 작용에 관련하고 있다. 자율신경계는 장기나 혈관과 같은 평활근이나 신체의 내분비기관에 분포하여 심장박동이나 혈압과 같은 불수의적인 기능을 통제한다. 자율신경계는 교감신경계(synpathetic branch)와 부교감신경계(parasynpathetic branch)로 나눌 수 있다. 교감신경계는 스트레스를 받거나, 긴장하거나, 긴급한 상황에 직면했을 때 일어나는 신체 기능을 조절한다. 우리의 신체는 스트레스를 받거나 긴장하거나 긴급한 상황에서 심박수나 혈압, 소화 기능과 같은 특정 신체 반응이 증가하지만, 스트레스 상황이 지나가면 신체적 반응이 평소 수준으로 돌아온다.

이 책은 말초신경계에 대해 자세히 다루지 않는데, 그 이유는 말초신경계가 대뇌손상으로 인한 언어장애와는 직접적인 관련이 없기 때문이다. 그러나 신경언어장애를 공부하는 학생들은 말소리 산출과 운동구어장애를 전체적으로 이해하기 위해 말초신경계(특히, 뇌신경)를 공부해야 한다.

2) 중추신경계

1장에서 브로카와 베르니케가 발견한 바와 같이, 뇌가 언어의 이해나 표현에 있어서 가장 중요한 기관이라는 것은 명백한 사실이다. 임상 사례를 근거로 하면, 간질이 있는 환자의 뇌를 지도화한 결과, 뇌와 구어행동 간의 관계나 뇌병리와 의사소통장애 간의 관계성이 확실해졌다.

중추신경계(CNS)는 뇌와 척수를 포함한다. 신경언어장애의 연구와 특히 관련이 있는 중추신경계를 이루는 구조물은 다음과 같다.

- 척수(Spinal cord)
- 뇌간(Brain stem)
- 소뇌(Cerebellum)
- 대뇌(Cerebrum)

그림 2-5는 중추신경계의 주요 구조물을 대략적으로 표시한 것이다.

(1) 척수

척수는 중추신경계의 일부이나 척수신경은 말초신경계의 일부이다. 척주 속에 위치한 신경섬유다발인 **척수**는 원통모양으로 뇌간의 가장 아래쪽에 있는 연수의 아랫부분과 붙어 있다. 그림 2-6은 척수를 그린 것과 척수를 절개한 사진이다.

앞에서 기술한 것처럼, 척수의 신경섬유(척수신경)는 근육과 선을 비롯한 여러 기관으로 운동 신호를 전달한다. 척수신경은 말초 기관에서 일어나는 고통, 촉감, 온도 및 압력과 같은 감각 신호를 뇌로 전달한다. 척수는 또한 모든 반사 활동을 시작한다. 따라서 척수는 뇌와 함께 신체와 접촉을 유지하는 주요 구조물이다.

(2) 뇌간

척수의 가장 위는 뇌간의 가장 아랫부분과 맞닿아 있다. 그림 2-7에서 보이는 **뇌간**은 연수, 교, 중뇌로 나뉜다. 연수는 뇌간에서 가장 아래쪽(꼬리 쪽)에 위치하며, 중뇌는 가장 위쪽, 교는 중간에 위치한다. 그림 2-7에서 보이는 것처럼 뇌신경은 모두 뇌간에서 기시한다.

연수(medulla 혹은 medulla oblongata)는 또한 **숨뇌**(myelencephalon)라고 불리며, 두개골 기저에 있는 대후두공(foramen magnum)을 통해 빠져나와 척수의 가장 윗부분과 연결된다. 즉, 연수의 시작이 척수의 끝이 된다. 뇌와 소뇌에서 시작하는 모든 신경섬유가 연수를 통해 척수로 내려간다. 또한 연수에는 여러 중추가

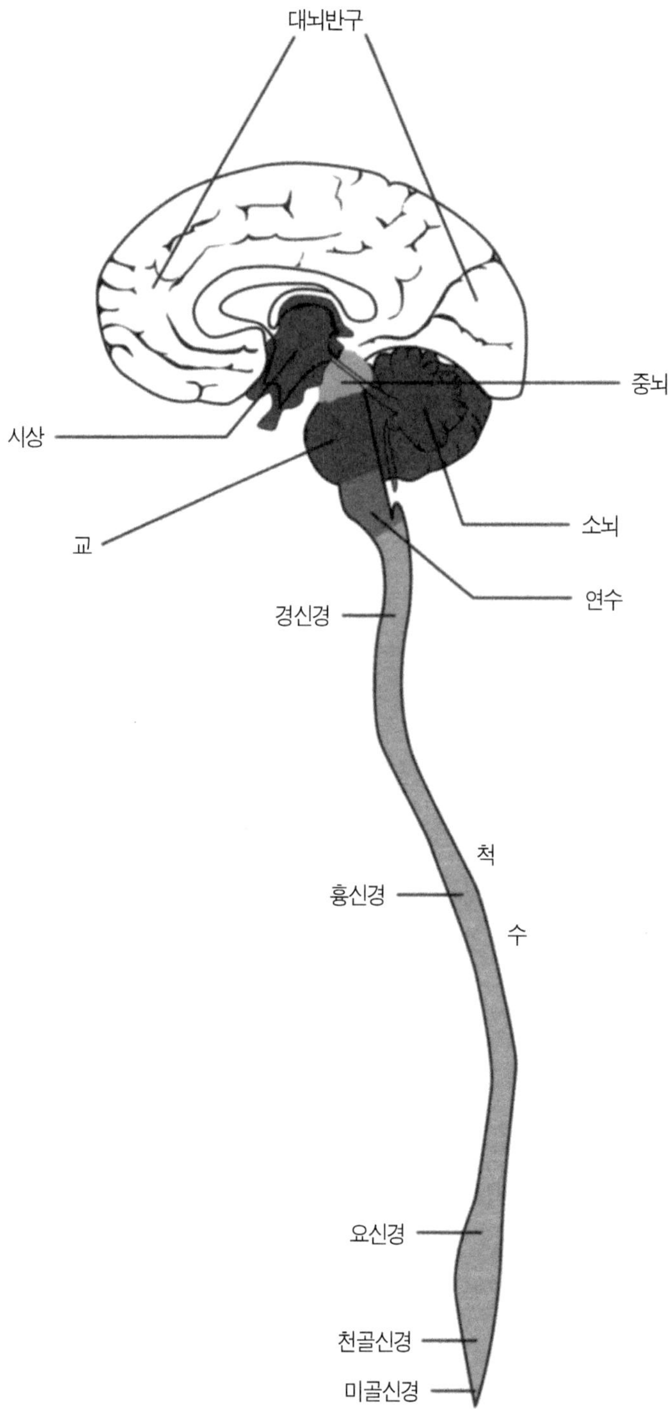

그림 2-5. 중추신경계.

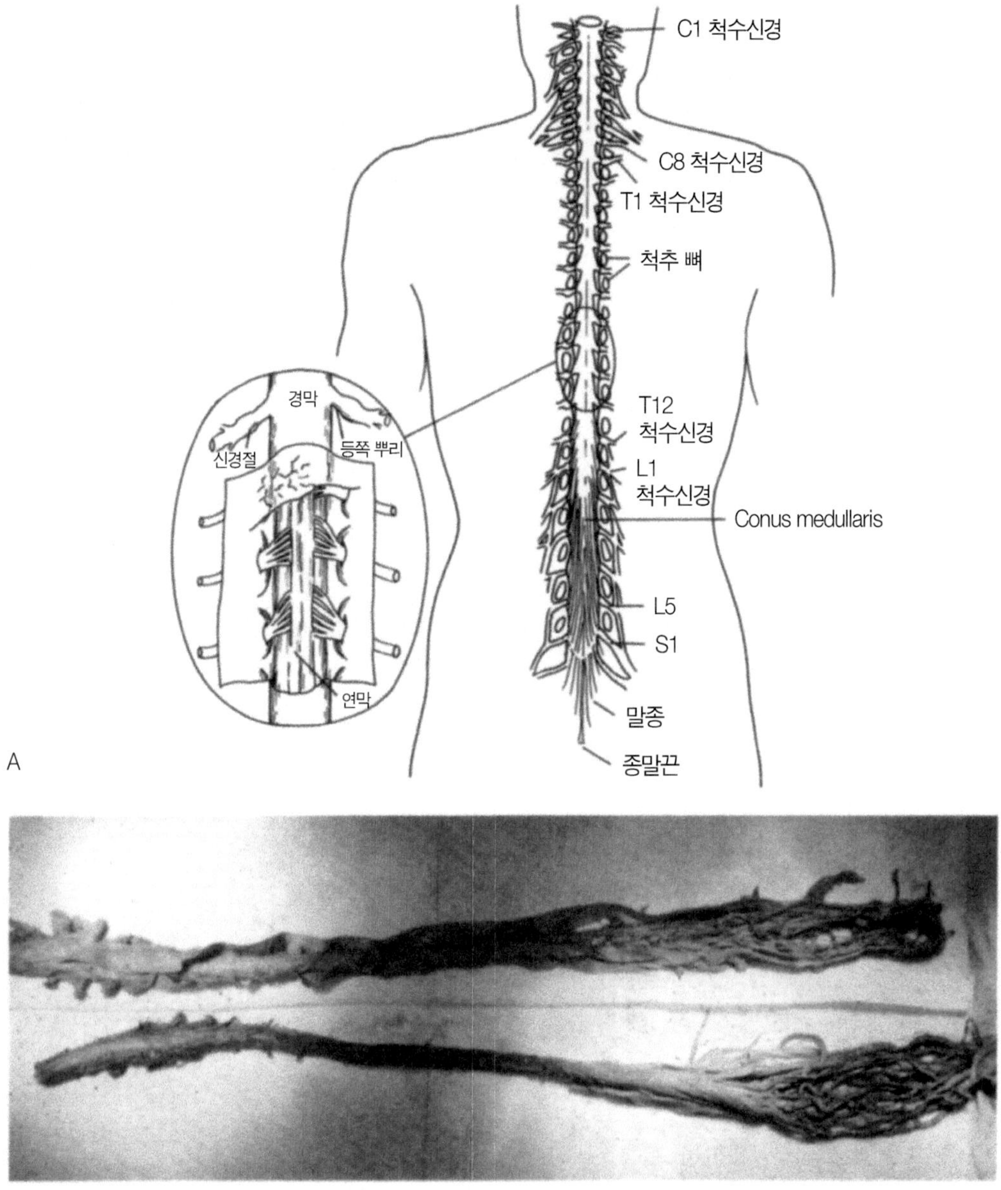

그림 2-6. 척수.

출처: Seikel, J. A., King, D. W., & Drumright, D. G. (2005). *Anatomy and physiology for speech, language, and hearing* (3rd ed.). Albany, NY: Thomson Delmar Learning. p. 517, 그림 12.8에서 발췌. 허락하에 인용함.

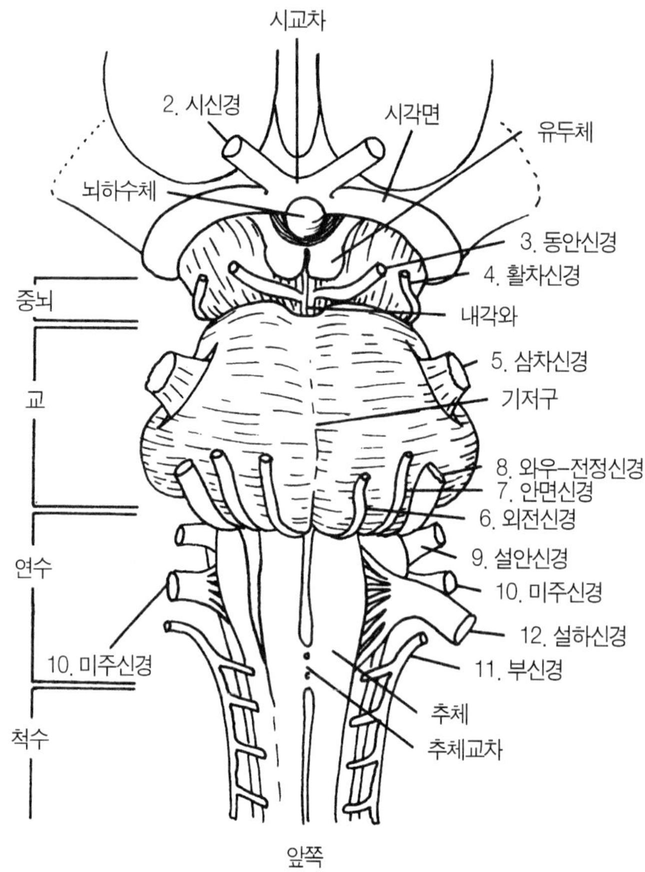

그림 2-7. 뇌간.

출처: Seikel, J. A., King, D. W., & Drumright, D. G. (2005). *Anatomy and physiology for speech, language, and hearing* (3rd ed.). Albany, NY: Thomson Delmar Learning. p. 554, 그림 12.26에서 발췌. 허락하에 인용함.

존재하는데 이러한 중추가 하는 일은 소화나 호흡(구어에 영향을 주는), 혈압, 심장 박동수 조절이다.

교(pons)는 **후뇌**(metencephalon)의 일부로 소뇌반구와 연결되는 다리이다. 교는 듣기와 균형 잡기와 관련이 있으며, 2개의 뇌신경(삼차신경, 안면신경)이 교에서 기시한다. 또한 교는 대뇌반구에서 오는 움직임에 관한 정보를 소뇌로 전달한다.

중뇌(midbrain)는 중간뇌(mesencephalon)라고도 불리며 교 위에 위치한다. 뇌신경 III과 IV가 중뇌에서 기시한다. 중뇌는 눈의 움직임이나, 자세 반사, 시각과 청각 반사의 조절과 같은 감각과 운동 기능을 조종한다.

(3) 소뇌

소뇌(cerebellum)는 후뇌(hind brain)의 대부분을 차지한다. 소뇌는 뇌간의 뒤쪽을 대부분 덮고 있으며, 뇌의 기저에 위치한다(교와 연수의 후방에 위치). 소뇌는 때로 '작은 뇌'라고도 불리는데 그 이유는 소뇌는 중추신경계의 다른 부분처럼 많은 뉴런이 존재하기 때문이다. 소뇌도 대뇌처럼 반구(hemisphere)를 가지고 있는데 이를 소뇌반구(cerebellar hemisphere)라고 부른다(대뇌반구와 혼동하지 말아야 한다). 그림 2-8은 소뇌를 아래와 옆에서 본 그림이다.

각 소뇌반구에는 엽(lobe)이 있으며, 각 반구에는 전엽(anterior lobe)과 후엽(posterior lobe), 편엽소절엽(flocculonodular lobe)이 있다. 소뇌는 피질과 같은 열(fissure)이 있고 표면에는 소뇌이랑(folia)이라고 불리는 작은 능선으로 채워져 있다. 소뇌의 표면은 회색질이고 안쪽은 백질로 구성된다. 백질의 중심에는 소뇌피질과 연결되는 중요한 신경섬유가 있다.

소뇌는 운동계의 일부분으로 신체 움직임의 힘과 범위를 조절한다. 소뇌가 운동을 시작하지는 못하지만, 운동 및 구어에 필요한 움직임을 부드럽고 리드미컬하게 만들어 준다. 소뇌의 손상은 실조형 마비말장애(ataxic dysarthria)를 일으키는데, 이는 조음과 운율에 문제를 보인다. 또한 소뇌가 손상되면 움직임의 불협응이나 자세 조절의 손상, 수의적인 움직임의 문제를 일으킨다.

(4) 간뇌

간뇌(diencephalon)는 뇌간과 대뇌반구 사이에 위치한다. 간뇌는 대뇌피질의 아래쪽에 있으며, 중뇌의 위쪽 벽을 형성한다. 좁고 긴 공간인 제3뇌실의 안에는 뇌척수액(cerebrospinal fluid)이 차 있다. 간뇌는 4개의 주요 구조물로 구성되는데, 시상(thalamus), 시상상부(epithalamus), 시상밑부(subthalamus), 시상하부(hypothalamus)가 그것이다. 특히 시상은 언어치료사에게 중요한 구조물이다. 그림 2-9는 기저핵과 시상 및 간뇌를 보여 준다.

시상(thalamus)은 간뇌에서 가장 큰 구조물이다. 뇌량의 위쪽에 위치하고 있으

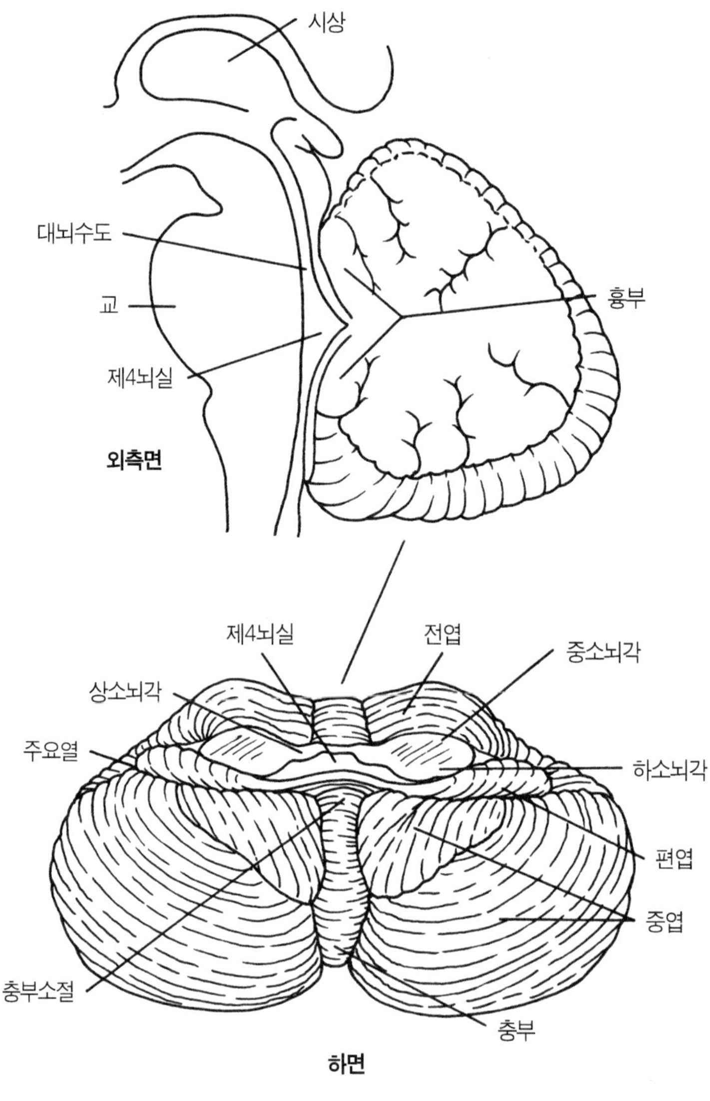

그림 2-8. 소뇌.

출처: Seikel, J. A., King, D. W., & Drumright, D. G. (2005). *Anatomy and physiology for speech, language, and hearing* (3rd ed.). Albany, NY: Thomson Delmar Learning. p. 548, 그림 12.23에서 발췌. 허락하에 인용함.

며 시상의 아래에는 시상하부가 있다. 시상은 감각 정보를 통합하여 이를 피질 영역으로 중계하고, 또한 기저핵과 소뇌에서 보내는 운동 충동에 대한 정보를 받아 피질의 운동 영역으로 보낸다. 시상은 의식과 각성을 유지하는 역할을 담당한다.

추후에 자세한 연구가 필요하겠지만, 재미있는 사실은 시상이 구어와 언어에 일부 역할을 담당한다는 것이다. 최근 연구에 의하면 시상 실어증(thalamic aphasia)의 가능성이 제기되고 있다. 이에 더하여 왼쪽 시상 영역에 자극을 주면 말더듬이 일어난다는 주장도 있다(Bhatnager, 2002). 7장에서 시상 실어증에 대해 더욱 자세히 공부할 것이다.

(5) 기저핵

뇌의 안쪽 중심부에서 발견되는 **기저핵**(basal ganglia)은 시상 근처에 위치하는 구조물이다. 이런 피질하 구조물들은 신경학적 의사소통장애를 이해하는 데 있어 중요하다. 파킨슨병에 의해 일어나는 치매는 기저핵에서 발생되는 신경화학적인 장애이다.

일부 전문가는 기저핵을 간뇌의 일부로 분류하지만, 대부분의 전문가들은 기저핵을 간뇌에서 독립된 기관으로 본다. 학자에 따라 차이가 있으나, 대부분 미상핵(caudate nucleus), 피각(putamen), 담창구(globus pallidus)를 기저핵에 포함하는 경향이 있다. 또한 흑질(substantia nigra)과 뇌간 구조물에 있는 시상하핵은 기저핵의 일부로 분류하는데, 그 이유는 이들의 기능이 기저핵과 관련이 있기 때문이다. 피각과 담창구를 합하여 렌즈핵(lenticular nucleus)이라고 부르는데 그 이유는 두 핵이 서로 근접해 있기 때문이다. 반면 미상핵과 피각을 합하여 선조체(striatum)라고 부르기도 하는데 그 모양이 줄무늬 형태를 띠기 때문이다. 그림 2-9는 기저핵과 시상을 나타낸 그림이다.

미상핵(*caudate*는 라틴어로 꼬리를 의미)은 측뇌실의 옆쪽을 두르듯이 위치해 있다. 알파벳 'C' 모양의 미상핵의 끝에는 편도체(amygdaloid nucleus)가 붙어 있고, 몸체는 측뇌실의 벽을 형성한다. 비교적 큰 머리 부분은 피각의 앞쪽과 연결되어 있다.

미상핵이 피각과 연결되어 있는 이유는 피각이 미상핵의 꼬리 쪽과 측면에 붙어 있기 때문이다. 담창구는 피각의 중간쯤에 위치한다. 흑질은 피각과 미상핵으로 신경섬유를 투사한다. 마지막으로 시상하부핵은 이름과 같이 시상의 아래에 위치하고 있다.

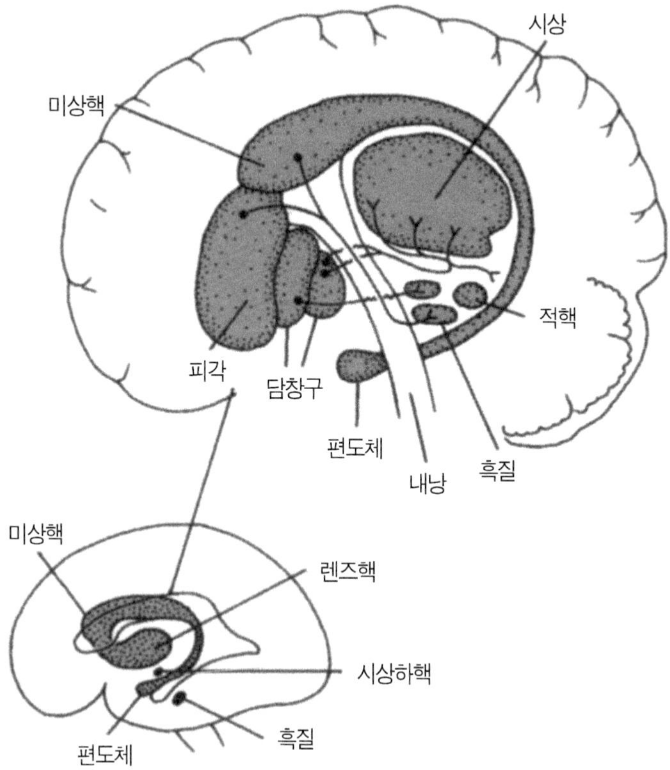

그림 2-9. 기저핵과 시상.

출처: Seikel, J. A., King, D. W., & Drumright, D. G. (2005). *Anatomy and physiology for speech, language, and hearing* (3rd ed.). Albany, NY: Thomson Delmar Learning. p. 539, 그림 12.19에서 발췌. 허락하에 인용함.

기저핵은 전두엽에서 대부분의 정보를 받고 시상을 통해 고위 중추로 정보를 되돌려 보낸다. 기저핵은 움직임을 조절하는 데 있어서 매우 중요한 역할을 하는데, 이는 기저핵에서 신경전달물질인 도파민, 감마아미노부티르산, 아세틸콜린을 생산하기 때문이다. 억제효과를 가지는 이러한 신경전달물질은 움직임을 조절하면서 규칙적으로 움직일 수 있도록 도움을 준다.

기저핵의 손상이나 그로 인한 장애는 신경전달물질의 생산 및 확산에 문제를 일으키며, 그 결과로 기저핵이 손상된 환자는 다양한 움직임의 문제를 보인다. 파킨슨병이나 헌팅턴병은 기저핵의 손상이나 질병과 관련이 있다. 기저핵의 기능적 손상과 관련이 있는 운동장애는 운동이상증(dyskinesias, 수의적 운동 시 진전이 일어남), 운동감소증(hypokinesia, 움직임의 범위가 감소함), 운동완만증(bradykinesia, 움직임이 느려짐)을 포함한다. 환자는 이상한 자세를 보이거나 근긴장도에 손상을 보이며, 또한 운동구어장애인 마비말장애(dysartheia)를 나타낸다.

결국 파킨슨병이나 헌팅턴병을 앓고 있는 환자는 치매나 인지 의사소통의 문제를 일으키게 될 것이다. 또한 우울증과 같은 정신과 질환(특히, 파킨슨병의 경우)이나 기분장애(특히, 헌팅턴병의 경우)도 일어나게 될 것이다. 파킨슨병과 헌팅턴병은 15장에서 더 자세히 다룰 것이다.

(6) 백질과 신경섬유다발

대뇌의 백질 안쪽에서 발견되는 광범위한 신경섬유망은 대뇌의 구조물들끼리 서로 연결한다. 대뇌에서 오고가는 정보는 피질하 백질을 통해 전달된다. 여러 종류의 신경섬유다발이 대뇌의 구석구석까지 정보가 전달되도록 하는데, 신경다발을 통해 전달되는 정보를 통해 대뇌는 감각자극에 대한 정보를 받고, 운동을 계획하며, 여러 대뇌 구조물 간에 협력을 이루게 된다.

연결섬유는 짧은 것과 긴 것이 있다. 단섬유는 인접 영역을 연결해 주는 반면 장섬유는 원거리 영역을 연결한다. 장섬유는 일반적으로 속(fasciculus)이나 **다발**(fasciculi)이라 불린다. 대뇌 중심부의 백질에서 발견되는 연결섬유는 투사섬유(projection fiber), 교련섬유(commissural fiber), 연합섬유(association fiber)로 분류된다.

투사섬유(projection fiber)는 긴 끈 모양의 섬유다발로 대뇌로 감각 정보를, 근육과 선으로 운동 정보를 전달한다. 투사섬유는 고위 중추인 피질과 하위 중추인 뇌간, 척수를 연결해 준다. 투사섬유는 뇌간 근처에 있는 내낭(internal capsule)을 통과하여야 하므로 그 형태가 조밀하다. 투사섬유가 뇌 영역으로 올라오면 방사관(대뇌부챗살, corona radiata)이라고 불리며 그 모양이 넓게 펼쳐지는데, 이는 대뇌의 다른 영역으로 정보를 보내기 위해서이다. **그림 2-10**은 방사관을 그린 것이다.

원심성 투사섬유는 시상과 기저핵을 통과한다. 이 섬유는 근육과 선에 운동 명령을 전달한다. 구심성 투사섬유는 대뇌에서 말초 감각 기관으로 감각 정보를 전

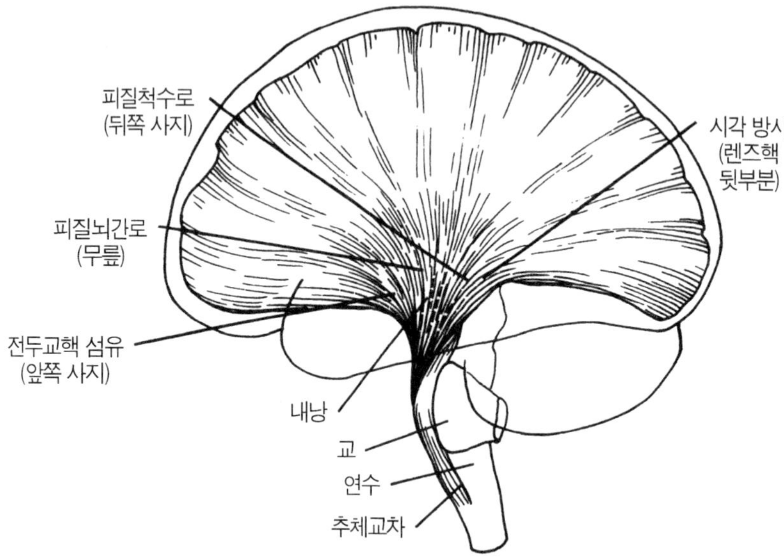

그림 2-10. 방사관(대뇌부챗살).

출처: Seikel, J. A., King, D. W., & Drumright, D. G. (2005). *Anatomy and physiology for speech, language, and hearing* (3rd ed.). Albany, NY: Thomson Delmar Learning. p. 537, 그림 12.18에서 발췌. 허락하에 인용함.

달한다.

연합섬유(association fiber)는 단연합섬유(short association fiber)와 장연합섬유(long association fiber)가 있다. 짧고 긴 것에 관계없이 모든 형태의 연합섬유는 하나의 반구 안에 위치한다. 즉, 연합섬유는 **반구 내**(intrahemispheric) 연결을 담당한다. 단연합섬유는 근접 구조물을 연결하며, 장연합섬유는 같은 반구 내의 원거리에 있는 구조물을 연결한다. 장연합섬유속(fasciculus)은 좀 더 먼 대뇌 영역 간을 연결한다. 예를 들어, **하종속**(하종단다발, inferior longitudinal fasciculus)은 측두엽과 후두엽을 연결하고, **구상속**(갈고리다발, uncinate fasciculus)은 전두엽과 측두엽을 연결한다. 이러한 연합섬유들은 한 반구 내에서 구조물 간의 정보전달을 담당한다.

언어치료사의 관점에서 보면 가장 중요한 장연합섬유는 **궁형속**(arcuate fasciculus)으로 알려진 **상종속**(superior longitudinal fiber)이다. 궁형속은 상종속의 가

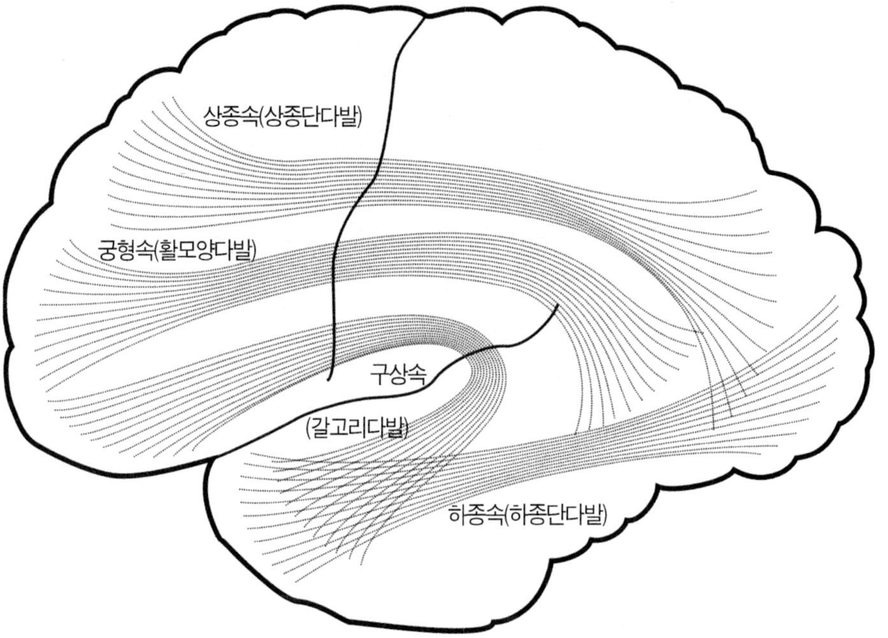

그림 2-11. 신경섬유다발. 반구 내에서 다른 영역을 연결시켜 주는 장연합섬유.

출처: Kent, R. (1998). *The Speech Science*. Albany, NY: Thomson Delmar Learning. p. 243, 그림 7.17에서 발췌. 허락하에 인용함.

지로 이 신경다발은 활모양으로 전두엽 아래쪽에서 시작하여 측두엽의 전후측에서 끝난다. 궁형속은 피질 표면의 바로 아래에 있기 때문에 상종속이라고 불린다.

상종속(특히, 궁형속 가지)은 브로카 영역과 베르니케 영역을 연결한다. 이 섬유는 언어 습득, 명제적 언어 산출, 언어성 기억에 있어 중요한 기능을 담당한다. 상종속은 전두엽과 두정엽, 후두엽의 피질을 연결한다.

그림 2-11은 대뇌의 여러 영역을 연결하는 다양한 다발들을 보여 준다.

교련섬유(commissural fiber)는 대뇌종렬에 의해 나누어진 좌우 대뇌반구를 연결하는 신경섬유다발이다. 연합섬유는 반구 내 연결을 하는 반면, 교련섬유는 반구 간 연결을 한다. **뇌량**(corpus callosum)은 교련섬유에서 가장 중요한 섬유다발이다. 좌우반구의 기저에서 발견할 수 있으며 측뇌실의 가장 아랫부분에 위치하는 뇌량은 두 좌우반구를 연결하는 굵은 신경다발로 약 300~400만 개의 신겸섬유다발로 이루어진다. 그림 2-12는 뇌량을 보여 준다.

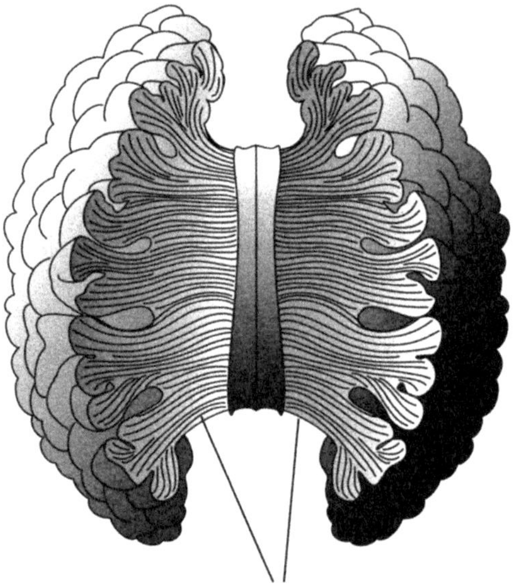

그림 2-12. 좌우반구를 연결시켜 주는 뇌량.

출처: Kent, R. (1998). *The Speech Science*. Albany, NY: Thomson Delmar Learning. p. 249, 그림 7.18에서 발췌. 허락하에 인용함.

뇌량이 손상되면 좌우반구의 연결이 단절될 수 있다. 좌우반구의 연결이 단절되는 것을 **단절 증후군**(disconnection syndrome)이라고 하며, 움직임, 읽기, 이름대기의 문제를 일으킨다.

3) 뇌량과 분할 뇌 논쟁

일부 간질(epilepsy) 환자의 경우 한쪽 반구에서 일어나는 대발작(seizure)이 다른 반구로 전이될 수 있으며, 이 경우 **뇌량절개술**(commissurotomy)을 실시한다. 뇌량을 절개하게 되면 좌우반구의 연결이 분리되어 각 반구는 독립적으로 기능한다. 이러한 분할 뇌(split brain) 환자는 우반구가 아는 것을 좌반구는 알지 못하는 상태가 된다. 좌반구는 논리적이고 분석적이고 언어적 기술을 가지는 반면, 우반구는 직관적이고 전체적이며 공간지각 기술이 우세한 반구이다. 이러한 관찰에 근거하면, 환자들이 좌뇌형 인간인지 우뇌형 인간인지 알 수 있다.

최근의 연구는 사람을 좌뇌형과 우뇌형으로 분리하는 것은 정상적 기능을 과장한 것이라고 주장한다. 좌우반구는 특정 과제를 수행할 때 한쪽 반구가 다른 쪽 반구보다 더 우세하게 활동하지만 종종 두 반구가 통합하여 하나로 수행하기도 한다.

(1) 대뇌피질

대뇌피질(cerebral cortex) 혹은 **대뇌**라고 불리는 이 구조물은 신경계에서 고도의 통합과 실행 기능을 담당한다. 이것은 가장 높은 수준의 대뇌 기능을 가능하게 하는데 이러한 대뇌 기능에는 일상적 사고와 논리적, 추상적, 수리적 추론, 기억, 언어 산출, 예술과 과학을 포함하는 창조적 활동, 판단과 감정 표현이 있다. 대뇌피질은 뇌의 바깥층을 말한다. 이 얇은 층(두께 약 2~4mm)의 넓이는 약 23cm^{2}이다. 진화론의 관점에서 대뇌피질은 모든 뇌 구조물 중에서 가장 최근에 진화하였으므로 대뇌를 신피질(neocortex)이라고 부르기도 한다. 인간의 뇌에 대한 기본적인 정보를 다음에 기술하였다.

- 뇌는 약 100억~140억 개의 뉴런으로 이루어져 있다. 전체 뉴런 중 2/3가 여러 열(fissure)에 묻혀 있다.
- 인간의 경우 뇌의 평균 무게는 약 1.4kg 정도이다.
- 대부분의 피질 영역은 6겹의 층으로 이루어져 있고, 가장 바깥쪽 층은 회색이다.
- 대뇌피질은 길고 두꺼운 신경섬유다발(뇌량과 전교련)에 연결된 좌우반구를 감싸고 있다.
- 각 반구 내의 여러 영역은 단연합섬유에 의해 연결된다.
- 피질은 나무껍질을 뜻하는데 그 이유는 피질이 나무껍질 모양을 닮았기 때문이다.
- 피질의 표면은 피질이 접혀 있는 형태의 언덕과 계곡으로 구성되어 있다.

회(이랑, gyrus, gyri)는 피질이 접혀 말려 올라간 언덕이다. 여러 이랑은 피질의 경계를 형성하여 구별할 수 있도록 도움을 준다. **열**(sulci, sulcus)이나 고랑(fis-

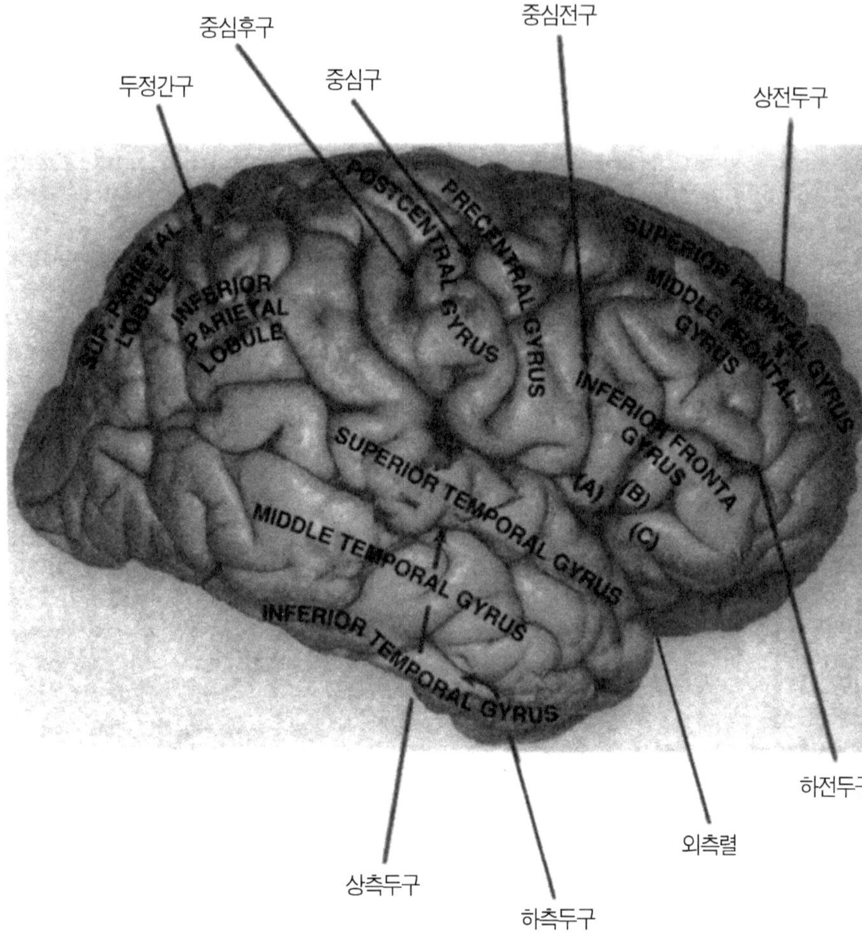

SUP. PARIETAL LOBULE : 상두정소엽
INFERIOR PARIETAL LOBULE : 하두정소엽
POSTCENTRAL GYRUS : 중심후회
PRECENTRAL GYRUS : 중심전회
SUPERIOR FRONTAL GYRUS : 상전두회
MIDDLE FRONTAL GYRUS : 중전두회
INFERIOR FRONTAL GYRUS : 하전두회
SUPERIOR TEMPORAL GYRUS : 상측두회
MIDDLE TEMPORAL GYRUS : 중측두회
INFERIOR TEMPORAL GYRUS : 하측두회

그림 2-13. 대뇌의 주요 이랑과 고랑.

sure)은 계곡을 형성하는 피질의 홈이다. **그림 2-13**은 우반구의 주요 이랑과 고랑을 보여 준다.

대뇌종렬(longitudinal cerebral fissure)은 대뇌의 좌반구와 우반구를 분리한다. 이 열은 뇌의 중심에 있는 홈으로 뇌의 가장 앞에서부터 뒤쪽까지 연결되어 있다.

대뇌종렬은 뇌를 앞에서 관찰할 때만 볼 수 있다.

중심구(중심고랑, central sulcus)는 뇌의 가장 꼭대기에서 정중앙으로 내려오는 홈으로 **롤란도 열**(fissure of Rolando)이라고도 불린다. 중심구는 뇌를 전반부와 후반부로 나눈다. 뇌를 위에서 내려다보면 대뇌종렬과 중심구에 의해 뇌가 네 부분으로 나뉘어 있는 것을 볼 수 있다. **그림 2-14**는 대뇌종렬과 중심구를 나타낸 것이다.

뇌를 아래쪽에서 올려다보면 전두엽의 바닥을 볼 수 있는데, 전두엽의 바닥에는

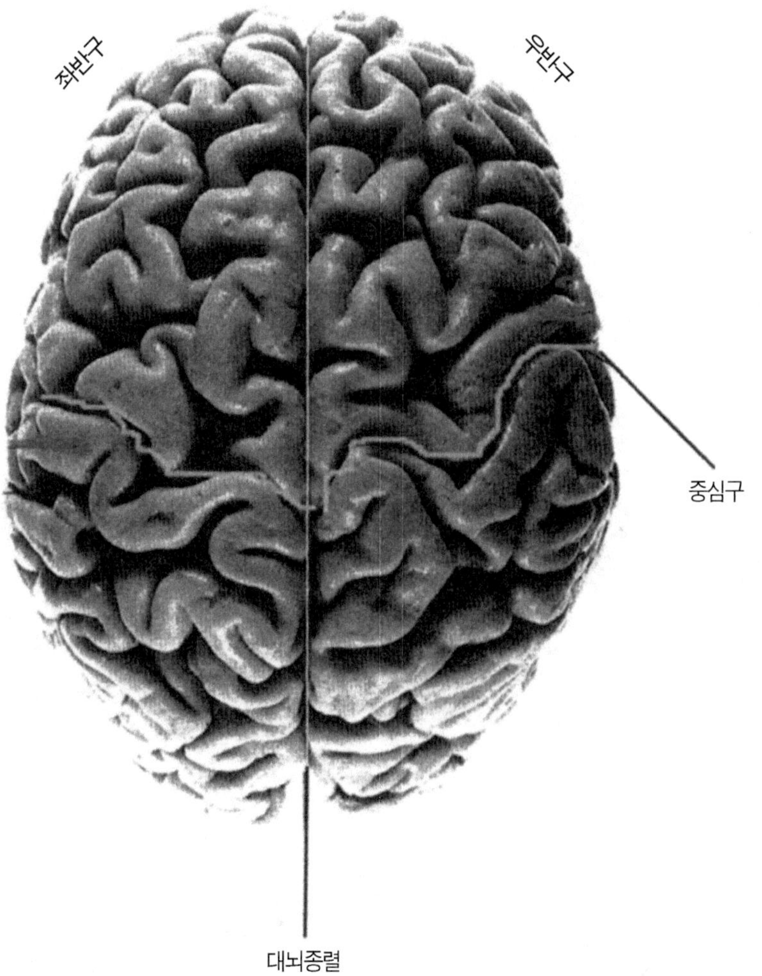

그림 2-14. 대뇌종렬과 중심구.

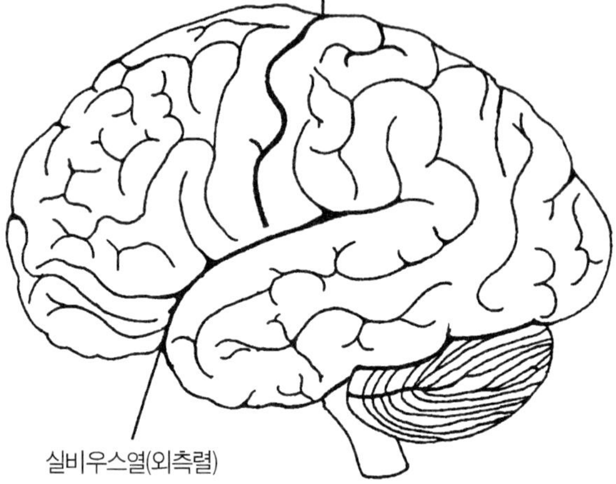

그림 2-15. 중심구와 외측렬

옆으로 가다가 위로 올라가는 깊은 고랑이 있다. 이것을 **외측렬**(외측고랑, lateral cerebral fissure) 혹은 실비우스열(sylvius fissure)이라고 부른다. 실비우스열의 주변부는, 특히 말, 언어 그리고 듣기에 관련된 영역이 몰려 있다. **그림 2-15**는 중심구와 외측렬을 보여 준다.

좌우 대뇌반구는 각각 4개의 뇌엽(lobe)—전두엽, 두정엽, 측두엽, 후두엽—으로 나뉜다. 〔2차 뇌엽으로 도엽(insular lobe)을 말하기도 한다. 도엽은 외측렬 안쪽에 묻혀 있는 타원형의 영역이다.〕 각 엽은 우세한 기능이 있으므로 뇌의 기능을 이해하기 위해서는 4개의 엽에 대해 알아야 할 필요가 있다. **그림 2-16**은 4개의 엽을 보여 준다.

(2) 전두엽

전두엽(frontal lobe)은 구어와 언어에 대단히 중요한 부분이다. 이 엽은 중심구 앞쪽과 외측렬 위쪽에 위치한다. 전두엽은 중심구 앞쪽에 있는 전체 피질로, 모든 뇌엽 중 가장 크며, 전체 피질 중 약 1/3을 차지한다. **그림 2-16**은 전두엽을 포함한 4개의 뇌엽을 보여 준다.

전두엽이 자리하는 중심구의 앞쪽에는 중심전회(중심앞이랑, precentral gyrus)

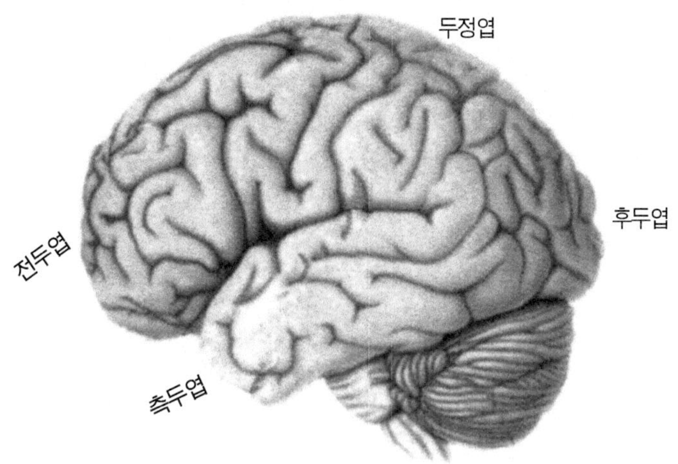

그림 2-16. 대뇌의 4개의 뇌엽.

라고 불리는 크게 부푼 영역이 있다. 이 중심전회는 **1차 운동 영역**(primary motor cortex)의 주요 부분으로 이곳 1차 운동 영역이 위치하는 뇌의 반대쪽 신체(contralateral)의 수의적 운동을 담당한다(그림 2-13 참조). 중심전회는 팔, 손, 손가락, 안면, 입술, 다리, 발의 움직임을 통제한다. 입과 입술, 손, 손가락은 사람에게 중요한 소근육 운동(말을 포함)으로 분류되어 상대적으로 넓은 범위의 영역에서 소근육의 운동을 통제한다. 운동 영역은 **추체로**(pyramidal system)라고 불리는 신경경로를 통해 움직임을 통제한다. 운동 충동은 **추체외로**(extrapyramidal system)라고 불리는 또 다른 회로로 들어간다. 이 추체외로는 복잡한 형태의 간접적 중계역들의 집합이다.

1차 운동 영역의 바로 앞에는 복잡한 소근육 운동을 전문적으로 통제하는 2개의 영역이 존재하는데, 이 영역을 **전운동 영역**(premotor area)과 **보조운동 영역**(supplementary motor area)이라고 부른다(브로드만 영역 6번). 전두엽의 앞쪽 중 나머지 부분은 **전전두영역**(prefrontal cortex, 브로드만 영역 10~12)으로 사고, 문제해결, 의사결정, 계획하기와 같은 인지적 과업을 담당한다. 전전두 영역의 또 다른 기능은 목적의식, 사회적 반응이나 교양, 통찰력 등이 있다.

중심전회가 중심구의 앞에 세로로 위치하는 반면, 전두엽의 다른 중요한 회는

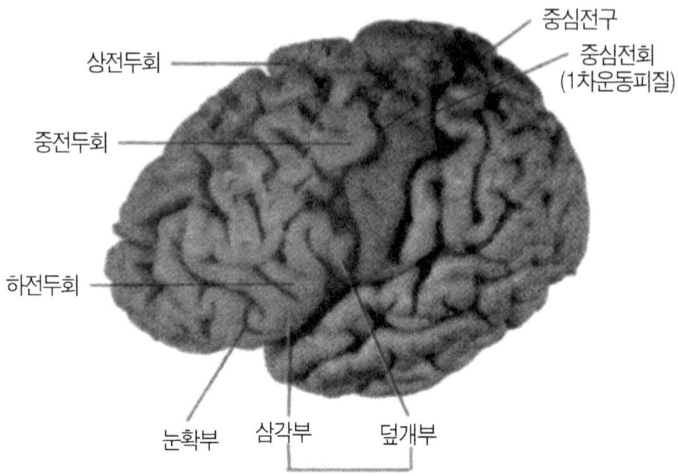

그림 2-17. 측면에서 본 전두엽. 운동피질과 브로카 영역이 보인다.

수평으로 나란히 위치한다. 수평으로 나란히 위치한 세 영역은 위에서부터 차례로 상전두회, 중전두회, 하전두회이다. 이 세 영역 중에서 우세반구(대부분은 좌반구이다)의 하전두회에는 언어 산출능력이 국재화되어 있다. 그림 2-17에는 **브로카 영역**(Broca's area)이 보인다. 브로카 영역은 좌측 전두엽의 하후방, 외측렬과 중심렬이 맞닿는 지역에 위치한다. 브로드만 뇌지도에서 브로카 영역의 위치는 브로드만 영역 44번(45번의 일부 영역까지 확장)이다. 브로카 영역은 말운동 영역으로 알려져 있는데, 이는 브로카 영역이 말을 산출하는 데 필요한 근육의 움직임을 통제하기 때문이다. 브로카 실어증에 의해 일어나는 브로카 실어증은 5장에서 좀 더 자세히 언급할 것이다.

(3) 측두엽

측두엽(temporal lobe)은 뇌의 아래쪽 1/3을 차지한다. 측두엽(*tempus:* 라틴어로 '시간'을 의미)은 측두골(temporal bone) 아래에 위치한다. 사람이 나이를 먹으면 관자놀이에 있는 머리카락부터 세기 때문에 측두골을 시간뼈라고 부른다. 측두엽은 외측렬에서 시작하여 후두엽 앞쪽 부분에 있는 가상의 경계면에서 끝난다. 측두엽은 전두엽과 두정엽 아래, 후두엽 앞에 위치한다. 외측렬이 측두엽과 두정엽 간의 실제적 경계를 형성하지만 측두엽과 후두엽 사이에는 실제적인 경계선이 없다. 측두엽은 마치 엄지손가락을 확대해 놓은 것처럼 보인다.

측두엽에는 기능적으로 3개의 매우 중요한 회가 있는데, 상측두회와 중측두회, 하측두회가 그것이다. 이중 관심을 가져야 할 곳은 1차 청각 영역과 베르니케 영역이다.

상, 중, 하측두회는 측두엽의 외측면에서 찾을 수 있다. **상측두회**(superior temporal gyrus)는 외측렬과 수평을 이루며 위치하고, 두정엽의 각회 쪽으로 올라가면서 끝난다. **중측두회**(middle temporal gyrus)는 상측두회와 하측두회 사이에 위치한다. **하측두회**(inferior temporal gyrus)는 중측두회 아래에 위치한다.

청각을 담당하는 **1차 청각 영역**(primary auditory cortex)은 상측두회와 외측렬에 접해 있다. 1차 청각 영역은 **헤쉴회**(Heschl's gyrus)로 알려져 있으며, 브로드만의 뇌지도에서 41, 42번에 해당하며, 외측렬에 묻혀 있다(그림 2-25 참조). 1차 청각 영역은 양 반구 모두에 있지만 일반적으로 좌반구에 있는 1차 청각 영역의 기능이 더 우세한 경향이 있다. 이것은 좌반구의 수용 언어 기능이 더 우세하기 때문이다. 1차 청각 영역의 인접한 곳에 **2차 청각 영역**(secondary auditory area)이 있으며 브로드만 영역 22번에 해당한다.

좌측 측두엽이 언어이해에 우세한 반면 우측 측두엽은 기능이 잘 알려져 있지 않다. 수술로 우측 측두엽을 제거하거나 절개하는 경우에도 뚜렷한 문제가 일어나지는 않는다. 그러나 여러 사례를 통해 우측 측두엽이 비언어적 기억을 담당하거나 음악적 요소의 지각, 특히 리듬을 지각하는 것으로 알려져 있다.

1차 청각 영역 뒤쪽에 위치한 **베르니케 영역**(Wernicke's area)은 좌반구(우세반구)의 상측두회의 뒤쪽 2/3 지점에 위치한다. 좌반구에 위치한 베르니케 영역은 우반구에 있는 것보다 약 7배 정도 더 크다. 이 영역은 측두엽과 두정엽, 후두엽이 교차하는 곳에 있으며, 구어나 문어의 이해에 중요하다. 앞에서 설명한 것처럼, 베르니케 영역은 브로카 영역이 있는 앞쪽과 궁형속을 통해 연결되어 있다. 상측두영역의 뒤쪽 부분이 손상되면 베르니케 실어증이 일어나며, 언어이해에 심각한 손상을 가져옴과 동시에 의미는 없지만 유창한 구어를 말하는 증상을 보인다. 6장에서 베르니케 실어증에 대해 자세히 언급할 것이다. 그림 2-18은 베르니케 영역이 있는 측두엽을 옆에서 본 그림이다.

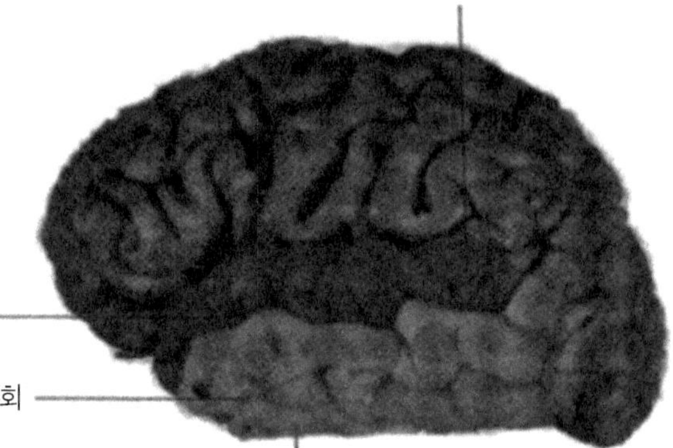

그림 2-18. 측두엽. 베르니케 영역이 보인다.

측두엽의 안쪽(내측)에는 해마(hippocampus)가 있는데, 해마는 측뇌실의 중간벽을 형성한다. 내측 측두엽과 해마는 기억과 학습을 담당한다. 이 영역이 손상되거나 수술로 제거할 경우(난치성 간질의 경우) 환자는 새로운 것을 학습하지 못한다. 수술로 내측 측두엽을 제거한 유명한 사례가 있다. 내측 측두엽을 제거한 이 남성은 한 명의 여성 치료사가 40년 이상 자신을 담당했음에도 불구하고 치료시간마다 담당 치료사를 기억하지 못했다(Bear, Connors, & Paradiso, 2001). 그는 최근에 일어난 어떤 사건도 기억하지 못했고, 수술 이후에 일어난 사건에 대한 기억은 매우 좋지 않았다.

측두엽은 청각을 지각하고 청각과 시각을 연합하는 영역이다. 또한 측두엽은 구어와 문어를 이해하는 능력 및 정보의 의미와 구문의 처리, 마지막으로 음악의 이해를 포함한 모든 수용 언어 기능을 담당한다.

(4) 후두엽

대뇌에서 가장 작은 뇌엽인 후두엽(occipital lobe)은 두정엽 뒤쪽에 위치하면서 반구의 뒤쪽 끝을 형성한다. 후두엽은 실제적인 경계선이 없다(다른 뇌엽과 분리되는 고랑이 없다). 후두엽의 주요한 구조물은 1차 시각 영역(브로드만 영역 17번, primary visual cortex)과 2차 시각 영역(브로드만 영역 18번, secondary visual cor-

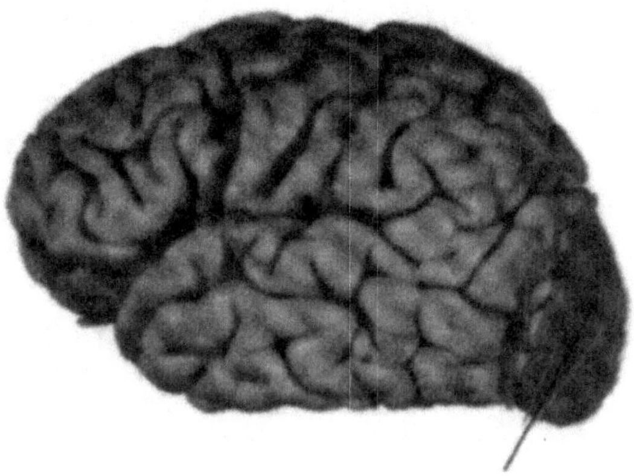

그림 2-19. 후두엽. 시각을 담당한다.

tex)인데, 후두엽이 시각 기능을 담당하기 때문이다. 1차 시각 영역은 선조피질(striate cortex)과 VI로 알려져 있다. 그림 2-19는 후두엽을 나타낸 그림이다.

양측 반구에 위치한 시각피질은 양쪽 눈의 반대 측 시각 영역에서 오는 정보를 받아들인다. 즉, 우반구의 시각피질은 각 눈의 왼쪽 시야에서 오는 정보를 받아들이고, 좌반구의 시각피질은 각 눈의 오른쪽 시야에서 오는 정보를 받아들인다.

(5) 두정엽

두정엽(parietal lobe)은 중심구 뒤쪽, 외측렬 위쪽에 위치한다. 두정엽은 전두엽의 뒤쪽에 있으며 측두엽의 위, 후두엽의 앞쪽에 있다. 중심구 바로 뒤쪽에 있는 중심후회는 감각피질로 더욱 잘 알려져 있다. 두정엽에 있는 좁고 긴 끈 모양의 1차 감각 영역은 체성감각 충동을 조절하고 통합한다. 그림 2-20은 두정엽을 나타낸 그림이다.

두정엽은 지각과 체성감각(촉각과 압각, 공간 지각과 신체 인식), 감각 경험을 통합하는 일을 담당한다. 두정엽 중 우반구의 두정엽(대개 오른쪽)은 공간을 인식하고 선택적 주의를 통제한다. 우측 두정엽이 손상되면 **좌편무시**(left neglect)가 발생하는데, 이는 환자 자신의 왼쪽 신체나 사물의 왼쪽 편을 지각하지 못하는 증상이다. 좌편무시와 관련된 증상은 11장과 12장에서 자세히 설명한다.

두정엽에는 언어와 관련된 2개의 중요한 회가 있는데, 연상회(supramaginal gy-

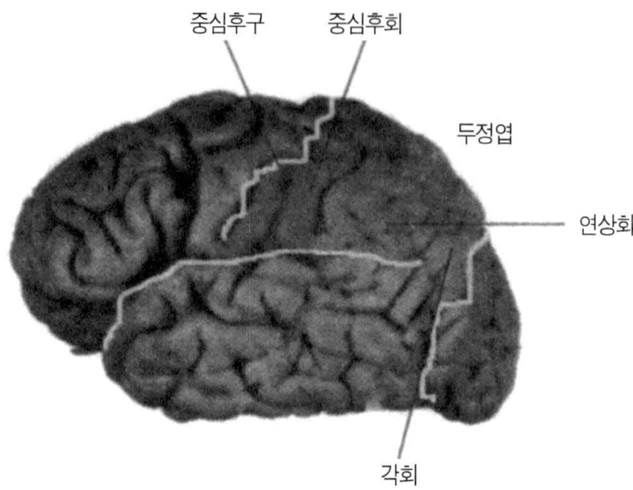

그림 2-20. 두정엽. 전두엽 뒤쪽, 측두엽 위쪽에 위치한다.

rus)와 각회(angular gyrus)이다. 연상회는 외측렬 위쪽, 두정엽 뒤에 존재하는데 외측렬을 뒤쪽에서 감싸는 모양이다. 이 연상회가 손상되면 쓰기에 문제를 보인 실서증(agraphia)이 발생하거나 전도성 실어증이 발생하는데 실서증은 7장에서, 전도성 실어증은 6장에서 자세히 기술한다.

각회(angular gyrus)는 연상회 뒤쪽에 위치한다. 여러 사례를 통해 각회가 손상되면 이름대기, 읽기, 쓰기에 어려움을 보이며 연결피질 감각 실어증(transcortical sensory aphasia)으로 알려진 실어증이 발병한다고 알려져 있다(6장에 기술).

(6) 뇌실

대뇌의 안쪽 깊은 곳에는 여러 공간이 존재하는데 이 공간을 **뇌실**(cerebral ventricle)이라 한다. 이렇게 안쪽에서 연결된 뇌실은 뇌척수액(cerebrospinal fluid)으로 가득 차 있다. 그림 2-21은 뇌실을 나타낸 그림이다.

뇌실은 총 4개로 구성되는데, 2개의 측뇌실과 제3, 제4뇌실이 그것이다. 4개의 뇌실은 작은 도관(duct)과 수로(canal)에 의해 서로 연결된다.

한 쌍의 측뇌실(lateral ventricles)은 한 반구에 하나씩 위치하며, 모든 뇌실 중 가장 크다. 측뇌실은 뇌량 아래쪽에 있으며, 알파벳 'C'자 모양으로 피질의 뇌엽을 따

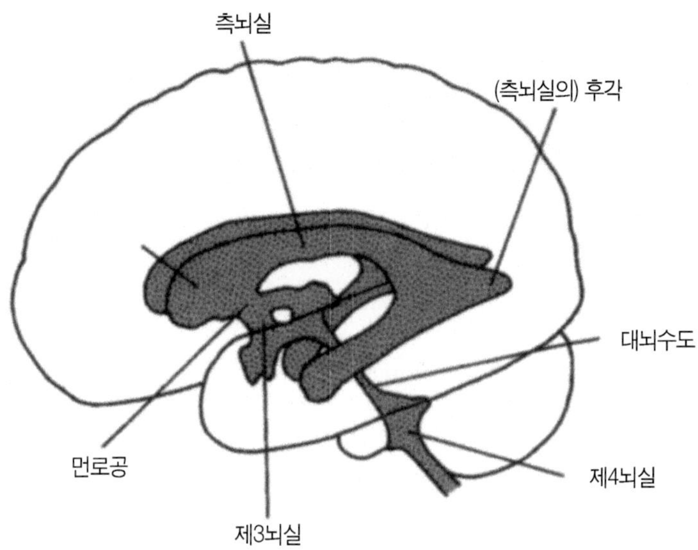

그림 2-21. 뇌실.

출처: Seikel, J. A., King, D. W., & Drumright, D. G. (2005). *Anatomy and physiology for speech, language, and hearing* (3rd ed.). Albany, NY: Thomson Delmar Learning. p. 519, 그림 12.9에서 발췌. 허락하에 인용함.

라 형성된 형태이다. 측뇌실은 몸체(body)와 전각(anterior horn), 후각(posterior horn), 하각(inferior horn)으로 구성된다. 각각의 뿔은 각 구조물이 작게 연장된 형태이다.

제3뇌실(third ventricle)은 뇌간의 꼭대기에 있으며, 측뇌실의 아래쪽에 위치한다. 시상하부핵이 제3뇌실의 바닥을 구성한다. 제3뇌실은 먼로공(foramen of Munro)을 통해 측뇌실과 연결된다.

제4뇌실(fourth ventricle)은 교와 소뇌 사이에 위치한다. 교와 연수는 제4뇌실의 바닥을 이루며 소뇌는 제4뇌실을 둘러싸고 있으며, 소뇌의 아래쪽에서부터 척수의 아래 끝까지 뻗어 있는 중심관(central canal)에 연결된다. 제4뇌실은 대뇌수도(cerebral aqueduct)를 통해 제3뇌실과 연결된다.

뇌실의 안쪽은 맥락총(맥락얼기, choroid plexus)에서 만들어지는 **뇌척수액**(cerebrospinal fluid, CSF)이 가득 차 있다. 뇌척수액은 중추신경계의 구석구석을 순환하며 물리적 충격을 보호하는 완충제 역할을 하고, 두개내 압력을 조절하고, 신경조직을 성장시키고, 이물질을 제거한다. 뇌척수액이 뇌실 내 순환을 멈추거나 흡수되지 않으면 뇌실의 팽창에 의해 뇌척수액이 축적되어 **수두증**(hydrocephalus)이 발생한다. 어린 아동에게 수두증이 발생하면 지적장애를 유발할 수 있다.

7. 뇌막

뇌는 피부와 두개골, 뇌막(meninges)이라 불리는 얇은 막조직에 의해 보호된다. 이 얇은 뇌막은 뇌척수액과 함께 뇌를 보호하는 완충제의 역할을 한다. 척수는 척주에 의해 보호된다. 이러한 조직이 뇌를 보호하기 때문에 신체와 머리가 움직일 때에도 모양과 안정성을 유지할 수 있다. 뇌를 보호하는 두개골이 사라진다면 뇌는 중력으로 인해 금방 붕괴될 것이다. 그림 2-22는 세 겹의 뇌막을 보여 준다.

세 겹의 막은 뇌와 척수를 보호한다. 가장 바깥쪽에 있는 단단한 **경막**(dura mata)과 중간에 위치한 거미줄을 의미하는 **지주막**(arachnoid mater)*, 가장 안쪽에 있으면서 부드러운 **연막**(pia mater)이 뇌를 보호하는 세 겹의 뇌막이다.

단단하고 두꺼우며, 가죽과 같은 느낌이 나는 **경막**은 한 면은 두개골과 붙어 있고, 다른 한 면은 두 번째 뇌막인 지주막과 붙어 있다. 가장 바깥쪽에 위치한 조밀한 연결조직인 경막은 뇌와 척수를 감싸며 외부의 충격으로부터 뇌를 보호한다. 경막은 다시 2개의 층으로 나뉘는데 바깥쪽에 있는 뼈막층(priosteal layer)은 두개골과 붙어 있고, 안쪽의 뇌막층(meningeal layer)은 지주막과 접해 있다. 이 2개의 경막층 사이에는 공간이 있는데 이것은 혈액을 흡수하고 뇌척수액이 순환되도록 한다. 두개골과 경막 사이에 있는 공간을 **경막외강**(epidural space)이라 하고 격막과 지주막 사이에 있는 공간을 **경막하강**(subdural space)이라 한다.

지주막은 얇고, 반투명하며, 민감하다. 혈관이 분포되어 있지 않지만 거미줄과 같이 질기고 끈끈한 지주막은 경막과 연막 사이에 위치한 다. 일반적으로 지주막과

---

* 지주(arachnoid)는 동물학에서 거미를 말하는 용어이다. 그리스 신화에 따르면 Aracne라는 여자가 아테네 여신에게 도전하여 거미로 변했기 때문에 그 이후로 거미를 뜻하는 말은 arachnoid가 되었다.

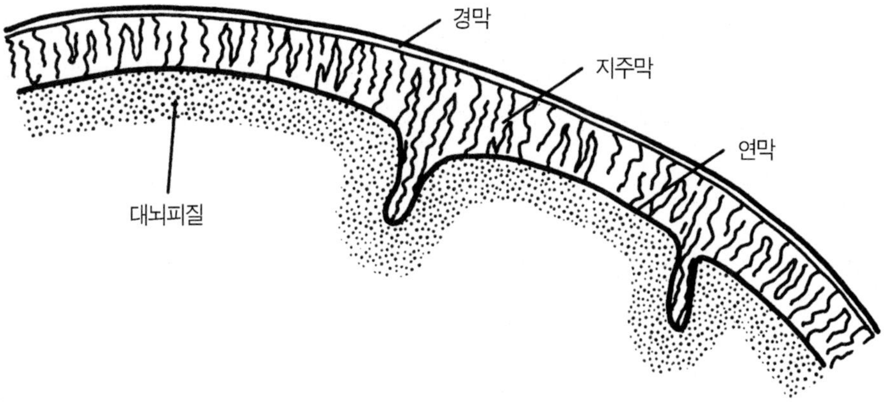

그림 2-22. 뇌막.

출처: Seikel, J. A., King, D. W., & Drumright, D. G. (2005). *Anatomy and physiology for speech, language, and hearing* (3rd ed.). Albany, NY: Thomson Delmar Learning. p. 515, 그림 12.6에서 발췌. 허락하에 인용함.

경막 사이에는 공간이 존재하지 않는다. 그러나 연막과 경막은 지주막하강(subarachnoid space)에 의해 분리된다. 지주막하강에는 뇌척수액이 차 있다.

연막 또한 얇고, 민감하며, 투명한 막으로 회와 열을 따라 피질의 표면에 붙어 있다. 또한 연막은 혈관을 감싸고 있는데 많은 혈관은 연막을 뚫고 뇌로 들어간다.

뇌막이 손상될 수 있는 원인은 외상성 뇌손상이나 종양, 경색, 바이러스나 세균에 의한 뇌수막염이 있다. 뇌막 안에서 성장하는 종양을 **수막종**(meningioma)이라 하는데, 수술을 통해 제거할 수 있다. 외상성 뇌손상은 경막하 혈종(subdural hemorrhage)을 일으킬 수 있다. 외상성 뇌손상은 12장에서 보다 자세히 다룬다.

8. 뇌혈관계

상당수의 신경계 문제는 뇌에 혈액을 공급하는 뇌혈관계의 손상에 의해 발생한다. 성인의 신경언어장애, 특히 실어증의 가장 중요한 원인은 피질의 혈액 공급 중단이다. 혈액 공급의 중단으로 인해 발생하는 실어증의 유형은 혈액 공급이 중단되는 위치에 따라 결정되는 경우가 많다. 혈관계에 발생하는 질병은 어떤 뇌 영역에 혈액 공급을 제한시키거나 출혈을 일으키게 된다. 따라서 뇌에 혈액을 공급하는 뇌혈관계를 이해하는 것이 실어증과 신경언어장애를 확실히 이해하는 데 반드시 필요하다.

뇌는 대식가이다.

- 인간의 몸무게에 약 2%를 차지하는 뇌는 전체 혈액의 17%를 소모한다.
- 인체의 산소 중 25%를 소모한다.

뇌는 전체적으로 의존적이며 취약하다.

- 뇌는 영양 공급과 정상적 기능을 전적으로 혈액 공급에 의존한다.
- 뇌에 혈액 공급이 중단되면 10초 이내에 의식을 잃는다.
- 혈액 공급 중단이 20초 이상이 되면 뇌의 전기적 활동이 중지된다.
- 혈액 공급 중단이 4~6분이 지나면 뇌가 영구히 손상된다.

뇌는 혈관을 통해 심장에서 나오는 혈액을 받아들인다. 뇌는 들어온 혈액의 산소를 소모한 후 정맥을 통해 산소를 소모한 혈액을 심장으로 돌려보낸다. 심장은 다시 산소가 포함된 혈액을 뇌로 보낸다. 뇌의 혈액 공급에 대한 기본적인 지식을 얻기 위해 우리는 다음의 기본적인 구조들을 이해할 필요가 있다.

- 혈관계
- 대동맥
- 경동맥
- 척추동맥
- 윌리스환
- 정맥계
- 혈뇌장벽

그림 2-23은 대뇌에 혈액을 공급하는 주요 구조물을 보여 준다.

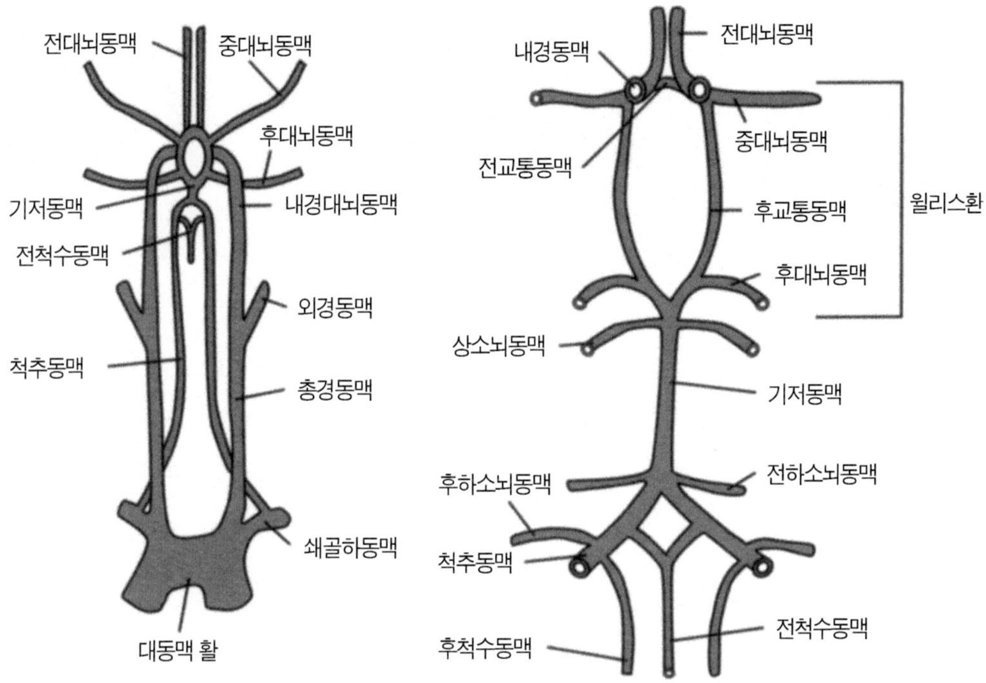

그림 2-23. 대뇌 혈액 공급의 주요 구조.

1) 혈관계

혈관은 동맥계와 정맥계로 나뉜다. 동맥은 신선한 산소가 포함된 혈액을 심장에서 받아 뇌로 전달하는 반면, 정맥은 탈산소화된 혈액을 뇌에서 받은 뒤 폐로 보내어 재산소화시킨 혈액을 다시 심장으로 보낸다. 동맥과 정맥은 모두 세 겹의 근육막으로 되어 있으나 일반적으로 동맥이 정맥보다 더 굵다.

동맥은 굵기에 따라 나눌 수 있는데, **세동맥**(arteriole)은 굵은 동맥의 작은 가지이다. 세동맥 가지에서 **모세혈관**(capillary)이라고 불리는 매우 가늘고 섬세한 혈관으로 산소와 영양분을 실은 혈액을 보내면, 모세혈관은 이를 각 신체의 조직으로 보낸다. 신체 조직은 물질대사를 통해 산소와 영양분을 소모하고, 노폐물이 포함된 혈액은 다시 모세혈관으로 돌아간다. 이 모세혈관은 정맥의 작은 가지인 세정맥과 연결되어 있다. 정맥은 이 혈액을 받아들여 심장으로 보낸다.

2) 대동맥

심장의 주요 동맥인 **대동맥**(aorta)은 왼쪽 혈관에서 혈액을 받아 폐를 제외한 신체의 모든 부분으로 전달하는 일을 한다. 심장을 감싸고 있는 주요 대동맥인 대동맥활(aortic arch)은 4개의 가지로 나뉜다. 처음 2개는 총경동맥(common carotid artery)으로 목을 중심으로 좌우에 하나씩 위치하고, 나머지 2개는 쇄골하동맥(subclavian artery)으로 목의 양 옆에 위치한다.

2개의 쇄골하동맥은 다시 2개의 추골기저동맥(vertebral basilar artery)으로 분지한 후 뇌의 기저로 올라간다. 쇄골하동맥의 또 다른 가지들은 흉벽이나 상완, 어깨로 내려간다. 따라서 뇌에 혈액을 공급하는 동맥은 2개의 경동맥과 2개의 추골기저동맥이 된다.

3) 경동맥

목을 따라 올라가는 좌우의 총경동맥은 내경동맥(internal carotid artery)과 외경동맥(external carotid artery)으로 분지한다. 이것은 두개골의 바닥을 통과하고, 경막과 지주막하강을 통과한다. **외경동맥**은 얼굴 쪽으로 분포해 작은 동맥으로 분지한다. 외경동맥은 얼굴과 목, 코, 구강, 머리와 두개골, 경막에 혈액을 공급한다.

대뇌에 혈액을 공급하는 주요 혈관인 **내경동맥**은 뇌의 여러 부분에 혈액을 공급하는 작은 혈관들로 분지한다. 이 중 매우 중요한 혈관 2개는 전대뇌동맥과 중대뇌동맥이다. 전대뇌동맥은 전두엽과 두정엽의 중심부 대부분에 혈액을 공급한다. 또한 기저핵이나 뇌량과 같은 구조물에도 혈액을 공급한다. 전대뇌동맥의 가지는 뇌의 뒤쪽 중앙부에서 후대뇌동맥(posterior cerebral artery)과 합류한다. 그림 2-24는 전대뇌동맥과 후대뇌동맥의 분포를 나타낸 그림이다.

전대뇌동맥(anterior cerebral artery)이 손상되면 운동피질의 정중시상부의 혈액공급이 중단된다. 전대뇌동맥의 손상으로 인한 운동 문제는 다리와 발의 마비이다. 또한 관련된 인지적 문제로 추론, 판단, 집중력 등이 손상되며, 이러한 증상을 전전두엽 증후군(prefrontal lobe symptoms)이라 부른다.

중대뇌동맥(middle cerebral artery)은 내경동맥 중 가장 큰 가지로 전두엽의 주

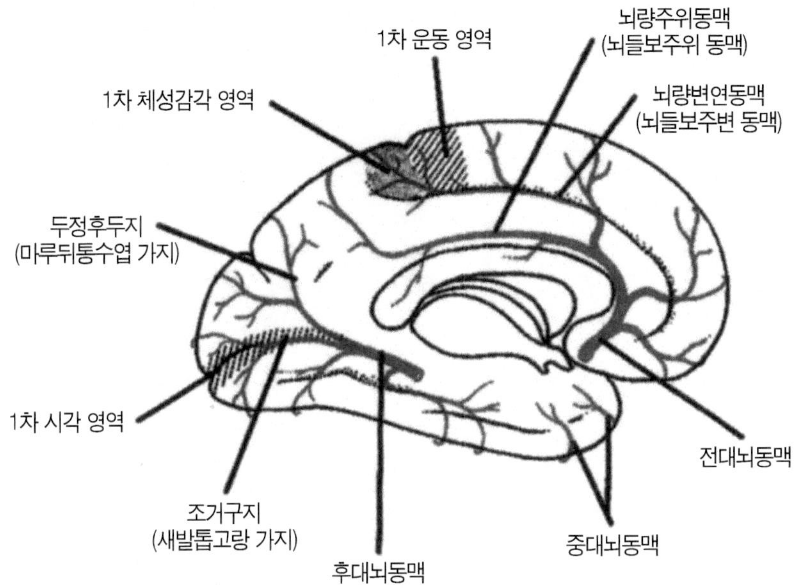

그림 2-24. 전대뇌동맥과 후대뇌동맥 분포도.

요 영역을 포함하는 피질의 외측면 전체에 혈액을 공급한다. 중대뇌동맥은 여러 개의 가지로 분지하는데 분지된 가지는 전두엽, 두정엽, 측두엽으로 분포하여 감각, 운동 기능과 말, 언어, 청각 기능을 담당하는 영역에 혈액을 공급한다. 중대뇌동맥이 혈액을 공급하는 영역은 체성감각 영역, 중심전회의 운동 영역, 브로카 영역, 1차 청각 영역, 베르니케 영역, 각회와 연상회이다. 또한 중대뇌동맥이 세분화한 가지는 피각과 담창구, 미상핵, 시상에까지 이른다. 그림 2-25는 중대뇌동맥의 분포도이다.

중대뇌동맥이 손상을 입으면 대개 뇌졸중이나 실어증이 일어나게 된다. 신체 반대편의 마비, 체성감각 이상, 자세 조절의 문제나 통증, 기초체온 조절 능력 저하 등이 일어날 수 있으며, 읽기나 쓰기 능력의 손상이 복합적으로 나타날 수 있다.

4) 척추동맥

좌우의 척추동맥(vertebral artery)은 대동맥활에서 나온 2개의 쇄골하동맥에서 분지한다(그림 2-23 참조). 앞서 설명한 것처럼 쇄골하동맥에서 분지된 가지는 대부

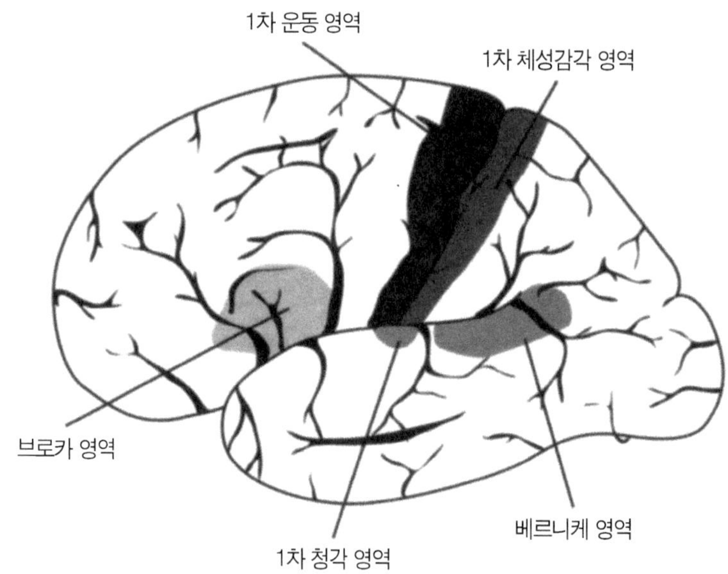

그림 2-25. 중대뇌동맥 분포도. 브로카 영역과 베르니케 영역, 1차 청각 영역에 혈액을 공급한다.

분 위쪽으로 올라간다. 척추동맥도 두개골로 들어가 척수를 포함하는 많은 기관에 혈액을 공급한다. 척추동맥은 교의 아래쪽으로 이동하여 **기저동맥**(basilar artery)과 합류한다.

기저동맥은 교의 위쪽으로 올라가 2개의 **후대뇌동맥**(posterior cerebral artery)으로 다시 나뉜다. 후대뇌동맥은 측두엽의 아래쪽과 옆쪽, 후두엽의 중앙과 옆쪽에 혈액을 공급한다(그림 2-24는 후대뇌동맥의 분포도이다). 기저동맥의 또 다른 가지들은 교, 소뇌, 내이에 혈액을 공급한다.

5) 윌리스환

뇌의 기저에 있는 2개의 경동맥과 2개의 추골동맥은 심장의 문합(anastomose, 혈관이 합류하는 것)에서 올라가 **윌리스환**(circle of Willis, 동맥이 연결되어 고리를 형성하는 것)을 형성한다. 이 고리는 전교통동맥과 후교통동맥이라는 2개의 교통동맥(communicating artery)에 의해 완성된다. 또한 전, 중, 후대뇌동맥에 의해 연결

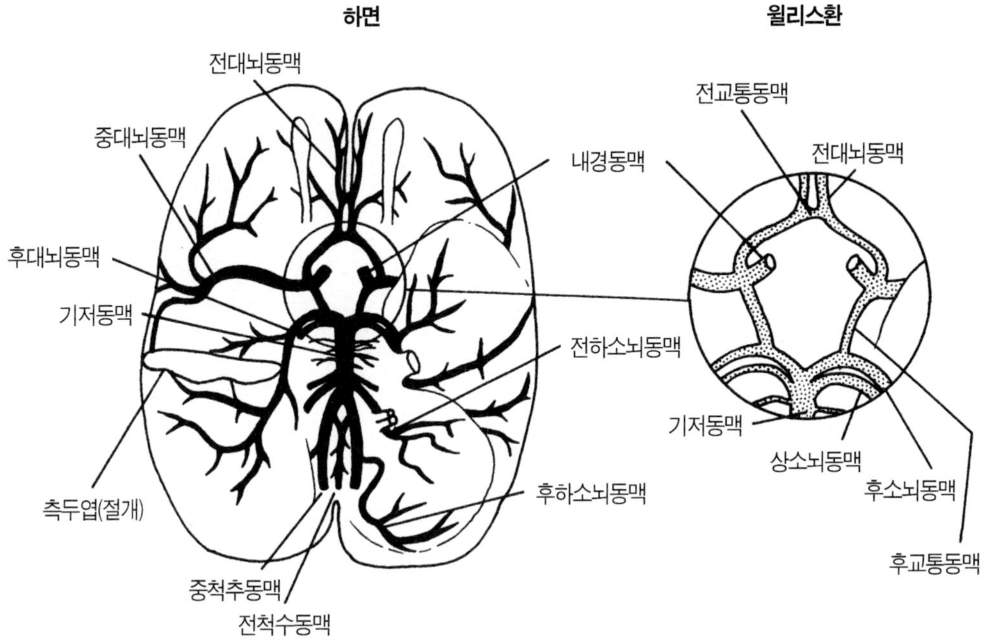

그림 2-26. 윌리스환.

되어 고리를 형성한다. 그림 2-26은 윌리스환을 나타낸 그림이다.

윌리스환은 여러 대뇌동맥 가지에 충분히 혈액을 공급한다. 윌리스환에 도달하기 전이라면 대뇌의 혈관이 막히더라도 뇌가 받는 손상은 크지 않다. 그 이유는 윌리스환이 막힌 동맥을 대신하여 혈액을 다른 대동맥을 통해 공급해 주기 때문이다. 그러나 윌리스환을 지난 후에 혈액 공급이 봉쇄된다면 대체할 만한 다른 채널을 확보할 수 없으므로, 뇌는 혈액을 공급받을 수 없다.

9. 뇌혈액 공급과 분수령

전, 중, 후 대뇌동맥은 대부분의 대뇌 영역에 혈액을 공급한다. 그러나 이 동맥들의 분포가 끝나면 매우 작은 동맥 가지들이 혈액을 공급하게 되는데, 이 지역은 뇌의 분수령(watershed areas of the brain)이라 불리는 지역으로 다소 비효율적인 방법으로 대뇌에 혈액을 공급한다. **뇌의 분수령**은 뇌에 혈액을 공급하는 3개의 대뇌

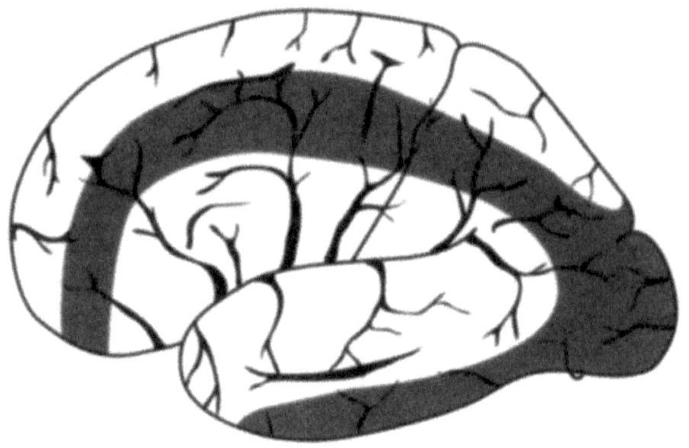

그림 2-27. 대뇌의 분수령.

동맥이 끝나는 종말가지(end-branch, terminal branch)를 일컫는다. 이 종말가지는 뇌의 말단 지역에 혈액을 공급하기 위해 혈관들이 합류한 것이다(Bhatnagar, 2002). 그림 2-27은 3개의 대뇌동맥의 작은 종말가지에 의해 혈액이 공급되는 뇌의 영역을 표시한 것이다.

만약 혈관성 질환 혹은 다른 원인으로 인해 분수령 지역의 혈액 공급이 중단되는 경우 특정한 유형의 실어증이 일어나게 되는데, 특히 연결피질 운동 실어증이나 연결피질 감각 실어증이 발생할 수 있다(Benson & Ardila, 1996). 연결피질 운동 실어증은 5장에서, 연결피질 감각 실어증은 6장에서 자세히 다루도록 한다.

10. 정맥계

앞에서 설명한 대로 동맥을 통해 산소가 포함된 혈액을 뇌와 각 신체로 보내고, 산소가 소모된 혈액을 정맥을 통해 각 기관에서 받아 심장과 폐로 보내어 재산소화한다. 결국 **정맥**(vein)은 배수체계를 형성한다.

정맥계는 큰 정맥과 작고 깊은 무수히 많은 정맥으로 이루어져 있는데, 이 작은 정맥들은 산소함유율이 낮은 혈액을 모으기 위해 뇌 구조물에 박혀 있다. 모세혈관과 연결되어 있는 세정맥은 뇌의 구석구석에 퍼져 산소함유율이 낮은 혈액을 모으고, 모아진 혈액은 정맥동(venous sinus)으로 들어간다. 정맥계는 매우 복잡하

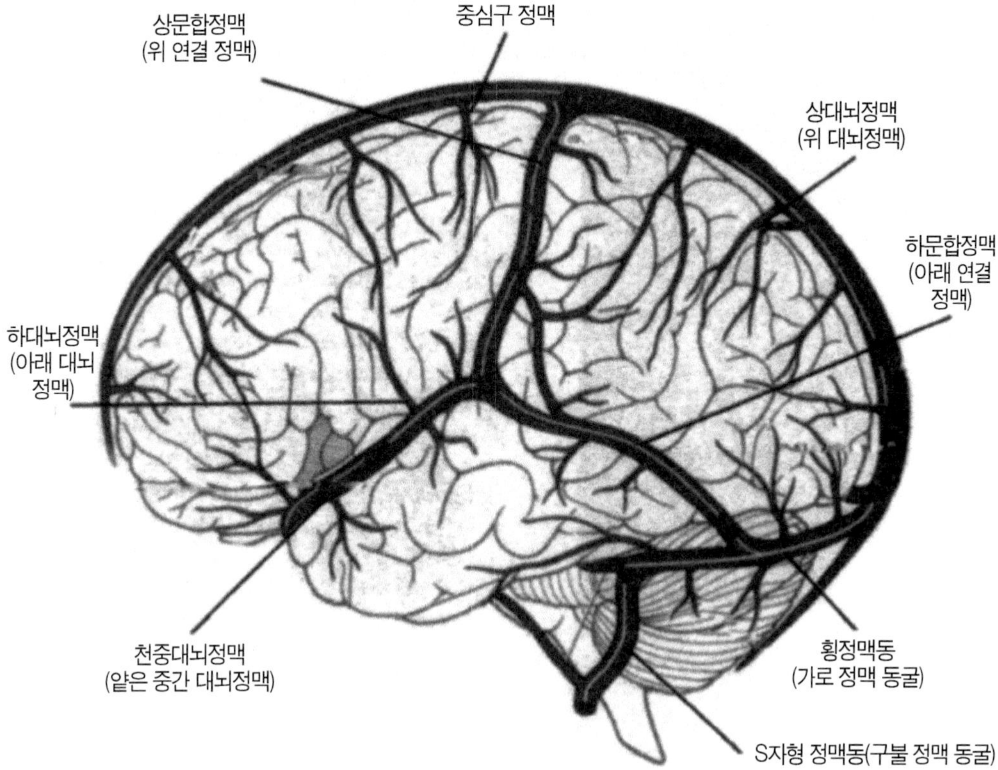

그림 2-28. 대뇌 정맥과 동.

다. **그림 2-28**은 뇌에 분포한 정맥을 대략적으로 나타낸 것이다.

동(sinus)은 피나 체액이 흐르는 수로이다. 두개골이나 대뇌 구조물 안에 있는 공간인 동의 집합체는 작은 정맥이 산소함유율이 낮은 혈액을 모을 수 있도록 도와준다. 뇌의 주변과 안쪽에 있는 여러 동들은 **경막동**(dural sinuse)이라고 부르는데 그 이유는 경막 안에서 발견되기 때문이다. 동은 커다란 **경정맥**(jugular vein)으로 혈액을 흘려보내는데 이것은 심장으로 들어간다.

정맥질환이 실어증이나 다른 의사소통장애의 원인이 되는 경우는 동맥질환에 비해 드물다. 이는 정맥계가 동맥계보다 내부 연결이 좀 더 조밀하고 폐색이나 출혈이 일어나는 경우가 더 드물기 때문인 것 같다.

11. 혈뇌장벽

혈뇌장벽(blood-brain barrier)은 대뇌에 침입한 유해한 화학물질과 전염성 미생물을 방어하는 혈액 내에 존재하는 기제를 말한다. 혈뇌장벽은 모세혈관의 벽으로 이는 기저판이라 불리는 연속된 기저막에 놓여 있는 내피세포에 의해 형성되며 대뇌의 세포로 혈액 영양분이 확산되는 것을 돕는다. 근육이나 다른 기관에 혈액을 공급하는 모세혈관벽과 달리 대뇌혈관벽의 내피세포는 긴 선 형태의 단단한 접합점을 형성한다. 이러한 단단한 접합점은 물질이 통과할 수 있는 세포 사이 구멍이 형성될 수 없도록 한다.

혈뇌장벽은 신경세포를 유해한 물질로부터 보호함과 동시에 대뇌 주입에 필요한 약물로부터도 신경세포를 보호한다. 혈뇌장벽은 성인보다 아이가 더 약하기 때문에 아이의 뇌는 감염에 취약하다. 또한 특정 질병은 혈뇌장벽을 무너뜨리고 유해한 병균뿐만 아니라 유익한 약물, 검사에 사용되는 화학물질이 대뇌에 침입하는 것을 허용하게 된다. 예를 들어, 뇌종양은 혈뇌장벽을 붕괴시키고, 세포 간 구멍을 만들게 한다. 이러한 질병으로 인해 취약성이 커지면서 또한 종양에 대해 정확하게 진단할 수 있는 기회도 제공하게 된다. 예를 들어, 아미노산의 방사선 조사는 종양 조직에는 침투하지만 정상 뇌 세포에는 영향을 주지 않기 때문에 영상 진단기기로 종양의 위치를 확인할 수 있다.

읽을거리

말, 언어, 이해에 관련된 신경해부 및 신경생리 분야에 더 자세한 정보를 알고 싶다면 다음의 자료를 참고한다.

Bear, M. F., Connors, B. W., & Paradiso, M. A. (2001). *Neuroscience: Exploring the brain* (2nd ed.). Baltimore, MD: Lippincott Williams & Wilkins.

Bhatnagar, S. C. (2002). *Neuroscience for the study of communicative disorders* (2nd ed.). Baltimore, MD: Williams & Wilkins.

Haines, D. E. (2004). *Neuroanatomy: An atlas of structures, sections, and systems*

(6th ed.). Philadelphia: Lippincott Williams & Wilkins.

Love, R. J., & Webb, W. G. (2001). *Neurology for speech-language pathologist* (4th ed.). Boston: Butterworth.

Nolte, J. (2002). *The human brain: An introduction to its functional anatomy* (5th ed.). St. Louis, MO: Mosby Year Book.

Seikel, J. A., King, D. W., & Drumright, D. G. (2005). *Anatomy and physiology for speech, language, and hearing* (3rd ed.). Albany, NY: Thomson Delmar Learning.

Webster, D. B. (1999). *Neuroscience of communication* (2nd ed.). Albany, NY: Singular Thomson.

Zemlin, W. (1998). *Speech and hearing science: Anatomy & physiology* (4th ed.). Englewood Cliffs, NL: Prentice Hall.

제 3 장

실어증에 대한 신경병리와 신경진단

이 장의 개요

- 실어증과 신경병리적 증상의 이해
- 신경학적 진단 방법
- 실어증의 신경병리

학습 목표

이 장을 학습한 후 학생들은,

- 신경학적 진단에 대해 정의할 수 있다.
- 여러 가지 뇌 영상 기술을 정의하고 구별할 수 있다.
- 실어증의 일반적인 신경병리에 대해 설명할 수 있다.
- 여러 종류의 뇌졸중과 그로 인한 병리적 증상을 구별할 수 있다.
- 뇌졸중을 일으키는 여러 질병을 기술할 수 있다.

1. 실어증과 신경병리적 증상의 이해

의학적 평가와 의사소통 평가는 모든 실어증 환자에게 필수적 요소이다. 뇌졸중 발생 후 의료진은 대뇌손상의 위치와 뇌졸중의 특징을 알기 위해 환자에게 여러 신경학적인 진단(neurodiagnostic procedures)을 실시한다. 물론 다른 신경병리 증후의 경우에도 이러한 진단을 실시한다(예: 종양이나 퇴행성 뇌질환이 의심되는 경우). 의사소통 기술에 대한 평가가 얼마나 빨리 이루어지는가는 환자의 신체적 상태에 달려 있다. 대개 입원 즉시 병상 평가를 실시하지만, 의사소통에 대한 철저한 진단은 의학적 처치에 의해 환자의 신체적 상태가 안정될 때까지 기다리는 것이 일반적이다.

실어증 환자에 대한 언어 평가는 8장에서 자세히 다룬다. 이 장에서는 뇌졸중과 실어증에 관련된 대뇌손상의 유형과 그 범위를 판단할 수 있는 신경학적인 진단을 공부하게 될 것이다.

2. 신경학적 진단 방법

신경계의 병리와 그로 인한 여러 증상을 진단하는 방법을 **신경학적 진단 방법**(neurodiagnositc methods)이라고 부른다. 이러한 방법의 대부분은 일반적인 신경학적 진단 절차의 일부분이다. 그 이후에 실시되는 진단 방법 중에는 침습적인 방법도 있고, 추정에 의한 평가도 있다. 이러한 진단 방법에 대한 일반적인 이해는 신경계의 문제로 인한 의사소통장애를 다루는 언어치료사에게 필수이다.

1) 사후 부검: 사후에 이루어지는 방법

사후 부검(postmortem)은 특정한 언어 기능에 작용하는 뇌의 영역을 확인할 수 있는 가장 오래된 방법이다. Broca와 Wernicke는 뇌의 특정 영역에 어떤 언어 기능이 국재화되는지를 알기 위해 이 방법을 사용했으며, 다른 방법은 사용하지 않았다.

사후 부검은 다음과 같다.

- 신경학적인 질병과 관련된 환자의 언어 문제를 신중하게 다룰 수 있다.
- 뇌조직의 병리적 변화를 관찰할 수 있다.
- 생전에 드러난 언어 문제와 관련된 변화를 관찰할 수 있다.

사후 부검의 문제점은 이 방법이 환자의 사후에 이루어진다는 점과 사체의 일부를 대상으로 이루어진다는 점이다. 즉, 신체의 모든 부분이 부검되지는 않는다. 분명히 말하면 사후 부검은 임상적인 진단 방법은 아니며, 그 이유는 환자에게 진단으로 인한 이익이 발생하지 않기 때문이다. 그럼에도 불구하고 이 방법은 뇌와 그 기능에 대한 이해를 제공한다는 데 가치가 있다. 사후 부검의 장점은 손상된 조직이나 영역을 직접적으로 관찰할 수 있고 평가할 수 있다는 점이다. 비록 사후이지만 증거로서의 효과는 강력하다.

2) 수술적 방법

뇌의 외과수술법을 통칭하여 **두개절개술**(craniotomy)이라 한다. 이 방법은 다양한 신경학적 증상의 원인이 되는 병리적인 대뇌조직을 제거하기 위해서 실시한다. 외과수술법은 실험적이며 **생체적**이다(사후 부검과 반대로 살아 있는 사람에게 실시한다). 이 방법을 사용하여 뇌와 언어의 관계에 대한 많은 고전적 연구들이 이루어졌다. 캐나다 출신의 신경외과의인 Penfield와 Roberts(1959)는 이 방법의 선구자이다. Calvin과 Ojemann의 연구(1980)를 보면 외과수술법과 그 결과에 대해 잘 설명하고 있다.

심한 간질을 치료하기 위한 일반적인 방법으로 수술법이 있다. 간질환자들의 대발작은 그 정도가 심하고, 자주 일어나며, 결국에는 생명을 위협한다. 유일한 효과적 치료법은 **간질의 진원지**(epileptic focus)를 외과적으로 제거하는 것이다.

외과적 수술법을 살펴보면,

- 뇌조직은 고통을 느끼지 못하므로 국소마취를 실시한다.
- 환자는 수술하는 동안 완벽히 깨어 있으며, 수술 중 말을 하거나 다른 여러 가

지 방법으로 반응할 수 있다.

- 신경외과의는 두개골에 구멍을 뚫거나 일부를 절개하여 들어낸 후 수술할 위치를 찾는다.
- 신경외과의는 뇌의 여러 영역에 전기적 자극을 주어 언어 영역을 찾아 뇌지도를 만든다. 그 이유는 언어 영역을 가능한 한 보존하기 위해서이다.
- 언어 영역을 찾으면 간질을 일으키는 부위를 제거하는 데 초점을 맞춘다.

뇌의 운동 영역에 대한 전기적 자극은 운동 반응을 일으킨다. 그러나 언어 영역에 같은 방법으로 전기적 자극을 준다고 해도 언어 반응이 일어나지 않고, 오히려 말을 멈추게 된다. 수술 중 의식이 깨어 있는 환자는 컴퓨터 모니터로 다양한 자극물을 본다. 환자는 자극물에 대해 말하거나 질문에 대답한다. 신경외과의가 뇌의 여러 부분을 자극하면 환자는 말을 횡설수설하거나 끊어질 수 있다. 예를 들어, 환자가 모니터에 보이는 물건의 이름을 말하려고 노력하는 동안 뇌의 언어 영역에 자극이 가해지면 이름대기가 중지되거나 같은 반응을 반복하게 될 것이다. 이러한 종류의 자극은 뇌의 언어 기능을 국재화하는 데 도움을 준다.

언어 영역에 전기적 자극이 가해졌을 때 일어나는 현상은 실어증과 유사하다. 우리는 외과 수술 시 위와 같은 생체적 전기 자극을 통해 뇌의 다양한 언어 영역에 대해 많은 것을 알 수 있었다. 뇌조직에 가해지는 전기적 자극은 안전하다고 알려졌으며, 자극 시에 나타나는 혼란은 일시적이다.

입체뇌수술(stereotactic surgery)은 피질하 구조물에 외과적 수술을 하는 방법이다. 이 방법은 피질하 구조물의 이상을 치료하고 뇌지도를 만들기 위해 실시한다. 이를테면, 입체뇌수술은 시상하부나 담창구의 병변으로 인해 일어나는 파킨슨병 환자의 진전이나 경직을 치료하기 위해 실시하고 또한 만성 통증을 치료하기 위해서도 실시할 수 있다.

3) 뇌파검사

뇌파검사(electroencephalography)는 대뇌의 활동과 병리를 대뇌피질에서 일어나는 전기적인 파형(뇌파)으로 알 수 있는 고전적 방법이다. 뇌의 전기적 활동을 시각적으로 보여 주는 것을 **뇌파**(electroencephalograms, EEG)라고 한다. EEG는 신경학자들이 사용하는 표준적 임상 진단법이다. 8에서 16채널 기기를 사용하여 양반구에 걸쳐 대응되는 영역과 엽 간 및 엽 내에서 일어나는 다른 패턴의 뇌파가 동시에 기록된다.

- 여러 개의 전극을 두피에 부착한다.
- 뇌에서 발생하는 전기 자극을 종이에 상세하게 기록한다.
- 피질의 여러 영역에서 일어나는 활동이 기록된다.
- 대뇌의 여러 다른 종류의 활동(듣기, 말하기, 생각하기 등) 시 일어나는 여러 패턴의 뇌파가 기록된다.
- 피질의 병리를 암시하는 비정상적인 전기적 활동 역시 기록된다.

움직임에 의해 또는 알려지지 않은 여러 원인으로 인한 결함은 EEG의 전통적인 문제점이다. 이러한 문제는 최근에 개발된 신호 평균 컴퓨터(signal-averaging computer)에 의해 감소되었는데 이것은 결함으로 인해 일어나는 문제를 해결할 수 있다. 이 방법을 사용하면 다양한 자극이 피질의 전기적 반응을 일깨우고 그 후에 그것을 기록한다. 컴퓨터는 유발된 자극에 대한 반응을 분석한다. 이러한 방법은 전통적인 EEG의 변형이며 **피질 유발 전위검사**(evoked cortical response potential testing)라고 불린다. 이 방법에는 시각 유발 반응(지각적 자극에 의한), 체성감각 유발 반응(말초 감각신경의 전기적 자극에 의한) 혹은 청각적 유발 반응(청각적 자극에 의한)이 있다.

EEG는 특히 간질을 진단하는 데 유용한데, 대발작이 한 번도 일어나지 않은 환자가 내보내는 비정상적 파형조차도 발견해 낼 수 있기 때문이다. 단순뇌염이나 크로이츠펠트-야콥병으로 인한 치매 진단 시 EEG와 다른 진단을 병행할 경우 질병 확인에 도움을 줄 것이다(Greenberg, Aminoff, & Simon, 2002).

4) 전위기록술

전위기록술(electromyography)은 근육이 수축(자발적이거나 수의적 움직임)할 때

신경에서 발생하는 전기적 전위를 기록함으로써 근육의 기능을 진단하는 방법이다. 근육에서 일어나는 비정상적인 전기적 활동이나 전기적 활동의 부재는 신경 혹은 근육의 병리를 암시한다.

- 침 전극을 근육에 삽입하거나(침습적) 목표 근육의 피부에 표면전극을 부착한다(비침습적).
- 움직이기 전 혹은 움직이는 동안의 전기적 활동을 기록한다.
- 전기적 활동의 강도, 지속기간, 빈도를 포함한 정상적, 병리적 패턴을 비교하기 위해 기록한다.

정상 근육은 휴식 시 전기적 활동을 하지 않는다. 휴식 시 근육에서 비정상적인 전기적 활동이 일어나는 것은 신경손상이나 질병이 있기 때문으로 이것을 근섬유다발 **수축전위**(fasciculation potential)라고 부른다. 근운동기록 연구는 다양한 근육 질병, 척수 운동신경 질병이나 신경손상을 진단하는 데 도움이 된다. 그러나 알려져 있는 것처럼, 근운동기록 연구는 진단 시 임상적 발견점을 고려하여 해석해야 한다. 일반적으로 침습적 근운동기록기가 표면전극 근운동기록기보다 더 유용하다.

다양한 전위기록법이 **신경전도 연구**라는 이름으로 알려져 있는데, 이는 관련한 전기적 활동을 기록하기 위해 말초신경을 자극하는 방법이다. 자극으로 인해 일어나는 신경 충동은 신경의 두 지점을 측정하여 신경전도 속도(전달의 빠르기)를 판단한다. 신경전도 속도를 알아보기 위해 감각과 운동신경을 모두 자극할 수 있다. 이 방법은 말초신경손상을 판단하는 데 유용하다.

5) 대뇌혈관조영술

대뇌혈관조영술(cerebral angiography)은 침습적인 방사선 촬영법으로 대퇴부의 동맥으로 방사선 비투과성 물질을 주사하는 방법이다. X선은 방사선 비투과성 물질을 통과하지 못하고, 이러한 물질이 주입된 동맥은 X선 필름 상에서 흰색으로 보이거나 밝게 보인다.

- 사타구니의 대퇴 동맥으로 삽입한 카테터를 경동맥이나 척추동맥까지 밀어

넣는다.

- 방사선 비투과성 물질을 카테터가 삽입된 동맥에 주사한다.
- 주요 동맥을 조사하여 혈관계의 상태를 평가하기 위해 연속 X선 사진을 찍는다. 전대뇌동맥과 후대뇌동맥 중대뇌동맥을 시각화할 수 있다.
- 방사선 비투과성 물질은 혈관폐색을 암시하는 혈액순환의 변화를 보여 준다. 혈류를 막는 응어리가 있는 동맥은 보이지 않는데, 그 이유는 방사선 비투과성 물질이 막힌 곳으로 흘러들어 가지 않기 때문이다. 이러한 방법은 출혈이나 동맥류를 발견하는 데 도움을 준다.

혈관 영상의 명료도를 높이기 위해 컴퓨터를 사용하는 방법을 **디지털 감산 혈관조영술**(digital subtracting)이라고 부른다. 혈관조영술이 발전된 이 방법은 컴퓨터가 투약 전의 영상 특징을 투약 후에 감산한다. 이러한 방법은 혈관 영상의 명료도를 개선시킨다.

대뇌혈관조영술의 한 가지 제한점은 작은 동맥의 윤곽을 잡아내지 못한다는 것이다. 이는 대뇌혈관조영술이 침습적이기 때문인데, 혈관조영술로 촬영 중에 뇌졸중이 발병할 수 있는 위험성을 지닌다.

6) 컴퓨터 단층촬영술

CT 촬영으로 알려진 **컴퓨터 단층촬영술**(computed tomography)은 침습적인 방법을 사용하지 않고 조직의 여러 절단면에 대한 영상을 제공하는 비침습적인 방사선 촬영법이다. *tomos*는 절단을 의미하며 *tomography*는 신체에 대한 단면 영상을 의미한다. 이 방법은 X선 촬영기가 구조물(신체) 주위를 회전하면서 촬영하여 컴퓨터에 의해 처리되는 이미지를 얻을 수 있다. 1973년에 임상적인 목적으로 소개된 CT 촬영은 살아 있는 사람의 뇌 구조물을 시각적으로 보여 주는 비교적 초기에 개발된 방법이다.

CT 촬영 방법은 다음과 같다.

- X선 발생장치와 검출기가 환자의 머리(혹은 다른 부위)를 360° 돌며 1~2mm

두께로 분할하여 촬영한다.

- X선 발생장치가 있는 머리의 반대편에서 X선 검출기가 방사선의 양을 측정한다.
- 컴퓨터는 머리에 흡수된 방사선의 총량을 근거로 촬영된 뇌의 구조를 영상화 한다.

새로운 CT 촬영 기능은 더 빠르고, 더 좋은 선명도의 영상을 보여 준다. 단층촬영은 내부 구조물과 병변, 종양 그리고 신경 병리를 보여 준다. 새로운 CT 촬영은 특히 뇌손상 직후의 출혈을 탐지하는 데 좋다. CT 촬영은 종양이나 외상에 의한 손상보다는 뇌졸중에 의한 병리를 더 잘 보여 준다. 따라서 단층촬영은 다양한 유형의 실어증을 발생시키는 병변의 위치와 범위를 연구하는 데 유용하다(Benson & Ardila, 1996). CT 촬영은 국소적이고 진행성 질병을 탐지하는 데도 유용하다. 그러나 이 방법은 작은 병변을 찾아내는 데는 실패할 수 있다. 가장 정확한 영상을 산출할 수 있도록 머리의 위치 선정에 주의를 기울여야 한다. 일반적인 병변의 위치를 찾는 일은 대략적으로 이루어지는 것 같다.

CT 촬영은 침습적 방법은 아니지만 환자가 방사선에 피폭된다는 단점이 있다. 개선된 조영제인 방사선 비투과제를 환자의 혈류에 삽입하는 것은 가능하지만, 이 방법을 사용하면 부작용(통증, 메스꺼움, 신장 문제)이 증가하는 경향이 있다. 조형-증가 CT 촬영은 특히 종양, 다발성경화, 수두증을 탐지하는 데 좋다(Greenberg, Aminoff & Simon, 2002).

7) 자기공명영상

자기공명영상(magnetic resonance imaging, MRI)은 뇌의 전기적 활동을 변형시키는 강력한 자기장의 도움으로 뇌의 구조물에 대한 영상을 산출하는 방법이다. 이 방법은 1983년부터 임상적으로 적용되었다. 수분은 뇌조직을 구성하는 주요 물질이기 때문에 뇌 안에 있는 수소원자의 움직임을 밝혀낸다면 이 조직의 영상을 산출하는 데 도움이 된다. 이러한 방법은 환자의 신체에 방사능 물질을 투여하지 않으며, X선을 사용하지 않는다. 이전에는 **핵자기공명영상**(nuclear magnetic resonance imaging)으로 알려졌던 이 방법은 CT와 비슷한 영상을 보여 준다.

MRI를 촬영하는 방법은 다음과 같다.

- 환자의 머리를 강한 자기장 안에 위치시킨다.
- 뇌 안에서 불규칙하게 회전하는 수소원자가 만들어 낸 자기장을 이용하여 뇌의 구조적 영상을 만든다.
- 자석이 미세한 쇳조각을 끌어당겨 정렬시키듯이 뇌 안의 수소원자도 자기장에 맞추어 정렬된다.
- 머리가 강력한 자기장 내에 위치하면 뇌 안의 수소원자는 MRI 기기의 외부 자기장에 맞추어 정렬한다.
- 이렇게 외부 자기장에 맞추어 뇌 안의 수소원자가 정렬되면, MRI가 전자기 파동을 형성하고 환자는 MRI의 구동으로 인한 소음을 듣게 된다.
- 이 에너지 파동은 짧은 순간 뇌 안의 수소원자들의 정렬을 흐트러뜨리고 사라진다. 전자기 파동이 사라지면 수소원자들의 정렬은 다시 원상 복구된다.
- 자기장은 원상 복구되지만, 특정 영역의 원자는 **공명주파수**(resonant frequency)라고 불리는 특정 무선주파수에서 특정한 전자기적 신호를 발생하게 되므로 자기공명영상이라는 이름을 붙이게 되었다. 이 공명주파수는 희미한 메아리와 유사하다.
- 컴퓨터는 자기공명신호를 사용하여 전자기 신호를 감지하고, 이를 분석하여 뇌 구조의 영상을 생성해 낸다.

MRI는 CT보다 더욱 선명한 신체 구조 영상을 제공한다. MRI는 CT 촬영이 감지하는 데 실패한 탈수초화나 외상과 같은 작은 병변을 발견할 수 있다. MRI는 CT보다 골조직에 존재하는 인공물에 영향을 덜 받는 편이다. 또한 MRI는 CT보다 백질과 회백질을 더 선명하게 구분하는데 그 이유는 회백질의 수분 함량이 더 높기 때문이다. CT 촬영이 뇌출혈을 발견하는 데 있어서는 MRI보다 민감하나, 뇌졸중 직후 첫 48시간 내에 일어나는 변화에는 민감하게 반응하지 못한다. 뇌손상 후 3~4일 뒤에 일어나는 혈종(hematoma)은 MRI가 CT보다 더 정확하게 발견한다. CT 촬영은 조직의 밀도 변화에 민감하지만, MRI는 조직의 다양한 화학적 변화에 민감하게 반응한다.

자기공명영상은 기본적 방법에서 여러 새로운 방법으로 진화하였다. **기능적 자기공명영상**(functional magnetic resonance imaging, fMRI)의 촬영 방법은 우선 MRI 촬영 전 환자에게 정맥주사로 조영물질을 투여한다. 이 방법은 다양한 상태를 경험하거나 대조되는 2개 이상의 활동(휴식과 음악 청취)을 수행하는 환자의 대뇌 혈류변화를 감지한다. 대뇌의 어떤 영역이 활동하면 활동한 영역과 연관된 뇌혈류가 증가하는데, fMRI는 이 증가한 뇌혈류를 감지한다. 현재 fMRI는 주로 연구를 위해 사용되고 임상적으로 실용화되기에는 시간이 필요할 것으로 보인다(Greenberg, Aminoff & Simon, 2002).

기타 MRI 영상법으로 확산강조영상과 다량강조영상, MRI 분광법, 자기공명혈관조영술이 있다. **확산강조영상**(diffusion-weighted MRI)은 뇌조직 속에 있는 물 양성자의 미세한 움직임을 감지하여 이에 근거한 구조를 영상화하는 방법이다. 확산강조영상은 임상적으로 유용성이 높은데, 그 이유는 발병 직후의 뇌경색을 발견할 수 있고, 선명도와 특이성이 높다. 확산강조영상으로 뇌졸중으로 인한 부종과 다른 요인으로 인한 부종을 구별할 수 있다.

다량강조영상(profusion-weighted MRI)은 확산강조영상으로 감지한 물 양성자의 움직임과 혈류의 다양성을 비교하여 영상을 추출한다. 확산강조영상과 다량강조영상은 뇌졸중 환자의 허혈성 손상을 분석하여 비교할 수 있다.

전통적인 MRI 촬영과 함께 사용되는 **MRI 분광법**(MRI spectroscopy)은 조직의 생화학적인 구조를 감지하여 뇌구조를 영상화하는 방법이다. 건강하고 정상적인 조직은 병리적 조직과 생화학적인 구성과 농도가 다르다. 따라서 이 방법은 조직의 화학적 구조를 측정하여 알츠하이머병에서 보이는 병리적인 신경손상을 감지할 수 있다. MRI 분광법은 구조의 손실로 인한 병리현상을 탐지하는 데 도움을 준다.

자기공명혈관조영술(magnetic resonance angiography, MRA)은 대뇌구조물에 혈액이 공급되는 속도를 측정하는 방법이다. MRA는 비침습적이고, 덜 위험하며, 경제적이라는 점에서 전통적인 혈관조영술과 차이를 보인다. MRA는 경동맥과 두개 안 혈액순환의 속도를 시각화하는 데 유용하다. 전통적인 혈관조영술에 비해 영상선명도는 낮으나 혈관 폐색을 감지할 수 있다.

8) 양전자방출 단층촬영

1975년에 개발된 **양전자방출 단층촬영**(positron emission tomography, PET)은 활동 시 뇌 활성화를 연구하기 위한 연구 도구이다. PET는 뇌의 여러 영역에서 일어나는 물질대사의 속도를 측정하여 뇌의 활성도를 연구한다.* 일반적으로 건강한 뇌조직은 영역에 따라 물질대사 활동의 속도도 다양하다.

PET를 실시하는 방법은 다음과 같다.

- 대상자는 뇌세포에서 대사작용을 하는 양전자방출 동위원소**(탄소, 질소, 산소)가 함유된 포도당을 섭취한다.
- 물질대사가 가장 높은 영역이라는 것은 신경활동이 가장 활발하며 혈액의 흐름도 제일 원활하다는 것을 암시한다.
- PET는 뇌 혈류에 흐르고 있는 동위원소에 의해 방출된 양전자를 감지하고 증폭시킨다.
- 컴퓨터는 물질대사 활동이 높거나 낮게 일어나는 영역을 분석하여 영상화한다.
- 포도당 물질대사가 낮은 경우(대사저하증)는 뇌의 구조적 기능적 문제를 암시한다.

PET는 더 큰 물질대사 활동과 더 높은 혈류속도를 바탕으로 혈류에 대한 정보를 제공한다. PET는 뇌종양을 감지하는 데 유용한데, 뇌종양 발생 부위는 물질대사가 증가하기 때문이다. 또한 PET는 혈류 자체는 정상이나 조직의 손상으로 인해 물질대사가 감소한 경우도 감지할 수 있고, 또 구조적인 문제를 보이지는 않으나 기능에 문제가 있는 영역도 감지할 수 있다. PET는 실어증 환자를 연구하는 데 있어 기능에 영향을 주는 국소적 뇌손상을 알려 준다. 이것은 뇌의 기능이 절대적으로 국재화되지는 않는다는 관점을 지지한다.

---

* 양성자는 전자의 반입자로서 전자와 같은 질량과 속성을 가지고 있지만, 양의 전하를 가지는 입자이다.

** *Iso*는 '같은'을, *topos*는 '장소'를 의미하며, 둘 이상의 원소가 같거나 매우 비슷한 특성을 가지고 있어, 원자번호는 같으나 원자의 질량이 다른 것을 동위원소라 한다.

PET를 실시하는 데 드는 비용은 비싼 편이다. 또한 PET를 실시하기 위해서는 동위원소를 준비할 수 있는 화학자와 물리학자가 필요하다. PET는 해상도가 낮아 병변의 경계가 불확실하게 보일 수 있으며, 환자의 움직임에 의해 인공음영이 나타날 수 있다.

9) 국소대뇌혈류 측정법

국소대뇌혈류(regional cerebral blood flow, rCBF) 측정법은 뇌의 여러 영역에 흐르는 혈류의 총량을 계산하는 방법이다. 대뇌 영역이 활성화되려면 활성화되기 전에 비해 더 많은 혈액이 필요하다. 따라서 특정 영역에 들어간 혈류의 총량이 증가했다는 것은 대뇌가 활성화되었으며, 활성화 영역이 증가했다는 것을 의미한다. 혈류량이 증가했다는 사실은 또한 신진대사 활동이 증가하였다는 것을 의미하기도 한다.

rCBF를 측정하는 방법은 다음과 같다.

- 방사능 물질인 제논 133이라고 불리는 비활성 기체를 준비한다.
- 이 기체를 환자의 혈류에 투여한다. 투여하는 방법은 환자가 직접 마시거나, 혈관에 주사하는 방법이 있다.
- 감마선 카메라(gamma ray camera)로 대뇌혈류에 존재하는 방사능 물질을 촬영한다.
- 촬영된 정보를 컴퓨터로 보내면, 컴퓨터는 대뇌의 영역을 영상화하여 다양한 혈류를 각각 다른 색상으로 보여 준다.

rCBF 측정법을 통해 발화 시 우리가 알고 있었던 것보다 우반구 활성화가 실제로는 더 활발하다는 것을 알게 되었다. 이러한 연구는 대뇌 기능의 국재화 이론을 지지한다.

10) B-방식 경동맥 영상

B-방식 경동맥 영상(B-mode carotid imaging)은 어떤 구조물에 부딪힐 때 소리

가 반향한다는 사실에 근거하여 신체구조를 영상화하는 방법이다. 좀 더 전문적으로 말하면, B-방식 경동맥 영상은 목 부위에 있는 동맥 상태를 평가하기 위해 실시한다. 이것은 임신 중 태아를 초음파 촬영하는 방식과 유사하다.

B-방식 경동맥 영상을 촬영하는 방법은 다음과 같다.

- 고주파 소리 발생기를 목 위에 놓는다.
- 동맥 안에 이물질이 있다면, 이물질에서 고주파를 반향시켜 소음이 발생한다. 반면, 건강한 동맥은 소리를 반향시키지 않는다.
- 컴퓨터가 되돌아온 소리를 분석하여 동맥과 이물질을 영상화한다.

B-방식 경동맥 영상은 비침습적이며, 협착증이나 궤양과 같은 동맥에 발생하는 질병을 감지하는 데 도움을 준다.

11) 경동맥 혈관조영술

경동맥 혈관조영술(carotid phonoangiography)은 동맥으로 혈액이 흐를 때 발생하는 소리의 특징을 통해 경동맥의 상태를 평가하는 방법이다.

경동맥 혈관조영술의 방법은 다음과 같다.

- 동맥에서 혈액이 흐를 때 발생하는 소리를 잡아낸다.
- 혈액이 흐를 때 발생하는 소리의 특징을 분석하여 혈관의 건강상태를 평가한다.

동맥이 협착되거나 좁아지면, 혈액이 흐를 때 소음이 발생하게 된다. 이때 발생하는 소음을 경동맥 혈관조영술을 통해 감지할 수 있다.

12) 도플러 초음파촬영

도플러 초음파촬영(Doppler ultrasonography) 혹은 **초음파**(ultrasound)라고 불리는 이 방법은 혈류속도를 측정하여 동맥의 건강상태를 평가하는 데 도움을 준다. 동맥이 좁아지면 혈류속도는 증가하고, 동맥에 부딪혀 되돌아오는 소리의 속도 역시 빨라진다. 경두개 도플러 초음파촬영(transcranial Doppler ultrasonography)은 뇌동맥의 건강상태를 평가하는 데 도움을 준다.

도플러 초음파촬영을 실시하는 방법은 다음과 같다.

- 머리를 초음파에 노출시킨다. 컴퓨터는 측정하고자 하는 동맥을 목표로 하여 소리의 특성을 변화시킨다.
- 혈류의 특징에 따라 반향된 소리의 주파수가 달라진다.
- 컴퓨터가 주파수의 변화를 분석하여 혈류와 압력, 속도를 영상화한다.

이 방법은 경동맥의 병변이나 질병, 지주막하출혈로 일어나는 혈관경련수축을 감지할 수 있다. 임상적 유용성이 높은 편으로 평가자에 따라 B-방식 경동맥 촬영술과 도플러 초음파촬영을 함께 사용한다. 두 가지 촬영술을 결합하여 사용하는 것은 동맥의 구조와 혈류의 특징에 대해 더욱 정확한 정보를 제공한다.

13) 요추천자

요추천자(lumbar puncture, spinal tap)는 뇌척수액을 채취, 분석하여 중추신경계의 감염이나 출혈을 진단하는 침습적 방법이다. 요추천자는 영상으로 정보를 제공하지 않는다.

요추천자를 실시하는 방법은 다음과 같다.

- 환자를 엎드리게 한 후 3번과 4번 요추 사이에 바늘을 주입한다.
- 뇌척수액을 채취한다.
- 바늘로 들어오는 척수액의 압력을 바늘 끝에 달려 있는 혈압계로 측정한다.
- 뇌척수액으로 감염을 포함한 다양한 병리적 현상을 분석할 수 있다.

뇌척수액의 압력 변화는 폐색, 종양, 뇌부종 등의 병리현상을 암시한다. 채취한 뇌척수액에서 혈액세포가 발견되면 출혈을 의심해야 한다. 이 방법으로 뇌막염 및 기타 감염, 다발성경화증, 신경 매독, 염증, 지주막하출혈, 뇌막의 종양, 두개내 압력 변화와 같은 진단에 도움을 줄 수 있다.

3. 실어증의 일반적 신경병리

실어증은 여러 가지 원인에 의해 발생한다. 대부분의 원인이 직접적이거나 간접적인 연쇄를 이루어 상호작용한다. 어떤 뇌손상의 경우 손상 그 자체로 실어증을 일으키는 원인이 된다. 다음에서 기술되는 원인의 연쇄를 보면 실어증의 원인을 되짚어 볼 수 있다. 화살표는 실어증의 원인 중 가장 멀고 간접적인 요인(유전적 성향)에서부터, 가장 가깝고 직접적인 요인(대뇌 언어중추의 손상)까지 순차적으로 제시하고 있다.

실어증에 이르는 잠재적 요인 연쇄는 다음과 같다.

실어증

⇧

대뇌 언어중추의 손상

⇧

혈액 공급 중단

⇧

죽상경화증(atheroscleoris)

⇧

고콜레스테롤 수치

⇧

좋지 않은 식습관

⇧

유전적 성향

위에서 나열된 것은 실어증의 잠재적 원인을 순서로 나열해 놓은 예시이다. 연쇄를 구성하는 여러 요소들이 서로 상호작용하여 실어증이 발병한다. 또한 이러한 연대는 하나가 아니라 다른 실어증의 원인이 되는 연쇄가 존재할 수 있고, 이 역시 언어중추의 손상을 야기할 수 있다. 실어증 진단의 조건은 대뇌 언어중추의 손상이다. 뇌손상은 여러 원인에 의해 발생할 수 있다. 이러한 이유로 실어증의 종류를 판단하는 데 있어 손상의 위치가 손상의 원인보다 더 중요하다(Benson & Ardila, 1996).

여러 가지 원인에 의해 실어증이 발병한 환자는 여러 형태의 신경병리적 증상을 나타낸다. 어떤 환자의 신경병리적 증상은 뇌영상 촬영을 통해 드러나기도 하고, 또 어떤 환자는 사후 부검을 통해서만 관찰되기도 한다. 그러나 실어증 환자에게만 다음의 신경병리학적 증상이 발견되는 것은 아니며, 다양한 질환이나 손상의 경우에도 발견될 수 있다(Greenberg, Aminoff, & Simon, 2002).

- 부종(edema). 뇌손상 직후에 발생하는 증상으로 손상된 뇌 영역이 부드럽게 부어오르는 증상이다. **부종**은 부어오른 조직을 말한다. 부종은 회색질에서 백질로 확장되며, 발병 후 4~5일 사이에 최대로 부어오른다. 뇌졸중으로 인한 사망 중 가장 많은 원인이 뇌 부종으로 인한 것이다.
- 세포의 변화(cellular change). 손상된 영역의 피질세포는 괴사하거나 부피가 줄어들 수 있다.
- 아교세포의 파괴. 신경세포를 지지하는 세포인 아교세포가 파괴될 수 있다.
- 국소 혈관 괴사. **괴사**(necrosis)란 세포의 죽음을 의미한다. 국소 혈관의 괴사가 나타날 수 있다.
- 허혈성 반음영(ischemic penumbra). 경색이 일어난 중심부를 둘러싼 조직에 발생하는 증상을 **허혈성 반음영**이라 하며, 이 영역에 혈액의 공급을 늘리는 것이 허혈성 뇌졸중 치료의 주요 관심사이다.

1) 일과성 뇌허혈 발작

다음에 설명하는 뇌졸중 증상은 환자와 그 가족들이 오래전부터 주의를 기울여 온 증상이다. 그러나 일과성(잠깐의) 뇌경색은 환자가 느낄 수는 있으나 후유증을 남기지 않기 때문에 신속한 대응은 힘들다. **일과성 뇌허혈 발작**(transient ischemic attack, TIA)은 수 초 안에 지나가는 작은 뇌졸중으로 대개의 경우 영구적인 장애 없이 지나간다. 그러나 영구적인 후유증을 일으킬 수 있는 뇌졸중의 전조증상일 수도 있다.

뇌졸중의 전조증상인 TIA의 증상을 인식하는 것이 중요하며, TIA가 일어난 즉시 의료적 조치를 취하는 것으로 추후에 발생할 뇌졸중의 위험을 줄일 수 있다. 다음과 같은 증상을 경험하거나 관찰했을 때 TIA가 발생했음을 인식해야 한다.

- 갑작스러운 마비, 감각의 사라짐, 특히 안면 근육과 사지가 마비되는 증상(편측 신체에서 일어날 수 있다)
- 갑작스럽게 말을 이해하지 못하는 증상
- 불명료하거나 잘 알아들을 수 없는 말을 하는 증상
- 눈앞이 보이지 않거나 사물이 겹쳐 보이는 증상
- 현기증이 일어나거나 신체의 균형을 잃거나, 의식을 잃는 증상

일단 TIA를 경험한 사람은 이후에 다발성 TIA나 중증 뇌졸중이 일어날 수 있다. 따라서 처음 TIA 증상을 경험했을 때, 즉시 응급 구조요청을 하거나 의료기관을 방문하여 처치를 받는 것이 중요하다. 부록 C는 환자 교육과 신속한 도움 및 정보를 제공하는 웹사이트이다.

2) 대뇌혈관 사고(뇌졸중)

뇌졸중(stroke)으로 알려진 대뇌혈관 사고(cerebrovascular accident)는 대다수의 실어증을 일으키는 직접적인 원인이다. **뇌졸중**은 갑작스럽게 발병하여 국소적인 뇌손상을 일으키는데, 원인은 뇌 안에서의 혈액순환 중단이다. 국소적인 뇌손상은 언어 문제를 야기한다. 뇌졸중은 가장 흔히 발생하는 신경계 질병이며, 미국에서 사망원인 세 번째를 차지한다. 미국에서 뇌졸중으로 인한 사망은 연간 15만 명에 이른다. 이 중 처음으로 뇌졸중을 경험하는 사람은 75만 명이다(Grenberg, Aminoff, & Simon, 2002).

뇌의 전·후 중 어느 곳에서 혈액순환이 멈추었는지에 따라 증상이 달라진다. 내경동맥과 그 가지는 뇌의 전반부에 혈액을 공급하고, 척추동맥(추골동맥)과 뇌기저 동맥은 뇌의 후반부에 혈액을 공급한다. TIA와 뇌졸중은 증상의 정도가 다를 뿐 기본적으로 증상 자체는 유사하다(TIA의 경우 구토나 발작, 혼수상태에 이르는

경우는 드물다). 다음의 증상이 발생한다면 뇌졸중일 가능성이 있다(Grenberg, Aminoff, & Simon, 2002).

- 극심한 두통 및 다른 증상이 함께 나타난다(전반부에서 일어나는 뇌허혈의 경우에 흔한 증상이다).
- 의식이 흐려진다(후반부에서 일어나는 뇌허혈의 경우에 흔한 증상이다).
- 언어 산출이나 이해 혹은 양쪽 모두 문제가 함께 일어난다(전반부 뇌허혈).
- 시각에 문제가 있거나 한쪽 눈만 보이기도 한다(후반부 뇌허혈).
- 현기증이 일어나거나 균형을 잃고 넘어지거나, 일어서거나 걸을 수 없다(후반부 뇌허혈-소뇌 출혈).
- 불완전마비(근육의 약화)나 완전마비가 일어난다(전반부 뇌허혈).
- 감각, 특히 신체의 한쪽 감각의 손상이 나타난다(전반부 뇌허혈).
- 구토가 일어난다(뇌출혈).
- 간질이 일어난다(피질하 백질의 출혈).
- 혼수상태가 된다(교의 출혈, 때로 치명적일 수 있다).

뇌졸중의 증상은 대개 24시간 이내에 사라지지만, 일부의 경우는 24시간 이상 지속될 수도 있다. 24시간 이상 지속된다 하더라도 완전하거나 거의 정상으로 기능을 회복할 수도 있는데, 이러한 경우를 **가역적 허혈성 신경 결손**(reversible ischemic neurological deficit, RIND)이나 **국소 뇌졸중**(minor stroke)이라 한다. 주의할 점은 TIA나 RIND 증상은 모두 출혈이 아닌 뇌허혈이 그 원인이라는 사실이다.

3) 대뇌혈관 사고 병인론

뇌졸중은 여러 혈관장애의 원인이다. 이러한 장애로 인해 일반적으로 국소적 증상이 발생하며 국소적 증상의 특징과 정도는 손상된 뇌조직 및 혈관의 위치에 따라 달라진다. 외상이나 물질대사 장애로 인한 증상에는 뇌졸중이라는 용어를 사용하지 않으며, 뇌졸중과도 다른 증상을 보인다. **뇌졸중**은 대뇌혈관의 문제로 인해 일어나는 증상으로 그 원인에 따라 **뇌허혈**(ischemic: 뇌경색)과 **뇌출혈**(hemorrhagic)

로 구분된다.

4) 허혈성 뇌졸중

허혈성 뇌졸중(ischemic stroke: 뇌경색)은 경색에 의해 뇌의 병소 부위의 동맥 혈류가 막히는 폐색성 혈관장애이다. **허혈**(ischemia)이라는 용어는 뇌의 일부에 혈액 공급이 막힌 것이다. 혈액 공급이 중단되면 뇌조직에 포도당과 산소 공급이 중단되므로, 혈액 공급의 중단이 즉시 해결되지 않는다면 포도당과 산소의 소멸은 신경조직의 죽음으로 이어지게 된다. 이러한 뇌조직의 죽음을 **경색**(infarction) 혹은 괴사라고 부른다.

혈액 공급의 중단은 혈전증이나 색전증에 의해 일어날 수 있다.

혈전증(thrombosis)은 세포의 죽은 조각이 뭉쳐지고, 혈액순환이 막혀 생긴 덩어리인 **혈전**(thrombus)이 혈관을 막아 생기는 혈관 질환이다. 일반적인 용어로 **혈전**은 혈관 폐쇄의 한 종류를 일컫는다. 허혈성 뇌졸중 중 약 2/3가 혈전증으로 인해 일어난다.

혈전의 형성은 **죽상동맥경화증**(atherosclerosis)*에 의해 일어날 가능성이 있다. 죽상동맥경화증은 동맥 내에 지방질이나 석회질, 섬유질이 축적되면 동맥 내에 **죽상경화판**(sclerotic plaque: 죽종)이 생기는데, 이 죽상경화판은 동맥을 딱딱하고 좁게 만든다. 죽상경화증의 발생은 고혈압, 고콜레스테롤, 높은 중성지방, 당뇨병, 활성산소, 흡연, 경구피임약의 사용과 관련이 있으며 유전적인 성향도 있는 것으로 보인다.

죽상동맥경화증과 혈전은 일반적으로 대동맥에서 발견되고(내경동맥, 중대뇌종맥, 기저동맥), 좁은 동맥과 대뇌정맥, 정맥동에서도 발견된다. 죽상동맥경화증의

---

* (역자 주) 죽상동맥경화증 혹은 죽상경화증(atherosclerosis). 대동맥 같은 탄력성 동맥의 내층에 지방과 콜레스테롤로 이루어진 죽종이 생기는 병태이다. 죽종이 생긴 동맥은 죽종이 혈관 내부로 돌출하게 되어 혈관 내경이 작아지게 된다. 이로 인해 혈류가 감소하게 되고 계속 진행될 경우에 완전히 동맥을 막을 수도 있다. 주로 중간 크기의 동맥에 많이 생기며, 대개 식이와 혈중의 지방 농도, 고혈압, 그리고 유전과 관련이 있다고 한다(『알기 쉬운 의학용어 풀이집』, 지제근, 2004, 서울:고려의학)

주된 발생지역은 총경동맥, 중대뇌동맥, 척추 경동맥, 기저동맥, 두개골 진입 지점 바로 위의 척추동맥, 총경동맥 분기점 바로 위의 내경동맥의 기저이다. 일반적으로 동맥이 분지하는 지점이나 굽은 형태의 지점은 죽상동맥경화증과 혈전증의 원인이 되는 혈전의 축적에 더 취약한 경향이 있다.

동맥에 혈전이 축적되면 혈관벽은 두꺼워지고 경화된다. 동맥이 두껍고 딱딱해지면 혈관은 수축하여 좁아지게 되어 정상적인 혈행을 할 수 없게 된다. 혈액 흐름의 속도가 감소하면 혈전을 형성시키고, 혈전이 형성된 지역을 폐색시킨다. 그 결과 혈액의 흐름이 붕괴된 조직은 산소의 공급을 받지 못해 괴사하게 된다.

혈전성 뇌졸중은 수면 중이거나 신체활동이 활발하지 않을 때 일어나는 경향이 있다. TIA, 두통, 간질은 혈전성 뇌졸중의 전조증상일 수 있다.

색전증(embolism)은 동맥 내부에서 떨어져 나온 이물질이 이동하면서 좁은 동맥을 막아 일어나는 동맥질환이다. **색전**(embolus)은 동맥에서 떨어져 나와 이동하는 이물질 덩어리를 말하는 것으로 색전 발생지역과 폐색의 위치는 거리가 있을 수 있다. 색전은 이동한다는 점에서 한자리에 형성되는 혈전과 대조되는데, **그림 3-1**은 동맥에서 형성된 이물질이 혈류를 막는 색전증으로 발전하는지 보여 주고 있다. 결국, 경색된 동맥에 의해 혈액을 공급받는 지역의 대뇌세포는 괴사하게

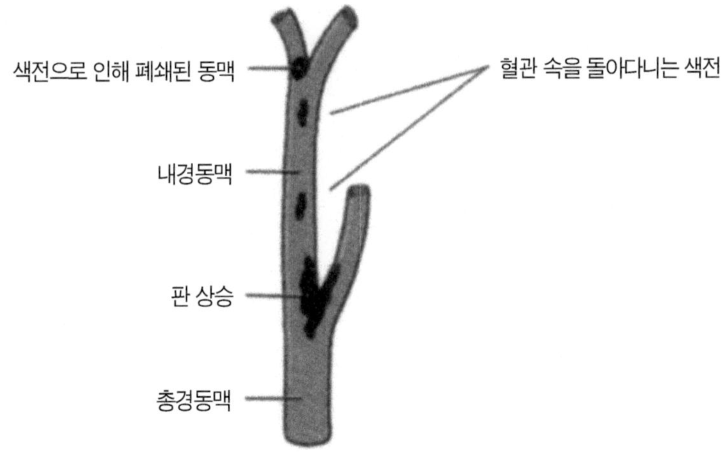

그림 3-1. 색전으로 인해 동맥 내 판이 형성되어 동맥이 폐색된다. 색전으로 인해 폐쇄된 동맥의 앞에 위치한 뇌조직에 경색이 발생한다.

된다.

색전은 종양 조직 덩어리나 손상된 동맥, 죽상경화판, 박테리아 덩어리, 혈액 덩어리, 공기 방울이나 혈관에서 떨어진 혈전을 말한다. 색전은 혈전에서 변화한 것일 수도 있다. 혈전이 혈관벽에서 떨어져 혈관 내를 이동할 경우, 이를 혈전이라 부르지 않고 색전이라 부른다. 심방세동(fibrillation, heart palpitation)과 같은 심장질환은 색전을 형성시킬 수 있는데, 심장에 있는 죽은 혈액이 모여 덩어리를 형성하기 때문이다. 심장 수술 부위에서 형성된 이 색전은 몸 안을 떠돌다 뇌혈관을 막을 수 있다.

색전은 중대뇌동맥이나 그 가지를 막는데, 이 중대뇌동맥은 뇌에 공급되는 혈액의 85%의 이동을 담당한다. 중대뇌동맥의 전반부는 브로카 영역, 운동 영역, 감각 영역을 포함하는 뇌의 앞쪽 영역에 혈액을 공급하는 반면, 중대뇌동맥의 후반부는 베르니케 영역에 혈액을 공급한다. 색전이 기저동맥과 후대뇌동맥을 막으면 뇌의 후반부의 혈액 공급을 중단시키게 된다.

색전으로 인한 뇌졸중은 깨어 있거나 활동할 때 발생하는 경향이 있다. 색전이 일어나기 전 두통이나 발작이 일어날 수 있으나 경우에 따라서 경고 신호가 전혀 없을 수도 있다.

5) 출혈성 뇌졸중

출혈(hemorrhage)은 전체 뇌졸중의 원인 중 두 번째로 많이 발생하는 질환이다. **출혈성 뇌졸중**(hemorrhage stroke, **뇌출혈**이라고도 한다)은 뇌혈관이 파열되어 뇌 안에서 출혈이 일어나는 것으로 이는 뇌혈관이 막혀 일어나는 뇌경색과 대조된다(Greenberg, Aminoff, & Simon, 2002).

혈관 파열의 일반적인 원인은 동맥의 혈관벽이 약해지거나, 혈관 기형, 고혈압 및 혈압 변화 등이 있다. 혈관의 외상에 의한 혈관 파열은 드문 편이다. 뇌출혈은 내뇌출혈(intracerebral)과 외뇌출혈(extracerebral) 두 가지 종류가 있다. 다음의 표는 각각의 원인과 특징을 알려 준다.

내뇌출혈(intracerebral hemorrhage)	외뇌출혈(extracerebral hemorrhage)
뇌내(intracerebral)로 불리는 뇌와 뇌간에 있는 혈관 파열이 출혈의 원인이다.	외내(extracerebral)로 불리는 뇌막에 있는 혈관 파열이 뇌출혈의 원인이다. 따라서 외뇌출혈은 세 가지 종류가 있다.
뇌혈관 파열의 가장 큰 원인은 고혈압이다.	**지주막하파열**(subarachnoid): 외뇌출혈의 가장 일반적인 형태로 뇌의 표면, 뇌간, 소뇌의 표면이나 지주막 아래에서 파열이 일어난다. 동맥류 파열도 한 원인이다.
내뇌출혈은 일반적으로 뇌구조물 안쪽에 있는 작은 혈관이 파열되는 것으로, 특히 시상과 기저핵 근처의 혈관이 자주 파열된다.	**경막하파열**(subdural): 경막 아래쪽에서 파열이 일어나며 외상성 뇌손상에 의해 일어나는 경우가 많다. **경막외파열**(epidural, extradural): 경막 위쪽, 경막과 두개골 사이에서 파열이 일어나며, 외상성 뇌손상에 의해 일어나는 경우가 많다.

뇌동맥류(aneurysm)는 동맥의 약하고 얇은 부분이 풍선같이 부풀어 오르는 증상이다. 외뇌 동맥류가 주로 발생하는 위치는 뇌의 기저이고, 척추동맥, 기저동맥, 윌리스환에서도 동맥류가 발생한다. 전대뇌동맥과 중대뇌동맥은 뇌동맥류가 주로

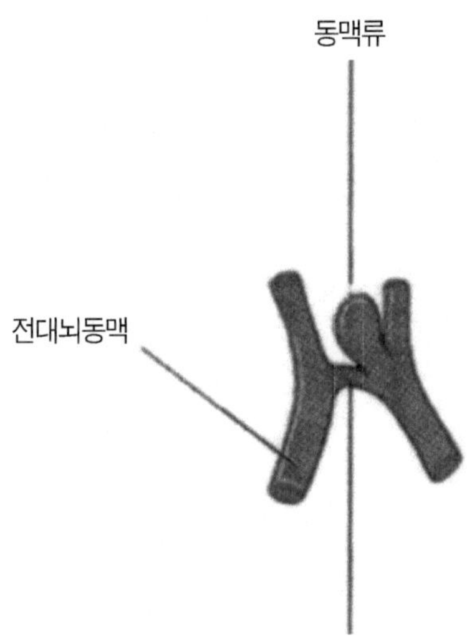

그림 3-2. 동맥에 생성된 동맥류는 파열하고 뇌출혈의 원인이 된다.

발생하는 동맥이다. 그림 3-2는 발생한 뇌동맥류가 어떻게 파열되어 뇌출혈에 이르는지를 보여 준다.

기저핵에서 발생하는 내뇌출혈은 피질하 실어증(subcortical aphasia)의 원인이 되고, 발생 시 사망률이 높으며, 영구적인 손상을 일으킬 확률이 높다. 출혈된 혈액은 혈전을 형성하고 뇌세포를 파괴한다. 뇌출혈은 급작스럽게 발생하는 경향이 있으며, 뇌출혈로 인해 두통, 구토, 혼수상태, 혼미, 마비, 감각 상실, 혼란, 기억상실, 언어 문제가 자주 발생한다.

뇌경색 환자와 뇌출혈 환자는 회복 패턴이 서로 다르다. 이러한 차이는 다음의 표에 제시하였다.

뇌경색과 뇌출혈의 회복 패턴

뇌경색	뇌출혈
회복 속도가 빠르며, 회복 정도가 더 크다.	발병 후 4~8주 사이에 거의 회복하지 않는다.
발생 후 처음 몇 주간 눈에 띄는 회복을 보인다. 최대 3개월까지 회복한다.	발병 후 4~8주 후에 좀 더 빠른 회복을 보인다. 회복 속도가 느리고, 잔존 손상이 있는 상태에서 안정화된다.

6) 외상

뇌졸중의 또 다른 원인인 외상(trauma)은, 자동차 사고나 총기사고, 외부의 충격에 의해 머리나 뇌에 외상을 입는 것이다. 이러한 유형의 뇌손상은 실어증과 다른 의사소통장애를 일으킨다. 일반적으로 외상으로 인해 나타나는 신경학적인 증상은 실어증의 신경학적 증상보다 문제가 더 크다.

7) 뇌종양

두개내 신생물(intracranial neoplasm) 혹은 뇌종양이라고 불리는 이 질병은 뇌 안에 병리적인 물질이 성장하는 것이다. 뇌종양은 뇌졸중보다는 실어증 발생 확률이 낫다. **종양**(tumor)은 주변 조직이 팽창하여 두개내 압력(intracranial pressure)을 증가시키는 공간점유성 병변(space-occupying lesion)이다(Greenberg, Aminoff, & Simon, 2002).

종양은 일차성과 이차성(전이성), 양성과 음성으로 나눌 수 있다. 양성은 암이 아니며 성장 속도가 늦다. 악성종양 혹은 암은 종양조직에 혈액을 공급하는 혈관을 계속적으로 생성하여 성장 속도를 억제하기 힘들다.

일차성 두개내 종양(primary intracranial tumor)은 뇌에서 생기며 대뇌나 소내에서 발견되기도 한다. 일차성 두개내 종양은 일반적으로 25~50세 사이에 발생한다. 뇌종양의 원인은 종양 억제 유전자의 손상, 암 유전자의 부적당한 발현, 혹은 두 가지 조합이 원인으로 알려졌으나 확실한 원인은 알려져 있지 않다. 뇌종양과 관련이 있는 요인에는 유전이 있으며, 과거 뇌손상이 발생한 부위도 종양 발생과 관련이 있다.

악성 일차성 뇌종양은 성장의 속도와 악성의 정도가 다양하다. 신경아교종(glioma)이라 불리는 이 증상은 악성 일차성 뇌종양을 지칭하는 말로 사용된다. 신경아교종은 신경아교세포(neuroglia, glia, 그리스어로 풀을 의미)에 발생하는데 신경아교세포는 신경계 세포이나 뉴런은 아니다. 신경세포 주변이나 신경세포 사이에서 발견할 수 있는 아교세포는 신경세포를 지지하고, 신경전달물질이나 신경의 물질대사 활동을 도와주는 역할을 한다. 아교세포는 성상교세포, 희돌기세포, 소교세포로 나눌 수 있다.

성상교세포종(astrocytomas)은 성상교세포에서 발생하는 일차성 악성종양으로, 크기는 매우 다양하다. 성상교세포종은 가장 일반적인 형태의 신경아교종이다. 대부분의 악성종양인 신경교종은 다형성 **교모세포종**(globlastoma multiforme)으로 사망률이 높다. **희돌기교종**(oligodendrogliomas)은 희돌기세포에서 발생하고 전두엽에서 많이 발견된다.

두개내 종양의 원인은 다음과 같다.

- 건강한 조직의 손상
- 손상조직 주변부의 팽창

- 두통
- 발작
- 국소적이거나 전체적인 증상들(초기나 국소적일 때, 종양이 성장하면서, 일반적으로 발생한다)
  - 감각 문제
    a. 흐릿한 시야
    b. 다른 감각의 손실
    c. 현기증
  - 행동 변화
    a. 기억 문제
    b. 무기력
    c. 성격 변화
  - 뇌간의 이탈

대부분의 뇌종양은 외과적인 방법으로 치료한다. 그러나 외과적 방법에 의한 종양 치료의 성공 여부는 종양의 크기, 위치, 발견시기에 좌우된다. 뇌의 생명유지와 관련된 영역에 종양이 발생할 경우(시상이나 뇌간), 양성인지 악성인지에 관계없이 생명에 치명적일 수 있다.

수막종(meningioma)은 두개내 종양으로 뇌막 안쪽에 발생한다. 양성이고 성장속도가 느리며, 한곳에 몰려 있는 형태의 수막종은 국소적 증상만을 발생하며 외과적 방법으로 제거하기 쉽다. 수막종은 뇌를 덮고 있는 뇌막에서 형성되는 뇌외 종양으로 대뇌 안쪽에서 성장하는 뇌내 종양과 구별된다.

이차성(전이성) 두개내 종양〔secondary(metastatic) intracranial tumor〕은 뇌가 아닌 신체의 다른 곳에서 발생하여 점차 뇌 내부로 이동하는 종양을 말한다. 이러한 암세포의 이동이나 확장을 **전이**(metastasis)라고 부른다. 전이된 두개내 종양의 대부분은 발생한 원래의 위치에서 떨어져 나온 암세포로 두개 내부로 이동한다. 이차성 두개내 종양의 대부분은 가슴이나 폐, 인두 및 후두에서 발생한다. 이러한 암성 세포는 혈류에 의해 이동한다. 그러나 일차성 두개내 종양 세포는 신체의 다른 부분으로 전이되지 않는다.

전이성 뇌종양은 뇌조직에 붙어 성장하며, 여러 위치에서 성장할 수 있다. 전이된 종양은 사망률이 높으며 대개 발견 후 2~3개월 이내에 사망한다.

뇌나 신체에서 자라는 종양은 암의 정도나 성장 시 공격성에 따라 등급을 나눈다. **종양전문의**(oncologist)는 그 등급을 I, II, III, IV 등급으로 나누었다. I 등급은 그 경계선이 뚜렷하며(구조에 국한), 성장 속도가 늦고, IV 등급은 매우 공격적으로 성장하며 예후가 가장 좋지 않은 등급이다. 이전에도 설명한 다형성 교모세포종은 대개 IV 등급이고, 공격성이 최소인 종양은 II 등급, 공격성이 가장 큰 것은 III 등급이다.

8) 감염

여러 종류의 대뇌 감염(infection)은 실어증의 원인이 된다. 박테리아성 감염과 바이러스성 감염, 뇌농양이 대뇌 감염을 일으키는 가장 일반적인 형태이다. 감염은 생명을 위협할 수 있고, 심각한 신체 문제를 일으키는 경향이 있기 때문에, 감염으로 인한 언어손상은 간과되는 경향이 있다.

(1) 박테리아성 감염

박테리아성 감염(bacterial infection) 중 가장 빈번한 것은 세균성 수막염(bacterial meningitis)이다. 세균성 수막염은 뇌막과 뇌척수액이 감염되는 증상이다. 환자는 발열, 두통, 무기력, 졸음을 호소하며, 심하면 혼수상태가 일어날 수 있다. 치료의 효과는 좋으나 몇 가지 증상이 지속될 수 있다.

세균성 수막염은 진행이 빠르며, 항생제가 듣지 않을 경우 치명적일 수 있다.

(2) 바이러스성 감염

바이러스성 감염은 실어증의 원인이 될 수 있으며, 바이러스성 감염의 원인은 다양하다. 광견병, 후천성 면역 결핍증(AIDS), 단순헤르페스뇌염, 볼거리, 풍진, 매독이 실어증을 일으킬 수 있다. 단순헤르페스뇌염은 실어증을 일으킬 확률이 가장 높은 바이러스성 감염이다.

여러 전문가들은 단순헤르페스뇌염이 실어증과 연관성이 높은 뇌 감염이라고 믿는다(Benson & Ardila, 1996). 초기 증상은 두통, 혼란, 발열로 시작하여, 심하면 의식상실에 이를 수 있다. 정확하고 신속한 치료로 인해 생존율이 높아졌지만, 사망률 역시 높다. 단순헤르페스뇌염에서 회복하더라도, 후유 장애로 이름대기 문제 정도를 넘어 심각한 중증의 건망증과 치매가 발생할 수 있다.

AIDS 역시 TIA와 허혈성 뇌졸중 발생의 증가와 관련이 있다. 매독의 경우 일차 감염 후 5년이 지나면 뇌막 감염으로 인해 매독성 **동맥염**(syphilitic arterittis: 동맥의 염증)이 발생할 수 있다(Greenberg, Aminoff, & Simon, 2002).

(3) 뇌농양

박테리아나 균류, 기생충은 부비강에서 뇌로 이동할 수 있다. 뇌농양은 박테리아성 감염보다 진행이 느리다. 증상은 시각 문제, 발열, 두통, 졸음, 무기력으로 나타난다.

뇌농양은 외과적인 배수(순환) 처치와 항생제로 치료할 수 있다. 일반적으로 회복은 빠르나 실어증 증상이 잔존할 수 있다(Benson & Ardila, 1996)

9) 기타 요인

신경병리 및 실어증과 관련이 있는 기타 요인들로는 대뇌 독소, 간질(발작장애), 노화와 관련된 여러 진행성 신경 질환이 있다. 상기의 요인들로 인해 신경병리가 일어나는 경우, 광범위한 신경 및 행동장애가 발생하며, 이는 실어증의 증상보다 훨씬 두드러진다.

뇌로 유독물질(독소)이 유입되면 대뇌 **독혈증**(cerebral toxemia)이 된다. 대표적인 독소는 약물 과다복용, 약물 상호작용, 중금속(납, 수은) 중독, 약물남용 등이 있다. 코카인 중독(염산염 및 알칼로이드, 크랙 종류), 암페타민, 헤로인은 뇌졸중의 위험인자이며, 35세 이하의 성인 및 아동에게 특히 위험하다. 코카인 염산염의 복용은 뇌경색을 일으킬 수 있으며 뇌출혈이 발생할 확률이 가장 높다. 크랙 코카인(알칼로이드계 코카인)은 뇌출혈의 원인이 되기도 하지만 대개 뇌경색을 일으킨다. 암페타민은 뇌경색의 원인이 된다(Greenberg, Aminoff, & Simon, 2002).

간질은 실어증이나 유사한 국소 언어손상과 관련이 있다. 이러한 손상은 발작 직후에 더 많이 관찰된다. 간질과 관련된 언어손상은 일시적인 경향이 있다.

노화와 관련된 진행성 신경 질환 중 다발성 치매, 알츠하이머성 치매, 픽병은 중요하다. 크로이츠펠트-야콥병(Creutzfeldt-Jakob disease)이 일어나면 실어증이 발생된다. 치매, 진행 상황, 치매에 관련된 언어 문제는 14, 15, 16장에 걸쳐 설명한다.

읽을거리

실어증에 대한 신경병리와 신경진단법에 대한 더 많은 정보를 원한다면 다음의 자료를 참고한다.

Bear, M. F., Connors, B. W., & Paradiso, M. A. (2001). *Neuroscience: Exploring the brain* (2nd ed.). Baltimore, MD: Lippincott Williams & Wilkins.

Benson, D, F., & Ardila, A. (1996). *Aphasia: A clinical perspective*. New York: Oxford University Press.

Bhatnagar, S. C. (2002). *Neuroscience for the study of communicative disorders* (2nd ed.). Baltimore, MD: Williams & Wilkins.

Greenberg, D. A., Aminoff, M. J., & Simon, R. P. (2002). *Clinical neurology* (5th ed.). New York. Language Medical Books/McGraw-Hill.

Haines, D. E. (2004). *Neuroanatomy: An atlas of structures, sections, and systems* (6th ed.). Philadelphia: Lippincott Williams & Wilkins.

제 4 장

실어증의 정의 및 분류

이 장의 개요

- 실어증과 실어증에 동반되는 질병의 발병률
- 실어증의 정의
- 유형별 실어증 분류를 지지하는 근거
- 유형별 실어증 분류를 반대하는 근거
- 실어증 개관
- 실어증의 일반적 증상
- 실어증 환자의 의사소통 방법에 대한 일반적인 기술
- 실어증 제외 대상

학습 목표

이 장을 학습한 후 학생들은,

- 다양한 집단과 인종의 실어증 발병률에 대한 연구를 요약할 수 있다.
- 다양한 종류의 실어증 정의에 대해 기술하고 비판적으로 평가할 수 있다.
- 실어증의 분류를 반대 의견과 찬성 의견으로 요약할 수 있다.
- 가장 두드러진 실어증 증상을 기술할 수 있다.
- 실어증 환자에게서 발견되는 일반적인 의사소통 형태를 기술할 수 있다.
- 실어증과 혼동될 수 있는 다른 질병을 구별할 수 있다.

1. 실어증과 실어증에 동반되는 질병의 발병률

실어증의 발병률을 공부하기에 앞서, 우리는 실어증의 원인이 되는 질병(disease)의 발병률과 병리학을 이해할 필요가 있다. 일반적으로 뇌졸중(stroke)이라고 알려진 **대뇌혈관 사고**(cerebrovascular accident, CVA)는 대개 실어증의 직접적인 원인이 된다. 또한 심장질환(heart diseases)과 뇌졸중의 발생은 밀접한 관련이 있는데 이 둘은 각 질병의 발병률에 서로 간섭하는 간섭효과를 발휘한다. 통계적으로 2개 이상의 질병이 시간차를 두고 발병하는데, 뇌졸중과 심장질환 사이에는 대개 2~3년의 간격이 나타난다. 예를 들어, 2005년에 뇌졸중이 발생했다면, 심장질환 이력이 2002년 중에 기록되어 있는 경우가 많다.

미국 뇌졸중협회(American Stroke Association)와 미국 심장협회(American Heart Association)는 심장질환과 뇌졸중에 대한 포괄적인 정보를 많이 가지고 있다. 이들 협회는 국립보건통계센터(National Center for Health Statistics) 산하의 미국 질병관리예방센터(U.S. Center for Disease Control and Prevention)를 포함한 다양한 기관에서 정보를 수집한다. 더 많은 정보를 알고 싶다면 부록 C에 수록된 여러 웹사이트를 방문해 보기를 권한다. 검색어는 미국 심장협회나 미국 뇌졸중협회로 검색하면 중요한 정보를 많이 얻을 수 있다. 발병률에 대해 정리된 주요 정보는 미국 심장협회에서 2005년에 웹상에 발표한 것으로 뇌졸중과 심장질환에 대해 설명하고 있다.

- 뇌졸중은 미국인구의 사망원인 중 3위를 차지하는 질병〔1위는 심장관상혈관질환(coronary heart disease), 2위는 암(cancer)〕으로, 심장질환과 뇌졸중이 연관되면 전체 발병률 중 1위를 차지한다. 2002년 미국에서 10만 명당 56명이 뇌졸중으로 사망하였다.
- 사망률은 뇌졸중의 유형에 따라 다르다. 혈액의 공급이 중단되는 뇌경색(ischemic stroke)의 경우 8~12%가 사망하고, 뇌혈관이 터져서 출혈이 일어나는 뇌출혈(hemorrhagic stroke)은 37~38%가 사망에 이른다.
- 한 해에 약 70만 명의 새로운 뇌졸중 환자가 보고되고 있다. 이 중 47%인

327,000명은 남성이고, 53%인 373,000명은 여성이다. 평균적으로 뇌졸중은 45초마다 1명씩 발생하고 있으며, 매년 전체 남성의 2.5%, 여성의 2.6%에서 뇌졸중이 일어난다.

- 뇌졸중은 미국에서 장애의 원인으로 손꼽힌다. 뇌졸중이 발생한 환자 중 30만 명 이상이 영구적인 장애를 입는다.
- 55세 이후의 뇌졸중 발생은 10년 단위로 빠르게 증가한다. 2차나 3차 뇌졸중은 주로 65세 이상의 노인에게 발생한다. 45~54세 사이의 성인 중 남성의 1.2%, 여성의 2.1%에서 뇌졸중이 일어나는 반면, 75세 이상이 되면 남성의 12%, 여성의 11.5%에서 뇌졸중이 일어난다.
- 연령에 따른 발병률을 비교하면, 남성이 여성보다 나이가 들수록 발병 위험이 높아진다. 남성의 뇌졸중 발병률은 여성의 발병률보다 1.25배 더 높다. 그러나 수명이 증가함에 따라 여성의 뇌졸중 발병률이 남성보다 높아진다. 매년 여성의 뇌졸중 발병자 수가 남성보다 4만 명 정도 더 많을 뿐 아니라 뇌졸중으로 인한 사망률 역시 여성이 높다. 뇌졸중으로 사망하는 5명 중 2명은 남성이고, 3명은 여성이다.
- 뇌졸중이 발병한 사람들 중 약 200만 명 정도가 생존하고 있으며, 그 중 100만 명 이상이 실어증을 나타낸다.
- 1회 이상 뇌졸중을 경험한 생존자의 15% 정도가 의료시설(institutional care)에 입원한다. 상당수의 뇌졸중 환자들이 양로원(nursing home)에 입원한다.
- 뇌졸중으로 인한 사망률은 전체 사망률의 11~12%를 차지한다. 15명 중 1명이 뇌졸중으로 인해 사망한다. 163,000명이 뇌졸중이 발생한 그 해에 사망하는데, 이것은 뇌졸중으로 인해 3분에 1명씩 사망한다는 것을 의미한다. 뇌졸중으로 인해 사망하는 사람의 62%는 여성이다.
- 뇌경색(혈액 공급의 방해로 인한 뇌졸중)의 발병률은 뇌출혈의 발병률보다 높다. 전체 뇌졸중 환자 중 88%를 뇌경색이 차지하며, 9%만이 뇌출혈이다. 나머지 3%는 지주막하출혈로 인한 뇌졸중이다.
- 브로카 실어증(Broca's aphasia)은 젊은 환자에게서 발생하고, 베르니케 실어증(Wernick's aphasia)은 나이 든 환자에게서 발생하는 것이 일반적이다.

- 일반적으로 베르니케 실어증과 전체성 실어증(global aphasia)의 발생률은 남성보다 여성에게서 더 높다.

뇌졸중과 실어증의 치료 및 재활에 지불하는 비용으로 인해 환자의 가정에 미치는 경제적인 손실은 막대하다. 실어증 환자의 치료와 재활에 지불하는 비용은 연간 300억 달러에 이르며, 2005년에는 570억 달러가 사용되었다(American Heart Association, 2005). 60% 이상의 뇌졸중 환자가 장애로 인해 직장에 복귀하지 못해 발생하는 임금의 손실과 관련 비용의 지출은 막대하다.

1) 인종에 따른 실어증과 실어증에 동반되는 질병의 발병률

실어증과 실어증에 동반되는 질병의 발병률은 인종에 따라 다양하다. 뇌졸중과 실어증이 노화와 관련이 있다는 임상적 증거가 있기 때문에 실어증에 대한 완벽한 이해와 민족문화적으로 적합한 평가 및 치료를 실시함에 있어 노인들의 민족문화적 요인을 아는 것이 중요하다. 인종에 따라 달라지는 실어증의 발병률은 부분적으로 특정 인종의 건강상태와 사회경제적 상태(socioeconomic status)를 알려 주는 기능을 한다.

인종별 뇌졸중과 심장질환에 대한 최신의 정보를 알고 싶다면 부록 V에 제시된 웹사이트를 참고할 것을 권고한다. 특정한 인종에서 발생하는 뇌졸중 발생의 패턴을 제시하고 있다(American Heart Association, 2005; Battle, 2002; Horner, Swanson, Bosworth, & Matchar, 2003; Payne, 1997)

- 백인과 아프리카계 미국인의 뇌졸중 발병률을 비교했을 때, 아프리카계 미국인이 백인보다 거의 2배 정도 높다. 동일 연령에서의 뇌졸중 발병률을 비교했을 때, 백인 남성은 10만 명당 167명이고, 여성은 138명인 반면, 아프리카계 미국인의 경우 남성은 10만 명당 323명, 여성은 260명이다(American Heart Association, 2005).
- 뇌졸중으로 인한 주요 민족 간의 사망률은 통계적으로도 알 수 있다. 1999~2002년의 통계에 따르면(American Heart Association, 2005), 뇌졸중으로 인

한 사망률은 백인 남성의 경우 10만 명당 54명, 백인 여성은 53명인 반면, 아프리카계 미국인 남성은 82명이었고, 아프리카계 미국인 여성은 72명이었다. 라틴 아메리카인은 40명, 미국계 인디언/알래스카 원주민은 40명, 아시아계나 태평양지역 주민은 52명이었다. 뇌졸중으로 인한 사망률은 아프리카계 미국인 남성이 가장 높았으며, 히스패닉계와 미국 인디언/알래스카 원주민이 가장 낮았다.

- Corpus Christi의 조사에 따르면 멕시코계 미국인의 뇌졸중 발생률은 비히스패닉계 백인의 발생률(10만 명당 136명)보다 상당히 높았다(10만 명당 168명)(National Heart Association, 2005).
- 아프리카계 미국인 여성은 백인 여성보다 뇌졸중 발생 연령이 상대적으로 더 낮은 경향이 있다.
- 실어증이 발병할 확률은 인종에 관계없이 여성이 남성보다 높다.
- 일반적으로 허혈성 발작(ischemic attack)이나 일과성 발작(transient attacks), 뇌외 발작(extracerebral trokes)의 발병률은 백인이 다른 인종보다 좀 더 높다.
- 일반적으로 미국에 거주하는 남아시아인(인도 대륙에서 이주한 사람들)이 백인보다 뇌졸중(심장질환도 포함)의 발병률이 더 높다.
- 백인은 라틴 아메리카인보다 뇌경색의 발병률이 더 높다.
- 미국 원주민은 백인보다 뇌출혈 발병률이 더 높게 나타나는 경향이 있다.
- 라틴 아메리카계와 아프리카계 미국인은 백인과 비교했을 때 뇌졸중 발병 연령이 더 낮은 경향이 있다.
- 44~55세 사이에 아프리카계 미국인은 동일 연령의 백인보다 뇌졸중으로 인한 사망률이 더 높다. 20~44세 사이의 흑인과 라틴 아메리카계 성인이 비슷한 나이의 백인보다 뇌졸중의 발병률이 더 높다.
- 아프리카계 미국인, 아시아인, 라틴 아메리카인은 백인보다 뇌출혈이 더 많이 나타나는 경향이 있다. 뇌출혈은 뇌경색보다 사망률이 높다.
- 라틴 아메리카계 미국인의 뇌졸중으로 인한 사망률은 65세가 지나면 백인보다 더 낮아진다. 이것은 라틴 아메리카계인의 혈압이 더 낮기 때문이라고 유추할 수 있다.

- 아프리카계 미국인의 뇌졸중 위험요인을 높은 순으로 나열하면 고혈압, 흡연, 콜레스테롤 수치, 비만, 나쁜 식습관, 운동 부족 순이다.
- 미국 인디언과 알래스카인의 뇌졸중 위험요인을 높은 순으로 나열하면 고혈압, 흡연, 운동 부족, 알코올 섭취, 당뇨병, 영양 부족 순이다.
- 라틴 아메리카인의 뇌졸중 위험요인을 높은 순으로 나열하면 운동 부족, 비만, 식습관, 알코올, 흡연, 고혈압 순이다.
- 아시아인과 태평양 제도에 거주하는 주민의 뇌졸중 위험요인을 높은 순으로 나열하면 운동 부족, 흡연, 비만, 지나친 나트륨 섭취, 높은 콜레스테롤 수치, 알코올, 고혈압, 당뇨 순이다.
- 아프리카계 미국인에게 뇌졸중이 처음 발생하는 경우 백인에게 발생하는 경우보다 증상의 심각도가 더 심한 경우가 많다.
- 아프리카계 미국인의 경우 뇌졸중의 정도는 심하지만 정상적인 활동으로 돌아가는 데 소요되는 회복시간이 더 길다. 결론적으로 아프리카계 미국인은 백인보다 회복 수준(recovery level)이 더 낮다. 즉, 아프리카계 미국인은 일상에 복귀할 만큼 기능 회복을 하는 데 걸리는 시간이 백인보다 길다는 것이다. 이러한 원인 중 하나로 사회적 재원의 부족을 들 수 있다. 사회적 재원에는 병원으로의 수송이나 재택 간호 등이 포함된다.
- 백인을 제외한 나머지 인종의 뇌졸중 발병 위험요인 중 하나는 건강관리의 부족이다. 백인 남성과 비교했을 때, 백인을 제외한 남성은 상당수가 고혈압과 같은 뇌졸중 발병 요인을 치료하지 않는다고 보고한다.
- 뇌졸중으로 인한 후유 장애는 아프리카계 미국인 여성에게서 가장 많이 나타나며, 백인 여성, 흑인 남성, 백인 남성 순으로 발생한다.
- 미국 인디언의 경우 뇌졸중으로 인한 장애를 때로 진단하지 않거나 치료하지 않는 경우도 있다.

인종별 실어증 발병과 이에 연관된 신경학적 장애에 대한 보고 자료는 제한적이며 그 결과가 모순되는 경우도 있다. 인종별 분류가 자세하지 않거나 불충분한 경우도 많으므로 실어증 및 기타 질병의 발병률을 인종별로 해석할 때에는 주의를 기울일 필요가 있다.

2) 아동기에 일어나는 뇌졸중과 실어증

성인기에 일어나는 경우보다 그 수가 적기는 하지만 아동에게서도 뇌졸중이 일어날 수 있다. 지난 10년간 뇌졸중 발병으로 캘리포니아 병원을 방문한 아동은 2,278명이었다. 또 4년 동안 북부 맨해튼(Northern Manhattan)의 병원에서는 뇌졸중이 발병한 젊은 환자 74명을 치료하였다(Jacobs, Boden-Albala, Lin, & Sacco, 2002).

- 남아가 여아보다 뇌졸중 발병률이 28% 정도 더 높은 것 같다.
- 아동도 성인처럼 뇌경색이 뇌출혈보다 더 많이 발병한다.
- 유아(생후 1세 이상)는 뇌경색 발병률이 높은 경향이 있는 반면 15~19세의 10대는 지주막하출혈의 발병률이 더 높다.
- 아동기 뇌졸중의 위험요인을 알아내기는 어렵지만, 일부 아동들의 경우 남아가 여아보다 외상(head trauma)을 더 많이 입는 것 같다. 겸상적혈구병(sickle cell disease: 겸상적혈구 빈혈, 혈색소의 존재와 관련된 질환)은 아동기 뇌졸중의 또 다른 위험요인이다.
- 뇌졸중 위험의 노출 정도는 아프리카계 미국인 아동이 가장 높은 반면, 아시아인과 백인 아동은 같고, 라틴 아메리카계 아동이 가장 낮다.

2. 실어증의 정의

실어증의 정의는 다양하다. 실어증의 정의는 대략 4개의 범주인 비유형적(nontypological), 유형적(typological), 인지적(cognitive), 사회적(social) 범주로 나눌 수 있다. 비유형적 정의(nontypological definition)는 실어증을 개별적인 유형으로 나누지 않고 단지 하나로서 인식하는 반면에 유형적 정의(typological definition)는 실어증을 여러 개 유형으로 구별하는 것이다. 인지적 정의는 실어증을 인지적인 장애에 기초하여 정의하는 것이다.

실어증을 정의하는 각각의 접근법에는 모두 논쟁의 여지가 있다. 실어증을 연구하는 여러 전문가들(신경전문의, 신경심리학자, 언어학자, 언어치료사)은 다양한 견해를 보이며 서로 영향을 주고받는다.

모든 종류의 실어증에 대한 정의를 논의하는 것은 가능하지도 않으며 비생산적이다. 따라서 서로 대립되거나 중첩되는 몇 가지 정의를 살펴보는 것이 유용할 것이다.

1) 비유형적 정의

실어증의 비유형적 정의를 주장하는 학자들은 실어증이 일원적 장애(unitary disorder)라고 믿는다. 이들은 개인에 따라 실어증 증상의 차이는 다소 있으나 그것을 유형으로 분류하는 것은 옳지 않다고 주장한다. 다음은 실어증의 유형별 분류에 찬성하는 학파와 반대하는 학파에 대해서 정리한 것이다.

Schuell, Jenkins와 Jimenez-Pabon(1964)은 실어증에 대한 비유형적 정의를 주장한 초기 연구자였다. 이들은 실어증이 분류될 수 없는 장애라고 정의하였다.

> 언어의 손상은 모든 양식에 걸쳐 일어나며 이것은 또 다른 대뇌손상의 후유증으로 인해 복잡한 양상을 띠게 된다(p. 113).

또 다른 비유형적 접근의 지지자인 Darley(1982)는 실어증을 다음과 같이 정의하였다.

> 대뇌손상의 결과로 나타나는 결손(impairment)은 언어 상징(language symbols)을 해석하고 조합하는 능력에 문제를 보이는 것이다(p. 42).

Darley는 확장된 실어증 정의에서는 다음의 복합적 증상의 손상(deficits)을 실어증의 일부로 포함한다.

- 읽기와 쓰기, 말하기, 이해하기가 어렵다.
- 말하기와 이해하기의 손상, 특히 형태소와 문법의 이해 및 사용에 어려움이 있다.

- 다른 지적 기능손상보다 언어손상이 심하다.
- 어휘저장고(vocabulary)로 접속이 힘들다.
- 문법 규칙을 활용하는 데 어려움이 있다.
- 청각적 기억시간이 짧다(auditory retention span).
- 입력과 출력 채널을 전환하는 것이 힘들다.

Darley(1982)의 정의는 무엇이 정확한 실어증인지 알려 주지는 않는다. 그는 실어증이 치매(dementia)나 혼돈(confusion), 감각손상(sensory loss), 운동 기능손상(motor dysfunction)에 의한 것이 아니라고 기술하였다.

분명히 Darley, Schuell과 동료들도 실어증이 유형으로 구별된다고 생각하지는 않았다. 그들은 실어증이 하나의 장애라고 생각하였다. Darley와 동료들은 동일한 증상을 구별하는 것이 무의미하다고 주장하였고, 하나의 문제가 다른 증상으로 보이는 이유는 다음과 같다고 생각했다.

- 실어증의 심한 정도는 매우 다양하다.
- 실어증 증상에 다른 신경병리적 질환이나 증상이 결합되어 있다.

Darley는 환자에 따라 언어손상의 정도가 다른 현상이 실어증이 유형으로 분류될 수 있다는 근거가 되지 않는다고 주장했다. 이 말은 브로카 실어증으로 분류되는 환자의 유창성이 베르니케 실어증으로 분류되는 환자보다 덜하더라도, 이것을 다른 유형으로 분류하는 것은 올바른 일이 아니며, 그 이유는 이러한 차이가 어떠한 특징의 존재 혹은 부재이기보다는 손상 정도의 차이에 의해서 나타나기 때문이라고 하였다.

반면, Benson과 Ardila(1996)는 실어증을 분류하는데 해부학적 위치에 근거한 체계를 제안하여 기본적인 비유형적인 분류를 정의하였다.

> 실어증은 대뇌손상으로 인한 언어의 손상이나 손실이다(p. 3).

Benson과 Ardila(1996)는 실어증이란 과분류 장애(overclassified disorder)이며 실어증의 정의에 대한 차이는 본래 언어에 대한 정의가 다양한 데서 오는 것이라고 믿었다. 어떤 전문가는 언어에 대해 정의하는데 인지, 사고, 기억뿐 아니라 구어까지 포함하기도 하고, 또 다른 사람은 이보다 훨씬 제한적으로 언어에 대해 정의한다. 따라서 대부분의 전문가들이 실어증이란 대뇌의 손상에 의해 발생하는 언어장애라는 기본적인 정의에 동의할지라도 실어증 환자가 보이는 언어손상의 정도에 대해서는 논쟁의 여지가 있다.

이와 같이 우리는 왜 실어증을 전체적 관점으로 보아야 하는 이유에 대해 최소한 2개의 이론적 관점으로 살펴보았다. 하나는 실어증의 분류는 증상의 심한 정도가 다르기 때문에 이것에 지나치게 주의를 기울인 반면 모든 언어의 양식이 다른 것들보다 더 많이 영향을 받음을 인식하는 데 실패한 탓이라고 설명하였다(Darley, 1982). 또 다른 하나는 언어의 개념화의 차이와 실어증 환자에게 나타나는 언어손상 측정의 차이가 실어증이 외관상 다른 유형이라는 인식을 심어 주기 때문이라고 하였다.

2) 유형적 정의

1장에서 기술한 것처럼, 실어증을 별개의 유형으로 구별하는 것은 Broca와 Wernicke의 시대로까지 거슬러 올라간다. 역사적으로, 실어증의 유형은 언어손상의 양상, 대뇌손상 위치, 인지 기능 정도에 기초하여 이루어졌다. 신경해부학에 근거한 분류법은 여타의 방법에 의한 분류법보다 더 보편적이다.

Damasio(1981, p. 51)는 실어증을 언어의 이해나 공식화, 표현 중 "하나 이상의 국면에서의 방해"라고 정의하였다. 이때의 방해는 중추신경계(central nervous system)의 손상에 의해서 일어난다.

Damasio와 Darley의 실어증에 대한 정의를 비교하면 다음과 같다. Damasio는 실어증이란 언어 양식 중 하나 이상의 문제라고 한 반면, Darley는 실어증의 언어손상은 언어 양식의 전반에 걸쳐 있어야 한다고 하였다. Damasia의 실어증 유형 분류는 언어의 수용과 표현 중 하나의 능력이 우세하게 나타나며 또한 유형의 분류는 언어의 기능에 근거해야 한다고 주장했다.

Goodglass와 Kaplan(1983)은 실어증의 유형적 정의에 대해 다음과 같이 기술하였다.

> 실어증은 여러 기능으로 특수하게 분화된 대뇌 영역의 손상으로 인해 관습적인 말하기 및 쓰기에 관련된 언어 기술 혹은 복합적 기술의 일부나 전부의 방해라 할 수 있다(p. 5).

Goodglass와 Kaplan은 실어증 정의에 따라 여러 언어 증상에 근거한 여러 유형의 실어증을 주장하였다. 이러한 정의는 언어 양식 중 일부나 전부의 손상으로 언급되며, 따라서 여러 가지 언어 기술의 손상 양상에 따라 실어증 유형 역시 달라진다. 특히 이 정의는 분화된 언어의 기능이 대뇌 영역으로 국재화됨을 언급하였다.

3) 인지적 정의

다른 관점의 정의는 실어증 환자들이 나타내는 인지적인 손상 역시 중요하다고 기술하였다. 이러한 정의는 인지가 언어의 기초를 형성한다는 생각과 언어가 손상되면 인지 역시 어느 정도 손상될 수밖에 없다는 생각에 근거한다.

Murray와 Chapey(2001)은 실어증을 다음과 같이 정의하였다.

> 실어증이란 언어의 산출과 이해 및 언어의 기저가 되는 인지적인 처리과정의 후천적 손상이다. 실어증은 대뇌손상의 결과이고 그 중 대부분은 뇌졸중에 의해 일어난다(p. 55).

Murray와 Chapey는 인지적 처리과정을 실어증에 영향을 줄 수 있는 요인으로 주의집중, 기억, 사고를 언급하였다. 요인들은 언어 기술에 근거하면서 언어와 상호작용한다. 이러한 관점에서 Murray와 Chapey의 정의는 실어증으로 인해 손상을 받는 인지 처리과정을 강조하였다.

Davis(2000)는 실어증을 다음과 같이 정의하였다.

> 다른 인지적인 능력은 상대적으로 보존되어 있으나 언어의 이해 및 조작에 전문화된 인지 시스템이 선택적으로 손상을 입는 것이다(p. 17).

Davis의 정의는 인지 시스템 손상의 중요성에 대한 언급 외에 다른 부분은 Darley의 정의와 유사하다. Darley의 정의에 의하면 지적 기능은 언어의 기저가 되고 이들 언어의 기초를 이루는 지적 기능은 다른 지적 기능보다 더 크게 손상된다고 주장하였다. 그럼에도 불구하고 Darley는 인지에 근거하여 실어증을 정의하지는 않았다. Darley의 관점에서 실어증은 언어손상이라는 견지로 정의하기에 충분한 것이었다. 반면, 인지주의자들의 관점에서 실어증은 언어의 밑바탕에 있는 인지적 처리과정의 손상에 의한 것이라는 언급이 반드시 필요하다.

Martin(1981)은 더욱 확고하게 인지적 정의를 주장하였다.

> 실어증은 대뇌손상에 의해 언어 활동을 지원하는 인지적 처리과정의 수행능력과 상호작용의 효율성이 감소하는 것이다(p. 65).

Martin의 실어증 정의에서 언어손상은 가장 중요한 위치를 차지하지 않는 대신 인지적 효율성의 감소가 그 자리를 대신한다. 그러나 Martin(1981)이나 Chapey (1981)가 주장한 인지적 처리 관점에 의한 실어증의 정의는 실어증, 대뇌손상으로 인한 의사소통장애, 실어증에 속하지 않은 언어장애를 구별하는 명확한 방법을 제시하지 못한다.

4) 실어증의 사회적 정의

실어증을 연구하는 실어증 학자(aphasiologist)는 실어증을 언어나 인지적 손상으로 제한하는 것은 옳지 않다고 주장한다. 실어증이라는 장애는 환자나 그 가족, 전문 간병인, 지인들을 위해 광범위하게 세분화되어야 하며, 이 세분화된 정의는 환자의 삶과 사회적 참여의 제한을 변화시킬 것이다. 따라서 여러 전문가는 실어증을 정의할 때 이러한 삶의 변화와 같은 측면을 포함한다. Simmons-Mackie(2001)는 실어증을 "대뇌의 손상으로 인하여 언어의 수용과 조작에 손상이 있는 것으로 이것은 사회적 활동 및 사회적 역할 수행을 감소시킨다."라고 언급하였다(p.248).

실어증의 광범위한 관점으로 바라보았을 때 심각한 질병(후두암)이나, 장애(아동과 성인기의 말더듬 또는 아동기 언어장애), 발달장애(정신지체나 자폐)의 대부분이 실어증에 포함될 것이다. 이와 같은 여러 유사한 병리적 현상은 사회적·개인적·교육적·직업적인 목표나 삶에 영향을 준다. 그럼에도 불구하고 실어증을 이해하기 위한 사회적 접근법은 실어증의 평가와 치료의 범위를 넓히고 사회적 상황이나 가족 구성원, 전문 간병인을 치료 대상으로 포함해 범위를 넓히기 때문에 가치가 있다. 이러한 관점은 임상가에게 언어적·인지적 손상에서 벗어나 전체적인 관점으로 환자의 치료의 목표를 수립할 수 있도록 해 준다(예: 실어증 환자의 사회적인 통합). 우리는 9장에서 사회적으로 더욱 분명한 관점에서 실어증 치료에 대해 공부하게 될 것이다.

5) 실어증의 정의에 대한 일치점과 불일치점

다양한 관점의 실어증 정의를 통합하여 언급하면 실어증은 (1) 언어장애이고, (2) 성인에게 나타나며, (3) 최근에 일어난 후천적 대뇌손상에 의해 발병한다. 이것은 실어증의 기본적인 특징에 대한 일반적 합의사항이다. 과거에 발생한 대뇌손상(잠재적인 소인)이 실어증의 원인이 되는지 여부는 정의에 포함되지 않는다. 또한 느리고 점진적인 대뇌의 병리 역시 실어증의 원인으로 간주하지 않는다. 치매와 같이 느리고 점진적인 대뇌손상은 일반적인 지적 감퇴와 언어 기능의 상실을 일으키는 원인이 된다. 실어증이라고 불리기 위해서는 언어장애가 발견되어야 하며 이때 대상자는 성인으로 구어능력이 갑자기 감퇴되어야 한다. 이때 구어능력의 감퇴는 갑작스럽게 시작된 대뇌손상이 원인이어야 한다. 마지막으로 실어증은 운동구어장애(motor speech disorder)가 아니고, 언어의 표현과 조작의 장애이다.

두 가지 측면에서 실어증의 정의가 일치하지 않는 경향이 있다. 첫째, 실어증의 정의에 인지적 처리과정에 대한 기술이 포함되는지 여부이다. 혹자는 인지 기능이 언어 처리에 근간을 이룬다고 주장한다. 그러나 언어와 인지의 관계는 해결되지 않은 이론적 문제이다. 어떤 사람들은 실어증을 정의하는 데 있어 인지 처리과정이 반드시 포함되어야 한다고 생각한다. 실어증이 인지적 손상으로 인한 언어장애라고 정의하는 사람들은 인지가 언어의 근간을 이루는 잠재적으로 독립적인 처리과정으로 자리한다고 주장한다. 반면 인지적 처리과정이 말을 하는 데 그다지 필요한 것은 아니라고 보는 사람들은 실어증을 대뇌손상의 결과로 언어 기술과 상호작용 기술이 손상된 것으로 정의를 내리는 것으로 충분하다고 생각한다.

둘째, 실어증을 언어손상의 특징과 범위에 근거하여 분류하는지 여부이다. 전문가들은 일반적으로 실어증은 정도의 차이가 있으나 구어와 문자 언어의 모든 측면에서 손상되었다고 본다. 이는 실어증을 유형별로 분류하는 사람들조차 손상을 보는 관점은 어느 정도 일치한다. 따라서 실어증을 유형별로 분류하는 가장 일반적인 근거는 심한 정도인 것 같다.

Rosenbek과 LaPointe, Wertz(1989, p. 53)는 실어증을 "중추신경계의 후천적이고 최근의 손상으로 인해 언어를 이해하고 조작하는 능력이 손상된 것"이라고 정의하였다. 그리고 그들은 실어증을 다양한 언어 양식의 장애(multimodality disorder)라고 말하였다. 이는 실어증이 의사소통의 거의 모든 측면에서 영향을 준다는 의미이다. 이러한 관점에서 이들의 정의는 실어증을 유형별로 나누지 않은 Darley의 정의와 유사하다. 그러나 연구자들은 실어증 환자가 보이는 손상의 정도가 실어증을 유형별로 분류하기에 충분하다고 보았다. 다시 말하면 언어에 있어 어떤 기술이 다른 기술에 비해 더 심하게 손상되고, 우세한 증상과 덜 우세한 증상이 존재한다는 의미이다. 증상의 형태가 실어증을 유형별로 분류하는 근거가 된다. Rosenbek과 동료들은 실어증을 범주별로 분류하지 않고 양적으로 분류하는 것을 지지하였다.

차료사에 따라 실어증을 유형별로 분류하기도 하고 그렇지 않기도 할 것이다. 이를 결정하는 데 도움을 주기 위해 실어증 분류에 찬성하거나 반대하는 근거를 정리하였다.

3. 유형별 실어증 분류를 지지하는 근거

실어증의 유형별 분류를 지지할 때 가장 자주 언급하는 근거는 다음과 같다.

1. 여러 대뇌 영역에서 다양한 언어 기능을 조정한다.
2. 실어증 유형에 따라 대뇌손상의 위치가 다르다.

3. 대뇌손상 위치에 따라 구별되는 다양한 증상이 나타난다(실어증의 유형).
4. 실어증 환자 중에 다른 실어증 환자보다 유창하게 말하는 경우가 있다.
5. 유창성 실어증(fluent aphasia)은 실비우스열(sylvian fissure) 뒤쪽의 손상과 관련이 있고, 비유창성 실어증(nonfluent aphasia)은 실비우스열 앞쪽의 손상과 관련이 있다.
6. 어떤 실어증 환자는 구어이해능력이 다른 양식의 언어능력보다 좋다.
7. 환자에 따라 우세한 언어 양식이 다르며 다양하게 나타난다. 따라서 실어증의 유형은 이러한 우세한 양상에 근거하여 분류된다.
8. 예를 들어, 따라 말하기와 같은 독립된 언어능력이 보존되어 나타나기도 한다.
9. 임상적인 관점에서 실어증을 유형별로 분류하는 것을 지지한다.
10. 다양한 유형의 실어증은 다양한 형태의 치료를 필요로 한다.

실어증을 유형별로 분류하는 관점의 정당성은 일반적으로 두 가지로 분류할 수 있다. 첫째, 신경해부학적으로 대뇌 병변의 위치가 다른 것과 둘째, 증상의 다양한(혹은 우세한) 양상이다.

4. 유형별 실어증 분류를 반대하는 근거

다음은 실어증을 단일 증후군으로 보는 관점을 지지할 때 가장 자주 언급되는 근거이다.

1. 대뇌는 언어 통제를 통합하는 단일체로서 기능한다. 뇌는 여러 영역이 광범위하게 연결되어 있으며, 각 영역은 독립적으로 기능하는 것이 아니다.
2. 뇌손상의 범위는 국지적이더라도 기능이 국지적으로 손상되는 것은 아니다. 환자에 따라 어떤 언어 기능이 일반적으로 알려진 영역이 아닌 다른 영역에서 기능하기도 한다.
3. 모두 그런 것은 아니지만 대부분의 경우 언어 영역이 아닌 다른 곳에 손상을

입더라도 언어 기능이나 양상에 영향을 받는다.

4. 어떤 실어증 유형은 대뇌손상 위치가 다양하다.
5. 특정 유형의 실어증과 관련이 있다고 알려진 영역이 손상되더라도 그 유형의 실어증 증상을 보이지 않는 경우도 있다.
6. 유창성의 정도는 실어증의 유형보다 실어증의 심한 정도에 영향을 받는다.
7. 청각적 이해력 손상은 모든 실어증 환자에게 나타나는 증상이다. 그러나 그 정도는 다양하다.
8. 특정한 증상이 증후군을 야기하는 것은 아니다. 한 증후군에서 나타나는 특정한 증상이 다른 증후군에서는 나타나지 않을 수 있다.
9. 별개의 증후군은 다른 증상은 무시하고 특정 증상만을 강조하기 때문에 출현하는 것이다.
10. 관련된 다른 문제(예: 마비말장애)가 나타나든지 아니든지 간에 실어증은 다른 유형에 영향을 줄 것이다.
11. 종단연구는 별개의 증후군으로 구별되었던 환자들이 회복기간을 거치며 양상이 비슷해진다는 것을 알려 준다.
12. 실어증의 유형에 따라 치료의 종류가 달라진다는 주장은 지지받지 못한다.

실어증을 유형별로 분류하는 것에 강력하게 반대하는 전문가는 브로카 실어증이 브로카 영역 손상으로 인한 것이 아닌 경우도 있었다는 사례를 증거로 제시한다. 그들은 브로카 영역의 손상이 구어실행증을 야기하지만 실어증을 야기하지 않는다고 주장한다. 그러나 다른 신경병리학자는 구어실행증을 브로카 실어증의 일부로서 간주하며 순수한 구어실행증은 희귀하다고 주장한다(Benson & Ardila, 1996).

치료사는 실어증의 유무나 실어증의 유형이 무엇인지 진단하는 것보다 실어증 환자가 나타내는 증상의 정도를 진단하는 데 중점을 두어야 한다. 모든 증상이 모든 사례에서 나타나지는 않는다. 출현한 증상은 뚜렷할 수도, 미세할 수도 있다.

5. 실어증 개관

현재까지의 실어증 연구는 실어증을 유형으로 나누는 관점이 우세하므로 연구자나 치료사들은 이를 공부할 필요가 있다. 다음 장에서 실어증의 주요 유형과 비전형적 유형의 실어증에 대해서 기술할 것이다. 이 단락은 실어증의 주요 언어 양식에 대해서 개괄적으로 기술한다.

1) 유창성 실어증과 비유창성 실어증

구어 유창성은 실어증을 크게 두 가지로 나누는 중요한 기준이다. 구어 유창성이 상대적으로 보존되는 환자가 있는 반면, 구어를 유창하게 산출하거나 유지하기가 힘든 환자도 있다. 따라서 실어증은 유창성과 비유창성 중 하나로 분류된다. 이러한 분류법은 언어적 측면(유창성)뿐 아니라 해부학적인 병변의 위치까지 고려하여 분류된다.

일반적으로 구어는 유창하지만 다른 면에서 문제를 나타내는 실어증은 피질 후반부(posterior portion)의 손상과 관련이 있다. 비유창한 구어를 보이는 실어증은 피질 앞쪽의 병변과 관련이 있다. 유창성 실어증과 비유창성 실어증의 대략적인 손상 위치가 그림 4-1에 제시되어 있다.

많은 전문가들이 실어증을 유창성 실어증과 비유창성 실어증으로 나누고, 비유창성 실어증을 브로카 실어증과 연결피질 운동 실어증(transcortical motor aphasia)의 두 가지 하위분류로, 유창성 실어증을 베르니케 실어증과 연결피질 감각 실어증(transcortical sensory aphasia)의 두 가지 하위분류로 나눈다(Goodglass & Kaplan, 1983; Rosenbek et al., 1989). 비유창성 실어증과 유창성 실어증에 대해서는 5장과 6장에서 기술한다.

2) 수용성과 표현성 실어증

전통적인 실어증 분류방식은 언어이해 손상 대 언어 표현 손상을 기초로 하여 범주화하는 것이다. 이러한 접근법은 언어이해에 더 심한 손상이 있는 환자와 언어

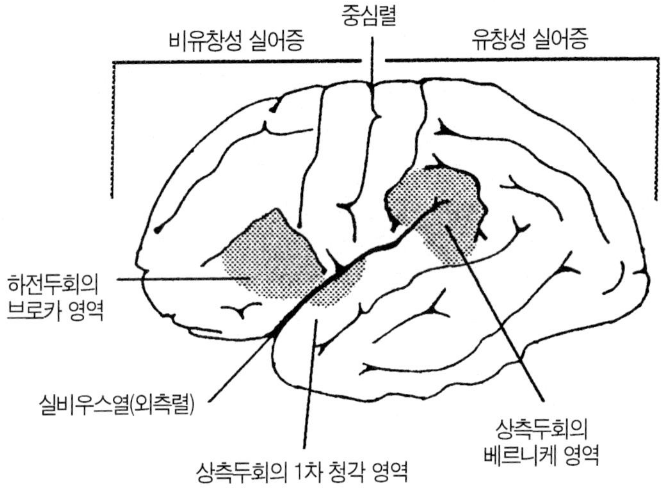

그림 4-1. 비유창성과 비유창성 실어증의 신경해부 위치

표현에 손상이 있는 환자로 대조된다. 이러한 분류법을 제안하고 사용하는 전문가는 Weisenburg와 McBride(1964)가 있다.

이러한 분류법은 일반적으로 대뇌 병변의 위치와 관련이 있다. 대뇌 전반부의 손상은 언어 표현에 문제를 나타내는 반면, 대뇌 후반부의 병변은 언어이해에 더 많은 문제를 나타내는 듯하다. 대략적으로 말하면, 비유창성 실어증은 언어 표현, 유창성 실어증은 언어수용에 문제를 보인다.

3) 실비우스열 인접 영역과 실비우스열 외부 영역, 피질하 실어증

해부적인 대뇌 병변의 위치만을 근거로 하여 실어증을 분류하는 접근법은 실어증을 유창성과 비유창성 실어증이라는 범주로 묶는다. 이러한 접근법에 근거하여 Benson과 Ardila(1996)는 실어증의 주요 증후를 세 가지로 제안하였다. 실비우스열 인접 영역(perisylvian), 실비우스열 외부 영역(extrasylvian), 피질하 실어증이다. 각 증후는 여러 개의 세부 유형을 포함한다.

실비우스열 주변부(perisylvian)는 실비우스열을 중심으로 둘러싸고 있는 영역을 말

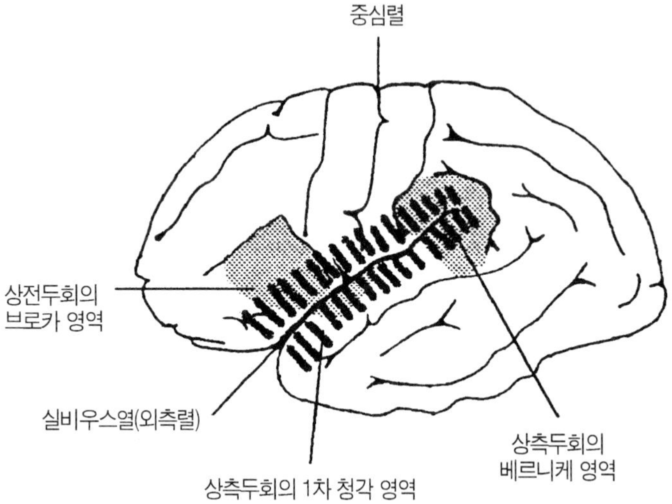

그림 4-2. 실비우스열 인접 영역 실어증을 일으키는 신경해부 위치

한다. 브로카 영역과 베르니케 영역이 모두 실비우스열 근처에 있는 언어 영역이라는 사실을 상기하면 실비우스열 주변부 실어증은 실비우스열을 둘러싸고 있는 언어 영역의 손상에 기인하는 실어증이 된다. 이에 속하는 실어증은 브로카 실어증이나 베르니케 실어증이 있다. 그림 4-2는 실비우스열 인접 영역 실어증의 대뇌 손상 위치를 보여 준다.

실비우스열 외부 영역은 실비우스열에서 떨어진 영역을 말한다. 따라서 실비우스열 외부 실어증은 실비우스열 근처의 언어 영역에 주요 손상이 있는 것이 아닌 그 외 다른 영역의 손상에 기인한다. 이러한 실어증에는 전반부의 손상으로 인한 실비우스열 외부 (연결피질) 운동 실어증과, 후반부의 손상으로 인한 실비우스열 외부 (연결피질) 감각 실어증이 포함된다. 이 경우에 병변의 위치는 실비우스열 바깥쪽에 있는 광범위한 동맥 분포 영역에 존재한다. 그림 4-3은 실비우스열 외부 실어증의 대뇌손상 위치를 보여 준다.

실비우스열 인접 및 실비우스열 외부 실어증은 모두 전통적으로 피질 손상으로 인해 나타나는 전통적인 증후군이다. 최근에는 피질하 구조물(subcortical structure)에 병변으로 인해 실어증이 발병한 사례도 보고되고 있다. 피질하 실어증은 피질 영역이 손상되어 나타난다. 피질하 실어증은 7장에서 자세히 공부한다.

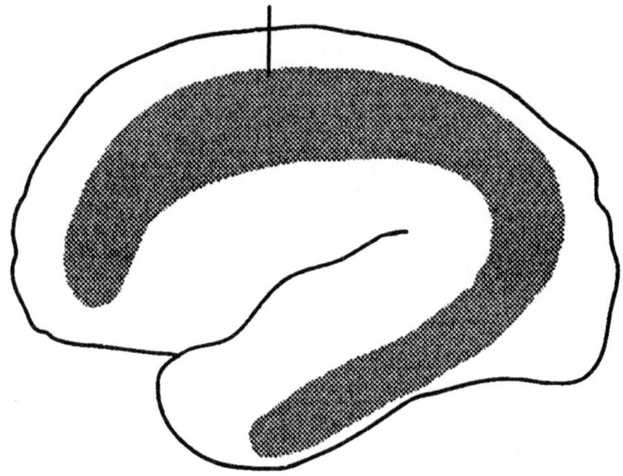

그림 4-3. 실비우스열 외부 실어증을 일으키는 신경해부 위치

6. 실어증의 일반적 증상

소수의 실어증 유형은 몇몇 독특한 증상에 의해 구별되고 대부분의 실어증 환자는 일반적으로 알려진 증상을 보인다. 어떤 실어증은 하나의 특징에 의해서 구별될 수 있다. 가령, Benson과 Ardila(1996)는 실비우스열 외부 영역 증후군와 실비우스열 인접 영역 증후군은 하나의 주요한 특징에 의해 구별된다고 하였다. 실비우스열 외부 영역 증후군 환자는 따라 말하기(repeat)가 가능한 반면 실비우스열 인접 영역 증후군 환자는 이 과업을 수행하기 어렵다. 따라서 특수한 유형의 실어증을 의심하기 전에 일반적이고 대표적인 실어증 증상을 이해할 필요가 있다.

1) 착어증

착어증(paraphasia)은 의도하지 않은 단어를 말하거나 음을 대치하는 형태의 구어 오류이다. 많은 전문가들은 착어증이 실어증의 가장 중요한 증상이라고 생각한다. 착어증이라는 용어가 일관되지 않게 사용될 수도 있고 분류에 당황하거나 같은 종류의 문제에 다른 이름을 붙이는 경우도 있다. 일반적으로 착어증은 다음과 같이 분류된다.

(1) 구어(전체성) 착어증

구어(전체성) 착어증〔verbal(global) paraphasia〕이란 단어 전체가 대치되는 증상이다. 대치된 단어는 구어 착어증의 두 가지 유형 중 하나에 속한다.

의미 착어증(semantic paraphasia): 대치된 단어가 목표한 단어와 의미적으로 관련이 있다. 즉, 의미적으로 유사한 단어로 대치된다(예: '딸'을 '아들'로 대치).

임의적(무관계) 착어증: 대치된 단어와 목표한 단어가 의미적으로 관련이 없다(예: '바나나'를 '창문'으로 대치). 착어증만으로 이러한 증상을 모두 설명할 수는 없다.

(2) 신조어 착어증

신조어 착어증(neologistic paraphasia)이란 단어를 아무 의미가 없는 새로운 단어로 창조하는 증상을 말한다. 때때로 이름대기 능력이 부족한 환자는 터무니없이 새로운 단어로 바꾸어 말하기도 한다.

(3) 음소(문자) 착어증

음소(문자) 착어증〔phonemic(literal) paraphasia〕은 하나의 음소를 다른 음소로 대치하거나('woman'을 'loman'으로 대치) 원래 단어에 다른 음소를 추가('woman'을 'wolman'으로 추가)한다.

음소 착어증은, 특히 베르니케 실어증이나 전도성 실어증 환자에게서 많이 나타나는데 심한 경우 자발어(spontaneous speech)가 모두 착어화되어 나오기도 한다. 착어증은 자동구어(automatic speech)에서 나타나지 않는 것이 일반적이다(감탄사, 욕설, 요일 말하기, 숫자 세기).

음소 착어증은 브로카 실어증이나 구어실행증(apraxia of speech) 환자에게서 보이는 조음 오류와는 다르다. 후자의 구어에서 나타나는 오류는 음성(phonetic)의 범주이지 음소(phonemic)의 범주는 아니다.

착어증은 정도의 차이일 뿐 거의 모든 실어증 환자에게서 나타나지만 실어증의 유형을 구별할 수 있는 요인은 아니다.

2) 구어 유창성의 장애

유창함은 언어 산출의 측면에서 말하는 언어능력의 일종이다. 유창하다는 것은 구어가 잘 흘러나온다는 것이며, 유창하게 말하는 것은 노력을 덜 들이며, 부드럽게, 비유창함(dysfluency)과 같은 말의 방해가 너무 많이 일어나지 않는 것을 뜻한다. 전통적으로 구어의 유창함에 대해 많은 연구가 이루어진 분야는 말더듬(stuttering)이다. 그러나 실어증의 **유창함**과 **유창성 장애**에서 말더듬의 의미는 약간 다르다.

실어증을 연구하는 학자들은 **유창함**을 구어의 속도, 전형적인 단어 산출, 문장 길이, 억양(melodic contour)에 거의 문제가 없는 것으로 정의했다. 환자가 한 번에 다섯 단어 이상의 연결구어를 산출할 수 있다면 유창하다고 판단했다(Rosenbek et al., 1989). 또한 대화 시 단어 산출이 분당 50단어 이하일 때 유창함이 유의미하게 손상되었다고 판단하였다(Benson & Ardila, 1996).

모든 유형의 실어증 기준에서 유창함이 손상되는 것은 아니지만 실어증 평가에 있어 구어 유창성은 중요한 기준이다. 앞에서 언급한 것처럼, 유창성은 실어증을 두 가지 중요 범주로 분류할 때 기준으로 사용되는 능력이다(유창성 실어증 대 비유창성 실어증). 비유창성 실어증(브로카 실어증) 환자는 발화 시 노력의 정도가 정상적으로 유창한 화자로 보이지 않을 정도이다. 구어는 느리며 느긋하고 제한되어 있다. 비유창성 실어증 환자들은 발화 시 연결구어가 거의 없으며 주저하는 형태를 보인다.

3) 청각적 이해력

대부분의 실어증 환자들이 구어를 이해하는 데 어려움을 보인다. 그러나 청각적 이해력의 손상 정도는 환자에 따라 다양하다. 청각적 이해력에 미세한 손상을 보이는 환자가 있는 반면 심각한 문제를 보이는 환자도 있다.

- 비유창성 실어증 중 전체성 실어증(global aphasia)과 고립 실어증(isolation aphasia)은 중도에서 고도의 청각적 이해력 손상을 보인다.
- 유창성 실어증 중 베르니케 실어증과 연결피질 감각 실어증 환자도 중도에서

표 4-1 주요 실어증 유형에 따른 청각적 이해력의 문제. 유창성·비유창성 실어증이 청각적 이해력에 관계없이 혼재되어 있다.

청각적 이해능력이 낮음	청각적 이해능력이 좋음
■ 전체성 실어증(비유창성)	■ 브로카 실어증(비유창성) ■ 연결피질 운동 실어증(비유창성)
■ 베르니케 실어증(유창성) ■ 연결피질 감각 실어증(유창성)	■ 전도성 실어증(유창성) ■ 건망성 실어증(유창성)

고도의 청각적 이해력 손상을 보인다.

- 비유창성 실어증 중 브로카 실어증과 연결피질 운동 실어증 환자는 경도에서 중도의 청각적 이해력 손상을 보인다.
- 유창성 실어증 중 전도성 실어증(conduction aphasia)과 건망성 실어증(anomic aphasia)은 경도에서 중도의 청각적 이해력 손상을 보인다.

앞에서 보는 것처럼 청각적 이해력의 정도를 기준으로 유창성 실어증과 비유창성 실어증을 구별하지는 못한다. 청각적 이해의 문제는 모든 유형의 실어증에 존재하며 그 정도 역시 유형에 따라 다양하다. 또한 손상의 정도로도 유창성 실어증과 비유창성 실어증을 구별하지 못한다. **표 4-1**은 주요 실어증 유형이 나타내는 청각적 이해의 문제를 정리하였다.

4) 따라 말하기*

실어증 환자에게 따라 말하기는 치료사가 들려주는 말을 환자가 그대로 즉시 모방하는 것이다. 따라 말하기 검사에서 실행 단위는 단단어, 구, 문장으로 다양하다.

---

* (역자 주) Repetition을 한국어로 번역하는 경우 크게 따라 말하기로 번역하는 경우와 반복으로 번역하는 경우가 있다. 실어증 평가에서 repetition 활동을 살펴보면 치료사의 구어적 자극에 환자가 똑같은 말로 즉시 말하는 것이다. 반복을 국어사전에서 살펴보면 '같은 일을 되풀이함'이라고 나와 있어 주체와 객체가 누구인지 분명하지 않다. 즉, 해석하기에 따라서 환자가 같은 말을 여러 번 말하는 것으로 들리기도 한다. 이에 역자는 정옥란(2007)의 『대구 실어증 진단 검사』(시그마프레스: 서울)에 근거하여 repetition을 따라 말하기로 번역하였다.

표 4-2 주요 실어증 유형에서 나타나는 따라 말하기 결함. 유창성 실어증과 비유창성 실어증은 따라 말하기 기술이 좋음과 좋지 않음에 속해 있음에 주목한다.

따라 말하기 기술이 좋지 않음	따라 말하기 기술이 좋음
■ 브로카 실어증(비유창성)	■ 연결피질 운동 실어증(비유창성)
■ 베르니케 실어증(유창성)	■ 연결피질 감각 실어증(유창성)
■ 전도성 실어증(유창성)	■ 건망성 실어증(유창성)

따라 말하기는 실어증 평가에 있어 중요한 언어 영역에 속한다. 따라 말하기의 손상 정도는 실어증의 유형에 따라 다양하다. 전도성 실어증은 따라 말하기에 손상이 있는 가장 대표적인 유형으로 6장에서 자세히 다룬다. 이와는 반대로 연결피질 운동 실어증은 따라 말하기 기술이 다른 언어능력에 비해 상대적으로 보존되어 있으며, 이는 비유창성 실어증 중에서 다른 실어증과 구별되는 특징이다. 자세한 것은 5장에서 기술한다.

일반적으로 따라 말하기의 오류는 청각적 이해력이 손상된 경우 더 빈번하고 심하다(예: 베르니케 실어증). 그러나 연결피질 감각 실어증의 경우, 청각적 이해력의 손상이 심함에도 불구하고 비교적 좋은 따라 말하기 기술을 가지고 있다.

이와 유사하게, 어떤 실어증 환자는 청각적 이해력이 좋으나 따라 말하기 기술이 좋지 않은 경우도 있다. 예를 들면, 브로카 실어증은 따라 말하기 기술이 좋지 않은데, 이는 산출능력의 손상 때문이지 이해력의 손상 때문은 아니다. 따라서 실어증의 유형이 다른 경우 원인이 다를지라도 보이는 문제는 같을 수 있다. 주요 실어증 유형들이 나타내는 따라 말하기 기술을 표 4-2에 제시하였다.

5) 이름대기 문제*

이름대기 문제(anomia)는 구어 표현 시 정확한 단어를 찾거나 이름을 말하는 데 어

* (역자 주) Anomia는 흔히 명칭성 실어증이나 건망성 실어증으로 번역함이 올바르나, 이 경우 실어증 환자들이 보이는 전체적인 이름대기의 어려움에 대하여 언급하고 있으므로 이름대기 문제로 번역하였다.

려움을 보이는 증상을 말한다. 이름대기 문제는 실어증의 대표적인 증상이다. 또한 명칭(건망성) 실어증은 독립된 증후군이기도 하다. 단어 찾기 혹은 이름대기 문제는 실어증의 일반적인 증상으로, 실어증이 회복된 환자조차도 이름대기에 문제가 남아 있는 경향을 보인다.

이름대기 문제는 여러 종류의 말 주고받기에서 분명하게 나타난다. 이름대기 문제는 **대면 이름대기**(confrontation naming)나 요구하기(이것의 이름이 뭡니까?)에 말로 반응해야 할 때 분명하게 나타난다. 또한 단어 유창성 과업(word fluency task)이나 특정 범주 내에서 가능한 많은 이름을 말해야 하는 회상 과업에서도 분명하게 드러난다. 많은 환자들은 단어 유창성 과업보다 대면 이름대기를 더 쉽게 생각한다.

이름대기에 영향을 주는 또 다른 요인으로 첫째, 단어의 사용 빈도, 둘째, 단어가 연상되는 의미적 범주이다. 일상생활에서 자주 사용하지 않는 저빈도 단어는 일상생활에서 자주 사용하는 고빈도 단어보다 이름대기가 더 어렵다(예: 경계선). 모든 실어증 환자들이 의미 범주에 속하는 단어를 말하는 데 어려움을 나타내는 것은 아니지만, 특정 종류의 단어를 말하는 데 어려움을 느끼는 경우도 있다. 예를 들어, 환자에 따라 동물과 채소의 이름을 말하는 것에 특히 어려움을 보일 수도 있다.

이름대기 문제가 대부분의 실어증 환자에게 보이는 일반적인 문제이기 때문에 실어증의 유형을 구분 짓는 데 이름대기 문제의 유무를 이용하는 것은 유용하지 않다. 이름대기 문제를 지칭하는 *anomia*는 또한 실어증의 한 유형을 지칭하는 용어로도 사용된다. 이는 단어 찾기와 이름대기에서 보이는 어려움이 심하고 우세하기 때문이지, 단지 이름대기에만 문제가 있는 것은 아니다. 이름대기 문제 및 명칭 실어증에 대해서는 6장에서 더 자세히 공부하기로 한다.

6) 쓰기 문제

성인기에 일어나는 대뇌손상으로 인한 쓰기 문제를 **실서증**(agraphia)이라 부른다. 모든 경우는 아니지만 대부분의 실어증 환자는 약간의 쓰기 문제가 나타난다(Rosenbek et al., 1989). 그러므로 쓰기 문제 역시 실어증의 유형을 구분하는 특징은

표 4-3 주요 실어증 유형에서 보이는 대표적인 쓰기 문제. 대부분의 실어증 유형에서 언어장애와 유사한 쓰기 문제를 보이는 경향이 있다.

실어증의 유형	쓰기 문제	구어 문제
브로카 실어증	• 문법적 요소(실문법적 쓰기) 및 철자를 생략함 • 쓰는 양이 적고 노력이 많이 들어감 • 구나 문장을 간략화함 • 문자의 형태가 어색하고 철자 오류가 많음	• 실문법증, 발화 시 노력이 많고, 구어의 양이 적음 • 조음의 문제 • 단어 길이가 짧음 • 철자 말하기 시 오류가 많음
베르니케 실어증	• 쉽게 쓰고 노력이 거의 들지 않음 • 철자의 형태는 좋음 • 신조어 쓰기(neologistic writing)로 인해 철자의 생략이나 부정확한 조합이 눈에 띔 • 단어의 대치(착어증적 쓰기) • 브로카 실어증에서 보이는 실문법적 쓰기는 일반적으로 보이지 않음	• 쉽게 말하고 노력이 거의 없음. • 발화와 언어 산출에서 유창하면서 정상적인 조음을 보임 • 산출된 언어는 단어 착어증이 심하며, 신조어, 자곤으로 구어가 구성됨
연결피질 운동 실어증	• 쓰기의 형태가 어색하고 양도 거의 없음. 철자 오류가 흔히 나타남 • 일반적으로 브로카 실어증이 보이는 쓰기 문제와 유사한 형태를 보임	• 발화의 양이 거의 없음 • 단어와 문제의 길이가 제한되어 있음 • 일반적으로 비유창함
연결피질 감각 실어증	• 철자의 오류가 보이는 착어증적 쓰기가 나타남 • 때때로 베르니케 실어증에서 보이는 쓰기 문제와 비교됨	• 착어증을 보이며 발화의 양이 풍부하고 정상적인 억양을 보임 • 일반적으로 베르니케 실어증의 구어와 유사한 형태를 보임
전도성 실어증	• 쓰기에 속도가 느리고 노력이 많이 들어감. • 철자의 생략, 대치, 첨가가 나타남 • 철자 오류가 많음 • 문법은 일반적으로 보존되어 있음	• 착어증이 나타나고 따라 말하기 기술이 손상된 유창한 구어를 보임
전체성 실어증	• 쓰기 문제가 심함 • 무엇을 썼는지 알아볼 수 없음 • 몇 개의 철자와 두드리기만 보임	• 구어 기술이 심하게 손상되어 있음 • 발화 시 몇 개의 단어만 산출

아니다. 실어증 환자에게서 나타나는 쓰기 문제는 일반적으로 **실어증적 실서증**(aphasic agraphia)이라고 부른다. 실서증에는 여러 형태가 있으며 이는 순수 실서증(pure agraphia), 실행증적 실서증(apraxic agraphia), 운동 실서증(motor agraphia)으로 나눌 수 있다. 이에 대해서는 7장에 자세히 기술하였다.

실어증적 실서증은 매우 다양한 쓰기 문제를 보인다. 일반적으로 쓰기 문제는 구어 의사소통 문제를 반영한다. 예를 들어, 실문법증이 있고, 발화 시 노력을 들여야 하고, 구어 산출량이 희박한 브로카 실어증 환자는 쓰기 형태 역시 실문법증이 나타나며 노력을 많이 기울여 글씨를 쓰고, 산출하는 단어의 양 역시 적다. 즉, 실어증 환자는 쓰기에서도 철자 오류가 많이 나타나거나 단어 조합에 문제를 보일 것이다. 철자는 뒤집어지거나 난잡하거나 대치되는 형태가 나타난다. 그러나 자주 사용하는 단어를 쓸 때는 오류가 덜 나타날 것이다. 대체적으로 자가 수정에 실패할 확률이 높고 어떤 경우 의미가 없는 단어를 쓰며, 철자 오류가 빈번히 나타난다. 가장 심한 경우는 전체적으로 판독이 불가능할 수 있다.

쓰기 문제는 실어증의 유형과는 조금 다른 양상을 보일 수도 있다. **표 4-3**은 주요 실어증 유형에서 본 대표적인 쓰기 문제를 정리한 것이다. 표는 주요 실어증의 산출 문제와 쓰기 문제를 함께 제시하였다.

7) 읽기 문제

읽기 문제는 실어증 환자에 따라 다양하다. 구어 산출의 문제로 인해 읽기에 어려움을 보이는 실어증 환자도 있지만, 글을 묵독이나 낭독할 수는 있으나 그 글에 쓰인 의미나 철자는 이해하지 못하는 경우도 있다.

일반적으로 읽기 장애를 지칭하는 용어로 **실독증**(alexia)이나 **난독증**(dyslexia)을 쓴다. 일부 전문가들은 실독증과 난독증을 혼용하여 사용한다(Rosenbek et al., 1989; Webb, 1997)*. 특히 전문의들은 **난독증**을 아동기에 발견되는 읽기 문제로

---

* (역자 주) 영어권에서는 실독증을 지칭하는 명칭이 alexia와 dyslexia 두 가지가 있으나 대한의사협회에서 제시하는 정의는 alexia는 실독증 혹은 읽기 언어 상실증으로, dyslexia는 읽기 곤란이나 읽기 장애로 번역하고 있다. 그러나 이를 언어치료 분야에 그대로 적용하기에는

정의하고 있다(*Dorland's Illustrated Medical Dictionary*, 28th ed., 1994). 이러한 관점에서 난독증은 읽기 기술을 습득하는 데 어려움이 있는 증상으로 해석할 수 있다. 다시 말해 실독증은 예전에 읽기 기술을 습득했던 사람이 대뇌의 손상이나 병리로 인해 "문자 언어를 **이해하는** 능력에 한정하여 손상"(Benson & Ardila, 1996, p. 97; **고딕체는** 추가) 되는 증상으로 정의한다.

실어증의 경우 읽기와 쓰기 문제는 자주 동반하여 출현한다. 비록 실독증의 원 개념은 **순수 실독증**이지만 단지 읽기에만 어려움을 보이는 순수 실독증이 보고된 사례는 드물다. 이러한 실어증의 비전형적인 증상이나 관련된 읽기, 쓰기 문제는 7장에 자세히 기술하였다.

실어증이 읽기의 손상에 영향을 주며 이로 인한 읽기 손상의 정도는 매우 다양한다. 문자를 전혀 인지할 수 없는 경우도 있고, 낭독하며 문자를 이해하기 위해 노력하면 조음에 많은 오류를 보이기도 한다. 환자가 문장을 읽을 때는 일반적으로 한 단어씩 읽는다. 즉, 문장 전체로 읽지 못하고 단어 하나하나를 짚으며 읽는다. 가장 일반적으로 호소하는 어려움은 읽은 단어에 대해 일부분 또는 전체의 의미를 이해하지 못하는 것이다. 7장에서 읽기(쓰기)의 어려움과 관련된 신경병리학적인 요인들과 분류법에 대해 추가적인 정보를 기술하였다.

8) 제스처

실어증 환자의 경우 가끔 의사소통 시에 제스처나 팬터마임을 이해하고, 사용하는 능력에 제한을 받을 때가 있다. 이런 문제는 많은 실어증 환자에게 나타나는 운동기능의 결손(예: 손의 마비)에 의한 것이 아니다. 제스처와 팬터마임을 이해하는 능력의 손상은 의사소통에 사용하는 상징을 조작하는 데 어려움이 있는 경우에 나타난다. 이것은 마치 구어를 이해하고 사용하는 것의 어려움과 같다.

실어증 환자는 특정한 제스처를 시작하는 데 어려움을 보인다(예: 미국 수화).

무리가 있다. 권도하(2012)의 『언어치료학사전』(언어치료학회: 대구)에 의하면 alexia는 실독증으로 dyslexia는 난독증으로 번역하고 있다. 역자는 권도하의 언어치료학 사전에 근거하여 alexia는 실독증으로 dyslexia는 난독증으로 번역한다.

수화 사용자에게 실어증이 발병하면 수화표현에 많은 어려움을 보이는데 이는 구어 사용자가 보이는 구어 표현의 손상과 그 유형이 같다. 수화 사용자에게서 나타나는 실어증은 7장에 기술되어 있다.

9) 잔존 언어능력

환자에 따라 실어증의 정도는 매우 다양하다. 전체성 실어증 환자는 대부분의 의사소통 기술이 심하게 손상된다고 알려져 있으나, 실제로는 거의 알아보기 힘들지만 대다수 환자들에게 약간의 의사소통 기술이 남아 있다.

심한 실어증을 보이는 환자도 모국어와 외국어를 구별하고, 의미 있는 말과 의미 없는 말을 구별하고 강세가 힌트로 주어지면(CON vict versus con VICT) 동사와 명사를 구별할 수 있다. 또한 문법적인 문장과 비문법적인 문장도 구별할 수 있다.

- 말하지는 못하지만 단어의 대소문자나 첫 글자를 짐작할 수 있다.
- 문법이 바르지 않은 문장보다 문법이 올바른 문장을 더 잘 따라서 말할 수 있다(모방).
- 저빈도 단어보다 고빈도 단어를 더 잘 산출할 수 있다.
- 제스처, 수화, 그리기와 같은 대체 의사소통을 학습할 수 있다.

7. 실어증 환자의 의사소통 방법에 대한 일반적인 기술

여러 증후군의 모임이 실어증의 유형을 만들지만(6, 7장), 실어증 환자가 말하는 방법을 이해하는 것은 도움이 된다. 지금까지는 여러 증상으로 인한 것이라 알려졌던 대부분 실어증 환자의 말은 다음과 같이 특징지을 수 있다.

- 실어증 환자가 노력을 거의 들이지 않으며 유창하게 많은 양을 발화할 때는 대개 말에 의미가 거의 없거나 문법적인 문제가 있다. 의사소통의 양이 적은 경우는 의미가 있고, 반대로 어려움 없이 많은 양을 발화하는 경우는 의미가 없는 자곤(jargon)으로 이루어진다.

- 대부분의 환자는 발화를 시작할 때 전체 단어나 정확한 말을 찾는 데 어려움을 보이며 그 결과 발화가 느려져 속도가 불규칙하게 된다. 단어 찾기에 문제가 있는 환자 중 일부는 의미가 없는 '단어들'을 만들어 유창하게 발화한다.
- 환자들은 단어를 만드는 증상(신조어)과 더불어 말하고자 하는 단어의 음소를 대치하거나 의미가 다르거나 덜 구체적인 단어로 대치한다.
- 환자는 단어의 음소 혹은 단어 전체를 생략한다. 그러나 중증의 조음장애는 마비말장애나 구어실행증이 동반되기 때문에 나타나는 경우가 많다.
- 대부분의 환자들은 어떤 형태로든 대처 전략(coping strategy)을 사용하고 있다. 대처 전략에는 음소나 의미가 비슷한 단어를 사용하거나 단어가 생각날 때까지 반응하기를 미루거나, 의미나 음소가 결합된 단어를 습득하거나 자신이 말하려고 하는 것을 설명하는 방법 등이 있다.
- 환자가 말할 수 있는 어휘의 범위나 다양성이 제한되어 그로 인해 반복하여 말하거나 말하는 동안 망설임이 나타날 수 있다.
- 환자는 말할 수 있는 문법적 문장의 범위나 유형에 한계가 있다. 발화 길이가 한정적이며 단어의 순서가 잘못 배열될 것이다. 문장이 문법적으로 연결되지 않고, 간략화된 전보문식 구어만을 사용하는 환자도 있다. 그들은 형태소를 오용하거나 전혀 사용하지 않는다.
- 실어증 환자들은 발화의 형태가 거의 일정하다. 환자에 따라서 질문의 유형에 관계없이 신조어로 구성된 똑같은 발화만을 반복할지도 모른다.
- 실어증 환자들은 귀로 들은 단어를 정확하게 따라 말하지 못할 수 있다. 특히 따라 말하기 능력이 좋은 환자라도 따라 말해야 할 발화가 길어질수록 오류가 심해질 것이다.
- 실어증 환자들은 대화 중에 모호한 용어로 둘러말하는 증상이 나타날 수 있다.
- 실어증 환자는 일반적으로 청각적 이해력에 손상이 있으나, 이해력 손상 정도는 경도에서 고도까지 다양하다.
- 어떤 환자는 명명된 그림이나 사물을 지적하는 데 어려움을 보일 수 있다.
- 환자에 따라서는 단어가 전혀 들리지 않는다는 듯한 인상을 주거나(단어맹, word deafness), 단어의 의미를 모르겠다고 말할 수도 있다. 실어증 환자들은

들은 단어를 의미나 소리가 비슷한 단어로 잘못 이해하기도 한다.

- 실어증 환자들에게 이야기 다시 말하기를 시키면 세부내용을 생략하는 경우가 많다. 그들은 사건의 순서를 지켜서 말하는 것을 어려워한다.

대부분의 실어증 환자들은 이러한 의사소통 문제에도 불구하고 말하는 것 자체를 꺼리지 않는다. 뇌졸중 직후 몇 시간 동안만 말하는 데 어려움을 보이는 환자도 있다. 실어증 환자들은 외상성 뇌손상이나 치매 환자와 달리 일반적으로 자신의 주변에서 일어나는 일을 기민하게 인식한다. 그러나 이러한 특징들은 변화할 수 있다. 회복 속도가 느려지거나 멈출 경우, 복합적 질병이나 이차의 뇌졸중으로 인해 신체적 상태가 악화될 경우 환자들은 우울해하며 말하는 것을 주저하게 될 수 있다.

8. 실어증 제외 대상

실어증이 가장 일반적으로 발병하는 연령대와 다른 형태의 의사소통장애가 발병하는 연령대는 같다. 이러한 다른 종류의 의사소통장애는 실어증과 혼동될 수 있다. 따라서 실어증과 다른 종류의 의사소통장애를 구별하는 것은 매우 중요하다.

1) 치매

치매(dementia)는 사회적 행동, 성격 변화와 함께 의사소통과 인지 기술이 악화되는 진행성 신경학적 질병이다. 가장 일반적인 형태의 치매는 알츠하이머병(Alzheimer's disease)이다. 다발성 뇌경색과 함께 픽병(Pick's disease)과 파킨슨병(Parkinson's disease)을 비롯한 여러 종류의 신경학적 질병 또한 치매의 원인이 된다.

느린 발병 속도, 지적 능력 손상, 추상적 사고의 문제는 치매와 관련이 있는 반면에 갑작스러운 발병, 일반적으로 지적 기능에 손상이 없는 것은 실어증과 관련이 있다. 실어증은 행동의 변화(성격 변화)가 잘 일어나지 않으나 치매는 성격 변화가 나타난다. 치매 환자의 언어와 구어는 실어증의 언어 특징과 많은 부분에서 다르다.

우리는 14, 15, 16장에서 치매에 대해 더 자세하게 공부할 것이고, 8장에서 실어증과 치매를 감별 진단하는 방법을 배우게 될 것이다.

2) 혼돈 언어

어떤 신경학적 문제를 보이는 환자는 혼돈 언어(language of confusion)라고 불리는 증상을 보이는데, 이는 양 반구 손상이나 외상성 뇌손상의 결과로 보이는 언어 증상이 혼돈 언어에 해당한다. 혼돈 언어의 주요 원인은 자동차 사고, 중독, 신진대사 혹은 화학적 불균형, 중추신경계 질병이다.

혼돈 언어의 특징은 다음과 같다.

- 혼돈 언어를 보이는 환자들은 주변 상황에 대해 인식하지 못하는 것처럼 보인다. 병실에 누워 있을 때조차 자신은 파리의 거리를 걷고 있다고 생각한다. 환자들은 시간과 공간에 대한 지각능력이 손상된다.
- 사람을 알아보지 못하고 상황을 잘 설명하지 못하는 경향이 있다.
- 혼돈 언어를 보이는 환자들은 최근의 사건에 대한 기억력이 손상되어 있다.
- 환자들은 대화를 적절하게 하지 못한다. 예/아니요 질문에 대해 대답하지 못하지만 간단한 질문에 답하기나 사물의 이름 말하기, 단어나 문장을 읽기는 가능하다. 어휘와 구문능력은 대개 정상이다.
- 환자들은 말을 꾸며 내는 경향이 있다. 예를 들어, 지금 입원 중인 환자에게 "오늘 무엇을 했습니까?"라고 물어보면 환자는 "아침에 요트 여행을 하고 내 욕실에 들어가서 샤워를 하고 대통령과 대화했다."라고 대답할 수도 있다. 대부분의 환자들은 자신의 말이 이상하고 부적합하며 꾸며 낸 것임을 인식하지 못한다.
- 환자들은 대개 정상적인 억양을 사용하며 조음에는 문제가 없고 유창하게 말한다. 예를 들어, "훌륭한 시민은 모두 무엇을 해야 합니까?"라는 질문에 혼돈 언어를 말하는 환자들은 "그는 오른쪽에 빌딩을 짓고, 왼쪽에 건물을 지

> 어야 한다. 그는 서쪽에 건물을 지어야 한다."라고 말할 수 있다(Darley, 1982, p. 25).

부적합하고, 꾸며 낸 이야기를 하지만 문법적으로 정확하고 유창한 구어는 혼돈 언어를 사용하는 환자와 실어증 환자를 구별해 주는 중요 증상이다. 시간, 공간, 사람에 대한 지남력 상실은 혼돈 언어를 사용하는 환자와 주변 상황을 인식하는 실어증 환자를 구별할 수 있게 한다. 혼돈 언어가 베르니케 실어증 환자의 증상과 유사하지만 중요한 차이점은 있다. 예를 들어, 혼돈 언어를 사용하는 환자는 청각적 이해력은 좋으나 주변 환경에 대한 인식력은 떨어진다는 점이다.

혼돈 언어는 일시적으로 나타난다. 일시적 물질 대사 장애 및 뇌손상이 치유되거나 환자의 신체상태가 개선되면 혼돈 언어 증상은 개선된다. 실어증과 혼돈 언어의 감별 진단은 8장에서 자세히 다룰 것이다.

3) 정신분열증

정신분열증(schizophrenia)은 사고, 감정, 행동장애로 특징지어지는 정신의학적 장애이다. 정신분열증 환자는 부절적한 말을 하지만 그보다는 현실과 괴리감 있는 사고의 문제가 더 크게 나타난다. 환각, 부적절한 정서, 난폭한 행동이나 행동 붕괴, 현실과의 괴리, 감정 변화, 퇴행 행동은 정신분열증 환자가 다른 장애 환자들과 구별되는 주요 증상이다. 정신분열증 환자는 의미적으로 질문에 부적절하게 대답하지만, 문법적으로는 적절하고 의미는 불명료하다. 정신분열증 환자의 이해하기, 읽기, 쓰기 기술은 실어증 환자보다 좋다.

정신분열증 환자는 일반적으로 대다수의 실어증 환자들보다 일찍 발견되는데, 일반적으로 정신분열증은 실어증보다 점진적으로 발생하기 때문이다. 정신분열증 환자에게 나타나는 전반적 행동 문제는 실어증 환자에게는 나타나지 않는다. 8장에서는 정신분열증과 실어증의 감별 진단에 대해 다룰 것이다.

4) 신경 구어장애

신경학적 질병과 외상은 구어장애의 원인이 될 수 있는데 구어장애는 언어장애와 구별되어야 한다. 구어실행증과 마비말장애는 신경언어장애인 실어증과 대조되는 신경 구어장애이다. 구어실행증은 실어증과 함께 나타날 수 있다. **실행증**(apraxia) 환자는 정상적인 조음과 운율로 구어를 산출하는 데 어려움을 보이지만 근육의 약증이나 마비는 없다. 구어실행증은 구어 운동 계획의 손상으로 인한 것이라 생각된다.

마비말장애는 구어에 필요한 근육의 약화나 느림, 불협응과 관련된 신경학적 구어장애의 한 종류로 말 산출에 필요한 모든 과정인 호흡, 발성, 조음, 운율에 영향을 미친다. 또한 마비말장애는 실어증과 함께 나타날 수 있으며, 특히 피질하 실어증과 함께 나타나는 경향이 강하다. 일부 브로카 실어증 환자는 독립된 장애로 마비말장애가 동반되기도 한다.

실어증과 구어실행증, 마비말장애의 감별 진단은 8장에서 더 자세하게 다룰 것이다.

읽을거리

실어증의 발병률, 정의 및 분류에 대한 더 많은 정보가 필요하다면 다음의 자료를 참고한다.

American Stroke Association: http://www.strokeassociation. org

Basso, A. (2003). *Aphasia and its therapy.* New York: Oxford University Press.

Benson, D. F., & Ardila, A. (1996). *Aphasia: A clinical perspective.* New York: Oxford University Press.

Davis, G. A. (2000). *Aphasiology: Disorders and clinical practice.* Needham Heights, MA: Allyn & Bacon.

Goodglass, H. (1993). *Understanding aphasia.* San Diego, CA: Academic Press.

Goodglass, H., Kaplan, E., & Barresi, B. (2001). *The assessment of aphasia and related disorders* (3rd ed.). Philadelphia: Lippincott Williams & Wilkins.

LaPointe, L. L. (Ed.) (2005). *Aphasia and related neurogenic language disorders* (3rd ed.). New York: Thieme Medical Publishers.

Murray, L. L., & Chapey, R. (2001). Assessment of language disorders in adults. In R. Chapey (Ed.), *Language intervention strategies in adult aphasia* (4th ed., pp. 55–126). Baltimore, MD: Williams & Wilkins.

Payne, J. C. (1997). *Adult neurogenic language disorders: Assessment and treatment*. San Diego, CA: Singular Publishing Group.

제 5 장

비유창성 실어증

이 장의 개요

- 네 가지 유형의 비유창성 실어증
- 실어증의 관점에서 본 유창성
- 브로카 실어증
- 연결피질 운동 실어증
- 연결피질 혼합 실어증
- 전체성 실어증

학습 목표

이 장을 학습한 후 학생들은,

- 유창성 실어증의 개념을 설명할 수 있다.
- 모든 비유창성 실어증을 신경병리학적으로 설명할 수 있다.
- 비유창성 실어증의 신경학적 증후군을 설명할 수 있다.
- 비유창성 실어증의 언어적 특성을 설명할 수 있다.
- 비유창성 실어증의 신경병리학, 신경적 증후군, 언어 특징의 장단점에 근거하여 네 가지 형태로 분류할 수 있다.

1. 네 가지 유형의 비유창성 실어증

4장에서 살펴본 바와 같이, 구어 **유창성**은 실어증을 유창성 실어증과 비유창성 실어증이라는 두 가지 주요 증후군으로 구별하는 기준이다. 유창성 실어증은 6장에 기술할 것이고, 이 장에서는 비유창성 실어증의 대표적인 네 가지 유형에 대해서 기술한다.

- 브로카 실어증(Broca's aphasia)
- 연결피질 운동 실어증(초피질 운동 실어증)
- 연결피질 혼합 실어증(초피질 혼합 실어증)
- 전체성 실어증(전 실어증)

2. 실어증의 관점에서 본 유창성

유창성은 구어(또는 비구어) 의사소통의 특징으로 알려져 있다. 언어치료 분야에서 유창성 장애는 임상적인 실제로 인식된다. 역사적으로 유창성에 대해 가장 연구가 활발한 영역은 **말더듬**(stuttering) 분야로, 말더듬의 특징은 비유창성(dysfluency)의 과도한 지속시간이 여러 번에 걸쳐 일어나는 것이다(Bloodstein, 1995). 비유창성 횟수이다. **속화**(cluttering)는 유창성 장애의 또 다른 형태로 비유창성의 횟수가 증가하면서 말의 속도가 지나치게 빠른 것을 말한다. **신경학적 말더듬**(neurogenic stuttering)은 비교적 최근에 연구하기 시작한 유창성 장애의 한 갈래로 이는 대뇌질환이나 외상에 의해 발병한다. 신경학적 말더듬과 실어증의 관련성에 대해서는 아직 확실하게 밝혀지지 않았다(Helm-Estabrooks, 1986). 실어증 환자에게 나타나는 유창성 손상은 다음과 같다.

실어증 연구자들은 유창성과 그 손상에 대한 개념을 전통적인 유창성 장애(말더듬)와 다른 의미로 생각하는 것 같다. 주요 차이점은 말의 **비유창성**이 말더듬이나 다른 유창성 장애 연구 분야에서는 중요하게 다루어지는 반면 실어증 분야에서는 크게 다루어지지 않는다는 것이다.

실어증에서 구어 유창성의 특징은 다음과 같다.

- 구어를 산출하기 위해 노력하지 않는다. 유창한 구어는 정상적인 흐름으로 나타나며 지나친 노력이 보이지 않는 것이다.
- 구어의 속도는 정상이거나 그보다 더 빠르다. 말을 일정한 속도로 유지하는 것은 유창성의 유지에 있어 핵심적 부분이다.
- 정상적인 억양을 사용한다. 유창한 구어는 정상적인 어조와 억양으로 말을 산출하는 것이다.
- 말의 시작이 쉽다. 유창한 구어는 사회적 상황에 쉽게 자극받는다.
- 발화 시 단어 산출량이 정상이다. 유창한 구어는 의사소통에 대한 사회적 요구에 부합할 정도의 적당한 양(너무 많지도 너무 적지도 않게)으로 말하는 것이다.

실어증의 관점에서 유창하다거나 유창하지 않다는 표현은 일반적으로 알려진 말의 유창함을 의미하는 것은 아니다. 이때의 유창성은 대부분 발화 시 노력의 정도, 발화의 속도, 억양, 시작, 발화의 양이라는 관점에서 정의하는 것이다.

실어증 환자에게 나타나는 비유창성의 특징은 다음과 같다.

- 발화의 속도가 느리다(분당 50단어 이하). 말의 속도가 지나치게 느리면 유창성이 손상되었다는 인상을 준다.
- 발화 시 노력이 나타난다. 비유창한 구어는 투쟁이나 안면의 찡그림, 손동작 또는 근육의 움직임이 증가하였음을 암시하는 다른 행동과 함께 나타난다.
- 구의 길이가 짧아진다. 비유창한 구어는 보통 발화 시 문장의 길이가 짧아지고 문법적으로 간략해지는 경향이 있다.
- 구어가 비유창하면 정상적인 억양이나 운율이 나타나지 않고 단음도로 산출되거나 억양의 변화가 심한 경향이 있다.
- 일반적으로 발화의 양이 상당히 감소한다. 환자의 의사소통을 사회적 관점에서 판단하면 의사소통 시 발화의 총량이 매우 적다. 질문에 극단적으로 간단하게 대답하는 경향이 있다.
- 말을 시작하는 것을 특히 어려워한다. 적당한 자극을 주면 훨씬 쉽게 말을 시

작할 수 있다. 다시 말하면 말을 시작하는 데 추가적이고 특별한 자극이 필요하다. 비유창한 구어도 유창한 구어만큼 자발적으로 나타나지 않는다.
- 용어가 과도하게 사용되는 반면 기능어의 생략이 나타난다. 비유창 실어증 환자의 구어는 동사와 명사의 비율이 높은 대신, 문법 형태소(기능어)들이 자주 생략된다.

일반적으로 대뇌의 전반부에 병변이 있는 환자들에게 유창성의 손상이 나타난다. 대뇌의 후반부에 병변이 있는 환자들은 구어 유창성이 보존되는 편이다.

3. 브로카 실어증

Broca는 1861년에 처음으로 비유창성 실어증이라는 실어증의 한 유형을 발견하였다. 브로카 실어증의 또 다른 이름으로는 **표현 실어증**(expressive aphasia), **중추 운동 실어증**(central motor aphasia), **전반 실어증**(anterior aphasia), **원심성 운동 실어증**(efferent motor aphasia), **실문법 실어증**(agrammatic aphasia), **구문 실어증**(syntactic aphasia), **구어 실어증**(verbal aphasia) 등이 있다. Benson과 Ardila(1996)는 브로카 실어증을 **실비우스열 인접 실어증**(perisylvian aphasic syndrome)의 한 종류로 기술하였다. 그 이유는 실비우스열 근처의 중심 언어 영역(central language area)이 손상되면 브로카 실어증이 발생하는데, 이 환자들이 베르니케 영역(Wernicke's area)까지 손상되지는 않기 때문이다.

구어가 비유창하고 발화 시 노력이 많이 들며 문법적으로 생략된 말을 하는 증상의 언어 산출 측면을 강조하기 위해 **브로카 실어증**(Broca's aphasia)이라는 용어를 널리 사용하지만, 이는 논쟁의 여지가 있는 실어증의 유형이다(Donnan, Carey, & Saling, 1999). 이 증후군 환자에게 나타나는 언어손상의 형태 및 정도의 다양함과 뇌손상 위치에 대해 모두 논의의 여지가 있다. 이러한 논의점은 실어증을 연구하는 대뇌국지주의자(localizationist)와 연결주의자(connectionist)들 사이에서 의문점으로 떠오르고 있다.

Broca가 LeBorgne라는 남성에게 나타난 언어 문제를 연구·보고한 것이 이 유형의 실어증 연구에 시발점이 되었다. Broca는 이 장애를 *Aphemia*라고 명명하였다. 실어증(aphasia)이라는 용어는 시간이 지나 1864년에 Trousseau가 처음으로 명명하였다.

1) 브로카 실어증의 신경해부학적 원인

2장에서 기술한 것처럼 **브로카 영역**(Broca's area: 브로드만 영역 44번, 45번 뒤쪽도 포함)은 대뇌 좌반구의 후하전두엽(제3회)으로 알려져 있고, 이 영역은 또한 전언어피질로도 알려져 있다. 일반적으로 이 영역은 중대뇌동맥의 상부에서 피를 공급받는다. 브로카 영역은 전운동 피질의 아래쪽에 위치하고 있으며, 이 영역에서 얼굴, 손, 그리고 팔의 운동을 조절한다(Bhatnagar, 2000; Love & Web, 2001; Webster, 1999). 이 곳에 손상을 입으면 브로카 실어증이 발생하게 된다. 그림 5-1에서 보는 것처럼, 1차 피질 영역과 2차 피질 영역이 브로카 실어증이 일어나는 위치이다.

브로카 실어증은 여러 가지 이유에서 논쟁의 여지가 있다. 컴퓨터 단층촬영(computer axial tomography, CAT=CT) 연구와 양전자방출 단층촬영(positron emission tomography, PET) 연구, 다수의 문헌 연구(Mohr, 1980)를 통해 전형적

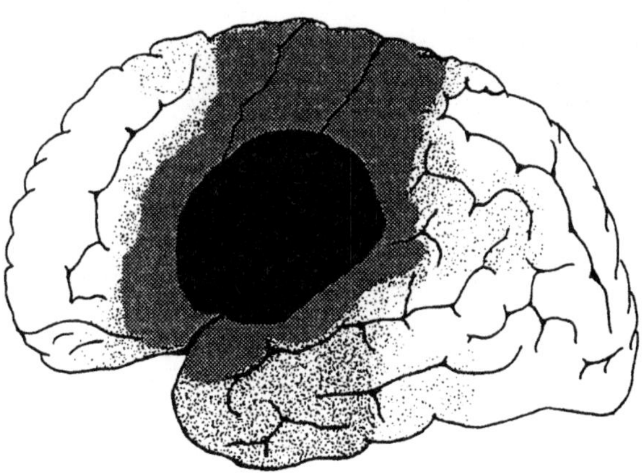

그림 5-1. 브로카 실어증을 일으키는 신경해부 위치. 검은색으로 표시된 부분은 대부분의 사례에서 병변을 일으키는 1차적 위치이다. 회색으로 표시된 부분은 브로카 실어증을 일으킬 수 있는 다른 영역이다.

인 브로카 실어증이 나타나는데 브로카 영역의 손상을 반드시 전제하지는 않는다는 사실이 알려졌다(Damasio, 2001; Kearns, 2005). 예를 들면,

- 운동 영역의 아래쪽(브로카 영역 및 그 바깥쪽)의 손상에 의할 것이다.
- 44번 앞쪽과 뒤쪽 손상에 영향을 받는다. 다시 말하면 브로카 영역 외의 다른 영역도 포함된다.
- 피질 안쪽의 깊은 손상(브로카 영역의 손상이 아님)은 반드시 브로카 실어증을 야기하는데, 브로카 실어증 환자는 본래 생각했던 것보다 좀 더 광범위한 피질의 손상을 보이기 때문이다.
- 브로카 영역에 국한된 손상은 실어증을 일으키기보다는 일시적인 함묵증(transient mutism)과 그 후에 이어지는 경미한 실행증을 일으키는 것 같다. 따라서 순수한 브로카 실어증은 우리가 알고 있는 관련 문제를 보이지는 않는 것 같다.
- 전두엽과 측두엽, 두정엽의 일부 영역이 손상되면 브로카 실어증으로 분류되는 증상을 나타낼 수 있다.
- 베르니케 영역의 손상이 브로카 실어증으로 나타날 때도 있다.
- 브로카 영역이 손상되지 않은 브로카 실어증 환자도 가끔 보고된다. 따라서 브로카 영역의 손상이 반드시 브로카 실어증을 일으키는 것은 아니다.
- 브로카 영역의 손상이 관찰되는 환자가 가끔 연결피질 운동 실어증의 증상을 보이는 경우도 있다. 브로카 영역의 손상과 함께 실어증이 추가 발병할 경우 다른 유형의 실어증이 나타날 수도 있다.
- PET 연구 결과에 의하면 실어증 환자의 대부분이 광범위한 대뇌 영역에서 대사장애(hypometabolism)가 일어난다고 주장한다. 따라서 병변의 위치만으로 언어손상을 유추 및 설명할 수 없다. 손상되지 않는 영역의 능력이 감소하는 것 역시 기능손상이라 할 수 있다.

2) 브로카 실어증의 일반적인 특징

- 신경학적으로 브로카 실어증 환자를 베르니케 실어증 환자보다는 구별해 내

기 쉽다. 브로카 실어증 환자는 일반적으로 손상된 대뇌반구의 반대편 신체(대개 오른쪽)에 완전마비(hemiplegia)*나 불완전마비(hemiparesis)**가 나타난다. 그 이유는 브로카 영역의 손상은 신체의 반대쪽으로 내려가는 하행성 추체로의 손상을 일으키는 것으로 짐작된다. 오른쪽 신체 근육의 약증은 얼굴에도 나타난다. 환자는 일반적으로 휠체어에 의지하여 처음으로 언어치료실에 방문한다. 반대로 베르니케 실어증 환자는 일반적으로 운동의 문제가 거의 나타나지 않는다(Benson & Ardila, 1996; Kearns, 2005; Wertz, 1996).

- 시간이 경과하면 브로카 실어증 환자는 보조기나 지팡이를 이용하여 걷을 수 있게 될 것이다. 다리나 발 근육의 기능이 손이나 팔 근육의 기능보다는 일반적으로 빨리 회복된다. 대부분의 운동 문제는 시간이 지나면 회복되는 경향이 있다.
- 브로카 실어증 환자가 평가 과제에 실패했을 때 급격하게 우울해질 수 있다. 파국반응(catastrophic reactions)이라고 불리는 이 행동이 나타나면 환자는 울거나, 평가를 지속하는 것을 거부할 수도 있다.

3) 브로카 실어증의 주요한 언어 특징

브로카 실어증 환자가 머뭇거리거나 힘들어하며 산출하는 언어 특징은 다음의 주요 언어 문제에 포함된다(Benson & Ardila, 1996; Davis, 2000; Kearns, 2005).

- 비유창하고 노력이 들어가는 구어. 구어 산출 시 휴지 및 삽입어('어, 음')의 수가 많고, 말의 잦은 수정이나 연장, 반복이 말의 대부분을 차지한다.
- 실문법적 구어. 전보문식 구어라고 불리는 대다수의 문법 형태소가 생략된 구어는 의사소통의 중요한 구성요소인 내용어(명사와 동사)만으로 구성된 문장으로 말한다. 환자는 기능어를 많이 생략한다. 기능어의 종류는 관사, 접속사, 조동사, 연결사, 전치사, 어형변화(예: 복수형, 소유격, 과거형)가 있다. 일반적으

---

* 신체 한쪽(반신) 마비.

** 신체 한쪽의 근육 약증. 마비와 대조를 이룸.

로 브로카 실어증 환자의 구어에서 문법 형태소는 거의 출현하지 않는다.

- 불규칙하면서 느린 구어. 쉼의 횟수가 너무 많으면 말의 흐름을 깨뜨리고 부자연스러운 억양을 만들어 낸다.
- 단어 산출량과 문장 길이의 감소. 브로카 실어증 환자는 말을 할 때 최소한의 단어 수로 자신의 의사를 전달하는 경향이 있다. 따라서 환자의 말은 몇 개의 단어가 나열되거나 결합하는 경우가 많으므로, 구의 길이와 문장의 길이가 짧아지는 경향이 있다.
- 단어나 문장 따라 말하기의 손상. 치료사가 환자에게 단어나 문장을 말해 주어도 환자는 들은 것을 그대로 따라하지 못하는 경우가 많다. 문법적인 요소가 들어간 문장을 따라 말할 때 더욱 많은 문제를 보인다. 예를 들어, '소년이 길을 걷는 중이다'라고 들려 주고 따라 말하기를 시키면 환자는 '소년이 걷는다'라고 말할 수 있다.
- 대면 이름대기의 손상. 이것은 사물이나 사진을 보고 그 이름을 말하는 것이다. 치료사는 자극물(그림이나 사진)을 제시하고 환자에게 '이것의 이름은 무엇입니까?'라고 질문한다. 브로카 실어증 환자는 이와 같이 요구에 직면하면 이름대기를 어려워한다. 여러 가지 힌트를 제공하여(9장 참조) 사물의 이름을 말할 수 있도록 도와주어야 한다.
- 상대적으로 경미한 청각적 이해력의 손상. 비유창성 실어증 환자가 유창성 실어증 환자보다 구어의 청각적 이해력이 더 좋다고 하더라도, 브로카 실어증 환자의 청각적 이해력이 완벽하게 정상인 경우는 거의 없다. 또한 브로카 실어증 환자의 이해력이 언어 산출력보다 좋다고 하더라도 브로카 실어증 환자의 이해력 손상은 임상적으로 매우 중요한 가치가 있다. 브로카 실어증 환자는 여러 가지 이름을 들려주고 해당하는 사물을 손가락으로 지적하게 하는 과제를 어려워한다. 환자에게 의미적으로 관련된 단어를 구별하도록 요구해도 매우 어려워하며(예: 더 크다/더 작다), 특히 문법적 구조나 어순이 포함된 말의 의미를 이해하기 어려워한다. 예를 들어, 환자는 비록 개인적인 경험이 들어간 단어의 의미를 이해하더라도 '내 동생의 남편'이나 '남편의 동생'과 같은 구의 의미를 구별하는 데 어려움을 호소한다. 특히 문법 형태소를 생략하고 발화하는 경우 자

신이 생략한 문법 형태소의 의미를 이해하지 못하는 경향이 있다.

- 낭독 능력의 저하. 브로카 실어증 환자의 낭독(소리 내어 읽기)의 특성은 구어 표현과 유사한 형태를 보이는 것 같다. 낭독 시 노력이 들어가며 비유창하다. 또한 환자는 자신이 읽은 문장을 이해하는 능력도 손상되어 있다. 환자는 자신이 읽은 단어에 대한 각각의 의미를 이해할 뿐 통합적으로 이해하지 못한다.
- 쓰기 문제. 환자는 쓰기 속도가 느리며, 쓰는 행위 자체를 힘들어한다. 철자의 오류가 매우 자주 나타나며 생략도 높은 빈도로 나타난다. 글씨의 모양도 좋지 않다. 환자가 발화 시 보이는 실문법증 현상을 쓰기 시에도 그대로 보여 준다. 환자의 쓰기 과업을 실시하면 주로 몇 개의 단어를 나열하여 쓰고 문법적 요소는 거의 생략된다. 환자들이 이러한 어려움을 보이는 이유 중 하나는 신체 오른쪽의 마비로 인해 주로 사용하는 오른손이 아닌 왼손을 사용하여야 한다는 데 있기도 하지만 기본적으로 환자의 쓰기 오류는 왼손으로 쓰는 데서 나타나는 오류의 범위를 벗어난다.
- 단음도 식 억양. 브로카 실어증 환자의 발화 시 나타나는 억양의 부족이나 운율의 손상은 머뭇거리고 비유창하며 불규칙한 말에 의한 것으로 발화 시에 지나친 노력이 들어서 나타난다.

표 5-1은 브로카 실어증이 보이는 주요한 언어 특징을 정리한 것이다.

4) 브로카 실어증에 관련된 구어 문제

대뇌손상 범위가 광범위한 브로카 실어증 환자 중 가끔 운동구어 영역의 인접 영역도 손상되는 경우가 있다. 그 결과 중추나 말초신경계가 손상되며 그로 인해 운동구어장애(motor speech disorders)라고 부르는 구어 문제가 나타난다. 이 운동구어장애는 브로카 실어증과 함께 나타나는 증후로 보이며 따라서 브로카 실어증은 다음의 문제를 함께 나타낸다.

- 구어실행증(apraxia of speech). 신경학적 구어장애의 한 종류인 구어실행증은 말을 하는 데 필요한 운동을 계획하는 능력이 손상된 것이다. 구어실행증

표 5-1 브로카 실어증 환자의 주요 언어 특징

언어의 구성요소	브로카 실어증의 증상	긍정적(+✔) 혹은 부정적(−✔) 진단 특징	비고
청각적 이해력	■ 구어 산출력보다는 좋다 ■ 대부분의 환자에게서 약간의 손상이 나타난다.	−✔	베르니케 실어증
유창성	■ 심하게 손상된다. ■ 실문법증, 전보문식 구어, 운율손상	+✔	베르니케 실어증
문법성	■ 손상됨 ■ 실문법증	+✔	베르니케 실어증
착어증	■ 주요한 특징은 아님	−✔	
이름대기	■ 손상됨	+✔	
조음	■ 손상됨 ■ 실행증(apraxia)이나 마비말장애와 관련이 있을 것으로 사료된다.	+✔	
지적하기	■ 단일 자극에는 좋은 반응 ■ 연속된 과업은 손상되어 있음	−✔	
따라 말하기	■ 손상됨 ■ 특히 문법적 손상이 심하다.	+✔	
소리 내어 읽기	■ 손상됨	+✔	
문장 이해하기	■ 약간의 손상이 나타남	+✔	
쓰기	■ 손상됨	+✔	
분류	■ 비유창성 실어증		
손상 위치	■ 브로카 영역(좌반구의 후하전두회) ■ 기타 영역. 아마도 피질 안쪽 깊은 영역의 손상이 포함된 것이다. ■ 브로카 영역에 국한된 손상은 브로카 실어증을 일으키지 않을 수도 있다.		

의 증상은 발화 시 근육의 약증이나 마비가 없으면서 조음을 시작하는 데 어려워하거나, 발음할 때 애를 쓰는 행동, 조음 동작 시 조음점을 손이나 혀로 더듬어 찾는 행동이 나타나며 조음 오류는 비일관적으로 나타난다. 환자는 큰 어려움 없이 요일의 이름을 자동적으로 말할 수 있으나 치료사가 같은 과업의 실행을 요구했을 때 의지적으로 말하는 것을 어려워한다. 일부의 경우 브로카 실어증 환자가 비유창하며 노력이 들어간 구어를 산출하는 이유는 실행증 때문일 수 있다.

- 마비말장애(dysarthria). 신경학적 구어장애의 다른 한 종류는 마비말장애로 근육의 약화로 인해 호흡, 발성, 조음, 공명 및 운율에 영향을 주는 증상이다. 마비말장애 환자의 발화는 일반적으로 구어 명료도가 감소한다. 브로카 실어증은 경도의 마비말장애를 보이는 사례가 많다. 구어실행증과 마비말장애가 같이 나타날 수 있으며, 이때 마비말장애는 구어의 산출과 명료도에 치명적인 악영향을 끼친다.

앞에서 기술한 내용은 운동구어장애인 실행증과 마비말장애에 대한 내용이었다. 이에 반해 실어증은 대뇌의 후천적인 손상에 의한 언어장애이다. 실행증과 마비말장애는 실어증 증상과 함께 나타나지만 독립적인 장애이다. 실어증의 유무, 정도, 유형은 운동구어장애의 유무에 관계없이 진단되어야 하며 환자가 나타내는 증상의 원인이 무엇 때문인지 파악해야 한다.

5) 브로카 실어증의 개인차

같은 브로카 실어증 환자라도 신경병리학적 원인은 다양하며 그로 인해 환자에 따라 복합적인 증상의 차이가 나타날 수 있다는 사실을 유념해야 한다. 발화할 수 있는 단어의 수가 몇 개에 불과한 환자도 있으나, 간단한 대화가 가능한 경우도 있다. 대개 청각적 이해력의 손상은 경미한 편으로 일상적인 대화를 이해하는 데 무리가 없는 경우가 대부분이다.

환자에 따라서 브로카 실어증의 주요 특징인 유창성의 손상조차도 경미할 수 있다. 실문법증의 정도도 아주 심한 경우부터 무시해도 좋을 정도에 이르기까지 다양하게 나타날 수 있다. 단, 공통적으로 언어 표현 능력이 언어이해능력보다 손상 정도가 크다.

Benson과 Ardila(1996)은 증상의 다양성과 대뇌손상 범위 및 회복의 패턴에 기초하여 브로카 실어증을 유형 I과 유형 II로 분류하였다. 유형 I의 브로카 실어증은 대뇌손상의 범위가 피질에 국한되어 있으며 브로카 영역과 인접한 피질하 영역에만 손상이 나타난다. 유형 I의 브로카 실어증의 증상은 경미한 조음 문제와 단어 찾기 문제만을 나타낸다. 실문법증이 있다 하더라도 대화에 어려움이 없다고 생각될 정도로 경미하며, 회복도 매우 좋은 편이다.

브로카 실어증 유형 II는 좀 더 광범위하고 심한 대뇌손상이 관찰되는데 피질하 백질까지 손상이 나타난다. 증상은 중등도 이상의 마비말장애와 실문법증이 나타나고, 넓은 손상 범위로 인해 회복 속도가 느리며 회복 정도 역시 한계가 있다.

6) 브로카 실어증의 상대적인 강점

브로카 실어증 환자의 구어 및 언어 특징을 한마디로 요약하면 의사소통 기술의 심각한 손상이라고 함축할 수 있다. 일부의 사례를 예외로 치더라도 대부분 브로카 실어증 환자는 베르니케 실어증과는 달리 의사소통에 필요한 최소한의 필수요소만으로 대부분의 의사소통을 하는데도 불구하고 의사소통의 효율성은 상당히 높다. 다시 말하면 브로카 실어증 환자가 실문법적이고 전보문식 말을 할 때에도 말은 기본적인 의미를 가지고 있다는 것이다.

혼동(confused) 언어를 사용하는 환자는 상황에 적절하지 않은 관계없는 말을 하지만 브로카 실어증 환자는 일반적으로 상황에 적절한 반응을 한다. 비록 브로카 실어증 환자들의 구어가 제한적이며 문법이 손상되었더라도 의미가 있는 말을 하며 질문에 적절한 대답과 사회적으로 적합한 반응을 보인다. 베르니케 실어증 환자와 달리 브로카 실어증 환자는 자신의 구어 문제를 인식하고 있다. 설령 그 노력이 성공하지 못한다고 할지라도 그들은 오류에 대해 자기 수정을 시도하며, 또 의사소통 실패에 대해 실망하는 정상적인 반응을 보인다.

브로카 실어증 환자는 평가나 치료에 협조적이며 대부분의 브로가 실어증 환자들은 과제지향적(task-oriented)이다.

4. 연결피질 운동 실어증

연결피질 운동 실어증(transcortical motor aphasia, TMA)은 여러 비유창성 실어증 중 따라 말하기 기술이 비교적 잘 보존된 형태의 실어증이다. 연결피질 운동 실어증을 가리키는 또 다른 말은 역동적 실어증(dynamic aphasia)과 고립 증후군(isolation syndrome)이 있다. Wernicke와 독일의 심리학자인 Ludwig Lichthiem(1854~1928)이 연결피질 운동 실어증이라는 용어를 처음으로 사용하였다.

Benson과 Ardila(1996)은 연결피질 운동 실어증을 설명하기 위해 실비우스열 외부 실어증(extrasylvian aphasic syndrome)이라는 용어를 사용하였는데, 그 이유는 실비우스열 인접 언어 영역의 바깥에서 뇌손상이 발견되었기 때문이다. 연결피질 실어증에서 연결피질이라는 용어는 아무런 의미가 없으나, 이 명칭은 따라 말하기 능력이 비교적 좋은 비유창성 실어증의 한 유형이라는 의미로 사용된다(Benson & Ardila, 1996; Cimino-Knight, Hollingsworth & Gonzalez Rothi, 2005; Helm-Estabrools & Albert, 2004).

1) 연결피질 운동 실어증의 신경해부학적 원인

TMA를 일으키는 대뇌손상의 위치는 일반적으로 브로카 영역 바깥쪽에서 발견된다. 가장 자주 나타나는 형태는 전전두엽 상부의 손상이다. 좌측 전두엽의 안쪽(deep portion)이나 브로카 영역의 아래에서 손상이 자주 나타난다. 가장 일반적인 TMA의 손상 영역은 그림 5-2에 나타나 있다.

- 연합신경섬유 다발(association pathway)의 손상으로 인해 TMA가 일어나기도 한다. 이 섬유 다발(pathway)은 실비우스열 인접 영역과 대뇌의 다른 영역을 연결한다. 일반적으로 전전두엽 상부의 손상은 TMA의 증상과 관련이 있다.
- 보조운동 영역의 손상과 관련이 있다. 이 영역의 손상으로 인해 발생하는 언어

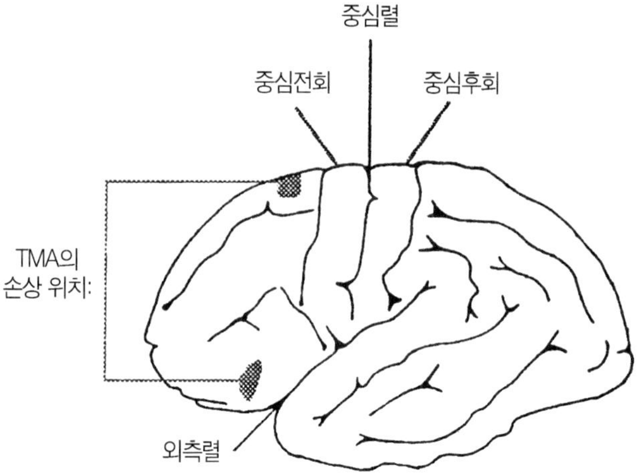

그림 5-2. TMA의 신경해부 위치. 두 곳의 일반적인 손상 위치를 확인할 수 있다.

문제의 중요성을 강조하기 위해 보조운동 영역 실어증이라는 용어가 생겼다. 보조운동 영역 실어증이라는 용어는 이 영역이 손상될 경우 브로카 영역으로부터 보조운동 영역이 분리된다는 생각에서 기인한다.*

- 전대뇌동맥 및 중대뇌동맥의 앞쪽 가지에 의해 혈액을 공급받는 영역의 손상으로 인해 TMA가 나타날 수 있다. 이렇게 중대뇌동맥과 전대뇌동맥이 갈라지는 장소의 손상은 종종 TMA를 일으킨다.
- 전두엽의 외상성 뇌손상이나 종양, 바이러스성 감염, 진행성 치매와 같은 전두엽의 손상이 TMA를 일으킬 수 있다.

2) 연결피질 운동 실어증의 일반적인 특징

TMA는 거의 모든 부분에서 브로카 실어증과 유사하지만 신경학적인 증상은 개인차가 있다. TMA 환자의 일반적인 특징을 다음에 기술하였다(Benson & Ardila, 1996; Cimino-Knight, Hollingsworth & Gonzalez Rothi, 2005).

- 운동장애. 상위 말단의 경직(rigidity of upper extremity), 운동 불능(akinesia:

---

* 보조운동 피질(supplement motor area)은 운동 영역앞쪽에 있는 전 운동 영역에 속해 있다.

움직임의 부재나 부족), 운동 완서(bradykinesia: 움직임이 느려짐)는 특히 실어증이 일어난 직후에 빈번하게 나타난다. 일부 환자는 반신마비(hemiparesis: 팔보다 다리의 마비가 더 심함)가 나타난다. 안면 실행증(buccofacial apraxia) 역시 일부 환자에게 나타날 수 있다.

- **냉담 혹은 행동 철회**(apathy or behavioral withdrawal). 대부분의 환자에게 언어를 사용하는 데 대한 흥미가 거의 혹은 전혀 없어지는 것 같다.

3) 연결피질 운동 실어증의 주요 언어 특징

TMA 환자는 다음의 언어적 특징을 보인다(Benson & Ardila, 1996; Cimino-Knight, Hollingsworth & Gonzalez Rothi, 2005).

- **함묵**(muteness). 발병 직후의 환자들은 운동 불능증에 의해 함묵증(mute, speechless)을 보인다.
- **반향**(echolalia)**과 보속증**(perseverative speech). 환자가 함묵증에서 회복되고 나면 환자들은 말을 앵무새처럼 따라하는 반향 증상을 보이거나, 자신의 발화를 여러 번 반복하는 보속증이 자주 나타난다.
- **자발어의 감소.** 일반적으로 구어 의사소통이나 자발어에 흥미를 보이지 않는다.
- **비유창, 착어증, 실문법증, 전보문식 구어.** 구어가 어느 정도 회복되고 나면, 환자들은 제한적으로 자발어를 산출하기 시작하는데 이때 언어 증상은 브로카 실어증의 증상과 유사하다. 단단어나 종결짓지 않은 문장을 산출하고, 말이 회복되고 난 후에도 복잡하고 정확한 문법적 구조를 사용하여 말하는 데 실패하는 증상이 나타난다.
- **이름대기 문제.** 환자는 대면 이름대기 검사 시 이름대기에 어려움을 보인다. 이름대기 능력은 여러 가지 단서를 제시하면 개선될 수 있다.
- **따라 말하기 기술의 보존.** 따라 말하기 기술이 보존되는 것은 TMA의 다른 실어증과 구별되는 독특한 특징으로 감별 진단 요인이다. 단단어의 말하기는 많은 촉구나 전략을 사용해야 간신히 말하는 환자가 길고 복잡한 문장을 비교적 쉽게 따라 말할 수 있다. 이것은 따라 말하기 기술이 손상되는 브로카 실어증 환

자와는 반대되는 거의 유일한 특징이다.

- 자동, 연결구어의 상대적 보존. 말을 시작하도록 첫 단어를 보조해 주어야 한다는 전제가 있으나, TMA 환자들은 연결구어를 말할 때 오류가 거의 없거나 전혀 나타나지 않는다. 예를 들어, 환자가 숫자 세기나 요일 말하기, 달 이름 말하기를 일단 시작하기만 하면 거의 오류가 나타나지 않는다.
- 의미와 문법 지식의 보존. 치료사가 문법적으로 부정확한 문장을 제시하면 환자는 그것을 옳은 형식으로 수정하여 말할 수 있다. 환자는 의미가 없는 음절이나 단어를 따라 말하지 않으려는 경향이 있다.
- 단어 유창성의 손상. 환자는 하나의 범주에 해당하는 단어를 최대한 많이 말하는 단어 회상 과업을 어려워한다(꽃 이름을 가능한 많이 말해 보세요). 설사 단어 회상 과업을 시도하더라도 전혀 다른 범주의 단어를 말한다.
- 말을 시작하기 위한 운동 촉구 사용. 환자는 고개를 끄덕거리거나, 머리를 흔드는 등과 같은 활동으로 말을 시작하는 것을 도우려는 경향이 있다.
- 산출력보다 좋은 이해력. 청각적 이해력은 일반적으로 간단한 대화를 이해할 있는 수준이다. 그러나 복잡한 말을 이해하는 것은 힘들다.
- 읽기 문제. 소리 내어 읽기와 읽은 것 이해하기는 모두 말하기나 쓰기 기술보다는 보존되어 있다. 그러나 소리 내어 읽기를 실시하면 환자의 말은 느리고 속도를 일정하게 유지하기 힘들어하는 경우가 많다. 읽기이해는 간단한 글을 읽고 이해하는 것은 가능하지만 문법적으로 복잡한 글을 이해하지는 못한다.
- 쓰기 문제. 쓰기에 거의 흥미를 보이지 않으며 설령 환자가 글을 쓰더라도 글의 내용이 거의 없거나 철자의 오류가 나타나고 글자의 모양도 좋지 않다.

기본적으로 TMA의 언어 산출 문제(손상)와 따라 말하기 기술(spared) 간에는 차이가 있다. 따라 말하기 기술의 손상 유무가 TMA와 브로카 실어증을 구별해 주는 가장 뚜렷한 요인이다.

TMA 환자의 언어 특징을 표 5-2에 간략히 정리하였다.

표 5-2 연결피질 운동 실어증(TMA) 환자의 주요 언어 특징

언어의 구성요소	연결피질 운동 실어증	긍정적(+✔) 혹은 부정적(−✔) 진단 특징	비고
구어이해	■ 좋은 편이나 미묘한 문제는 있음 ■ 특히 복잡한 말을 이해하지 못함	−✔	
유창성	■ 손상됨 ■ 초기에는 함묵, 이후에는 착어증, 실문법증, 전보문식 구어, 단어 유창성의 손상이 나타남 ■ 브로카 실어증과 유사함	+✔	
문법	■ 손상됨	+✔	
착어증	■ 약간의 착어증이 나타남		
이름대기	■ 약간 손상됨		
조음	■ 좋음	−✔	브로카 실어증
지적하기	■ 좋음		
따라 말하기	■ 좋음 ■ 반향, 구어 보속증(perseveration)	+✔	
소리 내어 읽기	■ 손상됨	+✔	
읽기이해	■ 좋음 ■ 문법적으로 복잡한 문장은 제외	+✔	
쓰기	■ 손상됨	+✔	
신경운동 기술	■ 오른편 신체의 반신마비 ■ 운동 과업을 시작하는 데 문제가 있음	+✔	
분류	■ 비유창성 실어증		
손상 위치	■ 브로카 실어증 위나 아래의 좌반구 아래쪽의 깊은 손상 ■ 관련된 신경통로 ■ 보조 운동 영역 ■ 중대뇌동맥의 앞쪽 가지에 의해 혈액을 공급받는 영역의 병변		

4) 연결피질 운동 실어증의 개인차

일부 환자는 말소리를 산출할 때 나타나는 실행증적 어려움을 경험할 수 있다. TMA와 브로카 실어증의 증상 자체는 유사하지만 환자의 개인차가 다양해 진단 시 어려움이 있다. 두 실어증 유형의 유사성은 뇌병변 위치가 브로카 영역 근처로 집중될 때 더욱 비슷해진다.

병변의 위치와 범위에 따라 어떤 환자들은 감각손상이나 시야의 손상이 나타나고, 어떤 환자들은 자신의 오른쪽 사지를 무시(ignore)할 수도 있다.

Benson과 Ardila(1996)는 두 가지 유형의 연결피질 운동 실어증이 있다고 주장하였다. 그들은 두 장애가 하지의 불완전마비나 감각손상 및 경미한 마비말장애가 두 유형을 구분해 주는 특징이라고 하였다. 유형 I은 하지의 불완전마비나 감각손상 및 경미한 마비말장애가 나타나지 않으나 유형 II는 나타난다고 하였으며, 언어 특징은 두 유형이 같다고 하였다.

5) 연결피질 운동 실어증의 상대적인 강점

- 따라 말하기 기술이 좋음. TMA가 다른 실어증과 구별되는 특징이며 가장 중요한 강점은 따라 말하기 기술이 보존된다는 것이다. 그러나 환자의 말에서 반향어가 우세하게 나타날 때 따라 말하기는 기능적으로 작동하지 않는다. 이것은 환자가 앵무새처럼 모방하는 반응으로 나타난다.
- 자동구어의 보존. 환자는 일단 어떻게든 발화를 시작하면 수 세기나 자장가 부르기를 할 수 있다. 그러나 보속 증상은 자동구어 기술에 부정적인 영향을 끼친다.

5. 연결피질 혼합 실어증

비유창성 실어증의 한 종류인 연결피질 혼합 실어증(mixed transcortical aphasia)은 출현이 희귀한 편이며 고립 실어증(isolation aphasia) 또는 언어 영역의 고립화

(isolation of the speech area)라는 용어로 알려져 있다. Goodglass와 Kaplan (1983)이 주장한 실어증의 분류에 연결피질 혼합 실어증(MTA)이 속하지 않는다 하더라도 대부분의 전문가들(Benson & Ardila, 1996; Cimino-Knight, Hollingsworth, & Gonzalez Rothi, 2005)은 MTA가 비유창성 실어증의 한 종류라고 설명하고 있다.

연결피질 혼합 실어증은 연결피질 운동 실어증(TMA)과 유창성 실어증의 한 종류인 연결피질 감각 실어증(transcortical sensory aphasia)의 증상(6장에서 기술)이 결합한 형태를 보인다. 언어의 산출과 이해 모두에 손상을 보이는 연결피질 혼합 실어증(MTA)은 언어손상의 범위와 정도의 관점에서 전체성 실어증(global aphasia)과 유사하다. 그러나 연결피질 혼합 실어증 환자는 따라 말하기 기술이 보존된다는 점에서 전체성 실어증과 구별된다. 손상된 언어 기술 중에서 따라 말하기 기술의 고립(독립)적인 보존이 이 증후군을 고립 실어증(isolation aphasia)이라는 이름으로 부르게 된 이유이다.

1) 연결피질 혼합 실어증의 신경해부적 원인

MTA의 원인은 대뇌혈관의 혈류 감소를 일으키는 여러 가지 질병이다(Benson & Ardila, 1996l Cimino-Knight, Hollingsworth & Gonzalez Rothi, 2005). 원인이 되는 증후는 다음에 기술하였다.

- 혈중산소 감소. 일산화탄소 중독이나 정상적인 혈류를 조직에 공급함에도 불구하고 산소 공급을 감소시키는 산소결핍, 만성적 관류저하(혈류의 감소), 급성 경동맥 폐색이나 협착이 혈중산소 감소의 원인이다.
- 심장 마비. 갑작스러운 심장 마비는 뇌조직의 산소 공급을 중단시킨다.
- 대뇌 부종. 대뇌에 충격으로 인하여 대뇌조직이 심하게 붓는 증상은 MTA를 일으킬 수 있다.
- 다중 색전증. 특히 중대뇌동맥의 말초 가지에서 뇌졸중이 일어나는 것은 TMA의 원인이 된다.

손상은 대뇌 경계영역(cerebral border zone)이나 분수령에서 가장 자주 일어난다(4장의 그림 4-3). 이 영역은 중대뇌동맥(middle cerebral artery, MCA)에 의해 혈액을 공급받는 한편, 전대뇌동맥(anterior cerebral artery, ACA)과 후대뇌동맥(posterior cerebral artery, PCA)에 의해 혈액을 공급받는다. 브로카 영역은 베르니케 영역과 궁형속에 의해서 분리되어 있다. 그러나 이런 갈라진 영역은 나머지 대뇌 영역으로부터 고립된다.

2) 연결피질 혼합 실어증의 일반적 특징

MTA 환자는 다양한 증상을 보인다. 그 이유는 MTA를 일으키는 신경병리적 원인의 다양성과 광범위성 때문이다(Benson & Ardila, 1996; Cimino-Knight, Hollingsworth & Gonzalez Rothi, 2005). MTA로 보고된 사례를 정리하면 환자들은 다음의 특징을 보인다.

- 양측성 상위운동신경원 마비. 경직성 마비는 수의적인 근육 운동에 영향을 미친다.
- 중증 경직성 사지마비. 사지의 약증은 양 반구 손상에 의해 일어난다.
- 시야손상. 시야손상의 대표적인 문제는 우편무시이다.
- 둔부와 어깨근육의 약증. 그 밖의 다른 신경손상이 없는 일부 환자에게 기대할 수 있는 증상이다.
- 중증 대뇌손상. 이것은 다양한 감각과 운동 문제를 야기한다.

3) 연결피질 혼합 실어증의 주요 언어 특징

MTA는 따라 말하기 기술이 보존되어 있다는 점을 제외하고 의사소통 기술이 심하게 손상되어 있다는 점에서 전체성 실어증과 유사하다. 언어의 산출과 이해 모두가 손상되어 있으며 또한 그 정도가 심하다(Benson & Ardila, 1996; Cimino-Knight, Hollingsworth & Gonzalez Rothi, 2005). MTA 환자는 다음의 특징을 보인다.

- 극단적으로 제한된 자발어. 어떤 환자는 전혀 자발어가 나오지 않는다.
- 반향어. 들은 것은 무엇이든 따라 말하는 증상은 전체성 실어증과 구별되는 특징이다. 환자는 다른 사람이 말한 것을 따라 말하며 때로 반향어 외에 다른 말은 전혀 하지 못하는 경우도 있다. 그러나 따라 말할 수 있는 문장의 길이는 대개 3어문이나 4어문 정도이다. 또한 환자는 무의미 음절이나 외국어 단어도 따라 말할 수 있다.
- 문장 완성하기와 따라 말하기의 결합. 검사자가 친숙한 문장이나 노래의 앞부분을 시작하면 환자는 문장이나 노래를 즉시 따라 말하거나 검사자가 말하지 않은 다른 부분을 말로 완성할 수 있다.
- 중증의 유창성 손상. MTA 환자의 극단적인 자발어가 손상된다.
- 중증의 청각적 이해력 손상. 환자는 간단한 대화조차도 이해하지 못한다.
- 심각한 이름대기의 능력손상. 이름대기 과업(대면 이름대기)을 실시하면 환자는 거의 신조어로 반응하거나 전혀 반응하지 못한다. MTA 환자가 대면 이름대기 능력이 좋은 경우는 가끔 보고되지만 매우 희귀하다.
- 자동구어의 보존. 자동구어 과업을 실시할 때 환자가 일단 발화를 시작하면 중단 없이 발화를 지속할 수 있다. 환자는 1년의 달의 이름이나 숫자 세기 및 요약 말하기가 가능하다. 그러나 일단 자동구어가 중단되면 다시 시작하는 것은 어렵다.
- 정상적 조음능력. MTA 환자는 대부분의 언어 양식에서 심각하게 능력이 손상되었음에도 불구하고 상대적으로 정상에 가까운 조음 기술을 가지고 있다.
- 중증의 읽기 손상. 낭독과 읽기이해능력이 모두 심하게 손상된다. 환자가 전혀 읽기를 할 수 없거나 읽은 것을 이해할 수 없을 때도 있다.
- 중증의 쓰기 손상. 쓰기 손상 역시 나타나며 역시 전혀 쓸 수 없을 때도 있다.

MTA 환자는 언어가 거의 회복되지 않거나 전혀 회복할 수 없는 경우도 있다. 그러나 보고된 사례 자체가 매우 적기 때문에 예후를 기술하기가 매우 어렵다.

표 5-3은 MTA 환자의 언어 기술을 요약한 것이다.

표 5-3 연결피질 혼합 실어증(MTA) 환자의 주요 언어 특징

언어의 구성요소	연결피질 혼합성 실행증	긍정적(+✔) 혹은 부정적(−✔) 진단 특징	비교
구어이해	■ 손상됨. 대부분 심함	+✔	
유창성	■ 손상됨. 대부분 심함	+✔	
문법	■ 손상됨	+✔	
착어증	■ 의미 있는 특징은 아님	−✔	
이름대기	■ 손상됨	+✔	
조음	■ 보존되어 있음	+✔	
지적하기	■ 손상됨	+✔	
따라 말하기	■ 보존되어 있음 ■ 그러나 앵무새처럼 따라 말하며 언어적인 기능은 없음	+✔	다른 증상은 전체성 실어증과 유사함
소리 내어 읽기	■ 손상됨. 대부분 심함	+✔	
읽기이해	■ 손상됨. 대부분 심함	+✔	
쓰기	■ 손상됨	+✔	
분류	■ 비유창성 실어증		
손상 위치	■ 분수령(경계 영역) ■ 손상되지 않았으나 고립된 베르니케 영역과 브로카 영역		

4) 연결피질 혼합 실어증의 상대적인 강점

MTA 환자는 따라 말하기 기술이 보존되어 있는 것 외에 기타 의사소통과 언어 산출, 이해, 읽기, 쓰기의 모든 양식이 손상되어 있다. 그럼에도 불구하고 환자는 혼자 노래를 부르거나 문장을 따라 말할 수 있다.

6. 전체성 실어증

다양한 연구를 통해 전체성 실어증(global aphasia)의 비율이 실어증 환자 전체의 30~55%를 차지한다고 알려져 있다. 발병한 지 얼마 되지 않은 급성기에 평가한 환자들까지 포함한다면 이 비율은 더 높아질 것이다(Peach, 2001). **전체성 실어증**은 여러 유형의 실어증 중 가장 심하며 의사소통 기술이 전체적으로 심하게 손상된다. 비구어적 의사소통을 포함한 모든 양식의 의사소통에 손상이 나타나며, 특별히 어떤 기술의 보존이 나타나지 않는 장애이다.

1) 전체성 실어증의 신경해부학적 원인

실비우스열 인접 영역이 전체적으로 손상되면 전체성 실어증이 발병되는 것 같다. 브로카 영역과 베르니케 영역이 모두 손상을 받으면 전체성 실어증이 나타난다. 따라서 우세반구(dominant hemisphere)에 위치하는 모든 구어와 언어중추에 영향을 받게 되며, 대뇌의 안쪽 영역인 백질까지 손상 영역이 확대된다. 일부 사례 보고에서 기저핵(basal ganglia), 내낭(internal capsule), 시상(thalamus)이 손상된 경우도 발견된다(Collins, 1991, 2005; Peach, 2001).

예외적으로 대뇌손상의 범위가 국소적이어도 전체성 실어증이 발병될 경우가 보고된 적이 있다. 일부 환자의 손상 위치는 대뇌의 앞쪽에 제한되거나 뒤쪽 혹은 피질하 영역(subcortical structures)만 손상된 경우도 있다(Peach, 2001).

경동맥의 가장 큰 가지인 중대뇌동맥에 의해 혈액을 공급받는 영역의 손상이 가장 일반적인 전체성 실어증의 유발 영역이다. 만약 MCA(중대뇌동맥) 중 대뇌의 여러 영역으로 혈액을 공급하기 위해 뻗는 가지가 갈라지기 전의 굵은 가지에 폐색이 일어난다면 그 효과는 가히 파괴적이다. 환자의 대뇌손상 영역이 전두엽, 측두엽(특히, posterior temporal gyrus)과 두정엽에 걸쳐 있는 경우 증상의 심각도가 가장 중하였다. **그림 5-3**은 전체성 실어증 환자들이 일반적으로 손상되는 영역을 보여 주고 있다.

본질적으로 말과 언어 기능을 맡고 있는 좌반구의 전두-측두-두정 영역의 전반

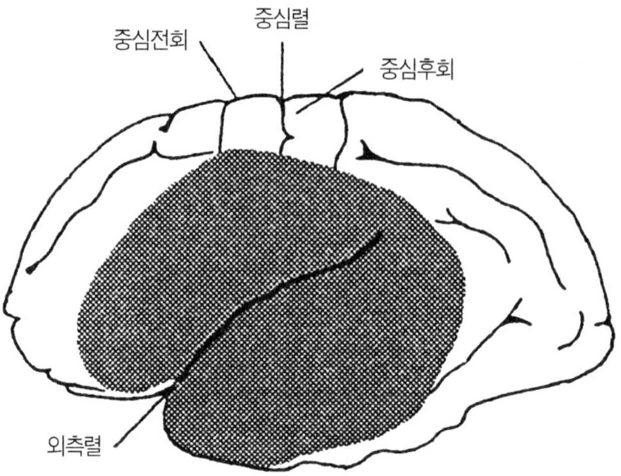

그림 5-3. 전체성 실어증을 일으키는 신경해부 위치. 실비우스열 근처의 언어 영역 전체(회색으로 표시된 부분)가 전체성 실어증을 일으키는 손상 영역이다.

적인 손상이 전체성 실어증을 야기한다고 말할 수 있다. 그러나 일부 비전형적 전체성 실어증 환자의 경우 다른 영역의 손상이 보고될 때도 있다.

2) 전체성 실어증의 일반적 특징

전체성 실어증 환자는 모든 언어 양식에 걸쳐 심각한 손상이 나타나는데 자세한 특징은 다음에 기술하였다(Collins, 1991, 2005; Peach, 2001).

- 강한 신경학적인 증상. 전체성 실어증 환자는 광범위한 영역의 뇌손상으로 인해 중요한 신경학적인 손상을 보인다. 오른쪽 신체의 불완전마비, 즉 신체의 한쪽 편에 근육의 약증이나 일부의 마비가 나타나거나 완전마비, 즉 한쪽 신체의 마비가 나타난다. 오른쪽 신체의 감각손상은 일반적으로 관찰되는 증상이다.
- 실행증. 구어와 비구어실행증이 모두 나타난다.
- 편측무시. 환자에게 신체 한쪽을 무시하는 성향이 나타난다. 편측무시는, 특히 좌편무시가 일반적인데 이는 우반구에 손상이 있을 때 나타난다(10장에서 기술).

3) 전체성 실어증의 주요 언어 특징

극단적으로 제한되는 언어 기술이 전체성 실어증과 다른 실어증을 구별하는 기준이 된다(Collins, 1991, 2005; Peach, 2001).

- 전반적 의사소통 능력의 손상. 대부분의 사례에서 구어 및 비구어언어, 의사소통 기술이 매우 심하게 손상된다. 그 결과 언어의 양식이나 평가 과업의 종류, 사회적 의사소통의 상황에 따라 환자의 언어능력차가 두드러지게 나타나지 않는다.
- 구어 유창성의 심각한 손상. 대부분의 사례에서 구어의 손상과 유사하게 구어 유창성도 극단적으로 손상된다.
- 극단적으로 제한된 구어 표현. 환자는 감탄사나 욕설과 같은 말은 어느 정도 할 수 있으며, 몇 개의 단어를 말할 수 있는 경우도 있으나 환자에 따라 이마저도 힘든 경우가 있다. 어떤 환자들은 자음과 모음이 결합된 '마-마-마'나 '아-아-아'와 같은 음절은 반복하기도 한다(Peach, 2001). 환자는 짧은 문장을 계속해서 중얼거리기도 한다(보속증).
- 따라 말하기의 손상. 환자는 간단한 단어조차 따라 말할 수 없다.
- 이름대기의 손상. 언어 표현의 심각한 손상이 이름대기까지 영향을 미친다.
- 청각적 이해력의 손상. 환자는 짧고 간단한 단단어는 이해할 수 있다. 일반적으로 전체성 실어증 환자는 언어 표현보다 언어이해능력이 더 좋은 것이 사실이나 이해력의 손상 역시 매우 심하다. 일부 환자는 특정한 범주의 단어를 이해할 수 있다(가족의 이름).
- 읽기와 쓰기 기술의 손상. 이러한 문제는 일반적으로 중증의 언어손상과 유사한 양상으로 나타난다.

표 5-4는 전체성 실어증 환자의 언어 특징을 정리한 것이다.

4) 전체성 실어증의 개인차

모든 실어증이 그러하듯이, 전체성 실어증도 손상의 범위가 개인에 따라 큰 차이

표 5-4 전체성 실어증 환자의 주요 언어 특징

<table>
<tr><th>언어의 구성요소</th><th>전체성 실어증의 증상</th><th>긍정적(+✔) 혹은 부정적(−✔) 진단 특징</th><th>비교</th></tr>
<tr><td>구어이해</td><td>■ 손상됨</td><td>+✔</td><td rowspan="10">중증의 손상이 모든 다른 유형에서 나타남</td></tr>
<tr><td>유창성</td><td>■ 심하게 손상됨</td><td>+✔</td></tr>
<tr><td>문법</td><td>■ 손상됨. 실문법증이 나타남</td><td>+✔</td></tr>
<tr><td>착어증</td><td>■ 의미 있는 특징은 아님</td><td>−✔</td></tr>
<tr><td>이름대기</td><td>■ 손상됨</td><td>+✔</td></tr>
<tr><td>조음</td><td>■ 손상됨</td><td>+✔</td></tr>
<tr><td>지적하기</td><td>■ 손상됨</td><td>+✔</td></tr>
<tr><td>따라 말하기</td><td>■ 손상됨</td><td>+✔</td></tr>
<tr><td>소리 내어 읽기</td><td>■ 손상됨</td><td>+✔</td></tr>
<tr><td>읽기이해</td><td>■ 손상됨. 대부분 심함</td><td></td></tr>
<tr><td>쓰기</td><td>■ 손상됨</td><td>+✔</td><td></td></tr>
<tr><td>분류</td><td>■ 비유창성 실어증</td><td></td><td></td></tr>
<tr><td>손상 위치</td><td colspan="3">■ 광범위한 영역, 실비우스열의 인접 영역 전체를 포함한 주변부</td></tr>
</table>

를 보인다. 이러한 증상의 개인차는 대부분 대뇌 병변의 범위 차이로 설명할 수 있다. 어떤 환자는 약간의 청각적 이해력이 남아 있을 수도 있다.

어떤 전체성 실어증 환자는 뚜렷이 드러나는 신경학적 증상을 보이지 않는 경우도 있다. 운동 영역이 손상되지 않은 경우 운동 기술이 보존될 수 있으며, 사례 연구에 의하면 불완전마비나 반신마비 등 운동 문제가 없는 환자의 예후가 더 좋다고 주장하였다(Peach, 2001).

전체성 실어증 환자의 회복에 대한 예후는 다른 유형의 실어증 예후보다 좋지 않은 편이다. 일부의 경우 표현 기술보다 이해 기술의 회복이 좀 더 좋다고 알려져 있다.

그럼에도 불구하고, 여러 사례 보고를 통해 전체성 신어증이 결국 다른 유형의

실어증으로 발전한 경우도 보고되었다(Peach, 2001). 전체성 실어증은 브로카 실어증이나 베르니케 실어증, 명칭 혹은 전도성 실어증으로 발전하는 것 같다. 전체성 실어증이 발병한 환자 중 나이가 젊은 경우는 언어손상이 좀 더 경미한 유형으로 발전하는 것 같다. 다른 유형의 실어증으로 발전한다는 것은 언어 증상이 크게 개선되었다는 의미이다. 더욱이 치료를 받지 않은 환자와 비교하면 치료를 받은 전체성 실어증 환자들은 의사소통 기술이 개선 정도가 더 크다.

발병 직후의 급성기 예후를 비관적으로 예측하는 것은 중요하지 않은데, 급성기의 실어증 분류는 시간이 지날수록 실어증 유형이 변화하여 정확도가 떨어지기 때문이다. 뇌졸중 발생 후 1년이 지난 후에도 전체성 실어증 증세가 안정적인 환자는 특히 치료를 받지 않으면 정말 좋지 않은 예후를 보인다.

5) 전체성 실어증의 상대적인 강점

전체성 실어증 환자의 언어손상이 전체 언어 영역에서 광범위하고 심하게 손상된 것은 사실이나 전체성 실어증 환자는 치료에 유용한 몇 가지 강점을 보유하고 있다. 예를 들어, 일부 환자는 몸 전체를 사용하는 지시 따르기는 가능할 수도 있다(예: "앉으세요." 또는 "일어서세요.").

전체성 실어증 환자는 의미가 있는 말과 의미가 없는 말을 구별할 수 있고, 환경음을 정확하게 인식할 수 있다. 그들은 친숙한 장소나 사람, 멜로디나, 유머, 부조리(absurdities), 비유를 인지할 수 있을 것이다.

어떤 환자는 안면 표정이나 제스처를 해석하여 발화의 의미를 파악할 수 있다. 비인격적이거나 객관적인 정보와 관련한 정보보다는 개인적인 정보와 관련된 질문에 더 좋은 반응을 보인다. 전체성 실어증 환자는 일반적으로 기민하고 과제지향적이며 평가나 치료에 반응성이 좋다. 이들은 사회적으로 적합한 행동과 말을 한다(Broolshire, 2003).

전체성 실어증 환자의 기민성, 사회적 적합성, 과제지향성은 혼돈된 언어를 보이는 환자나 치매 환자와 구별되는 중요한 특징이다.

읽을거리

비유창성 실어증의 증상과 다른 장애와의 감별 진단에 대한 정보가 필요하다면 다음의 자료들을 참조한다.

Basso, A. (2003). *Aphasia and its therapy*. New York: Oxford University Press.

Cimino-Knight, A. M., Hollingsworth, A. L., & Gonzalez Rothi, L. J. (2005). The transcortical aphasias. In L. L. LaPointe (Ed.), *Aphasia and related neurogenic language disorders* (3rd ed., pp. 169-185). New York: Thieme Medical Publishers.

Collins, M. J. (2005). Global aphasia. In L. L. LaPointe (Ed.), *Aphasia and related neurogenic language disorders* (3rd ed., pp. 186-198). New York: Thieme Medical Publishers.

Damasio, A. (2001). Neural basis of language disorders. In R. Chapey (Ed.), *Language intervention strategies in aphasia and related neurogenic communication disorders* (4th ed., pp. 18-36). Philadelphia: Lippincott Williams & Wilkins.

Kearns, K. P. (2005). Broca's aphasia. In L. L. LaPointe (Ed.), *Aphasia and related neurogenic language disorders* (3rd ed., pp. 117-141). New York: Thieme Medical Publishers.

제 6 장

유창성 실어증

이 장의 개요

- 실어증의 관점에서 본 유창성
- 베르니케 실어증
- 연결피질 감각 실어증
- 전도성 실어증
- 명칭 실어증

학습 목표

이 장을 학습한 후 학생들은,

- 유창성 실어증의 신경해부적 원인에 대해 기술한다,
- 유창성 실어증의 신경학적 증상에 대해 기술한다.
- 유창성 실어증의 언어 특징에 대해 기술한다.
- 네 가지 유형의 유창성 실어증을 신경해부적 원인, 신경학적 증상, 언어의 강점 및 약점에 기초하여 구별한다.

1. 실어증의 관점에서 본 유창성

유창성이 실어증의 유형을 구별할 수 있는 중요한 요소라는 것을 앞에서 살펴보았다. 앞 장에서 우리는 발화의 유창성이 심하게 손상된 실어증의 주요 네 가지 유형에 대해서 알아보았다. 이 장에서는 발화의 유창성이 비교적 손상되지 않은 네 가지 유형의 유창성 실어증에 대해 고찰할 것이다. 여러 유창성 실어증의 유형들 간에 언어 증상의 차이점(혹은 유사성)이 있겠지만 일반적인 공통점은 유창성이 상대적으로 잘 보존되어 있다는 것이다.

유창하게 발화하는 환자들은 발화의 양 역시 풍부하다. 유창성 실어증 환자의 구어 표현은 평균 분당 100~200단어 사이이다. 반대로 비유창성 실어증 환자의 구어는 발화량이 희박하거나 제한되어 있다. 이에 더하여 유창성 실어증 환자들의 구어 산출은 발화 시 노력을 들이지 않고, 정상에 가까운 조음능력을 보이며 정상적인 억양을 나타낸다. 구의 길이는 5~8어문 사이로 정상이다.

그러나 유창성 실어증의 유창한 발화가 정상 언어를 의미하는 것은 아니다. 유창성 실어증 환자의 구어는 의미가 생략되어 있거나 의미가 들어가는 단어 자체가 생략되는 경향이 있다. 그들이 산출하는 구어는 대부분의 말이 착어증으로 인해 의미 없는 신조어로 대치되어 있다. 비유창성 실어증 환자의 물 흐르듯 하는 많은 양의 발화에도 불구하고 의사소통의 효율성은 비유창성 실어증 환자보다 떨어진다.

우리는 유창성 실어증의 네 가지 유형인 베르니케 실어증, 연결피질 감각 실어증, 전도성 실어증, 명칭 실어증에 대해 살펴볼 것이다.

2. 베르니케 실어증

1장에서 기술한 것처럼, 독일의 신경심리학자인 Carl Wernicke는 1874년에 새로운 유형의 실어증을 발표하였다. 그는 이 증상을 감각 실어증(sensory aphasia)이라고 불렀는데, 그 외에도 수용성 실어증(receptive aphasia), 청각적 명칭 실어증(acoustic-amnestic aphasia), 구어 실인증(verbal agnosia), 단어농(word deafness), 문법 실어증(syntactic aphasia), 후반 실어증(posterior aphasia), 중추 실어증(central aphasia) 등의 다양한 다른 이름이 있다. 베르니케 실어증(Wernicke's aphasia)이라는 이름은 다른 학자들에 의해 주로 사용되었다.

베르니케 실어증은 임상적으로 증명된 실어증의 한 유형이다. 일부 전문가는 모든 실어증 유형 중 논란이 가장 적은 편이라고 주장하는데, 브로카 실어증보다는 그 논란이 확실히 적은 편이다.

베르니케 실어증은 말이 유창하면서도 구어 표현(verbal expression)은 문법적 면에서 손상이 적고 착어증과 신조어로 채워져 구어의 명료도(이해도)가 떨어지는 특징을 보인다. 이러한 구어 표현의 손상은 심한 청각적 이해력의 손상과 결합되어 있다. 유창하며 자곤으로 구성된 구어(jargon-filled speech)와 심하게 손상된 청각적 이해력의 결합은 베르니케 실어증의 주요 특징이다.

1) 베르니케 실어증의 신경해부적 원인

Wernicke가 이 증후군을 감각 실어증이라고 이름 붙인 이유는 우세반구의 상측두회(superior temporal gyrus)의 손상과 관련이 있다고 하였다. 다수의 추후 연구나 최근의 대뇌 영상 기술을 통해 베르니케 실어증의 원인 중 대부분은 좌반구의 상측두회 후방 손상에서 기인한다는 것을 확인하였다. 또한 이 영역은 후언어피질(posterior language cortex)로 알려져 있다.

현재 축적된 증거들을 통해 제2 측두회, 두정엽 주변부, 각회, 연상회의 손상이 베르니케 실어증을 일으킨다고 알려졌다(Benson & Ardila, 1996; Caspari, 2005; Damasio, 2001; Helm-Estabrooks & Albert, 2004). 이에 더하여, 측두 피질의 피질하 영역이 손상되면 측두 피질과의 연결이 단절되어 베르니케 실어증이 일어난다는 사실도 밝혀졌다(Benson & Ardila, 1996). 그림 6-1은 베르니케 실어증 환자에게서 발견되는 제1, 제2 손상 영역의 위치이다.

베르니케 영역과 그 주변부에 손상을 일으키는 가장 일반적인 원인 중 하나는 측두엽 후방의 색전증이나 혈전증에 의한 대뇌혈관 사고 및 두개내 출혈, 외상이나 종양이다. 베르니케 영역과 관련된 영역은 왼쪽 중대뇌동맥의 뒤쪽 가지에 의

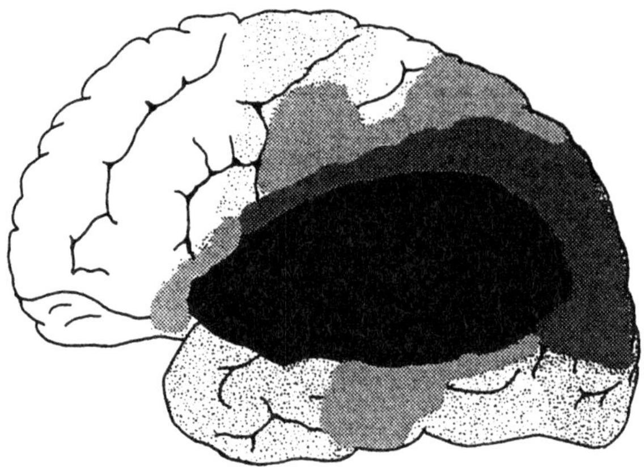

그림 6-1. 베르니케 실어증을 일으키는 신경해부 영역. 검은색으로 표시된 부분은 많은 사례에서 발견된 베르니케 실어증을 일으키는 주요 위치이다. 회색으로 표시된 부분은 베르니케 실어증을 일으키는 데 포함된다고 생각되는 영역이다.

해 혈액을 공급받는 영역이다. 또한 귀의 감염을 치료하지 않는 것 역시 베르니케 영역의 손상을 일으키는 원인이 된다.

재미있는 것은 베르니케 영역의 손상이 항상 베르니케 실어증을 일으키는 것은 아니라는 점이다. 그러나 베르니케 실어증이 거의 대부분 우세반구의 측두후회의 손상에 의해 일어나는 것은 확실하고, 다른 영역의 손상이 베르니케 실어증을 일으키는지 확실히 밝혀진 바는 없다. 따라서 비록 병변의 위치가 증상을 예측하는 데 필수적인 것은 아니더라도 증상으로 병변의 위치를 짐작할 수는 있다.

2) 베르니케 실어증의 일반적 특징

베르니케 실어증 환자는 브로카 실어증과 달리 신체적으로는 거의 정상으로 보인다. 검사 결과 베르니케 실어증 환자라도 다음과 같은 증상이 나타나지 않을 수도 있다(Benson & Ardila, 1996; Caspari, 2005; Damasio, 2001; Helm-Estabrooks & Albert, 2004). 베르니케 환자들의 일반적인 특징은 다음과 같다.

- 불완전마비나 완전마비가 보이지 않는다. 대부분의 베르니케 실어증 환자는 근육의 약증이나 마비를 보이지 않는다. 이러한 운동손상이 없는 이유는 베르니케

실어증 환자의 뇌손상 영역이 대뇌의 운동 영역으로부터 떨어진 곳에 있기 때문이다.

- **혼란스러운 말을 한다.** 자곤으로 구성된 구어나 부적절한 내용의 발화가 끊이지 않고 계속되어 듣는 사람에게 혼란스럽다는 인상을 준다.
- **자신의 장애를 자각하지 못한다.** 베르니케 실어증 환자는 자신의 의사소통장애가 청자에게 미칠 영향을 인식하지 못하는 것 같다.
- **의사소통 실패에 대한 좌절이 없다.** 대부분의 베르니케 실어증 환자는 브로카 실어증 환자처럼 좌절을 보이지 않는데, 그 이유는 자신의 장애를 이해하지 못하기 때문이다.
- **정신질환 증상이 나타난다.** 베르니케 실어증 환자는 편집증적 증상이나, 살인, 자살기도, 우울증이 나타날 수 있다. 그들은 상징을 해석하지 못하며, 해석하지 못하는 상징에 대해 험담을 늘어놓는다. 편집증은 그들이 나타내는 중증의 청각이해력의 문제에서 어느 정도 기인하는 것 같다. 베르니케 실어증 환자가 보이는 우울증은 유창한 발화에도 불구하고 이해력의 손상으로 인해 의사소통에 실패하여 사회적으로 고립되기 때문에 나타나는 경우도 있다. 사람들은 베르니케 실어증 환자의 의미 없는 말을 이해하지 못하기 때문에 그들을 무시하는 경우가 많다. 그러나 우울증은 뇌졸중의 일반적인 현상이며, 베르니케 실어증 환자가 다른 유형의 실어증 환자들보다 우울증에 좀 더 쉽게 걸리는 것 같지는 않다(Graham-Keegan & Caspari, 1997).

그들의 혼란스럽고 부적당한 구어나 편집증, 우울증이 거의 정상에 가까운 신경검사(정상적인 운동능력) 결과와 결합되기 때문에 베르니케 실어증 환자들은 가끔 정신분열증과 같은 정신질환자로 오진되기도 하며 실제로 정신과 치료를 받기도 한다. 특히 경증의 베르니케 실어증은 진단하기가 어렵다(Benson & Ardila, 1996).

3) 베르니케 실어증의 주요 언어 특징

유창하지만 자곤으로 구성된 의미 없는 발화와 청각이해력의 심각한 손상이 베르니케 실어증의 주요 언어 특징(hallmarks)이다(Benson & Ardila, 1996; Caspari, 2005; Damasio, 2001; Helm-Estabrooks & Albert, 2004). 베르니케 실어증 환자의 복잡한 증상은 세밀한 검사를 실시하면 드러난다.

- 정상적 혹은 정상 이상으로 유창한 발화(병적 다변증, logorrhea). 베르니케 실어증 환자는 브로카 실어증과 달리 일반적으로 달변가이며 단어의 산출량이 많다. 환자는 자신이 말하고자 하는 단어에 의미 없는 다른 단어를 추가한다. 그들은 말을 노력을 거의 들이지 않고서 끊임없이 산출한다. 이렇게 끊임없이 말을 하는 베르니케 실어증 환자의 말을 멈추기 위해서는 빈번하고 강한 자극을 주어야 한다.
- 빠른 발화 속도. 대부분의 환자는 간단한 질문에 반응할 때조차도 빠르게 말한다.
- 정상적인 운율. 베르니케 실어증 환자는 정상적인 리듬과, 억양, 강세로 말한다. 정상적인 억양 및 리듬 강세로 인해 그들이 의미 없는 발화를 할 때조차도 환자의 말은 정상적인 소리로 들린다.
- 양호한 조음 기술. 베르니케 실어증 환자는 실행증이나 마비말장애가 나타나지 않는다.
- 정상적인 구의 길이(5~8단어). 베르니케 실어증 환자는 브로카 실어증과는 달리 구나 문장의 길이가 정상적이거나 그보다 더 긴 길이로 산출한다.
- 일반적으로 양호한 문법기술. 베르니케 실어증 환자의 언어 산출 시 문법능력은 얼핏 보기에는 정상적으로 보인다. 그러나 문법 형태소나 구문구조의 사용 능력은 완전하지 않다. 예를 들어, 베르니케 실어증 환자는 착문법증(paragrammatism)이라는 증상을 나타내는데, 이는 과도한 문법 형태소를 사용하는 것이다. Goodglass(1993)은 베르니케 실어증의 문법능력을 허위문법적 문장(pseudogrammatical sentences)이라는 용어로 기술하였다(p.211).
- 단어 찾기의 심각한 손상. 베르니케 실어증 환자에게 어떤 사물을 보여 주고 그 이름을 말하게 하는 이름대기 검사를 실시하면, 환자는 사물의 이름을 전혀 말하지 못하거나, 의미적으로 대치된 이름을 말하거나, 이해할 수 없는 신조어로

말한다. 그들은 사물의 이름을 말하는 대신에 사물에 대해 묘사하는 경우도 있다(둘러말하기). 이름대기 대신 환자 앞에 여러 개의 사물을 놓고 치료사가 말하는 사물을 찾게 하는 과업은 반응이 좀 더 좋은 편이다. 특히 제시된 보기의 수가 작을수록 더 잘한다.

- 내용 없는 구어. 베르니케 실어증 환자는 방대한 발화량에 비해 전달되는 내용은 거의 없다. 그 이유는 환자의 말이 의미 착어증이나 문자 착어증, 관계없는 음절의 결합, 의미가 없이 환자에 의해 만들어진 단어(신조어)로 채워지기 때문이다. 발화의 양은 작지만 의미가 있는 내용어로 발화가 채워져 효율적인 의사소통을 하는 브로카 실어증과는 달리, 베르니케 실어증은 문법적인 단어는 손상되지 않는 반면 내용어는 생략되거나 신조어로 대치되어 실제로 의사소통에 필요한 말은 거의 남아 있지 않게 된다. "안녕하세요?(How are you today?)"라는 질문에 환자는 "Well for the umpig and it is leedwa in the geebud."라는 말로 반응한다(문법은 보존되지만 말의 의미가 내용 없는 구어로 나타나는 것에 주목하라).
- 청각적 이해력의 손상. 청각적 이해력의 손상은 베르니케 실어증 환자에게 나타나는 가장 특징적이며 기타 실어증과 구별 가능한 요소이다. 청각적 이해력의 손상 정도는 개인차가 매우 심하다. 이해력의 손상이 발화의 특정 부분에만 국한되어 있는 환자가 있는 반면, 발화의 전체나 대부분을 이해하지 못하는 환자도 있다. 베르니케 실어증 환자들은 이해력의 측면에서 문장과 같이 긴 연결구어를 이해하는 데 큰 어려움을 호소하지만 가장 많은 어려움을 느끼는 부분은 역시 사물의 이름을 이해하는 것이다. 음소의 차이를 구별하는 것조차 어려움을 겪는 환자도 존재한다(/p/와 /b/).
- 대화 기술의 손상. 베르니케 실어증 환자의 대화 기술이 손상되는 것은 청각적 이해력의 손상에 기인한다. 베르니케 실어증 환자와 대화 시 대화의 주제가 바뀌면 환자는 대화의 이해하기를 포기하는 경우가 있다. 대부분의 환자는 전환한 대화 주제를 이해하기 위해 긴 시간을 필요로 한다. 대화를 이해하는 능력은 일반적으로 모든 청각적 이해능력 중 손상되는 영역이며 배경 소음이나 움직임, 다른 말소리들에 영향을 받는다. 대화 시 일시적으로 이해력이 좋아지는

경우가 있는데, 이는 대화의 문맥으로 인한 것이다. 이해력의 손상이 경미한 환자들은 대화 시 주고받기가 어느 정도는 가능하나, 이해력의 손상이 심한 경우 주고받기 능력 역시 심하게 손상된다.

- **따라 말하기 기술의 손상.** 베르니케 실어증의 경우 따라 말하기와 청각적 이해력의 손상 정도가 일치하는 경향이 있다. 이해력의 손상이 심해서 아무 말도 이해하지 못하는 환자는 아무 말도 따라 말할 수 없으며, 특정 단어만 이해하는 경우에는 그것만 따라 말할 수 있다.
- **읽기 이해력의 손상.** 대부분의 베르니케 실어증 환자는 읽은 것을 이해할 수 없으며 읽은 것의 의미도 알 수 없다. 베르니케 실어증 환자는 들은 단어의 철자를 맞추거나 찾는 능력이 손상된다.
- **쓰기 기술의 손상.** 베르니케 실어증 환자는 쓰기 과업을 실시하면 많은 양을 쓰고, 또 자유롭게 쓰지만, 발화와 마찬가지로 의미는 없다. 그들의 쓰기 기술의 특징 및 손상은 구어 기술의 특징 및 손상과 동일하게 나타난다. 브로카 실어증 환자와 달리 오른손(발병 전 자신이 쓰던 쪽 손)을 사용하여 흘림체(필기체)를 쓴다. 그러나 발화의 양만큼 많이 쓰인 글자는 오자나 존재하지 않는 단어로 채워진다. 또한 환자는 자신의 쓰기 문제를 인식하지 못한다.

표 6-1은 베르니케 실어증의 주요 언어 특징을 정리한 것이다.

베르니케 실어증에서 나타나는 대부분의 언어 문제는 베르니케 실어증 환자가 자신의 말이나 글의 문제를 인식하지 못하는 감각 지각의 결손에 기초하여 설명 가능하다. 환자는 자신이 말한 것이 정확한지 아닌지에 대한 감각적인 피드백을 받을 수 없다. 그들은 자신이 이치에 닿지 않는 말을 하고 있다는 사실을 이해할 수 없는 것 같다.

청각적 이해력 손상의 특징과 범위는 잘 알려지지 않았으므로 청각적 이해력의 손상은 측정하기 힘들다. 청각적 이해력의 회복이 언어 기능의 회복보다 더 일찍 일어나고 정도도 더 크다는 것은 모든 실어증 환자에게 나타나는 공통적인 특징이다.

표 6-1 베르니케 실어증 환자의 주요 언어 특징

언어 구성요소	베르니케 실어증	긍정적(+✔) 혹은 부정적(−✔) 진단 특징
구어이해	■ 손상의 정도가 심함	+✔
유창성	■ 보존되어 있으나 과도한 표현 ■ 착어증적이고 내용이 없는 구어	−✔
문법	■ 보존되어 있음 ■ 착문법증 ■ 허위문법적 문장	−✔
착어증	■ 의미 착어증과 신조어	+✔
이름대기	■ 손상의 정도가 심함 ■ 단어의 대치가 자주 나타남	+✔
조음	■ 좋음	−✔
지적하기	■ 손상됨	+✔
따라 말하기	■ 손상됨 ■ 청각적 이해력의 손상으로 인해 발생	+✔
소리 내어 읽기	■ 손상됨	+✔
읽기이해	■ 손상됨	+✔
쓰기	■ 손상됨, 착어증, 신조어	+✔

4) 베르니케 실어증의 개인차

앞서 말한 것처럼 베르니케 영역의 손상이 모두 베르니케 실어증을 야기하는 것은 아니며, 실제로 일부 환자는 베르니케 실어증을 보이지 않았다. 청각적 이해력의 손상이 이 증후군의 주요 특징인 것은 사실이나 일부 환자는 청각적인 이해력이 다른 언어능력보다 더 좋을 수 있다. 이러한 증상의 개인차는 병변의 위치와 그 크기의 다양함 때문이다.

Benson과 Ardila(1996)은 베르니케 실어증의 복잡한 증상의 개인차에 근거하여 베르니케 실어증을 유형 I과 유형 II로 구분하였다. 베르니케 실어증 유형 I은 발화

에 대한 이해력은 좋지 않으나 읽기 이해력은 좀 더 좋다. 구어의 이해에 어려움을 보이는 증상을 단어농(deafness)이라는 용어로 표현하고 읽기이해에 어려움을 보이는 증상을 단어맹(word blindness)이라는 용어로 기술하였다. 유형 I 환자는 단어농 증상이 단어맹 증상보다 심하다. 베르니케 실어증 유형 II는 단어농보다 단어맹 증상이 더 심하게 나타난다. 유형 II 환자는 읽기이해보다 구어이해능력이 더 좋다.

5) 베르니케 실어증의 상대적인 강점

일부 환자는 개인적인 의미가 있거나 정보가 많은 자료를 더 쉽게 이해하는 경향이 있다. 따라서 치료사는 환자에게 개인적으로 의미가 있는 자료부터 제시하는 것이 좋다. 대부분의 베르니케 실어증 환자는 문법구조나 조음, 운율 능력이 보존되어 있다.

베르니케 실어증 환자들이 명령을 이해하고 이행하는 능력은 많이 손상되지만, 그 중 몸 전체를 이용한 지시 따르기(whole body commands)는 대부분의 환자가 정확하게 수행할 수 있다. 예를 들어, '손뼉을 치세요.'라는 명령을 수행하지 못하는 환자가 '일어서세요.'라는 명령은 수행할 수 있다.

3. 연결피질 감각 실어증

Wernicke는 1881년에 최초로 **연결피질 감각 실어증**(transcortical sensory aphasia, TSA)에 대해서 발표하였다. 4년 후인 1885년에 Lichtheim이 같은 증상에 대해 발표하였다. TSA는 후방 고립 증후군(posterior isolation syndrome)이라는 용어로 알려져 있다. Benson과 Ardila(1996)는 이 증상을 실비우스열 외부(연결피질) 감각 실어증〔extrasylvian (transcortical) sensory aphasia〕이라고 명명하였다.

대부분 TSA 환자는 초기 증상으로 들은 것을 반향하거나 모방하는 경향을 보인다. TSA는 베르니케 실어증과 유사한 언어적 특징으로 인해 일부의 학자들에게 베르니케 실어증 유형 II로 불리기도 한다(Benson과 Ardila의 베르니케 실어증 유형 II

와는 다르므로 혼동하지 말 것). 이러한 특성의 유사성 때문에 TSA와 베르니케 실어증은 서로 혼동되기도 한다. 그러나 TSA의 경우 따라 말하기 능력이 보존되는 반면 베르니케 실어증의 따라 말하기 능력은 손상된다는 점이 두 증상을 구별하는 가장 뚜렷한 특징이다.

5장에서 TMA(연결피질 운동 실어증)에 대해 실비우스열 외부 영역에 병변이 있는 비유창성 실어증의 한 증상이라고 설명하였다. TMA 역시 따라 말하기 기술이 보존되어 있다는 브로카 실어증에 대응하는 비유창성 실어증이다. 따라서 TSA는 비유창성 실어증 TSA에 대응하는 **유창성 실어증**의 한 종류이다.

1) TSA의 신경해부학적 원인

TSA가 일어나는 가장 주된 원인은 측두-두정 영역의 병변이다. 일부의 사례를 통해 후두엽 외측 영역의 손상이 TSA를 일으키는 것으로 밝혀졌으나, 가장 대표적이고 많은 원인은 중측두회 뒤쪽의 손상이다. 또한 각회와 청각 연합 영역의 손상 역시 TSA의 원인으로 손꼽히게 되었다. 베르니케 영역과 브로카 영역 궁형속의 손상은 TSA의 원인이 아닌 것으로 알려졌다(Benson & Ardila, 1996; Cimino-Kinght, Hollingsworth, & Gonzalez Rothi, 2005; Damasio, 2001; Helm-Estabrooks & Albert, 2004).

TSA의 대표적인 손상 영역은 우세반구 중 중대뇌동맥의 분수령에 위치하는 피질 영역이다. 또한 경색이나 외상성 뇌손상 TSA의 원인이 될 수 있으나 그 증상은 일시적인 경우가 많다. 그림 6-2는 TSA를 일으키는 가장 일반적인 위치를 알려준다.

2) TSA의 일반적 특징

TSA 환자들에게 나타나는 일반적인 신경학적 특징은 시간이 지나면서 변화하는 경향이 있으며 이러한 신경학적 특징은 TSA를 일으키는 뇌병변의 위치에 기인한다(Benson & Ardila, 1996; Cimino-Kinght, Hollinsworth, & Gonzalez Rothi, 2005; Damasio, 2001; Helm-Estabrooks & Albery, 2004).

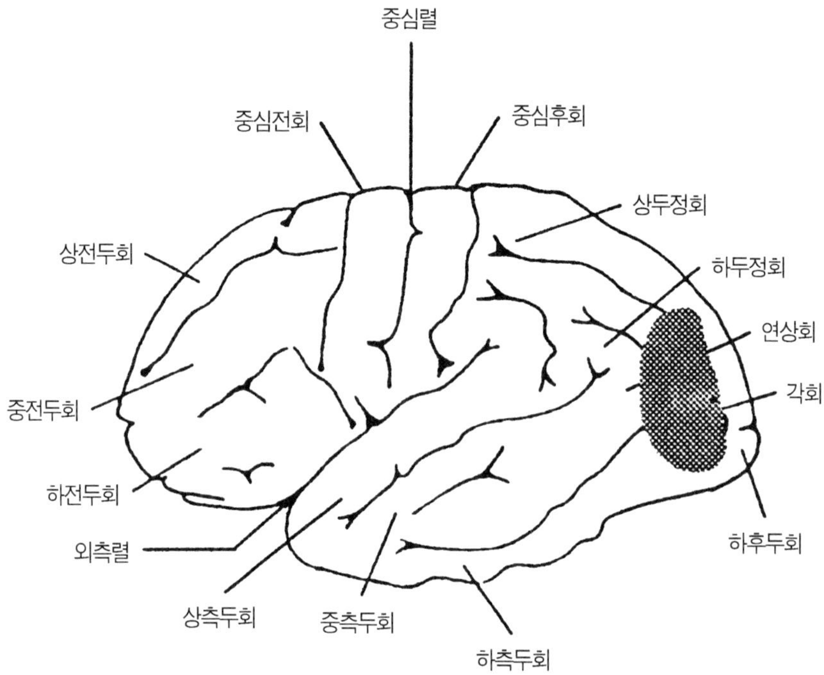

그림 6-2. 초피질 감각 실어증을 일으키는 신경해부 영역. 회색으로 표시된 부분은 초피질 감각 실어증을 일으키는 가장 일반적인 병변 위치이다.

- TSA가 발병하면 불완전마비(hemiparesis)가 나타나지만 증상은 일시적이며 불완전마비는 곧 회복된다. 따라서 후기에는 심각한 신체적 증상은 나타나지 않는다.
- TSA의 증상은 초기 알츠하이머병(Alzheimer's disease)의 증상과 유사하다. 그러나 알츠하이머병은 곧 비가역성 치매로 발전하는 반면 TSA의 증상은 시간이 지나도 악화되지 않는다. 알츠하이머 치매와 다른 형태의 치매에 대해서는 14, 15, 16장에 걸쳐 논의할 것이다.
- TSA는 또한 Gerstmann 증후군과 관련이 있는데 이는 손가락 실인증, 실독증, 좌우의 혼동, 실산증(계산불능증)이 나타나는 신경학적 증후군이다. 이 증후군 환자는 후두엽과 각회에서 병변이 발견된다.
- 신체 한쪽에 대한 무시 증상 또한 일반적이다. 좌편무시는 우측 마비 환자에서 나타나는 진단적 특징이다. 10장과 11장에 자세히 기술하였다.

■ 감각손상의 유무와 정도는 개인차가 있다. 일부 환자들은 시각 문제를 호소하기도 한다.

3) TSA의 주요 언어 특징

TSA의 언어는 발화의 유창함, 양호한 조음능력, 착어증과 반향어의 출현 및 심하게 손상된 청각적 이해력, 그로 인한 내용 없는 구어로 특징지을 수 있다(Benson & Ardila, 1996; Cimino-Kinght, Hollingsworth, & Gonzalez Rothi, 2005; Damasio, 2001; Helm-Estabrooks & Albert, 2004).

■ 유창한 발화. TSA 환자들의 유창성은 베르니케 실어증의 발화 유창성과 정도 및 형태 면에서 유사하다. 조음능력 및 문법능력이 보존되어 있고 문장의 길이가 정상적이다. 일반인과 유사한 억양 및 강세 패턴을 보인다. 기본적으로 음소, 음성, 운율 특징이 보존된다.

■ 문법 기술의 보존. TSA 환자들의 언어 산출능력은 베르니케 실어증 환자의 언어 산출능력에 필적하며, 브로카 실어증에서 발견되는 실문법증은 보이지 않는다.

■ 착어증. TSA 환자의 말은 의미적 착어증과 신조어 착어증이 나타나며 대부분의 내용어에서 착어증이 일어난다.

■ 내용 없는 구어. TSA 환자들의 발화 자체는 유창할지라도 착어증과 신조어로 인해 말은 의미가 없어 의사소통에는 실패한다. 그러나 베르니케 실어증 환자들의 특징인 병적 다변증이나 발화 압박은 보이지 않는다.

■ 이름대기 능력의 손상. TSA 환자에게 일어나는 이름대기 능력의 손상은 정도가 심한 편이다. 그 결과 TSA 환자들은 대화에 반드시 필요한 명칭을 말하는 대신 신조어나 대명사를 그 자리에 넣는 경향이 있다. 그럼에도 불구하고 말에서 필요 없는 쉼이 자주 나타난다. 대면 이름대기 과제에서 환자는 시각적으로 제시된 사물의 이름을 말하지 못하고 또한 검사자가 이름을 말한 물건을 지적하지도 못한다. 이름을 말하는 대신 그 사물을 설명하려고 시도하는데 이 역시 착어증적 신조어 표현들이 나타나 의사소통에 실패하는 경우가 많다.

- **따라 말하기 기술의 보존.** 베르니케 실어증과 달리 TSA의 따라 말하기 능력은 양호하며 TSA 환자에게 단어나 구를 말하는 시범을 보여 주면 따라 말할 수 있다. 즉, 환자들은 단어의 의미를 이해하지는 못하지만 따라 말할 수는 있다.
- **반향 행동.** 반향 행동은 베르니케 실어증 환자의 경우에는 관찰되지 않으나 TSA 환자에게는 의미 있는 행동 특징이다. 환자들은 들은 단어나 구는 따라 말할 수 있다. 정확히 설명하면 TSA 환자는 단어나 구의 의미에 관계없이 따라 말한다. 이러한 반향어는 문법적으로 맞지 않는 문장이나 무의미 음절, 외국어에서도 나타난다. 이러한 특징은 연결피질 운동 실어증 환자에게서는 발견되지 않는다.
- **청각적 이해력의 손상.** 다수의 사례 보고를 통해 TSA 환자는 일반적으로 청각적 이해력이 심하게 손상된다고 알려져 있다. 많은 환자들이 단어를 듣고 해당하는 사물을 지적하거나, 지시를 따르거나, 간단한 예/아니요 질문에 대답하기와 같은 간단한 과업조차 이해하지 못한다. 이렇게 심각한 손상에도 불구하고 TSA 환자의 보존된 따라 말하기 능력이나 반향어가 나타나는 이유에 대해서 아직 정확히 밝혀지지 않고 있다.
- **정상에 가까운 자동구어 말하기 능력.** TSA 환자들은 자동구어를 스스로 시작할 능력은 부족하며 일단 자동구어를 시작하기 위해서는 도움이 필요하다. 그러나 그들은 시작하는 데에만 어려움을 겪을 뿐 일단 시작하면 과업을 끝까지 수행하는 것은 쉽다. 예를 들어, TSA 환자는 자동구어를 시작할 때 치료사의 도움이 필요하지만, 일단 시작하면 숫자를 세거나 요일의 이름을 끝까지 말할 수 있다.
- **시(속담)와 문장 완성하기(비완결 문장하의 문장 재현력).** 치료사가 문장이나 시를 시작하면 환자는 뒤이어 그 문장을 완성할 수 있다. 이것은 심하게 손상된 언어이해능력과 반대되는 양상을 보여 주는 TSA의 또 다른 수수께끼이다.
- **읽기 이해력의 손상.** 단어의 음소나 조음이 대치되는 특징을 보이지만 일반적으로 낭독 능력은 정상인 경우가 많다. 그러나 읽은 것을 이해하는지는 별개의 문제로 환자는 스스로 읽은 글의 내용을 전혀 이해하지 못한다.
- **상대적으로 보존된 낭독 기술.** TSA의 모든 언어 기술 중 읽기 능력이 가장 좋은

편이다. 그러나 읽기이해능력은 극단적으로 좋지 않거나 전혀 이해하지 못한다.

- 쓰기 문제. TSA 환자의 쓰기 능력의 손상 정도와 특징은 베르니케 실어증 환자의 쓰기와 유사하다. 일반적으로 쓰기 기술 문제는 표현 언어의 문제와 그 양상이 유사하다.

심각한 청각적 이해능력의 손상에도 불구하고 반향어와 따라 말하기 능력의 보존은 TSA와 베르니케 실어증을 구별하는 주요 특징이다. 그 외 대부분의 측면에서 두 유형의 실어증은 차이점보다 유사점이 더 많다.

표 6-2는 TSA의 주요 언어 특징을 정리한 것이다.

4) TSA의 개인차

모든 실어증 유형과 마찬가지로, TSA 환자에게 나타나는 복합적 증상은 병변의 범위뿐만 아니라 연관된 증후군의 유무에 의해서 결정된다. 예를 들면, 매우 희귀하지만 언어능력이 점차적으로 퇴행하는 TSA의 사례도 보고된 바가 있다. 발병 직후에는 베르니케 실어증으로 진단되었으나 이후 급성 TSA로 진행되는 경우도 있으며, TSA로 진단된 환자가 치료 후에 명칭 실어증으로 발전하기도 한다. 혹은 시간이 지나도 TSA 증상이 거의 혹은 전혀 변화하지 않을 수 있다. 이와 같이 TSA 증상이 고착되는 경우는 두정엽 손상과 관련이 있다.

5) TSA의 상대적인 강점

TSA 환자는 베르니케 실어증과 유사한 강점을 가지고 있다. 발화 유창성과 운율의 보존, 정상적인 구의 길이 등이 그것이다. TSA의 긍정적 특징을 더 이야기하면 따라 말하기 기술의 보존을 들 수 있다. 그러나 따라 말하기 기술의 보존이 의사소통이나 언어치료에는 도움이 되지 않는다.

표 6-2 TSA의 주요 언어 특징

언어 구성요소	연결피질 감각 실어증	긍정적(+✔) 혹은 부정적(−✔) 진단 특징
구어이해	■ 손상됨	+✔
유창성	■ 보존되어 있으나 착어증, 반향어, 내용 없는 구어	−✔
문법	■ 보존되어 있음	−✔
착어증	■ 의미 착어증과 신조어	+✔
이름대기	■ 손상됨	+✔
조음	■ 좋음	−✔
지적하기	■ 손상됨	+✔
따라 말하기	■ 손상됨 ■ 반향어적 따라 말하기	+✔
소리 내어 읽기	■ 보존됨	−✔
읽기이해	■ 손상됨	+✔
쓰기	■ 손상됨, 착어증, 신조어	+✔
자각, 자기 수정	■ 자각 없음	+✔

4. 전도성 실어증

유창성 실어증 유형 중 하나인 전도성 실어증은 또 다른 이름으로 **중추 실어증**(central aphasia), **원심성 전도 실어증**(efferent conduction aphasia), **따라 말하기 실어증**(repetition aphasia)으로 불린다. Benson과 Ardila(1996)는 전도성 실어증을 실비우스열 인접 실어증(perisylvian aphasia syndrome)의 하나로 분류하였다. 베르니케는 처음으로 전도성 실어증에 대한 가능성을 수립하였으나, 전도성 실어증은 아직 그 존재에 논란의 여지가 많다. **전도성 실어증**은 착어적 유창성, 청각적 이해력의 보존과 따라 말하기 능력의 손상으로 특징지을 수 있다. 전도성 실어증 환사는 베르니케 실어증의 언어 특징과도 비슷하다. 반면, 가장 큰 차이점은 전도성 실어증 환자들은 청각적 이해력이 양호하거나 정상에 가깝지만 베르니케 실어증은 그렇지 않다는 점이다.

전도성 실어증은 발생률이 낮은 편이다. 전체 실어증 환자 중 5~10% 정도만 전도성 실어증으로 분류된다.

1) 전도성 실어증의 신경해부학적 원인

전도성 실어증의 신경해부학적인 원인은 다른 유형의 실어증보다 논란의 요소가 많은 편이다. 다수의 연구 논문에서 전도성 실어증 환자가 좌측 전두엽에 손상이 있었다고 기술하고 있다(Benson & Ardila, 1996). 연상회와 상두정회, 중심후열의 아래쪽 영역의 손상도 보고되었다. 다수의 전문가들은 브로카와 베르니케 영역을 연결해 주는 궁형속의 손상에 의해 전도성 실어증이 일어날 것이라고 주장한다. 좌측 측두엽과 청각 연합 영역 역시 전도성 실어증의 발병과 연관이 있는 것으로 의심되는 영역이다(Benson & Ardila, 1996; Damasio, 2001; Helm-Estabrooks & Albert, 2004; Simmons-Mackie, 2005).

베르니케는 운동 언어 영역(브로카 영역)과 감각 언어 영역(베르니케 영역으로 알려져 있음)의 연결부 손상으로 인해 연결이 끊어진 것이 전도성 실어증의 원인이 된다는 가설을 세웠다.

전도성 실어증이 브로카 영역과 베르니케 영역 사이의 연결부 중 한 곳 이상의 병변으로 인한 결과라고 주장하는 연구자도 있다. 이 이름에 의하면 병변의 위치와 범위의 다양성으로 인해 전도성 실어증의 증상 역시 다양해진다.

반면 Goldstein(1948)은 전도성 실어증은 언어의 의미와 형식을 통합하는 중추 영역의 손상으로 인해 발생한다고 주장하며 그는 베르니케의 가설에 반대하였다. 이러한 주장에 근거하여 전도성 실어증을 **중추 실어증**으로 명명하였다.

그림 6-3은 전도성 실어증을 유발하는 가장 일반적인 병변의 위치를 나타낸 것이다.

연결 통로 전반부의 손상은 청각적 이해력이 더 좋으며 발화 유창성이 감소한

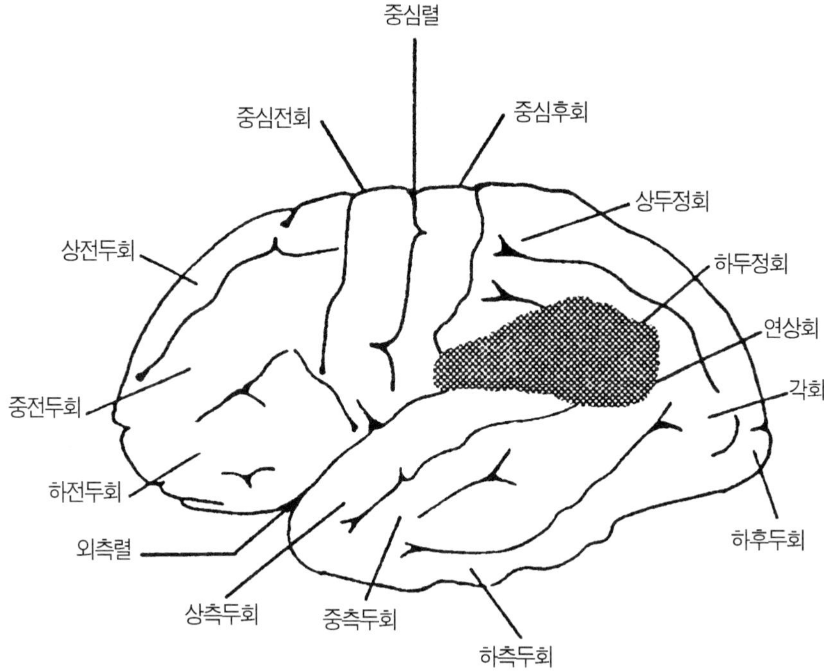

그림 6-3. 전도성 실어증을 일으키는 신경해부 영역. 회색으로 표시된 영역이 가장 일반적인 병변 위치이다.

형태의 실어증으로 나타나고, 연결 통로 후반부 손상은 청각적 이해력이 더 손상되면서 유창성이 양호한 실어증으로 나타난다. 이러한 것을 이분손상 모델(bimodal distribution model)이라 한다.

2) 전도성 실어증의 일반적 특징

전도성 실어증 환자들은 다양한 대뇌손상을 암시하는 다양한 신경학적인 증상 및 기타 증후들을 나타낸다. 신경학적인 증상이 전혀 나타나지 않는 환자가 있는 반면, 우측 상지와 오른쪽 안면의 마비가 나타나는 경우도 있으며, 마비의 정도는 경증부터 중증까지 다양하게 나타난다. 전도성 실어증 환자의 운동 문제는 대부분의 경우 거의 회복된다. 다시 말하면 환자에 따라 구어실행증과 사지 실행증이 나타날 가능성이 있으며, 우측 감각손상이 일어날 가능성도 있다(Benson & Ardila,

1996; Damasio, 2001; Helm-Estabrooks & Albert, 2004; Simmons-Mackie, 2005).

3) 전도성 실어증의 주요 언어 특징

전도성 실어증의 언어 특징은 따라 말하기의 손상과 유창하며 착어증이 나타나는 구어가 이름대기 문제와 함께 나타나는 것이다(Benson & Ardila, 1996; Damasio, 2001; Helm-Estabrooks & Albert, 2004; Simmons-Mackie, 2005).

전도성 실어증 환자들은 다음과 같은 증상을 보인다.

- 따라 말하기의 손상. 전도성 실어증을 다른 실어증과 구별하는 특징인 중증의 따라 말하기 능력 손상은 환자의 청각적 이해력이 양호함에도 불구하고 발생하는 문제이다. 청각적 이해력이 비교적 양호함에도 따라 말하기 능력이 손상되는 능력의 불균형은 전도성 실어증을 진단하는 핵심 열쇠가 된다. 브로카 실어증과 베르니케 실어증의 경우 따라 말하기와 다른 언어 기술의 손상 정도가 비슷하여 균형 잡혀 있으나, 전도성 실어증의 경우 따라 말하기의 손상은 다른 능력에 비해 크게 손상되어 손상 정도의 불균형이 심하다. 전도성 실어증 환자에게 따라 말하기 과업을 실시하면 원래 단어에 음소를 추가하거나 생략(음소 착어증)한다. 전도성 실어증 환자들은 길이가 긴 단어, 구, 문장, 친숙하지 않은 구를 따라 말할 때 가장 어려워한다. 그들은 내용어를 따라 말할 때보다 기능어를 따라 말할 때 더 어려워하는 경향이 있으며 자발어에서 산출할 수 있는 단어도 따라 말하기 과업 시에 실패한다.
- 발화 유창성의 개인차. 전도성 실어증 환자의 발화의 유창성 정도는 개인차가 큰 편이다. 대개의 환자들은 다른 유형의 환자들보다 더 유창하게 말하는 편이다. 일반적으로 베르니케 실어증 환자보다는 덜 유창하게 말한다. 전도성 실어증 환자는 발화 시 망설이거나 자신의 발화 중 틀린 곳을 고치려는 자기 수정을 시도하게 되는데, 이러한 망설임과 자기 수정이 전도성 실어증의 발화 유창성을 붕괴시키는 원인이 된다. 따라서 전도성 실어증은 유창성 실어증에 속하지만 베르니케 실어증의 발화만큼 유창하지는 못하다.

- 착어증. 전도성 실어증 환자들의 발화에 의미 착어증이나 착어증, 신조어가 출현하지만 다른 유창성 실어증에 비해 출현 빈도가 낮다.
- 단어 찾기 능력의 손상. 단어 찾기의 문제는 기능어보다 내용어에서 더 많이 나타난다. 결과적으로 전도성 실어증의 말은 내용어가 존재하지 않는 내용 없는 구어로 나타난다.
- 오류의 인식. 자신의 발화에서 발생하는 오류를 수정하려고 노력하는 것으로 볼 때 전도성 실어증 환자는 자신의 발화 오류를 인식하는 것으로 보인다. 그러나 자기 수정의 결과는 브로카 실어증 환자들의 자기 수정보다 성공률이 낮다.
- 구문능력과 운율 기술의 보존. 전도성 실어증 환자들은 다양한 문법구조를 정상적으로 사용하는데, 이는 브로카 실어증과 구별되는 특징이다.
- 정상에 가까운 조음능력. 전도성 실어증 환자들의 조음능력은 거의 정상에 가깝지만 음소 착어증(음의 대치)이 자주 발생하는데, 특히 따라 말하기 과업 시 이 증상이 두드러진다. 환자는 발음하기 어려운 간단한 음소를 간단한 것으로 대치하는 경향이 있다. 음소의 생략 역시 일반적인 반면 음소의 첨가는 거의 보이지 않는다. 일반적으로 대화보다 노래하기와 같은 쉬운 과업에서 조음 정확도가 좀 더 좋다.
- 이름대기 문제. 전도성 실어증 환자는 일반적으로 이름대기 문제가 나타나며, 심한 정도는 경도에서 중도에 이르기까지 다양하다. 환자에 따라 이름대기 과업을 전혀 하지 못하는 경우도 있다. 대부분의 환자들은 음소 착어증이 과도하게 나타난다. 흥미로운 점은, 이름대기를 하지 못한 환자에게 해당하는 물건의 이름을 들려주었을 때 그 사물을 지적하는 것은 쉽게 할 수 있다는 점이다.
- 정상이거나 정상에 가까운 청각적 이해력. 대부분 환자들의 청각적 이해력은 간단한 대화를 이해하는 정도이다. 환자들은 문법적으로 간단한 문장보다 복잡한 문법구조를 이해하는 데 더 큰 어려움을 호소한다.
- 다양한 읽기 문제. 대부분의 환자들이 낭독하기에 어려움을 보인다. 그들이 낭독한 것을 들어 보면 발화는 착어로 채워지고 짧은 읽기마저 성공하지 못하는 경우도 많다. 그럼에도 불구하고 환자들은 묵독할 수 있으며, 길거나 복잡한 다시 말해 소설이나 인문과학시를 이해할 수 있다.

- 쓰기 문제. 대부분의 환자가 쓰기에 약간씩 어려움을 보인다. 환자는 올바른 형태의 철자를 거의 쓰지 못한다. 철자 오류, 철자의 생략, 역전, 대치가 일반적으로 나타난다.
- 안면 실행증. 대부분의 환자들은 치료사의 요구에 따라 안면을 움직이는 데 어려움을 느낀다. 어떤 환자들은 치료사의 요구에 따라 사지를 움직이는 것, 수의적으로 사지를 움직이는 것에도 실패한다.

따라 말하기의 심각한 손상(다른 언어능력에 비해)은 베르니케 실어증에는 미치지 못하나 비교적 좋은 발화 유창성, 음소 착어증, 좋은 청각적 이해력이 전도성 실어증을 구별할 수 있는 가장 중요한 요인이다(Simmons-Mackie, 1997).

표 6-3은 전도성 실어증의 진단에 나타난 주요 언어 특징을 정리한 것이다.

4) 전도성 실어증의 개인차

전도성 실어증 환자들은 대뇌손상의 부위의 다양성으로 인해 다른 유형의 실어증 환자보다 좀 더 광범위한 언어 형태를 보인다. 예를 들어, 구어 유창성의 정도가 환자에 따라 다양하다.

대뇌손상의 위치에 따라 시각 문제를 동반하는 경우도 존재하며 전도성 실어증과 함께 사지 실행증이 나타날 수도 있다.

5) 전도성 실어증의 상대적인 강점

전도성 실어증 환자들은 운동능력과 언어손상이 완벽에 가깝게 회복된다. 회복 후 남아 있는 문제도 적절한 제스처와 억양을 사용한 구어 표현으로 보완할 수 있다. 전도성 실어증 환자들이 회복 후에도 간헐적인 음소 착어증을 보일 수 있지만 이것이 의사소통을 방해하지는 못한다.

표 6-3 전도성 실어증 환자의 주요 언어 특징

언어 구성요소	전도성 실어증	긍정적(+✔) 혹은 부정적(−✔) 진단 특징
구어이해	■ 좋거나, 경미한 손상	−✔
유창성	■ 보존되어 있으나 약간의 휴지나 착어증	−✔
문법	■ 보존되어 있음	−✔
착어증	■ 문자 착어증	+✔
이름대기	■ 손상됨	+✔
조음	■ 좋음	−✔
지적하기	■ 좋음	−✔
따라 말하기	■ 심하게 손상됨	+✔
소리 내어 읽기	■ 손상됨	+✔
읽기이해	■ 보존됨	−✔
쓰기	■ 손상됨	+✔
자각, 자기 수정	■ 자각이 있음 ■ 자기 수정을 시도하나 성공하지 못함	−✔

5. 명칭 실어증

명칭 실어증(anomic aphasia)은 건망성 실어증(amnesic aphasia), 명사 기억상실 실어증(amnestic aphasia), 명사 실어증(nominal aphasia)으로 알려져 있다. 많은 연구자들이 명칭 실어증을 따라 말하기를 포함한 대부분의 다른 언어 기능은 정상의 범위에 있으나 이름대기의 문제가 두드러지는 실어증의 한 종류로 기술한다. Benson과 Ardila(1996)은 명칭 실어증을 실비우스열 외부 영역 실어증으로 분류하고 연결피질 실어증에 포함시켰다. 실제로 Benson(1979a)은 명칭 실어증과 연결피질 감각 실어증을 하나의 연결선상에서 정도의 차이로 기술하였다.

명칭 실어증이 실어증에 속하는가에 대한 의혹이 높은 것이 사실이다(Benson &

Ardila, 1996). 왜 명칭 실어증을 실어증의 분류에 포함시켜야 하는지 그 타당성을 의심하는 이유 중 하나는 대뇌의 손상 위치가 확인되지 않거나 매우 다양하다는 점이다.

이름대기 문제(anomia)는 난해한 개념으로 대부분의 실어증 유형에서 공통적으로 나타나는 증상이다. **명칭 실어증**은 상대적으로 보존된 언어 기술 중에 이름대기의 문제만이 지속적이며 심각한 것이 1차적 특징이다. 따라서 증상으로서의 이름대기 문제와 증후군으로서의 명칭 실어증은 구별되어야 한다.

증상으로서의 이름대기 문제는 실어증에서뿐만 아니라 치매 환자에게도 중증으로 나타난다(14, 15, 16장을 참조하라). 뿐만 아니라 뇌염, 두개강 내압 증가, 지주막하출혈, 뇌진탕, 우반구 손상에서도 나타나며(10, 11장 참조) 모든 대뇌손상에서 일반적으로 나타난다. 더욱이 이름대기 문제는 모든 실어증 유형에서 회복 시 잔존 증상으로 발견된다.

1) 명칭 실어증의 신경해부학적 원인

명칭 실어증을 일으키는 대뇌 병변의 위치에 대해서는 논란이 많으며 일반적으로 그 위치와 크기가 매우 광범위한 편이다. 일부의 경우 뇌손상의 크기와 명칭 실어증의 관계를 확신하기 힘들 정도로 작은 경우도 있다. 다발성 뇌손상(여러 곳에서 뇌손상이 일어나는 것)이 명칭 실어증의 원인이 되기도 한다. 일반적으로 자주 언급된 명칭 실어증의 손상 위치는 각회와 제2측두회가 있다(Davis, 2000; Helm-Estabrooks & Albert, 1991; Raymer, 2005). 측두엽과 두정엽이 만나는 지점 역시 자주 언급되는 손상 영역이다. 그림 6-4에 명칭 실어증을 일으키는 원인이 되는 병변의 영역을 묘사하였다.

2) 명칭 실어증의 주요 언어 특징

명칭 실어증은 뇌손상 위치가 정확하지 않고, 다발성 뇌손상이 원인으로 알려져 있지만 강점과 약점이 분명하게 나누어진다. 가장 의미 있는 강점은 언어손상이 이름대기 문제에 국한한다는 점이다. 발화의 내용이 다수 부족할 수 있으나 발화

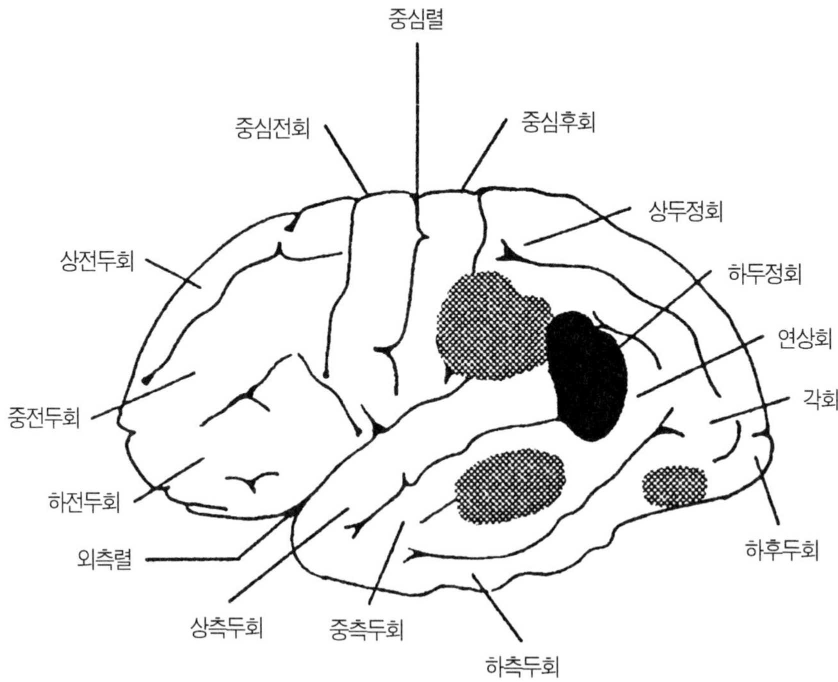

그림 6-4. 건망성 실어증을 일으키는 신경해부 영역. 검은색과 회색으로 표시된 부분은 건망성 실어증을 일으키는 다양한 위치 중의 하나이다.

유창성의 손상이 미미하다는 점 또한 강점이다. 그 외 측면은 약점으로 작용하거나 다소 가변적이다(Davis, 2000; Helm-Estabrooks & Albert, 2004; Raymer, 2005).

명칭 실어증 환자는 다음의 행동을 나타내는 경향이 있다.

- 단어 찾기의 어려움. 이것은 명칭 실어증의 대표적인 특징이다. 명칭 실어증의 진단적 특징인 단어 찾기의 어려움은 다른 모든 의사소통 문제들을 합한 것보다 더 심각하다.
- 지적하기 능력의 보존. 이름대기를 쉽게 하지 못하는 환자도 사물의 이름을 말해주면 쉽게 지적하는데, 이것은 청각적 이해력이 좋기 때문이다.
- 유창한 발화. 일반적으로 명칭 실어증 환자들의 발화는 유창하다고 알려져 있다. 그러나 이것은 정확한 말은 아니다. 그들의 취약하고 만연한 이름대기 문

제는 발화 시 휴지가 나타나고 여러 번 반복되는 증상으로 나타난다. 명칭 실어증 환자의 구어는 대명사와 둘러말하기로 채워진다. 그들은 특정 단어가 들어갈 위치에 이것, 저것, 어떤 것과 같은 단어로 대치하여 결과적으로 내용 없는 구어를 산출한다.

- 정상적인 구문능력. 일반적으로 명칭 실어증 환자의 구문구조는 손상이 거의 없다.
- 착어증. 명칭 실어증 환자들에게서 발견되는 일반적인 문제는 단어의 대치이다. 이전에 언급한 것처럼, 특정 단어를 비특정 단어로 대치하여 결과적으로 의미 없는 구어와 둘러말하기가 나타난다.
- 양호한 청각적 이해력. 간혹 미세한 손상이 발견될 수 있지만 대부분의 명칭 실어증 환자는 기본적으로 대화를 정상적으로 이해할 수 있다.
- 따라 말하기 능력의 보존. 명칭 실어증 환자는 치료사가 말한 단어나 구, 문장을 모방하는 데 어려움을 보이지 않는다.
- 조음능력의 보존. 명칭 실어증은 일반적으로 조음 문제를 나타내지 않는다.
- 정상적이거나 거의 정상에 가까운 읽기, 쓰기 능력. 환자들은 자신이 읽고 쓴 것이 무엇인지 이해할 수 있다.

표 6-4는 명칭 실어증 환자의 진단 시에 나타나는 주요 언어 특징을 정리한 것이다.

3) 명칭 실어증의 개인차

이름대기의 문제를 제외한 대부분의 다른 증상은 환자에 따라 다양한 형태로 나타난다. 이러한 다양성은 명칭 실어증의 원인이 되는 병변의 위치가 매우 다양하다는 점을 생각한다면 놀랄 일이 아니다. 예를 들어, 전두엽에 손상이 있는 명칭 실어증 환자는 음소 자극(단어의 첫음을 들려주는 것)을 제시하면 사물의 이름을 말할 수 있다.

각회에 병변이 있어 이름대기에 어려움을 보이는 환자는 치료사가 이름을 말해주어도 사물을 인지하는 데 실패할 수 있다. 그들은 단어를 따라 말하더라도 끝내

표 6-4 명칭 실어증 환자의 주요 언어 특징

언어 구성요소	명칭 실어증	긍정적(+✔) 혹은 부정적(−✔) 진단 특징
구어이해	■ 좋거나, 경미한 손상	−✔
유창성	■ 보존되어 있으나 약간의 휴지나 착어증	−✔
문법	■ 보존되어 있음, 정상적인 구문과 형태소 사용	−✔
착어증	■ 간혹 착어증적 오류가 보임	+✔
이름대기	■ 좋음	+✔
조음	■ 좋음	−✔
지적하기	■ 좋음	−✔
따라 말하기	■ 좋음	−✔
소리 내어 읽기	■ 좋음	−✔
읽기이해	■ 좋음	−✔
쓰기	■ 좋음	−✔

사물의 의미를 이해하지 못한다.

4) 명칭 실어증의 상대적인 강점

일반적으로 이름대기를 제외하고 대부분의 언어 기능은 상대적으로 손상이 적다. 이전에 언급한 것처럼, 이러한 중대한 이름대기 문제는 착어증적 구어를 산출한다. 임상적으로 치료는 단순하게 취약한 단어 찾기(이름대기) 문제를 치료하는 것이다.

읽을거리

유창성 실어증의 증상과 다른 장애와의 감별 진단에 대한 더 자세한 정보가 필요하다면 다음의 자료들을 참조한다.

Benson, D. F., & Ardila, A. (1996). *Aphasia: A clinical perspective*. New York: Oxford University Press.

Cimino-Knight, A. M., Hollingsworth, A. L., & Gonzalez Rothi, L. J. (2005). The transcortical aphasias. In L. L. LaPointe (Ed.), *Aphasia and related neurogenic language disorders* (3rd ed., pp. 169-185). New York: Thieme Medical Publishers.

Collins, M. J. (2005). Global aphasia. In L. L. LaPointe (Ed.), *Aphasia and related neurogenic language disorders* (3rd ed., pp. 186-198). New York: Thieme Medical Publishers.

Kearns, K. P. (2005). Broca's aphasia. In L. L. LaPointe (Ed.), *Aphasia and related neurogenic language disorders* (3rd ed., pp. 117-141). New York: Thieme Medical Publishers.

Raymer, A. (2005). Naming and word retrieval problems. In L. L. LaPointe (Ed.), *Aphasia and related neurogenic language disorders* (3rd ed., pp. 68-82). New York: Thieme Medical Publishers.

Simmons-Mackie, N. (1997). Conduction aphasia. In L. L. LaPointe (Ed.), *Aphasia and related neurogenic language disorders* (2nd ed., pp. 63-90). New York: Thieme Medical Publishers.

제 7 장

비전형적 실어증과 특수 집단의 실어증

이 장의 개요

- 비전형적 실어증
- 실독증
- 실서증
- 실인증
- 특수 집단의 실어증

학습 목표

이 장을 학습한 후 학생들은,

- 피질 실어증과 피질하 실어증을 구분하여 기술한다.
- 피질하 실어증의 신경병리를 기술한다.
- 피질하 실어증 환자의 언어 특징을 기술한다.
- 실독증, 실서증, 실인증을 정의하고 기술한다.
- 이중 언어 실어증, 왼손잡이 실어증, 수화 사용자의 실어증에 대해 구별하고 기술한다
- 교차 실어증의 신경해부적 기초와 언어 특징을 정의하고 기술한다.

1. 비전형적 증후군

지난 몇 년간 실어증에 대한 연구 영역이 확대되면서 두 가지 사실이 밝혀지게 되었다. 첫째, 증후군의 종류가 증가했음에도 불구하고, 전체 실어증 중 전형적인 실어증(유창성 실어증이나, 비유창성 실어증 혹은 그 변형)으로 분류되지 않는 비율이 절반 이상이라는 사실이다. 발생한 실어증이 희귀하거나 증상이 특이한 경우 실어증과 함께 다른 장애가 같이 나타날 경우 전통적인 분류에 맞아 떨어지지 않는 경우가 많다. 이처럼 전통적인 실어증 분류에 맞지 않는 실어증을 **비전형적 증후군**(atypical syndrome)이라고 부른다(Coppens, Lebrun, & Basso, 1998).

비전형적 증후군들은 언어나 인지 문제보다 더 심각한 읽기 및 쓰기 문제를 나타낼 수도 있다. 예를 들어, 감각 기관 자체에는 문제가 없으나 감각 장애를 보이는 증상인 **실인증**(agnosia) 역시 신경병리에 근거하면 비전형적 실어증의 한 종류로 분류된다. 이러한 비전형적 형태의 실어증은 지속적으로 그 종류가 늘어나는 것으로 보인다.

둘째, 특정 집단의 실어증은 연구뿐만 아니라 임상 분야에서도 관심을 보이는 영역이다. 이러한 특정 집단의 실어증은 확실히 비전형적 증후군으로 분류하기에는 적합하지 않으나 특수 분야로서 연구 가치가 존재한다. 예를 들어, 문맹집단이나 이중 언어 집단, 왼손잡이 집단, 성조 언어나 수화를 사용하는 집단의 실어증은 모든 화자가 나타내는 실어증이라는 관점에서 조명할 수 있다.

이 장은 비전형적 실어증 및 실독증, 실서증, 실인증의 여러 징후에 대해 간략히 기술한다. 또한 이 장에서 특정 집단의 실어증에 대해서도 기술한다. 비전형적 증후군에는 피질하 실어증, 실독증과 그 밖의 다른 형태인 실서증, 실인증이 있다.

1) 피질하 실어증

고전적 관점에서 실어증은 대뇌피질의 손상으로 발생하는 것이었다. 그러나 최근에는 피질하 손상도 언어 및 구어장애를 야기할 수 있다는 주장이 제기되고 있다. **피질하 실어증**(subcortical aphasia)은 기저핵과 시상의 손상에 의해 발생하는 실어증 유형이다. 최근 개발된 대뇌 영상 기법은 피질하 구조물이 언어에 있어 어떠한 역할을 담당하는가를 이해하는 데 도움을 준다. 그럼에도 불구하고 피질하 실어증에 대한 해결되지 않은 쟁점들이 존재한다.

- 피질 및 다른 영역은 손상되지 않고 피질하 구조물만 손상되었을 때 실어증이 일어나는가에 대해서는 의심스러운 점이 있다. 실어증이 발생하기 위해서는 피질하의 손상에 더하여 좌반구의 회색질의 손상이 동반되어야 하는 것으로 알려져 있다. 이미 여러 사례의 CT 촬영 결과에서 피질의 손상이 발생하지 않은 피질하 실어증이 보고된 바 있다.
- 피질하 구조물과 언어장애가 관련이 있다는 주장을 피질하 구조물에 언어중추가 있다는 의미로 해석하는 것은 옳지 않다. 언어장애는 피질하 손상으로 인한 대뇌혈류의 감소나 일반적인 부종으로 인한 것일 수도 있다. 원래 구조적으로 손상되지 않은 좌뇌 피질의 신진대사가 감소하면 이러한 증상이 발생할 수 있기 때문이다.
- 그럼에도 불구하고 특정 피질하 구조물과 실어증의 관련성에 대한 증거가 보고되고 있으며 앞으로도 이러한 증거는 더욱 증가할 것이다.
- 정확히 무엇이라 말할 수 없는 언어 기능을 가진 것으로 의심되는 대뇌섬(insula) 및 여러 구조물들은 대뇌 안쪽에 위치하고 있다. 그러나 기본적으로 실어증은 피질의 손상에 의한 것이지, 피질하 손상에 의한 것은 아니다.
- 피질하 손상이 확장되어야 실어증이 일어나게 된다.

2) 피질하 실어증의 신경해부 기초

피질하 실어증과 관련이 있다고 알려진 두 곳의 주요한 구조물을 말하자면, 첫째는 기저핵과 그 주변 구조물이고, 둘째는 시상이 된다. 좌측 기저핵과 그 주변 영역의 병변이 피질하 실어증을 일으킨 사례가 여러 차례에 걸쳐 발견되었다. 기저핵과 그 주변부의 손상으로 인한 실어증을 비시상 실어증(nonthalamic aphasia)이라 하고 다음의 세 가지 유형으로 분류할 수 있다. 첫째는 내낭 및 피각의 앞쪽 손상과 관련이 있는 비시상 실어증이며, 둘째는 내낭 및 피각의 뒤쪽과 관련이 있고,

셋째는 내낭과 피각의 앞·뒤쪽 모두의 손상과 관련이 있다. 유의해야 할 점은 앞의 세 가지 실어증 모두가 시상이 손상되지 않음을 전제로 한다는 것이다.

여러 사례를 통해 좌측 시상의 손상 또한 피질하 실어증과 관련이 있다고 알려져 있다. 출혈로 인한 시상의 손상은 피질하 실어증을 일으키는 가장 일반적인 원인이다. 일부 사례를 통해, CT와 MRI 검사 결과 시상의 출혈이 반영되어, 시상 실어증에 대한 진단 근거를 뒷받침하고 있다(Benson & Ardila, 1996). 이와 반대로 시상 손상이 반드시 실어증을 일으키는 것은 아니라는 증거도 제시되었다. 시상 부위에 외과적 수술(파킨슨병의 증상 완화를 위해 시술)을 한 많은 환자들이 실어증을 보이지 않는 것이 그 실례이다.

3) 피질하 실어증의 주요 언어 특징

좌반구의 기저핵과 그 주변 구조물이 손상되면 다양한 언어장애가 일어나는 경향이 있다. 손상 영역의 위치에 따라 독특한 언어 특징이 나타난다. 예를 들어, 내낭과 피각의 앞쪽에 손상을 입은 환자는 다음과 같은 언어 특징을 보인다.

- 중증의 마비말장애로 인해 조음 문제가 발생한다.
- 구의 길이는 적당한 편이며 한 문장에 4~6단어 정도를 발화한다.
- 따라 말하기 손상은 경미하다.
- 이름대기나 단어 찾기 문제는 중등도의 손상을 보인다.
- 청각적 이해력에 약간의 문제를 나타낸다.
- 읽기 문제는 중등도의 손상을 보인다.
- 쓰기의 문제는 심한 편이다.

내낭-피각 후반부의 손상을 입은 환자가 보이는 언어 특징은 다음과 같다.

- 발화가 유창한 편이다.
- 청각적 이해력의 손상이 심하다
- 이름대기와 단어 찾기의 손상이 확연하게 드러난다.
- 따라 말하기의 손상은 경미하다.

- 읽기 문제는 중등도의 손상을 보인다.
- 쓰기 문제 역시 중등도의 손상을 보인다.

시상까지 확대된 내낭-피각의 손상을 보이는 환자들의 언어 특징은 다음과 같다.

- 전체성 실어증의 언어 특징을 보인다.
- 비유창한 구어를 산출하고 자발어가 극단적으로 적다.
- 발화의 길이가 단음절이거나 단단어 수준으로 매우 짧다.
- 마비말장애로 인한 조음 오류가 심각하다.
- 청각적 이해력의 손상이 심하다.
- 이름대기와 따라 말하기의 손상이 확연히 드러난다.
- 읽기 및 쓰기의 문제가 심각하다.

시상의 출혈이나 손상을 보이는 환자들의 언어 특징은 다음과 같다.

- 편마비와 우측 시야의 문제가 나타나며 일부의 경우 의식상실(coma)이 나타날 수 있다.
- 급성기에서 회복되면서 함묵증(mutism)을 보이기도 한다.
- 함묵증에서 벗어나면 구어는 유창하지만 착어증이 나타난다.
- 중증의 이름대기 문제를 보인다.
- 대화에 대한 이해력은 좋은 편이나 복잡한 말은 이해하기 힘들다.
- 따라 말하기 능력은 상대적으로 보존되어 있다.
- 구를 따라 말하는 동안은 착어증이 감소한다.
- 읽기와 말하기 기술이 손상된다.
- 피질하 손상을 입은 경우 시상의 출혈로 인한 실어증이 일시적이어서 언어 기술이 유의미한 개선을 보인다(그러나 많은 환자들이 뇌손상에서 회복하지 못한다).

2. 실독증

실독증(alexia)은 최근의 뇌손상으로 인해 읽기 유창성이 감소되거나 상실되는 것으로 정의하는 반면, **난독증**(dyslexia)은 적절한 교육을 통해서도 읽기 학습에 어려움이 남아 있는 것을 말한다. 뇌손상으로 인한 읽기 문제를 포함하여 모든 종류의 읽기 문제에 난독증이라는 용어를 사용하는 학자들도 있다. 그들은 뇌손상이 발견되지 않은 아동의 읽기 문제를 언급하면서 발달성 난독증(developmental dyslexia)이라는 용어를 사용하는 반면, 뇌손상으로 인한 읽기 문제는 후천성 난독증(acquired dyslexia)이라는 용어를 사용하였다. 이 책은 아동의 언어장애와 뇌손상으로 인한 읽기 장애를 구별하기 위해 실독증(alexia)이라는 용어를 사용한다(Benson & Ardila, 1996).

정상적인 읽기 기술을 습득하였으나 뇌손상으로 인해 읽기 기술이 손상되었을 경우에 모두 동일한 증상을 보이지 않고 다양한 형태의 실독증을 보인다. 실독증은 3개의 유형으로 나눌 수 있는데, 실서증을 동반하는 실독증, 실서증을 동반하지 않는 실독증 그리고 전두엽 실독증이 그것이다.

1) 실서증을 동반하지 않는 실독증(순수 실독증)

실서증을 동반하지 않는 실독증(alexia without agraphia)은 최근의 뇌손상으로 인해 읽기 기술에는 문제를 보이지만, 쓰기 기술은 손상되지 않는 증상을 보인다. 뇌손상과 읽기 문제의 관련성은 지난 수 세기에 걸쳐 알려졌다. 프랑스의 신경과학자인 Joseph Jules Dejerine(1849~1917)은 뇌손상으로 인한 성인 환자의 실독증을 체계적이고 임상적으로 정리한 최초의 학자이다.

1892년 Dejerine은 쓰기를 포함한 다른 모든 언어 양식은 손상되지 않고 읽기 능력만 손상된 사례를 보고하였다. 그 환자는 베껴 쓰기는 할 수 있으나 자신이 쓴 것을 읽지도 이해하지도 못했다.

Dejerine은 그 환자의 사후에 부검을 실시하여 후두엽 중간과 아래쪽과 뇌량팽대(splenium of the corpus callosum) 앞쪽에 병변이 있음을 확인했다. 이후 이러한 증후군은 순수 실독증(pure alexia), 실서증을 동반하지 않는 실독증(alexia without agraphia), 후두엽 실독증(occipital alexia), 순수 단어맹(pure word blindness), 실인 실독증(agnosic alexia), 시각 실어증(optic aphasia), 후반 실독증(posterior alexia)으로 알려지게 되었다(Benson & Ardila, 1996). 실서증을 동반하지 않는 실독증은 희귀한 편이나 이 증후군의 독특한 특징으로 인해 쉽게 알려지게 되었다.

(1) 실서증을 동반하지 않는 실독증의 신경해부 기초

좌반구와 우반구의 시각피질을 연결하는 뇌량의 뒤쪽과 좌측 시각피질이 크게 손상되는 것이 실서증을 동반하지 않는 실독증의 주요 원인이다. 뇌량팽대와 후두엽 중앙 및 하부의 손상 역시 실서증을 동반하지 않는 실독증을 일으킬 수 있다. 뇌량팽대 및 후두엽의 손상은 좌반구의 시각 기능을 저해하며, 우반구의 시각 기능은 저해하지 않으나 좌반구와의 정보 교류를 방해한다. 이러한 유형의 손상은 두 가지 원인에 의해 일어날 수 있다.

- 후대뇌동맥의 폐색은 좌반구 두정엽의 시각피질이 손상되는 주요 원인이다.
- 종양과 동맥 기형 역시 두정엽 손상을 일으킬 수 있다.

(2) 실서증을 동반하지 않는 실독증 환자들의 읽기 및 관련 문제

순수 실독증은 다음과 같은 증상적 특징을 보인다.

- 정상적으로 읽지 못한다. 환자들은 자주 사용하는 몇 개의 단어(자신의 이름이나 사는 곳의 이름은 읽고 이해할 수 있을 것이다)를 제외한 나머지 글을 정상적인 방법으로 읽지 못한다. 그러나 매우 천천히 한 글자씩(letter by letter) 읽을 수는 있다. 그 이유는 뇌손상 시 잃어버렸던 문자나 수에 대한 인식이 곧 회복되기 때문이다. 그러나 문자 인식 능력의 손상은 지속될 수도 있다.
- 단어의 철자를 소리 내어 읽어 주면 정상적으로 인식한다. 환자는 단지 문자의 의미에 손상이 있을 뿐이다.
- 환자의 손바닥에 적어 준 철자나 단어는 정상적으로 인식할 수 있다. 따라서 환자는 비시각적 감각이 주어졌을 때 단어나 철자를 인식할 수 있다.
- 환자는 자신이 쓴 것을 읽지 못하지만 거의 정상에 가까운 쓰기 기술을 보인

다. 그러나 철자의 생략이나 대치는 보일 수 있다.

- 쓰기 기술이 서서히 감퇴한다. 이러한 문제는 쓰기에 대한 시각적 모니터링의 부재에 의한 것이다.
- 단어나 문장을 베껴 쓰는 것이 힘들지만 받아쓰기와 비슷한 과업은 수행할 수 있다.
- 환자는 검사자가 들려준 단어의 철자는 제대로 인식한다. 또한 환자는 검사자가 말한 단어를 맞춤법에 맞게 쓸 수 있다.
- 오른손잡이인 사람 중에 우측 반맹(right hemianopia, 시야의 절반에 시각적 장애가 있거나 실명하는 현상)이 나타나거나 왼손잡이인 사람 중에 좌측 반맹이 나타나기도 한다.
- 거의 정상에 가까운 구어 기술을 가진 환자 중에도 이름대기의 어려움은 나타날 수 있다.
- 전부는 아니지만 많은 환자들이 색깔 이름 말하기에 손상을 보인다. 환자에 따라서는 색깔의 이름을 말해 주면 그 색깔을 지적하지 못할 정도로 손상되기도 한다. 그럼에도 불구하고 대화 중에 색깔의 이름을 사용하거나 색깔에 대한 질문에 대답하는 데 어려움을 느끼지 않는다(예: 시금치는 무슨 색깔입니까?).
- 유의미한 신경학적 증상이 없는 경우가 대부분이나 반맹의 경우에는 예외적으로 신경학적 증상이 있을 수 있다.

대부분의 환자들이 읽기 치료를 통해 속도는 더디지만 확실하게 읽기 기술을 회복한다. 그러나 이전 수준까지 읽기 기술이 회복되는 경우는 드물다.

2) 실서증을 동반하는 실독증

실서증을 동반하는 실독증(alexia with agraphia)은 최근의 신경손상으로 인해 쓰기와 읽기에 문제가 일어나는 증상이다. 1891년 Dejerine는 읽기와 쓰기 문제(실서증을 동반한 실독증)를 함께 가진 환자의 실제 사례를 보고한 최초의 신경학자였다. 일반적으로 읽기와 쓰기 문제의 손상 정도는 거의 비슷하며 음표나 수학 공식을 비롯한 어떤 종류의 상징이든 관계없이 영향을 받을 수 있다. 이러한 증상은 각회 실독증(angular alexia), 두정-측두 실독증(parietal-temporal alexia), 중추 실독증(central alexia), 의미 실독증(semantic alexia), 문자맹(letter blindness)이라고 알려져 있다.

(1) 실서증을 동반하는 실독증의 신경해부 기초

실서증을 동반하는 실독증 환자들이 나타내는 신경학적 증상의 유무와 정도는 개인차를 보인다. 환자들은 발병 직후에 양쪽 상지(팔)에 일시적인 불완전마비를 경험할 수도 있다. 우측 감각손상이나 우측 시야손상이 발생하면 그 증상이 좀 더 오래 지속되는 편이다. CT, MRI 촬영, 동위원소 두뇌촬영, 수술과 해부를 통해 실서증을 동반한 실독증과 관련한 신경해부학적 요소들을 확인할 수 있었다.

- 병변의 위치는 각회로, 이는 실비우스열의 끝의 두정엽과 측두엽이 만나는 지점에 있다(따라서 두정-측두 실독증이라고 명명하기도 한다).
- 가장 일반적인 손상 원인은 중대뇌동맥의 각 가지(angualr branch) 영역의 뇌혈관 병리이다.
- 종양, 전이종양, 외상, 총상으로 인해 발생하기도 한다.

각회가 손상되면 시각피질과 베르니케 영역이나 브로카 영역의 연결이 끊어지게 된다. 더욱이 전 운동 계획 영역과 베르니케 영역의 연결이 끊어져 환자가 읽은 정보가 베르니케 영역으로 전달되지 않게 되어 읽기 능력이 손상된다. 운동 영역은 베르니케 영역이나 시각피질로 어떠한 정보도 받을 수 없어 쓰기에 관련된 어떤 행동도 할 수 없게 된다.

(2) 실서증을 동반한 실독증 환자들의 읽기 및 쓰기 문제

실서증을 동반한 실독증 환자들은 주요 증상으로 읽기와 쓰기 문제, 그리고 부차적 실어증 증상이 나타난다. 이전에 언급한 바와 같이 초기에 나타나는 양쪽 팔의 불완전마비와 우측 감각손상이 나타날 수 있다.

- 읽기 및 쓰기 능력이 심각하게 손상되거나 완전히 상실할 수 있다. 일부의 기능이 손상되지만 두 가지 능력이 같은 정도로 손상되는 경우도 있다.

- 낭독이 어렵다. 소리 내어 읽기(낭독)의 어려움은 문자나 단어에까지 이른다. 이는 문자를 인지할 수 있는 순수 실독증과는 다른 증상이다.
- 읽고 이해하는 것이 어렵다. 이러한 어려움은 음표나 수학 공식, 다른 상징 표시를 이해하는 것의 어려움으로 확대된다.
- 소리 내어 읽은 단어라도 이해하는 것은 어렵다. 이러한 문제는 낭독한 단어를 인지할 수 있었던 순수 실독증의 증상과는 차별되는 특징이다.
- 읽기 문제와 쓰기 문제의 형태가 유사하다. 환자는 단어와 유사한 형태의 문자를 쓰거나 문자 조합하여 읽거나 쓸 수 있으나 의미는 적절하지 않은 경우가 많다.
- 문자나 단어를 따라 쓰는 기술은 수의적 쓰기 능력보다 좋다. 환자들은 인쇄체를 필기체로 바꾸거나 그 반대로 바꿀 수 없다.
- 산수 문제를 푸는 것이 어렵다(실산증, acalculia). 이러한 어려움은 추상적인 수체계를 이해하지 못하는 문제와 함께 나타날 수 있다.
- 실어증 중 특정 증상이 나타날 수 있다. 청각적 이해의 문제, 착어증, 따라 말하기 문제, 이름대기 문제들이 나타날 수 있으며, 실어증 증상이 나타나지 않는 경우는 드물다.

많은 환자들이 읽기와 쓰기 기술을 일부 회복한다. 남아 있는 문제점은 읽기 이해력이나 쓰기 기술이 제한된다는 점이다. 발병 이전의 문해능력과 문자 사용에 대한 요구나 동기가 회복 속도에 영향을 미칠 수 있다.

3) 전두엽 실독증

전두엽 실독증(frontal alexia)은 전두피질에 손상이 있는 환자에게 읽기 기술이 손상되는 증상을 말한다. 다른 종류의 읽기 문제와 달리 전두엽 실독증은 읽기 과제를 주었을 때 읽지 못하거나 읽기를 거부하는 것이 특징이다. 전두엽 실독증은 모든 종류의 실독증 중에서 논란의 여지가 가장 큰 대상으로 대개 브로카 실어증과 함께 나타난다. 초기 연구자들은 브로카 실어증의 읽기 기술손상이 문해능력의 손상 때문이라고 생각하였다. 물론 모든 브로카 실어증 환자가 전두엽 실독증 환자는 아니며 이 때문에 논란이 일어나게 되었다. 정신분석가 Sigmund Freud는 연구 초기에 신경학을 연구했는데 브로카 실어증과 전두엽 실독증의 공존에 관심을 가지고 있었다. 현재는 브로카 실어증과 전두엽 실독증은 공존한다는 것이 정설이다(Benson & Ardila, 1996).

(1) 전두엽 실독증의 신경해부 기초

전두엽 실독증 환자는 우측 불완전마비 증상이 있을 가능성이 높고, 환자 중 일부는 시각 문제도 나타날 수 있다. 신경영상기법과 차후 해부로 알려진 전두엽 실독증의 신경해부적 기초는 다음과 같다.

- 가장 일반적인 손상 위치는 하전두회의 뒤쪽 영역이다.
- 손상은 외측 열 안쪽에 묻혀 있는 도엽(insular) 앞쪽까지 확장된 경우도 있다.
- 가장 일반적인 손상 원인은 뇌혈관 사고(CVA)이며 이는 브로카 실어증의 주요 원인과 같다. 종양과 외상 역시 원인이 될 수 있다.

브로카 실어증 환자에게 읽기 손상이 보이는 경우 실독증으로 설명될 수 있다. 그러나 실독증이 브로카 실어증의 진단적 특징은 아니라는 점을 명심해야 한다.

(2) 전두엽 실독증 환자들의 읽기 및 관련 문제

전두엽 실독증 환자의 증상은 앞서 기술한 형태의 실독증 및 실서증 증상과 구별된다. 전두엽 실독증은 다음의 증상을 보인다.

- 읽기 문제가 확연하다. 대부분의 환자들은 단단어 정도만 읽을 수 있으며, 특히 동사와 명사의 경우 개인적으로 의미가 있을 때만 읽을 수 있다.
- 읽기 이해력 역시 제한된다. 환자는 자신이 소리 내어 읽은 단단어만 이해할 수 있다.
- 관계어를 이해하는 데 어려움이 있다. 환자는 형용사 접속사, 전치사와 같은 관계어가 전달하는 의미를 이해하지 못할 수 있다. 부정어와 수식어에 문제가 있을 수 있어, 환자들은 긍정형 문장과 부정형 문장을 같은 의미로 받아들일 수 있다.

- 읽기를 거부한다. 환자는 읽기 능력을 상실했다고 주장하며 읽기를 회피할 수 있다.
- 읽기 과업을 제시하면 읽지 못한다. 수의적으로 읽을 수 있는 단어조차, 읽기 과업으로 제시하고 요구하면 읽지 못할 수 있다.
- 읽기 시 형태소의 오류를 보인다. 환자는 읽을 때 형태소를 생략하거나 이해하지 못할 수 있다.
- 쓰기 문제가 확연하다. 이러한 문제의 원인 중 일부는 우측 신체의 불완전마비로 인해 숙달되지 못한 왼손으로 글씨를 쓰기 때문일 수 있다. 글씨를 쓸 때 문법 및 형태론적 실수, 철자 오류, 조악한 글자 형태가 나타날 수 있다. 일반적으로 베껴 쓸 때 철자를 생략한다.
- 구어와 문어의 이해 정도를 비교하면 차이가 난다. 환자는 문어보다 구어의 이해능력이 더 좋은 것 같다.
- 구어 산출능력에 손상이 있다. 대화 시 환자의 구어는 그 양이 매우 감소할 수 있다.

전두엽 실독증은 읽기와 쓰기 능력 모두가 손상되나 실서증을 동반한 실독증과는 다른 형태를 보인다. 전두엽 실독증 환자와 실서증을 동반한 실독증 환자를 비교하면, 실서증을 동반한 실독증 환자의 증상이 보다 더 심각하다. 실서증을 동반한 실독증 환자들은 거의 문맹에 가깝다. 전두엽 실독증과 브로카 실어증이 공존하다가 실어증이 회복된 경우 읽기 문제가 가장 오랫동안 지속하는 증상이 될 수도 있다(Benson & Ardila, 1996).

3. 실서증

실서증(agraphia)은 최근의 대뇌손상에 기인한 쓰기 장애를 말한다. 실서증이 발병하면 이전에 습득한 쓰기 기술이 손상되거나 상실한다. 따라서 아직 쓰기 기술을 학습하지 않은 아동의 쓰기 문제는 실서증에 해당하지 않는다. 또한 실서증에는 일반적으로 혼돈 상태와 같은 심리적 문제로 인한 쓰기 문제도 포함하지 않는다.

19세기 영국의 신경학자인 John Ogle은 1876년, 신경계 손상이 있는 환자들이 나타내는 쓰기 문제를 기술하기 위하여 실서증이라는 단어를 사용하였다. 1881년 오스트리아의 정신분석가 Simund Exner는 제2 전두회의 바닥 쪽(브로카 영역 위쪽에 있는 운동피질 중 손을 담당하는 영역과 인접한 전운동 영역)에 쓰기 중추가 있다고 주장하였다. 이 영역은 엑스너 영역(Exner's area)이라고도 불린다(Benson & Ardila, 1996; Tseng & McNeil, 1997). 그러나 엑스너 영역은 이후 연구자들에 의해 인정받지 못하였다. 많은 연구자들은 대뇌의 여러 중추들이 쓰기에 관여한다고 보고 있다.

좌반구 손상은 우반구 손상보다 뚜렷한 구조적 구문적 쓰기 문제를 나타내는 경향이 있다. 좌반구 손상 환자의 쓰기는 실문법증을 보이며 그 글은 신조어 오류로 채워진다. 앞쪽의 손상은 구조적으로 취약한 글(철자 오류, 조잡한 글자 형태)을 쓰는 것 같다. 반면에 좌반구 뒤쪽 손상은 단어의 순서와 단어의 생략 문제를 보이지만 글자의 형태는 비교적 양호하다.

우반구 손상은 쓰기 영역 중 공간적 측면에 영향을 주는 것 같다. 예를 들어, 우반구 손상 환자들이 글을 쓸 때 적절한 여백을 주거나 공간을 확보하지 못할 수 있다. 왼쪽을 무시하여 읽기와 그리기를 하는 것이 그 증거이다.

이전에 실어증을 설명하면서 언급했던 것처럼, 대부분의 실어증 환자들은 다양한 수준의 쓰기 문제를 보인다. 이런 의미에서 실서증은 브로카 실어증, 베르니케 실어증, 전도성 실어증과 같은 주요 실어증 유형과 관련이 있다. 실어증의 유형과 관련된 주요 쓰기 문제들은 이전에 이미 언급하였다.

이 장에서는 그 밖의 실서증을 간단하게 언급할 것이다. Benson과 Ardila (1996), Tseng과 McNeil(1997)이 실서증에 대한 다양한 정보를 제시하였다.

1) 순수 실서증

순수 실서증(pure agraphia)은 청각적 이해력이 정상이거나 그에 가까운 것을 비롯하여 다른 모든 언어 기능이 정상인 상태에서 오직 쓰기 문제만 존재하는 증상을 말한다. 소수의 사례에서 실행증이 나타난 적이 있으나 순수 실서증 환자는 실어증, 실행증, 실독증의 증상이 없다(Benson & Ardila, 1996). 다른 언어 문제를 보이지 않는 순수 실독증에 대한 소수의 사례 보고가 있기는 하나 이 증상의 존재에 대한 논란은 끊이지 않고 있다.

순수 실서증 환자는 실어증이나 신경 운동 문제는 관찰되지 않으나 쓰기에 관련한 어떤 행동도 실행할 수 없다. 어떤 순수 실서증 환자는 수의적 쓰기는 불가능하지만 자동 쓰기, 베껴 쓰기는 어느 정도 가능하고 글자 형태는 비교적 양호한 편이다. 전운동 영역(엑스너 영역)의 손상이 보고된 바가 있으며, 좌측 두정엽의 위쪽 손상 역시 순수 실독증과 관련이 있다고 알려져 있다. 청각적 이해력과 표현 언어는 모두 정상이거나 정상에 가깝다.

2) 실행 실서증

실행 실서증(apraxic agraphia)은 실행증에 의한 쓰기 문제를 말한다. 실행 실서증 환자는 글자 형태에 심각한 문제를 보인다. 어떤 환자는 문자를 하나씩 서투르게 쓸 수 있다. 어떤 이들은 여러 가지 철자 오류를 보이거나 단어를 계속 반복해서 쓰는 경우도 있으며 대문자만 쓸 수 있는 경우도 있다. 수의적인 쓰기, 베껴 쓰기, 받아쓰기 역시 모두 비슷한 형태와 정도로 손상된다. 실행 실서증 환자는 철자를 정확히 쓰고 블록체로 쓸 수 있다. 환자에게 쓰기 과업을 요구하면 실행 실서증 환자는 단어의 철자는 쓸 수 있으나 서투르게 쓴다.

실행 실서증의 증상은 때로 모순되기도 한다. 어떤 환자들은 베껴 쓰기를 못하지만 가능한 경우도 분명 존재한다. 정자체를 쓰지 못하는 환자가 있는 반면 가능한 환자도 있다. 두정엽의 국소적 손상이 실행 실서증의 원인이 될 수 있다.

3) 운동 실서증

운동 실서증(motor agraphia)은 신경 운동 문제로 인한 쓰기 문제를 통칭하는 용어이다. 증상은 다양하다. 예를 들어, 불완전마비 실서증은 말초신경의 문제에 의해 쓰기 곤란이 야기된 것이고, 상위와 하위 운동신경원의 손상은 손의 근육에 영향(불완전마비, 약화, 경직)을 미쳐 결국 쓰기에 영향을 미칠 수 있다.

과소운동형 실서증〔hypokinetic agraphia－소서증(micrographia)〕은 글자의 크기가 작거나 혹은 글을 쓸수록 점차 글의 크기가 작아지는 쓰기 운동장애이다. 이 유형의 실서증은 파킨슨병과 관련이 있다.

과대운동형 실서증(hyperkinetic agraphia)은 진전, 틱, 무도병, 근긴장이상과 관련이 있는 쓰기 장애이다. 상지의 불수의적이고 과도한 움직임으로 인해 쓰기가 극단적으로 방해받으며 아예 쓰기가 불가능할 수 있다.

쓰기에 대한 정상적 규준이나 쓰기 장애에 대한 연구는 극단적으로 적다. 대뇌손상 환자의 구어손상에 대한 치료가 선행되며 일반적으로 치료는 구어 의사소통의 개선으로 시작하여 쓰기 기술이 개선되는 방향으로 진행된다. 실어증과 특수한 형태의 실서증 환자의 쓰기 기술 치료에 대한 더 많은 연구가 필요하다.

4. 실인증

대뇌 병리로 인해 감각 자극의 인식에 영향을 받는 증상을 통칭하여 실인증이라고 부른다. **실인증**(agnosia)은 감각 기관 및 기능의 손상이 없음에도 특정 자극의 의미를 파악하는 데 어려움을 겪는 증상을 말한다. 실인증 환자들은 일반적으로 한 가지 양식만 문제가 있어 자극을 보고, 듣고, 느낄 수 있으나 그것이 무엇인지 인지하지 못한다. 이것을 순수 실인증이라 하며 이러한 순수 실인증은 드문 편이다. 때로 감각 구별의 어려움, 지적 손상, 단순한 이해 곤란에 의해 실인증이라는 인상을 받을 수 있다.

실인증은 인지적 손상이나 장애로 인한 것이 아니며 치매도 아니다. 실인증 환자라고 일단 인식에 성공하면 환자는 사물이나 자극물의 이름을 말할 수 있다. 자극의 의미가 어떤 양식(예: 시각)으로는 파악되지 않더라도 다른 양식(예: 촉각)으로 쉽게 파악될 수도 있다. 예를 들어, 어떤 사물을 눈으로 보여 주었을 때 명명하지 못한 환자도 손에 쥐어 주면 쉽게 명명할 수 있다. 다음은 실인증의 주요 유형을 설명한 것이다.

- 청각 실인증(auditory agnosia)은 청력이 정상인 사람에게 청각 자극을 제시하

여도 그 의미를 이해하거나 인지하지 못하는 증상이다. 양 반구의 청각 연합 영역 손상이 청각 실인증의 신경학적 원인으로 알려져 있다. 청각 실인증 환자들은 소리에 반응할 수는 있으나 그 의미를 파악하지는 못한다. 또한 청각 실인증 환자들은 사물을 시각적으로 인식할 수도 있으나 사물과 연관된 소리를 연결 짓지 못한다.

- **청각 구어 실인증**(auditory verbal agnosia) 혹은 **순수 단어맹**은 단어를 들려주면 그 소리를 들을 수는 있지만 그 의미를 이해하지 못하는 장애이다. 비언어적 소리나 글씨로 쓴 단어를 인식하는 데는 문제가 없다. 자발어, 읽기, 쓰기는 정상이거나 거의 정상에 가깝다. 베르니케 영역을 분리하는 양측 측두엽 손상이 이 희귀한 장애의 원인이다.
- **시각 실인증**(visual agnosia)은 사물은 정상적으로 보이지만 사물의 의미가 이해되지 않는 희귀한 장애이다. 환자는 자신이 낸 소리를 듣거나 만지고 느끼는 촉각적 자극은 인식할 수 있다. 이처럼 간헐적이고 비일관적인 장애는 일반적으로 양 반구의 후두엽 손상, 두정엽 뒤쪽 손상 혹은 시각피질과 다른 뇌 영역을 연결하는 신경섬유의 손상에 의해서 일어난다고 알려져 있다.
- **촉각 실인증**(tactile agnosia)은 환자의 눈을 가리고(사물을 보지 못하게 함) 만지거나 느꼈을 때 사물을 인지하지 못하는 증상이다. 환자는 사물의 질감을 느낄 수 있고 다른 촉각 자극과 촉감이 있다고 말할 수는 있으나 그것의 이름을 말하거나 묘사하지는 못하는 반면, 환자는 특징적인 소리를 듣거나 사물을 보면 자극이나 사물을 쉽게 인식할 수 있다. 뇌의 다른 영역과 체성감각 피질을 분리시키는 두정엽의 손상이 주요 원인이다.

5. 특수 집단의 실어증

특수한 집단에서 발병하는 실어증은 연구와 저술의 대상이 되어 왔다(Coppens, Lebrun, & Basso, 1998). 이 장에서 치료사와 연구자들에게 특별한 관심을 받아왔던 집단의 실어증에 대해 간략히 살펴볼 것이다.

1) 이중 언어 사용자들의 실어증

이중 언어 사용자 중 실어증이 발병한 환자들은 그들이 사용하던 2개의 언어가 각각 다른 정도로 손상되는지에 대해 연구할 기회를 제공한다. 두 언어에서 보이는 다양한 증상의 복잡성은 2개 혹은 그 이상의 언어가 뇌에서 어떻게 처리되는지를 밝혀주는 실마리를 제공할 수 있다.

불행하게도 이중 언어 실어증자가 사용하는 두 언어를 양적·질적으로 확실하게 분석한 연구는 매우 적고 방법론적인 문제들이 있는 경우가 많다. 치료사는 일반적으로 환자의 이중 언어 사용에 대해서는 무시하는 경향이 있다. 이중 언어 실어증 환자들은 거의 모든 사회에서 흔하게 발견되며 전 세계 80% 정도가 이중 언어 사용자일 것으로 추정된다. 미국의 경우 150,000명 이상이 이중 언어 실어증 환자이며, 매해 45,000명 정도의 이중 언어 실어증이 발생한다. 그러나 이중 언어 실어증 환자들은 국가, 지역, 병원에서 주로 쓰는 언어로 평가되거나 치료받는 실정이다(Parais, 1998).

대부분의 이중 언어 사용자들이 가지고 있는 두 언어의 지식은 소수의 단일 언어 사용자들이 모국어에 대해 가지고 있는 지식만큼 완벽하지 못하다. 이중 언어 사용자들은 두 가지 언어 모두가 똑같이 능숙하거나, 두 언어 모두 다소 부족하거나, 하나의 언어가 다른 한 언어보다 더 능숙한 형태를 보인다. 표 7-1은 이중 언어 사용 능력의 정도 차이를 설명하고 그 용어를 정의한 것이다.

이중 언어 사용자의 언어에 대한 우반구 우세설(제2언어에 대한)이 제기되었다. 그러나 이 주장은 압도적으로 많은 연구와 증거에 의해 반박되었다. 이중 언어 사용자도 단일 언어 사용자처럼 좌반구가 언어 우세반구로 알려져 있다. 언어에 대해 우반구가 언어에 기여하는 것은 화용론의 일 측면 정도로 제한되어 있다(10장, 11장의 우반구 증후군에서 자세히 기술한다). 단일 언어 사용자와 마찬가지로 이중 언어 실어증 환자도 좌반구 손상과 관련이 있으며, 실어증의 유형과 양상도 단일 언어 사용자와 이중 언어 사용자가 유사하다(Paradis, 1998).

이중 언어 사용자의 실어증 형태와 치료 유무에 따른 변화의 과정에 대한 연구는 대부분 통제되지 않은 관찰과 1회성 평가의 사례사 중심으로 되어 있다. 이러한

표 7-1 이중 언어 사용은 정도의 문제이다

용어	정의
단일 언어 사용자	단지 하나의 언어만을 사용하는 화자
완벽한 이중 언어 사용자	두 가지 언어가 같은 정도의 원어민 수준으로 사용하는 화자
균형적 이중 언어 사용자	원어민 수준의 도달에 관계없이 두 가지 언어를 동등한 정도로 능숙하게 사용하는 화자
준-이중 언어 사용자	두 가지 언어를 구사하지만 어느 쪽도 원어민 수준에 도달하지 못한 화자로 자신의 생각을 표현할 때 두 가지 언어를 모두 사용해야 하는 화자
우세 이중 언어 사용자	두 가지 언어를 구사하나 한 언어를 다른 언어보다 월등히 능숙하게 사용하는 화자

관찰 연구에 대한 신뢰도는 말하기 어려운 부분이 있다. 다음에 정리한 회복 패턴 및 일반화에 대한 정보는 향후 체계적인 결과가 새로이 보고될 경우 변경될 수 있다. 가지고 있는 연구들은 가능한 모든 방법으로 변화하는 이중 언어 사용자의 이중 언어 회복과 패턴을 밝혀냈다(Benson & Ardila, 1996; Paradis, 1998).

- 회복된 언어는 모국어, 선호하는 언어, 우세 언어이거나 주변 환경에서 쓰는 것일 수도 있고 아닐 수도 있다.
- 이중 언어 실어증 환자가 회복하는 언어가 어떤 것인지는 손상 영역의 위치나 심한 정도와 체계적인 관련성이 없다.
- 어떤 환자들은 이중 언어 사용 기술이 대략 발병 이전 수준과 유사하게 회복한다(평행 회복).
- 어떤 환자의 경우 사용하는 두 가지 언어의 능숙도가 거의 유사하더라도 둘 중 하나의 언어가 더 많이 회복될 수 있다.
- 실어증 발병 전에는 두 가지 언어 중 하나의 언어가 더 능숙했던 환자가 실어증 발병 후 가족들이 놀랄 정도로 유사한 수준으로 회복될 수도 있다.
- 일반적으로 두 가지 언어 중 발병하기 전 좀 더 능숙하게 사용했던 언어가 더 빨리 그리고 더 크게 회복한다. 그러나 일부 환자들은 발병 전 능숙하게 사용

하던 언어보다 덜 능숙하게 사용하던 언어를 더 유창하게 말할 수 있게 되기도 한다.

- 두 가지의 언어 중 하나는 전혀 회복하지 못할 수도 있다(선택적 회복).
- 하나의 언어가 회복된 뒤 몇 개월이 지나서 다른 언어가 회복되기도 한다(연속적 회복).
- 하나의 언어가 회복하면서 이미 회복되었던 다른 언어능력이 소실되기도 한다(대립적 회복). 혹은 두 언어가 번갈아가며 손상과 회복을 반복하는 시소 패턴의 회복 양상을 나타낼 수도 있다.
- 환자에 따라 하나의 발화 안에 구나 문장(단단어가 아니라)으로 된 두 가지 언어를 섞어 사용할 수 있다.
- 어떤 환자는 자신이나 다른 사람의 발화를 다른 언어로 통역하기도 한다. 이상한 점은 현재 수의적으로 말할 수 없는 언어로 통역은 가능하지만(발병 전에는 구사했음), 현재 사용하는 언어로는 통역할 수 없다는 것이다.
- 어떤 환자는 다른 언어에서 사용하던 말투를, 회복하고 있는 언어를 말할 때 사용하기도 한다. 발병 전에는 이런 일이 없었더라도 그러하다.
- 소수의 경우 거의 쓰지 않거나 오랫동안 잊어버린 모국어를 더 잘 사용하게 되어 가족들, 특히 모국어로 말하는 것을 들어 보지 못했던 젊은 사람들을 놀라게 하기도 한다.
- 한 환자 안에서 알려진 회복 패턴들이 시간의 지남에 따라 언어 간에 뒤섞여 나타날 수 있다.
- 일반적으로 개인차는 알려진 회복 패턴보다 더 중요하고 환자들은 어떤 회복 패턴과도 일치하지 않을 수 있다.

치료사들은 환자가 발병 이전에 구사하던 두 가지(혹은 그 이상)의 언어 수준에 대한 정보를 모아야 한다. 치료사는 현재 환자의 언어능력과 치료기간 중 나타나는 언어의 회복 패턴을 주의 깊게 평가해야 한다. 대부분의 치료사들이 이러한 평가를 능숙하게 하는 데 어려움이 있기 때문에 전문 번역가가 도와주어야 할 필요가 있다.

2) 왼손잡이의 실어증

전체 인구의 약 4% 정도가 왼손잡이이고, 약 30%는 양손잡이, 약 66%는 오른손잡이이다(Basso & Rusconi, 1998). 전체 인구의 4%를 차지하는 왼손잡이의 50% 정도가 우반구를 언어 우세반구로 사용하고 있다. 이 말은 전체 인구 중 2% 정도(왼손잡이이기도 하다)가 우반구에 언어를 국재화시키고 있다는 의미이다. 따라서 손잡이와 언어 국재화가 관련이 있다는 기존의 이론은 그 근거가 희박하여 부정된다.

왼손잡이 실어증 환자에 대한 연구는 방법론적 측면에서 제한점이 있다. 다음은 왼손잡이 실어증 환자를 대상으로 하여 실시한 연구에서 발견한 정보이다.

- 왼손잡이가 좌반구의 손상 결과로 인해 실어증이 발생할 확률과 오른손잡이가 우반구의 손상으로 인해 실어증이 발생할 확률은 비슷할 것이다.
- 왼손잡이가 우반구 손상의 결과로 인해 실어증이 발생할 확률은 오른손잡이가 비슷한 손상을 입어 실어증이 발생할 확률보다 높을 것이다.
- 우반구 손상에 의한 실어증과 좌반구 손상에 의한 실어증 간에 실제적 차이가 없는 것 같다.
- 좌반구 손상으로 인한 실어증의 회복과 손잡이 간의 관련성은 없는 것 같다.

일반적으로 왼손잡이 실어증에 대한 연구는 평가나 치료 측면에서 두드러진 차이를 보이는 자료는 나오지 않고 있다. 대체로 오른손잡이와 왼손잡이 실어증 환자 간의 차이가 과장된 경향이 있다(Basso & Rusconi, 1998).

3) 수화 사용자의 실어증

대뇌 국재화의 관점에서 수화 사용자와 구어 사용자 사이에 차이가 있는지에 대한 연구가 있었다. 그 결과 수화 사용자도 구어 사용자와 같이 좌반구 손상 시 실어증이 일어난다는 것이 밝혀졌다. 수화 사용자가 우반구에 손상을 입으면 수화 사용 능력은 심하게 손상되지 않으며 정상 청력을 가진 구어 사용자가 받는 영향과 유사한 형태를 보이는 것으로 알려졌다. 본래 언어의 대뇌 국재화는 언어의 형태(구어인지 수화인지)에 관계없이 일어나며, 언어 기능은 대개 좌반구를 우세반구로 하여 국재화된다.

이 책에서 가장 관심을 두는 영역은 수화 사용자와 구어 사용자의 대뇌 국재화의 차이가 아니라 수화 사용자들에게 발생하는 실어증의 특징이다. 수화를 사용하는 실어증 농자에 대해 보고된 사례 연구가 다수 존재한다. 초기 연구의 상당수가 전체적인 수화 사용의 손상을 분석하기보다 지화 사용의 손상을 분석 연구하였다(Corina, 1998). 최신 연구는 연구 방법을 보완하였으며 발견된 결과는 다음과 같다.

- 수화를 사용하는 청각장애인이 측두엽 후방에 손상을 입을 경우 수화를 이해하는 데 어려움을 겪게 될 것이다(수화의 이해 손상)
- 일반적으로 이해력의 손상은 수화 산출의 손상과도 관련이 있다. 그럼에도 불구하고 수화 이해력의 손상이 있으면서 산출능력이 보존된 경우는 후두엽과 관련이 있다고 보고되었다.
- 수화를 사용하는 청각장애인이 좌측 전두엽 전방이 손상되면 수화 산출에 어려움을 겪게 될 것이다. 이러한 산출 결함은 같은 좌측 전두엽 전방이 손상된 구어 사용자와 유사한 특징을 보일 것이다. 수화를 산출하는 데 매우 노력이 들어가며 비유창하고(부드럽게 흐르지 않음) 대부분의 수화표현이 간략해지는 경향이 있다.
- 수화 사용 실어증자들은 착어증과 유사한 형태의 수화 착어증을 보일 것이다. 수화 착어증은 정확한 손동작을 부정확한 손동작으로 대체되는 증상이다.
- 수화 사용 실어증 환자는 수화의 형태소적 특징이 있는 움직임을 생략할 수도 있다.
- 발병 이전에는 유창하게 수화를 사용하였지만 발병 후 수화 사용이 비유창하게 된 경우는 브로카 영역의 손상과 관련이 있을 가능성이 높으며 손과 팔의 움직임을 통제하는 피질 영역에 손상이 있을 확률은 더욱 높다.
- 유창하지만 의미가 없는 수화를 사용하는 수화 실어증 환자의 뇌손상 영역은 정확히 베르니케 영역은 아닐지라도 대뇌의 후방 영역이 손상되었을 가능성이 높다. 이러한 환자는 수화 사용 능력이 심하게 손상되었을 것이다.
- 수화를 사용하는 청각장애인의 우반구가 손상되면 담화에 손상을 입을 것이

다. 담화 손상은 담화의 세부사항에 과도한 주의를 기울이거나 사건이나 자극을 기술할 때 핵심적인 사항을 생략하는 것으로 나타날 것이다.

좌반구 및 우반구에 손상을 입은 건청인과 청각장애인 모두 본질적으로 유사한 형태의 손상을 입을 것이다. 뇌연구를 통해 수화 사용자의 경우 양 반구가 활성화된다고 알려졌지만 아직까지 임상적으로 명확하지 않다(Corina, 1998).

4) 교차 실어증

교차 실어증(crossed aphasia)이란 우반구에 손상을 입은 오른손잡이에게 실어증이 일어나는 희귀한 증상이다. 대부분의 경우 교차 실어증의 원인은 우반구의 혈관손상이다. 우반구의 종양은 2차적 원인이다.

만약 어떤 오른손잡이 실어증 환자의 언어 우세반구가 우반구인 것이 확실하다면 환자는 교차 실어증으로 볼 수 없다(uncrossed). 그러나 오른손잡이뿐만 아니라 왼손잡이의 대부분이 언어의 우세반구가 좌반구이기 때문에 교차 실어증은 난해하면서도 논쟁의 쟁점이 되어 온 영역이다. 교차 실어증을 설명하기 위한 여러 이론을 다음에 제시하였다.

- 교차 실어증은 언어 영역이 우반구나 양 반구 혹은 뇌의 여러 영역에 산발적으로 국재화된 결과일 수 있다는 이론이다. 교차 실어증 환자의 언어 국재에 대한 발견점들은 모순되는 경향이 있으며 결정적인 이론은 아직 나타나지 않았다.
- 교차 실어증은 발견되지 않은 좌반구 손상의 결과거나 좌반구 손상과 공존한다는 이론이 존재한다. 그러나 이 이론은 뚜렷한 좌반구 손상이 발견되지 않을 경우 지속되기 어렵다.
- 교차 실어증은 우반구의 피질하 손상으로 인한 것이라는 이론이 있다. 이 이론에 의하면 교차 실어증은 희귀한 증상이 아니다. 교차 실어증 환자 중 일부에게서 피질하 손상이 발견되기도 하나 대부분의 경우 발견되지 않는다. 따라서 대부분의 전문가는 이러한 이론을 부정한다(Coppens & Hungerford, 1998).
- 교차 실어증은 우반구의 손상이 좌반구로 확대된 결과로 보는 이론이 있다. 예

를 들면, 우반구의 병변이 손상되지 않는 뇌 영역의 신진대사율을 감소시킬 수 있다. 이 가설에 대한 증거는 논란의 여지가 있다.

현재까지 모든 전문가들이 동의하면서 자료로 명확하게 뒷받침되는 교차 실어증에 대한 완벽한 이론은 없는 실정이다. 이러한 현상은 다소 논란이 되는 주장을 뒷받침하는 여러 원인에 의한 것이다(Coppens & Hungerford, 1998).

교차 실어증에 대한 원인은 고사하고, 교차 실어증에 대해 어떠한 측면도 합의된 바가 없는 것이 실정이다. 오른손잡이 실어증 환자 중 교차 실어증의 발생 비율은 최저 0%에서 최고 18%까지 다양하게 보고되었다. 대부분의 연구에서 주장하는 발병률은 1~3% 사이이다. 교차 실어증이 비교적 젊은 나이에 발병한다고 주장하는 연구도 있으나 다른 연구에서는 보고된 바가 없다. 또한 소수의 연구에서 여성의 발병률이 더 높다고 주장하나 그 외의 연구는 이러한 주장을 반박한다.

교차 실어증의 증상 역시 합의된 것이 없다. 다음에 기술된 특징들이 연구를 통해 발견되었으나 논란의 여지는 있다.

- 대부분의 교차 실어증의 증상은 비유창하며 실문법증이 나타나고 함묵증으로 시작된다. 그러나 일반적으로 교차 실어증의 비유창성은 일반적인 실어증의 비유창성보다 그 정도가 좋다.
- 대부분 이름대기 기술이 보존된다.
- 이해력의 정도는 환자에 따라 다양하다.
- 이름대기 기술 역시 환자에 따라 다양하다.
- 대부분의 교차 실어증 환자가 다양한 정도의 비유창성을 보이나 유형별로 살펴보면 전체성 실어증 베르니케 실어증, 연결피질 실어증, 전도성 실어증 순으로 일어난다고 보고되었다.
- 교차 실어증의 증상은 대개 일반 실어증과 유사하다. 그러나 일반 실어증의 경우에도 예측할 수 없는 특징을 보이듯이, 교차 실어증의 경우도 일반 실어증과 다른 몇 가지 차이들이 확인되었다.
- 브로카 실어증 증상을 보이는 일부의 교차 실어증 환자는 읽기 기술이 보존되었다.

- 베르니케 실어증 증상을 보이는 일부 교차 실어증 환자는 청각이해력의 손상이 경미하였다.
- 연결피질 혼합 실어증 증상을 보이는 일부의 교차 실어증 환자는 이름대기 기술이 보존되었다.
- 일부의 교차 실어증 환자의 경우 쓰기 기술보다 구어 기술이 더 좋은 경우도 있다. 또한 그 반대의 경향도 보고되었다.
- 일부의 교차 실어증 환자에게 우반구 손상 증후군의 대표적인 증상(무시, 시공간 문제, 무관심, 10장과 11장 참조)이 나타나기도 한다. 이러한 증상의 정도는 매우 다양하다.
- 교차 실어증 환자들이 일반 실어증 환자보다 회복이 빠르다는 주장도 있으나 이러한 주장을 뒷받침할 증거는 없다. 대부분의 전문가들은 교차 실어증과 일반 실어증의 회복 패턴과 치료에 대한 효과가 유사하다고 믿고 있다.

교차 실어증 환자의 치료 효과에 대한 연구는 거의 없다. 치료 지침이 마련될 때까지 치료에 의해 회복된 문제들을 정밀하게 분석하고, 일반적인 실어증 치료에 효과가 있었던 절차를 적용하는 것이 치료사가 할 수 있는 최고의 접근법이라 생각된다.

읽을거리

비전형적 실어증과 연관된 증후군에 대한 더 자세한 정보가 필요하다면 다음의 자료들을 참조한다.

Basso, A., & Rusconi, M. L. (1998). Aphasia in lefr-handers. In P. Coppens, Y. Lebrun, & A. Basso (Eds.), *Aphasia in atypical populations* (pp. 1-34). Mahwah, NJ: Lawrence Erlbaum Associates.

Coppens, P., & Hungerford, S. (1998). Crossed aphasia. In P. Coppens, Y. Lebrun, & A. Basso (Eds.), *Aphasia in atypical populations* (pp. 203-260). Mahwah, NJ: Lawrence Erlbaum Associates.

Corina, D. (1998). Aphasia in users of signed languages. In P. Coppens, Y. Lebrun,

& A. Basso (Eds.), *Aphasia in atypical populations* (pp. 261–309). Mahwah, NJ: Lawrence Erlbaum Associates.

Paradis, M. (1987). *The assessment of bilingual aphasia.* Hillsdale, NJ: Lawrence Erlbaum Associates.

Tseng, C., & McNeil, M. (1997). Nature and management of acquired neurogenic dysgraphias. In L. L. LaPoint (Ed.), *Aphasia and related neurogenic language disorders* (2nd ed., pp. 172–200). New York: Thieme.

Webb, W. G. (2005). Acquired dyslexias: Reading disorders associated with aphasias. In L. L. LaPointe (Ed.), *Aphasia and related neurogenic language disorders* (3rd ed., pp. 83–96). New York: Thieme.

제 8 장

실어증의 평가

이 장의 개요

- 실어증 평가: 실제적이고 전문적인 고려점
- 가장 많이 평가되는 행동
- 평가에 이용되는 활동
- 반복적 관찰의 중요성
- 표준화된 실어증 진단도구
- 기능적 의사소통 평가
- 특정 기술을 평가하기 위한 개별 평가도구
- 실어증 평가의 개요
- 다양한 문화적 배경을 가진 환자들의 평가
- 기타 장애와의 감별 진단

학습 목표

이 장을 학습한 후 학생들은,

- 실어증 환자를 평가하는 데 필요한 의사소통 기술에 대해 서술한다.
- 의사소통 기술을 평가하는 방법을 기술한다.
- 가장 일반적으로 사용하는 평가도구를 기술하고 비판한다.
- 여러 유형의 실어증 환자를 평가하기 위한 계획을 수립한다.
- 다양한 민족문화적 배경을 가진 환자를 평가하기 위해 사용하여야 하는 지침들을 기술한다.
- 실어증과 혼동될 수 있는 다른 장애를 구별하는 데 도움을 줄 감별 진단 지침들을 요약한다.

1. 실어증 평가: 실제적이고 전문적인 고려점

일반적으로, 평가의 목적은 환자의 과거, 현재, 미래를 이해하는 것이다. 여기에서 중요한 점은 환자의 의사소통 기술을 이해하는 것이다. 그러나 이러한 기술은 반드시 환자의 건강 문제라는 관점에서 이해되어야 하며, 환자의 신체적 상태나 전체적인 삶의 질, 가족이나 사회 지원 시스템의 안정이나 개선이라는 측면에서 이해되어야 한다. 결정적으로 고려할 사항은 환자가 현재 할 수 있는 것과 할 수 없는 것이 무엇인지 아는 것이지, 앞으로 치료와 재활에 도움을 줄 것(희망하는 것)이 무엇인지는 아니다. 환자의 가족 및 직업과 관련된 사람, 사회적 구성원과 환자의 문화적 배경은 이러한 관점에서 이해되어야 하는 것 중 한 부분이다. 환자와 가족 구성원들이 치료나 재활로 기대하는 것과 환자의 미래에 대한 계획 역시 중요한 고려점이다. 더욱이 의료와 의사소통에 관한 예후는 자세하게 이해되어야 할 필요가 있다. 9장에서 기술한 것처럼, 치료의 범위는 사회와 가족 구성원뿐만 아니라 환자의 지원 시스템으로까지 확대된다. 따라서 환자의 신경학적, 의사소통적 문제에 한정하여 환자를 평가하는 것은 불충분하다. 이러한 평가와 치료의 관점은 세계보건기구(World Health Organization)의 국제기능장애건강분류〔International Classification of Function, Disability, Health(ICF)〕에 의해 지지된다(WHO, 2001). 부록 B는 WHO 분류 수정판을 요약 제시하였다.

포괄적이고 체계적인 실어증 평가에는 많은 시간이 소요된다. 언어치료 관련 대학에 재학 중인 학생 치료사는 실어증 환자를 평가하는 데 여러 회기를 소요할 수 있을지도 모르지만, 대부분의 병원 환경에서 일하는 치료사는 많은 시간을 할애할 수 없다. 대부분의 치료사들이 실어증 평가를 완료하는 데 걸리는 시간은 1시간 이하이다. 치료사가 아무리 시간을 가장 효율적으로 사용하더라도 이 시간 동안 모든 종류의 정보를 충분하게 모을 수는 없다. 포괄적인 표준화 검사도구(comprehensive standardized test batteries)는 실시하는 데 1시간 이상을 요구하는 경우가 많다(예: 보스턴 실어증 검사는 무려 4시간이 걸린다!). 따라서 치료사들은 평가시간을 최대한 늘리기 위해 독자적인 전략을 사용하고 필요한 정보는 다른 방법으로 수집한다. 예는 다음과 같다.

1. 환자 및 가족, 밀접한 보호자에 대한 기능을 평가한다. 가장 불편한 사항을 환자에게 물어라(예: "말이 생각나지 않아요."). 가족과 보호자에게는 현재 가장 문제가 되고 있는 기능이 무엇인지에 대해 질문하는 것이 좋다. 이것은 평가하는 항목을 한정하고 정해진 시간 내에 과업을 완벽하게 수행하는 데 도움을 줄 것이다.
2. 실어증의 가장 두드러진 특징을 평가하고 덜 두드러진 특징은 후에 찾거나 면담을 통해 평가를 실시한다. 예를 들어, 이름대기를 간단한 검사도구를 통해 평가하거나 면담을 통해 브로카 실어증의 청각적 이해 정도를 평가하는 방법 등이 있다. 이러한 방법을 사용하면 시간을 많이 소요하는 청각적 이해력 검사를 실시하는 시간을 절약할 수 있다. 이유가 정당하다면, 이러한 평가를 나중에 실시하는 것도 좋은 방법이다.
3. 환자와 가족의 면담을 전화로 실시하고 평가 회기 전에 정보를 획득하기 위해 사례사를 수집한다.
4. 환자가 현재 하고 있는 행동을 평가한다. 아직 평가하지 않은 행동에 관심을 갖고 빠르게 평가할 수 있도록 준비한다. 또한 어떤 기술은 치료를 시작할 때 수 분 내에 평가할 수도 있다.
5. 긴 시간을 요구하는 검사보다 상대적으로 간단하면서 신뢰도와 타당도가 보장된 검사를 선택해야 한다.
6. 시간을 절약할 수 있다면 많은 시간을 요구하는 표준화된 검사를 실시하는 것보다 환자에 맞는 평가를 실시하는 것도 좋은 방법이다.
7. 과거나 최근에 실시한 평가 보고서를 얻을 수 있다면 보고서에 기재된 정보가 확실한지 그리고 현재도 그 정보가 적합한지를 판단하라. 만약 확실하다면 보고서에 기재된 검사를 생략하거나 연기하는 것도 좋은 방법이다.

병원에서 일하는 치료사 중 숙련된 치료사는 환자의 의료 차트를 빠르게 검토하고 가장 결정적인 문제를 평가하고 초기 치료계획까지 걸리는 시간이 1시간 이내인 경우도 있다. 그러나 학생 치료사는 모든 측면의 평가를 충분한 시간을 들여 배울 필요가 있다. 전반적인 평가에 대한 자세한 사항을 모두 학습한 치료사는 평가의 신뢰도와 타당도를 손상시키지 않는 범위 내에서 생략해도 무방하다. 따라서 이 장에서 기술한 평가에 대한 계획은 노련한 치료사에 의해 수행되는 검사보다는 좀 더 자세하다. 그러나 이것은 전문가에 의해 수행되는 방법이다.

전통적·임상적 관점에서 환자에 대한 철저한 이해와 평가는 실어증의 정확한 진단을 도와줄 뿐만 아니라 실어증 유형을 감별 진단하는 것에도 도움을 준다. 이러한 감별 진단은 다른 유형의 의사소통장애를 제외하는 데 도움을 줄 뿐만 아니라 환자를 위한 유연한 치료계획 수립과 예후 예측에도 도움을 준다.

환자의 행동과 기술에 대한 장기간에 걸친 광범위하고 체계적이며 신뢰성과 타당성이 있고, 유연하고, 환자에게 맞추어진 평가는 환자에 대한 충분한 이해와 의사소통장애에 대한 광범위하고 믿을 수 있는 평가를 개발하는 데 실마리를 준다. 실어증은 이러한 일반적인 규칙에 대해 예외가 없다.

환자의 행동과 기술의 평가는 반드시 장기간에 걸쳐 **광범위하게** 이루어져야 한다. 짧은 기간 내에 표면적으로만 행동 관찰을 실시하면 환자의 의사소통 기술에 대해 잘못된 판단을 내릴 수 있다. 물론 치료사의 전문지식이 많을수록 평가에 필요한 시간이 짧아지기는 한다. 실어증 증상은 시간의 흐름에 따라 변화하며 어떤 유형의 실어증이 또 다른 유형으로 진화할 수 있다. 따라서 평가 지향적인 행동 관찰은 치료 후에도 반드시 필요하다. 경제적, 시간적 이유로 인해 전통적 평가는 한 시간 정도의 상대적으로 짧은 시간에 이루어지는 것이 일반적이지만, 치료를 시작하기 전에 의사소통 행동의 평균 수준 평가를 광범위하게 실시하고자 한다면 이러한 시간적 한계를 극복해야 한다. 환자에게 일어나는 변화를 평가하는 것과 같은 주기적인 평가가 지속적인 평가를 용이하게 한다.

평가는 반드시 **체계적**(systemic)으로 이루어져야 한다. 체계적 평가는 환자의 행동 중 평가해야 할 목표 기술을 정확히 정의하는 것과 그 목표 기술을 지속적으로 평가하는 것을 말한다. 실례로, 이름대기 능력에 일관성이 보이지 않는 환자가 있다면 다양한 상황에서 다양한 자극을 제시하여 이름대기를 평가해야 한다.

평가 결과는 반드시 **신뢰성**(reliable)이 있어야 한다. 평가의 **신뢰도**(reliability)는 같은 기술을 반복적으로 평가했을 때 점수가 일치할수록 높아진다. 반복 측정, 특히 치료를 시작하기 전에 기초선을 측정하는 것은 신뢰도를 높일 수 있는 좋은 방법이다. 또한 평가는 타당(valid)해야 한다. 평가의 **타당도**(validity)는 평가자가 목표 행동 하나만을 평가하는 것이다. 예를 들어, 이름대기 능력을 평가한다면 이름대기 능력만을 측정하고 다른 어떤 능력도 측정하지 않는 것을 말한다.

평가는 반드시 환자 개별적(client-specific)이어야 한다. **환자 개별형 평가**(client-specific measure)는 평가 대상자만을 위해 만들어진다. 동일한 실어증 유형(예: 브로카 실어증 혹은 베르니케 실어증) 내에서조차도 환자 개인에 따라 뚜렷한 차이가 있기 때문에 평가 방법은 반드시 환자 개개인에 맞추어야 한다. 인종에 따라 혹은 인종 내에서의 개인적 차이 또한 융통성 있는 환자 개별형 평가 절차를 요구한다. 이 방법은 표준화 검사에만 의존하는 것은 아니며 평가 정보를 수집하기는 용이하지만, 그렇다고 이 정보들이 반드시 신뢰도나 타당도, 임상적 유용성을 가지고 있는 것은 아니다.

측정과 분석은 측정하고자 하는 적합한 행동의 표본을 대상으로 해야 한다. 적합한 표본의 조건은 목표 행동을 여러 차례에 걸쳐 충분히 관찰 가능한 정도로 모으는 것이다. 환자의 의사소통 기술은 충분할 만큼 다양하게 많이 수집되어야 한다. 환자는 목표 행동을 측정할 수 있도록 능력을 산출할 수 있는 다양한 기회를 제공받아야 한다. 치료사는 환자의 기술이 드러날 수 있도록 이름대기나 대화 상황과 같은 적절하고 다양한 상황을 만들 필요가 있다. 예를 들어, 환자에게 몇 장의 사진을 보여 주고 이름대기를 요구하는 대신에 환자와 관련된 사진을 여러 장 보여 주고 이름대기를 요구하는 것이다. 수집된 표본의 수가 적으면 신뢰도 역시 낮아질 확률이 높다. 이러한 문제는 치료사가 환자의 의사소통과 관련된 행동을 평가하기 위해 표준화된 검사만 실시할 경우 악화된다. 표준화된 검사를 실시하지 않고 목표 행동에 대해서만 충분하게 표본 수집을 하는 것도 가능하다. 단, 이를 위해서 치료사는 어떠한 종류의 행동을 수집해야 하고 어떻게 수집해야 하는지 알고 있어야만 한다.

특정 유형의 실어증에서 나타나는 일반적인 증상들은 다양하다. 따라서 여러 실어증 유형에 따라 많은 일반적인 행동은 빈번하게 평가하여야 한다. 가장 일반적으로 관찰되고 평가되는 기술을 이해하는 것은 치료사가 환자 맞춤식의 융통성 있는 절차를 개발하는 데 도움을 준다.

2. 가장 많이 평가되는 행동

실어증 평가를 실시할 때에는 구어뿐만 아니라, 비구어, 문자 의사소통까지를 포함하는 모든 의사소통의 양식을 충분히 평가하여야 한다(Davis, 2000; Golper, 1996; Holland, 1996; Murray & Chapey, 2001; Spreen & Risser, 1998). 치료사는 표준화된 평가 방법뿐만 아니라 비표준화된 평가 방법에 도움을 주기 위해 의사소통의 다음과 같은 측면에 따라 평가를 실시할 수 있다.

- 구어 유창성. 유창성은 실어증을 크게 두 가지 범주로 분류할 수 있는 구어의 특징 중 하나이다. 따라서 치료사는 환자의 구어 유창성을 평가해야 한다.
- 구문론 및 형태론적 특징. 의사소통의 이러한 측면은 실어증을 특정한 유형으로 구별하는 데 기본이 된다. 따라서 구어의 구문론과 형태론적 측면의 평가는 감별 진단에 도움을 준다.
- 대화 표본. 환자의 대화 표본은 의사소통의 구어뿐만 아니라 비구어의 측면을 평가하는 데 도움을 준다. 대화 표본은 구어의 유창성이나 구문 형태론적인 측면을 넘어 대화 주고받기나 주제 유지와 같은 대화 기술을 평가하는 데 도움을 준다.
- 청각적 이해력. 구어에 대한 이해의 손상 정도를 측정하는 것은 실어증 평가와 특정 유형 진단에 있어 진단적 가치를 지닌다.
- 따라 말하기 기술. 따라 말하기의 손상 정도는 실어증 유형에 따라 다양하다. 앞서 언급한 것처럼, 따라 말하기의 손상 정도가 심한 환자도 있는 반면, 반대로 따라 말하기 능력이 거의 완전한 경우도 있다. 그렇기 때문에 따라 말하기의 평가는 실어증 평가에 있어 표준화된 절차에 포함된다.
- 이름대기. 이름대기의 문제는 정도가 다양할 뿐 대부분의 실어증 환자에게 나타나는 특징이다. 이름대기의 문제는 실어증 유형 전체에 걸쳐 일반적인 것이므로 이름대기는 실어증 평가에 있어 반드시 포함되어야 한다.
- 구어 산출. 조음의 문제가 실어증의 유무나 유형과 관계있는 것은 아니지만, 많은 실어증 환자들에게 마비말장애(dysarthria)는 실어증과 함께 나타나는 증상

이다. 따라서 구어 산출 역시 평가되어야 할 항목이다.

- 쓰기. 쓰기 능력은 환자의 발병 전 식자 능력에 따라서 큰 차이를 보이며, 경우에 따라서는 개별 평가를 실시하는 것이 도움이 된다. 이러한 유형의 의사소통은 재활에 초점을 맞추어 평가할 필요가 있다.
- 소리 내어 읽기(reading aroud)와 읽기이해(reading comprehension). 이 두 가지 기술은 손상 정도의 개인차가 큰 편이다. 쓰기 기술처럼 읽기 기술의 평가도 대부분의 경우 유용하게 쓰인다.
- 자동구어와 노래하기. 자동구어, 반향어, 노래는 진단적 힌트를 제공하는 경우가 있다. 이러한 기술들은 치료 시에 사용되는 전략이므로 평가 절차에 포함되어야 한다.
- 비구어 의사소통. 몸짓이나 기타 형식의 비구어적 의사소통의 사용은 특정 유형의 실어증 환자에게 중요할 수 있으므로, 환자의 현재 비구어 의사소통 기술 및 요구 정도는 반드시 평가되어야 한다.

평가해야 할 기술의 선택 기준은 손상의 정도가 뚜렷한 기술과 손상되었을 가능성이 있는 기술을 우선적으로 선택한다. 손상 여부가 확실하지 않은 기술은 손상 여부가 확실한 기술보다 더 많은 표본을 수집해야 한다. 또한 평가는 연속적인 절차이기 때문에, 치료하는 동안 이전에 평가되지 않은 기술을 평가해야 할 필요성이 나타날 수도 있다.

3. 평가에 이용되는 활동

목표 행동을 평가하기 위해 다양한 활동을 이용할 수 있다. 대부분의 치료사는 표준화된 평가와 비표준화된 평가를 같이 사용하는데 이는 실어증의 평가와 치료계획의 수립을 돕기 위해서이다(Davis, 2000; Golper, 1996; Holland, 1996; Murray & Chapey, 2001; Spreen & Risser, 1998). 환자 개개인에게 맞춘 비표준화된 평가나 환자 개별형 평가가 더 많이 개발될 필요가 있다. 다음의 활동은 포괄적인 평가 절차에 사용할 수 있는 것들이다.

- 대화. 다양한 대화 표본을 수집하는 것이 구어와 언어의 다양한 측면을 평가하는 데 도움을 줄 수 있다. 이러한 측면에는 유창성, 조음, 구문 및 문법구조, 이름대기 문제, 구어의 이해, 반향어와 같은 자동구어, 제스처와 같은 비구어적 의사소통이 포함된다.
- 질문에 답하기. 질문에 답하는 형식은 일반적인 대화 이상으로 공식적이고 구조화되고 준비된 질문을 사용하여 구어와 반응의 정확성, 대화에 언급된 드러나거나 숨겨진 정보, 구어의 청각적 이해력을 측정하여야 한다.
- 그림 설명하기. 몇몇 표준화된 실어증 검사는 환자에게 그림을 보여 주고 그것을 설명하도록 요구한다. 또한 치료사는 설명을 이끌어 내기 위해 다양한 출처(예: 잡지나 만화)에서 그림을 선택하여 제시할 수 있다. 어떤 그림은 특정한 활동에 대한 묘사를 이끌어 낼 수 있는 반면, 어떤 그림은 이야기를 구성하도록 도움을 주는 연속된 활동을 이끌어 낼 수 있다. 특히 연속적인 사진이 그려진 그림을 묘사하는 것은 사회적 의사소통 요구에 부합되는 시간적이고 논리적인 대화의 연속성을 포함하는 적절하고 포괄적인 대화의 기능을 평가하는 데 도움을 준다.
- 교호운동. 이 과업은 조음과 조음에 관련한 운동의 정확성을 평가하기 위해 개발된 것이다.
- 요일과 달 이름 말하기. 이 과업은 자동구어의 손상 유무를 평가하는 데 도움을 준다.
- 사물이나 그림 명명하기. 대부분의 실어증 환자의 이름대기의 손상 정도는 다양하다. 따라서 치료사는 이름대기를 규칙적으로 평가해야 한다.
- 가족, 동료, 친구 이름대기. 이것은 기능적인 이름대기 과업이라고 불린다. 이 과업에서 환자는 환자에게 중요한 사람들의 이름을 말해야 한다. 예를 들면, 가족사진을 보고 가족의 이름을 말하는 것이다. 이 평가의 결과는 치료를 계획하는 데 유용하다.
- 다양한 자극 제시 후 이름대기. 환자에게 사물이나 그림을 보여 준 직후 자극을 제시한다. 자극은 목표 단어의 첫 음소(혹은 첫 글자)를 제공하거나 사물을 사용하는 방법을 보여 준다. 이 과업의 결과는 이름대기 능력을 개선하기 위한

치료 전략을 수립하는 데 도움을 준다.

- 사물이나 그림 지적하기. 이 과업은 명령이나 요구에 구어적으로 반응하지 못하지만 비구어적인 방법으로는 적합하게 반응하는 환자를 평가하는 데 도움을 준다. 과업은 제한된 문맥 내에서 청각적 이해력을 평가하는 데 유용하다.
- 문자와 그림 짝짓기. 그림을 보여 주고 그림에 해당하는 글자를 짝짓는 과업은 낮은 수준의 읽기 이해력을 평가하는 데 도움을 준다.
- 단어, 구, 문장 따라 말하기. 이 과업은 치료사가 선택한 단어나 구, 문장을 환자가 따라 말하는 것이다. 이 과업은 실어증의 유형에 따라서 따라 말하기 능력의 손상 정도를 평가하기 위해 개발된 것이다.
- 특정 범주에 속한 단어를 가능한 한 많이 말하기. 이것은 단어의 유창성과 특정 범주에 이름대기 문제를 평가하기 위해 표준화된 과업이다. 어떤 환자는 특정 범주에 속한 단어를 산출하는 데 어려움을 보인다(예: 식물이나 동물).
- 특정 글자로 시작하는 단어를 가능한 한 많이 말하기. 이 과업은 음소에 따른 단어 유창성과 잠재적인 이름대기 문제를 평가하는 데 도움을 준다. 이 과업은 치료를 계획하는 데 도움을 준다.
- 속담과 은유 의미 말하기. 이 과업은 추상적인 언어의 이해와 사용을 평가하는 데 도움을 준다.
- 단어 의미 정의하기. 이 과업은 단어의 의미를 문자 그대로 해석하는지, 아니면 추상적인 의미를 이해하는지를 평가하는 데 필수적인 것이다.
- 말이나 글자로 된 문장의 모순점 찾기. 추상적인 추론능력이나 추정능력이 손상되면 말이나 글자로 구성된 문장의 모순점을 찾는 데 실패한다. 이러한 추론과 추정의 문제는 치료해야 할 필요가 있다.
- 환경음 이름대기. 이 과업은 환자의 주변에서 일반적으로 발견되는 다양한 청각적 자극들을 이해하는지를 평가하는 데 도움이 된다. 이 과업을 어려워한다면 환자에게 청각적인 이해에 문제가 있음을 의미한다.
- 미완성 문장 완성하기. 문장 완성 과업은 이름대기, 단어 사이에 문법적 연결, 의미적 연합, 일반적으로 완전한 구어 행동 연쇄를 포함하는 다양한 기술을 평가하기에 유용하다.

- **지시 따르기.** 이 과업은 일반적으로 청각적 이해능력을 평가하기에 유용하다. 간단하거나 복잡한 명령은 복잡성이 다양한 수준에서 이해능력의 손상을 평가하는 데 도움을 준다.
- **글 명령에 따르기.** 글 명령에 따르기를 실패한다는 것은 읽기이해에 문제가 있음을 의미한다.
- **숫자, 글자, 단어, 구, 단락을 소리 내어 읽기.** 이것은 환자의 읽기 기술을 다양한 수준에서 평가하는 것이다. 이 과업의 결과는 읽기 치료를 계획하는 데 도움을 준다.
- **예문을 묵독한 후 그 예문에 대한 질문을 읽고 답하기.** 이 과업은 실어증 환자들이 종종 손상되는 읽기이해를 평가하는 데 도움을 준다.
- **숫자, 글자, 단어, 구, 문장을 찾아서 쓰기.** 이 과업을 통해 쓰기 정확성의 문제, 글자나 숫자 정보, 일반적인 쓰기 조직화를 평가할 수 있다.
- **숫자, 글자, 단어, 구, 문장 베껴 쓰기.** 베껴 쓰기 기술의 손상은 쓰기에 중대한 문제가 있음을 알려 주고, 쓰기 치료 프로그램이 필요함을 알려 준다.
- **그림을 글로 묘사하기.** 쓰기 기술을 평가하는 또 다른 방법인 이 과업은 연속적인 활동, 이야기 주제 이해, 의미 함축, 문장 구조를 글로 표현할 수 있는지를 평가하는 데 도움을 준다.
- **그림 그리기.** 손가락이나 일반적인 사물 그리기는 일반적인 그리기 기술뿐만 아니라 공간 지각, 조직화, 구조적 손상, 좌측무시와 같은 연합된 문제를 보여 준다.
- **수학계산.** 덧셈, 곱셈, 나눗셈 과업은 일상생활을 위한 기능적 회복을 촉진하는 치료를 수립할 필요가 있음을 알려 준다.
- **제스처, 노래, 팬터마임.** 이러한 기술은 특히 구어 표현에 심각한 손상을 입은 환자의 재활 잠재성을 평가하는 데 도움이 된다. 이러한 경우 치료 목표는 기능적인 비구어 의사소통이 될 것이다.
- **제스처, 노래, 팬터마임에 반응하기.** 이 과업은 비구어 의사소통의 이해를 평가하는 데 도움을 준다.
- **사물의 사용을 보여 주기.** 사물의 이름대기를 할 수 없는 환자는 그 사용법을 보

여 주도록 요구한다. 이 과업의 결과는 이름대기 지도를 위해 유용한 자극을 개발하는 데 도움을 준다.

- **도형 맞추기.** 도형 맞추기는 여러 지능 검사에 포함된 하위 검사이다. 도형 맞추기의 손상은 추상적이고 기하학적 지각 기술에 문제가 있음을 의미한다.
- **활동 실행하기.** '환자는 칫솔로 이를 닦으시오, 물컵으로 물을 마시시오, 가위로 종이를 자르시오, 연필로 글씨를 쓰시오'와 같은 지시를 듣고 실행해야 한다. 이러한 과업은 실어증 환자들이 보일 수 있는 다양한 종류의 (비구어) 실행증을 평가하는 데 도움을 준다.

환자를 평가하기 위해 선택하는 활동들은 실어증 환자가 보이는 주요 증상이나 잠재적인 증후에 근거한다. 대부분의 활동이 실어증 유형에 관계없이 실시되지만, 일부 활동은 환자의 상황에 따라 특별한 경우에만 실시된다(비구어실행증을 평가하기 위한 활동). 표준화된 검사의 대부분에 이러한 활동이 포함되어 있다. 대부분의 경우, 치료사는 환자를 평가하기 위해 특별하고 환자 개별적인 활동을 개발한다.

4. 반복적 관찰의 중요성

표준화된 진단 검사를 실시하기 전에 치료사는 환자를 반복적이고 직접적으로 관찰하여야 한다. 검사의 초기에 환자와 간단하고 비공식적인 대화를 나누는 것은 좋은 시작 방법이다. 가족이나 건강관리 전문가들과 함께 환자의 흥미를 관찰하는 것 또한 유용하다. 이러한 관찰은 표준화된 검사를 선택하는 데 도움을 주고, 환자 개별형 평가를 개발하는 데 도움을 준다. 관찰을 통해 환자의 구어가 유창한지 아닌지, 문법 및 형태소 사용이 손상되었는지 완전한지, 청각적 이해력이 좋은지 나쁜지, 비구어적 제스처가 의사소통을 방해하는지 도움이 되는지 등을 알 수 있다.

관찰은 또한 반복적으로 실시되어야 한다. 경우에 따라서 표준화된 검사가 종료된 후에도 실시될 수 있다. CVA나 다른 원인에 의해 뇌손상을 입은 환자의 상태는 시간이 지남에 따라 변화한다. 이러한 변화는 비공식적 상황에서 관찰될 것이다. 시간에 따른 변화를 기록하기 위해 치료사는 모든 재활 기간 동안 체계적인 방법으로 관찰을 지속해야 한다. 언어치료사는 다른 가족과 보호자들에게 의사소통 기술을 포함한 환자의 전반적인 행동 변화를 보고하도록 격려해야 한다.

5. 표준화된 실어증 진단도구

실어증을 평가하는 데 있어 보통 선별 검사와 진단 검사를 사용한다. 표준화된 진단 검사는 실어증을 특정 유형으로 분류하고 평가하기 위해 개발된 것이다(전도성 실어증 혹은 연결피질 감각 실어증). 그러나 환자의 흥미로운 행동을 평가하거나, 특정 유형으로 분류하지 않는 검사도 있다.

환자의 강점과 요구를 평가하기 위해 초기 선별 검사, 좀 더 자세한 진단 검사, 환자 맞춤형 평가(직접적인 관찰과 대화 표본이 포함) 순으로 실시된다. 이 장에서는 일반적으로 사용되는 선별 검사와 진단 검사를 소개한다.

1) 실어증 선별 검사의 선택

대부분의 선별 검사는 CVA나 다른 원인으로 뇌손상을 입은 환자를 최초로 침상에서 평가하는 간단한 평가도구이다. 선별 검사는 약간의 언어 및 그 관련 기능의 표본을 추출한다. 대개의 경우 선별 검사를 실시한 후, 진단 검사나 환자 맞춤형 평가를 실시한다.

대부분의 임상실에서는 많은 수의 환자에게 서비스를 제공하므로, 자신들만의 고유의 구조화된 선별 검사 양식을 가지고 있다. 노련한 치료사들은 비공식적이지만 형식화된 실어증 선별 검사를 개발·보유하고 있는 경우가 많은데, 몇 분간 대화하기, 사물의 이름을 말하거나 지적하기, 짧은 묘사하기, 숫자 세기 및 요일 말하기 등과 같은 과업은 환자 선별에 충분한 정보를 제공해 줄 수 있다(Davis, 2000). 이러한 이유로 모든 치료사들이 표준화된 선별 검사를 사용하지는 않는다. **표 8-1**은 선별 검사의 목록이다.

대부분의 선별 검사를 실시하는 데 걸리는 시간은 10~20분 사이이다. 약간의 차이는 있으나 대부분의 선별 검사는 구어 표현, 청각적 이해력, 따라 말하기, 이름

표 8-1 실어증 선별 검사

선별 검사	개발자 및 참고문헌
Aphasia Language Performance Scale(ALPS)	Keenan and Brassell(1975)
The Boston Diagnostic Aphasia Examination(BDAE) (3rd ed.)—the short form	Goodglass, Kaplan, & Barresi(2001)
Sklar Aphasia Scale(SAS)	Sklar(1983)
Acute Aphasia Screening Protocol(AASP)	Crary, Haak, & Malinsky(1989)
Aphasia Screening Test(2nd ed.)	Reitan(1991)
Aphasia Screening Test(2nd ed.)	Whurr(1996)
Bedside Evaluation Screening Test(BEST)(2nd ed.)	Fitch-West & Sands(1998)
Quick Assessment for Aphasia	Tanner and Culbertson(1999)

대기, 자동구어, 약간의 읽기 및 쓰기 기술을 평가한다. 선별 검사는 모든 행동을 평가하되 심층적으로 평가하지는 않으므로, 진단 검사나 환자 맞춤형 검사의 대신이 될 수는 없다. 더욱이 선별 검사는 치료계획을 세우기 위한 확실하고 타당한 정보를 제공하는 목적으로 개발된 것이 아니다. 그러나 개발 목적에 따라 사용한다면 선별 검사는 유용하다.

2) 표준화된 진단 검사

표준화된 검사는 다양한 기술을 평가하기 위한 목적으로 구성되었다. 표준화된 검사는 환자의 반응을 점수화하고 해석하기 위한 표준화된 절차를 제공한다.

The Minnesota Test for Differential Diagnosis of Aphasia (MTDDA) (Schuell, 1973)

초기에 개발된 표준화된 실어증 평가인 MTDDA는 47개의 하위 검사로 구성되어 있으며 항목을 5점부터 32점까지 평가할 수 있다. MTDDA는 5개의 영역을 평가하는데, 청각장애, 시각과 읽기 장애, 구어 및 언어장애, 시각-운동과 쓰기 장애가 그

것이다.

MTDDA는 실어증 유형을 분류하지 않는 대신에 다음과 같은 5개의 유형으로 장애를 분류한다.

- 유형 1. 단순 실어증
- 유형 2. 시각적 실어증
- 유형 3. 감각운동 실어증
- 유형 4. 산발적 손상을 동반한 실어증(일반적인 뇌손상과 관련됨)
- 유형 5. 비가역적 실어증 증후군

MTDDA는 부가적으로 2개의 비전형적 유형을 제시한다.

- 비전형적 유형 A: 청지각 손상을 동반한 실어증
- 비전형적 유형 B: 마비말장애를 동반한 실어증.

MTDDA는 포괄적인 검사이며, 총실시시간이 4~6시간 정도이다. 따라서 치료사들은 환자와 특히 관련이 있다고 생각되는 하위 검사를 선택적으로 실시한다. 타당도는 산출되었으나 신뢰도는 알려져 있지 않다.

The Boston Diagnostic Aphasia Examination(BDAE)
(GoodGlass, Kaplan, & Barresi, 2001).

광범위하게 사용되는 BDAE는 실어증 유형을 분류하는 것이 그 목표이다. 검사 결과는 환자의 뇌손상 위치를 알려 준다. 평가는 조음, 유창성, 단어 찾기(이름대기), 따라 말하기, 연결구어, 문법, 착어증, 청각적 이해력, 구어, 읽기이해, 쓰기, 노래하기로 구성되어 있다. 추가적으로 대화 표본을 수집해야 한다.

47개의 하위 검사로 구성되어 있으며 전체 검사시간은 1~4시간 사이이다. 평가는 5점 척도를 사용하고 언어 특징을 개요화하여 실어증의 유형과 심한 정도를 결정하는 데 도움을 준다.

BDAE의 하위 검사인 보스턴 이름대기 검사(Boston Naming Test)는 이름대기 능력을 심층적으로 평가하기 위한 검사이다. 이 검사는 60개의 이름대기 항목으로 구성되어 있으며, 3판의 간략 형식의 경우 전체 검사시간은 30~45분 정도이다.

BDAE는 포괄적인 검사로 신뢰도는 보고되어 있지 않지만 타당도는 보고되어 있다. 다만 모든 실어증 환자들이 이 검사에 따른 실어증 유형 분류에 적절한 것은 아니다.

The Boston Assessment of Severe Aphasa(BASA)

(Helm-Estabrooks, Ramsberger, Nicholas, & Morgan, 1989)

이것은 포괄적인 검사로 뇌손상 직후, 입원실에서도 실시할 수 있는 검사이다. 15개의 하위 검사, 61개의 항목으로 구성된 이 BASA는 청각적 이해력, 따라 말하기, 인사하기, 간단한 대화, 지남력(시간을 포함한), 예/아니요 질문, 이름 쓰기, 안면이나 사지 실행증, 몸짓 인식, 구강 인식, 읽기이해, 쓰기이해, 시지각 기술을 측정한다.

BASA를 실시하는 데 소요되는 시간은 40분 이내이다. 반응에 대해 완전히 정확한지, 부분적으로 정확한지로 채점한다.

The Western Aphasia Battery(WAB)(Kertesz, 1982)

WAB은 실어증 유형을 분류하는 데 검사의 목적이 있다. 이 검사는 연결구어, 유창성, 청각적 이해력, 따라 말하기, 이름대기, 읽기, 쓰기, 계산, 그리기, 비언어적 사고, 블록 맞추기를 평가한다.

WAB를 실시하는 데 소요되는 시간은 1~2시간 정도이며, 채점하기 쉽고, 적용범위가 넓다는 장점이 있다. 타당성과 신뢰도가 알려져 있다. 그럼에도 불구하고 이 검사로 실어증의 유형을 분류할 수 없는 경우도 존재한다.

BDAE와 WAB 두 검사 모두 실어증의 유형을 분류하지만, 두 검사를 모두 실시한 환자 중 27%만이 같은 유형으로 분류되었다. 1개의 검사에서 명칭 실어증으로 분류된 환자가 또 다른 검사에서 베르니케 실어증으로 분류되었다. 이러한 문제는 실어증 분류의 신뢰성이 떨어지거나 다양한 손상 패턴을 평가하는 능력이 둔감하기 때문으로 여겨진다. 더욱이 WAB은 치료사의 판단과는 잘 맞지 않는 경향이 있다. 즉, 치료사와 평가의 감별 진단 결과가 일치하지 않는다. WAB의 또 다른 제한점으로 특정 실어증 유형으로 분류되지 않는 경우는 수용할 수 없다는 것이다. 어떤 경우에도 환자는 하나의 유형에 속하게 되어 있다.

The Porch Index of Communicative Ability(PICA)(Porch, 2001)

이 검사는 실어증을 특정 유형으로 분류하지 않으며, 18개의 하위 검사와 181개의 검사 항목으로 구성되어 있다. 하위 검사는 사물 지적하기를 통한 청각적 이해력 측정, 글자 읽기, 사물 묘사하기를 통한 구어 표현, 이름대기, 문장 완성하기, 따라 말하기, 사물의 기능을 행동으로 표현하기, 일치하는 그림과 사물 혹은 사물과 그림 맞추기, 사물의 이름과 기능쓰기, 철자쓰기, 받아쓰기, 이름과 도형 베끼기가 있다. 검사에 사용되는 도구는 10가지로 펜, 연필, 성냥, 가위, 열쇠, 25센트 동전, 칫솔, 빗, 포크, 칼로 모든 하위 검사에서 이 도구들이 사용된다. 검사 항목은 난이도가 높은 것에서 낮은 순으로 배치되어 있다.

일상생활에서 의사소통 기술을 반영할 만한 정도는 아니지만, 제시된 타당도와 신뢰도는 수용 가능한 정도이다(Davis, 2000). Porch는 다른 검사도구에서 평가하지 않는 기술을 평가한다. 그러나 Porch는 언어능력을 측정하는 데 한계가 있다. 검사 실시에 소요되는 시간은 1시간 이내이며, 사전에 평가와 채점 방법을 훈련해야 한다. 평가자는 처음에 약 40시간 정도의 훈련이 필요한데, 환자의 반응을 1점부터 16점까지 복잡하게 평가하기 때문이다. Porch Index는 실어증 환자의 개선을 평가하는 데 광범위하게 사용된다.

The Neurosensory Center Comprehensive Examination for Aphasia(NCCEA) (Spreen & Benton, 1997)

이 검사는 20개의 하위 언어 검사로 구성된 포괄적 검사도구이다. 이 검사는 또한 각 기능을 검사할 수 있는 추가적인 검사도 포함하고 있다. 이 검사는 언어의 이해와 산출, 읽기, 쓰기, 베껴 쓰기, 단어 유창성, 숫자 및 문장 따라 말하기, 시각 사물 이름대기, 문장 구성하기, 조음하기와 언어 기능을 평가한다. 평가 점수는 환자의 연령과 교육 정도에 따라 환산한다. 백분위 점수는 환산 점수를 사용하여 산출한다. NCCEA는 환자의 강점 및 약점에 대한 윤곽을 산출할 수 있다. 이 검사는 출현 빈도가 낮거나 어려운 단어나 사물은 사용하지 않는다. 따라서 천정점이 낮다. 그러므로 이 검사는 언어능력이 심하게 손상된 환자를 평가하기에는 좋은 편이나 경미한 실어증 환자를 평가하기에는 어려움이 있다.

표 8-2는 실어증을 평가할 수 있는 표준화된 진단 검사 및 다른 여러 검사의 목록이다.

표 8-2 실어증 진단 검사

일반적인 진단 검사	
검사도구	**개발자 및 참고문헌**
The Minnesota test for differential Diagnosis of Aphasia (MTDDA)	Schuell (1973)
The Boston Diagnostic Aphasia Examination(BDAE)	Goodglass, Kaplan, & Barresi(2001)
The Boston Assessment of Severe Aphasia(BASA)	Helm-Estabrooks, Ramsberger, Nicholas, Morgan(1989)
The Western Aphasia Battery(WAB)	Kertesz(1982)
The Porch Index of Communicative Ability(PICA)(4th ed.)	Porch(2001)
The Neurosensory Center Comprehensive Examination for Aphasia(NCCEA)	Spreen & Benton(1997)
기능적 의사소통 평가	
Functional Communication Profile	Sarno(1969)
Communication Abilities of Daily Living(2nd ed.)	Holland, Frattali, & Fromm(1998)
The Communicative Effectiveness Index(CETI)	Lomas et al.(1989)
Communication Profile: A Functional Skills Survey	Payne(1994)
Functional Assessment of Communication Skills for Adults (ASHA FACS)	Frattali, Thompson, Holland, Wohl, & Ferketi(1995)
Amsterdam-Nijmegan Everyday Language Test(ANELT)	Blomert, Kean, Loster, & Schokker (1994)
이중 언어 실어증 검사	
Multilingual Aphasia Examination(Rev. ed.)	Benton and Hamsher(1978)
Bilingual Aphasia Test(BAT)	Paradis(1987)

6. 기능적 의사소통 평가

표준화된 검사의 한계 중 하나는 검사 상황에서 환자의 행동을 평가하는 것으로 환자의 일상생활에서 의사소통 기술을 반영하기 어렵다는 점이다. 구조화된 상황에서 공식화된 자극을 제시하여 일어나는 제한된 반응은 덜 구조화되고, 변화가 많고, 문맥적 힌트가 많은 환경에서 일어나는 일상적 의사소통 상황과 유사하지 않다. 구조화된 상황에서 쉽게 환자에게 주어지는 반응은 사회적 의사소통 상황에서는 쉽게 일어나지 않는다. 표준화된 전통적인 검사의 문제점을 다소나마 극복하기 위해서 치료사는 기능적 평가도구를 사용할 필요가 있다.

기능적 평가도구(functioan assessment tool)는 상대적으로 자연스러운 환경에서 일어나는 의사소통을 측정하고자 개발된 검사이다. 이 검사도구들은 건강관리 환경과 같은 일상 상황에서 환자의 사회적 상호작용을 체계적으로 관찰할 것을 요구한다. 기능적 평가도구는 전통적인 평가보다 표준화되지 않는 경향이 있으며 의사소통에 있어 비형식적이고 자발적인 행동을 측정한다. 그 이유는 기능적 의사소통 평가에 있어서 언어의 화용적 사용과 효과적 의사소통은 언어 표현의 음운, 형태, 구문 측면의 정확도보다 중요하기 때문이다.

의사소통의 기능적 평가는 치료 결과를 구체화하는 데 있어 유용하다(Frattali, 1998). 환자가 치료를 통해 기능적 의사소통 기술을 회복한다면 이는 개인적이고 사회적으로 유용한 결과를 산출하게 될 것이다.

모든 측면을 포함한 실어증에 대한 포괄적인 평가를 실시하는 것(전통적이고 표준화된 진단, 환자 맞춤형 평가, 기능적 의사소통 평가)은 중요한 역할을 한다. 여러 측면의 언어 평가를 실시함으로써 하나의 평가가 놓치고 있는 의사소통의 측면을 보완하여 알려 주는 역할을 하기 때문이다. 표 8-2는 기능적 의사소통 평가도구를 포함한 실어증 진단도구의 목록이다.

Functional Communication Profile(Sarno, 1969)

Sarno(1969)가 개발한 ***Functional Communication Profile***은 실어증 환자의 기능적 의사소통을 평가하기 위해 가장 초기에 개발된 평가도구로, 45개의 행동을 5개의 범주로 묶어 평가한다. 5개의 범주는 움직임, 말하기, 이해하기, 읽기, 계산하기, 쓰기가 있다. 평가자는 환자를 관찰하고 행동의 적합성에 대해 판단하여야 한다. 평가 결과를 완전하게 해석하기 위하여 치료사는 사례사나 가족과 면담을 통해 환자의 발병 전 언어 기술에 대한 광범위한 정보를 모아야 할 필요가 있다. 이 검사에서 사용되는 9점 척도는 예/아니요, 지적하기나 주요 뉴스 읽기와 같은 의사소통 기술을 평가하는 데 도움을 준다.

Communication Abilities of Daily Living(2nd ed.)
(Holland, Frattali, & Fromm, 1998)

CADL은 일상생활에서 일어나는 의사소통을 강조하는 평가도구이다. Holland는 1980년에 첫 번째 판을 출판하였다. CADL은 50개의 항목으로 구성되며, 읽기와 쓰기, 숫자 사용하기, 사회적 상호작용, 발산적 의사소통, 문맥적 의사소통, 비구어적 의사소통, 순차적 관련, 유머/비유/모순을 평가한다. 대부분의 경우 타인과 상호작용을 하는 상황이나 운전하기, 쇼핑하기, 전화하기와 같은 일상 활동에서 일어나는 의사소통 행동을 평가하는 데 사용한다.

면담과 상황 자극(쇼핑, 병원가기)을 사용하여 다양한 목표 기술을 평가한다. 면담하는 동안 환자는 자신의 이름을 이해하는지 평가하기 위해 틀린 이름을 쓰도록 한다. 환자에게 지도를 읽고 A 지점(은행)에서 B 지점(우체국)으로 가는 방법을 말해 보도록 요구할 수도 있다. 환자에게 식품점에서 살 품목 세 가지를 말하도록 요구할 수 있다. 평가 항목은 문법의 정확도보다는 의사소통의 효율성을 강조하므로, 사회적이고 화용적 의사소통 기술에 적합한 정보의 유용성을 제공한다. 이 평가는 이탈리아와 일본에서 번안, 표준화되었다.

The Communicative Effectiveness Index(CETI)(Lomas et al., 1989)

이 평가도구는 기능적 의사소통 기술을 네 가지 측면으로 나누어 평가한다. 기본적 요구(화장실 가기, 먹기, 몸단장하기); 생활 기술(쇼핑하기, 교통신호 이해하기, 전화하기); 사회적 요구(카드 게임하기, 친구에게 편지 쓰기); 건강관리하기(도움을 요청하기, 자신의 건강상태에 대해 알고 누군가에게 알리기)가 그것이다. 개발자는 뇌졸중 환자와 배우자의 면담 후에 그들이 필요하다고 제안하는 의사소통 기술 중에서 평가에 사용된 4개의 측면을 선택하였다. 평가 항목 16개는 예/아니요로 답하기, 신체적 고통이나 불편 표현하기, 대화 시작하기와 같은 기술을 평가한다. 이러한 기술은 '전혀 사용할 수 없음'부터 '뇌졸중 전의 수준으로 사용 가능'까지 평가된다.

배우자나 가족, 친구, 이웃들은 자연스러운 상황에서 사용하는 의사소통 기술을 평가하는 데 도움을 주는 기술들을 평가해야 한다.

Communication Profile: A Functional Skills Survey(Payne, 1994)

자연스러운 상황에서 기능적 의사소통 기술을 평가하는 검사도구를 포함한 대부분의 실어증 평가도구들은 표준화 과정에서 충분한 표본수의 소수민족 환자들을 확보하기 힘들다는 단점이 있다. 그러나 Payne(1994)가 개발한 *Communication Profile*은 예외이다. 이 검사도구는 아프리카계 미국인, 미국 인디언/알래스카인, 아시아계 미국인/태평양 섬 원주민 집단이 포함되었다.

*Communication Profile*은 5점 척도를 사용하여 일상생활에 선택된 중요 기술을 평가한다. 환자와 보호자들은 일상생활에서 일어나는 이해하기, 읽기, 말하기, 쓰기 기술의 중요성을 평가한다.

Functional Assessment of Communication Skills for Adults(ASHA FACS) (Frattali, Thompson, Holland, Wohl, Ferketi, 1995)

미국 언어치료학회에 의해 개발된 ASHA FACS는 환자의 행동을 직접적으로 관찰하여 네 가지 측면을 평가한다. 네 가지 측면은 사회적 의사소통(가족 이름, 텔레비전이나 라디오 프로그램 내용 이해, 물건 사용법 설명), 기본적 요구에 대한 의사소통(좋아하거나 싫어하는 것 표현, 도움 요청), 읽기, 쓰기, 숫자 사용(따라 쓰기, 형태 완성, 돈 거래), 일과 계획(시간 말하기, 지도 보기)이다. 언어치료사는 환자를 관찰하여 평가를 완성해야 한다.

평가는 각 측면의 독립성 정도를 7점 척도로 채점한다. 7점은 환자가 도움 없이 행동을 수행하는 것이고, 1점은 도움 없이는 행동을 수행하지 못하는 것이다. 측정된 측면은 타당성과 기민성, 적합성, 의사소통 기여도로 나누어 평가한다. 평가 결과는 영역점수, 측면점수, 전체점수, 의사소통 독립성과 질적 측면 목록화로 정리된다. ASHA FACS는 좌반구 손상으로 인한 실어증 환자를 대상으로 타당도와 신뢰도를 측정하였다. 그러나 이 검사도구는 환자의 강점과 약점을 자세하게 분석하는 것보다 재활치료의 효율성을 평가하는 데 더 적합하다.

Amsterdam-Nijmegan Everyday Language Test(ANELT)
(Blomert, Kean, Koster, & Schokker, 1994)
ANELT는 두 세트의 동일 형태 검사로 구성되어 있다. 각 검사는 10개의 항목으로 구성된다. 검사는 친숙한 일상 활동을 시나리오로 작성하여 화용 기술을 측정한다. 예를 들면, 하나의 항목은 환자가 의사와 한 약속을 변경하는 상황을 묘사한다. 그 후 검사자는 환자에게 해야 할 말이 무엇인지 지적하게 한다. 측정의 타당도는 환자에게 제시된 시나리오의 정확한 이해에 달려 있다.

의사소통 기술은 5점 척도로 채점된다. 첫 번째 채점 항목은 메시지의 이해 정도이고 다른 채점 항목은 발화의 명료도를 평가한다.

1) 이중/다중 언어 실어증 환자를 위한 평가도구

제1외국어를 말하는 영어 사용 실어증자나 영어를 전혀 말하지 못하는 실어증자를 평가하는 것은 영어만을 사용하는 언어치료사에게 특별한 문젯거리가 될 수 있다. 환자의 모국어로 평가하면 실어증 진단 검사를 실시할 수 있겠지만, 치료사가 환자의 모국어를 알지 못하므로 실어증 평가를 실시할 수 없는 것이다. 이러한 경우 치료사는 검사 항목을 환자의 모국어로 번역하여야 한다. 검사를 할 수 없을 때, 환자의 모국어로 표준화되지 않은 검사라도 통역하여 실시하여야 한다.

제1외국어로 영어를 사용하는 이중 언어 실어증 환자를 평가하는 경우, 영어판 검사를 실시할 수 있지만, 환자의 모국어로 검사를 실시하는 것이 더욱 적절한 방법이다. 표 8-2는 이중 언어 사용자를 위한 실어증 진단 검사의 목록이다.

이중/다중 언어 실어증자를 평가하기 위한 검사도구가 다수 존재한다. 이 중 하나는 Benton과 Hamsher(1978)가 개발한 ***Multilingual Aphasia Examination***이다. 이 검사는 이름대기, 따라 말하기, 발화 유창성, 청각적 이해력, 철자능력, 쓰기와 같은 언어 기능을 평가한다. 이 검사는 영어, 프랑스어, 독일어, 이탈리아어, 스페인어로 구성되어 있다. 같은 환자에게 이 검사를 또는 실시하는 경우를 대비한 다른 형식의 검사도 있다.

이중 언어 실어증 환자를 평가할 수 있는 검사도구로 Paradis(1987)가 개발한 ***Bilingual Aphasia Test***(BAT)가 있다. 모두 동일한 형태 및 내용으로 구성된 이 검사는 40개의 언어로 구성되어 있다. 이 검사는 이중 언어 실어증자에게 사용할 수 있는 가장 포괄적인 검사도구이다(Benson & Ardila, 1996). 이 검사는 모국어와 제1외국어로 검사를 각각 실시하여 상대적인 실행능력을 평가할 수 있다. BAT는 언어의 음운, 형태, 문법, 어휘, 의미 측면을 평가하며, 또한 청각, 시각, 구강, 수개념 방식의 언어 사용도 평가한다. 검사의 이중 언어 영역은 한 쌍의 언어 기술을 비교·평가한다.

많은 실어증 검사가 다른 언어 버전으로 번안, 표준화되었다. 예를 들어, BDAE와 BNT, CADL은 스페인어, 이탈리아어, 중국어를 포함한 다양한 언어 버전이 있다. 번안 검사의 잠재적인 문제점은 적절하지 않은 검사 항목이 타당하지 않은 반응을 이끌어 낼 수 있다는 점이다. 타당한 검사를 만들기 위해선 해당 언어가 속한 환경에서 항목을 선택하여 그 언어를 실제로 사용하는 집단을 대상으로 표준화하여야 한다.

7. 특정 기술을 평가하기 위한 개별 평가도구

실어증을 포괄적으로 평가하는 검사도구들은 대부분의 기술을 평가하기 위한 하위 검사를 제공한다. 그러나 포괄적인 검사의 하위 검사는 해당 기술을 충분히 평가하지 못하는 경향이 있다. 특정 기술(이름대기나 청각적 이해력)을 좀 더 광범위하고 깊이 있게 평가할 필요가 있을 때, 이러한 목적에 맞는 검사를 사용하는 것이 포괄적 검사의 하위 검사를 사용하는 것보다 유용하다.

1) 청각적 이해력 검사

청각적 이해력을 평가할 수 있는 검사도구가 다수 존재하지만, ***Token Test***(DeRenzi & Vignolo, 1962)와 수정판(DeRenzi & Faglioni, 1978)이 가장 잘 알려져 있

으며, 많이 쓰이고 있다. 다양한 크기와 색깔, 모양의 작은 토큰을 놓고 환자에게 1개 혹은 2개 이상의 토큰을 차례대로 만지거나 움직이게 한다. 올바른 반응은 문장 수준의 지시를 이해하는 것으로 나타난다. 이 검사의 제한점은 검사에 사용되는 문맥이 매우 제한되어 있다는 점이며, 따라서 이해력의 기능적 유의미성을 측정하는 데 제한이 있다. 청각적 이해력에 문제가 있는 환자 중 토큰의 색깔, 모양, 크기 중 단 하나만을 이해하지 못하는 경우가 있다. 이러한 경우를 배제하기 위하여 치료사는 이 검사를 진행하기 전에 특정 사물(빨간 토큰, 작은 토큰, 원모양 등)을 지적하도록 요구한다.

The Auditory Comprehensive Test for Sentences(ACTS)(Shewan, 1981)는 어휘, 문장 길이, 문법의 복잡성을 평가하는 검사도구이다. 21개의 문장으로 구성된 이 검사는 문장의 청각적 이해력을 포괄적으로 평가한다. 환자는 치료사가 읽어주는 문장을 듣고, 제시된 4개의 그림 중 일치하는 하나의 그림을 지적해야 한다. 이 검사를 실시하는 데 걸리는 시간은 약 15분 정도이다.

The Functional Auditory Comprehension Task(FACT)(LaPointe & Horner, 1978)는 다른 검사들(예: Token test)보다 기능적인 언어에 대한 이해력을 측정하는 데 주안점을 두어 개발된 검사이다. 검사는 각각 1, 2, 3 단계 지시 따르기를 요구한 후, 환자의 실시 정도에 따라 정보의 복잡성에 따른 청각적 이해력을 평가한다. 검사는 길이, 어휘 수준, 문법적 복잡성이 다른 문장으로 구성되어 있다.

The Discourse Comprehension Test(DCT)(Brookshire & Nichols, 1993, 1997)는 많은 검사에서 사용된 보편적인 단어와 문장, 구로 구성되어 연결된 이야기에 대한 이해 정도를 평가한다. 치료사는 테이프에 녹음된 10개의 이야기를 들려준 후 8개의 질문을 하여 이해력을 평가한다. 질문은 이야기의 주제와 세부내용을 진술하도록 구성된다. 검사 대상은 뇌손상 성인이다.

비록 실어증 환자들을 위해 개발된 것은 아니지만 청각적 이해력을 평가하는 검사도구들도 사용 가능하다. 이런 검사 중 몇 개는 성인 실어증자에 맞게 수정하여 사용해야 하는데, 예를 들면 *Northwestern Syntax Screening Test*(Lee, 1971)와 *The Test for Auditory Comprehension–Third Edition*(TACL–R)(Carrow–Woodfolk, 1999) 등이 있다.

2) 읽기 기술 검사

포괄적인 실어증 검사도구는 읽기 기술을 평가하기 위한 하위 검사가 포함되어 있다. 대부분의 검사도구는 단어, 문장, 단락에 대한 낭독과 묵독을 평가한다. 어떤 검사의 경우 환자에게 단어와 그림이나 사물을 연결하도록 요구하기도 한다. 좀 더 난이도가 높은 검사는 환자에게 인쇄된 단어와 구어를 연결하게 하는 경우도 있다.

The Reading Comprehension Battery for Aphasia(RCBA)(LaPointe & Horner, 1998)는 읽기 기술을 평가하기 위해 개발되었다. 각각 10개의 항목으로 구성된 10개의 하위 검사는 단단어 읽기, 사인, 메뉴, 라벨에 대한 기능적 읽기, 문자 읽기, 절 읽기, 문장-그림 짝짓기로 구성된다. 이 검사는 뇌손상자의 읽기 기술을 평가하는 데 도움을 준다.

실어증 환자를 대상으로 개발된 읽기 평가가 부족한 관계로 많은 치료사들은 상업적으로 개발된 표준화된 읽기 검사를 사용한다. 가장 일반적으로 사용하는 검사로, ***Gates-MacGinitie Reading Test***(Gates, McGinitie, Maria, et al., 2000)는 초등학교 1학년부터 고등학교 이후의 수준까지의 읽기 검사로 구성되어 있다. 실어증 환자와 다른 신경 의사소통장애 환자들은 초등학교 3학년 수준부터 사용 가능하다.

수정하여 사용이 가능한 다른 읽기 검사도구로는 ***Nelson Reading Skills Test***(Hanna, Schell, & Shreiner, 1977)와 ***Nelson-Denny Reading Skills Test***(Brown, Fischco, & Hanna, 1993)가 있다. 전자의 검사도구가 초등학교 3학년부터 9학년(중학교 3학년) 수준의 읽기를 평가한다면 후자는 고등학교부터 대학 수준의 읽기 기술을 평가한다. 두 검사 모두 읽기와 읽기이해능력을 평가한다.

3) 쓰기 기술 검사

포괄적인 실어증 검사도구를 사용하면 쓰기 기술을 평가할 수 있다. 검사의 내용으로는 철자와 숫자, 단어, 구, 문장 쓰기가 포함된다. 대개의 검사는 철자나 단어, 구, 문장, 숫자, 도형을 베껴 쓰기나, 받아쓰기를 하도록 요구한다. 실어증 진단 검사에 포함된 대부분의 쓰기 하위 검사로 실어증 환자의 쓰기 기술을 평가하기에 충분하기 때문에 대부분의 치료사들은 쓰기 기술에 대한 독립적인 검사를 실시하지는 않는다.

4) 심리 검사

실어증 검사 후 추가적으로 실시할 수 있는 검사인 심리 검사는 언어성과 동작성 지능 검사, 기억 검사, 인지 기술 검사와 기타 검사들이 있다. 심리 검사의 선택과 실시는 실어증 이론에 근거하여 실시되거나 치료계획 수립에 필요하면 실시할 수 있다. 그러나 대부분의 심리 검사는 심리치료사에 의해 실시된다.

8. 실어증 평가의 개요

평가의 개요는 평가 과업의 종류에 따라 몇 가지 집단으로 나눌 수 있다. 1) 사례사, 2) 구어 표현, 3) 청각적 이해력, 4) 읽기 기술, 5) 쓰기 기술, 6) 말운동, 7) 비구어적 의사소통 기술이 그것이다.

1) 세부적 사례사 수집

세부적 사례사를 수집하는 것은 환자의 현재 문제와 병전 의사소통 및 인지 기술을 아는 데 도움을 준다. 이러한 정보는 환자를 진단하고 환자를 위한 치료 프로그램을 수립하는 데 도움을 줄 수 있다.

사례사에 필요한 정보는 다음과 같다.

- 일반적 정보. 일반적인 정보에는 환자의 나이, 교육 정도, 직업, 구어 및 쓰기 기술, 취미 및 흥미 등의 항목들을 포함해야 한다. 이러한 것들은 뇌졸중에 의해 일어나는 환자의 변화를 이해하는 데 도움을 주며, 또한 환자에 대한 일반적인 정보는 치료 목표를 세우는 데 도움을 준다.
- 현재 가족 구성원. 환자 및 가족의 생활 규칙에 대한 정보나 환자와 함께 살고 있는 가족, 치료에 도움을 줄 수 있는 사람들에 대한 정보는 자연스러운 환경

에서 치료 효과의 지속과 일반화에 특히 많은 도움을 줄 수 있다.

- 환자의 병력 및 의학적 상태. 환자의 병력, 실어증이나 다른 질병을 일으킬 수 있는 잠재적 질병, 현재의 신체적·심리적 상태(예: 우울증), 현재의 건강상태, 신체적 제한점이나 장애에 대한 정보는 포괄적인 평가 실시와 실제적인 치료 목표 수립에 도움을 준다.
- 행동 관찰. 중요한 진단 결과와 치료 목표는 환자의 일반적인 의사소통 행동을 면밀하고 체계적인 관찰을 통해 나타난다. 시간에 따른 환자 행동의 변화는 진단과 치료 목표 수립에 영향을 줄 수 있다.

2) 구어 표현 평가

실어증 환자의 구어 표현을 알기 위해서는 따라 말하기, 이름대기, 말 유창성, 언어 표현의 구문과 형태론적 특징을 평가하는 것이 필요하다. 이를 위해서 공식적 비공식적 검사를 모두 사용할 수 있다.

(1) 대화 표본 수집

환자의 대화 표본은 사례사 및 관련 정보를 수집하는 첫 면담 시간 동안 주고받은 대화를 녹음하여 수집한다. 일반적인 정보와 현재 및 과거의 자세한 건강상태, 환자에게 도움을 줄 수 있는 가족 구성원에 대해 질문하고 환자의 대답을 대화 표본으로 수집·활용할 수 있다.

대화 표본을 통해 문장의 구조나 문법 형태소의 산출, 발화의 이해, 말 유창성, 단어 찾기 문제 및 마비말장애의 유무, 대화 주고받기, 주제 유지, 기타 의사소통 측면을 분석할 수 있다.

(2) 따라 말하기 평가

따라 말하기를 평가하는 방법은 치료사가 단어나 문장을 말해 주고 환자가 가능한 정확하게 즉시 모방(따라 말하는)하는 것이다. 따라 말하기 평가에서 환자는 단어나 문장의 따라 말하기를 완전히 실패할 수도, 완벽하게 따라 말할 수도, 혹은 일부분만 따라 말할 수도 있다.

1. 단단어 따라 말하기

- 시각적 단서가 있는 무성 자음이 들어간 단음절 단어를 모델링하는 것으로 시작한다(비).
- 사물의 이름이나, 동작, 숫자, 철자 및 기능적 단어들을 따라 말하도록 한다.
- 시각적 단서가 없거나 다음절 단어를 따라 말하게 한다.

2. 문장 따라 말하기

- 짧고 일반적으로 사용되는 문장을 따라 말하는 것으로 시작한다(금연입니다).
- 짧지만 자주 쓰이지 않는 단어를 따라 말하게 한다.
- 점차적으로 긴 문장을 따라 말하게 한다.

(3) 이름대기 평가

이름대기 평가를 하는 데는 일반적으로 반응 이름대기(responsive naming)와 대면 이름대기(confrontational naming)의 두 가지 방법을 사용한다.

1. 반응 이름대기

- 반응 이름대기를 평가하는 방법은 일단 구어로 이루어진 문맥적 힌트를 제공한다. 치료사는 문맥적 힌트가 들어간 정답이 있는 질문을 하고 환자는 그 정답을 말해야 한다.
- "눈이 내리는 계절은 언제입니까?", "바나나는 무슨 색깔입니까?", "시간을 알 수 있는 물건은 무엇입니까?"와 같은 질문이 반응 이름대기를 평가하는 좋은 예이다.

2. 대면 이름대기

- 대면 이름대기는 사물의 그림을 보여 주고 이름을 말하도록 요구하는 것과 같은 대표적인 자극을 제공한다. 그 외에 다른 힌트는 제공하지 않는다.
- 치료사는 환자에게 그림을 보여 주거나 사물의 사용법을 보여 준다. 그 후에 "이것의 이름은 무엇입니까?"라고 물어본다. 검사는 녹음한다.
- 이름대기 검사(예: Boston naming test)를 실시하거나 실어증 진단 검사의 하위 검사인 이름대기의 반응을 분석한다.

(4) 말 유창성 평가

말 유창성 평가는 단어 유창성 검사를 실시하거나 녹음한 대화 표본을 활용하여 실시할 수 있다.

단어 유창성을 측정하기 위한 방법은 치료사가 제시한 특정 의미 범주에 속한 사물의 이름을 환자가 말하는 것이다. 예를 들면 다음과 같다.

- 생각나는 동물의 이름을 모두 말하시오.
- 생각나는 꽃의 이름을 모두 말하시오.
- 생각나는 과일의 이름을 모두 말하시오.
- 생각나는 색깔의 이름을 모두 말하시오.

대화 표본 분석을 통해 구나 문장의 길이, 쉼, 따라 말하기, 또 다른 종류의 비유창성 문제, 말의 흐름 등을 평가할 수 있다.

(5) 자동구어 및 노래하기 평가

- 환자에게 철자(가나다라)나 요일, 숫자 등을 암송하도록 한다.
- 속담이나 시 구절, 동요를 암송한다.
- 노래를 부르거나 허밍을 한다.

(6) 구문 및 형태 평가

녹음한 대화 표본은 환자의 발화에서 구문이나 형태적 측면을 이해하는 데 활용할 수 있다. 전보문식 구어(telegraphic speech: 문법적 요소가 생략된 발화)나 불완전한 문장에 주목해야 한다.

구문 및 형태적 기술을 평가하는 표준화된 검사를 실시하거나 실어증 진단 검사 중 관련 하위 검사를 실시하여 분석할 수 있다.

3) 청각적 이해력 평가

실어증 환자의 경우에 청각적 이해력이 완전히 손상되거나 완전히 보존된 경우는 거의 발견되지 않는다. 청각적 이해력의 손상은 거의 모든 환자에게서 발견되며 그 정도 역시 다양하다. 따라서 청각적 이해력을 평가하기 위한 검사도구는 경도부터 고도의 청각적 이해력 손상을 평가할 수 있도록 간단한 과업부터 복잡한 과업까지 모두 포함되어야 한다.

청각적 이해력 평가를 실시하기에 앞서 환자의 청력을 간단히 측정해야 한다. 간단한 청력 측정을 통과하지 못한 환자는 청각사의 진단을 받아야 한다. 또한 우측 시야의 문제를 평가할 필요가 있는데, 환자에 따라서는 신체의 오른쪽을 보지 못하거나 자극을 인지하지 못하는 경우가 있기 때문이다.

일반적으로 실어증 환자의 청각적 이해력은 다음과 같은 반응 특징을 보인다. 첫째, 일반적인 질문보다 개인적 질문에 더 잘 반응한다. 둘째, 자주 듣는 명령을 그렇지 않은 명령보다 더 잘 이해한다. 셋째, 일상생활에서 일어나는 이야기를 낯선 이야기보다 더 잘 이해한다. 넷째, 간단한 문장을 복잡한 문장보다 더 잘 이해한다.

청각적 이해력을 평가하는 방법으로는 지시 따르기나 단단어 이해, 연결구어 이해와 같은 것이 있다.

(1) 지시 따르기 평가

실어증 환자들은 일반적으로 단단어를 이해하는 것을 어려워하는데 그 이유는 문맥적 단서의 부재 때문이다. 환자는 단단어보다 일반적으로 사용하는 명령(예: 연필 주세요)에 더욱 잘 반응한다. 따라서 청각적 이해력 평가의 시작은 단단어 이해가 아니라 지시 따르기로 하는 것이 좋다. 또한 구어 자극에 대한 반응을 평가하는 것이 목적이므로 몸짓의 사용은 지양하는 것이 좋다.

- 일반적이고 간단한 지시 따르기
  - 주먹을 쥐시오.
  - 눈을 감으시오.
  - 문을 가르키시오.
  - 불을 끄시오.
  - 안경을 벗으시오.
- 여러 단계로 구성된 지시 따르기

- 연필을 쥐고, 두드린 후, 상자 안에 넣으시오.
- 빨간색 사각형을 놓고, 옆에 파란색 원모양을 놓고, 그 옆에 노란색 삼각형을 놓으시오.

치료사는 환자가 지시 따르기 전체를 이해하고 올바르게 반응하는지, 부분적으로 이해하고 반응하는지를 살펴보아야 한다.

(2) 단단어 이해 평가

단단어 이해에 대한 진단적 가치는 베르니케 실어증 환자에게서 찾을 수 있다. 베르니케 실어증 환자는 신체 일부분의 이름을 이해하는 데 문제를 보인다. 연결피질 감각 실어증 환자는 단어를 따라 말할 수는 있지만 그것의 의미를 이해할 수는 없다.

평가는 단일 항목(빨간색, 고양이)과 그것을 포함하는 의미 범주(색깔, 동물)를 사용한다. 제시하는 단어는 음절 수, 감정적인 표현, 출현 빈도, 의미적 범주, 음소의 유사성에 따라 다양해질 수 있다.

다양한 의미 범주에서 평가하는 단단어를 선택한다(예: 사물, 동작, 숫자, 색깔, 글자 등).

검은색을 가리키시오.
색깔을 가리키시오.
달리는 것을 가리키시오.
글자를 가리키시오.
숫자를 가리키시오.

의미 범주 내에서 특정 항목을 선택하도록 할 수도 있다.

검은색 세모를 가리키시오.
빨간색을 가리키시오.
달리는 소년을 가리키시오.
글자 '가'를 가리키시오.
숫자 '10'을 가리키시오.

치료사는 환자의 반응을 정확하게 기록해야 한다. 환자의 반응 시간, 의미 범주 내에서 혹은 의미 범주에 따른 오류, 보속 반응, 의미 범주 내에서 혹은 의미 범주 간 강점 및 약점을 기록해야 한다.

(3) 문장 및 연결구어 이해 평가

연결구어 이해에 대해 평가하는 것은 환자가 일상생활 속에서 수행하는 의사소통을 실제적으로 알 수 있도록 도와준다. 상당수의 환자가 단단어 이해보다 연결구어를 쉽게 이해한다. 환자의 상황에 맞는 문장과 연결구어를 제시하고 그 반응을 평가한다.

대부분의 실어증 진단 검사에 하위 항목으로 문장 이해 검사가 포함되어 있다. 이전에 설명한 Token Test가 문장 수준의 청각적 이해력을 평가하는 검사도구임을 기억하라.

'예/아니요'로 대답할 수 있는 질문을 여러 개 준비하라. "서울에 살고 있습니까?", "여름에 눈이 옵니까?", "7시에 저녁을 먹습니까?", "아들이 있습니까?"와 같은 질문들이 좋다.

간단한 이야기를 들려주고 이야기에 대해 질문하라.

독특한 이야기를 들려주는 것은 대부분의 환자들에게 새롭게 느껴질 것이다.

특정 집단 혹은 사람에게 특히 쉽게 느껴질 수 있는 질문을 하는 것은 피해야 한다(예: 스티븐 스필버그에게 ET에 대해 설명하는 것).

웃기거나 감동적인 이야기를 선택하라.

질문에 대한 대답으로 '예/아니요'가 골고루 나오도록 구성해야 한다.

이야기를 들려주고 질문을 할 때, 이야기의 주제뿐만 아니라 세부적 내용을 이해하고 있는지에 대해서도 질문해야 한다. 등장인물, 사건, 사건의 순서, 이야기의 교훈 등이 여기에 포함된다.

4) 읽기 평가

읽기 평가의 중요성에 영향을 미치는 요인은 환자의 발병 전 교육 및 문자 사용 정도와 현재 읽기 습득에 대한 필요성, 치료에 의한 읽기 능력 유지 정도이다. 실어증 환자에게 읽기를 치료하려면 사전에 환자의 읽기 및 읽기이해 정도를 평가할 필요가 있다.

(1) 낭독 평가

- 대부분의 실어증 진단 검사의 하위 검사에 읽기 검사가 포함되어 있다.
- 길이와 복잡성이 다양한 개인별 환자 맞춤형 읽기 평가를 선택하라. 환자는 그것을 소리 내어 읽어야 한다.
- 단어의 생략, 착어증, 느린 속도, 읽기의 수동성, 읽는 동안 들어가는 노력의 정도를 포함한 읽기 오류를 분석하라.

(2) 읽기이해 평가

- 대부분의 실어증 진단 검사의 하위 검사에 읽기이해 검사가 포함되어 있다.
- 환자에게 글자와 그림을 짝짓게 한다.
- 환자에게 이름을 말하고 글자를 찾게 한다.
- 환자에게 단어 목록을 주고 읽은 단어를 지우게 한다.
- 미완성 문장을 주고 완성하게 한다. 예를 들면, '머리에 쓰는 것은'이라고 적힌 카드를 주고 '머리'라고 대답하게 한다.
- 이야기가 적힌 카드를 주고 핵심어나 핵심구절에 밑줄 치게 한다.
- 환자는 이야기를 읽고 치료사의 질문에 대답한다.

5) 쓰기 평가

쓰기 평가의 중요성은 환자의 발병 전 교육력 및 문자 사용 정도와 현재 쓰기의 습득에 대한 필요성, 치료에 의한 쓰기 능력 유지 정도에 따라 달라진다.

(1) 쓰기 운동성(글자 형성) 평가

- 실어증 발병 전과 검사 시 손잡이에 대해 조사한다.
- 대부분의 실어증 진단 검사의 하위 검사로 쓰기 검사를 포함한다.
- 철자나 단어를 베껴 쓴다.

- 치료사가 말한 단어나 철자를 받아쓰게 한다.
- 대문자 및 소문자 사용 실패, 철자 오류, 글자의 형태 및 크기 오류, 알아보기 힘든 글자, 글자 간 간격 등에 대한 오류를 분석한다.

(2) 일반적 쓰기 평가

- 대부분의 실어증 진단 검사의 하위 검사에 쓰기 검사가 포함되어 있다.
- 하나의 주제에 대해 한 단락 정도의 길이로 글쓰기를 한다(목적적 쓰기).
- 숫자나 요일, 자동적으로 쓸 수 있는 것 몇 가지를 쓴다.
- 환자는 대면 쓰기 과업을 실시한다. 예를 들어, 치료사는 환자에게 그림을 보여 주고 '이것의 이름을 쓰시오.'라고 요구한다.
- 한 단락 정도 길이의 받아쓰기를 실시한다.
- 이야기 쓰기를 평가하기 위해 환자에게 그림을 보여 주고 그림에 대한 이야기를 쓰게 한다.
- 발병 전 쓰기와 발병 후 쓰기를 비교한다.
- 쓰기의 전체적인 질, 단어 배열의 오류, 형태소 사용, 단어 및 구의 생략, 전보문식 쓰기를 분석한다.

6) 말운동 기술 평가

실어증은 대개 운동구어장애와 함께 나타나는 경향이 있으므로 모든 실어증 환자에게 구어실행증이나 마비말장애를 평가하는 것은 매우 중요하다.

치료사는 표준화된 구어실행증 및 마비말장애 진단 검사를 실시할 필요가 있는지를 판단해야 한다. 대부분의 경우, 구강 안면 실행이나 대화의 분석만으로도 구어 명료도와 조음의 정확성을 판단하기에 충분하기 때문이다.

표준화된 검사를 실시할 필요가 있다고 판단되면 실행증과 마비말장애 증상을 평가할 수 있는 환자 맞춤형 평가와 함께 실시해야 한다. 운동구어장애에 대한 자세한 것은 자료를 참고하라(Duffy, 1995; Freed, 2000; Hegde, 2001a).

7) 비구어적 의사소통 기술 평가

비구어적 의사소통 기술 평가의 중요성은 환자에 따라 다르다. 구어 표현의 손상이 심한 중증의 실어증 환자(예: 전체성 실어증)는 대다수의 경우에 비구어적 의사소통 기술을 평가해야 한다. 기능적 의사소통을 성공하기 위해 비구어적 의사소통 기술을 훈련해야 할 필요가 있는 환자는 비구어적 의사소통 기술 또한 평가받아야 한다.

추가적으로 몸짓과 팬터마임을 평가해야 한다. 환자의 일반적인 몸짓 사용(예: 손 움직임), 표정, 억양의 다양성, 대화 시 사용하는 다른 장치들에 대해서도 주목할 필요가 있다.

몇 가지의 일반적인 몸짓(예: 컵으로 물 마시는 흉내, 글씨 쓰는 흉내, 가위질하는 흉내)을 보여 주고 환자가 몸짓의 의미를 이해하는지 평가해야 한다.

AMERIND(Skelly, 1979)와 같은 몇 가지 수화를 보여 주고 환자가 이해하는지 평가한다. 수화는 후에 치료에 활용할 수 있다.

9. 다양한 문화적 배경을 가진 환자들의 평가

다양한 문화적 배경을 가진 환자의 평가는 치료사가 어떤 문화적 배경을 가지고 있더라도 쉽지 않은 일이다. 대부분의 표준화된 검사도구들은 표본집단을 구성하는 데 있어 소수민족을 대다수로 하지 않는다. 어떤 검사들은 그 저변에 문화적 배경이 깊숙이 개입되어 있다. 따라서 치료사는 평가도구를 선택할 때 주의해야 할 필요가 있다. 몇몇 검사도구들은 소수의 민족-문화 집단에 대한 임상적 경험과 지식에 근거한 제안을 제공한다. 모든 전문가들은 소수의 민족문화적 배경을 가진 환자를 평가했을 때 신뢰도와 타당도에 대한 정보를 제공해 주는 평가도구를 주의해서 찾아야 할 필요가 있다(Payne, 1997; Tonkovich, 2002; Wallace, 1996). 인쇄물을 사용할 수 있는 대부분의 제안은 다양한 민족문화적 배경을 가진 모든 환자에게 적용 가능하지만 신경언어장애를 가진 환자에게만은 그렇지 않다(Hedge & Davis, 2005).

다음은 다양한 민족문화적 배경을 지닌 환자들을 치료해야 하는 치료사들에게 하는 몇 가지 제안 사항이다.

- 환자 개별형 평가(혹은 치료)가 가지고 있는 철학에 충실하라. 환자의 문화와 언어적 배경에 맞추어 평가를 개발하라.
- 평가도구는 표본집단에 환자와 민족문화적 배경이 같은 집단이 포함된 것으로 선택해야 한다.
- 검사도구의 기저에 깔린 문화적 배경이 알려져 있거나 혹은 검사도구의 문화적 배경이 환자의 능력을 평가하는 데 있어 부정적 영향을 미친다고 생각한다면 치료사는 그 검사도구를 사용해서는 안 된다.
- 검사도구의 신뢰도나 타당도, 포괄성의 제한으로 인해 검사도구 전체를 사용하지 못하더라도 표준화된 검사도구를 사용해야 한다면, 결과를 해석하는 데 주의해야 한다. 결과를 검사도구의 정상 규준에 근거하여 판단하는 대신에 환자의 민족문화적 배경에 비추어 환자의 능력을 분석해야 한다.
- 이전 단락에서 서술한 것과 같은 내용-개방형 평가 요강(content-open assessment outline)을 사용하라. 이러한 요강이 평가할 수 있는 영역과 기술을 열거할 수 있으며, 자극 방법과 특정 평가 항목을 개발하는 데 많은 자율성을 부여한다는 사실에 주의하라. 환자와 문화적 배경에 적용하기 위해 개별적 평가 자극과 항목을 개발하라.
- 다문화에 대한 정형화를 피하라. 다른 문화적 배경을 가진 환자에게 반드시 특별한 평가 절차가 필요하다고 생각하거나 영어가 능숙하지 않다고 생각해서는 안 된다. 면담과 행동 관찰을 통해 사례사, 교육과 직업에 대한 정보, 문화 수용의 증거를 수집하고 특별한 평가 절차의 필요성을 평가해야 한다. 백인 환자가 모두 영어에 능숙하다고 생각하는 것 역시 금물이다. 내원한 백인 환자가 포르투갈이나 세르비아 이주민일 수 있다.
- 건강관리와 재활 서비스의 접근성에 대한 지식이 중요한 민족문화적 논쟁점인 것에 주목하라. 따라서 치료사는 면담을 실시하는 동안 환자와 가족이 지역 내 건강관리 시설을 알고 있는지, 추가적인 서비스가 필요한지, 이런 서비스에 접근하고 활용할 수 있는지를 조사해야 한다.

- 치료사가 추천한 서비스가 환자와 가족에게 감당할 수 있는 비용인지, 치료 시설에 갈 수 있는 교통수단이 있는지, 환자와 동행할 가족이 있는지에 대해 자세하게 조사해야 한다.
- 상담 및 치료시간 동안 환자와 가족이 함께 있을 수 있는지 조사해야 한다. 함께 있지 못한다면 가족의 시간을 조정하거나 치료사의 시간을 조정해야 한다.
- 특정 민족문화 집단의 건강이나 질병, 장애 및 치료 가능성에 대한 일반적 생각을 조사해야 한다. 이러한 일반적 생각은 동기 부여 및 치료에 영향을 미치기 때문이다.
- 환자의 의사소통 문제는 문화 · 사회적 환경에 영향을 받을 수 있으므로 가족의 언어능력이나 의사소통 성향, 패턴을 비공식적으로 평가해야 한다.
- 환자와 같은 민족문화적 배경을 가진 언어치료사에게 조언을 구하는 것이 좋다.
- 전문가로 구성된 전문분야 협력팀을 구성할 때 민족문화적 차이에 대해 교육할 수 있고 환자 개별형 절차를 개발할 수 있는 전문가를 팀원으로 넣어야 한다.
- 특정 민족문화 집단에 대한 실어증 및 기타 언어장애에 대한 자료가 부족하다면 민족문화적으로 다양한 집단의 의사소통장애 평가 및 치료에 대한 일반적인 자료를 참고해야 한다(Battle, 2002; Hedge & Davis, 2005; Kaiser, 1995; Lubinski & Frattali, 1994; Payne, 1997; Screen & Anderson, 1994).

10. 기타 장애와의 감별 진단

실어증은 치매나 언어혼란(langage of confusion), 우반구 손상, 구어실행증 및 마비말장애와 같은 기타 신경학적 의사소통 문제와 헷갈릴 수 있다. 또한 실어증은 정신분열증이나 정신질환과도 구별해야 할 필요가 있으며, 더욱이 경증의 실어증은 언어손상이 없는 정상적인 언어와도 구별해야 할 필요가 있다.

1) 감별 진단의 원리

- 환자의 사례사와 의학적 검사(신경학적 검사를 포함) 결과는 감별 진단에 있

어 핵심이 된다.

- 자세하고 충분하며 실제적인 구어 및 비구어 의사소통 행동 수집은 필수적인데, 그 이유는 진단이나 감별 진단은 행동에 대한 체계적인 관찰과 신뢰성 있는 측정이 기본이기 때문이다.
- 언어손상과 의사소통의 손상은 같지 않다. 언어 사용은 거의 없으면서 의사소통을 하는 사람(예: 브로카 실어증 환자)이 있는 반면, 언어 사용량은 많지만 의사소통은 거의 되지 않는 사람(예: 베르니케 실어증 환자)도 있다.
- 같은 실어증 증후군 내에서도 개인차는 클 수 있다. 따라서 개인차는 일반적 증상만큼 중요하다.
- 평가 점수나 숫자는 그 환자의 행동을 설명해 주지 못한다. 많은 사례를 살펴보면 일상 상황에서 환자의 의사소통은 검사 결과나 점수보다 더 좋은 것으로 알려져 있다.
- 실어증 환자의 증상은 시간에 따라 변화한다. 따라서 시간의 경과에 따라 반복 측정을 실시하거나 주기적으로 검사를 실시하는 것이 중요하다.
- 환자가 단일 증후군을 보인다고 진단되지 않는 한 진단 혹은 감별 진단은 둘 이상의 증후군이 보이는 패턴에 기초해야 한다.
- 실어증으로 진단된 환자는 일반적인 행동을 많이 나타낼 것이다.
- 실어증은 많든 적든 다른 형태의 의사소통 문제를 포함하는 신경학적 증후(예: 치매)를 보인다.
- 실어증은 또 다른 의사소통장애나 신경학적 질병(예: 마비말장애, 구어실행증, 치매 등)과 공존한다.

2) 중요한 상기점

평가와 감별 진단의 목적은 환자에게 가장 적합한 목표 행동과 치료 절차를 선택하는 것이다.

선택된 목표 행동이 무엇이든 중요한 것은 환자의 일상에서의 의사소통 기술을 향상시키는 것이다.

표 8-3~표 8-10에 실어증과 기타 신경학적 의사소통 문제를 감별 진단하는 데 도움을 주는 정보를 정리하였다.

표 8-3 실어증과 정상 언어의 감별 진단

일반적으로 경증의 실어증과 손상되지 않은 정상 언어를 구별하는 것이 어렵다. 실어증 환자가 신경학적 검사 결과나 다른 종류의 실어증적 증거가 없는 경우에도 실어증자들이 보이는 언어 결함을 보인다면, 환자의 발병 전 배경정보를 면밀히 관찰하라.

실어증	실어증과 유사한 결함을 보이지만 정상 언어인 경우
중추신경계 손상 병력이 존재한다. 발병 전 언어능력이 정상 수준이었다.	중추신경계 손상 병력이 없다. 언어 기술이 제한될 만한 과거력이 있다(문맹).
교육의 부족이 언어 문제를 설명하지 못한다.	교육의 부족으로 언어 문제를 설명할 수 있다.
현재의 환경이 문제를 설명하지 못한다.	현재의 환경으로 문제를 설명할 수 있다.
문제가 갑자기 발생하였다.	문제가 오래전부터 발생하였다.

주의: 노인의 경우 빈곤이 언어 결함을 설명할 수도 있다. 사회적으로 고립되거나 의사소통의 기회가 제한된 대형 요양 시설에 거주하는 환자는 언어 수행 능력이 감퇴할 수 있다. 소수의 요양원들은 환경적으로 의사소통이 제한되어 있다(Lubinski, 1981). 또한 환자의 의학적 상태나 언어능력, 평가 시간 등이 감별 진단에 영향을 미칠 수 있다.

표 8-4 실어증의 유형별 감별 진단

증상들이 부분적으로 일치하는 것은 실어증 유형의 감별 진단을 어렵게 한다. 다음에 기술하는 가이드라인은 실어증 유형을 분류하는 데 사용될 수 있다.

실어증 유형	주요 특징	감별 특징
브로카 실어증	비유창함, 노력이 들어감, 실문법증, 느림, 산출량이 작음, 이름대기와 따라 말하기 손상, 이해력은 비교적 좋은 편임, 조음 문제, 읽기와 쓰기 손상	비유창함 상대적으로 좋은 이해력을 보이는 문법 손상과 산출량이 적은 구어
연결피질 운동 실어증	초기 함묵증상, 불완전한 문장에서 비유창하고 산출량이 적으며 반향어 출현, 경도의 이름대기 문제, 경도의 이해력 손상, 읽기와 쓰기 손상	따라 말하기는 보존 반향어와 조음 문제 그 외는 브로카와 유사한 특징
연결피질 혼합 실어증	비유창함, 반향어, 산출 적은 실문법적이며 전보문식 구어, 이름대기와 청각적 이해력 손상, 읽기 및 쓰기 손상	따라 말하기 보존 반향어와 조음 문제 청각적 이해력이 손상된 비유창성 실어증
전체성 실어증	매우 제한된 비유창한 구어, 의사소통의 모든 측면에 고도의 손상,	전체적인 의사소통 손상
베르니케 실어증	고도의 청각적 이해력 손상, 지나치게 유창하면서 내용이 없는 말, 고도의 이름대기 손상, 따라 말하기 손상, 조음능력의 보존, 읽기 및 쓰기 손상	과도한 유창성 내용 없는 구어 착어증, 과문법증
연결피질 감각 실어증	청각적 이해력 손상, 유창함, 착어증, 내용 없는 구어, 반향어, 문법과 조음능력 소리 내어 읽는 능력은 보존, 이름대기와 쓰기 능력은 손상	청각적 이해력이 손상된 반향어
전도성 실어증	착어증과 휴지로 이루어진 유창한 구어, 고도의 따라 말하기 손상, 이름대기 손상, 문법, 조음, 청각적 이해력이 비교적 보존, 읽기와 쓰기 손상	청각적 이해력이 비교적 좋으면서 따라 말하기 능력이 심하게 손상
건망성 실어증	고도의 이름대기 능력 손상, 조음 따라 말하기 능력이 좋음, 착어증, 읽기와 쓰기 능력 보존, 경도의 청각적 이해력 손상	이름대기 손상을 제외한 모든 측면의 의사소통 능력이 보존

주의: 각 실어증 유형의 의사소통 능력 손상을 기술하는 것뿐만 아니라 환자의 사례사와 정보(신경학적 검사, 방사선 검사, 뇌영상 검사 결과)를 수집하여 진단 결과를 완성하라.

표 8-5 실어증과 치매의 감별 진단

대부분의 치매는 만성으로 비가역성(회복되지 않는 것)이고 퇴행성이지만 일부의 경우 가역적이다. 14, 15, 16장에서 치매의 정의 및 특징, 평가 및 진단에 대해서 다룬다.

실어증	치매
갑작스럽게 발병	서서히 발병
좌반구 손상, 국소적 손상	양 반구 손상, 광범위한 손상
때때로 우울함이나 좌절감을 느끼지만 대개 적절한 감정상태를 보임	침울하고 고립(내양)되어 있으며, 감정의 동요가 심함
비언어적 인지 기능은 대부분 보존	인지 기능은 경도에서 고도까지 손상을 보임
대부분의 기억은 보존	기억손상의 정도는 다양하며 정도가 심해짐
사회성은 대부분 적절하고 조직적	사회적으로 부적절하며 통합되지 않음
의미, 구문, 음운능력에 동시적 장애	의미에서 구문, 음운장애 순으로 진행됨
유창하거나 비유창할 수 있음	치매가 악화되기 전까지 유창함
일반적으로 안정적임	일반적으로 진행성임

주의: 실어증과 치매는 공존한다. 실어증 환자는 신경학적 질병으로 인해 치매로 발전할 수 있다(알츠하이머병). 치매 환자는 뇌졸중으로 인해 실어증이 발생할 수 있다. 또한 치매의 초기 단계에서 광범위한 양 반구 손상은 신경학적 검사(예: 뇌영상 검사)에 의해 확실해지지 않는다.

표 8-6 실어증과 혼돈 언어의 감별 진단

실어증	혼돈 언어
좌반구 손상이 국소적으로 일어남	양 반구 손상이 광범위하게 일어남
말의 내용은 적절함	말의 내용이 대개 적절하지 않음
작화증(말짓기증)이 없음	작화증이 나타남
구문손상	구문손상이 없거나 미세함
뇌졸중 직후 얼마간을 제외하고 지남력이 보존	시간, 장소, 사람에 대해 지남력 상실
인지손상이 일반적으로 일어나지 않음	인지손상이 일반적으로 일어남
뇌졸중이 병력	외상성 뇌손상이 병력
의사소통 능력이 언어 기술보다 좋음	의사소통 능력보다 언어 기술이 좋음
주목할 만한 행동(성격) 변화가 없음	주목할 만한 행동(성격) 변화가 있음

주의: 외상성 뇌손상은 좌반구 표면에 국소적 손상을 가진 경우로 하였다. 이 경우에 혼돈 언어와 실어증은 공존한다.

표 8-7 실어증과 정신분열증의 감별 진단

정신분열증은 행동(정신의학)장애이다. 정신분열증의 원인은 생화학적, 유전적 요인이 강한 지지를 받고 있으나 아직 정확하게 알려진 바는 없다. 정신분열증은 사고장애, 감정 혼란, 현실로부터의 분리, 환각과 망상 등의 특성을 보인다. 반면 실어증은 이러한 특성이 없으며 뇌손상이 핵심적이나, 정신분열증은 뇌손상이 주요 특성이 아니다.

실어증	혼돈 언어
국소적 뇌손상으로 인한 신경학적 언어장애	생화학적, 유전적 소인이 의심되는 심각한 정신의학적 장애
갑작스러운 발병	점진적 발병
대체적으로 발병시기가 늦음(성인기 혹은 노년기)	대체적으로 발병시기가 빠름(청소년기나 성인기 초기)
지각과 사고의 문제가 없음, 행동의 불합리함이나 부주의함, 기괴한 생각이 없고 망상이 없음	지각과 사고의 장애. 사고가 불합리, 부주의, 기괴, 망상이 있음
비정상적 감각이 나타나지 않음	비정상적 감각이 나타남(환각)
유의미하고 지속적인 사회적 철수가 없음	유의미하고 지속적인 사회적 철수가 나타남
국소적이고 최근의 좌반구 손상	국소적 좌반구 손상의 증거 없음. 간혹 측뇌실 및 제3뇌실의 확장 및 뇌조직 손상의 증거가 나타나지만 최근 손상의 증거는 없음
작화증이 나타나지 않고 사회적으로 적합한 말을 구사	작화증이 나타나며 사회적으로 부적합한 언어 사용
청각적 이해력의 손상	청각적 이해력의 손상이 없음
읽기 및 쓰기의 손상	읽기 및 쓰기 손상이 나타나지 않음
정서적 반응이 정상	정서적 반응이 비정상
현실과 밀접함	현실과 괴리됨
성격의 변화가 없고 부주의한 행동이 나타나지 않음	성격의 변화가 나타나고 부주의한 행동이 나타남
손상의 개인차가 있음	손상의 개인차가 없음
긴장증(catatonia: 비정상적 자세)이 나타나지 않음	간혹 긴장증이 나타남

주의: 실어증과 정신분열증이 공존할 수 있다. 대부분의 감별 진단 검사들이 베르니케 실어증과 정신분열증을 감별하는 데 어려움을 보인다.

표 8-8 실어증과 우반구 증후군의 감별 진단

우반구의 손상이 나타내는 의사소통 및 행동손상 패턴은 일반적인 실어증과 약간의 특성을 공유한다. 10장과 11장에서 우반구 손상에 대해 자세히 설명한다.

실어증	우반구 손상
이름대기, 말 유창성, 청각적 이해력, 읽기 및 쓰기에 좀 더 심한 문제가 발생함	약간의 문제만 나타남
좌측 무시는 거의 없음	좌측 무시가 일어남
질병 불각증이 없음	질병 불각증과 자신의 문제를 통찰하는 데 어려움을 보임
말의 내용은 일반적으로 적당함	말의 내용이 종종 부적당하고 산만하며, 과도함
일반적으로 공간과 주변에 대한 지남력이 존재함	공간과 주변에 대한 지남력이 손상됨
가족의 얼굴을 인지함	가족의 얼굴을 인지하지 못할 수 있음
간단하게 그림을 그릴 수 있음	좌측을 무시함
간혹 운율의 문제를 보임	좀 더 심한 운율손상을 보임
유머를 이해하거나 사용함	유머를 이해하거나 사용하지 못함
이야기의 주제를 말할 수 있음	이야기의 주제를 말하지 못하고 세부사항만 말함
설명의 함축적 의미를 이해함	의미를 문자적으로만 이해함
화용손상이 거의 없음	화용손상이 더 현저하게 나타남(눈 맞춤, 주제 유지 등).
언어 기술의 손상이 있더라도 의사소통 능력은 비교적 좋음	언어 기술은 비교적 좋지만 의사소통 능력이 떨어짐
순수한 언어적 손상이 우세함	순수한 언어적 손상보다는 주의집중이나 지각 손상이 좀 더 우세함

주의: 우반구에 언어 중추가 있는 사람이 우반구 손상을 입으면 실어증이 발병한다.

표 8-9 실어증과 구어실행증의 감별 진단

구어실행증은 운동구어장애의 한 종류로, 근육의 약증이나 감각의 손상, 마비가 나타나지 않고, 말을 하는 데 필요한 근육의 운동을 계획하는 데 문제를 보인다. 구어실행증과 브로카 실어증은 대개 공존하며, 순수한 구어실행증은 매우 희귀하다. 구어실행증은 브로카 실어증과 함께 나타나므로 브로카 실어증과 구별하기가 쉽지 않다. 브로카 실어증 환자가 나타내는 구어실행증은 구어 산출 직후에는 나타나지 않았다가 뒤늦게 나타날 수도 있다.

구어실행증을 동반하지 않는 실어증	실어증을 동반하지 않는 실어증
신경언어장애	신경운동구어장애
종종 측두엽이나 측두-두정엽의 손상과 관련이 있음	종종 전두엽이나 후두엽의 손상과 관련이 있음
우측 마비가 흔하지 않음	우측 마비가 흔함
실문법증, 착어증이 종종 나타남	실문법증과 착어증은 일반적으로 나타나지 않음
조음 운동 시 시행착오와 모색 행동이 주목할 만하지 않음	조음 운동 시 시행착오와 모색 행동이 나타남
조음 문제가 비교적 일관적임	조음 문제가 비일관적으로 나타남
유창한 실어증 환자의 음운적 문제는 예측할 수 없고 목표음/단어와 닮지 않음	실행증 환자의 음운적 문제는 예측 가능하고 목표음/단어와 유사함
조음적 문제는 복잡한 산출에 영향을 받지 않음	복잡한 산출과정에서 조음적 문제가 주목할 만한 영향을 받음
특히 유창한 실어증에서 자기 수정의 시도가 결여	실패적이고 반복적인 자기 수정의 시도
약간의 청각적 이해력의 장애를 보임	일반적으로 청각적 이해력에는 장애가 없어 보임
운율 문제는 지배적이지 않음	운율 문제가 지배적임
발화 시작의 어려움이 뚜렷하지 않음	좀 더 뚜렷한 발화 시작의 어려움을 보임
기능적 단어의 생략	기능적 단어를 생략하는 경향이 주목할 만하지 않음
단어 찾기의 어려움	단어 찾기의 어려움이 없음에도 불구하고 조음 모색 행동이 마치 그러한 문제처럼 보일 수 있음
읽기 이해력이 부족	읽기 이해력이 부족하지 않음
중증의 실어증 환자는 실행증이 잠재되어 있을 수 있음	실어증이 잠재되어 있지 않음
사지 혹은 구강 실행증이 지배적이지 않음	사지 혹은 구강, 혹은 복합된 실행증이 지배적일 수 있음

표 8-10 실어증과 마비말장애의 감별 진단

마비말장애는 구어 산출에 필요한 근육을 제공하는 중추나 말초신경의 손상으로 야기된 빈약한 근육통제 때문에 생기는 운동구어장애의 집단이다. 종종 마비말장애와 실어증은 공존할 수 있다. 실어증을 초래하는 피질하 손상은 마비말장애와 관련될 수 있다. 그래서 처음 좌반구 손상의 고통을 받고 곧바로 우반구 손상을 받은 환자는 경직형 마비말장애를 보인다. 왜냐하면 양측 상부 운동 뉴런이 손상을 받기 때문이다.

마비말장애를 동반하지 않는 실어증	실어증을 동반하지 않는 마비말장애
신경학적 언어 문제	신경학적 구어 문제
언어의 명확한 설명, 표현, 이해력에 주요 어려움을 가짐	구어 산출에 주요 어려움
중추신경 시스템에 상해(우세 언어반구)	중추신경계나 말초신경계 혹은 둘 다에 상해
안면마비가 일어나는 것을 제외하고 정상적 구강안면 기제	약증, 마비, 구강안면 근육 운동의 불능, 중대한 원인
근육의 약증에 기인한 언어 문제는 보이지 않음	근육의 약증에 기인한 언어 문제를 보임
단어 찾기에 주목할 만한 문제를 보임	단어 찾기에 주목할 만한 문제를 보이지 않음
경도에서 중도에 이르는 청각적 이해 문제가 나타남	청각적 이해 문제는 주목할 만한 문제를 보이지 않음
오조음이 일관적이지 않음	오조음이 일관적임(consistent)
구어 명료가 구어 속도와 관련되어 있지 않음	구어 명료가 구어 속도와 명확하게 관련됨
구어 산출과 관련되는 호흡 문제를 보이지 않음	구어 산출에 관련되는 호흡 문제를 보임
발성행위에 주목할 만한 문제를 보이지 않음	발성행위에 주목할 만한 문제를 보임
공명에 대한 주목할 만한 문제를 보이지 않음	공명에 대해 문제가 있을 수 있음
운율에 대한 주요한 문제는 보이지 않음	운율에 문제가 있을 수 있음
비정상적인 음질 문제에 주목할 만한 문제는 나타나지 않음	비정상적인 음질 문제를 보일 수 있음
읽기 문제가 종종 나타남	읽기 문제가 전형적이지는 않음
쓰기 문제가 종종 나타남	쓰기 문제가 전형적이지는 않음
비정상적인 강세 문제가 주목할 만큼 나타나지 않음	주목할 만한 강세 문제가 나타남

주의: 마비말장애에는 여러 유형이 있으며, 여기에 기술된 감별 특징을 모든 유형의 마비말장애에 적용할 수는 없다.

읽을거리

실어증의 평가와 감별 진단에 대한 더 자세한 정보가 필요하다면 다음의 자료들을 참조한다.

Davis, G. A. (2000). *Aphasiology: Disorders and clinical practice.* Needham Heights, MA: Allyn & Bacon.

Golper, L. A. (1996). Language assessment. In G. L. Wallace (Ed.), *Adult aphasia rehabilitation* (pp. 57–86). Boston: Butterworth-Heinemann.

Holland, A. (1996). Pragmatic assessment and treatment for aphasia. In G. L. Wallace (Ed.), *Adult aphasia rehabilitation* (pp. 161–173). Boston: Butterworth-Heinemann.

Murry, L. L., & Chapey, R. (2001). Assessment of language disorders in adults. In R. Chapey (Ed.), *Language intervention strategies in adult aphasia* (pp. 55–118). Baltimore, MD: Williams & Wilkins.

Spreen, O., & Risser, A. (1998). Assessment of aphasia. In M. T. Sarno (Ed.), *Acquired aphasia* (3rd ed., pp. 71–156). New York: Academic Press.

제 9 장

실어증 치료

이 장의 개요

- 실어증 치료의 효과에 대한 논의
- 치료 결과에 영향을 미치는 요인
- 실어증 환자의 약물치료
- 실어증 환자의 언어치료 원칙
- 민족문화적 요인을 고려한 치료
- 일반적인 치료 목표
- 청각적 이해력 문제의 치료
- 구어 표현의 치료
- 실어증 재활에서 사회적 접근
- 읽기 문제 치료
- 쓰기 문제 치료
- 실어증 환자의 집단 치료
- 실어증 환자의 보완대체 의사소통

학습 목표

이 장을 학습한 후 학생들은,

- 효율적인 치료 기법과 치료에 의한 향상을 구별할 수 있다.
- 뇌졸중 환자를 위한 여러 가지 의학적 치료법에 대하여 개괄할 수 있다.
- 민족문화적 배경이 다른 환자들을 위한 수정된 치료법에 대하여 기술할 수 있다.
- 실어증 환자를 위한 의사소통 결함의 모든 형태에 대한 치료 목표와 절차를 상술할 수 있다.
- 실어증 환자의 사회복귀에서 관습적인 접근과 사회적인 접근을 비교할 수 있다.
- 실어증 환자에게 시도하는 집단 치료의 절차를 평가할 수 있다.
- 실어증 환자를 위한 의사소통 전략의 확대와 대안의 필요성과 다양성을 기술할 수 있다.

1. 실어증 치료의 효과에 대한 논의

'실어증을 치료하는 것이 효과가 있는가?'에 대한 의문은 실어증 연구가 시작된 초기부터 현재에 이르기까지 지속되어 왔다. 다만, 치료의 효과를 증명하는 것과 치료의 효율성을 문서화하는 것은 다르다는 사실을 알아야 한다(Hegde, 2003). 임상 치료나 사례 연구는 실어증 치료가 환자의 언어능력 개선에 긍정적인 변화가 있다는 유효성을 주장할 수 있는 반면, 통제된 실험 상황하의 치료 효과에 대한 연구에서는 실어증 치료에 대한 효율성만을 주장할 수 있다.

일반적인 치료 절차의 효율성과 특정 실어증 치료의 유효성을 주장할 때 고려해야 할 복합적인 요인은 전문가의 도움 없이 환자가 향상되는 정도이다. 자연 회복(spontaneous recovery)이라고 불리는 이 증상은 치료의 효율성을 보여 주기 위한 연구에서는 반드시 제외되어야 하는 요인이다. 자연 회복은 실어증의 기저가 되는 신경병리학적 회복으로 인해 실어증 환자의 언어능력도 호전되는 것이다. 자연 회복으로 인해 개선되는 정도를 분리하여 순수한 치료 효과를 증명하는 것은 임상 과학자들에게는 큰 도전거리이다(Benson & Ardila, 1996).

치료 효과에 대한 연구가 항상 일관된 결과를 나타낸 것은 아니며, 그로 인해 언어치료의 효과에 대한 의문이 제기되었다(David, Enderby & Bainton, 1982). 그러나 이러한 결과는 비효과적인 치료나 비효율적인 주입식 치료, 잘못된 연구 설계에 의한 것이거나 혹은 그 모두로 인한 것이다. 더 효율적인 치료 절차, 더 정교한 치료, 더 좋은 연구 설계에 의한 평가는 더 긍정적이고 명백한 결과를 이끌어 낼 것이다.

실어증 치료에 대한 연구는 최근 10년 동안 지속적으로 발전되어 왔다. 최근 몇 년 동안 단일대상 연구가 증가하였고, 실어증 치료의 효과를 지지하기 위한 자료가 증가하였다(Robey, Schultz, Crawford, & Sinner, 1999). 역사적으로도 적합한 연구 설계와 개선된 치료 연구들(예: Basso, Capitani, & Vignolo, 1979)은 잘못된 실험 설계에서 나타난 결과보다 더 긍정적인 결과를 산출하였다(Lincoln, Mulley, Jones, et al., 1984). 최근에 발표된 지속적이며 통제된 실험 연구 결과들은 실어증 치료 효과를 입증하는 증거가 되었다.

통제집단 연구는 체계적 치료의 유용성을 증명한다. Robey(1994, 1998)는 치료의 효과를 메타 분석한 2개의 연구를 통해 이전에 실시되었던 총 76개의 집단 설계 연구를 재검토하였다. 그는 치료를 받은 환자들이 받지 않은 환자들보다 효과적이고 질 높은 의사소통 기술을 습득한다고 결론 내렸다. Robey, Schultz, Crawford, Sinner (1999)는 단일대상 설계를 사용하여 실어증 환자의 치료 효과를 살펴본 총 63개의 연구를 재검토한 결과, 다양한 형태의 치료가 실어증 환자의 언어능력을 개선시키는 데 중요하다는 결과를 얻었다. 3개의 연구를 통해 내려진 공통적인 결과는 급성기(가능한 한 뇌졸중 발생 직후에)에 받은 치료가 가장 큰 효과를 낸다는 것이다. 그러나 급성기 이후에 치료를 받은 환자들도 그보다 적으나 의사소통 능력이 개선되었음을 발견하였다. 따라서 실어증 환자를 치료하는 것은 실어증 개선에 효과적이며, 모든 환자는 치료를 받아야 한다고 결론 내렸다(Basso, 2003; Brookshire, 2003; Davis, 2000; Helm-Estabrooks & Albert, 2004; Helm-Estabrooks & Holland, 1998; Holland, Fromm, DeRuyter, & Stein, 1996; LaPointe, 2005; Rosenbek et al., 1989).

치료 효과에 대한 종단적 연구 자체가 드물기는 하지만, 치료의 효과가 지속된다는 것은 증명된 사실이다. 여러 연구를 통해 치료의 효과가 시간이 지나도 지속된다고 보고하였다. 흥미로운 것은 치료 종료 후 18개월이 지난 실어증 환자의 연구(Collins & Wertz, 1983)와 7년이 지난 실어증 환자의 연구(Aten et al., 1991)에서 치료 효과가 유지되고 있었다는 것이다. 그러나 다른 연구에서 치료의 지속 효과가 좋지 않게 나타난 이유는 치료가 비효율적으로 이루어졌거나, 환경적 지원이 지속되지 않았거나(계속적인 가족들의 강화와 지시), 자기관리 기술이 부족하거나, 환자의 건강상태가 악화되었거나(특히, 뇌졸중이 재발한 경우) 혹은 이 모든 것이 복합적으로 작용했기 때문일 수도 있다.

2. 치료 결과에 영향을 미치는 요인

치료의 효과에 대해 단언하기 어려운 점 중 하나는 치료 효과에 영향을 미치는 많은 요인들이 존재하며 그 요인들을 통제하기가 어렵기 때문이다. 경험이 많은 치료사는 여러 요인들이 치료로 인한 회복의 기회를 제한할 수도 혹은 촉구할 수도 있다고 말한다. 그러나 여러 데이터를 통해 치료 효과에 긍정적인 영향을 미친다고 알려진 요인은 소수에 불과하며 대부분의 요인은 치료사의 판단에 근거한 것이다. 그러므로 다음의 요인들은 잠정적인 것으로 간주되어야 한다.

- 환자의 연령. 젊은 환자들이 노인 환자들보다 치료의 효과가 더 큰 듯하다.
- 뇌손상 전 언어능력과 문해능력. 뇌손상 전에 높은 수준의 언어능력이나 문해능력을 보였던 환자들은 뇌손상 전 언어능력이나 문해능력이 낮았던 환자보다 더 많은 치료 효과를 보이는 것 같다.
- 교육과 직업. 고학력 환자나 높은 언어 기술을 요구하는 직업을 가졌던 환자들은 교육을 적게 받았거나 언어 사용이 많지 않은 직업을 가졌던 환자보다 더 많은 치료 효과를 보이는 것 같다.
- 신경병리적 특징(뇌손상의 위치나 범위). 뇌손상의 크기가 작거나 이전에 경색이 발병한 적이 없는 환자들은 뇌손상의 크기가 크거나 이전 뇌손상 경험이 있었던 환자들보다 더 많은 개선을 보이는 것 같다.
- 의학적·신경학적·행동적 상태. 상대적으로 건강한 환자들이 건강하지 않은 환자들보다 더 많은 개선을 보이는 것 같다.
- 청력. 청각 자극을 강조하는 치료법처럼 사용되는 치료법에 따라 청력이 좋은 환자가 청력이 나쁜 환자보다 치료 효과가 더 큰 것 같다.
- 시력. 특정 종류의 치료법, 특히 시각적 자극을 강조하는 치료는 정상적이거나 비교적 시력이 좋은 환자가 시력손상이 있는 환자보다 더 많이 개선되는 것 같다.
- 운동 기능. 운동 기능이 좋은 환자는 완전마비나 불완전마비 환자들보다 더 많이 개선되는 것 같다.
- 실어증의 심한 정도. 실어증의 정도가 약한 환자들이 정도가 심한 환자들보다 더 많이 개선되는 것 같다.
- 치료 시작의 시기. 모든 환자가 치료에 효과를 보일 수 있지만, 상대적으로 조기

에 치료를 시작한 환자가 늦게 치료를 시작한 환자들보다 더 많은 효과를 보이는 것 같다(Robey, 1994, 1998).

- **치료 기술.** 효과적인 치료 기술은 치료에 긍정적인 결과를 가져온다는 것은 분명한 사실이다.
- **정확한 치료 적용.** 효과적인 치료를 적절하게 받은 환자들이 개선되는 것 같다.
- **치료기간.** 어느 정도의 한계는 있으나 오랜 시간 동안 치료를 받은 환자가 치료기간이 짧은 환자보다 치료의 효과가 더 큰 것 같다. 그러나 긴 시간 동안 치료를 받더라도, 치료와 치료 간격이 길고, 치료시간이 짧은 경우는 짧은 기간 동안 집중적으로 치료받은 경우보다 그 효과가 더 적은 것 같다(Bhogal, Teasell, Foley, & Speechley, 2003).
- **치료의 집중도.** 집중적인 치료를 받은 환자가 그렇지 않은 환자보다 더 많은 개선을 보이는 것 같다. 주당 8시간씩 12주의 치료를 받은 환자가 치료와 치료 사이의 시간이 길고, 기간은 짧게 받은 환자보다 더 많은 개선을 보이는 것 같다(Bhogal, Teasell, Foley, & Speechley, 2003). 만성기 실어증 환자도 짧은 기간 동안 이루어지는 집중적 치료로 효과를 보았다(Pulvermuller et al., 2001).
- **가족의 협력.** 환자의 가족이 치료와 학습에 참여하는 자연스러운 의사소통 환경에서 환자에게 도움을 줄 수 있도록 교육을 받는 경우 환자의 가족이 도움을 주지 않는 경우보다 더 많은 개선이 일어나는 것 같다.
- **치료기간 동안 전반적인 건강의 회복 및 악화.** 치료기간 동안 건강이 좋아진 환자는 건강이 악화된 환자보다 더 많이 개선되는 것 같다.
- **자연 회복.** 치료로 인한 개선은 특히 뇌손상 직후 첫 6개월 동안 어떤 경우는 6~12개월 사이 일어나는 자연 회복과 맞물릴 때 상승 효과를 보는 것 같다.

1) 연구의 제한점

- 치료 결과에 영향을 미치는 변인들의 통제 부족
- 조사 연구의 미심쩍은 내적 타당성(치료에 의해 변화가 생기는가?)
- 환자에 대한 기술 부족, 치료 전후의 개별적인 기능 수준과 건강상태에 대한

모호한 정보(특히, 집단 설계가 포함된 연구에서)

■ 치료 절차의 기술 부족(특히, 집단 설계가 포함된 연구에서)

3. 실어증 환자의 약물치료

실어증을 치료할 목적으로 다양한 약물이 투여되거나 행동치료와 병행하여 실시되어 왔다(MlCoch & Metter, 2001). 급성기(뇌졸중 직후의 기간)에 시행되는 의료적 처치는 환자의 신체적 상태를 개선시키는 방법이 주를 이룬다. 신체적 상태를 개선하기 위하여 뇌병변 부위에 빠른 시간 내의 혈액을 공급함으로써 환자의 상태를 회복시키는 것이 급선무이다. 혈액 공급이 재개되거나 혈액의 흐름이 뚜렷하게 호전되면 환자의 예후가 좋아진다. 뇌졸중 직후에는 여러 가지 약물치료가 가능하다(Greenberg, Aminoff, & Simon, 2002; MlCoch & Metter, 2001).

■ **정맥 내 혈전 용해제 투여**(intravenous thrombolytic therapy). 급성기 뇌경색의 치료를 위한 재조합형 조직 플라스미노겐 활성제(recombinant tissue plasminogen activator, t-PA)는 조직의 괴사와 후유 장애를 최소화하는 데 효과적인 것으로 밝혀졌다. t-PA는 뇌경색 발병 후 3시간 이내에 투여해야 한다. 따라서 가장 중요한 것은 환자와 가족이 뇌졸중의 초기 신호를 인식하고 즉각 의료적 도움을 요청하는 것이다. 그러나 t-PA 투약으로 인해 뇌출혈이 일어날 수 있는 잠재적 위험이 있다.

■ **항혈소판제**(antiplatelet agents). 항혈소판제는 혈액이 응고하여 혈류를 막는 **혈소판**의 형성을 억제하는 약물로 이미 TIA(허혈성 발작)가 일어났던 사람의 뇌졸중 발생 확률을 낮추는 데 효과적인 약물이다. 항혈소판제에는 의사의 처방전 없이 구입할 수 있는 아스피린(aspirin)과 의사의 처방전이 있어야 구입할 수 있는 티클로피딘(ticlopidine)이 있다. 건강한 성인의 경우 규칙적으로 소량의 아스피린(81mg)을 복용하면 뇌경색의 발생위험률을 감소시킬 수 있다는 사실은 잘 알려져 있다.

■ **항응고제**(anticoagulation agents). 항응고제 역시 혈액의 응고를 억제하는 것

은 유사하나, 이 약물은 심장 이상으로 인한 색전 발생으로 뇌졸중이 야기된 경우에 효과적이다(Greenberg, Aminoff, & Simon, 2002). 항응고제의 종류로 헤파린(heparin)과 와르파린(warfarin)이 있다.

- 경동맥 내막절제술(carotid endarterectomy). 총경동맥이나 내경동맥에서 발생한 혈전으로 인해 뇌졸중이 일어난 경우 내막절제술을 실시하여 뇌졸중으로 인한 후유 장애를 감소시킨다(50% 이상 감소). 경동맥 내막절제술은 수술적 방법으로 혈전을 제거하는 것이다.

약물치료는 환자의 일반적 건강상태를 호전시킨다는 점에서 중요하다. 그럼에도 불구하고, 약물치료만으로는 뇌졸중 환자의 의사소통 기능을 임상적으로 유의미하게 향상시키지 못한다. 그러나 언어치료와 병행했을 때 일부의 약물(예: 덱스트로암페타민, 피라세탐)은 어느 정도 효과가 있을 가능성이 있다(Greener, Enderby, & Whurr, 2001; Huber, 1999; Kessler, Thiel, Karbe, & Heiss, 2000; Walker-Batson et al., 2001). 가까운 장래에 행동적 치료 요법의 효과를 촉진시킬 더 좋은 약물이 개발될 것으로 보인다.

약물 복용의 효과를 집중적인 언어치료에 의한 의사소통 개선의 효과와 비교할 수 없다. 그러나 신경보호작용을 하고 신경전달을 증가시키는 특정 약물에 의해 언어치료의 효과가 촉진될 수는 있다.

4. 실어증 환자의 언어치료의 원칙

실어증을 포함한 의사소통장애 치료의 기본적인 치료 원칙은 다음과 같다.

- 손상되지 않은 환자의 기능과 손상된 기능에 대한 체계적 분석이 필요하다.
- 환자의 가족에 대한 정보와 가족 간의 의사소통 패턴을 이해해야 한다. 환자의 가족이 환자에게 줄 수 있는 지원의 정도와 종류를 알아야 한다.
- 환자와 가족이 가지고 있는 치료에 대한 기대를 알아야 한다. 환자가 직면할 사회적, 직업적 요구를 이해해야 한다.

- 환자의 삶과 의사소통 패턴의 개선을 도와줄 가족과 사회적 지원 시스템을 모아야 한다.
- 치료 시 자연스러운 환경에서 기능적 의사소통의 향상을 우선적으로 하고, 환자의 전반적 지각능력이 허락하는 범위 안에서 환자의 삶의 질을 향상시키며, 환자 개개인에게 의미 있는 목표 행동을 선택하여 이를 치료한다.
- 치료의 성공을 확실하게 하기 위해 치료 목표를 순차적으로 적절하게 설정해야 한다(초기 목표는 쉽게 설정하고 점차 어려운 목표로 설정함).
- 환자의 건강상태와 동기를 고려하여 실현 가능하며 환자와 환자 가족에게 만족스러운 집중 치료를 제공하여야 한다.
- 치료의 초기에는 환자의 언어적 목표를 이룰 수 있도록 도와줄 수 있는 자극을 최대한 많이 제공해야 한다. 이러한 자극에는 지시, 모델링, 그림, 사물, 역할 놀이 등이 있다.
- 치료사는 환자가 좀 더 자연스러운 상황에서 목표 언어를 산출할 수 있도록 하기 위해 점차 자극을 감소시켜야 한다(예: 용암, 모델 제시, 그림 자극).
- 환자에게 즉각적이고 긍정적인 강화를 제공하는 이유는 목표 언어 기술을 증가시키기 위한 것이다. 일반적으로 최소 80%의 정확도를 유지할 수 있다.
- 오반응에 대해 즉시 수정된 피드백을 제공하여 오반응의 빈도를 감소시켜야 한다.
- 치료 이후 단계에서 환자의 시도를 강화할 수 있는 활동, 예를 들면 좋은 요구를 하기 위해 칭찬을 해 주는 것 또는 대조적으로 요구 시 요구 대상을 바로 제공하는 것과 같은 활동이 자연스럽게 발생하도록 해야 한다.
- 치료의 효과를 유지할 수 있도록 환자에게 자기-모니터링 기술을 훈련시켜야 한다.
- 환자가 자연스럽고 기능적인 문맥으로 타인에게 적절한 의사소통 행동을 유지하고, 강조하고, 지지하고, 자극하며, 환기하기 위해 훈련해야 한다.
- 환자에게 남아 있는 문제들이 환자의 개인적, 사회적, 의사소통적 상황에서 환자의 행동을 과도하게 방해하지 못하도록 가족과 사회적 지원 체계를 개발해야 한다.

■ 필요하다면 환자와 그 가족에게 격려를 제공하기 위해, 환자의 의사소통 행동, 가족, 사회적 지원 체계를 주기적으로 모니터링하는 추후 치료 일정을 계획해야 한다.

1) 실어증 환자를 치료할 때 특히 고려할 점

대부분의 경우 환자와 가족들은 실어증 환자와 생활하기 위해 도움이 필요하며 구체적인 내용은 다음과 같다.

■ 가족들은 환자의 언어능력 손상에 대처하면서 환자를 도울 수 있는 방법에 대한 조언과 교육을 받을 수 있다.

■ 보완 의사소통 전략(예: 구어를 통한 의사소통에 실패했을 때 노트에 단어를 쓰거나 약간의 기능적 제스처의 사용)을 사용하는 방법을 배워야 한다. 광범위한 보완대체 의사소통이 환자와 가족에게 많은 도움을 줄 수 있다.

■ 환자와 가족들이 가지고 있는 기대치를 현실적인 예후에 맞추어 수정해야 한다.

■ 치료는 구조화시켜야 하고 목표 행동에 대한 치료는 반복적으로 실시되는 것이 좋다. 그 이유는 집중적인 치료가 간헐적인 치료보다 더 효과적이기 때문이다.

■ 치료는 환자 특성에 맞춰 이루어져야 한다. 다시 말하면, 환자의 치료는 의사소통의 효율성을 강화시키기 위해 효과적인 기술들을 더욱 효과적으로 수정하고 비효과적인 부분들은 제거하는 것을 원칙으로 지도해야 한다.

■ 재활에서 치료는 팀을 기본으로 하며, 언어치료사(speech-language pathologist, SLP)는 작업치료사(occupational therapist, OT), 물리치료사(physical therapist, PT), 놀이치료사(recreation therapist, RT) 등과 팀을 이루거나, 일부 혹은 전체와 함께 긴밀하게 일할 수 있다. 언어치료사는 목표 행동 기술과 치료 행위에 대해 다른 치료사들과 협의하여 조정할 수 있다. **놀이치료사**는 재활 세팅에서 환자의 일상 행동을 다루는 전문가이고, 놀이치료사에 의해 집단 놀이활동을 하는 것은 사회적 의사소통 기술 장려를 위한 맥락일 수 있다. **작업치료사**는 일상생활과 관련된 활동들(요리, 목욕, 옷 입기, 운전)을 스스로, 안전하게 하는 것에 목표를 두며, 또한 의사소통 훈련을 위한 우수한 문맥을 제

공하는 것과 같은 다른 기능적 기술 향상에도 목표를 둔다. 이를테면, 안전한 방법으로 요리하는 것을 가르치는 동안 작업치료사와 언어치료사 둘 다 환자가 요리 재료의 이름을 말하는 데 도움을 줄 수 있다. 마지막으로 **물리치료사**는 신체적 힘, 지구력, 운동의 범위를 향상시키고, 일반적 이동성 및 균형을 개선하기 위해 다양한 신체적 운동과 다른 프로그램을 구상함으로써 환자의 신체 상태를 향상시키는 것에 목적이 있다. 물리치료사의 치료 목표인 '방을 가로질러 걸어가거나 물건을 옮기는 것'과 같은 활동은 또한 언어치료사에게 기초적 대화 기술을 가르치기 위한 기회를 제공할 수 있다.

- 치료사는 치료를 계속하는 것이 윤리적이지 않거나 유용하지 않을 때, 치료의 종결에 대해 판단해야 한다.

신경계 문제가 회복된 환자 중 일부는 언어 기능 회복의 측면에 좋지 않은 예후를 보일 수 있는데, 이는 언어치료의 여부와 관계없이 나타나는 증상이다. 신경학적 회복은 경색에 의한 뇌졸중의 경우는 4~6주 동안 이루어지며, 뇌출혈과 외상성 뇌손상의 경우는 3~6개월까지 이루어진다.

일반적으로, 언어의 모든 영역에 걸쳐 언어능력이 심하게 손상된 환자, 예를 들어 전체성 실어증 환자의 언어능력을 향상시키기 위해 다른 도움 없이 언어치료만을 실시하는 것으로는 부족하다. 더 자세히 말하면 실어증 환자들은 신경학적으로는 회복이 가능할 수도 있지만 다음과 같은 특성을 지닌 환자는 언어치료의 효과를 얻지 못할 수도 있다(Brookshire, 2003).

- 청각적 이해력의 심한 손상과 더불어 상투적(stereotype) 문구를 사용한다("*me-me-me*" 또는 "*oh boy, oh boy, oh boy*"와 같은 반복 발화를 한다).
- 동일한 자극을 맞추는 데 실패(사물과 상응하는 그림을 맞추거나 동일한 사물을 맞추는 것)한다.
- 무분별하게 '예/아니요'로 대답한다.
- 자기교정이 없이 신조어와 내용 없는 구어를 사용한다.

시간 및 금전적 상황이 허락한다면 시도 치료기간을 가지고 환자에게 필요한 치료가 무엇인지 목록화하고 지속적으로 치료할 방법을 찾는 것이 좋다. 비용이 많이 들더라도, 환자의 개인적 특성을 기초로 하여 치료법이 만들어져야 한다.

그러나 예후가 의심되는 환자라 하더라도 장기적으로 치료하면 약간의 치료 효과를 볼 수 있다는 사실에 주목해야 한다. 이와 같은 치료 효과는 만들어진 것이다(Brookshire, 2003). 부정적 예후의 예측은 더 효과적이거나 더 새로운 치료를 위해 항상 자세히 연구되어야 한다.

5. 민족문화적 요인을 고려한 치료

민족문화적 연구와 언어병리학에서의 연구는 대부분 다양한 문화 또는 민족 배경을 가진 환자를 평가하는 데 관심이 있다. 이제까지는 대다수의 사람들에게 통용될 수 있는 경험에 입각한 치료 기술을 개발하는 데 중점을 두었고, 특정 민족문화 집단에 유용한 치료 기술을 개발하는 것에는 거의 관심을 두지 않았다. 그러므로 다양한 민족문화적 배경을 가진 환자에게 가장 적합한 특정 치료 기법을 제안하는 것은 현재로는 가능하지 않다.

치료사는 환자의 민족문화적 배경지식을 기반으로 치료 프로그램을 계획해야 한다. 다음과 같은 고려점은 환자를 위한 치료 기술을 계획하고 구현시킴에 있어 유용할 수 있다.

- 치료사는 환자의 민족문화적 배경에 대해 이해해야 하고, 발병 전 모국어와 제2언어를 조사하는 것이 좋다.
- 치료사는 치료 목표를 선택하는 데 도와줄 수 있는 가족 및 가족끼리 교환하는 의사소통 양식을 알아야 한다(예: 대가족인지 또는 손자를 키우고 교육하는 데 있어서 환자의 역할이 어느 정도인지 등).
- 치료사는 치료 서비스에 대한 접근 가능성, 비용 부담 가능성 등의 가족 지원 정도를 알아야 하고, 치료기간을 늘리기 위해 공공자원 및 사적자원을 이용할 수 있다는 사실을 알고 있어야 한다.
- 치료사는 환자와 가족이 정기적으로 치료를 받기 위해 필요한 교통비 등의 비

용을 감당할 수 있는지, 그리고 그들의 약속을 잘 지켜나갈 것인지를 생각해야 한다.

- 치료사는 환자와 가족 구성원의 도움을 받으며 환자의 치료 목표를 선택하여야 한다. 그 이유는 인종에 따라 달라지기 때문이 아니라 그것이 모든 환자에게 더 좋은 방법이기 때문이다. 또한 치료사는 환자에게 적절한 모든 표준화된 방법을 사용하여 평가하여야 한다(예: 환자는 읽기 및 쓰기 기술을 위한 치료가 필요한가?).
- 치료사는 환자의 환경 일부분을 치료 자극으로 선택할 수 있다(예: 흐몽족* 환자를 치료할 때 사용하는 자극은 백인 미국인을 치료할 때 사용하는 것과 다를 수 있다).
- 특정 민족문화적 배경을 가진 환자의 치료 자료의 부족 때문에, 치료사는 모든 회기마다 치료의 절차와 그 효과를 문서화하여야 한다. 이와 같은 기록문서는 특정 민족문화적 배경을 가진 환자의 언어 기술이 좋아지고 있는지 여부를 확인하는 데 도움이 된다. 만약 다른 인종에게 효과적이라고 알려져 있는 방법을 사용했음에도 치료의 진전을 보이지 않는다면, 치료사는 어떤 방법이 유용한지 알게 될 것이다. 적어도, 치료사는 적절한 시기에 효과적으로 치료 방법을 수정할 수 있을 것이다.
- 민족문화적으로 다양한 환자를 치료한 치료사는 특정 환자에게 적용한 치료 방법과 사용하지 않은 방법, 기본적인 방법의 효과를 향상시킬 수 있는 변형된 방법에 대한 이해를 촉진하기 위하여 전문 저널에 사례 연구로 발표할 것이다.

6. 일반적인 치료 목표

실어증 환자의 치료 목표인 많은 의사소통 기법들은 다음의 네 가지 주요한 범주에 포함할 수 있다.

---

* (역자 주) 흐몽족은 베트남에 살고 있는 묘족이다.

- 구어의 청각적 이해력
- 구어 표현
- 읽기 기술
- 쓰기 기술

7. 청각적 이해력 문제의 치료

실어증 환자는 대부분의 경우 청각적 이해력의 문제를 치료할 필요가 있다. 베르니케 실어증을 가진 환자에게 청각적 이해력을 개선시키는 것은 치료 1차 목표가 될 것이다. 치료사는 청각적 이해력 문제가 산출 문제만큼 분명하지는 않다는 것을 주목하여야 한다. 한때, 베르니케 실어증 환자의 말이 이치에 맞지 않는 경우가 많았기 때문에, 베르니케 실어증 환자를 정신의학적으로 문제가 있다고 여긴 적도 있었다. 즉, 산출 문제 중 일부는 이해력 문제 때문일 수도 있다. 그러므로 치료를 통해 청각이해력이 향상된다면 언어 산출 또한 향상되는 것을 도울 수 있다.

1) 청각적 이해력의 예후 지표

측두엽 후상부(posterior superior temporal lobe, PST) 안쪽과 바깥쪽의 병변이 청각이해력 문제의 원인이 될 수 있다는 것을 주목해야 한다. PST의 병변은 청각적 이해력의 손상과 회복 속도의 저하로 인해 예후가 나쁠 것이라는 암시가 된다. PST 바깥 부분에 병변이 있으면 예후가 좋다는 사실과 빠른 회복을 암시해 준다.

2) 청각적 이해력 손상의 특성

실어증 환자들은 유형에 따라 청각적 이해력에 다양한 형태의 문제를 보일 수 있다. 다음은 Rosenbek 등(1989)이 주장한 청각적 이해력의 손상 유형이다.

- 느린 재생시간. 환자는 말의 첫 부분을 이해하지 못하지만 나머지는 이해한다.
- 소음의 축적. 환자는 말의 처음은 이해하지만, 메시지가 길어지고 복잡해질수

록 이해하는 데 실패한다.

- 정보처리 지연. 환자는 메시지의 다른 부분보다 첫 부분과 끝 부분을 더 잘 이해한다.
- 간헐적 청지각 능력 결여. 환자는 말의 일부를 이해할 수 있으나 이해하는 데 일정한 패턴이 없다(일시적으로 입력됐다가 나간다).
- 용량의 부족. 환자가 이해할 수 있는 단어 수 자체가 적다.
- 기억력 결핍. 자극을 제시하고 난 뒤 일정 시간이 흐르고 반응하도록 시키면 환자의 정반응률이 감소한다.

3) 청각적 이해력을 촉진하는 요인

치료사는 다음과 같은 요인을 치료 프로그램에 적용함으로써 청각적 이해력을 촉진할 수 있다.

- 환자들은 사용 빈도가 낮은 단어보다 사용 빈도가 높은 단어를 더 잘 이해한다. 그러므로 치료 시 빈도가 높은 단어를 활용한다.
- 환자들은 동사, 형용사, 부사보다 명사를 더 잘 이해한다. 그러므로 초기에는 명사를 사용하고 점차 더 어려운 낱말을 사용하는 것이 좋다.
- 환자는 이미지화할 수 없는(nonpicturable) 동사보다 이미지화할 수 있는(picturable) 동사를 더 잘 이해한다. 그러므로 동사의 이해를 치료할 때는 동작 그림을 보여 주는 것이 좋다. 예를 들면, 걷거나 먹는 것과 같은 동사는 듣거나 생각하는 것과 같은 동사보다 그림을 통해 표현하면 더 쉽게 이해할 수 있다.
- 환자들은 그림이 명확할 때 더 잘 이해한다. 그러므로 명확한 자극을 이용해야 한다. 예를 들면, 물건은 선화(line-drawing)보다 사진으로 제시할 때 환자가 더 명확하게 이해할 수 있다.
- 환자들은 긴 문장보다 짧은 문장을 더 잘 이해한다. 그러므로 처음에는 짧은 문장을 사용하고 점차 문장의 길이를 증가시켜야 한다.
- 환자들은 문법적으로 복잡한 문장보다 단순한 문장을 더 잘 이해한다. 그러므로 처음에는 단순한 문장을 사용하고 점차 복잡성을 증가시켜야 한다.

- 환자는 수동문보다 능동문을 더 잘 이해한다. 그러므로 능동문을 활용해야 한다.
- 환자들은 자신과 관련성이 없는 내용보다 자신과 관련된 내용의 문장을 더 잘 이해한다. 환자에게 적절하고, 의미 있고, 흥미로운 문장을 사용해야 하며 문학적 정보가 아닌 환자 개인의 경험과 관련된 문장을 제시한다.
- 환자들은 화자가 자주 쉼을 삽입하고 구어 비율을 감소시켜 말할 때 더 잘 이해한다. 그러므로 정상보다 약간 느리게 말하고, 반면 휴지의 빈도는 높이는 것이 좋다. 그 비율은 환자의 특성을 고려하여 치료사가 결정해야 한다.
- 환자들은 중요한 단어를 강조하여 말할 때 더 잘 이해한다. 예를 들어, 치료사가 "남자가 걷고 있는 그림은 어느 것입니까?"라고 말할 때, 핵심단어를 강조하여 말한다. 환자의 이해력은 느린 속도로 말하면서 목표 단어나 음소에 강세를 주어 말할 때 더 좋아진다.
- 환자들은 배경 소음이 없는 상태에서 말을 듣거나, 깨끗하고 왜곡이 없는 녹음된 소리를 들려줄 때 이해력이 더 좋아진다. 따라서 치료 환경은 조용해야 하고 녹음 메시지는 매우 정확해야 한다.
- 환자들은 메시지의 내용을 반복 제시할 때 더 잘 이해한다. 일반적으로 내용의 반복은 문맥에서 더 많이 나타난다. 예를 들면, 문맥 단서 없이 하나의 문장만 들려주는 경우 여러 개의 문장이나 그림 및 다른 형태의 자극이 함께 제시되는 문장보다 이해하기에 더 어려울 수 있다. 같은 이유로 일부 환자들은 단어나 문장이 단독으로 제시될 경우보다 여러 문장을 연속하여 들려주는 경우 더 잘 이해할 수 있다. 그러므로 치료는 항상 문맥적 정보로 제시한다.
- 환자들은 구어 자극을 반복 제시할 때 더 잘 이해한다. 그러므로 환자가 처음 질문을 받았을 때 정반응하지 못하면, "~는 어디 있죠?"와 같은 질문이나 "이것은 무엇입니까?"와 같은 구어 자극을 반복하는 것이 좋다.
- 환자들은 선택해야 하는 제시물의 수가 작을수록 더 잘 이해한다. 그러므로 환자들에게 사물이나 그림을 지적하도록 요청할 때, 처음부터 너무 많은 항목들을 나열하지 말고, 점차 수를 증가시켜 제시하는 것이 환자의 성공률을 높이는 방법이다.
- 환자들은 청각 자극에 적절한 시각 자극이 동반될 때 더 잘 이해한다. 그러므로 환

자들에게 질문할 때는 청각적 이해력을 도와줄 수 있는 시각적 단서를 이용하는 것이 좋다. 예를 들면, "오늘 치료실에 올 때 직접 운전하셨습니까?"라고 질문하면서, 치료사는 운전대의 움직임을 제스처로 나타내거나, 자동차의 그림을 보여 줄 수 있다.

- 환자들은 상대방의 얼굴을 보고 대화할 때 더 잘 이해할 수 있다. 그러므로 치료 시 좌석배열은 대화자들의 얼굴이 보이도록 해야 한다.
- 환자에게 메시지를 전달하기 전에 경계 자극을 제시하면 환자가 더 잘 이해할 수 있다. 예를 들면, 그림 또는 메시지를 제공하기 전에 환자에게 말할 수 있다. "화이트 씨, 여기를 보세요!", "그린 씨, 이리 오세요!", "준비하세요!", "들으세요!" 경계 자극은 목표 메시지나 자극을 제시하기 1~3초 전에 들려주어야 한다.

4) 청각적 이해력을 저해하거나 효과적이지 못한 요인

청각적 이해력을 향상시키는 데 도움이 되지 않거나 심지어 나쁜 영향을 미치는 요인은 다음과 같다.

- 음성 강도의 증가. 큰 소리로 말하는 것은 도움이 되지 않는다.
- 전화 음성. 일부 환자들은 전화 통화를 하지 못한다.
- 녹음 및 녹화 자극 제시. 이런 것들은 환자의 청각적 이해력의 정도를 변화시키지 못한다.

마지막으로 가장 중요한 것은 치료사는 환자의 실어증 유형에 따라 나타나는 일반적인 행동 사항을 기억해야 하며 실어증 환자의 개인차가 있다는 사실 역시 고려해야 한다.

일부의 환자는 대부분의 환자들에게 적용하였을 때 효과를 보는 치료 전략을 통해 효과를 보지 못할 수 있다. 이를테면 발화 속도를 느리게 하는 것이나 문맥상의 단서를 제공하는 방법으로 이득을 얻지 못한다.

치료사는 전략의 적합성을 환자 개개인별로 결정해야 한다. 치료 시 목표 행동을 지속적이고 반복적으로 측정하는 것이 선택한 치료 기법의 적합성을 판단하는 데 도움이 된다.

5) 청각적 이해력을 치료하는 순서

청각적 이해력을 치료하는 올바른 순서를 찾기 위해서 치료사는 우선 환자의 청각적 이해력 상태를 파악해야 한다.

- 환자의 현재 청각적 이해력 수준에 맞는 적절한 치료를 실시한다.
- 지형도(topography) 제작으로 환자의 강점과 약점을 찾는 것을 통해 낮게 반응한 것, 즉 손상이 더 심한 것을 기록한다. 예를 들면, 이해력에 심한 손상이 있는 환자의 치료는 단단어 이해부터 시작해야 하며, 중간이거나 경미한 손상이 있는 경우는 기초적인 수준의 구문, 문장, 담화에서부터 시작한다.

(1) 단단어의 이해

단단어 이해 수준에서 청각적 이해력의 치료가 필요하다라고 평가 결과가 나왔다면 이 수준에서부터 치료를 시작한다. 단단어 수준에서 전형적인 목표 행동과 그에 따른 치료 절차는 다음과 같다.

- 목표 반응: 특정한 자극 항목 지적하기. 신체부위, 사물, 실물사진, 옷, 음식, 개인적으로 관련 있는 항목들을 지적한다.
  - 기본 치료 절차. 신체부위 중 하나를 들려주고 환자에게 들은 것을 지적하도록 요구한다. 이때 여러 장의 사진이나 여러 개의 사물을 제시한 후 들려준 것을 지적하도록 요구한다. 환자는 성공할 때까지 반복 시행하며 치료사는 모든 항목을 제시한다.
- 목표 반응: 동작 사진(카드) 지적하기
  - 기본 치료 절차. 환자 앞에 행동 그림을 배열한다. 환자에게 그 행동 중 하나를 들려주고 그림 또는 사진들을 지적하도록 지시한다(예: "걷고 있는 남자가 있는 사진을 저에게 주세요."). 모든 항목을 차례로 들려준 후 환자는 성공할 때까지 항목들을 반복한다.

(2) 구어 문장의 이해

처음부터 단단어를 이해할 수 있었거나 치료의 결과로 단단어를 이해할 수 있게 된 환자에게 다음 단계의 이해력 치료는 구어 문장을 이해하는 것이다. 이 단계의 구체적인 세 가지 목표 과업은 질문 이해하기, 구어적 지시 따르기, 사실 식별하기로 일반적인 목표 반응과 치료 절차는 다음과 같다.

- **목표 반응: 구어적 질문 이해.** '예/아니요'의 폐쇄형 질문으로 시작하여 개방형 질문으로, 즉 간단한 질문에서 복잡한 질문으로 난이도를 증가시켜 나간다. 환자는 구어적("예" 또는 "아니요") 방법 또는 비구어적(예: 머리 흔들기) 방법으로 대답을 할 수 있다.
  - **기본 치료 절차.** 환자의 가족이나 사생활에 대한 질문으로 시작한다(예: '딸이 있나요?', '어느 나라에 살고 있나요?'). 일반적 지식(예: '샌프란시스코는 네바다 주에 있나요?'), 범주화와 관련된 것('개는 동물인가요?'), 음소 변별과 관련된 것('당신은 바지를 입나요, 가지를 입나요?')에 대한 질문을 한다.
- **목표 반응: 구어적 지시 따르기.** 주어진 지시에 따라 연속적 활동을 하거나 사물을 지적하는 것, 사물을 조작하는 것이다.
  - **기본 치료 절차.** 일반적이지만 기능적으로 사용해야 하는 사물이나 사진들을 선택한다. 처음에는 자극들을 짝지어 제시(예: 종이와 펜)하고 환자가 해야 할 간단한 지시를 연속적으로 한다(예: 종이를 가리킨 다음 펜을 가리키세요). 환자가 두 물건을 식별하는 데 문제가 있다면 환자가 각각의 물건을 따로따로 지적할 수 있도록 몇 번의 연습을 실시한다. 식별에 성공하면 연속된 지시를 다시 제시한다. 환자가 두 단계 지시를 정확하게 수행할 수 있으면 좀 더 복잡한 지시를 한다(예: "종이, 펜, 지우개를 지적하세요.", "공, 스푼, 컵을 저에게 주세요."). 제시된 물건들을 책상에 두고(예: 작은 공과 상자) 좀 더 복잡한 지시를 내린다(예: "공을 상자에 넣고 상자에서 연필을 집어 책상에 놓으세요.").
- **목표 반응: 사실 식별하기.** 환자는 구어로 제시된 문장이 진실인지 거짓인지 식별한다. 환자는 이해한 문장을 그림과 짝짓는다("여자가 자전거를 타고 있다."

또는 "나무보다 더 큰 식물이 있나요?"에 "예/아니요"로 대답한다).

- 기본 치료 절차. 환자에게 정답 그림(예: 여자가 자전거를 타고 있다)과 유사한 보기 그림(예: 여자가 차를 운전하고 있거나 걷고 있다)을 보여 준다. 목표 문장을 말하고(예: '여자가 자전거를 타고 있다.') 들려준 문장과 일치하는 그림을 찾도록 한다. 정답 외의 보기 그림을 들려준 문장과 일치하지 않는다는 것을 알 때까지 반복해서 실시한다. 짝짓기(match-to-sample)라고 불리는 방법은 정답과 그 외의 보기를 사진으로 제시하거나 글자로 다양하게 제시할 수 있다(예: 남자를 쫓는 개, 개를 쫓는 남자, 소년을 쫓는 개, 개를 뒤쫓는 소년 그림). 그 후 환자에게 들려준 문장과 일치하는 그림이나 글자를 지적하게 한다(예: 남자가 개를 뒤쫓는다).

(3) 담화 이해

담화를 통해 환자의 손상 정도와 언어능력의 복잡성이 자연스럽게 나타난다. 연습 단계에서는 담화를 이해하는 것이나 대화 시 질문에 대답하는 것과 같은 화용 기술 훈련이 포함된다.

■ 목표 반응: 담화 이해. 짧고, 간단하며, 재미있는 이야기를 수집한다〔또는 ***Discourse Comprehension Test***(Brookshire & Nichols, 1993)를 사용한다〕.

- 기본 치료 절차. 환자에게 큰 목소리로 이야기를 들려준 다음 주요 개념, 세부적인 내용과 함축된 내용에 대해 질문한다. 함축된 세부적인 내용은 추론을 통해 답할 수 있는 것이어야 한다〔예: 이야기가 가장(家長)에 관한 것이면 세부적인 내용에는 아내와 아이들이 포함되어 있을 것이다〕.

■ 목표 반응: 대화에서 질문들을 이해하기. 대화의 처음에는 간단한 예/아니요 질문으로 시작하여 대화가 진행될수록 정교한 대답을 필요로 하는 진전된 복잡한 질문들을 한다.

- 기본 치료 절차. 환자가 대화에 관심을 가지도록 한 후, 개인적인 질문을 한다(예: "텔레비전에서 축구를 보았어요?", "어제 동물원에 갔었나요?", "사는 곳이 프레스노인가요?"). 목표는 질문을 이해하여 구어적 또는 비구어적 방법으로 적절히 대답하는 것이다. 개인적 이해 질문에 성공하면 더 정교한 대답

을 필요로 하는 질문을 하여 조금 더 복잡한 질문을 이해하도록 치료한다(예: "이번 주말에 무엇을 했나요?", "일요일에 어디에 갔었나요?").

치료사는 청각적 이해력에 대한 치료 수준이 높아질수록 구어 표현력에 대한 치료도 병행해야 한다는 사실을 기억해야 한다. 대부분의 환자가 치료 초기에는 간단한 수준의 구어 표현을 하다가 점차 복잡한 표현을 사용하여 대화를 할 수 있게 된다.

8. 구어 표현의 치료

치료사는 치료시간의 대부분을 구어 표현을 치료하는 데 할애한다. 구어 표현의 향상은 목표 행동 중 가장 일반적으로 사용되는 목표 행동이다. 대부분의 치료사는 치료 시 간단한 구어 표현에서 시작하여 대화와 같은 점차 더 복잡한 활동을 이용하여 치료한다.

1) 이름대기 치료

실어증 환자들은 정확한 단어를 빠른 시간 내에 찾는 것이 어렵다. 실어증 환자의 이름대기 능력을 향상시켜야 하는 중요한 이유는 유창성의 향상과 사회적 의사소통을 효과적으로 달성하기 위한 것이다. 그러므로 이름대기 능력의 향상은 실어증 환자 대부분에게 주요한 구어 치료 목표이며, 실제로 실어증 치료에 관한 연구의 대부분은 이름대기에 관한 것이다.

일부 연구의 경우 이름대기를 향상시킬 수 있는 치료법을 소개하고 있다. 그러나 자극들을 짝짓거나(예: '그림과 구어로 제시된 단어 맞추기') 제시된 음운 또는 의미 단서에 즉각 반응하여 이름을 말하게 하는 것이 일반적 이름대기 치료 방법이다. 이러한 기술들은 난이도를 변화시킴으로써 효율성을 입증하고 있다(Hickin et al., 2002; Nickels, 2002).

이름대기 치료는 환자의 오류 유형을 파악한 후 실시해야 한다. 연구에 의하면 환자가 앞쪽 병변(대부분 브로카 실어증을 보임)과 뒤쪽 병변(베르니케 실어증 그리고 명칭 실어증)이 있는 경우 이름대기에서 나타내는 문제의 양상이 다르다고 주장한다. 그러므로 환자에게 맞춘 개별적인 치료법을 개발하는 것이 어렵더라도 환자의 문제에 적절하게 대응할 수 있는 치료 전략을 선택할 수도 있다(Nickels & Best, 1996a, 1996b). 시도 치료를 통해 여러 가지 방법을 적용하는 것은 대부분의 환자에게 적합한 치료를 선택하는 과정이다.

2) 이름대기 문제의 유형

Benson과 Ardila(1996)는 실어증 환자의 이름대기에서 나타나는 문제를 상세하게 분류하여 제시하였다. 이 분류는 대부분 Benson(1979a)의 실어증 환자에게서 나타나는 여러 가지 이름대기 손상에 기반을 두고 있다.

■ 단어 산출형 이름대기 문제(word production anomia). 브로카 영역, 브로카 영역의 앞쪽 또는 위쪽, 좌반구의 보조 운동 영역을 포함하는 전두엽 손상이 단어 산출형 이름대기 문제의 원인이다. 이름대기 문제는 운동 영역의 문제, 즉 앞쪽 병변과 같은 결과로 기인한다. 단어 산출에 어려움을 나타내는 하위 유형은 다음과 같다.

- 전전두 이름대기 문제(prefrontal anomia)는 일반적으로 전전두엽 영역의 병변에 의해 발생하며 연결피질 운동 실어증을 일으킨다. 대표적인 문제로는 (1) 단편화 또는 전체-부분 오류(예: 냉장고를 '부엌'이라고 부르는데, 그 이유는 그림의 특정 부분의 처리에 주의를 기울이지 못하기 때문이다)를 보이고, (2) 이전에 정확하게 산출했던 이름에 대해서도 부정확한 보속증을 나타내며, (3) 과대 구어 착어증은 개념과 명칭을 과대 확장하여 연결해 일어나는 증상이다(예: 푸른 소파를 '하늘'로 명명).
- 조음 개시 이름대기 문제(articulatory initiation anomia)는 보조 운동 영역의 손상과 관련이 깊다. 또한 연결피질 운동 실어증과 브로카 실어증 환자에게서 나타난다. 이름대기 문제는 환자가 단어나 구를 산출할 때 조음을 개시하는 데 있어 많은 어려움을 나타내기 때문에 일어난다.

- 조음 감소 이름대기 문제(articulatory reduction anomia)는 대부분 브로카 실어증 환자에게서 나타난다. 조음능력의 감소로 인한 이름대기의 문제는 음절군에서의 음절 삭제와 음운 동화(음절 직후의 음소의 반복, 이미 산출했던 단어의 음소 산출 시 음운 예측)에 의해 일어난다.
- 건망성 이름대기 문제(paraphasic anomia)는 전도성 실어증 환자에게서 자주 나타난다. 단어를 쓸 때 음소를 다른 것으로 대치하는 음소 착어 증상을 나타낸다. 이때 단서의 제시는 그다지 도움이 되지 않을 수도 있다.
- 음소 변별 이름대기 문제(phonemic disintegration anomia)는 베르니케 실어증 환자에게서 나타난다. 음소 착어증으로 인한 자곤을 보이며 이 유형의 이름대기 문제를 보이는 환자에게 단서를 제시하는 것은 이름대기 능력에 약간의 도움을 줄 수 있다.

■ 단어 선택 이름대기 문제(word selection anomia). 측두엽의 뒤쪽 아랫부분의 병변에 의해 주로 나타나며 다른 언어 문제없이 이름대기 문제만 단독으로 보이는 경우가 많다. 환자들은 기술하기, 제스처, 쓰기, 그리기가 가능하지만 그에 맞는 단어의 이름을 말하지 못한다. 이 환자들은 물건의 이름을 들려주면 신속하고 정확하게 사물을 지적하고 인지하지만 이름대기는 수행하지 못한다. 에둘러 말하기나 휴지는 이름대기 문제 때문에 나타나는 현상이다.

■ 의미 이름대기 문제(semantic anomia). 연결피질 감각 실어증(TSA)과 관련이 있으며, 의미 이름대기에 문제를 보이는 환자들은 단어의 의미를 인지하지 못하고 산출할 수도 없다. 이들은 이름대기 과업 시 단어의 이름을 말하지도 못하고 이름을 들려주어도 사물을 지적하지 못하며 심지어 익숙한 환경에서조차 산출하지 못하며 말이 혀끝에서 맴도는 것처럼 머뭇거리는 설단현상(tip-of-the-tongue)을 자주 보인다. 환자들은 단어의 의미를 이해하지 못하고 단순히 따라 말할 뿐이다. 병변은 보통 두정-후두 영역, 특히 각회(angular gyrus)에 존재하는 경우가 많다. 이러한 경우 단어 인지 훈련을 실시해야만 한다.

■ 분절 이름대기 문제(disconnection anomia). 이름대기 문제 중 일부는 특정 신경계 통로 단절의 결과로 야기된다.

- 특정 범주 이름대기 문제(category-specific anomia)는 이름대기 능력이 불균

형하게 손상되어 특정 범주의 단어 이름대기에 어려움을 나타낸다는 것이다. 어떤 환자들은 신체부위의 이름을 말하는 데 어려움을 보이고, 동물이나 채소의 이름을 말하는 데 어려움을 보이는 환자도 있다. 예를 들어, 환자가 후두엽의 중앙부에 병변이 있으면 사물 이름이나 신체부위 명명은 가능하지만 색깔 이름대기(색깔 명칭 실어증)에 결함을 보인다. 이런 환자들은 색에 대한 지각력은 정상이며 이들은 색을 정확히 분류하고 자발적으로 색 명칭을 산출할 수 있다.

- **특정 양식의 이름대기 문제**(modality-specific anomia)는 어떤 특정한 한 가지 자극의 양식이 제시되었을 때만 명명하기에 문제를 보이는 증상이다. 예를 들어, **시각 양식 이름대기 문제**(tactile anomia)를 보이는 환자일 경우 만지고, 듣고, 냄새를 맡은 사물의 이름을 명명하는 것에는 어려움이 없으나 자신이 본 사물의 이름을 말하지 못한다. 그러나 눈을 감아 시각 자극을 차단하면 사물의 이름을 말할 수 있다. 어떤 환자들은 그들이 인지하고 있는 음식의 이름을 말하지 못하며 냄새와 연합해서도 이름을 말하지 못한다(예: 꽃, 베이컨). 특정 양식 이름대기 문제는 일반적으로 실인증으로 알려져 있다. 실인증에 대해서는 4장에서 기술하였다.
- **뇌량 이름대기 문제**(callosal anomia)는 뇌량을 절단하는 신경외과 수술로 인해 발생하는 이름대기 문제로, 이는 양 반구의 연결이 끊어짐에 의한 것이다. 환자는 우세 손이 아닌 왼손으로 잡고 있는 물건의 이름을 말하지 못한다. 그러나 그 후에 정리된 여러 물건 중에서 같은 물건을 찾는 것은 이미 그 물건을 만져 본 왼손으로도 할 수 있다. 반구 간의 단절은 이름대기를 방해하며 비록 그 물건이 무엇인지 정확하게 해석하였더라도 좌반구에서 이름을 상기할 수 없다.

대부분의 실어증 환자들은 여러 언어 문제와 함께 이름대기 문제를 보인다. 일부의 경우 이름대기 문제를 이런 식으로 분류하는 것이 매우 어려울 수 있다. 그러나 대부분의 환자들은 이름대기 문제에 있어 확실한 일련의 특징들을 보인다. 예를 들어, **응답 지연**(delayed response)을 보이는 환자는 목표한 단어를 말하는 데 시간을 'buy(소비)'한다. 자신의 오류를 자기 수정하는 일부 환자들은 다른 사람들이 자신들의 문제를 눈치 채지 못하게 만들기 때문에 치료사는 이들 환자들의 어려움을 분석하여 치료계획을 세워야만 한다.

(1) 정확한 이름대기를 촉진하는 자극의 사용

이름대기 문제를 치료할 때 정반응을 촉진하는 요인을 기억해야 한다. 대부분의 실어증 환자들이 보이는 이름대기의 특징을 요약하면 다음과 같다.

- 사용 빈도가 많은 단어는 사용 빈도가 적은 단어보다 쉽다.
- 조작할 수 있는 물건의 이름들(예: 잡을 수 있고, 튕길 수 있고, 던질 수 있는 공, 접을 수 있고, 글을 쓸 수 있는 종이)은 조작할 수 없는 물건보다 이름대기가 쉽다(예: 조작할 수 없는 소파나 냉장고).
- 실물이 그림보다 쉽다.
- 사실적인 그림이 왜곡되거나 단순화된 그림 자극보다 쉽다.
- 음소 단서는 베르니케 실어증 환자보다 경미하거나 중간 정도의 이름대기 문제를 가진 브로카 실어증 환자들에게 더 유용하다.
- 과제 수행 시 환자 자신이 과제를 넘기는 것이 기계에 의해 자극이 자동으로 제시되는 것보다 더 쉽다.
- 이름대기를 할 때 시간을 길게 줄수록 수행력이 향상된다.
- 자극이 제공되는 시간이 길어질수록 수행력이 좋아진다(30초 이상).
- 시청각적 자극을 동시에 제시하는 것(예: 사물을 보며 명칭을 듣는 것)이 시각적 자극만 제시할 때보다 수행력이 좋다.
- 쉬운 과업에서 점차 어려운 과업으로 옮겨 가는 것이 어려운 과업에서 쉬운 과업으로 옮겨 가는 것보다 낫다.

(2) 이름대기: 치료 목표와 치료 기술

대면 이름대기. 빈번하게 실시하는 방법으로 환자 앞에 놓인 그림이나 사물들을 보여 주며 "이것은 무엇인가요?"라고 질문한다.

이러한 절차는 기능적인 의사소통 행동을 훈련하는 데는 도움이 되지 않을 수 있는데 그 이유는 목표 단어가 일상적인 상황에서는 유용하지 않은 것일 수 있기 때문이다. 일반 성인들의 대화에서 그림이나 사물의 이름을 묻는 경우는 거의 없다. 그러나 이러한 이름대기 과업은 자연스러운 의사소통 상황에서의 자발적인 명사 산출을 촉진시킬 수 있을 것이다. 그러나 치료실에서 확립된 이름대기 기술이 일반화되었다는 연구는 거의 없는 실정이다. 하지만 일반화에 성공한 연구를 보면 환자에게 다수의 명사를 훈련시켰을 때 훈련하지 않은 명사도 그림이나 사물을 보고 산출할 수 있었다고 주장했다(Nickels, 2002; Frees, Celery, & Marshall, 2004). 다시 말하면 그림이나 사물과 관련된 이런 일반적인 이름대기는 대부분의 사람들에게는 제한된 기능적 가치를 가진다. 연구에서 환자들은 단어 산출이 일반화되었더라도 이들은 여전히 담화에서는 단어 산출에 실패할 수 있음을 보여 주었다(Boyle, 2004).

계층 단서의 사용(use of cueing hierarchies). 환자가 자연스런 문맥 내에서 명칭을 생각해 내지 못하면 치료사는 환자의 반응을 촉진하기 위하여 추가적인 자극을 주게 된다. 이러한 추가적인 자극을 단서라고 한다. 여러 계층 단서들은 음운 단서(또는 어떤 연구에서는 음소), 의미 단서(단어 의미에 기반을 둔 의미가 유사하거나 다른 단어), 문자 단서(글자들), 그림 단서(이름대기를 위한 사물의 그림), 청각 단서(단어 듣기와 그것에 대해 말하기), 쓰기 단서(단어를 쓰거나 또는 베껴 쓴 다음 이름 말하기) 등이 있다. 단서의 다양한 형태에 대한 연구로는 Nickels (2002)가 있다.

계층 단서의 가장 기본적인 원리와 절차는 다음과 같다.

- 반응을 촉진하는 자극이나 단서 찾기. 자극으로는 시각(그림 또는 글자), 청각(“‘야옹’ 하고 웁니다.”), 음소(볼펜을 말할 때 “‘ㅂ’으로 시작합니다.”), 음절(볼펜을 말할 때 “‘볼’로 시작합니다.”), 의미(“당신은 그것을 머리 위에서부터 입습니다.”), 미완성 문장(“목마를 때 마시는 …”, “‘ㄱ’으로 시작합니다.”[가방]) 자극이 있다.
- 환자나 가족에게 개인적 기억이나 경험이 있는 단서를 제시한다. 이런 단서들은 표준화된 음운 단서(예: “그 단어는 ‘고’로 시작해요.” 또는 ‘고양이’를 설명

할 때 "그 단어는 세 글자입니다.")나 의미 단서(망치에 대한 단서를 제공할 때 "그것은 못을 박을 때 사용합니다.")를 제시할 때 효과가 좀 더 좋다. '망치'라는 단어에 대한 개인적인 단서로 "예전에 그것으로 손가락을 친 적이 있다."가 나올 수 있다(Freed, Celery, & Marshall, 2004).

- 약한 자극으로 반응을 유발시키지 못할 때는 강한 자극을 사용한다. 예를 들면 질문하는 약한 자극보다 "이것은 무엇일까요?"라는 질문과 동시에 그림을 제시한다.
- 자극을 최소화하여 시작한 다음 점차 자극의 수를 증가시킨다. 음소 단서, 음절 단서 또는 어떤 다른 단서 없이 그림만 제시한다. 그 다음에 필요할 때 단서를 추가한다.
- 최종적으로 자연스러운 자극으로 반응이 일어날 수 있도록 특정 자극을 점차 용암시켜야 한다. 음소와 음절 단서, 미완성 문장, 사물 조작하기 단서는 자연스러운 자극이 아니다. 이보다는 대화 상황에서의 질문이 더 자연스럽다(예: "이것은 뭐죠?", "저것은 뭐죠?"). 필요하기 때문에 제시된 자연스럽지 않은 자극들은 점차 소거되어 자연스런 사물과 의사소통 문맥으로 점차 교체되어야 한다.

실제로 치료 중에 제시된 모든 단서들은 초기 반응을 촉진하기 위한 수단이다. 단서는 일상적인 상황에서 환자 스스로 반응을 산출할 수 있도록 절차를 만들어 제공해야 한다.

목표 단어 설정

치료 시 목표 단어는 환자의 특성과 기능에 맞게 선택한다. 환자들이 대화 상황에서 사용하지 않을 수도 있는 어휘들을 목표 단어로 치료하는 것은 비효율적이다. 쉬운 예로 '망치'라는 단어는 그것을 자주 사용하는 사람에게는 좋은 목표 단어겠지만, 전혀 사용한 일이 없는 사람에게는 좋지 않은 선택이다. 그러므로 목표 단어 목록을 만들 때는 우선 환자나 가족들과 상의해야 한다. 환자의 흥미, 취미, 직업(특히, 환자가 직장 복귀를 원한다면), 음식, 의복, 좋아하는 텔레비전 프로그램, 애완동물 등은 목표 단어 선정에 있어서 중요한 기준이 될 수 있다. 마찬가지로 가족의 이름, 그들의 직업, 활동, 다른 가족이 사는 동네 이름과 같이 살아가는 데 필요한 다양하고 유용한 것들은 목표 단어가 될 수 있다. 가족 주치의 이름, 자주 가는 병원, 건강을 관리하는 기관, 정기적으로 복용하는 약의 이름 역시 환자에게 맞는 개인적이고 기능적인 어휘목록을 작성하는 데 도움이 될 것이다. 환자의 집 주소와 전화번호 및 기타 개인적인 정보들 역시 목표 단어로 설정하면 환자를 호전시키는 데 도움이 될 것이다.

기능적 어휘목록을 개발할 때 치료사는 환자에게 특성화된 계층 단서 목록을 만들기 위해 환자와 가족들(또는 다른 보호자)과 의견을 나눌 수 있다. 그 후에 환자의 이름대기 치료 프로그램에 적용하기 위해 일반적인 계층 단서를 수정해야 한다.

모델링

모델링은 의사소통장애를 치료하는 데 있어서 가장 자주 사용되는 자극의 하나이다. 기술적으로 모델링은 정확한 반응을 완전하게 실연해 주기 때문에 단서라고 볼 수 없다. 그러나 단서를 제시하기에 앞서 단어 훈련을 모델링과 함께 시작할 수 있다. 완전한 모델은 몇 가지 방법으로 단서를 변화시키는 것인데, 너무 많은 단서를 제공해서는 안 된다. 모델링은 환자에게 단서를 제공하는 가장 기초적인 단계이다. 치료사는 **모델링**이라고 불리는 방법으로 환자의 정반응을 이끌어 낼 수 있다. 이 과정에서는 사물의 그림을 보여 주고, 질문을 하고, 정답에 관한 모델을 즉각적으로 제시하여 환자에게 모방하도록 요구한다(예: 치료사는 "이것은 무엇인가요?"라고 질문하고 즉시 "공이라고 말하세요."라고 모델을 제시하면, 환자는 즉시 "공"이라고 대답한다). 직후에 환자가 모델링한 반응을 모방하면 모델에서 단서로 전환한다.

정반응 단서

모든 단서를 완전히 환자의 개인적 경험에 기반을 두고 계층화하였다고 하더라도 단서를 제시하는 형태에 따라 효율성이 달라질 수 있다(Freed, Celery, & Marshall, 2004). 그러므로 치료사는 단서를 제시할 때 형태를 달리해야 한다는 것을 인식해야 한다. 그 예는 다음과 같다.

■ 문장 일부 제시 단서. 이 방법은 이름대기에 성공한 이전 자극의 효력을 다음 자극으로 보내어 자극 연쇄로써 사용하는 것이다. 이 절차는 언어 간 통제라 불리는 것으로 앞에서 제시된 단어가 뒤이어 말해야 할 단어의 단서 역할을 한다. 환자가 말해야 할 단어는 문장의 마지막에 있으며, 치료사는 그 단어(목표 어휘)를 유도하기 위해 필요한 가능한 한 많은 단어를 말해야 한다.

1. **치료사:** "추울 때 손에 끼는 ___?"
   환자: "장갑."
2. **치료사:** "발에 신는 ___?"
   환자: "신발."

뒤에 나오는 두 예는 개인적 단서이고, 앞의 두 예는 표준화 단서임에 유의하라.

3. **치료사:** "대학 입학 때 아버지에게 받은 ___?"
   환자: "만년필."
4. **치료사:** "지난여름에 산 분홍색 꽃무늬 ___?"
   환자: "원피스."

■ 음소 단서. 치료사는 단어의 첫 글자 또는 소리를 산출한다. 음소 단서의 효과성에 대한 근거에는 논쟁의 여지가 있다. 소수의 연구들이 의미 단서의 효과가 과소평가되었다고 주장하나 대부분의 연구자들은 의미 단서가 음소 단서보다 효과가 떨어진다고 보고 있다(Doesborgh et al., 2004; Nickels, 2002). 그러므로 치료사는 음소 단서가 환자에게 효과적인지 알아보기 위하여 간단한 실험을 하는 것이 좋다. 첫 번째 예는 순수한 음소이고, 두 번째는 개인적-음소 단서임을 유의하라.

1. **치료사:** "이것으로 글씨를 쓰지요. --(쉼)-- 볼___."
   환자: "볼펜."
2. **치료사:** "지난주에 생일 선물을 받았지요. --(쉼)-- 볼___."
   환자: "볼펜."

■ 부분 단어 단서. 개인적인 정보 단서의 효과가 없다면 문장 완성 과업을 제시했

을 때 음절을 산출할 것이다.

1. **치료사:** "이것은 볼___"

   환자: "볼펜."

2. **치료사:** "이것으로 국을 떠먹습니다. 이것은 숟___"

   환자: "숟가락."

■ 묵음 단서. 치료사는 발성 없이 입 모양으로만 환자에게 조음 단서를 주고 문장을 완성시키게 하여 환자가 이름대기를 할 수 있게 한다.

치료사: "이것은 (볼)." 치료사는 발성 없이 환자에게 '볼펜'에 있는 첫 조음 포즈의 단서를 준다.

환자: "볼펜."

■ 기능 기술 단서. 사물의 쓰임새를 들려주는 것이 명칭을 생각나게 하는 데 도움을 줄 수 있다. 첫 번째는 일반적 단서, 두 번째는 개인적 단서를 제공한다.

1. **치료사:** "이것은 둥글고 굴리거나 찰 수 있어요. 이것을 무엇이라고 부를까요?"

   환자: "공"

2. **치료사:** "이것은 둥글고 당신이 손자와 놀 때 사용하는 것이에요. 이것을 무엇이라고 부를까요?"

   환자: "공"

■ 동작과 시간 단서. 치료사는 일반적으로 단어를 떠오르게 하는 동작이나 활동하는 시간을 설명하거나(1) 이에 대한 개인적 정보를 제공할 수 있다(2).

1. **치료사:** "이건 뭐죠? 이것은 당신이 점심시간에 자주 먹는 것입니다."

   환자: "햄버거"

2. **치료사:** "이건 뭐죠? 이것은 당신이 점심시간에 즐겨 먹는 것입니다."

   환자: "김밥."

■ 동작 묘사와 시연. 이것은 목표 어휘의 의미나 사용 방법을 행동으로 보여 주는 것이다.

치료사: "글을 쓸 때 사용할 수 있어요." (쓰기를 시연) "이건 뭐죠?"

환자: "펜."

- 환자가 설명하기. 치료사는 먼저 물건의 용도가 무엇인지, 그것의 이름은 무엇인지 환자에게 말하게 하여 이름을 떠올리게 하는 것이다. 두 번째 예시는 환자의 개인적 정보를 단서화하는 방법이다.

1. **치료사:** "이것을 어떻게 사용하는지 말하고, 그 이름을 말해 보세요."
   환자: "그것은 쓰는 데 사용해요. 펜이에요."
2. **치료사:** "이번 생일 선물로 받은 것을 어떻게 사용하는지 말하고, 그 이름을 말해 보세요."
   환자: "그것은 쓰는 데 사용해요. 펜이에요."

다시 말하면, 치료사는 먼저 환자에게 기능을 말하게 한 뒤, 다음에 그 명칭을 묻는다.

1. **치료사:** "이것은 어디에 사용되는 거죠?" 또는 "이것은 당신이 이번 생일 선물로 받은 것인데 어디에 사용하죠?"
   환자: "쓰는 데 사용해요."
2. **치료사:** "당신은 그것을 뭐하고 부르죠?"
   환자: "펜."

- 환자의 기능 시연 단서. 치료사는 먼저 환자가 물건을 조작하게 하고 다음으로 그것을 명명하도록 하여 이름을 떠올리게 할 것이다.

치료사: "이것을 어떻게 사용하는지 나에게 보여 주고 이름을 말해 보세요."

환자: 마시는 움직임을 시연하고 "컵"이라고 말한다.

다시 말하면, 치료사는 먼저 물건을 조작하게 한 뒤, 이름을 묻는다.

- 물건 또는 그림과 문자 짝짓기. 사물의 사진이나 그림과 그 이름을 적은 카드를 환자에게 제시할 수 있다. 이것은 실어증 환자에게 이름대기를 가르치는 가장 일반적인 자극이다(Nickels, 2002). 목표 단어의 글자를 적어서 사용할 수도

있다.

치료사: 책(또는 그림책)과 책이라고 쓰인 카드(또는 글자 'ㅊ')를 환자에게 제시하고 환자에게 "이것이 무엇이죠?"라고 질문한다.

환자: "책."

■ 환자의 철자 단서. 환자는 사물의 철자를 말한 뒤 이름을 말하도록 요청받는다.

치료사: "사물의 철자를 말한 다음에 명칭을 말해 보세요."

환자: "ㅂ-ㅣ-ㄴ-ㅜ, 비누."

■ 환자의 철자와 쓰기 단서. 환자는 단어의 철자를 말하고, 그것을 쓴 다음에 명칭을 말한다.

치료사: "이 단어의 철자를 말하고, 쓴 다음, 명칭을 말해 보세요."

환자: "ㅂ-ㅣ-ㄴ-ㅜ", 환자는 쓰고 나서 말한다. "비누."

■ 소리와 연합된 단서. 환자에게 목표 단어를 들려준 후 목표 단어의 이름을 묻는다.

치료사: 동물 사진을 제시한 뒤, "멍멍." 하고 소리 낸다. 그 다음 질문을 한다. "이것은 무엇이죠?"

환자: "개."

■ 각운을 사용한 단서. 치료사는 목표 단어의 각운을 가진 단어를 제시한다(Spencer et al., 2000).

치료사: "이것은 무엇이죠? 이것은 '가지'와 같은 각운을 가졌어요."

환자: "바지."

■ 일반적 계층의 단어, 동의어, 반의어, 전형적으로 연결되어 있는 단어들, 상위언어로 명칭을 생각하는 데 사용. 이와 같은 단어는 환자가 목표 단어를 말할 수 있도록 도와준다(McNeil et al., 1997).

치료사가 "여자"(일반적 단어)를 말하면 "아내"를 떠올린다.

치료사가 "주소"(동의어)를 말하면 "집"을 떠올린다.

치료사가 "여자"(반의어)를 말하면 "남자"를 떠올린다.

치료사가 "접시"(관계된 단어)를 말하면 목표 단어인 "컵"을 떠올린다.

치료사는 치료과정 전반에 걸쳐 환자의 정반응에 대해 적절히 강화해야 하고, 피드백("아니요", "틀렸어요."라고 말하기)을 사용하여 환자의 반응을 수정할 필요가 있다. 피드백은 목표 행동을 주의 깊게 선택하기, 짜여진 과정 안에서 단순화하기, 반응 촉구를 위한 효율적인 자극 선택하기가 있다. 반응이 효과적으로 촉진되었을 때 반응을 확립하기 위해 정반응을 되풀이할 필요가 있다. 점차적으로 치료사는 자연적 상황에서 반응이 촉구되도록 해야 한다.

단서 없애기(용암법)

환자가 일상적인 상황에서도 이름대기와 다른 언어능력을 유지할 수 있다면 치료기간 동안 제시된 단서들을 점차적으로 제거해 나가야 한다. 치료 상황에서는 효과가 있는 단서일지라도 일상적 대화 상황에서는 부자연스럽고 유용하지 않을 수 있다. 통제를 벗어난 반응은 일상적인 상황에서는 좋은 반응을 형성할 수 없을 것이며(자기 모니터링) 반응의 유지 역시 좋지 않을 것이다.

이름대기 치료를 연구한 대부분의 문헌에서는 일상적인 상황에서 자극 통제를 변화시키는 데 실패했다고 하였다. 연구자들은 치료하지 않는 상황에서 같은 치료적 자극과 유사하지만 훈련되지 않은(참신한) 자극을 제시하고 환자들의 이름대기 능력을 보기 위한 연구를 할지도 모른다. 만약 환자가 비치료 상황에서 이름대기나 새로운 자극에 반응을 보였다면 기존의 치료법이 효과가 있었던 것으로 간주할 수 있을 것이다. 그러나 이러한 성공이 단지 확장된 것에 불과할 수도 있다. 최종적인 성공은 환자가 사회적인 의사소통 상황에서 치료했던 단어들과 연관하여 확장된 단서 없이도 치료하지 않은 단어를 산출하는 것이 관찰될 때일 것이다. 이러한 모든 점을 보았을 때 실어증의 이름대기 치료에 대한 연구는 그 수가 부족하다고 할 수 있다.

용암법은 급작스러운 자극의 소거가 아니라 점차적으로 특정한 자극을 감소시켜 가는 과정이다. 자극은 길이, 강도, 빈도, 양식에 있어 점차적으로 감소해야 한다. 실어증 치료 연구에 단서를 감소시키는 특정한 가이드라인은 거의 없으나 행동주의 영역에서 사용하는 단서를 감소시키는 방법은 다음과 같다.

■ 단서를 줄이는 방법으로는 다음과 같은 것이 있다.

- 길이 단서를 점차 줄이는 방법으로는 문장 완성하기 과업에서 제시되는 단어를 점차 줄여 나가는 것이다. 예를 들어, 치료사가 "이것은 무엇인가요?"라는 질문을 한 다음에 "글씨를 쓰는 물건입…"라고 모델을 제시하여 '펜'이라는 단어를 생각나게 한다. 단서는 단계를 성공적으로 수행할수록 점차 줄인다. "글씨를 쓰는 …", "쓰는 …", "쓰 …" ('펜'을 보여 주는 동안에 비슷한 단어를 보는 것과 함께).

■ 음성 강도를 점차 줄이면서 단서를 제시한다. 단계가 증가할수록 점차 부드러운 목소리로 말하고 나중에는 소리를 내지 않고 입술만 움직여 단어를 말한다(청각적 단서 없이 무음의 조음 포즈만 제시). 결국에는 소리를 완전히 없애고 무음의 조음 포즈를 단서로 제공한다.

■ 단서의 빈도를 감소시킨다. 처음에는 이름대기를 할 때마다 매번 단서를 제시하다가 환자의 이름대기 능력이 점차 좋아지면 빈도를 줄여가는 식이다. 환자가 이름대기를 시도하면 단서를 제거한다. 마지막으로 이름대기 능력이 유지되면 단서를 주지 않다가 필요할 때만 단서를 다시 제공하고 바로 제거한다.

■ 복합적 단서 제공에서 단순한 단서로 혹은 단서 자체를 소거해 나간다. 예를 들어, 이름대기를 할 때 처음에는 '철자 불러 주기–글로 써 주기–대상에 대해 말하기'를 동시에 제시하다가 점차 '철자 불러 주기' 단서를 소거하고, '글로 써 주기' 단서를 소거한 후, 마지막으로 '대상에 대해 말하기' 단서를 소거한 다음에 "이것은 무엇인가요?"라고 질문한다. 유사한 방법으로 제일 처음으로 사물에 대한 사진과 글자를 짝지어서 제시하고, 다음에는 사진을 제거하고, 그 다음에는 글자를 제거하고, 마지막으로 사물을 제거한 다음에 어떠한 자극도 제시하지 않고 의사소통 상황에서 명칭을 말하도록 한다.

■ 구어 단서에서 제스처 단서를 이행 후 모두 제거하기(양식 변화). '컵'이라는 단어를 말하게 하기 위해 처음에는 "마실 때 쓰는 물건입니다. 무엇입니까?"라는 질문을 구어 단서로 제시한다. 점차 구어 단서를 제스처(몸짓) 단서(예: 컵으로 물을 마시는 행동 모방)로 변화하다가 최종적으로 이를 제거한다. 제스처의 강도는 순간적으로 제시하거나 전혀 제공하지 않는 수준까지 진행한다.

■ 환자의 언어능력이 어느 정도 좋아지면 가정에서 주던 단서를 점차적으로 제거할 수 있는 전략을 알려 준다.

3) 일상적인 상황에서 자기-단서 가르치기

이름대기 능력이 손상된 환자에게 자기관리를 가르치지 않으면 치료하는 동안 습득한 언어능력이 일상적 상황까지 유지되지 않을 것이다. 환자는 효과적인 단서 용암법과 동시에 일상적인 상황에서 단서를 얻는 전략 역시 배워야 할 필요가 있다. 그러므로 일상적인 상황에서 자기-단서를 가르치는 것은 이름대기 기술을 유지 증진시키는 중요한 일이다.

환자는 적당한 장소에서 적당한 노력으로 적당한 때에 말하기 위해 스스로 단서를 활용하는 방법을 배워야만 한다. 예를 들어, 동의어, 반의어, 물건, 연관 단어를 배우는 것이 효과적일 수 있다. 환자는 치료기간 동안 스스로 자신만의 단서(자기-단서)를 일반화시키는 전략을 찾아내야 한다. 치료사가 '남편'이라는 단어를 제시했을 때 환자가 '아내'를 말할 수 있다면 환자는 일단 목표 단어를 반의어로 말할 수 있게 된 것이다. 환자는 생각하거나 생각한 것을 말로 표현하는 방법을 배우게 될 것이다. "글쎄, 내 생각에 남편-아내는 반의어인 것 같아요."

치료실에서 자신만의 단서(자기-단서)를 만드는 방법을 배운 환자는 치료실 외부에서 하는 자연스러운 대화에서도 자신만의 단서를 사용할 수 있도록 해야 한다. "나는 치즈버거를 먹고 싶어요."라고 말하기 위해 환자는 '이것은 내가 점심 메뉴로 가장 좋아하는 것이야.'라고 생각하거나 치료 시에 배웠던 치즈버거와 비슷한 어떤 단서를 떠올릴 수 있어야 한다.

치료실 밖에서 자기-단서를 안정적으로 사용하기 위해서 치료사는 가족에게 단서 제공법을 훈련한 이후, 점차 제거하는 방법에 대해서도 훈련시킨다. 가족은 자기- 단서를 강화하고 성공적으로 사용할 수 있도록 도움을 줄 수 있다.

환자 스스로 자신의 이름대기 문제를 통제할 수 있게 되면 치료사는 치료 목표를 단어에서 구, 문장, 담화, 최종적으로는 대화까지 확대해야 한다. 치료의 최종 목표는 환자가 자연스러운 상황에서 기능적으로 의사소통을 할 수 있게 하는 것이다. 실어증 환자가 사회적 의사소통 환경에서 효과적인 대화자가 되는 것은 어느 정도 가능성이 있는 목표이다.

4) 구어 표현의 확장

효과적인 사회적 의사소통의 달성은 치료실에서 구어 표현을 확장하기 위한 노력에서 시작된다. 이러한 확장은 일상적 상황으로 연장되어야 하며 사회적 담화 기술을 훈련해야 한다.

치료사는 환자가 단어와 구를 사용하여 기능적인 표현을 할 수 있도록 하기 위하여 다음을 우선적으로 지도하는 것이 효과적이다.

- 환자와 보호자 혹은 가족에게 가장 유용한 것
- 환자의 개인적 경험, 신체적 요구, 감정, 생각을 표현하기에 가장 유용한 것
- 사회적 대화 상황에서 가장 효율적인 것
- 환자가 직면할 수 있는 사회적, 직업적 요구에 효과적인 것

치료사는 환자가 보다 발전적이고 긴 언어 표현을 사용할 수 있도록 하기 위한 환자 개개인에게 맞혀진 치료 프로그램을 만들어야 한다. (1) 환자가 할 수 있는 말과 단어부터 시작하기, (2) 구나 간단한 문장을 만들 수 있도록 단어를 점차 증가시키기, (3) 간단한 문장을 확대하거나 복잡하고 다양한 문장으로 확대하기를 사용해야 한다.

문장 산출지도

- 처음에는 환자에게 들려준 문장을 즉시 모방하게 한다(예: 그림을 보여 주면서 치료사가 "여기 남자가 무엇을 하는 것 같습니까?"라고 질문한 다음 "그는 나무를 자르고 있어요."라는 대답도 함께 제시한다. 환자는 들은 문장을 따라 말하고 직후에 긍정적인 강화를 받는다).
- 구체적이고 기능적인 문장으로 대답할 수 있는 질문을 한다(예: 치료사는 그림을 보며 동시에 질문을 하지만 답을 말하고 따라 말하게 하지 않는다. 치료

사는 그림을 보여 주며 "그가 자르는 것은? ____"과 같이 말한다).

■ 즉각 반응을 제거하거나 답을 연상케 하는 질문만 한다.

일상 대화 기술과 연결구어 지도

■ 동작 그림을 보고 그것에 대해 환자에게 설명하도록 요구한다. 그림은 환자의 민족문화적 배경에 적절하고 환자에게 흥미로운 것으로 선택해야 한다.

■ 환자에게 유용한 단어를 선택하고, 그 단어를 사용하여 문장을 만들도록 한다. 환자, 가족, 다른 간병인의 도움을 받아 목표 단어를 선택한다. 선택한 단어로 여러 가지 문장을 만들도록 환자에게 요구한다.

■ 짧은 이야기를 들려주고, 그 이야기에 대해 질문하거나 다시 말하게 할 수도 있다.

■ 순서가 있는 그림을 보여 주고 이야기를 만들어 말하도록 요구한다.

■ 이야기 말하기를 하는 동안 환자에게 주제나 그 반응에 대해 좀 더 자세히 말하도록 한다(예: "등장인물의 감정을 설명해 주세요.", "이야기 안에 무슨 교훈이 있나요?").

■ 환자에게 특정 과업을 완성하는 방법에 대해 설명하도록 요구한다(예: "사과파이는 어떻게 만드나요?", "스프는 어떻게 만드나요?", "바람 빠진 타이어는 어떻게 교체하나요?").

■ 환자와 좀 더 일상적인 대화를 하여 덜 조밀하게 치료를 구조화한다.

■ 질문을 하기보다 어떤 주제로 대화를 함으로써 보다 자연스러운 대화 상황으로 만든다. 예를 들어, "당신이 정기적으로 시청하는 것 중 가장 좋아하는 TV 프로그램에 대해 말해 주세요."라고 말한다. 환자가 프로그램에 대해 이야기하기 시작하면 의견을 제시하거나, 치료사가 좋아하는 프로그램에 대해 이야기하거나, 더 자세히 이야기해 달라고 요청할 수 있으며, 가능한 한 대화가 자연스럽게 유지될 수 있도록 비평과 의견을 유도한다.

■ 치료사의 사적인 경험(최근에 갔었던 휴가)이나, 홍밋거리, 취미에 대해 간단히 이야기한 후, 환자에게 그와 비슷한 경험을 이야기하거나 그 주제로 대화한다.

■ 치료사가 주제를 제시하지 않고 환자가 주제를 제시하여 대화를 시작하도록

한다. 예를 들어, "오늘은 우리 무엇에 대해 이야기할까요?", "오늘은 어떤 이야기를 해 주실 건가요?", "토론할 주제가 있나요?"라고 물을 수 있다. 이러한 질문은 환자가 대화를 주도할 수 있도록 도와준다. 일반적으로 환자가 주도하려는 것을 강화하고 다음 치료 회기에서도 그렇게 할 수 있도록 용기를 북돋아 줄 수 있다.

- 가족, 간병인, 자원봉사자, 다른 치료사가 의사소통 치료에 가능한 한 많이 참여하도록 한다. 환자가 대화 주제를 선택하여 대화를 주도하여 이끌어 가도록 훈련한다. 재활에 사회적 접근을 사용하여 다음 치료 회기를 진행하며 실어증 환자에게 필요한 대화 상대를 훈련시키고 개인적인 대화를 시도한다.

치료사는 문장의 구조적 측면을 치료하고 말이나 언어 기술을 정교화하고 기능적인 대화능력을 향상시키기 위해 공개된 치료 프로그램 중 하나를 선택하여 활용할 수 있다. 다음은 공개된 프로그램 중 일반적으로 잘 알려진 것들이다.

- *Promoting Aphasics' Communicative Effectiveness(PACE)*는 Davis와 Wilcox(1981)에 의해 개발되었다. 이 프로그램은 치료사가 두 사람 간에 일어나는 대화의 주고받기 훈련을 하는 것이다. 치료사와 환자는 청자와 화자의 역할을 번갈아 가면서 맡는다. 이 프로그램에서 중요한 것은 의사소통 그 자체이지 정확한 문법적 표현이 아니라는 것이다.
- *The Helm Elicited Language Program for Syntax Stimulation*(Helm-Estabrooks, 1981)은 이야기 완성하기 형식을 사용하는 치료법으로 치료사가 짧게 이야기를 하면 환자가 질문에 대답하거나, 치료사가 미완성된 이야기를 하면 환자가 그것을 완성하는 형식을 사용한다. 이 프로그램은 무엇을, 누가, 언제, 어디에서와 같은 의문문, 서술문, 비교문 그리고 예/아니요 질문을 포함한 8종류의 목표 문장을 사용하는 능력 향상을 도와준다. 어떤 임상사례 연구는 이 방법이 환자의 문법능력을 향상시킨다는 주장을 지지한다(Helm-Estabrooks, Fitzpatrick, & Baresi, 1982). 통제된 연구는 절차가 참신한 자극 세트, 변화 가능한 지속, 치료된 개인의 발화 반응에 대한 제한된 판단의 적절성 등을 통해 다소 제한된 일반화를 촉진한다고 증명한다(Doyle, Goldstein, & Bourgeois,

1987).

- *Response Elaboration Training(RET)*은 비유창성 실어증 환자를 대상으로 구어 반응의 길이와 정보내용을 증가시키고자 하는 치료법이다. Kearns와 그의 동료들이 연구한 RET는 더 자연스러운 환경에서 일반화가 더 잘 일어난다는 주장을 기초로 덜 구조화된 훈련 환경에서 치료가 이루어진다(Kearns & Potechin-Scher, 1989). 이 방법은 환자에게 완전하거나 복잡한 문장구조로 말할 것을 요구하지는 않는다. 즉, 문장 산출의 확대 대신 효과적인 의사소통을 강조한다. 이 방법에서 주목할 점은 환자 스스로 발화를 시작하는 것을 독려한다는 것이다. 치료사는 특정 주제의 구조화된 질문을 하는 대신에 "무엇이든 말하세요."라고 환자를 독려한다. 환자는 단어나 간단한 설명 자극으로 격려 받는다. 그 후 환자의 개인적 경험이나 지식에 근거한 그림을 그리거나 좀 더 자연스러우면서도 자세한 방법으로 주제에 대해 이야기한다. 환자가 제공한 정보(문법 대신)에 대해 강화하고 이것을 모델링하도록 촉구할 수 있다. 이 방법은 실험을 통해 그 결과에 대해 지지를 받았다.
- *A Program of Changing Criteria*는 Rosenbek, LaPointe, Wertz(1989)에 의해 개발되었다. 이 치료법은 한 단어에서 시작하여 두 단어 문장으로 발화를 길게 확장시켜 나가는 방법이다. 기준 변동은 수행 정도를 점차 완성하도록 하기 위해 사용되는 방법이다. 예를 들어, 시작할 때 환자는 한 단어 또는 두 단어 구성(초기 기준선)을 허용할 수 있다. 그러나 기준이 점차 증가하거나 좀 더 복잡한 산출이 다음 기준에 포함되며, 기준은 동시에 시도되거나, 반응의 안정성, 수행 정도는 다음 기준을 위해 증가된다. 자료가 언제 체계적으로 적용되었는지 환자의 수행력 변화와 세부사항에 대해 구체적으로 수집하는 것은 이 방법의 효과를 정확하게 하고 새로운 기준을 설정하는 데 도움이 된다(Hegde, 2003).

9. 실어증 재활에서 사회적 접근

Simmons-Mackie(2001)와 Lyon(1998), 그 외 연구자들은 실어증 치료는 역사적으로 언어 손상을 치료하기 위해 치료실 환경에서 특정 단어나 구, 문장을 가르쳐 왔다고 하였다. 어떤 연구자는 훈련되지 않은 단어, 구, 문장을 일반화하기 위해 유사한 단어군을 훈련시켜서 일상적인 상황에서 환자가 단어를 발화하도록 하는 경우도 있었다. 이런 방식의 접근이 성공하더라도 환자는 삶의 변화를 일으키는 기능적 의사소통이라 불리는 일상적인 언어 기술에 문제를 보일 수 있다. 따라서 치료의 중심적 관점은 의사소통 훈련과 일상생활 기술 훈련으로 이동되었다. 임상실에서 단어나 구, 문장을 치료하는 방법이 환자의 손상된 언어를 치료하기에는 더없이 좋은 방법이기는 하지만, 이 방법을 통해서는 환자가 효과적이고 의미 있는 사회적 의사소통 능력 및 환경과의 조화를 이룰 수 없다. 언어 및 기능적 의사소통 기술의 향상에도 불구하고 많은 실어증 환자는 사회적으로 소외되어 있다고 생각한다.

그러므로 여러 연구자들은 문법 정확도나 다소 제한된 기능적 기술을 치료하는 것보다 사회적 의사소통과 통합적 관점에서 치료적 접근법을 강조하고 있다(Chapey et al., 2001; Kagan & Gailey, 1993; Kagan et al., 2001; Lyon, 1997; Simmons-Mackie, 2001). 연구자들은 실어증 환자의 사회적 의사소통 접근을 훈련함에 있어 전체적인 것보다 개인적이 것이 나으며 환자뿐만 아니라 가족들과 보호자 모두 환자의 효과적인 사회적 의사소통 파트너와 같은 역할을 해야 한다고 주장한다. 치료에서 사회적 접근은 다른 치료법들과 다소 절차가 다르다고 설명하였다(Chapey et al., 2001; Kagan & Gailey, 1993; Kagan et al., 2001; Lyon, 1997; Simmons-Mackie, 2001). 세계보건기구(2001)의 국제기능장애건강분류(ICF)는 생물학적·개인적·가족적·사회적 관점에서 접근한 다양한 접근법을 제시하고 있다. Elman(2005)은 실어증의 유형과 정도가 유사한 환자 2명에게 서로 다른 치료를 실시한 결과가 매우 다른 결과를 보였다고 하였다. 일상생활에서 가족과 사회적 네트워크에 대한 지원이 없었던 환자보다 가족 구성원의 완전 통합 치료 프로그램이나 참여 집단, 사회적 치료 활동과 친구와 같은 네트워크가 있는 환자의 치료 효과가 더욱 좋았다. WHO ICF에 관한 것을 부록 B에 제시하였다.

중요한 것은 언어 기술, 기능적 언어 기술의 향상, 의사소통 기술의 양적 일반화를 지향하면서, 사회적 접근의 사용을 무시하지 않는 것이다. 사회적 상황에서 의사소통 기술과 대화 기술을 가르치는 것은 실어증 환자의 전반적인 삶의 질을 향상시키기 위한 사회적 접근법의 최고 목표이다(Elman, 2005). 이렇게 볼 때 실어증의 의사소통 문제와 사회적 접근 치료는 대립되거나 양립될 수 없는 방법이 아니며, 실어증 환자의 재활을 완성하기 위해 하나의 치료법을 선택하기보다는 반드시 두 치료법으로 병행하여 실시해야 한다.

전통적 언어와 기능적 의사소통 훈련법을 사용하는 것은 적당히 개인적이고 사회적 의사소통이 치료의 최종 목표라는 것을 깨닫고 이것을 지지하는 것이라고 말할 수 있다. 이 전통적 접근을 비판하는 사람들은 실어증 치료를 더 광범위하고 효과적인 관점에서 치료하는 것이 항상 좋은 결과를 내는 것이 아니며, 특히 실어증 환자나 가족의 입장과는 목적과 효과가 다를 수 있다고 말한다.

사회적 접근법에서 실어증 치료에 관한 주요 확신은 대부분 Simmons-Mackie (2001)에 의한 것으로 다음과 같이 요약하고 설명할 수 있다.

- 실어증 환자와 가족들은 치료에 적극적인 역할을 한다. 연구에 따르면 실어증 환자는 그들의 관점, 평가 서비스, 요구사항, 도움, 임상치료의 접근 방법에 대한 의사를 표현할 수 있다(Kagan, 1995; Lyon, 1998).
  - 실어증 환자와 가족들은 재활의 전반적인 목표를 제안하고, 치료의 대상을 선택한다. 어떤 기술이 누구에게 중요한가? 치료 목표와 목적은 환자에게 도움을 주는 모든 전문가로 구성된 협의회에서 토론을 통해 선정한다.
- 실어증 환자와 가족들, 간병인에게 치료의 진전사항과 프로그램의 만족도를 정기적으로 조사한다. 또한 프로그램 변경 및 요구사항을 제안하도록 한다.
- 실어증 환자의 의사소통 요구뿐만 아니라 사회적 요구도 해결해야 한다.
  - 언어 기술을 가르치는 것뿐만 아니라 사회적 고립을 감소시킬 수 있는 프로그램을 개발해야 한다.
- 사회적 활동과 관련한 환자의 요구를 기록하라(예: 병원 내 자원봉사, 뇌졸중

환자를 위한 지원 단체에 참여).

- 발병 전 사회적 행동들을 회복할 수 있도록 도와준다(예: 친구들과의 카드게임, 배우자와 함께하는 요리활동).
- 새로운 사회적 행동에 참여하도록 도움을 준다(예: 친구와 그림 그리기, 정원 가꾸기, 영화 보러 가기, 사람들과 대화하기).
- 병원뿐만 아니라 대부분 사회적 환경에서 의사소통 기술을 치료하는 것은 더 사실적이고 관련성이 있다. 전통적 접근법은 치료 상황뿐만 아니라 그 이후의 자연적 치료를 강조해야 한다.
  - 치료의 시작에서부터 자연스러운 상황까지 통합한다.
- 치료실 상황 이후에 이루어지는 치료는 자연스러운 환경에서 시작해야 한다. 예를 들어, 대화 기술 훈련은 자연스러운 상황에서 시작할 수도 있는데 환자의 집, 레스토랑 또는 쇼핑센터 등이 해당된다.
- 대화의 융통성, 동적, 창의적인 상황을 목표로 하는 대신 언어와 언어의 규범적 견해는 정상성을 따라야 한다.
  - 환자가 말의 뒷부분을 자르거나 부정확하게 말하더라도 의사소통을 효과적으로 하고 있다고 받아들여야 한다. 발화 시에 특정 문법 요소를 생략하더라도 문장으로 받아들여야 한다. 예를 들어, 실어증 환자가 "내일 했다."라고 말하더라도 문맥 내에서 의미가 자연스럽게 통한다면 미래형 동사 '할 것이다'로 수정하는 것이 무의미할 수 있다.
- 의사소통의 협력적 특징을 목표로 해야 한다. 의사소통은 둘 이상의 사람 간에 이루어지는 상호의존적인 사회적 행동이므로 의사소통 훈련을 받은 한 명(일반적이고 전통적인 실어증 환자)에 의해 일방적으로 이루어지는 경우는 거의 없다(Kagan et al., 2001; Lyon, 1997; Simmons-Mackie, 2001).
  - 환자와 접촉하는 사람들 모두를 대상으로 실어증 환자와 짝을 지어 자연스러운 대화 훈련을 실시한다.
- 치료는 가족 구성원, 자원봉사자, 간병인 그리고 치료과정에 참여하는 모든 사람들을 대상으로 해야 한다(Kagan et al., 2001; Rayner & Marshall, 2003). 의사소통 상대자로서 자원봉사자가 가족보다 더 효과적인 역할을 수행할 수 있

다. 그 이유는 자원봉사자가 환자의 병전 상태에 대해 알지 못하여 환자의 상태에 대해 항상 생각하지 않기 때문이다. 가족들은 이런 생각을 하지 않기는 어렵다(Lyon, 1997).

- 대화 상대자는 실어증 환자의 의사소통 기술을 지원하고 향상시켜 줄 수 있도록 훈련해야 한다. 일반적으로 치료 회기 내에서 이루어지는 대화 기술을 목표로 해야 한다(Elman, 2005). 대화 상대의 훈련법에는 (1) 단순한 문장을 느리게 말하기, (2) 주제 전환 시 쉬어 주기, (3) 새로운 주제에 대해 설명하기, (4) 주기적으로 질문하여 환자의 대화 이해 여부를 확인하기, (5) 이해하지 못했을 때 바꾸어 말하거나 불필요한 것을 정리하기, (6) 간접적인 설명은 피하고 직접적으로 설명하기(예: '그 사람'이라는 말보다 '철수는'이라고 말하기), (7) 말할 때 제스처, 얼굴 표현 사용하기, (8) 보조도구 이용하기(예: 사진), (9) 방에 있는 사물, 벽에 있는 그림에 대해 이야기하기, (10) 핵심어 다시 말하기(Simmons-Mackie, 2001)가 있다.
- 적응 훈련은 실어증 환자뿐만 아니라 그들과 접촉하는 사람들에게도 실시해야 한다. 실어증 환자의 재활에 있어 최상의 노력은 뇌졸중과 실어증의 부정적 결과 요소 모두를 제거하지 않는 것이다. 따라서 적응 전략이 필요하다. 그러나 이 적응은 장애가 있는 사람만을 대상으로 하므로 환자와 함께 사는 사람 그리고 그들과 접촉하는 모든 사람들에게 반드시 적응이 필요한 것은 아니다.
  - 대화 파트너는 정확한 말을 하기 전 "어, 어,"를 말하거나 비정상적인 감탄사를 대신하는 실어증 환자에게 휴지와 바꾸어 말할 기회를 주어야 한다(Simmons-Mackie, 2001).
- 제시된 모든 전략은 실어증 환자와 상호작용하는 상대방의 행동을 효과적으로 바꾸는 데 사용된다.

반대하는 의견도 있지만 실어증 치료의 사회적 접근을 지지하는 증거는 축적되고 있다. 이 접근법에는 여러 매력적인 특성들이 있다. 사회적 접근은 임상가로서 장애에 대한 철학적 관점 및 의견뿐만 아니라 사회적 결과에 기반을 둔다. 그러나 사회적 접근법 중 일부는 조직적으로 용어를 정의할 필요가 있다. 대중적으로 널리 알려진 치료법은 치료사들이 쉽게 읽고 사용할 수 있도록 더 실용적인 용어로 정의할 필요가 있다. 이러한 철학적 관점에 근거하여 개발된 치료 절차는 통제된 실험을 통한 연구를 촉진하고 따라서 실어증 환자 및 그들과 사회적 접촉을 하는 사람들, 가족 구성원들의 재활에 더욱 공헌하기를 기대한다.

10. 읽기 문제 치료

읽기 기술의 중요성은 실어증 환자에 따라 달라진다. 발병 전 읽기 기술과 현재의 관심 또는 읽기의 필요성이 읽기 치료에 투자하는 시간을 결정하는 요인이 된다. 그러므로 읽기 치료 프로그램 설계의 첫 단계는 환자의 발병 전 문해능력 수준과 읽기에 대한 필요성 및 흥미를 조사하는 것이다. 환자와 그 가족들을 면담하는 것이 정보획득에 도움이 될 것이다.

실어증이 심한 환자의 주된 치료 목표는 읽기 기술이 아닌 기능적 구어 표현의 증가이다. 기초적이며 기능적 읽기 기술은 경도와 중도 실어증 환자에게 유용한 치료 목표가 된다(Brookshire, 2003; Rosenbek et al., 1989). 치료의 관점에서 묵독을 통한 이해가 낭독 능력보다 더 중요하다.

읽기 치료 프로그램의 설계와 실시는 다음의 단계를 따른다.

- 편지 읽기, 메뉴판, 수표, 입출금 내역서, 약 이름, 전화번호부, 달력, 지도, 제품 이름 읽기는 **생존 읽기 기술**(survival reading skills)로 분류되며 치료에 있어 선택되어야 할 항목이다(Rosenbek et al., 1989). 이는 환자와 가족에게 유용한 것들이다.
- 기초 읽기 기술이 손상되지 않았거나 회복된 환자들은 추가적인 읽기 기술 훈련을 받을 필요가 있다. 신문·책·편지 읽기나 환자가 배우기를 원하는 것들이 이에 해당한다.
- 치료는 단어를 읽고 이해하는 것에서부터 시작한다. 환자는 목표 단어를 반복해서 소리 내어 읽으며 훈련한다. 처음에는 치료사가 읽은 단어를 환자가 그대로 따라 읽다가 나중에는 환자가 소리 내지 않고 단어를 읽으면 치료사는 그

의미를 묻는다.

- 환자가 단어 수준의 읽기 이해력이 향상되면 같은 단어를 사용하여 구나 문장을 구성하고, 구나 문장을 반복적으로 읽도록 연습시킨다. 처음에는 환자에게 따라 읽게 하거나 즉각적인 도움을 주어 소리 내어 읽도록 하고, 나중에는 환자가 소리 내지 않고 읽은 후 치료사의 질문에 대답하는 것으로 이해력을 평가한다. 피드백을 통해 수정하고 긍정적 강화를 준다.
- 사용할 수 있는 전략은 (1) 미완성 문장에서 목표 단어를 말하거나, 여러 단어 중에서 알맞은 단어를 골라 완전한 문장을 만들도록 한다(예: 영화 보러 가기 전에 우리는 ______에서 저녁을 먹었다). (2) 그림과 문장 연결하기가 있다.

읽기 이해력은 단지 환자가 더 많이 읽는 것뿐만 아니라 점차 도전적인 과제를 읽고, 치료사로부터 적절한 피드백을 받아 향상시킬 수 있다는 것을 기억해야 한다.

읽기 치료의 효과에 대한 실험 자료가 적어 치료의 효과를 확인하기는 어렵다. 따라서 치료 기법 적용 시 주의해야 한다. 효과에 대해 체계적으로 공식화하기 위해 치료 효과에 대한 기술을 계속하고, 수정하고, 표기할 필요가 있다.

11. 쓰기 문제 치료

실어증 환자의 쓰기 문제의 치료를 연구하는 것은 제한점이 있다. 공식적인 자료에 의하면 체계적인 쓰기 치료를 실시한 결과, 대부분의 환자들이 개선되었다고 한다.

읽기 기술, 쓰기 기술은 환자에 따라 그 중요성이 달라진다. 따라서 치료 전에 환자의 요구 정도를 평가해야 한다.

단어나 구 및 치료 시 사용했던 읽기 자료들을 활용하는 것이 환자에게 도움이 될 것이다. 일반적으로 실어증 환자의 표현 문제는 쓰기에도 영향을 미친다(예: 유창한 환자는 유창하고 쉽게 쓰지만, 비유창한 환자는 큰 노력을 하는 것에 비하여 쓰기에 어려움을 보인다. 그러나 그들은 쓰기보다는 오히려 더 나은 의사소통을 할 수 있다).

쓰기 치료 프로그램의 개발에 있어 다음의 목표와 절차들을 고려해야 한다.

- 정확한 철자로 단어 쓰기. 문법적으로 정확한 문장 쓰기를 목표로 한다.
- 기능적 쓰기 기술은 메모하기. 편지 쓰기, 서명하기, 식료품 목록 만들기, 주소 쓰기, 문서 양식과 같은 것에서 선택하여 훈련한다. 환자나 가족, 다른 보호자에게 유용한 쓰기 기술 목록을 만들도록 도움을 요청한다.
- 집에서 사용하는 단어와 구를 쓰는 연습시킨다. 맞춤법이나 연습하기는 숙제로 낼 수 있다.
- Haskins(1976)가 개발한 쓰기의 단계는 다음과 같다.
  - 글자를 소리 내어 말하고 해당하는 글자를 지적한다.
  - 철자를 말하고 철자를 정확하게 지적한다.
  - 단어를 말하고 단어를 정확히 지적한다.
  - '가'부터 '하'까지 따라 쓴다.
  - 글자를 따라 쓴다.
  - 글자를 쓴 후 그 글자를 부르는 대로 받아쓴다.
  - 문장 따라 쓰기를 한다.
  - 문장 받아쓰기를 한다.
  - 필요한 경우 다음 단계를 개발한다(예: 단락을 받아쓰거나, 짧은 글, 식료품 리스트 쓰기).

12. 실어증 환자의 집단 치료

실어증 환자의 집단 치료는 제2차 세계대전 중에 시작되었다. 퇴역군인은 실어증으로 분류되어 그 집단 안에서 치료받았으나, 사실 외상성 뇌손상 환자가 보이는 의사소통이나 행동을 하였다. 집단 치료는 1960년대 후반까지 실어증 치료의 한 방법으로 상당히 이용되었다. 치료사들은 개별 언어치료는 사회적 환경에서 일반화에 어려움이 있기 때문에 집단 치료의 효과를 옹호하여 왔다. 최근 들어 집단 치료에 의한 비용 효율성은 일부 치료사들이 집단 치료의 유용성을 재발견하는 계기가 되었다. 목표와 치료 전략에 따라 다양한 집단 치료 형태가 있다(Avent, 1997; Brookshire, 2003; Elman, 1999; Helm-Estabrooks & Albert, 2004; Kearns & Elman, 2001; Marshall, 1999). 프로그램은 거의 임상경험과 사례 연구를 기반으로 하여 그 효과에 관한 평가를 받았다. 사례 연구는 실험적 통제가 부족하므로(치료한 것과 치료하지 않을 것을 비교하지 못했다), 사례 연구를 한 연구자들은 절차의 효과성을 주장할 수 없었고 기술의 향상만 주장할 수 있었다(Hegde 2003). 사례 연구에서 증거는 중요한데, 그것이 실험 연구로 이어질 수 있기 때문이다. 집단 치료에 대한 사례 연구는 Aten, Caliguri, Holland(1982), Holland와 Beeson(1999)의 연구에서 실어증 환자의 언어 기술이 향상되었다는 결과가 있다. 집단 치료의 효과를 설명하는 몇 가지 통제된 평가가 Elman과 Bernstein-Ellis(1999), Radonjic과 Rakuscek(1991)의 연구에 제시되어 있다. Elman과 Bernstein-Ellis는 치료를 실시한 집단과 치료를 실시하지 않은 두 집단을 비교하였다. 첫 번째 집단의 치료가 종결되었을 때, 두 번째 집단의 치료를 시작하였다. 두 집단의 개선은 치료의 결과와 관련이 있다. 그러므로 이 연구는 집단 치료의 효과성을 보여 준다.

Wertz 등(1981)의 연구에서는 집단 치료와 통제하지 않은 개별 치료를 비교하였다. 즉, 이 연구는 두 치료 모두 의사소통 기술의 향상을 초래할 수 있다고 하였으나, 이 연구 결과로는 치료를 받는 것이 받지 않은 것보다 낫다는 확신을 할 수 없다.

실어증을 연구하는 학자 중 일부는 집단 치료가 개별 치료를 대신할 수 있다고 주장한다. 대부분의 사람들은 개별 치료를 종결한 후에 집단 치료를 실시하는 것이 유용할 것이라고 믿는다(Davis, 2000; Brookshire, 2003; Helm-Estabrooks, 2004; Kearns & Elman, 2001). 개별 치료와 집단 치료를 동시에 실시하는 것에는 여러 가지 장점이 있을 수 있다. 그러나 초기 실어증 환자에게 갑자기 집단 치료를 실시하면 환자에 따라 적응하는 데 어려움을 겪을 수 있다. 초기에는 구조화된 개별 치료가 자연스러운 집단 치료보다 더 효과적이다.

구어와 언어치료 집단은 집단 구성원에게 더 직접적이거나 덜 직접적인 치료를 제공하기 위해 형성될 수 있다(Davis, 1992). 의사소통 기술을 직접적으로 치료받는 집단은 간접적이며 포괄적으로 언어 기술을 치료받는 집단보다 치료가 더 구조화되는 경향이 있다. 특정 언어 목표는 개별 치료에 사용되는 기술, 치료사-준비 자극, 모델링, 단서 주기, 반응에 대한 긍정적 강화, 잘못된 것에 대한 피드백을 통해 가르쳐 줄 수 있을 것이다. 직접적인 의사소통 기술을 가르치는 동안 치료사가 주도적 역할을 할 수 있다.

집단 치료 시 가르치는 언어 기술은 특정 언어구조(문장 유형), 단어 검색 기술, 사건과 자극에 대한 설명의 사용을 목표로 한다. 주제 시작하기, 주제 유지하기, 개인적 경험이나 사건 말하기, 그리고 주고받기와 같은 대화 기술은 더욱 발전된 수준의 치료를 위한 목표로 사용할 수 있다(Helm-Estabrooks, 2004). 집단 치료에서 상위의 언어 기술 지도를 목표로 할수록 기본 기술 습득은 점점 더 개별 치료에서 훈련하는 경향이 강해질 것이고 개별 치료 이후에 집단 치료를 받게 될 것이다.

언어 기술을 간접적인 방법으로 하는 치료 집단들은 치료사가 기획자 역할을 하며 덜 구조화되어 있는 경향이 있다. 집단 구성원들은 간접 치료 집단에서 각각 적극적이며 선도적인 역할을 맡게 된다. 간접 치료 집단에서 사용되는 목표 기술과 치료 절차는 모두 전문적인 경향이 덜하다. 의사소통 기술, 개별 치료에서 연습 기술을 배우는 기회, 이끌어 내고 제공하는 감정적 지지, 실어증 환자가 타인을 통해 배우는 것, 정보 주고받기 등의 일반적인 향상은 집단 활동에서 주요한 목표들이다.

간접 치료 집단과 직접 치료 집단 간에는 어느 정도 차이가 있을 수 있다. 그러나 일부의 경우 차이점을 구분하기가 어려울 수 있다. 매우 구조화된 집단 중 일부는 대화 주고받기, 주제 유지하기, 설명하기와 같은 상위 기술들을 목표로 한다. 마찬가지로 좀 느슨하게 구조화된 집단에서는 특정 언어 기술을 목표로 할 수 있다. 치료사가 적극적인 역할을 하는 치료 집단에서도 자발적 대화가 더 많이 관찰되고 강화된다.

직관적이고 논리적인 집단 치료는 개별 치료에서 학습한 사회 의사소통 기술을 연습할 때 효과가 좋다. 심지어 4~5명으로 구성된 집단도 주제 시작하기, 주제 유지하기, 주고받기, 대화수정과 같은 사회적 의사소통 기술을 유지하고자 하는 도전들을 불러일으킨다. 그럼에도 불구하고 치료사는 이런 기술들을 강화하기 위해 일상적인 치료계획 이상을 치료해야 할 필요가 있다. 이런 기술들은 고립된 일대일 치료보다 집단 치료에서 더 잘 연습된다. 그러므로 특정 기술들을 자세히 관찰하고 측정할 수 있는 집단 치료는 실어증 치료의 유지 단계에서 유용하다.

집단 치료 시 치료사의 어려운 점은 집단 치료에 참여한 실어증 환자의 의사소통 기술의 변화를 측정하는 것이다. 집단의 구조가 느슨할수록 측정이 어려운데 그 이유는 목표 기술들이 전체적이고 주관적이며 집단은 규모가 상당히 크기 때문이다. 모든 구성원들을 정확하게 관찰하고 그들의 행동을 신뢰할 만하게 기록하는 것은 방법론적으로도 논리학적으로도 문제를 불러일으킬 수 있다. 비록 목표가 가치가 있다고 하더라도 이러한 전체적이고 주관적인 정보로 효과를 측정하는 것, 좋은 의사소통을 유지하는 것, 그리고 실어증 환자와 함께 사는 타인으로부터 배우는 것 등은 특히 다루기 힘들다. 이러한 목표를 향한 치료 절차들 또한 다소 애매한 경향이 있다. 결과로서 집단 치료에 관한 연구는 다음과 같이 설명한다. (1) 특별하고 반복 가능한 치료 전략의 효과성은 집단에 사용될 것이다. (2) 집단 형태의 의사소통 목표는 우월하다. (3) 기술적인 기능을 수행하기 위한 상세한 목록은 목표가 될 것이다. (4) 측정 방법들은 치료 효과를 객관적이고 명확한 자료로 제공할 것이다. (5) 다른 종류의 집단들 그들 자체와 관련된 효과와, (6) 실험 연구는 다양한 형태의 집단에서의 효과성 수립을 추구한다.

13. 실어증 환자의 보완대체 의사소통

실어증 환자들은 **보완대체 의사소통**(Augmentative and Alternative Communication, AAC)의 대상이 될 수 있다.

보완 의사소통은 환자의 제한된 구어적 의사소통 능력을 확장, 증가, 보완하는 데 도움을 준다. **대체 의사소통**은 기능적 구어 의사소통이 극도로 제한된 사람에게 새로운 표현 방식을 제공한다. 역사적으로 AAC는 개별 치료를 통한 구어 의사소통 훈련이 실패한 경우에만 시도되었다(Beukelman & Mirenda, 1989; Hux, Manasse, Weiss, & Beukelman, 2001). AAC는 결국 환자가 구어 의사소통 훈련을 통해 기능적 의사소통을 하지 못했을 때 고려되는 방법이나, 치료사는 구어 의사소통 훈련의 실패가 문서화되기 전까지 AAC 수행을 미룰 필요는 없다. 사실상 기능적

AAC는 구어 의사소통 기술을 다양하고 심각하게 손상된 실어증 환자에게 초기 단계의 평가와 치료 시 목표가 될 수 있다. 또한 AAC는 환자의 구어 의사소통 능력이 자연적으로나 치료를 통해 회복될 때까지 사용하기에 유용하다.

손상 정도에 관계없이 실어증 환자들은 외적인 원조시스템을 제공하는 AAC로부터 도움을 받을 수 있다. 경도의 실어증 환자는 AAC의 필요성이 낮지만 그들의 이름대기 문제는 완전하거나 자연스러운 구어 표현을 지연 혹은 방해할 수 있다. 그러므로 그들 또한 AAC 시스템으로 이익을 얻을 수 있다. 실어증의 정도는 가벼우나 이름대기에서 심각한 손상을 보이는 사람은 단어 목록을 사용하여 훑어보면 올바른 단어를 고를 수 있다. 즉, 이것이 보완 의사소통의 예이다(Hux et al., 2001).

경도의 실어증 환자보다 중도의 실어증 환자에게 AAC의 필요가 더욱 크고, 훨씬 더 큰 효과를 얻을 수 있다. 중도의 실어증 환자에게 AAC는 상황과 메시지의 복잡성에 따라 보조 역할로 말하기를 도울 수 있고, 의사소통을 전담할 수도 있다(Hux et al., 2001). 보안과 대체의 전략은 서로 상호 배타적이지 않으며 장치 자체의 분류보다 특정 개인의 주어진 상황에서 사용되는 방법의 문제이다. 중도 실어증 환자는 AAC 기기를 사용하는 동시에 기본적인 요구를 표현하거나 다른 생각들을 표현하기 위해 제스처, 그림 또는 사물 지적하기, 단어 쓰기(글을 쓸 수 있다면), 간단한 선화 그리기를 사용할 것이다.

고도의 실어증 환자 역시 AAC 대상자들이다. 그들은 제스처, 사물 지적하기, 단어 쓰기를 배울 것이다. 또한 그들은 의사소통 시 복잡한 기계장치를 효과적이고 광범위하게 사용하기 위해 전문적인 훈련을 받을 것이다. 예를 들어, 실어증 환자는 초소형 컴퓨터를 사용하며 작은 스크린에 보이게 메시지를 타이핑한다. 타이핑을 할 수 없는 사람은 컴퓨터에 미리 저장되어 있는 메시지를 재생시키는 것을 배운다. 환자는 단어, 구, 문장, 자신의 경험을 적은 문단 등이 저장되어 있는 그래픽 아이콘을 지적하거나 클릭하여 보여 준다(Hux et al., 2001). 또한 환자는 단어, 메시지, 그림, 상징들이 붙어 있는 의사소통판과 같은 비전기적인(로 테크놀로지, low technology) 장치들을 사용할 수 있다. 환자는 지정한 순서로 단어들을 지적하여 대화 상대자가 문장을 읽을 수 있도록 만들 것이다. 또 다른 사람들은 미국 수화와 같은 조직화된 비구어적 언어체계를 사용할 것이다.

청각적 이해력이 심하게 손상된 실어증 환자와 대화를 한다면 환자와 청자의 역할은 바뀔 것이다. 이제 AAC 시스템 사용이 필요한 사람은 청자이다(대화 파트너). 실어증 환자와 상호작용하는 사람은 그리기, 쓰기, 제스처, 물건 지적하기, 의사소통판 또는 전기 스크린에 재생된 메시지 가리키기, 포켓용 컴퓨터에 타이핑하기 또는 의사소통을 위한 또 다른 전기 장치를 사용할 것이다.

적절한 AAC 모드를 선택함에 있어서 치료사는 환자 또는 가족 구성원의 특정 시스템에 대한 선호도를 고려해야 한다. 또한 문해능력 및 식자 수준, 기술적 정교함, 손 기술(예: 마비된 오른손은 도구 사용, 타이핑, 그리기 등이 제한된다), 그리고 글을 쓰고 타이핑하기 위해 왼손 사용을 배우려는 동기 정도 등이 고려되어야 한다.

실어증 환자들의 AAC 사용을 돕기 위한 다양한 기술들이 소개되었다. 그것들에 대한 세세한 서술은 이 장에서 기술하기에는 한계가 있다. 더욱 자세한 내용을 알고 싶다면 Beukelman, Yorkston, Reichle(2000), Beukelman, Mirenda(1989), Hux와 동료들(2001)의 연구 및 저서를 참고하는 것이 좋다. 이 단원의 앞부분에서 지적한 기본적인 실어증 치료의 철학적 신조는 가능한 어떠한 양식으로도 실어증 환자가 의사소통할 수 있도록 돕는 것이다. 실어증 치료가 추구하는 것은 언어적 능력의 향상이 아니라 실어증 환자와 가족에게 그들의 삶에 긍정적 영향을 줄 수 있는 효과적인 사회적 의사소통을 하는 것이다. 이러한 목적을 위해서라면 어떤 양식의 의사소통이라도 유용한 것이 된다.

읽을거리

실어증 치료에 대한 더 자세한 정보가 필요하다면 다음의 자료들을 참조한다.

Basso, A. (2003). *Aphasia and its therapy*. New York: Oxford University Press.

Beukelman, D., & Mirenda, M. (1989). *Augmentative communication: Management of children and adults with severe communication disorders* (2nd ed.). Baltimore, MD: Paul H. Brookes.

Beukelman, D. R., Yorkston, K. M., & Reichle, J. (2000). *Augmentative and alternative communication for adults with acquired neurologic disorders*. Baltimore, MD: Paul H. Brookes.

Brookshire, R. (2003). *An introduction to neurogenic communication disorders* (6th ed.). St. Louis: Mosby Year Book.

Chapey, R. (Ed.). (2001). *Language intervention strategies in adult aphasia and related neurogenic disorders* (4th ed.). Baltimore, MD: Lippincott Williams & Wilkins.

Helm-Estabrooks, N., & Albert, M. L. (2004). *A manual of aphasia therapy* (2nd ed.). Austin, TX: PRO-ED.

Hux, K., Manasse, N., Weiss, A., & Beukelman, D. R. (2001). Augmentative and alternative communication for persons with aphasia. In R. Chapey (Ed.), *Language intervention strategies in adult aphasia and related neurogenic disorders* (4th ed., pp. 675-687). Baltimore, MD: Lippincott Williams & Wilkins.

LaPointe, L. L. (Ed.). (2005). *Aphasia and related neurogenic language disorders* (3rd ed.). New York: Thieme Medical Publishers.

Marshall, R. C. (1999). *Introduction to group treatment for aphasia: Design and management*. Boston: Butterworth-Heinemann.

제 II 부

우반구 증후군

제10장 우반구 증후군
제11장 우반구 증후군의 평가와 치료

제 10 장

우반구 증후군

이 장의 개요

- 대뇌반구의 비대칭성
- 우반구의 기능
- 우반구 손상의 신경병리학
- 우반구 손상 환자들의 행동
- 우반구 대 좌반구 상해와 연관된 결함

학습 목표

이 장을 학습한 후 학생들은,

- 좌·우반구의 해부학적 차이를 기술할 수 있다.
- 좌·우반구의 기능을 요약하고 대조할 수 있다.
- 우반구 손상으로 인한 신경학적·행동적 증상을 기술할 수 있다.
- 좌·우반구 손상으로 인한 결함을 요약하고 대조할 수 있다.

1. 대뇌반구의 비대칭성

뇌의 두 반구는 해부학적으로나 기능적으로 비대칭적이다. 뇌의 좌·우반구가 서로 다른 기능들을 담당하도록 전문화되어 있다는 것은 지난 수십 년 동안 잘 알려진 사실이다. 역사적으로 봤을 때 좌측 대뇌반구는 임상 신경학자, 언어치료사 및 관련 분야의 임상 전문가들의 많은 관심을 받았다. 1861년 Broca의 좌반구 손상으로 인한 실어증 연구와 1874년 Wernicke가 발견한 감각성 실어증으로 인해 임상적인 관심과 연구는 대체적으로 좌반구에 기울어졌다. 뇌와 언어 사이의 관계에 대한 지속적인 연구에 기초하여 좌반구는 청각적 기제를 통해 뇌에 제시된 연속적이거나 순차적인, 시간과 연관된 자극들을 더 잘 처리한다고 가정된다. 언어는 연속적인 정보처리를 요구한다고 생각되는데 이는 어휘, 단어 그리고 문장이 연속적으로 산출되기 때문이다. 정보의 논리 및 분석을 요구하는 과제 역시 좌반구의 기능으로 생각되어 왔다.

뇌의 두 반구들은 대략 같은 크기로 보이지만 세밀히 관찰하면 구조적으로 비대칭인 것을 알 수 있다. 뇌의 사후 부검과 자기공명영상과 같은 스캐닝 기술을 통해 반구 간의 이러한 구조적 차이점이 확인되었다. 예를 들면, 남·여 태아의 좌반구 지름은 우반구의 지름보다 약간 더 크다는 사실이 초음파 검사를 통해 나타났다.

형태학적인 차이는 외측구(실비우스열)를 둘러싸는 특정 영역에서 가장 크게 나타나는데, 외측구를 둘러싼 영역은 언어에 있어 중요한 부분이다. 좌반구의 외측구는 우반구의 그것보다 약간 더 길며 뒤쪽으로 더 확장되어 있다. 두 반구를 볼 때 외측구 주변에서, 특히 비대칭적인 구조는 측두엽 외측 상반부의 **측두평면**(planum temporale)이다. 측두평면은 상측두회 외측 상반부의 일부분으로 일차청각피질의 후반부에 위치한다. 대부분의 사람들에 있어 좌측의 측두평면이 우측의 그것보다 더 크며 일부 경우에는 5배 이상이 되기도 한다. 다른 형태학적인 차이로 좌측의 **측두덮개지역**(temporal opercular region)은 대응하는 우측의 부분보다 더 많이 접혀져 있는데, 이는 운동구어피질인 브로카 영역으로도 알려져 있다. 또한, 좌반구 시상 영역의 후반부도 우반구의 같은 영역보다 더 크다(Bear, Connors, &

Paradiso, 2001).

처음에 이러한 반구 간의 차이는 좌반구가 특정하게 언어를 담당하기 때문이라고 생각되었다. 그러나 좌반구는 태아에서뿐만 아니라(Hering-Hanit, Achiron, Lipitz, & Achiron, 2001) 유인원의 경우에도 더 크다. 따라서 언어의 사용이 구조적인 확장을 가져왔다는 가설보다는 언어는 이미 존재하는 한쪽의 구조에 지배를 받도록 되어 있다는 가설이 더 타당한 것으로 보인다. 좌반구의 언어 지배는 일부 유전적인 요인들에 의한 것일 수도 있다(Nolte, 2002).

두 반구는 잘 연결되어 있다. 뇌량은 두 반구를 연결하는 섬유다발이다. 3억 개 이상의 축삭들을 가지는 뇌량은 **교련섬유**(commissural fibers)로도 알려져 있으며 인간 뇌 중에서 가장 큰 섬유다발이다(Nolte, 2002). 대부분의 교련섬유들은 두 반구가 거울과 같은 이미지로 갖고 있는 구조들을 연결하지만, 한 영역에서 기원한 많은 섬유들은 대응하는 영역이 아닌 서로 다른 곳으로 연결되기도 한다.

2. 우반구의 기능

우반구의 기능은 1950년대까지는 대체적으로 알려지지 않았으며 일반적으로 침묵의 반구로 생각되었다. 우반구는 손상된 좌반구의 기능을 떠맡는 것으로 생각되기도 했다. 지난 몇십 년 동안 우반구의 구조와 기능에 대한 연구는 우반구에 대한 이해를 증진시켜 왔다. 간질의 발작 정도를 낮추기 위한 외과적 처치는 우반구와 좌반구의 기능에 대한 많은 것을 알려 주었다. **뇌량절개술**(commissurotomy)이라고 알려진 이 방법에서는 뇌량을 절개하는데, 이 섬유들은 간질 발작의 원인이 한쪽 반구에서 다른 쪽 반구로 전달되는 것을 돕기 때문이다. 이러한 수술은 더 이상 손을 쓸 수 없는 간질의 경우에 마지막으로 사용한다. 대부분 반구 간의 연결이 끊기면 두 반구 간의 의사소통은 이루어질 수 없다. 이러한 수술을 겪은 환자들에게 문제점이 금방 드러나는 것은 아니다. 이들은 정상적인 삶을 영위할 수 있으며 대부분의 일상적인 자극에 대한 반응, 운동 협응, 학습과 같은 능력들을 유지한다. 그러나 이들은 특정 작업에서 심각한 결함을 보인다. Sperry(1964)는 동물실험을 통해 뇌량절개술로 인한 결함을 알아보려 고안한 몇 가지 독창적인 실험을 하였다. 이 실험 후 임상 신경학적인 그리고 행동 연구의 자료들이 축적되어 우반구의 기능에 대한 조명을 밝히게 되었다.

우반구의 기능이 손상되지 않고 정상적인 반구 간의 연결이 이루어지는 상태에서 우뇌는 다음의 기능을 하는 것으로 보인다.

- **각성, 지남력, 주의.** 우반구가 주로 이러한 기능을 하는 것으로 생각되지만 좌반구가 우세하다는 상충되는 가설도 있다. 우반구 지배 가설을 뒷받침하는 유력한 자료들이 존재한다. 오른손잡이인 사람들에게 우반구가 우세한 것은 다음과 같다.
  - 각성. 외부 자극들에 반응하는 준비 상태를 의미한다.
  - 지남력. 특정 자극이나 사건 혹은 위치로 주의를 돌리는 것을 의미한다.
  - 경각심(vigilance). 자극들의 변화에 대해 지속적인 주의를 기울이는 것을 말한다.
  - 선택적 주의집중. 특정 자극들에 주의를 기울이는 동안 그 외 자극들은 무시하는 것을 의미한다.
  - 지속적 주의집중. 자극들이나 과제에 긴 시간 동안 주의집중하는 것을 의미하는데 경각심에서처럼 자극이 변화하는 것을 꼭 포함하는 것은 아니다.
- **시각 인식.** 우반구는 시각적 인식에 우세한데 이는 주의 그리고 이와 관련한 다양한 구성요소들을 필요로 하는 것이다. 우반구는 구체적으로 다음의 것들을 처리하는 것으로 보인다.
  - **전체적·통합적 자극.** 우반구는 총체적 자극(예: 그림)의 의미를 파악하는데, 특히 효율적으로 그 구성요소들을 분석하는 소요시간이 짧다.
  - **지리적·공간적 정보.** 우반구는 공간적으로 구성된 모양이나 형태를 포함하는 자극들을 이해하고 인식하는 데 관여하는 것으로 보인다. 예로, 우뇌는 익숙한 필체를 알아차리는 데 능숙하다.
  - **얼굴 인식.** 우반구는 대체로 익숙한 얼굴을 인식하는 역할을 한다. 4개월에서 10개월 정도의 영아도 엄마의 얼굴을 인식하는 데 있어 우반구가 유리함을

나타낸다.

- 신체 형상. 우반구는 올바른 신체의 이미지를 유지하는 데 특히 뛰어나다. 다음 절에서 보게 되듯이 우반구가 손상된 사람들은 좌편무시를 나타낸다.

■ 정서적인 경험과 표현. 우반구는 일반적으로 정서적인 경험에 있어 우세한 것으로 보인다. 특히,

- 우반구는 환경적인 자극들(예: 감정을 표현하는 사람의 얼굴 사진)에 의해 생긴 분노나 행복한 감정을 표현하는 데 우세한 것으로 보인다.
- 우반구의 뒤쪽 후반부는 정서적인 경험을 할 때 좌반구보다 더 활성화된다.
- 일부 논란이 되고 있는 자료들을 보면 우반구는 부정적인 정서의 경험들(예: 분노나 공포)을 지배하는 반면 좌반구는 행복과 같은 긍정적인 정서의 경험들을 지배한다는 주장이 있다.
- 구어언어(oral language)를 경험하지 못한 청각장애 아동에게서는 그림에 나타난 정서적 경험을 인식하는 데 우반구의 기능 분화가 나타나지 않을 수도 있다. 이러한 경우 아동의 정서적인 표현에 대한 인식은 양쪽 반구에서 처리될 수도 있다.

■ 시간적 순서에 대한 인식. 우반구는 시간적인 순서나 사건들의 연속 순서를 인식하는 데 우세하다.

■ 음악적 조화 인식. 우반구는 음악적 조화의 인식에 우세하다.

■ 의사소통의 특정 측면. 대부분의 사람들에서 언어는 좌반구가 지배한다고 하지만, 의사소통의 어떤 측면들에는 우반구가 관여하고 있다. 예를 들면,

- 우반구는 어느 정도 범위에서 대화의 이해와 산출에 관한 처리를 할 것이다. 양쪽의 반구들이 대화의 이해와 산출에 관여한다는 일부 자료들이 있다.
- 일부 자료를 보면 우반구가 명사보다 동사를 이해하는 데 더 어려움을 가질 수 있다고 한다.
- 우반구는 구어적 소통에 함축되어 있는 복잡한 추론을 하는 데 도움을 줄 수 있다.
- 의사소통의 효율성과 전문성은 우반구가 지배할 수 있다.
- 이중적이고 모호한 의미를 이해하는 데 우반구의 도움이 필요할 수 있다.

- 언어적 표현의 감정적인 어조를 이해하거나 표현하는 것은 주로 우반구의 기능이다.
- 구어의 운율적인 측면들을 이해하거나 표현하는 것은 주로 우반구의 활동이다. 우측의 하전두회는 운율의 산출에 관여하고 우측 측두정엽의 뒤쪽 지역은 구어의 운율적인 특징들을 이해하는 데 관여한다.
- 언어적 표현의 문맥적인 정보를 이해하는 것은 주로 우반구의 기능이다.
- 실용적인 의사소통의 기술들을 다루는 것은 주로 우반구의 활동일 수 있다. 예로, 주고받기, 주제의 유지, 의사소통의 사회적 적절성, 눈 맞춤 같은 것들은 좌반구보다는 우반구가 더 잘 조절할 수 있다.

뇌량절제(split-brain) 수술 환자들의 연구를 보면 우반구와 좌반구의 기능과 이들의 상호작용에 대한 재미있는 발견들이 있다. 이러한 연구들은 언어적인 것과 비언어적인 행위 사이의 상호작용에 대한 본질을 드러내기도 한다. 연구자들은 짧은 시간 동안 한쪽 눈에만 시각적인 자극을 제시하고 환자의 언어적 혹은 비언어적 반응을 측정하였다. 환자가 행하고 있는 것에 대한 인식이나 이해를 평가하기 위해 환자에게 오른손이나 왼손으로 과제를 수행하도록 했는데 이때, 환자는 자신이 수행하는 것을 보면서 하거나, 보지 않은 채로 수행하였다. 이러한 연구에서 뇌량이 절제된 오른손잡이 사람들은 다음과 같은 결과들을 보여 주었다.

- 오직 우측 시야에만 제시된 숫자와 단어, 그림들을 묘사할 수 있는데 우측 시야로부터 받은 정보가 언어능력을 가진 좌반구에서 처리되기 때문이다.
- 좌측의 시야에 제시된 유사한 자극들을 묘사할 수 없는데 이 자극들을 받는 우반구가 말을 할 수 없기 때문이다. 그러나 환자에게 적절한 물건을 골라 짝짓기 하도록 요청할 때 가능한 것으로 보아 우반구는 그러한 자극들을 이해할 수는 있는 것으로 보인다. 예로, 좌측 시야에 제시된 공이란 단어를 볼 수 없는 환자가 공을 만져본 후에 그 단어에 짝지을 수 있는 것이다. 뇌량절제 환자들은 단어나 문장들이 더 복잡해지면 이와 같이 수행할 수 없다.
- 우반구의 명령을 받는 왼손으로 블록 모형을 만들어 낼 수 있지만 좌반구의 지시를 받는 오른손으로는 그렇게 할 수 없다.

- 우반구의 명령을 받는 왼손은 모양을 따라 그릴 수 있지만 좌반구의 지시를 받는 오른손은 잘하지 못한다.
- 오른손에 올려놓은(보이지 않는) 물건을 언어적으로 묘사할 수 있다. 좌반구가 감각 정보를 받아 그것을 언어로 표현하기 때문이다.
- 왼손에 올려놓은(보이지 않는) 똑같은 물건을 언어적으로 묘사할 수 없는데 우반구가 왼손으로부터 받은 감각 정보를 언어로 표현할 수 없기 때문이다. 환자는 아마도 왼손에 아무것도 없다고 말할 것이다.

우뇌의 기능을 설명할 때는 주의해야 한다. 대부분의 연구에서 종합적인 결과에 부합하지 않는 개인적인 차이들이 보고되었다. 대부분의 연구에서 도출된 결론은 오직 집단 수행에만 적용되는 것이며, 독특하고 예상치 않은 결과를 보이는 개개인의 환자들에게는 해당되지 않는다. 예로, 대부분의 사람들에서 좌반구가 말하기와 쓰기를 지배할 것이다. 그러나 뇌량절제 수술을 받은 한 여성은 좌반구에 비춰진 단어들을 말할 수는 있었지만 그것들을 쓸 수는 없었던 반면, 이 여성은 우반구에 비춰진 단어들을 쓸 수는 있었지만 말할 수는 없었다. 반구의 전문성과 뇌기능의 국지화는 이러한 개인적 차이로 인해 연구 결과를 일반화하는 데 제약이 따른다.

우뇌손상과 뇌량절제 간의 차이 역시 명확히 해야 한다. 우뇌손상은 수술로 인해 생기는 두 반구 간의 불연속과 정확하게 일치하는 것이 아니므로 복잡한 임상 양상을 보일 수 있다. 병리학적인 요소들이 낳는 결과도 뇌량절제의 경우와는 당연히 다를 것이다. 그러므로 우반구 손상의 증상을 기술하기 전에 그러한 병리학적인 요소들을 생각해 볼 것이다.

3. 우반구 손상의 신경병리학

좌반구에 영향을 주는 신경병리학적인 요인들이 우반구에도 역시 영향을 미친다. 우반구 손상(RHD)을 일으키는 요인들은 다음과 같다.

- 뇌혈관 사고. 허혈성 및 출혈성 뇌졸중이 우반구 손상의 가장 흔한 원인이다.
- 종양. 우반구에 위치한 다양한 종류의 뇌종양은 뇌혈관 사고보다 좀 더 국소적인 증상을 일으키는 경향이 있다.
- 외상. 이 요인 역시 뇌혈관 사고보다 더 국소적인 증상들을 나타내는 경향이 있다.
- 다양한 신경학적 질병. 예를 들어, 알츠하이머병 역시 우반구의 기능에 영향을 준다. 그러나 임상적인 양상은 단순히 우반구만 손상을 입은 환자들에게서 발견되는 것보다는 더 복잡할 것이다.

일반적으로 후방부의 손상을 입은 RHD 환자들의 경우에는 운동장애(편부전마비나 편마비)가 동반되지 않는 반면, 전두엽 쪽의 손상으로 RHD가 있는 환자들에게는 운동장애가 생긴다. 우반구 전두엽 부분이 손상된 환자들이 다수의 집단 연구에서 불균형적인 수를 차지하는 것은 아마도 이 환자들의 재원기간이 길어 연구에 참여시키는 것이 용이하기 때문일 것이다.

4. 우반구 손상 환자들의 행동

좌반구 손상 환자들에서와 마찬가지로 RHD 환자들도 손상된 지점, 그리고 그 부분의 특질과 범위에 따라 다양한 정도의 기능적 문제들을 나타낸다. 정확히 같은 곳을 같은 범위만큼 다쳤더라도 개인차가 존재한다.

RHD 환자들이 보이는 다양한 증상들은 다음의 세 가지로 분류할 수 있다.

- 지각 및 주의집중 장애
- 정서장애
- 의사소통장애

1) 지각 및 주의집중 장애

본질적으로 지각 및 주의집중에 관한 것으로 설명되는 결함들은 3~4개의 범주로 나눌 수 있다. 그러한 결함들은 환자가 의사소통에서 보이는 몇몇 문제들을 일으킬 수 있다. 지각 및 주의집중 장애는 좌편무시, 시공간적 장애 그리고 지남력 장애 등을 포함한다.

좌편무시. 일반적으로, **무시**(neglect)는 자극에 대해 민감도가 줄어들었다거나 공간에 대한 인식의 감소 혹은 특정 시야에 있는 자극에 대해 학습된 반응이 나타나지 않게 되는 것을 의미한다. 대뇌반구의 어느 엽이라도 상해를 입는다면 무시가 생길 수 있다. 따라서 무시는 좌반구 혹은 우반구 우세적인 것일 수 있다. 좌반구의 상해는 우편무시를 나타낼 수 있는데 이는 단지 2~15%의 환자들에게서 발생한다. 우측 두정엽의 상해로 좌편무시가 나타나는데 이는 환자들의 31~90%에 해당한다. **좌측 반맹**(left hemispatial neglect)이라고도 알려진 좌편무시는 우편무시보다 좀 더 심각하고 믿기 어려울 만큼 지속되는 경향이 있다.

우반구는 공간적인 면에 대한 주의가 더 우세하다고 생각된다. 따라서 좌반구 상해로 인한 공간 인식 면에서의 장애를 보상할 수도 있다. 그러나 우반구가 상해를 입었을 때, 공간 인식에 대해 비우세뇌인 좌뇌는 그 결함을 보상할 수 없다. 우반구의 후두정엽 피질에 상해가 있는 경우가 좌편무시의 가장 흔한 원인이다. 덜 흔하게 나타나지만 우반구의 전전두엽 피질에 상해를 입는 경우도 좌편무시를 유발할 수 있다.

좌편무시(left-neglect)는 신체 좌측의 자극에 대한 반응이 심하게 감소되고 좌측 공간에 대한 인식이 손상된 것으로 특징지어졌다. 좌편무시에는 시각, 청각, 촉각과 같은 모든 감각 양식이 포함되는데 시각적인 무시가 가장 많이 실험되었다. 시각적인 무시가 있는 환자들은 좌측 시야를 보지 못할 수도 있으나 이러한 형태의 무시는 시야가 손상되지 않은 환자들에게서 발견될 수도 있다. 발병 후 몇 주 또는 몇 달 내에 환자들은 부분적으로 혹은 완전히 무시 현상에서 회복한다.

환자들마다 심각성의 정도가 다양한 좌편무시는 다음과 같은 특징들을 나타낸다(Myers, 1999; Tompkins, 1995).

- **오른쪽 집중.** 환자의 주의를 끌거나 유지하기 위해서는 자극을 오른쪽에 두어야 하는 경향이 강하게 나타난다.

- 오른쪽에서 왼쪽으로 주의 변환의 어려움. 환자들은 일반적으로 오른쪽의 자극에서 왼쪽의 자극으로 주의를 옮기는 것에 어려움을 나타낸다.
- 왼쪽의 촉각적인 혹은 감각적인 자극들을 인식하지 못함. 예로, 환자들은 신체의 왼쪽에 가해지는 접촉이나 찌르기와 같은 감각들을 인식하는 데 어려움을 가질 수 있다. 소거(extinction)라 불린 실험에서 신체의 왼쪽과 오른쪽을 동시에 만지거나 (또는 자극하였을 때) 환자는 오른쪽의 감각에 대해서만 보고할 수 있다. 상태가 경미한 환자들은 왼쪽에만 촉각적인 자극들을 주었을 때는 감각에 대해 보고할 수 있지만 양쪽에 자극이 동시에 주어질 경우는 그렇지 못하다.
- 왼쪽의 그림이나 기하학적인 모양을 따라 그리지 못함. 예로, 환자는 오른쪽에 있는 시계를 따라 그릴 수는 있다. 하지만 모든 숫자들을 시계의 오른편에 몰아서 그릴 것이다.
- 얼굴 혹은 다른 이미지의 오른쪽만 그리기. 자신의 초상화를 그릴 때 얼굴의 오른편만을 그릴 수 있다.
- 배열된 자극들에 오른쪽으로 심하게 편향된 주의집중. 환자의 오른쪽으로 몇 가지 물건들을 두었을 때 맨 오른쪽에 자리한 사물이나 그림들만 지적할 것이다. 이는 오른쪽이란 것은 상대적임을 암시한다.
- 기억한 것을 묘사할 때 공간의 오른쪽에만 주의를 기울임. 예를 들어, 길가의 집들을 묘사할 때 환자는 오른쪽에 있는 것들에 대해서만 언급할 것이다. 그러나 환자가 상상하는 방향에 따라 양쪽의 집들을 묘사할 수 있는 것을 보면 오른쪽이란 환자의 현실이나 또는 상상에서 상대적인 것임을 의미한다.
- 사물이나 사람의 왼쪽에 부딪힘. 휠체어를 탄 환자의 경우 왼쪽에 있는 사물들을 계속해서 치기도 한다. 환자는 자신의 왼쪽에 놓여 있는 사물이나 구조들을 알아채지 못할 수 있다. 예로, 환자는 자신의 왼쪽 셔츠 소매가 문틈에 끼었어도 깨닫지 못한다.
- 오른쪽에 있는 물건들만 사용함. 예로, 환자는 오른쪽의 주머니나 서랍만을 이용한다.
- 신체의 왼쪽 부분이나 또는 이에 속한 물건들에 대한 소유개념이 없음. 환자는 자신의 왼손이나 다리가 존재한다는 사실을 거부할 수도 있으며 자신의 왼손에 반

지나 시계를 착용한 것을 알지 못할 수도 있다. 반지나 시계를 오른쪽에 착용했거나 다른 사람이 들고 있다면 그것이 자신의 것임을 알아차릴 것이다.

- 질병 인식 불능(anosagnosia). 환자는 마비된 왼쪽의 팔이나 다리의 존재를 거부하거나 혹은 그것이 다른 사람의 것이라고 말할 수도 있다. 자신의 문제를 인정하는 일부 환자들의 경우에도 그러한 문제들의 영향이나 결과에 대해 경시할 수 있으며 다른 이들의 경우는 문제나 그 결과들을 인정하는 것에 대해 무관심할 수도 있다.
- 청각 무시. 시각적 무시 현상보다는 흔하지 않지만 일부 환자들은 왼쪽으로부터 들리는 소리에 대해 무시를 나타낼 수 있다. 예를 들어, 왼쪽에서 울리는 전화벨 소리에 답을 하지 않거나 왼쪽에서 이야기하는 사람에겐 대답하지 않을 수도 있다. 또한, 청각적 무시와는 별도로 병소가 후방부에 위치하는 경우에는 소리의 위치를 탐지하는 데 문제를 나타낼 수 있다.
- 운동 무시. 환자는 자신의 왼쪽이 신경생리학적으로 정상임에도 불구하고 마치 마비된 것처럼 행동한다. 환자가 이동할 때 왼쪽 다리나 팔이 끌릴 수도 있다. 또는 환자가 고통스런 자극들로부터 자신의 사지를 추스르지 못할 수도 있다. 왼쪽의 운동 무시로 인한 불안정한 자세 때문에 균형을 잃을 수도 있다. 왼쪽 팔다리의 움직임은 느리고, 둔하며, 약할 것이다.
- 읽기에서의 좌편무시. 환자는 텍스트의 오른쪽 부분만을 읽을 것이다. 각 줄의 오른쪽 반만 읽으면서 환자는 자신이 읽는 것이 의미가 없다고 불평을 할 수도 있다. 환자는 단어에서 가장 왼쪽에 있는 글자들을 생략할 수도 있다(예: pastime을 time으로 읽는다).
- 쓰기에서의 좌편무시. 쓰기에서 왼쪽에 여백을 두지 못하는 것은 흔히 나타나는 증상이다. 쓰기에서 나타나는 다른 오류들에는 불규칙한 왼쪽의 여백, 과도한 글자 간격, 분리된 단어, 글자 반복, 생략 등이 있다. 병소가 전방에 있을 경우 글자 반복을 불러오는 것으로 보이며 롤란드 후부에 병소가 있는 경우에는 왼쪽 여백과 다른 공간과 관련된 오류들을 나타내는 경향이 있다.

얼굴 인식 결함(facial recognition deficits). 상모실인증(prosopagnosia)이라고도

알려진 얼굴 인식 결함은 일부 RHD 환자들에게 보이는 지각 및 주의 결함의 일부분이다. 이러한 결함들은 우반구의 후방에 손상을 입은 환자들에게서 보인다. 양측 모두에 손상이 있다면 좀 더 지속적인 결함들이 생길 것이다.

상모실인증은 다음을 포함한다.

- 익숙한 얼굴을 알아보는 것이 어렵다. 환자에게 익숙한 사람들의 선화(line drawing)나 사진을 보여 줄 때 가장 명백하게 나타나는데 이는 익숙한 동물들의 실제 얼굴이나 사진을 보여 줄 때, 젊은 사람과 노인의 얼굴 혹은 남자와 여자의 얼굴을 구분하는 것에도 어려움을 보일 수 있다. 그러나 이러한 어려움은 얼굴에만 국한될 수도 있다. RHD 환자들은 대체로 특정인이 말을 시작하거나, 움직이거나 무언가를 하자마자 그 얼굴을 알아볼 수 있다. 신체의 크기, 머리의 색과 스타일, 걸음걸이와 같은 신체적 특징들이 올바른 얼굴 인식을 하도록 도와주는 것일 수도 있다.
- 금방 본 얼굴의 사진을 선택하는 데 어려움을 보인다. 환자들은 본 적이 없는 사진과 금방 보여 준 얼굴의 사진 중에서 자신이 본 얼굴을 선택하는 데 어려움을 나타낼 수도 있다.
- 유명한 사람들의 얼굴 사진을 보고 이름을 대는 데 문제가 있다. 환자들은 자신들이 정상적으로는 알고 있을 사람들의 사진을 보고 이름을 대는 데에도 어려울 수 있다.

상모실인증의 한 결과로 드물고도 극심한 경우가 **카그라스 증후군**(Capgras syndrome)으로 알려졌다. 이 증상을 보이는 환자들은 그들의 친구나 가족들이 실제의 인물들이 아니라 그들을 사칭하거나 복제되었다고 믿는 망상을 갖는다.

구성장애. 두정엽이나 두정후두엽 손상은 일종의 시각구성(지각적) 결함인 구성장애와 매우 자주 연관되는데 다음의 특징을 가진다.

- 블록 구성에 문제가 있다. 환자들은 그림의 디자인을 보고 블록을 구성하는 데 어려움을 나타낼 수도 있다.
- 2차원 막대구성을 재현하는 데 어려움이 있다. 환자들은 모델을 보고 그대로 따라

구성하는 데 어려움을 나타낼 수 있다.

- **기하학적인 모양을 그리거나 따라 그리는 데 오류를 나타낸다.** 환자들은 실제의 기하학적 모형을 그리거나 그림을 보고 따라 그리는 데 수많은 실수를 보일 수 있다.

구성장애는 RHD 환자들에게서 가장 두드러지지만 모든 종류의 뇌손상 환자들에게서도 종종 보인다. 일반적으로 좌뇌손상 환자들이 보이는 구성상의 오류들은 RHD 환자들이 범하는 것들과는 구별된다.

좌반구 부분이 손상된 환자들은 어렵게 그리기는 하지만 실수는 더 적다. 이들의 그림은 모델과 좀 더 많이 닮아 있으며 모델이 있는 경우의 그림이 없는 편보다 더 낫다.

반면, RHD 환자들은 빨리는 그리지만 매우 많은 실수를 하며 실수를 만회하기 위해 불필요한 선들을 첨가한다. 3차원의 그림을 2차원으로 그리거나 모델을 제시하여도 그림이 더 좋아지지는 않는다.

주의집중 장애. 좌반구나 우반구에 상해를 입는 경우 주의집중에 장애가 올 수 있다. RHD 환자들은 의사소통에도 문제를 일으키는 다양한 형태의 주의집중 결함을 보이는 것 같다. 구체적인 문제들은 다음과 같다.

- **각성 수준이 감소한다.** 앞서 언급한 대로, 각성은 자극들에 대응하는 생리학적인 그리고 행동적인 준비 태세를 말한다. RHD 환자들은 각성저하(hypoaroused)로 얘기되는데 감소된 각성은 자극에 대한 주의집중도 감소하게 한다.
- **주의지속이 어렵다.** 환자의 주의는 한 과제에서 다른 과제로, 한 자극에서 다른 자극으로 빗나갈 수 있다. 이는 치료에도 문제를 가져오는데 환자가 치료활동에 주의집중을 유지할 수 없기 때문이다.
- **선택적 주의집중이 어렵다.** 환자는 일련의 자극들이 배열된 가운데 있는 특정 자극에 주의집중하기가 어려울 수 있는데 이러한 문제로 RHD 환자는 중요하지 않거나 관계없는 자극들로 주의가 분산되기 쉽다.

이러한 주의집중 장애들로 인해 RHD 환자들은 신속하게 대답하고, 대화의 주제를 유지하고, 화자가 전달하는 내용에 주의를 유지하는 것이 힘들다. 이들의 말이 때때로 일관적이지 않은 것은 다른 사람이 말하는 것에 주의를 집중하는 것이 부족하기 때문이다.

지남력 장애. RHD 환자들은 지남력과 관련한 다양한 문제들을 나타낼 수 있다. 이들의 지남력 문제들은 환경적인 단서들에 대한 시각적인 주의가 손상되었기 때문일 수 있다. 다음은 지남력과 관련한 몇 가지 구체적인 문제들이다.

- 지형적인 지남력 장애. 지형장애(topographic impairment)라고도 알려진 지형적인 지남력 장애는 공간에 대한 혼돈을 의미한다. 환자들은 익숙한 환경(예: 자신의 집에 있는 자신의 방)에서 길을 찾는 것을 어려워하기도 하고 지도를 읽는 것, 위치를 가르쳐 주는 것에 어려움을 나타낸다.
- 지리학적인 지남력 장애. 환자들 자신의 지리학적인 위치에 대한 혼돈을 의미한다. 이러한 지남력 장애의 형태를 보이는 환자들은 거의 없지만 그들의 병원이나 집이 자신들의 실제 위치와는 다른 나라에 위치한다고 믿는 사람들이 있을지도 모른다.
- 이중기억착오(reduplicative paramnesia). 이것 역시 드문 현상이지만, 복수의 동일한 사람들, 장소들 그리고 신체의 부분들이 존재한다는 믿음을 포함한다. Brookshire(2003)는 동일한 도시에 2개의 동일한 병원이 존재한다고 믿었던 환자와, 자신의 왼쪽 다리가 2개라고 믿는 환자, 자신의 집에 두 명의 똑같은 남편이 있다고 생각하는 여성 환자를 예로 들고 있다.

RHD 환자들은 지남력 장애를 보이는 다른 환자들(예: 치매 환자들)과는 구별되는 특이한 종류의 지남력 장애를 나타낸다. RHD 환자들은 일반적으로 시간, 공간, 사람들에는 혼동을 나타내지 않을 수 있지만 치매 환자들과 마찬가지로 자기 자신에 대해서 혼란스러워한다. 익숙한 환경에서 길은 잃은 RHD 환자들은 대체로 길을 찾아올 수 있지만, 같은 상황의 경우 방향 감각을 잃거나 혼돈을 겪는 치매 환자들은 대개 그렇지 못하다.

시지각 결함. RHD 환자들은 다음과 같은 전형적인 시지각 결함을 보일 수 있다.

- 선화 혹은 완성되지 않은 그림에 대한 이해가 어렵다.
- 흔하지 않은 크기 혹은 차원이나 방향을 통해 왜곡을 나타내는 그림들을 이해하기 어렵다.
- 다른 그림 위에 포개어 놓은 그림을 이해하기 어렵다.

RHD 환자들이 실제 사물이나 완전하고 자연스럽게 묘사된 대상들을 알아보는 데 어려움을 나타내지 않는다는 사실을 주지한다.

2) 정서적 결함

감정(emotions)이 내적으로 느껴지는 신체상태라고 한다면 정서(affects)라는 것은 그러한 감정적인 상태나 경험들이 행동으로 표현된 것들이다. 보통, 변연계는 감정과 정서, 갈증, 배고픔 그리고 성적 각성을 포함하여 가장 생물학적인 기능들을 중재한다. 전두엽과 두정엽 그리고 측두엽의 가장자리('변연')의 구조인 변연계는 말굽 모양으로 뇌간 위로 원을 형성한다. 변연계의 주요 부분은 대상회(cingulate gyrus)로 뇌량 위를 거의 둘러싸듯 위치한다. 해마를 포함하여 측두엽의 내측면 역시 변연계의 일부분이다. Broca는 이것을 발견하고 변연엽(limbic lobe)이라 불렀으며 후각(냄새)에 관여한다고 생각했지만 현재는 그렇지 않다는 것이 밝혀졌다.

변연계가 감정의 실재적인 경험에 책임이 있다고 하더라도 우반구는 주로 감정의 표현과 타인이 표현하는 감정의 이해를 중재하는 것에 관여한다. 뇌파전위기록장치(EEG)를 통한 연구들은 환자가 강한 감정을 경험하거나 감정적으로 힘겨웠던 경험을 회상할 때 우반구의 활동이 증가했다는 결과들을 보여 주었다. 어렵고 스트레스를 받는 과제를 완성하지 못할 때 좌반구 손상 환자들은 감정적으로 반응(파국반응이라고 알려졌으며 울거나 욕설하기 등을 포함한다)한다. 비슷한 상황에서 RHD 환자들은 감정적으로 무관심한 모습을 나타내는 경향이 있다. 물론, 변연계가 포함되지 않는다면 RHD 환자들도 감정들을 정상적으로 경험할 수 있을 테지만 그러한 것들을 표현하는 데 어려움을 가질 수 있다.

우반구 손상 환자들은 다음과 같은 양상들을 나타낼 수 있다.

- 감정을 이해하는 것이 어렵다. 환자들은 타인이 얼굴 표정으로 나타내는 감정을 이해하지 못할 수도 있다. 그러나 이는 대부분 감정을 표현하는 정적인 사진들을 본 환자들의 판단에 근거하여 나온 자료들이다.
- 그림으로 묘사된 이야기 장면에 표현된 감정을 얘기하는 것이 어렵다. 환자들은 이야기를 말하는 그림에서 보이는 감정적인 표현들을 놓칠 수 있다.
- 독립된 구어 문장에 나타난 감정을 알아내는 데 문제가 있다. 이러한 발견은 일부 환자들에게서만 나타나므로 논쟁의 여지가 있다.
- 목소리의 감정적인 음조를 이해하는 데 문제가 있다. 환자들은 음조를 통해 표현하는 화자의 감정이나 구어의 운율적인 요소들에 대한 이해가 어려울 수 있다(이것에 관해선 다음 절에서 더 언급한다).
- 감정적인 표현을 하는 것이 어렵다. 환자들은 감정을 정확하게 표현하는 데 문제를 가질 수도 있다.

3) 의사소통의 결함

의사소통의 문제는 우반구 손상 환자들의 약 50%에서 발견된다. 의사소통의 문제는 왼손잡이며 우반구 피질부분에 손상을 입은 환자들에게 좀 더 흔하게 나타나는데, 아마도 이러한 사람들에게는 언어가 우반구에서 우세하기 때문일 것이다. 그러나 왼손잡이며 우반구 손상이 있는 모든 사람들이 이러한 언어 문제를 나타내는 것은 아니다. 많은 왼손잡이인 사람들에게서도 언어는 여전히 좌반구가 우세하기 때문이다.

RHD와 연관된 의사소통의 결함들은 좌반구 손상이 있는 사람들의 것과는 다르게 나타난다. 또한 일부 언어적 기술들은 비교적 보존되어 있다는 사실도 주지하는 것이 중요하다. 일반적으로 RHD 환자들은 단어 찾기 문제를 경험하지 않는다. 환자들은 단어를 정의하거나 묘사되는 사물의 이름을 말할 수 있다. 개개의 사례들로 문제가 있다면 가벼운 편이며 이름대기 항목들이나 집합 명사들(예: 환자는 장미, 피튜니아, 금잔화와 같이 한 범주의 개개 요소들의 이름대기는 할 수 있으나 '꽃'이라는 이름을 신속하게 말할 수 없다)에서는 좀 더 두드러지게 나타난다.

결과적으로, 단어 찾기 문제로 인한 착어증과 둘러말하기(circumlocution)는 RHD 환자들에게는 중요하지 않다. 이들이 보이는 둘러말하기는 주의집중과 인지적인 문제로 인해 좀 더 정확하고 직접적인 의사소통이 어려워지는 것이다. 다른 한편으로, 좌반구 손상(LHD) 환자들은 그러한 주의와 인지적인 문제들을 갖지 않으므로 이들의 둘러말하기는 단어 찾기의 어려움으로 기인한 문제들이다. 이와 같은, 그리고 다른 이유들로 RHD 환자들을 실어증이라고 설명하지 않는다.

RHD 환자들이 말하는 문장들은 대부분 문법적으로 정확하지 않다. 이 환자들은 추상적이거나 은유적인 의미에서와는 달리 그들이 듣는 언어의 글자 그대로의 의미에는 어려움을 가지지 않는다. 비록 우반구가 단일 단어나 문장을 처리하는 데 관여할지라도(Meyers, 1999) RHD 환자의 대부분은 그들이 듣는 단일 단어의 주된 의미를 이해한다. RHD 환자들은 실어증 검사의 문장이해에서, 특히 단순 문장에서 정상을 나타냈다. 환자들의 주의력 장애는 복잡한 문장을 이해하는 데 나타나는 어려움으로 설명할 수 있을 것이다.

RHD 환자들에게 나타나는 가장 주목할 만한 의사소통의 결함을 요약하면 다음과 같다.

운율 결함(prosodic deficits). 구어의 운율은 강약 패턴, 억양, 리듬, 멜로디적인 자질들을 의미한다. 운율적 특징들은 때때로 단어나 구가 전달하지 못하는 의미들을 전한다. 그러한 특징들은 때론 그 단어들이 의미하는 것과는 반대의 의미를 전달할 수도 있다. 예를 들어, "물론이죠, 당신은 우리 파티에 초대되었습니다."라는 말은 운율적 특징에 따라 '제발 가시죠'라고 해석될 수도 있다. 적절한 운율적 특징을 가진 구어는 강도, 음도, 강약, 음질, 음절의 지속시간들이 매우 다양하다. 운율적 특징들이 감소될 때 구어는 단조롭게 들리고 흥미를 유발시키지 못할 수도 있다. 변화가 부족하고 제한된 운율의 구어는 미묘하지만 중요한 언어 외적인 의미, 함축적 의미 그리고 표현되는 경험의 감정적인 음조들을 전달할 수 없다.

우반구 손상은 정상적인 운율적 특질의 산출 및 타인이 그러한 운율적 변화들을 통해 표현하는 의미의 이해, 둘 모두를 손상시킬 수 있다. 우울증이 있는 사람들의 구어에서도 운율적 특질이 감소되는 양상을 나타낸다고 하지만 RHD 환자들의 운율 결함은 우울증에 의한 것이 아니다. 이와 유사하게, 마비말장애(dysarthria) 환자들도 운율 결함을 나타낼 수 있는데 RHD 환자들의 운율 결함은 운동장애로 인한 것이 아닐 것이다. 마지막으로, RHD 환자들의 운율 결함은 환자들이 일반적으로 손상되지 않은 언어 기술을 가지고 있으므로 언어장애의 원인에서 기인한 것은 아니다. 비록 **실운율증**(aprosodia), **청각정서실인증**(auditory affective agnosia), **부전실운율증**(dysprosodia)과 같은 용어들이 RHD 환자들의 운율적인 문제를 설명하기 위해 제안되었지만, **운율 결함**이나 **운율 손상**과 같은 용어가 그러한 문제들을 설명하는 데 더 적합하다(Myers, 1999).

운율 결함은 아마도 몇몇 사례에서는 심각할 수도 있지만 대부분에서 경미한 상태이다. RHD 환자들의 구어는 다음과 같다.

- **단조로움.** 구어에 운율 변화가 부족할 것이다. 억양에 변화를 주어 다른 종류의 문장을 말하지 못할 수도 있다. 예를 들어, 환자는 예/아니요 질문을 하기 위해 올림조의 억양을 나타내지 못할 수 있다. 음성의 제한적인 기본 주파수 역시 이러한 단조로운 구어의 일부분이다.
- **손상된 강약 패턴.** 환자는 강세가 있는 단어에 음도를 변화시키는 대신 강도(loudness)를 바꿀 수 있다.
- **속도의 감소.** 느린 속도는 환자의 구어를 더 단조롭게 들리도록 할 수 있다.
- **감정의 부재.** 환자의 구어는 감정적인 음조와 의미를 전달하지 못할 수 있다.
- **손상된 운율의 이해.** 환자들은 자신들이 듣는 구어의 감정적인 음조를 이해하는 것이 어렵다고 할 수 있다.

RHD 손상 환자들은 자신들의 운율 결함에 대해 의식하고 있을 수 있다(Brookshire, 2003). 일부 환자들은 그들의 감정적인 음조가 듣는 이에게 명백하지 않다고 추측하여 자신들의 감정을 직접적인 구어 표현으로 하기도 한다(예: 환자는 "당신이 잘 모르겠다면, 나는 매우 화가 났어요."라고 말할 것이다).

손상된 담화(impaired discourse). 담화란 사회적 의사소통 기술의 집합체이다. 담화에는 사건의 설명(해설) 및 사물과 행위(절차)에 대한 설명이 포함될 수 있다.

또한, 주어진 주제에 대하여 확장된 이야기(부가적 담화)도 포함될 것이다. 마지막으로, 담화는 둘 혹은 그 이상의 참여자들 사이의 대화를 포함한다.

많은 RHD 환자들의 담화 기술은 LHD 환자들보다 더 넓은 범위에서 손상된 것으로 나타난다. 그러한 손상이 RHD 환자들의 의사소통 결함에 있어 가장 중요한 측면이 될 수 있다(Myers, 1999). 이 환자들은 사건, 그림 혹은 개인적인 경험을 일관되고 잘 구성된, 정확한 방식으로 설명하는 데 어려움을 가진다. 이 기술은 그림 이야기 설명을 통해서 검증되는데 다음과 같은 것들을 나타내는 경향이 있다.

- 정보를 구분함에 있어 중요한 것과 관계없는 것을 가리는 데 문제가 있다. 환자는 보이는 그림에서 벗어나는, 관계없는, 맞지 않는 측면에 초점을 맞추는 경향이 있다. 대화에서도 환자는 관계없는 요소들이나 주제에서 벗어나는 것들에 집중하는 경향이 있다.
- 대화에서 표현되는 암시적인 의미나, 추상적인 단어, 은유, 아이러니 그리고 유머 등을 이해하는 데 어려움을 나타낸다(다음 절 참조).
- 담화 중에 조급하여 옳지 않은 추론을 한다. 그러한 추론으로 환자는 대화 중에 부정확하거나 이상한 반응을 보일 수 있다.
- 작화(confabulation)나 과장된 구어를 나타낼 수 있다. 주어진 사건으로부터 너무 많은 추론을 하거나 관계없는 세부사항에 지나치게 집중함으로써 환자들은 작화증에 가까울 정도로 많은 말을 한다. 말을 아주 많이 한다고 하더라도 두서없이 하기 때문에 내용이 있는 구어라고 하기는 어렵고 때때로 부적절한 경우도 있다.
- 해설이 정교하지 않다. 소수의 환자들은 그림이나 사건을 설명할 때 과도하게 한정되고 제약적인 경우가 있다.

많은 환자들이 추상적 의미나 유머를 이해하거나 혹은 테스트를 받는 상황에서 자극을 해석하는 데 어려움을 나타내지만 좀 더 문맥적인 정보를 제공하는 실제 상황에선 거의 적절하게 또는 적절하게 행동할 수 있다는 사실이 주지되어야 할 것이다. 이는 환자들을 표준화된 언어 검사에서보다 자연스런 상황에서 관찰하는 것이 더 타당한 것임을 암시한다.

의미론적 문제(semantic problems). 좌반구는 단어들의 구체적 의미를 신속하고 빠르게 이해하는 데 활성화되는 것으로 보인다. 반면, 우반구는 복잡하고, 추상적이며, 은유적인, 복합적인 의미를 지닌 단어들을 이해하거나 산출하는 데 관여하는 것 같다. 좌반구가 단어의 직접적이고 구체적인 의미에 더 신속하게 반응하는 것으로 보이는 반면, 우반구는 대체적인, 추상적인, 은유적이거나 복합적인 의미의 단어들을 이해하는 데 더 느리게 반응하는 것 같다(Myers, 1999). 예를 들어, 정상적으로 좌반구는 '오픈 북'(open book)의 구체적 의미를 빠르게 파악하는 반면, 우반구는 이 구의 은유적이고 추상적인 또는 대체적인 의미들(예: 명백한 것)을 파악하는 데 좀 더 많은 시간이 걸릴 것이다.

RHD 환자들은 다음과 같은 의미론적 문제들을 나타내는 경향이 있다.

- 암시적이고, 대체적인 혹은 추상적인 의미들을 이해하는 데 어려움을 갖는다. RHD 환자들은 어떤 상황이나 발화가 가지는 추상적이고, 대체적인 또는 암시적인 의미들을 추론해야 하는 구어적 표현에서 글자 그대로의 의미를 넘어서는 데 어려움을 가진다.
- 상황, 사건, 이야기 혹은 그림 이야기의 전체적인 의미를 파악하지 못한다. 의사소통의 중심 내용이나 이야기의 주제를 놓칠 수도 있다. 이야기 그림을 설명할 때는 개개 요소들의 이름을 말할 뿐 이야기의 일관되는 주제에 대해 이해를 못하는, 각 요소들을 통합하지 못하는 모습을 보일 수 있다.
- 속담, 관용어구, 은유를 이해하지 못한다. 환자들은 그러한 복잡하고 추상적인 표현들에 글자 그대로의 해석을 부여할 것이다.
- 범주 내의 각 항목들의 이름을 대는 것과 대조하여 추상적인 범주들의 이름을 말하는 것에 문제가 있다. 예를 들어, 환자는 한 범주 내의 각 항목들의 이름을 말할 수는 있지만(예: 당근, 콩, 시금치) 그 범주(채소)의 이름을 대지는 못할 것이다.
- 아이러니, 유머, 풍자를 이해하는 것이 어렵다. 환자들은 상대적으로 추상적인 표현들을 이해하지 못할 것이다.

- 문장의 논리적 오류를 이해하는 데 문제가 있다. 논리적 오류를 찾는 데도 추상적인 추론이 요구되므로 RHD 환자들에게는 어려울 것이다.

RHD 환자들이 임상 평가에서보다는 실제 생활의 문맥에서 복합적이거나 대체적인 의미들을 더 잘 이해할 것이라는 사실을 주지해야 한다. 의사소통 시에 좀 더 크고 실재적인 문맥들이 그러한 의미를 추론하는 데 도움을 주기 때문이다.

화용론적 결함(pragmatic deficits). 전부는 아니지만 많은 RHD 환자들이 화용적 언어에 문제를 보이는 경향이 있다. 보다 흔하게 관찰되는 화용적인 결함에 다음과 같은 것들이 포함된다.

- 대화 주고받기의 어려움. 환자의 두서없이 말하기, 주의가 분산되는 경향이 이러한 문제들을 만드는 것 같다. 이런 문제를 나타내는 환자들은 대화 상대방에게 순서를 내어 주지 못한다.
- 주제 유지의 어려움. 환자의 주의집중 장애가 주제를 관계없는 것으로 빈번하게 바꾸게 되는 원인일 것이다.
- 눈 맞춤 유지하기의 어려움. 말을 과다하게 하거나 두서없이 하면서 RHD 환자들은 대화 상대방과 눈 맞춤을 유지하지 못한다.
- 의사소통의 문맥에 둔감함. 환자들은 상대방이 대화의 주제에 대해 알고 있는 것에 대해 지나친 가정을 할 수 있다(예: 환자들은 마치 치료사가 자신의 친구나 동료들을 알고 있는 것처럼 그들에 대해 이야기할 것이다). 또한 환자들은 상대방이 대화가 끝났다고 할 때도 새로운 주제를 소개하려고 할 수도 있다.

RHD 환자들은 화용적 기술들에 있어 개인적으로 큰 차이를 나타낸다는 사실을 주지해야 한다. 일부는 아마도 본질적으로는 정상적인 기술들이 있을 것이나 다른 경우에는 심각한 손상이 있을 수도 있다. 그러므로 손상되지 않은 그대로의 기술들을 신중하게 평가하기 위해서는 RHD 환자들 개개인의 특수성에 맞춘 관리 프로그램을 고안할 필요가 있다. 평가와 관리 절차 그리고 문제점에 관해서는 11장에서 살펴본다.

5. 우반구 대 좌반구 상해와 연관된 결함

RHD 환자들에게 나타나는 결함의 양상들을 LHD 환자들에게 나타나는 것과 간단하게 비교해 봄으로써 두 집단에서 나타나는 독특한 특징들을 이해하는 데 도움이 될 것이다. 주된 유사점과 차이점은 다음과 같다.

- LHD 환자들이나 RHD 환자들 모두 신경병리학적인 결과로 의사소통의 장애를 갖는다는 면에서 유사하다. 그러나 병소에 따라 결함의 양상이 구별된다.
- LHD는 일반적으로 결함의 양상이 RHD보다는 좀 더 국소적이지만 RHD는 좀 더 널리 분산된 양상으로 나타난다.
- RHD의 좀 더 널리 분산된 결함의 양상은 LHD의 국소적이고 더 구체적인 결함들보다 덜 구체적이면서 더 추상적이다. 결과적으로, RHD의 결함은 LHD와 비교해 볼 때 다소 측정하기 어렵다. 예를 들어, LHD 환자들은 이름대기 문제라든가 문법적인 결함과 같이 구체적이고 비교적 쉽게 측정할 수 있는 의사소통의 결함들을 나타낸다. 이와는 대조적으로, RHD 환자들은 이해에의 어려움이라든가 구어에서 감정적인 음조를 전달하기, 은유적 언어 사용의 어려움, 사회적으로 적절한 의사소통과 같은 추상적이고 다소 복잡한 결함을 보인다.
- RHD 환자들의 의사소통 결함은 일부 다른 결함으로 인한 것일 수 있다. 그러나 LHD의 결함은 뇌손상으로 인한 직접적인 결과일 것이다. 예로, LHD 환자의 이름대기와 문법에의 어려움은 구체적인 병소로 인한 것이지만 RHD 환자가 보이는 의사소통의 문제들은 주의집중 장애로 인한 것일 수 있다.
- RHD 환자들의 의사소통 결함은 병의 거부, 장애에 대한 무관심, 작화증, 좌편무시, 충동적인 행동, 주의집중의 감소와 산만함의 증가, 추론능력의 결함과 같은 것들로 더 악화된다. LHD 환자들의 의사소통 결함은 관련된 행동장애와 함께 그렇게 복잡하지 않다. LHD 환자들은 일반적으로 RHD 환자들보다 치료에 덜 적극적일 수 있다.

두 환자 집단의 주된 차이들로 인해 평가와 치료에 있어 고려되어야 할 중요한 사항들을 다음 장에서 살펴본다.

읽을거리

우반구 증후군에 대한 부가적인 정보를 얻고 싶다면 다음의 자료를 참고한다.

Myers, P. S. (1999). *Right hemisphere damage.* Albany, NY: Thomson Learning.

Tompkins, C. A. (1995). *Right hemisphere communication disorders: Theory and practice.* Clifton Park, NY: Thomson Delmar Learning.

제 11 장

우반구 증후군의 평가와 치료

이 장의 개요

- 우반구 손상 환자의 평가
- 우반구 손상 환자의 치료

학습 목표

이 장을 학습한 후 학생들은,

- 우반구 증후군 환자의 임상 평가를 설명할 수 있다.
- 우반구 증후군 환자의 표준화된 평가도구를 개관할 수 있다.
- 시각 무시와 시공간적 기술들을 평가하는 절차를 설명할 수 있다.
- 우반구 증후군 환자의 다양한 결함을 치료하도록 개발된 절차를 설명하고 평가할 수 있다.

1. 우반구 손상 환자의 평가

우반구 손상(RHD) 환자들의 평가는 정서, 주의집중, 지각, 의사소통 행동에 대한 분석이 필요하다. RHD 환자들의 재활은 최근에서야 주목을 받기 시작했기 때문에 환자들의 평가와 치료에 대한 연구가 제한적이다.

평가의 표준 항목에는 사례사와 청각검사, 환자와 가족 구성원들의 면담, 구강안면 검사, 언어 표본, 표준화되고 환자의 특성에 맞춘 절차들이 포함된다.

사례사는 입원 시의 상황에 초점을 맞춘다. 뇌졸중으로 인한 경우가 더 잦지만 일부 외상으로 인한 뇌손상 또는 뇌종양과 같은 신경병리적인 원인으로 병원에 입원할 수도 있다. 환자의 발병 이전 지능과 의사소통 기술에 대한 정보는 현재의 결함을 평가하는 데 유용할 것이다. 많은 경우에서 이러한 정보는 가족과의 지속적인 접촉을 통해 얻어 내야 한다.

RHD 환자들을 평가하는 데 고려해야 할 중요한 사항들이 있다. 예로, 환자가 병을 부정하는 경우에는 환자의 보고를 통해 평가하는 부분이 어렵게 된다. 그러나 환자에게 자신의 문제를 설명하라고 요청하는 것만으로도 통찰력(환자의 자신의 문제에 대한 인식)을 평가하는 데 도움이 될 것이다. 가족 구성원과 다른 보호자들을 면담함으로써 부가적인 정보를 얻을 수 있으며 환자가 깨닫지 못하거나 초기 검사에서 임상가에게 인정하지 않으려 했던 구체적 장애들이 드러날 수 있다.

일부 가족 구성원들은 RHD 환자의 미묘한 의사소통의 문제들을 감지하지 못할 수도 있으나 어떤 경우에는 이를 매우 잘 알고 있을지도 모른다. 그러므로 장애에 관한 좀 더 완전한 견해를 얻고 싶다면 환자 가족의 많은 구성원들과 면담을 하는 것이 필요하다.

가족 구성원들은 환자가 혼란스러워한다고 생각할지도 모른다. 환자가 얼굴을 잘 알아보지 못하고 무시를 나타내는 현상이 이러한 생각을 촉진할 수 있다. 가족들에게 RHD에 관한 간략한 정보를 제공하는 것이 도움이 될 수 있다. 가족과의 면담은 환자의 지남력, 기억, 주의에 관한 질문들을 포함해야 한다.

1) 초기 평가

RHD 환자들의 주된 결함에 대한 초기 평가는 심층 평가를 계획하는 데 유용하다. 임상가는 RHD 환자의 입원 직후 만나게 되는데, 환자들의 경우 힘들고 시간이 걸리는 평가를 견뎌낼 준비가 되어 있지 않다. 따라서 초기 평가는 심층 검사가 필요한 주된 장애들을 확인하기 위해 침상에서 진행한다. 가족들은 평가 전이나 바로 직후에 면담하도록 한다.

임상가는 평가의 한 부분으로 환자를 면담하는데 환자가 왜 병원에 오게 되었다고 생각하는지와 오게 되기까지의 상황들을 설명해 달라는 요청을 할 것이다. 임상가는 환자의 가족과 일, 취미, 일상 활동들, 환자가 경험하는 개인적인 문제 등을 묻게 된다. RHD 환자는 "왜 병원에 오시게 되었어요?"라는 간단한 질문에도 종종 두서없이 말을 할지도 모른다. 대부분의 환자들은 직접적인 답(예: "내가 뇌졸중이었다고 생각해요." 혹은 "넘어져서 다쳤어요.")을 할 수도 있지만, RHD 환자들은 관계없는 사건들이나 사소한 문제들을 설명할지도 모른다(Myers, 1999).

필요하다면 짧은 휴식을 하고 면담을 이어 가는데 이렇게 함으로써 환자의 의사소통과 인지적 결함에 대한 심층 평가가 필요한지를 알 수 있다. 임상가는 환자가 두서없이 말할 뿐만 아니라 눈 맞춤을 유지하지 못하거나 대화의 주제를 유지하지 못하고 제스처를 적절하게 사용하지 못하거나 감정적으로 단조로운 음조로 말하고 좌편무시 현상을 보인다는 것을 발견할 수 있다.

초기 평가의 일부분으로 임상가는 환자의 **화술**(narrative skills)에 대한 표본을 해야 한다. 임상가들이 보스턴 실어증 검사(Boston Diagnostic Aphasia, 8장 참조)의 '쿠키 도둑' 그림을 통해 이야기 설명을 유도하면 다양한 담화 문제들이 노출될 수 있다(Myers, 1999). "그림에서 무슨 일이 일어나고 있나요?"라고 물으면 환자는 불완전하고, 정확하지 않은 혹은 두 가지 모든 양상을 보이며 설명할지도 모른다. 환자는 사건을 이끈 원인이나 다음에 올 장면에 대한 정확한 추론을 하지 못할 수도 있다.

무시(neglect)에 대한 평가는 중요한 과제이다. 무시는 몇 가지 간단한 검사로도 초기 평가가 가능한데 예로, **지우기**(cancellation) 검사가 유용하다. 대부분이 종이와 연필로 하는 지우기 검사는 짧은 선, 작은 사각형이나, 두 가지 종류의 자극들(예: 꽃과 눈송이)을 섞어서 그린 것들을 포함한다. 환자들에게 모든 자극들을 혹은 특정한 자극들을 지우거나 선을 긋게 한다(예: 꽃과 눈송이랑 섞여 있는 그림에서 꽃만 지우기). 대부분의 이러한 검사들에서 환자들은 왼쪽에 있는 목표물들을 지우지 못할 수 있다.

무시를 평가하는 다른 검사들은 선 따라 그리기, 자유화 그리기, 선 양분하기를 포함한다. 간단한 선 따라 그리기를 요구했을 때 환자는 자신의 왼쪽에 있는 부분을 따라 그리지 못할 수 있다. 자유롭게 그림을 그리도록 했을 때도 유사한 실수들을 할 수 있다. 환자가 그리는 꽃이나 사람에는 왼쪽에 빠진 부분들이 있을 수 있다. 선 양분하기는 최소한 20cm 길이가 되는 선의 중앙에 표시를 하는 것인데, RHD 환자들의 경우 좌편무시로 인해 중앙을 놓치고 좀 더 오른쪽에 치우쳐서 표시하게 된다. 무시를 평가하는 이러한 과제들과 구체적인 표준화된 검사들에 대한 설명은 다음 부분에서 한다.

2) 민족문화를 고려한 평가

RHD 환자의 평가에 있어 민족문화에 대한 문제를 연구한 자료는 거의 없다. 그러나 문제는 실어증의 평가에서 제기된 것들과 유사하다. 따라서 실어증의 평가에서 제기된 대로 민족문화적으로 다양한 실어증 환자들의 평가에 제안된 사항들을 RHD 환자들에게도 적용할 수 있다.

3) 표준화된 검사 및 비표준화 평가도구

실어증을 평가하는 많은 표준화된 검사들이 있지만 RHD 환자들의 평가에 이용할 수 있는 것은 단지 몇 개밖에 되지 않는다. 이렇게 몇 개 되지 않는 표준화 검사와 비표준화 검사도구들로 RHD 환자들의 다양한 증상들을 평가한다. 일부 평가 프로토콜들은 다른 종류의 기술들보다는 의사소통을 평가하는 항목들이 더 있다. 비슷하게 다른 프로토콜들에는 언어적인 기술보다 비언어적인 기술들을 검사하는 항목들이 더 있다.

The Mini Inventory of Right Brain Injury(Pimental & Kingsbury, 1989)는 10개 범주를 평가하는 표준화된 검사이다. 범주는 시각 주사(visual scanning), 감각 통합(손가락 인지, 촉각 인지, 두 지점의 촉각 구별), 신체상(body image)의 통합, 읽기와 쓰기, 7 연산(예: 100에서 7을 빼고 남은 수에서 7 빼기를 반복한다), 그리기, 정서 언어, 추상 언어(예: 모순, 유사성), 정서 및 일반 행동, 유머의 이해로 구성된다. 이 검사는 원래 좌반구 손상 환자들로부터 우반구 손상 환자들을 구분해 내기 위해 개발된 것으로 30명의 RHD 환자들과 13명의 좌반구 손상 환자들, 30명의 뇌손상이 없는 일반인을 대상으로 표준화하였다. 각각의 기술이 단지 몇 개의 항목으로만 표본화한 것이므로 아마도 선별 장치로 사용하는 것이 최적일 것이다.

The Right Hemisphere Language Battery(2nd ed.)(Bryan, 1995)는 구어와 문어의 은유 이해, 추론된 의미의 이해, 유머의 이해, 담화 분석(주고받기, 언어와 행동의 형식, 인사하기, 불만제기, 요구하기, 비판하기와 같은 화용적인 기술들을 포함)들은 단어를 글자와 짝짓기(어휘의 의미 인식), 강조하는 억양의 산출(운율)과 같은 기술들을 평가하는 표준화된 검사이다. 이 검사는 30명의 뇌손상이 없는 정상인, 40명의 RHD 환자들, 40명의 LHD(실어증) 환자들을 대상으로 표준화하였다. 그러나 검사의 신뢰도와 타당도, 측정 방법에 대한 의문이 제기되고 있다(Tompkins, 1995).

The Burns Brief Inventory of Communication and Cognition(Burns, 1997)은 오직 RHD 환자만으로 표준화하였다. 본 검사는 스캐닝과 추적하기(예: 단일 단어 찾기), 시공간적 기술들(예: 익숙한 얼굴 인식, 시공간적 구성, 주의의 공간적 분배), 운율과 관련하여 표현하기 및 수용하기, 추론, 언어의 은유적 사용을 평가하는 과제들을 포함한다. 검사를 통해 LHD 환자들 및 다른 신경병리학적 장애가 있는 환자들과 RHD 환자들의 수행을 서로 비교할 수 있다.

Rehabilitation Institute of Chicago Clinical Management of Right Hemisphere Dysfunction(Halper, Cherney, & Burns, 1996)은 포괄적이면서 표준화된 평가도구이다. 본 프로토콜은 관심 있는 특정 기술들(예: 시각적 스캐닝과 트래킹, 병의 인지, 주의, 지남력, 얼굴 표정, 억양, 이야기 말하기 과제, 문어표현, 화용언어 기술들)의 평가가 가능하면서, 환자와의 면담 일정, 환자와 가족 및 보호자 간

의 상호작용 관찰을 포함한다. 화용언어 기술들은 비구어적인 의사소통(억양, 눈 맞춤, 얼굴 표정, 주제 유지, 화술)을 포함하고 있다. 40명의 RHD 환자들과 36명의 뇌손상이 없는 일반인을 대상으로 표준화하였다.

Gordon과 동료들(1984)의 비표준화된 평가 프로토콜은 가장 관심 있는 대부분의 기술들을 평가하는 틀을 제공하는데 시각 스캐닝과 부주의(무시를 포함), 일상생활의 활동들(산수, 읽기, 베껴 쓰기), 감각운동통합(촉각인지, 신체 정중선 판단, 손의 활용 정도), 시각 통합(얼굴 인지와 기하학적 형태를 따라 그리기), 언어 및 인지의 유연성(비유, 청각적 이해, 생성적인 이름대기), 고급 인지 수행(Wechsler Adult Intelligence Scale의 구어 및 수행 하위 검사에서 평가하는 대로임), 정서상태(정서의 이해 및 검사자가 기분 등급 매기기)의 평가를 포함한다. 385명의 RHD 환자들의 수행에 대한 광범위한 정보를 제공한다.

4) 의사소통 결함을 측정하는 다른 방법

의사소통의 결함, 특히 RHD 환자들의 화용적인 결함을 측정하는 몇 가지 다른 유용한 방법들이 있다. 예를 들어, ***Pragmatic Protocol***(Prutting & Kircher, 1987)은 주고받기, 주제 유지, 음성 강도 및 질, 운율, 유창함, 자세와 눈 맞춤을 포함하는 다양한 화용언어 기술들을 평가할 수 있다.

실어증 환자들의 의사소통 결함을 평가하는 일부 검사들은 우반구 뇌손상 환자들의 평가에도 사용할 수 있다. 예로, ***Communicative Effectiveness Index***(Lomas & Associates, 1989)와 ***Communication Activities in Daily Living***(Holland, Frattali, & Fromm, 1998)은 실어증 환자들의 기능적인 의사소통 기술들을 평가하기 위해 고안된 것이다. 따라서 두 검사 모두 RHD 환자들의 기능적인 의사소통 기술을 평가하는 데 유용할 수 있다. 이와 유사하게 ***Discourse Abilities Profile***(Terrell & Ripich, 1989)도 일차적으로 실어증 환자들의 담화 기술을 고려한 검사지만 RHD 환자들의 해당 기술을 평가하는 데도 유용할 것이다.

Myers(1999)는 RHD 환자들의 운율 수행을 평가하기 위한 비공식적인 프로토콜을 제공하는데 구어 문장들의 감정적인 음조 이해(예: 행복하거나 슬픈), 단어, 구,

문장들의 강세 파악, 의문문과 서술문의 구별과 같은 기술들을 평가할 수 있다. 본 프로토콜은 감정적인 문장들, 문장에서의 강세, 억양의 차이를 표시하기 위한 운율을 산출하는 것이 포함되어 있다.

5) 시각적 무시와 시공간적 기술들의 평가

주지한 대로, 시각적 무시 평가에 유용한 몇 가지 측정 방법들이 있다. 대체로 하나 이상의 검사를 실시해야 하는데 다양한 측정법을 통해서만 대부분의 환자들에게 나타나는 무시를 정확하게 확인할 수 있기 때문이다.

The Test of Visual Neglect(Albert, 1973)는 연필과 종이로 이루어지는 검사이다. 환자에게 짧은 선이 아무렇게나 인쇄된 종이를 제시하고 선을 지워 나가도록 한다. RHD 환자들은 오른쪽의 선만 지우는 경향이 있다.

The Bells Test(Gauthier, Dehaut, & Joanette, 1989)는 선택적 주의집중을 요구하는데 목표가 되는 그림과 그렇지 않은 것이 섞여 있기 때문이다. 인쇄된 종이에는 종과 다른 사물들이 전체적으로 흩어져서 그려져 있다. 환자는 오직 종에만 동그라미를 해야 한다. 환자는 왼쪽의 종들을 무시할지도 모른다.

The Behavioral Inattention Test(Wilson, Cockburn, & Halligan, 1987)는 무시를 평가하는 표준화된 종합 검사이다. 검사에는 종이와 연필로 하는 지우기 과제, 그림과 모양 베끼기, 선 양분하기, 구상화, 그림 보기, 카드 고르기와 같은 과제들이 포함된다. 여기에 지도, 메뉴 및 신문 읽기, 전화 사용하기, 동전 고르기와 같은 기능적인 과제들이 무시를 평가하기 위해 사용된다. 따라서 이 검사는 특히 일상의 기능적인 활동들에서 무시를 평가하는 방법으로 유용하다.

The Test of Visual Field Attention(CoolSpring Software, n.d.)는 컴퓨터로 자극을 제시하고 점수를 낼 수 있다. 컴퓨터 모니터 사분면의 한 곳에 무작위로 시각적 자극들이 나타나는데 환자들은 목표 자극이 보이면 마우스를 눌러 반응해야 한다. 각 4분면에 나타나는 실수와 반응시간들이 계산되어 좌편무시를 평가한다.

임상가들은 무시를 평가하기 위해 다양한 베끼기 및 그리기 자극들을 만들어 낼 수 있다. 그리기에 선정된 자극들은 대칭적으로 그림의 중앙선을 기준으로 왼쪽과 오른쪽에 그려진 요소들이 같은 종류의 것이어야 한다. 인간이나 동물의 얼굴, 시계, 꽃 등의 그림이 자주 사용된다. 환자는 기억으로 사물이나 장면을 그리게 되는데 좌편무시가 있는 경우 왼쪽의 세부사항들을 생략할 것이다.

스캐닝(scanning) 검사는 임상가가 환자에게 수평적으로 인쇄된 글자나 숫자의 배열에서 목표 항목(예: 글자 T 또는 숫자 7)을 지우거나 동그라미를 그리도록 해서 무시를 평가한다.

시공간적 또는 시각 구성 기술들은 종종 RHD 환자들 평가의 목표가 된다. 대부분의 평가도구들은 불완전하게 그려진 그림 말하기(예: 점선으로 그린 사람의 얼굴), 분리되거나 아무렇게나 배열된 큰 그림(예: 신체의 부분들)의 일부를 보여 주고 말하기와 같은 과제를 포함한다.

2. 우반구 손상 환자의 치료

실어증의 치료와 비교하여 RHD 환자의 치료는 새로운 것이다. RHD 환자 치료의 효용성에 대한 연구들은 극히 제한적이어서 주장되는 기법들은 주로 임상 경험, 검증되지 않은 이론들, 전문가의 견해나 실어증과 같은 다른 장애를 치료하면서 얻은 긍정적인 결과들에 근거한 것이다. 비록 치료 목표나 전략에 대해 강력한 권고들이 있다고 하지만 그러한 권고를 지지할 만한 실증적인 연구들이 부족하다.

치료 목표 자체에 대한 불일치가 있다. 임상가 중 일부는 구체적인 기술(눈 맞춤이나 대화 시 주고받기 등)을 치료하기 위한 계획을 선호하는 데 반해 다른 일부는 가설적인 기저의 처리과정(예: 주의집중)에 대해 언급하려고 한다. Myers(1997)는 과제 중심의 치료라는 특정 기술들의 치료와 과정 중심의 치료라는 기저 처리과정의 치료에 대해 설명한다. 처리과정 중심의 치료는 대부분 검증되지 않은 가설을 모아 놓은 이론에서 도입한 것이다. 더 나아가 기저의 처리과정을 치료하는 것이 더 효과적이라는 것을 보여 주는 자료들이나 직접적인 기술의 훈련 대신 간접적인 기술들을 좀 더 일반적으로 학습한 결과에 대해서 믿을 만하게 통제된 실험적 자료들은 없다. 직접적인 기술의 훈련보다 처리과정의 훈련이 더 좋다는 자료가 나오기 전까지는 전자가 임상적으로 실용적이며 이론적으로도 경제적이다.

1) 치료에 있어 민족문화의 고려사항

민족문화적으로 다양한 RHD 환자들의 치료에 대한 경험적 자료는 거의 없거나 전무한 상태이다. 구체적인 자료가 없는 상태에서 임상가는 민족문화적으로 다른 환자들의 의사소통 결함을 치료에 적절하다고 생각되는 일반적인 지침을 따른다. 특정 민족문화에 속한 집단에게 적용된 적이 없는 치료 절차들을 사용할 때는 매우 신중해야 한다. 치료 후 향상의 유무 역시 세심하게 기록하여 동일 민족문화의 집단에 속하는 환자들을 치료할 때 유용성을 평가하는 데 도움이 되도록 한다. 또한 그러한 기록은 치료의 효과에 대한 실험 연구를 기획하는 데 도움을 줄 수 있다.

민족문화적으로 다양한 실어증 환자들의 치료에 대한 지침은 RHD 환자들에게도 적용할 수 있다. 세부사항은 8장을 참조한다.

2) 치료의 목표와 전략

RHD 환자들의 주된 치료 전략은 (1) 부정과 무관심, (2) 손상된 주의집중, (3) 시각적 무시, (4) 충동적인 행동, (5) 화용언어 기술, (6) 모순에 대한 인식의 손상, (7) 은유와 속담에 대한 이해 손상을 포함한다. 우리의 치료는 운율, 화용, 정서, 그리고 담화의 측면들을 포함하는 의사소통의 결함에 중점을 둘 것이다. 이 절에서 언급된 다른 기술들은 의사소통에 직접적으로 영향을 주는 것들이다.

(1) 부정과 무관심

대부분의 임상가들은 환자들의 병에 대한 부정과 결함에 대한 무관심이 가장 치료하기 힘든 부분이라고 한다. 자신의 장애를 부정하는 환자는 치료시간 및 가정에서 치료 과제들을 하거나, 가족들로부터 제안이나 도움을 수용하는 데 있어 동기유발이 되기가 어렵다. 별 불평이 없이 치료시간에 참가하는 환자들도 건성으로 하거나 자신들이 왜 충분히 협력하지 않는가에 대해서 꾸며 낸 이유를 대기도 한다(Brookshire, 2003). 일부 경우에선, 부정과 무관심의 정도가 완화될 때까지 치료가 연기되기도 한다(Tompkins, 1995). 환자들은 신경학적으로 향상되면 대체로 자신의 건강과 행동 수준에도 향상된 통찰력을 갖게 되고 치료의 필요성을 받아들이는 것 같다.

환자가 자신의 문제에 대해 점점 인식하게 되는 것이 부정과 무관심을 감소시키는 열쇠가 될 것이다. 행동 인식이란 대체로 반응에 이어서 오는 피드백의 기능에 의한 것이다. 따라서 그러한 인식을 증가시키기 위해선 임상가가 환자의 실수에 대해 즉각적이고 체계적인, 반응에 이은 정확한 피드백을 줘야 한다. 언어치료사들은 그러한 피드백을 의사소통 치료 활동을 하는 내내 주어야 한다. Brookshire(2003)는 환자가 실수에 대해 거의 혹은 전혀 인식하지 못할 때 치료시간을 비디오로 녹화하여 환자에게 보여 주면서 반응에 따른 피드백을 줄 것을 권한다. 환자와 정기적으로 상호작용하는 다른 전문가들은 실수나 결함이 있는 행동에 대해 적절한 피드백을 제공하도록 훈련받아야 한다.

환자의 실수와 결함이 있는 행동에 대한 정확한 피드백과 함께 적절한 행동에 대해서는 긍정적인 강화가 반응에 따라 체계적으로 주어져야 한다. 적절한 행동에는 실수에 대한 피드백의 수용, 자신의 실수를 인정하는 말, 올바른 반응을 기꺼이 따라 하려는 마음, 자기 수정, 더 잘하기 위한 도움의 요청 등이 있다. 그러한 행동 모두는 구어적인 칭찬과 함께 요청된 도움을 주면서 즉시 인정하도록 한다.

자신의 실수 인식 후에 따르는 자기 수정을 독려하기 위해 임상가는 자기점검 기술을 가르쳐야 한다. 임상가가 실수에 대한 피드백을 주면 환자가 실수를 차트로 만들거나 그냥 셀 수도 있다. 환자가 놓치는 하나의 실수는 자기점검 기술을 증진시키기 위해 지적될 수 있다.

Brookshire(2003)는 신중하게 짜여진 유지 프로그램이 아니면 환자의 병에 대한 부정이나 인식의 부족이 일반 환경에서 지속될 수 있다고 경고한다. 유지를 위해서는 임상가가 가족 구성원들이나 전문 보호자들과 긴밀하게 작업해야 하고, 그들 역시 환자의 일상생활에 올바르고 긍정적인 피드백을 주기 위해 배워야 한다.

(2) 주의집중의 손상

주의집중이 되지 않는 것은 효율적인 의사소통에 방해가 된다. 그러한 손상은 다른 기술이나 행동에도 영향을 미친다. 임상적으로 볼 때, 주의집중은 예외적인 독립적 목표이거나 또는 의사소통 기술이나 비구어적 행위와 같은 다른 치료 목표와 통합되는 목표로 취급될 수 있다. 주의집중을 독립적 목표로 치료할 때, 임상가들은 종이와 연필로 하는 과제들(예: 목표가 아닌 글자들이 섞여 있는 종이에서 목표 글자를 찾아 지우기)을 사용할 것이다. 컴퓨터로 된 과제에서는 환자는 점이 배경으로 있는 화면에 점이 나타나거나 사라지면 키를 눌러야 한다. 반복되는 시도에서 임상가는 환자가 목표물을 놓치면 올바른 피드백을 제공하고 특정 자극 지우기에 성공하거나 적절하게 반응했을 때(컴퓨터 키보드의 키를 누르는 것과 같은 반응) 긍정적인 강화를 준다. 결국, 환자는 목표 자극들에 반응하는 것이 더 능숙해질 것이다.

글자 지우기나 점 찾아내기와 같은 기능적이지 않은 과제를 통해 주의집중이 향상되면 일상생활에서의 기능적인 과제들에서도 주의집중이 나아질 것이라는 기대가 있다. 아쉽게도, 주의집중이 독립적인 목표로 치료되었을 때 일반화된 환경에서 기능적인 기술들이 향상되었다는 강력한 증거는 없다. 즉, 종이 위에 인쇄된 도형 속의 글자를 지우거나 컴퓨터 모니터에 나타나거나 사라지는 점에 적절하게 반응한다고 하더라도 환자는 일상생활에서 의사소통을 하거나 옷 입기와 같은 비구어적 과제 또는 저녁 식사 중에 여전히 주의집중이 잘 이루어지지 않을 수 있다. 일상생활에 필요한 주의집중 훈련은 그러한 활동들이 진행되는 상황에서 치료되어야 할 것이다. 그러므로 의사소통과 비구어적 기술 훈련 동안에 잘 살피는 행동을 강화하는 것이 가장 효과적일 것이다.

의사소통 훈련에서 주의집중을 치료하는 임상가는 자주 환자의 주의를 치료 자극으로 끌고, 구체적으로 지시를 주며, 그러한 지시를 치료 내내 반복하고, 담화 훈련 동안 주의집중을 강화하는 것과 같은 전략들을 사용한다. 예를 들어, 임상가는 다음과 같은 화용 기술들을 훈련하면서 주의집중을 치료의 한 부분으로 할 수 있을 것이다.

- 대화 주제 유지에의 주의집중. 환자가 대화의 주제에서 벗어나기 시작하면 멈추도록 하는데 환자는 다시 주제로 돌아올 것이다. 환자가 방해를 받는 주제를

선택하고 그 주제에 점차로 더 오래 집중한 것에 대해 강화할 수 있다. 강화는 시작 부분에서는 계속적으로 주어질 수 있으며 환자가 지속적인 주의집중에 향상을 보이면 간헐적으로 한다. 일반 상황에서의 유지를 위해서 가족 구성원들과 환자와의 상호작용이 치료의 목표가 될 수 있다. 처음에는 가족 구성원들이 임상가의 치료과정을 관찰하도록 한다. 이어서 환자가 주의를 집중하는 행동과 상대적으로 그렇지 못한 행동에 대해 올바르고 긍정적인 피드백을 주도록 가족들을 훈련한다.

- **눈 맞춤의 일환으로서의 주의집중.** 눈 맞춤을 독려하기 위해 임상가는 주제 유지의 기술을 강화하기 위해 사용했던 전략을 사용할 수도 있다. 눈 맞춤을 유지하면서 강화를 주고, 눈 맞춤이 되지 않는 주의집중을 잃은 행동들은 멈추게 한다.
- **질문에 적절한 반응을 하는 주의집중.** 질문에 대한 부적절한 반응들(주의집중의 부족으로 인한)을 줄이기 위해 임상가는 질문을 하기 전에 먼저 환자의 주의를 끌도록 한다. 예로, 질문에 앞서 임상가는 "질문을 하려고 하는데요, 잘 들어보세요."라고 말할 수 있다.
- **치료 자극들에 주의집중.** 치료 자극에 대한 부적절한 반응을 줄이기 위해 임상가가 "제가 그림을 보여 드리고 질문을 할 거예요. 말씀하시기 전에 그림을 잘 보세요."라고 말한다.

임상가는 기술된 각각의 과제들에서 주의집중의 지속시간을 점차적으로 늘려갈 수 있도록 강화한다. 가족 구성원들과 보호자들을 체계적으로 훈련함으로써 일상의 상황에서 주의집중의 기술이 더 나아지도록 도울 수 있다. 더 나아가, 환자가 주의집중과 목표 유지에 더 능숙해지면 점차적으로 복잡한 과제들을 소개할 수도 있을 것이다. 예로, 환자가 하나의 주제에서 다른 주제로 적절하게 주의를 전환하면 강화한다. 또는 관계없는 언급을 하거나 배경 소음이나 대화 같은 주의를 분산시키는 것들이 있는 가운데서도 환자가 같은 주제에 지속적인 주의집중을 기울인다면 강화한다.

(3) 시각 무시

작업치료사들은 일상의 활동을 통해 시각적 무시를 치료하는 것 같다. 중등도에서 중증의 좌편무시가 있는 환자들은 옷 입기, 몸단장하기, 식사와 걷기 같은 일상의 과제들을 무시로 인한 실수 없이 수행하려면 치료가 필요하다. 언어치료사들 역시 이러한 문제들을 치료하는데 좌편무시가 읽기 및 읽은 것들의 이해에 부정적인 영향을 미치기 때문이다. 좌편 공간 무시가 있을 경우 집단의 상호작용에서 의사소통이 효율적으로 이뤄지지 않는데, 환자가 자신의 왼쪽에서 이야기하는 사람에 주목하지 못하기 때문이다. 따라서 좌편무시는 의사소통의 치료 목표가 된다.

활용되는 대부분의 치료법들은 읽기에서 무시를 감소하기 위해 고안된 것들이다. 주의집중 기술을 향상시키기 위한 치료법과 같이 일부 기법들은 움직이는 사물을 눈으로 좇고, 컴퓨터 모니터 화면에 가로질러 나타나는 불빛에 반응하며, 글자나 다른 사물을 지우는 것과 같은 간접적인 기술들을 포함한다. 다시 말하지만, 간접적인 목표 훈련이 읽기와 독해를 향상시킨다는 통제된 증거들이 없으므로 읽기 기술 그 자체의 상황에서 시각적 무시를 치료하는 데 시간과 노력을 들이는 것이 최선일 것이다.

환자의 주의를 왼쪽 시야로 돌리게 하고 그러한 행동을 정적으로 강화하는 것이 무시를 치료하는 두 가지 가장 핵심적인 요소들이다. 환자의 주의를 왼쪽으로 돌리게 하는 다양한 방법들이 있다. 예를 들어, 좌편무시로 인한 읽기의 오류를 치료할 때 임상가는 다음과 같은 방법들을 사용할 수 있다.

- **왼쪽 여백에 구별이 되는 자극 두기.** 텍스트의 각 쪽이 시작하는 왼쪽 끝에 특별한 자극을 그려 넣는다면 주의를 끌 수도 있다. 예를 들어, 밝은 색으로 두껍게 색칠한 수직선을 왼쪽 여백에 그려 넣거나, 색을 칠한 점을 왼쪽 여백의 각 줄이 시작하는 곳에 둘 수도 있다. 그러한 자극은 각 면의 왼쪽으로 주의를 끄는 데 도움을 준다.
- **구어 촉진 자극.** 환자가 소리를 내어 읽을 때 "왼쪽을 보세요." 그리고 "줄의 맨 앞으로 가세요."라고 구어 촉진 자극을 자주 주는 것은 그 자체로도 효과적이며 다른 구별이 되는 자극(왼쪽 여백에 그려진 색칠한 수직선이나 색칠한 점)

과 함께 결합하여도 좋을 것이다. 또한, 구어 촉진 자극은 왼쪽 여백에 그려진 특별한 자극으로 주의를 끄는 데 사용될 수도 있다. 예를 들어, 환자에게 "왼쪽의 선(혹은 점)을 잘 보세요."라고 요청하는 것이다.

- 왼쪽 여백에 손가락을 두기. 환자에게 왼쪽 여백에 손가락을 두도록 하여 각 줄의 시작으로 돌아갈 수 있도록 한다. 이러한 전략 역시 구어 촉진 자극과 함께 사용될 수 있다.
- 각 줄의 시작을 가리키기. 임상가는 환자가 각 줄의 오른쪽 끝으로 향할 때 연필로 각 줄의 시작하는 곳을 가리킬 수 있다.
- 인쇄문의 조작. 인쇄된 본문의 크기는 전체 문장으로 주의를 끌기 위해 조작될 수도 있다. 예를 들어, 한 치료 프로그램에선 환자에게 큰 글자에 글자 간 띄어쓰기가 크게 된 문장들을 읽게 하였다(Stanton & Associates, 1981). 점차적으로 글자의 크기와 띄어쓰기를 일반적인 크기로 줄여 나간다.
- 왼쪽 방향으로의 탐색을 독려하는 단어나 문장의 사용. 일부 단어나 문장은 다른 것과는 달리 왼쪽 방향으로의 탐색을 독려하기도 한다. Myers(1999)는 왼쪽 방향으로의 탐색을 독려하는 구어 자료들을 사용할 것을 권한다. 환자들은 다음의 예와 같은 복합어를 대할 땐 왼쪽 글자를 읽지 않아도 문장의 의미가 통하기 때문에 왼쪽의 글자들을 무시할 수 있다.

steamship
butterball

반면, 다음의 단어들은 부분적으로만 읽으면 문장의 의미가 통하지 않으므로 왼쪽으로 주의를 돌리게 될 수밖에 없다.

school
stick

이와 유사하게 다음과 같은 문장들은 왼쪽 방향으로 주의를 돌리게 한다.

Our hats were off to them (우리들의 모자가 그들에게로 떨어졌다).

반면, 다음과 같은 문장들은 왼쪽의 탐색을 독려하지 못한다.

She found that Tom was nice(그녀는 톰이 착하다는 것을 알았다).

- 왼쪽 주의집중에 정적 강화. 각각의 치료과정에서 임상가는 요구해서든 자극으로부터 유도된(색칠한 여백과 같이) 것이든 혹은 환자의 자발적인 것이든 왼쪽에 주의집중을 보이면 정적 강화를 해야 한다.
- 좌편무시에 대한 올바른 피드백. 환자가 왼쪽 단어를 놓칠 때마다 멈추도록 한 후 왼쪽을 보라는 촉진 자극을 반복하도록 한다.
- 식별을 위한 자극들을 용암시키기. 식별을 위해 사용되었던 모든 자극들(색칠한 수직선, 점, 왼쪽 여백에 손가락 놓기, 구어적 촉진 자극, 인쇄문의 조작)은 자연스런 상황에서 왼쪽 주의집중을 유지하기 위해 점차 용암되어야 한다.

시각적 무시를 감소시키기 위한 기술된 치료과정의 효용성에 대한 연구는 극히 제한적이라는 사실을 주지해야 한다. 임상가들은 치료의 효용성을 관찰하고 실험적 지지를 얻은 기술들을 사용해야 할 것이다.

(4) 충동적인 행동

RHD 환자들은 외부의 자극과 질문에 종종 성급하고 충동적으로 잘못된 반응을 나타낸다. 그러한 실수를 줄이기 위해서는 임상가가 좀 더 사려 깊은 반응을 가르칠 필요가 있다. 반응하기에 앞서 시간을 좀 더 갖는다면 환자는 더욱 정확한 반응을 할 수 있다. 따라서 성급하고 충동적인 반응을 줄이려면 임상가가 몇 가지 구어적 및 비구어적 방법들을 사용할 수 있다.

- 비구어적 신호. 임상가는 손으로 하는 제스처처럼 비구어적 신호나 음조를 이용하여 환자가 반응하기 전에 약간 기다리라는 표시를 할 수 있다.
- 구어적 신호. 임상가는 좀 더 사려 깊은 반응을 할 수 있도록 구어적 신호를 줄 수 있는데, "약간 기다리신 다음에 대답하세요."와 같은 것이다. 다른 구어적 지시들로, "내 얘기가 끝날 때까지 기다려 주세요."라고 말하는 것도 대화 도중에 끼어들기를 감소시키는 데 도움을 줄 것이다.

(5) 화용언어 기술

화용언어 기술들의 치료는 언어치료사들이 RHD 환자와 함께하는 일의 중요한 부분이다. 치료는 일반적인 화용언어 기술인 눈 맞춤과 주제 유지, 주고받기와 같은 것을 목표로 할 것이다.

Brookshire(2003)는 치료를 시작하기 전에 환자의 의사소통 기술의 기초선을 측정할 수 있는 비디오 녹화를 권장한다. 환자와 임상가 사이의 대화나 환자와 다른 사람(예: 가족 구성원이나 간병인)과 대화하는 장면이 비디오로 녹화될 것이다. Brookshire는 적절하거나 그렇지 못한 화용적 행동을 보여 줄 수 있는 다른 사람들과의 비디오 녹화 장면들을 보여 줌으로써 환자가 그러한 행동에 주의를 둘 수 있도록 권한다. 이러한 비디오 녹화물들은 적절하거나 그렇지 못한 화용언어 기술들에 대한 환자의 의식을 향상시키는 데 사용될 뿐만 아니라 치료기간 동안의 향상을 평가하는 데도 사용된다. 구체적인 화용 기술은 다음과 같이 치료될 수 있다.

- **눈 맞춤**. 일부 환자들은 대화 동안 눈 맞춤을 유지하기 위해 계속적으로 언어적 지시(예: "저를 보세요.")를 줄 필요가 있다. 다른 환자들의 경우 눈 맞춤을 점차적으로 늘려 갈 수 있도록 행동형성법 절차들을 필요로 할 것이다. 처음에는 그 지속시간이 짧을 것이지만 점차적으로 눈 맞춤의 유지가 증가할 것이다. 눈 맞춤을 유지하는 데 대한 구어적 칭찬 형태의 정적 강화를 제공한다. 강화는 처음에는 계속적으로 주어져야 하고 차츰 간헐적으로 한다.
- **주제 유지**. 주제 유지를 가르치는 데 있어 임상가는 우선 간단한 주제로 시작하여 좀 더 복잡한 것들로 옮겨 가도록 한다. 앞서 녹화된 비디오를 보는 것도 담화의 주제를 유지하는 것이 어려운 환자들에게는 도움이 될 것이다. 처음에는 환자가 간단한 주제에 대해서 담화를 유지하도록 임상가가 짧은 시간을 설정한다. 환자가 특정 시간 동안 담화의 간단한 주제들을 유지하는 것이 능숙해진다면 임상가가 주제의 지속 시간과 복잡한 정도를 늘려 나간다. 각 치료의 단계에서 임상가는 환자가 담화의 주제를 유지할 수 있도록 강화한다. 환자가 주제에서 벗어나는 기미를 보이면 "말씀하시려는 것이 …인가요?"라고 구어적 촉진 자극을 주어 다시 담화의 주제로 돌아올 수 있도록 도움을 줘야 한다. 강

화와 구어적 촉진 자극은 그러한 부수적인 행동이 보이지 않는다면 주제 유지를 독려하기 위해 횟수를 줄여 나가야 한다.

- 대화 주고받기. 비디오로 녹화된 상호작용들을 보면서 환자는 대화하는 동안 적절한 주고받기뿐만 아니라 자신의 잘못된 점을 확인할 수도 있다. 대화 주고받기를 가르치려면 임상가는 환자와 역할연기를 해야 한다. 간단한 담화 주제를 선택하여 고도로 구조화된 대화에 임상가와 환자가 참여할 수 있다. 각 대화의 짝은 단지 몇 마디만 하고 상대방에게 발언권을 넘길 것이다. "내 차례예요." 혹은 "당신 차례예요."와 같은 구어적 지시는 대화에 있어 매끄러운 주고받기를 조절하는 데 도움을 줄 것이다.
- 단체 상호작용에서의 좌편무시. 환자는 집단적으로 상호작용할 때는 자신의 왼쪽에 있는 대화 상대방을 무시할 수 있다. 이러한 문제들을 줄이거나 제거하기 위해서 임상가가 집단 토의 시간에 가급적이면 가족 구성원을 참여시켜 환자가 왼쪽에 있는 대화 상대방에게 주의를 기울이도록 촉구할 수도 있다. 대화의 상대방 역시 말하기 전에 자신한테 주의를 끄는 방법을 배울 수 있다. 예를 들어, 환자의 왼쪽 시야에 앉은 사람은 자신한테 주의를 끌기 위해 "여기 저를 보세요. 제가 말하고 싶은 것이 있는데요."라고 할 수 있다. 임상가와 대화의 상대방 모두는 환자가 자신의 왼쪽에 있는 이들에게 주의를 기울이면 구어적으로 강화하도록 한다.
- 가족 구성원 및 다른 보호자들을 훈련시키기. 임상적으로 재정립된 화용언어 기술을 유지하기 위해서는 환자와 자주 상호작용하는 사람들이 유지 전략을 훈련받아야 할 것이다. 전문 간병인들에게 환자가 화용 규칙을 지키지 않으면 멈추게 하고 적절한 행동에 대해서는 강화하도록 제안한다. 가족 구성원들은 처음에는 치료시간에 관찰하고 이어서 환자에게 올바르고 긍정적인 피드백을 주는 훈련을 받도록 한다.

(6) 손상된 추론능력

환자가 담화 중에 제한적이지만 주어진 정보 내에서 올바른 추론을 할 수 없다면 적절하게 반응할 수도 없다. 이와 유사하게 독서나 그림을 볼 때도 추론하는 것이 어렵다면 이야기나 개개 항목들을 이해하는 것도 어려울 것이다. 따라서 손상된 추론능력 역시 RHD 환자의 치료 목표가 된다. 손상된 추론능력을 치료하기 위해서 임상가는 Myers(1999)가 제안하는 몇 가지 전략들을 사용할 수 있다.

- 그림. 환자가 묘사된 장면들을 보고 올바른 추론을 할 수 있도록 상황을 묘사하는 그림들(예: Norman Rockwell의 것들)을 이용할 수 있다. Myers(1999)는 선화나 컬러 사진의 사용을 추천한다. 환자가 사진의 장면들을 올바르게 해석한다면 올바른 추론을 할 수 있다고 믿을 수 있다. 예를 들어, 임상가가 해변에서 몸을 흔들고 있는 개의 사진을 보여 주고 개가 무엇을 했는가를 환자에게 물어본다. 이 경우에 정확한 추론은 개가 '수영을 했다'라는 것이다. 슬프거나 행복한 장면들은 사진에 있는 얼굴에 나타난 기분에 대해 올바른 추론을 하는 데 사용될 수 있다. 환자가 추론을 제대로 하지 못하면 그림과 관계 있는 측면 및 묘사된 것의 선행 사건이나 결과에 주의를 기울일 수 있도록 촉구한다. 이렇게 하면 올바른 추론을 할 수도 있다.
- 간단한 이야기. 임상가가 간단한 이야기를 해 주고 암시된 정보를 끌어내기 위한 질문을 할 수 있다. 간단한 추론은 다음과 같이 단순한 이야기들로도 유도될 수 있을 것이다.

  > 한 남자가 식당에서 밥을 먹는 중에 모든 종업원이 여자들이 자리에 앉자마자 꽃 한 송이를 건넨다는 것을 알아챘다. 그는 갑자기 그 날이 특별한 날이라는 것과 자신의 인생에서 중요한 누군가에게 전화하는 것을 잊고 있었다는 사실을 깨달았다.

  임상가는 그 다음 환자에게 "특별한 날은 무슨 날이었을까요?" 또는 "그가 누구에게 전화할까요?"와 같은 질문을 할 수 있다. 필요한 촉진 자극(예: 어머니 날)을 주면 올바른 추론을 하는 데 도움이 될 것이다.

(7) 모순 인식에의 결함

모순에 대한 인식이 어려운 환자들은 상황을 잘못 해석하거나 비효율적인 의사소통을 하게 될 것이다. 따라서 환자들이 모순되는 것들을 깨닫도록 돕는 과정들이

RHD 환자 치료의 일부가 된다. 이러한 인식을 증진시키기 위해 임상가는 몇 가지 전략들을 사용할 수 있다.

- **논리적이고 모순되는 진술.** 임상가는 모순되는 것과 논리적인 진술 모두를 포함하는 목록을 환자에게 보여 주고 모순되는 것을 골라 보라고 한다. 임상가는 다음과 같이 말할 수 있다. (1) "어제 일을 끝내고 집에 가는데 너무 배가 고파서 극장 앞에 서서 영화를 봤어요." (2) "어제 일을 끝내고 집에 가는데 너무 배가 고파서 집에 가기 전에 식당에 들러서 저녁을 먹었어요."
- **모순되는 진술들의 설명.** 임상가는 모순되는 진술들만 제시한 후 환자가 모순점을 이해할 수 있도록 설명한다. 앞선 (1)의 예가 왜 모순되는지 설명을 요구할 수 있다.
- **논리적 및 비논리적 상황을 나타내는 그림.** 임상가는 논리적인 상황을 재현하는 그림(예: 남자를 쫓아가는 개)에 이어 비논리적 상황(예: 개를 쫓아가는 새)을 표현하는 그림을 제시할 수 있다. 그 다음 임상가가 환자에게 비논리적인 것과 논리적인 것을 번갈아 짚어 보라고 한다.
- **비논리적인 그림의 설명.** 임상가는 비논리적인 상황을 표현하는 그림들만 환자에게 제시하여 모순점을 얘기하고 설명하도록 한다.

(8) 은유와 속담 이해에의 결함

은유란 함축적인(글자 그대로가 아닌) 비유를 제시하는 표현이다. 쥐처럼 조용한 혹은 힘의 탑*과 같은 표현들은 함축적인 비교이다. 속담은 어떤 진실이나 지혜를 담은 잘 알려진 격언으로 이들 역시 글자 그대로가 아닌 함축적 의미를 제시한다. '제때의 바늘 한 땀이 아홉 땀의 수고를 던다.' '천천히 꾸준히 가는 것이 이기는 것이다.'와 같은 말은 속담이다. 은유와 속담은 글자 그대로 해석되지 않는다. 은유와 속담을 이해할 수 없는 사람들은 그것을 글자 그대로 해석하기 때문에 함축적인 의미들을 놓치게 된다. 이와 같은 문제들을 치료하기 위해 임상가는 환자의 교육 수준에 맞는 은유와 속담들을 골라 환자에게 제시한 후 글자 그대로의 의미와

---

* (역자 주) 매우 얌전한 그리고 버팀목의 의미

올바른(은유적인 또는 암시하는) 의미를 적은 문장을 선택하게 한다. 문장은 인쇄된 자료 및 구어로 제시할 수 있다. 임상가는 다소 평범한 은유와 속담으로 시작하여 좀 더 복잡한 것들로 진행한다. 매 치료의 단계마다 올바른 해석에 대한 촉구와 정적 강화가 필요할 것이다.

앞서 주지된 대로, 기술한 치료들에 대한 효용성이 정립되려면 많은 치료연구가 필요하다. 임상가들은 문헌에 기술된 치료들을 지지하거나 논박하는 치료연구들을 주시해야 할 것이다. 이와 함께, 임상가들이 적용한 처치에 따른 향상을 기록하는 체계적인 기초선과 치료 자료들을 수집해야 한다.

읽을거리

우반구 증후군 환자의 치료에 대해 추가적인 정보를 얻으려면 다음의 자료를 참고한다.

Myers, P. S. (1999). *Right hemisphere damage*. Albany, NY: Thomson Learning.

Tompkins, C. A. (1995). *Right hemisphere communication disorders: Theory and practice*. Clifton Park, NY: Thomson Delmar Learning.

제 III 부

외상성 뇌손상

제12장 외상성 뇌손상: 원인과 증상
제13장 외상성 뇌손상의 평가와 치료

제 12 장

외상성 뇌손상: 원인과 증상

이 장의 개요

- 외상성 뇌손상(TBI)의 정의
- TBI의 발병률과 유병률
- TBI의 주된 원인
- 뇌손상의 유형
- 비관통성 뇌손상의 생체역학
- TBI의 일차 증상
- TBI의 이차 증상
- 회복과 관련된 변수
- TBI의 신경행동적 증상
- TBI와 관련된 의사소통장애

학습 목표

이 장을 학습한 후 학생들은,

- TBI를 정의하고 유병률과 발병률을 설명할 수 있다.
- TBI의 원인 및 이로 인한 상해나 손상의 종류를 구체화할 수 있다.
- 관통성 TBI와 비관통성 TBI의 원인 및 증상들을 구별할 수 있다.
- TBI의 회복에 영향을 주는 요인들을 설명할 수 있다.
- TBI와 연관된 다양한 신경행동적 및 의사소통적 결함들을 구별하고 설명할 수 있다.

1. 외상성 뇌손상의 정의

외상성 뇌손상(traumatic brain injury, TBI)은 **두개뇌외상**(craniocerebral trauma)이라고도 하며 응급실에서 자주 볼 수 있다. 모든 사회에서 젊은 사람들이 특히 더 TBI의 해를 입는 것 같으며 세계를 통틀어 젊은 세대들의 가장 흔한 사망 및 장애 원인이기도 하다. TBI는 비용이 많이 드는 사회적·의학적·개인적 문제이다. TBI 환자들의 높은 간병비는 증가하고 있으며 한 해에 250억 달러에 육박하는 것으로 추산된다(Adamovich, 1997; Bigler, 1990). 임금의 상실이나 계속적으로 감소되는 경제력과 함께 초기 입원과 이어지는 재활 비용은 TBI 각 개인들에게 500만 달러에 이를 것이다(Hartley, 1995).

TBI의 경우, 당면한 문제는 의학적 처치이고 장기적인 문제는 환자의 재활이다. 재활은 의사소통 결함의 평가와 치료를 포함한다. 따라서 언어치료사들이 TBI 환자들의 재활에 참여하게 된다.

외상성 뇌손상이라는 용어는 뇌졸중, 종양, 감염, 진행성 신경학적 질병, 신진대사 장애, 약물, 선천적이거나 유전적인 상황들로 인한 뇌손상은 배제한다. **외상성 뇌손상**은 신체적 외상이나 외부의 힘에 의해 발생하여 뇌에 지속되는 손상인 것이다. 이러한 뇌손상은 다양한 기술 및 일반 행동의 장애와 함께 광범위하고 종종 긴 재활 서비스를 필요로 하게 된다.

두부외상(head trauma)이 외상성 뇌손상에 속하는 것이지만 둘이 같은 것은 아니다. 두부외상의 경우 뇌는 손상을 입을 수도 있지만 그렇지 않을 수도 있고, 안면의 구조에 상해를 입는 경우도 있다. 뇌가 손상을 입은 경우에만 장기간의 다학문적 재활에 대한 고려를 하게 된다. 이 장은 뇌손상이 지속되는 환자들에 대한 것이다.

2. TBI의 발병률과 유병률

TBI의 발병률에 대한 연구 결과들을 보면 매우 크게 차이가 난다. 그러한 다양한 결과는 TBI의 질병학적 연구에 방법론적 문제들이 있기 때문이다. 예로, 일부 연구자들은 어떤 종류든 두부손상(뇌손상이 없더라도)이 있는 환자라면 포함시킨다. 반면, 다른 연구자들은 환자가 지속되는 뇌손상이 있는 경우에만 포함시킨다. 일부 연구자들은 경미한 손상이나 뇌손상을 극복하지 못한 경우는 제외하지만 다른 연구자들은 이런 모든 사례들을 포함한다(Kraus & McArthur, 2000).

일부 자료들은 TBI의 사례가 미국 총인구에서 10만 명당 150~200명에 이르는 발병률을 보인다고 한다. 그러나 일부 보고에 따르면 발병률은 10만 명당 367명에 이른다고 한다. 1998년의 미국 인구와 줄잡아 추산한 10만 명당 150 사례라는 TBI의 발병률에 근거하면, 해마다 40만 명 이상의 사람들이 뇌손상으로 고통을 받고 있다. 대략 54,000명의 사람들이 병원에 도착하기도 전에 뇌손상으로 사망한다. 적어도 35만 명의 사람들이 입원을 하고 퇴원 후에도 기간은 다양하지만 의학적인 처치를 필요로 한다(Kraus & McArthur, 2000). 중등도에서 중증의 손상이 있는 7만 명 이상의 사람들은 아마도 어느 정도의 영구적인 장애를 갖게 될 것이다.

유병률과 나이는 유의미한 상관관계가 있다. TBI의 유병률은 15~24세 집단에서 제일 높은데, 젊은이 중에서도 특히 15~19세에서 집중되어 나타난다(연구에 의하면 10만 명당 400~700명). 유병률은 75세 이상의 노인들에게서 다시 올라간다(10만 명당 300명). TBI는 부차적인 손상을 가져올 위험이 크다.

유병률과 성(gender) 역시 유의미한 상관관계가 있다. TBI의 성비율을 보면 여성에 대한 남성의 비가 1 : 3~5(명)를 나타내는데 남자들이 여자들보다 TBI로 사망할 확률이 높은 것 같다. 걸음마를 하는 아기들과 어린아이들도 TBI에 노출되기 쉬운데, 청소년이나 젊은 청년들보다는 덜하다. 인구가 밀집된 도시지역의 사회경제적 지위가 낮은 지역에 사는 사람들이 TBI의 유병률이 높은 것으로 보고된 바 있다(Hartley, 1995).

민족집단에 따른 TBI의 자료는 극히 제한되어 있다. 다양한 병원의 기록들을 보면, 몇몇 민족들은 전혀 반영되지 않았거나 '다른' 민족의 범주 속에 포함시켜 놓은 경우도 있다. 제한적인 자료들을 보면 백인보다는 아프리카계 미국인이나 히스패닉 집단에서 TBI가 더 흔하다. 싸움과 총상 그리고 다른 형태의 폭력 등으로 인한 두부손상이 대도시의 저소득층 지역에 거주하는 소수민족 집단에게 더 빈번하기 때문일 것이다. 대도시의 빈곤지역에 거주하는 가난한 노년층은 좀 더 안전한 교외에 거주하는 부유한 노년층보다 TBI로 이어지는 범죄 공격에 목표물이 되는 경우가 더 빈번할 것이다(Payne, 1997).

3. TBI의 주된 원인

TBI에 대한 대부분의 보고는 그 원인에 대해 적절하게 기록하지 않기 때문에 대부분의 수치는 추산에 의한 것이다. 자동차 사고는 TBI 전체 사례의 30~50%를 차지하며, 사실상 자동차 사고로 인해 지속되는 손상의 70%가 TBI이다. 자동차와 트럭 보유자들은 대부분 수송과 관련한 TBI가 많다. 많은 연구들이 자동차 사고로 인한 심각한 또는 치명적인 손상은 안전벨트를 매는 것만으로 약 22~54%가량 줄일 수 있을 것이라 보고한다.

보행자들도 심각한 위험에 직면하는데 약 15%에 이르는 보행자들이 교통사고로 인해 지속적인 TBI 인구에 포함된다. 도보 이용이 많은 나라들에서는 보행자들이 TBI를 겪는 비율이 높을 것이다(Kraus & McArthur, 2000). 보행자 중에선 나이가 든 아이들이 특히 TBI을 입게 되는 것 같다.

오토바이를 타는 사람들은 매우 높은 TBI 발병률을 보이며 TBI로 인한 사망에 이르는 경우가 많다. 이들의 사고 사망률은 자동차 소유자들보다 약 15% 높다. 두부손상은 오토바이 사고 사망자들의 50% 이상과 연관되어 있다. 헬멧 착용에 대한 법이 마련된 국가에서는 관련 법률이 없는 국가에서보다 오토바이 사고로 인한 사망률이 30%가량 낮다. 자전거 타는 사람들 역시 TBI의 위험이 있다. 1998년에는 169,000명이 자전거 관련 부상으로 응급실에서 치료를 받았다. 이들 중 35,000명 이상의 사람들이 두부손상을 입었고, 26%는 입원이 필요했다.

총인구에서 볼 때 TBI의 두 번째 주요 원인은 낙상이다. 어린이들의 경우, 학대와 함께 낙상은 TBI의 가장 주된 요인이며, 노년층(75세 이상)의 경우는 낙상이 TBI의 주원인이다(Murdoch & Theodoros, 2001). 대인관계에서 발생하는 폭력도 TBI의 원인이 되는데 시골지역의 경우 약 7%, 도시지역은 약 40% 정도가 해당된다. 인구 밀집이 높은 대도시의 중심부에서는 폭행과 총기로 인한 TBI가 교통사고로 인한 경우를 초과한다(Kraus & McArthur, 2000).

스포츠와 여가 활동으로 인한 부상 역시 TBI의 원인이다. 이러한 부상들은 아이들에게서 더 흔하게 나타난다. 다양하고 그 범위는 모호하지만 TBI의 부가적인 요인들에는 알코올 남용 및 약물 복용, 심각한 선천적 학습장애, 정신장애 그리고 TBI의 전력 등이 포함된다(Hartley, 1995). 알코올은 TBI의 원인이 되는 자동차 사고를 일으키는 주요한 요인이다. 차 사고로 인한 TBI 환자들의 1/3에 달하는 경우가 사고 당시 취한 상태였던 것으로 추정된다. 알코올과 관련한 사고는 단독 차량 사고인 경우로 종종 밤에 발생하며 심각한 부상을 초래한다(Kraus & McArthur, 2000).

TBI의 발생률은 달마다 경향이 다르게 나타나는데 5월부터 10월에 가장 높다. 사람들이 외상에 노출될 수 있는 실외 활동이 많은 이 시기가 아마도 TBI를 증가시키는 원인이 될 것이다.

4. 뇌손상의 유형

뇌손상은 다양하게 분류되고 있다. 보통 두 가지로 관통성 손상(개방형 뇌손상)과 비관통성 손상(폐쇄형 뇌손상)으로 분류한다. 비관통성 뇌손상은 광범위한 재활의 노력을 요하는 가장 오래 지속되는 결과를 불러온다. 우선 관통성 뇌손상에 대해 간단히 검토하고 난 후 비관통성 뇌손상에 대해 상세히 얘기하도록 한다.

1) 관통성 뇌손상

관통성 뇌손상(penetrating brain injury)은 머리에 충격이나 관통물로 인해 찢어지거나 구멍이 난 두개골, 찢어진 뇌막(뇌수막), 그리고 다양한 정도의 뇌조직의 상해로 이어진 개방된 상처가 있다(그래서 개방형 뇌손상임). 관통한 물체나 부서진 두개골의 조각들이 뇌조직에 상해를 입힐 수도 있다. 총알, 못총, 칼 그리고 석궁 화살과 같은 관통하는 물체들은 공기를 가르고 머리를 치기 때문에 미사일이라고 묘사된다.

2) 관통성 뇌손상의 원인

관통성 뇌손상의 기본적인 원인은 외부 물체의 두개골 관통이다. 물체는 머리를 관통하여 나갈 수 있는데 통과하는 물체가 머리를 때리는 속도에 따라 손상은 클 수도 있고 작을 수도 있다.

일반적으로, 화살, 못총, 칼 그리고 다른 발사체와 같은 것들은 **저속 손상**(low-velocity injury)을 불러온다. 민간인용 권총과 머리에 가한 가격, 자동차 사고 역시 저속 손상을 낳는다. 미국에서는 권총으로 인한 총상이 저속으로 인한 관통성 뇌손상의 대부분을 차지한다. 총상으로 인한 뇌손상은 아이들이나 노년층보다 청소년과 청년층에서 발생률이 높다. 또한, 관통성의 총상은 가장 높은 사망률을 나타내며 일부 연구를 보면 60%에 육박한다(Harrington & Apostolides, 2000).

군무기, 소총 그리고 다른 자동화된 공격 무기들은 **고속 손상**(high-velocity injury)을 낳는다. 군 대원들, 특히 전장에서 일하는 임상가들은 고속으로 인한 손상을 다루는 반면, 일반 시설에서 일하는 임상가들은 대부분 낮은 저속으로 인한 손상을 겪는 환자들을 치료한다.

3) 관통성 뇌손상의 결과

관통성 뇌손상의 결과는 다음을 포함하여 몇 가지 요인들에 따른다.

- 투사물의 속도. 물체가 두개골을 뚫는 속도가 빠를수록 손상의 범위도 크다.
- 두개골을 관통하는 미사일(투사물)의 크기. 물체가 클수록 뇌의 손상도 크다.
- 투사물의 흔들림 정도(편요). 편요(yaw)란 움직이는 물체가 자신의 진로를 바꾸는 속성을 말한다. 두개골을 뚫은 물체가 뇌에서 갈지자형으로 움직일 경우 직선으로 움직인 경우보다 피해가 더 크다.
- 투사물 파편의 양. 총알이든 다른 물체든 뇌 속에서 흩어질 경우 그렇지 않은 경우보다 더 큰 상해를 입힐 것이다.

- 상처의 수. 많은 상처를 내는 물체들은 하나의 상처를 내는 경우보다 더 많은 피해를 불러온다.

이러한 다양한 변수 중에 투사물의 속도가 관통성 뇌손상의 범위를 결정하는 가장 중요한 요인이다(Harrington & Apostolides, 2000). 여러 다양한 종류의 총알 중에 철갑탄(철이 입혀진 것으로 군대용)은 뇌 안에서 파편이 생기지 않는 편이다. 그러나 끝에 홈을 내어 앞이 빈 탄약들은 파편이 생기며 광범위한 상해를 입힌다.

기술한 요인들에 따라 관통성 뇌손상에 따른 결과들은 다르겠지만 다음을 포함한다.

- 두개내(intracranial)의 압력 상승. 충격이 생기는 즉시 두개내의 압력은 상승한다. 압력파는 뇌와 척수의 전체에 퍼진다. 또한, 연차적인 두 번째 두개내 압력 상승이 일어난다. 이러한 상승은 충격이 가해진 2~5분 내에 발생한다.
- 죽음. TBI 직후 혹은 얼마 후에 사망이 발생할 수 있다. 관통성 뇌손상은 사망률이 높지만 생존할 수도 있다. 즉사의 가능성은 증가된 두개내의 압력과 관련 있다. 총상을 입은 사람들의 70%가 즉시 또는 곧 사망한다. 잠시 후에 사망하는 경우는 호흡과 심장 마비로 인한 결과인 듯하다. 뇌간의 심각한 손상은 이러한 가능성을 더 높인다. 일반적으로, 저속으로 인한 손상의 사망률(약 25%)은 고속으로 인한 손상의 경우(약 47%)와 비교했을 때 더 낮다.
- 혈압의 변동. 혈압은 충격 직후에 떨어진다. 5~10분 후에는 다시 올라서 정상 혈압을 초과하지만 다시 떨어진다.
- 뇌의 혈류 감소. 뇌의 혈류는 12시간 정도까지 낮은 상태를 유지할 수 있는데 뇌의 대사율과 산소소비가 낮은 상태로 유지되기 때문이다.
- 뇌조직의 파괴. 돌출된 곳을 따라서 손상이 명백히 보이겠고, 뇌조직 파괴의 정도는 앞서 다룬 변수들(예: 속도와 미사일의 크기)에 따라 나타날 것이다.
- 뇌조직의 차후 파괴와 감염. 충격에 이어서, 뼈의 조각과 머리카락, 피부, 유리, 금속 그리고 다른 입자들이 뇌를 관통하면서 부차적인 결과를 가져올 수 있다.
- 출혈, 감염, 붓기와 뇌수종. TBI에 이어지는 이러한 결과들은 회복 과정을 복잡하게 하는 요인들이다.

- 신체적·인지적·언어적 결함. 이러한 것들은 특히 장기적인 결과로 광범위한 재활의 노력이 필요하다. 다음에 이어지는 절에서 장기적인 결과와 필요한 재활에 대해 설명한다.

4) 비관통성 뇌손상

두개골은 비관통성 뇌손상(nonpenetrating brain injuries, 폐쇄형 뇌손상)에서도 갈라질 수 있다. 그러나 뇌수막이 손상되지 않고 그대로 있는 경우, 이를 **비관통성 손상**이라고 한다. 간접적인 충격으로 뇌는 두개골의 골절이 있거나 없거나 손상을 입는다. 그러나 외부의 물질이 뇌로 들어가지는 않는다.

비관통성 뇌손상은 관통성의 손상보다 좀 더 복잡한 증상들을 나타낸다. 비관통성 손상은 장기간 지속되는 증상을 보이며 광범위한 재활 프로그램을 필요로 한다. 그래서 많은 연구 및 논문, 그리고 재활에의 노력은 대부분 비관통성 뇌손상을 입은 환자들을 위한 것이다.

5) 비관통성 뇌손상의 원인

두 종류의 힘이 비관통성 뇌손상을 일으키는 원인이 된다. 첫 번째 종류는 외부의 물체가 정지된 머리를 특정 정도의 힘으로 때리는 경우이다. 관통은 없다. 두 번째는 신체의 어느 부분에서 움직여지는 힘으로 인해 머리가 앞뒤로 움직이는 경우이다. 이러한 힘을 일으키는 구체적 원인들은 다음을 포함한다.

- 다양한 종류의 사고. 산업현장이나 가정에서 또는 운동과 관련하여 정지된 머리에 힘이 가해지는 사고는 종종 비관통성 뇌손상의 원인이 된다. 자동차 밑에서 일하던 기계공의 머리 위로 떨어진 자동차는 정지된 머리에 가해지는 힘의 예가 될 수 있다.
- 낙상. 사람이 떨어질 때는 머리가 정지된 물체(바닥 또는 가구 등)에 부딪칠 수 있다. 앞서 주지한 대로, 이는 매우 어리거나 나이 든 사람들에게 흔한 TBI의 원인이다.

- **머리에 가해진 묵직한 충격.** 종종 개인적인 폭력에서 묵직한 물체나 도구로 머리에 타격을 당하는 경우 비관통성 뇌손상의 원인이 된다. 이러한 경우에 머리를 움직이면 뇌에 부가적인 손상이 생길 수 있다.
- **자동차 사고.** 자동차 사고에서는 두 종류의 힘이 작동될 수 있다. 첫째는, 움직이는 머리에 직접적으로 가해지는 힘으로 두개골 내의 뇌가 빠르게 앞뒤로 움직이게 되는 것이다. 둘째로, 신체의 어느 부분에 힘이 가해져(목뼈의 골절에서와 같은) 그로 인해 머리와 뇌가 앞뒤로 움직이게 되는 것도 내부의 뇌에 손상을 입힌다.
- **폭행과 대인관계의 폭력.** 다양한 종류의 대인관계 폭력(가정폭력을 포함하여)과 폭행 역시 비관통성 뇌손상의 원인들이다. 캐나다의 한 연구는 5세 이하의 아동들에게서 흔들린 아이 증후군(shaken baby syndrome)은 뇌손상의 주요 원인이 된다고 보고하였다. 흔들림을 당한 대부분의 아동들은 두개내와 안구내 그리고 경부척수손상을 입었는데 이러한 손상으로 19%의 아동이 사망하였다 (King, McKay, & Sirnick, 2003).

5. 비관통성 뇌손상의 생체역학

동물 실험을 통해 유도된 뇌손상의 모델들을 통하여 그러한 손상의 역학에 대해 광범위한 정보를 얻었다. 비관통성 뇌손상은 두 종류라고 할 수 있는데 가감속(acceleration/deceleration injuries) 손상과 비가속 손상(nonacceleration injuries)이다. 이러한 상해들은 두개골과 안쪽의 뇌에 가해지는 생체역학적 힘의 작용에 의한 것이다. 머리에 가속을 당한 후 감속되었을 때 뇌가 어떻게 손상되는가를 잘 이해하려면 머리의 움직임과 안쪽 뇌의 움직임이 서로 연관되지만 동시에 분리된 사건이라는 것을 이해할 필요가 있다. 머리가 움직이기 시작할 때 뇌는 그렇지 않다. 머리가 움직임을 멈춰도 두개골 안쪽의 뇌는 움직임을 계속할 것이다. 이 두 구조들의 움직임의 차이가 뇌의 손상을 다양하게 하는 원인이 된다.

다양한 뇌손상의 속성을 이해하기 위해서 그러한 손상을 불러오는 힘들의 생체역학을 이해할 필요가 있다.

가속(acceleration). 머리와 뇌의 가속 후 감속 움직임은 통칭 **가감속 손상**(acceleration/deceleration injury)이라고 알려진 손상들을 불러오는 주요한 생체역학적 사건이다. 이러한 손상은 (1) 움직이는 물체가 무방비의 머리를 쳐서 튀어 나가게 하거나, (2) 물리적인 힘이 머리 자체를 흔들리게 하여 그 후 고정된 물체를 칠 때 발생한다. 아무것도 머리를 치지 않았는데 머리에 가속이 가해질 수 있는데, 예를 들면 자동차 사고에서 가슴을 운전대에 부딪힐 때 머리가 빠르게 앞쪽으로 쏠리는 것과 같은 상황에서다. 빠른 가속이 머리에 가해지면 머리가 어떤 것에 부딪히지 않더라도 뇌손상으로 이어질 수 있다. 가감속 손상은 비가속 손상보다 20% 이상 더 심각하다. 가속으로 인한 손상의 유형과 심각성은 가속이 선형(linear)인지 혹은 각형(angular)인지에 따라 다르다.

선형가속(linear acceleration). 머리의 중앙선을 치는 힘은 머리에 선형가속을 불러온다. 머리의 중앙에 가해진 힘은 머리를 뒤로 곧게(linear) 움직이게 하는데 이러한 선형의 가속은 다음과 같은 일련의 사건들을 일으킨다.

- 머리가 갑자기 선형으로 움직이기 시작한다. 그러나 뇌는 관성으로 인하여 몇 밀리세컨드 동안은 움직이지 않은 상태로 있다.
- 충격외상의 순간에 뇌는 두개골의 압박으로 인해 손상된다. 이것을 **충격손상**(coup injury: 프랑스어로 '타격' 또는 '충격'이며 '쿠우'라고 발음한다)이라고 한다.
- 관성이 극복되면, 뇌는 머리가 움직인 비율로 움직이기 시작한다.
- 머리가 감속하거나 움직임을 모두 멈출 때, 움직임의 관성으로 인해 뇌는 몇 밀리세컨드 동안 계속해서 움직인다.
- 계속해서 움직이는 뇌는 이제는 빠르게 감속되거나 정지된 두개골의 안쪽 면을 때리게 된다. 이로써 뇌가 또 다른 손상을 입는다. 이러한 손상을 **반충**(contrecoup, '콘트라 쿠우'로 발음)이라고 한다. 다시 말하면, 충격손상은 충격 지점에서 발생하고 반충은 뇌의 그 반대편에서 발생하게 된다.
- 충격 및 반충 손상은 뇌수막, 피질, 피질하 구조들에 국소적인 손상을 일으

킨다.

- 뇌가 가속되다가 감속되는 동안 두개골 밑의 구조들이 날카로운 뼈의 돌출부에 마찰되면서 부드러운 조직은 손상을 입게 된다. 전두엽과 측두엽 뇌의 기저부분이 거의 이런 종류의 손상을 입기 쉬운 것 같다.

각가속(angular acceleration). 중앙이 아닌 부분에 충격을 받게 되면 머리는 각진(비선형) 방향으로 움직이게 되는데 이를 각가속이라 한다. 움직일 때, 머리는 타격받은 곳에서부터 회전하며 돌아간다. 각가속은 다음과 같은 일련의 사건들을 일으킨다.

- 머리에 각으로 가해진 힘은 머리를 움직이게 하며 충격 지점으로부터 회전하게 한다.
- 뇌의 관성의 법칙은 각가속에도 적용된다. 머리가 움직이기 시작한 후 몇 밀리세컨드 동안 뇌는 움직이지 않지만, 머리가 움직임을 멈추어도 뇌는 몇 밀리세컨드 동안은 계속해서 움직인다.
- 머리가 각이 있는 움직임을 시작할 때 움직이지 않고 있는 뇌는 뒤틀리거나 깎이는 손상을 받는다. 이러한 유형의 손상을 **미만성 축삭 손상**(diffuse axonal injury)이라고 하며 다음에 기술할 것이다.
- 그 다음 두개골(충격 지점으로부터)이 움직인 방향으로 뇌가 등각 운동을 하게 되는데 머리가 움직임을 멈추어도 뇌는 회전 운동을 계속하여 그 축이 되는 구조들에 부가적인 뒤틀림이나 깎여지는 손상을 입게 된다.
- 회전과 뒤틀리는 힘으로 인해 각가속은 선형가속보다 더 심각한 피해를 낳는다.

감속(deceleration). 외부의 힘이 머리에 가속을 가한다고 하더라도 머리와 목을 받치고 있는 구조들은 감속을 하게 하거나 속도를 감소시킨다. 빠르게 움직이는 머리는 척추와 목근육의 저항력으로 인해 혹은 머리가 정치된 물체(예: 자동차 사고에서 앞유리나 넘어질 경우에는 바닥과 같은 것)를 들이받음으로써 곧 속도가 감소될 것이다. 앞서 주지한 대로, 초반에 가속과 이어지는 감속으로 인한 손상을 집합적으로 가감속 손상이라고 한다.

충격외상(impression[impact] trauma). 움직이는 물체가 머리를 칠 때 또는 움직이는 머리가 정지된 물체를 칠 때, 접촉이 되는 처음 지점은 외상의 흔적이나 충격외상으로 되며 충격 지점에서 두개골의 모양을 변형시킨다.

비가속(nonacceleration). 어떤 종류의 힘은 머리나 뇌에 가속이나 감속을 가하지 않음에도 손상을 입힌다. 이러한 **비가속 손상**(nonacceleration injury)은 움직이는 물체가 고정된 머리를 쳤을 때 발생한다. 가속이나 감속이 없는 힘은 머리에 부딪히는 타격을 주는데, 예를 들어 사람이 벽에 기대어 서 있는 경우, 단단한 바닥에 누워 있는 경우나 견고한 머리 받침에 기대어 앉아 있을 때 머리를 치는 것이다. 작업장에서 발생한 손상들, 예를 들어 기계공이 자동차 밑에서 일하다가 자동차가 머리 위로 떨어져서 난 사고는 비가속 손상이 된다. 이런 경우 머리에는 가속이 전혀 없거나 거의 없어서 대체로 유의미한 감속도 없다.

비가속 손상은 가속 손상보다 자주 일어나지 않으며 또한 뇌의 손상은 덜 심각한 결과를 초래한다. 많은 사례에서 신경학적인 증상들이 단지 몇 가지 보이거나 혹은 전혀 나타나지 않을 수도 있다. 두개골 골절이 비가속 손상의 가장 큰 위험이다.

6. TBI의 일차 증상

머리가 받는 충돌의 영향이나 생체역학적 힘은 일차 손상과 함께 이차 손상을 낳는다. 일차적 결과는 외상의 순간에 발생하는 것으로 선형 혹은 각가속, 감속, 비가속성 충격에 의한 손상들을 포함한다.

두부외상의 일차 증상은 다음을 포함한다.

- 두개골의 열상 또는 골절. 열상(laceration)이란 피부 표면에 찢어지거나 들쭉날쭉하게 난 상처들이다. 열상보다 더 심각한 두개골 골절은 치명적인 사례들의 80%를 차지한다. 두개골 골절은 두개내의 혈종과 빈번한 감염으로 이어진다.

■ 미만성 축삭 손상. 폐쇄성 두부손상의 순간에 발생하는 것으로 일차적인 심각한 손상을 초래하는 것이다. **미만성 축삭 손상**(diffuse axonal injury, DAI)은 뇌백질의 널리 퍼진 지역에 찢어진 신경섬유들이 생기는 것이다. 이런 유형의 손상은 외상의 직접적인 결과이며 산소결핍이나 증가된 두개내압 혹은 뇌팽창으로 인한 이차 결과가 아니다. 미만성 축삭 손상은 대체로 비선형(각) 가감속 힘의 작용과 관련이 있다. 국소적인 병소들, 특히 뇌량과 뇌간의 부분에 DAI가 동반될 수 있다. 현미경으로만 보이는 DAI는 세 가지 형태가 있는데 모두 환자의 생존 기간과 관련된다(Graham & Gennarelli, 2000).

- 단지 며칠 동안 생존한 환자들에게서 DAI는 대뇌반구의 백질과 소뇌, 그리고 뇌간에서 보이는 축삭구들의 형태를 띤다.
- 몇 주 동안 생존한 환자들의 DAI는 같은 구조들(대뇌반구, 소뇌, 뇌간)의 백질에서 소신경교세포(신경손상을 나타내는 작은 세포의 모양들)의 작은 다발 형태를 띤다.
- 심각한 장애나 식물인간 상태로 생존하는 환자들에게서 DAI는 반구와, 뇌간 그리고 척수에 걸쳐 긴 신경로가 변성된 형태로 나타난다.

■ 일차 뇌간손상(primary brainstem injury). 일부 TBI 환자들은 심각한 확산성 손상 없이 일차적인 뇌간손상만 입을 수 있다. 뇌의 다른 부분들(예: 중뇌)이 어느 정도 포함될 수도 있다. 일차적인 뇌간손상을 입은 환자의 경우 외상의 순간에 혼수상태로 돌입할 것이다. 일부 임상가들은 이를 DAI의 일부라고 생각한다.

■ 미만성 혈관손상(diffuse vascular injury). 뇌혈관에 작은 파열들이 널리 퍼져 나타나는 것으로 다수의 뇌출혈로 이어진다. 뇌출혈은 부검에서 명백하게 보일 수도 있고 조직 검사가 필요한 경우도 있다. 미만성 혈관손상 환자들은 수 시간 내에 또는 외상 후 수 분 내에 사망한다(Graham & Gennarelli, 2000).

■ 일차 국소손상(병소). TBI는 가해지는 힘의 형태에 따라 국소적인(제한된, 집중적인) 손상도 생길 수 있다. 비선형보다는 선형 충격들이 가해질 때 국소손상이 생겨날 가능성이 더 높은데, 이것을 종종 '타박상'(contusion)이라고 한다. 앞서 언급한 대로 두개골 국소손상의 예로 두개골은 충격 지점에서 내려앉거

나 골절될 수도 있다. 일차 국소 뇌손상은 다음과 같이 다양하다.

- 충격손상(coup injury). 두개골 손상의 바로 밑에 손상을 입은 뇌조직은 국소적(충격손상)일 수 있다. 그러나 국소적 충격손상은 두개골 손상 없이 발생할 수도 있다(Graham & Gennarelli, 2000).
- 반충손상(Contrecoup injuries). 충격의 반대편에 발생한 (반충)손상 역시 국소적이다.
- 뇌신경손상. 5번, 7번, 10번, 12번 뇌신경의 손상은 구어장애를 일으킬 수 있다.
- 찰과상. 두개골의 거친 면이나 돌출부와 접촉한 뇌조직은 뇌가 가속당한 후 감속할 때 벗겨질 수 있다. 이러한 찰과상은 전두엽과 측두엽의 안와면과 외측면에 더 잘 생기는 것 같다.
- 다른 종류의 일차 국소손상은 시상, 뇌량 그리고 다른 구체적 구조들의 손상을 포함한다.

외상의 일차 결과에 더하여, 손상된 뇌는 임상적 상태를 더 복잡하게 하는 부차적인 결과에 민감하다. 다소 나중에 나타나는 이러한 결과들이 TBI의 이차 증상들이다.

7. TBI의 이차 증상

이차 증상(손상)은 일차 손상의 결과이며 외상이 발생한 얼마 후에 나타난다. 이차 증상들의 신속하고 충분한 처리와 예방은 빠른 회복과 양호한 장기적인 결과를 기대하는 데 중요한 요소이다.

이차 증상 또는 일차 뇌손상의 결과는 다음과 같다.

- 두개내 혈종(intracranial hematoma). 두개골이나 뇌 안에 생긴 출혈로 생긴 혈액 덩어리이다. 두개내 혈종은 두개골 골절 환자들에게 더 흔하게 나타나며 종종 사망 원인이 된다. 세 가지 종류의 혈종이 심각한 결과를 가져온다.

- **경막외**〔epidural(extradural)〕 **혈종**. 두개골 골절 환자의 측두엽 영역에서 종종 발견되는 경막외 혈종은 경막과 두개골 사이에 혈액이 모여 생긴 것이다. 이러한 축적은 종종 손상된 뇌수막 혈관 때문에 발생하여 큰 출혈이 된다. 자동차 사고에서 이런 종류의 출혈을 자주 볼 수 있다. 동맥 출혈의 사망률은 사례의 약 85%로 정맥출혈의 경우(약 15%)보다 더 높다. 경막외 혈종은 수술로 제거할 수 있다.
- **경막하**(subdural) **혈종**. 경막과 거미막 사이에 혈액이 모여 생긴 것이다. 피질 혈관이 찢어지면서 경막하 혈종을 불러오는데 경막외 혈종보다 더 흔하며 치명적으로 사망률이 60%를 초과한다. 대부분의 경우에 낙상이나 폭행이 경막하 혈종의 원인이다(Graham & Gennarelli, 2000).
- **뇌내**(intracerebral) **혈종**. 뇌 자체 내에서 혈액이 뭉치는 경우이다. 측두엽과 전두엽에 흔하게 발생한다. 뇌내 혈종은 선형가속으로 인한 미만성 축삭 손상과 자주 연관되어 발생한다. 축삭의 손상과 결합하여 혼수상태와 사망의 잦은 원인이 된다.

■ **두개내압의 증가**. 이차 증상으로 TBI는 두개내압의 증가를 일으킬 수 있다. 혈액이나 수액, 뇌척수액의 축적은 두개내의 압력을 증가시킨다. 증가된 압력은 대뇌 혈액의 흐름을 제한하고, 압력이 심해지면 사망에 이른다. 그러한 축적은 뇌실의 확장, 팽창, 부종을 일으킨다. 전문적으로 얘기하면, 부종(edema)은 세포액의 축적으로 인한 것이며, 팽창(swelling)은 뇌조직의 혈액이 충혈되어 생긴 것이다(Gillis, 1996). 뇌의 팽창은 특정 영역이나, 한쪽 반구 혹은 양쪽 반구 등에 제한될 수 있다.

■ **허혈성 뇌손상**(ischemic brain damage). 감소되거나 차단된 혈액 공급으로 조직에 산소가 부족해져 생기는(산소결핍) 뇌손상이다. 뇌에 혈액 공급이 감소되거나 차단되면 다음과 같은 것들을 불러올 수 있다.

- **호흡 곤란**. 이러한 어려움은 혈액 내 산소의 부족으로 인한 것이다. (자동차 사고와 같은 이유로) 가슴과 폐, 그리고 뇌의 연수호흡중추가 손상된 TBI 환자들은 호흡 곤란을 겪는다.
- **저혈압**(혈압의 저하). 혈압이 낮아지면 심장박동률이 느려지고 뇌에 혈액 공급

이 감소하게 된다. 손상된 뇌는 감소된 혈액 공급에 특히 민감하다. 저혈압은 TBI 환자들의 사망률을 증가시킨다(Tien & Chesnut, 2000).

- 뇌혈관 수축. 이 역시 뇌에 혈액 공급이 제한되면서 생긴다.
- 대뇌혈관경련(cerebral vasospasm). 혈관을 둘러싼 근육층의 수축을 말한다. 대뇌혈관경련은 뇌에 혈액 공급을 제한하게 된다.

■ 발작. TBI 환자들 중 대략 5~7%에 이르는 수가 이차 증상으로 발작을 일으킨다. TBI 아동의 경우 발작 비율이 더 높고(환자의 7~10%), 전투에서 미사일의 손상을 입은 군인들의 경우는 더 높게(30~50%) 나타난다. 발작은 경상의 사례에서보다 심각한 손상을 입은 경우에서 더 흔하다. 일부 환자들은 손상 후 처음 24시간 내에 발작을 일으키며(아이들에게서 더 흔함), 다른 경우에는 초기 증상들로부터의 회복기의 후반부에(성인들에게서 더 흔함) 발작을 일으킬 수 있다. 반복되는 발작은 뇌에 부가적인 외상과 손상을 일으킬 수 있다(Le Roux, 2000).

■ 감염. TBI 환자의 생명은 다양한 종류의 감염으로부터 위협을 받는다. 머리의 상처(개방, 내려앉음, 두개골 골절들)는 감염될 수 있으며, 뇌막염(뇌막 혹은 척수의 감염)은 특히 심각할 수 있다. 신속한 항생제 치료는 감염 후유증을 통제하는 데 도움을 줄 것이다.

8. 회복과 관련된 변수

TBI 환자들은 다양한 정도의 증상들에서 회복한다. 몇 가지 요인들이 회복에 영향을 주기 때문에 개인별로 그 과정을 예측하기는 어렵다. 일부 환자들은 비교적 빠르게 대부분의 기술들을 회복하는데 일부는 시간이 걸린다. 일부 환자들은 매우 많이 회복하는 데 반해 일부는 그렇지 못하다. 응급의학처치와 외상치료가 발달하면서 TBI로 인한 사망률이 낮아졌으며 더 나은 예후도 기대할 수 있게 되었다. 그러나 심각한 두부손상을 입은 환자의 50%는 사망할 것이다. 심각한 두부손상에서 살아남는 사람들도 상당수가 기억장애, 제한된 주의집중 시간, 다소 미묘한 언어장애, 감정 조절의 힘겨움, 약물과 알코올 남용을 포함하는 영구적인 장애를 겪게 될 수 있다(Andrews, 2000).

회복의 패턴이나 속도에 영향을 주는 몇 가지 요인들이 있다.

정상 회복기간. 기능적으로 거의 회복하는 환자들은 손상 후 6개월 이내에 회복을 이룬다.

손상의 심한 정도. 환자의 손상이 심할수록 적은 손상을 입은 경우보다 회복 속도는 느리고 회복 범위도 적다.

손상의 유형. 미만성 손상인 경우, 특히 미만성 축삭손상인 환자들은 국소적 손상 환자들보다 회복이 덜하고 느리다. 그러나 같은 미만성 손상이라도 아이들과 청년들은 성인들과 비교하여 사망률이 더 낮다. TBI로 인해 지주막하 출혈, 뇌실 압박, 정중선 이동이 생긴 경우는 성년기가 시작된 성인들보다 좀 더 나이 든 성인들에게서 자주 발견되며 이는 좋지 못한 예후와 연결된다. 놀랍게도, 고속 주행의 자동차 사고에서 두부손상을 입은 사람들이 보행 중 차에 치인 사람들보다 더 잘 살아나가는 경향이 있다. 뇌간손상을 입은 환자들은 그렇지 않은 경우보다 예후가 좋지 않다. 또한, 두개내의 혈종(혈관파열로 인한 혈액 덩어리의 형성)이 있는 경우와 두개내 압력이 증가하는 사람들의 경우는 결과가 좋지 않다.

이차 손상. 이차 증상이 있는 환자들의 경우 그렇지 않은 환자들보다 회복이 더디고 회복 정도도 낮다. 호흡기나 순환기계에 손상을 입은 사람들은—저산소증(산소결핍)과 저혈압으로 이어지는데—그러한 계통의 손상을 입지 않은 경우와 비교하여 잘 견뎌 내지 못하고, 저체온증(정상체온 이하)을 경험하는 사람들도 비교적 예후가 좋지 못하다(Jeremitsky et al., 2003).

의식의 정도. 손상의 범위와 유형에 따라 의식의 정도도 다양하다. 일반적으로, TBI 후 의식이 높은 편이라면 예후도 좋다. 다음 장에서 얘기할 Glasgow Coma Scale(Teasdale & Jennett, 1976)은 회복과 결과들의 측정에 적절할 것이다.

혼수상태의 지속시간. 일반적으로 혼수상태가 길수록 회복이 되더라도 그 정도는 낮은 수준이다. 그러나 일부 어린 환자들은 긴 무의식 기간(30일 이상의) 후에도 기능 회복을 보이기도 한다.

입원 당시의 동공 반응. 혼수상태 후 24시간 이내에 동공이 반응하지 않는 환자들의 90% 이상은 사망하거나 식물인간이 된다. 동공이 반응한다면 50%의 회복 가능성을 보이거나 중등도의 장애를 갖게 된다.

환자의 나이. 나이가 든 환자들의 경우 젊은 사람들보다 사망률이 높고 회복되는 기능의 예후도 좋지 못하다. 21세 이하 젊은 환자들의 사망률이 22%인데 반해 65세 이상의 환자들의 경우는 57%이다.

약물남용과 알코올 중독. 환자들이 사고 전이나 그 당시에 술에 취했거나 불법적인 약물들을 사용한 경우 뇌외상의 정도는 더 심하다. 이는 부분적으로 부종, 뇌 산소결핍, 뇌출혈의 이차 결과로 인한 것이다.

어떤 요인들은 예후에 특별한 영향을 주지 않는다. 예를 들어, 환자의 인종과 성(gender)은 예후에 있어 중요한 것으로 보이지 않는다.

회복과 관계된 변수들은 대체로 환자 집단에 적용되는 것이지 증상 패턴과 회복률이 매우 다른 개개인의 환자들에게 꼭 그런 것은 아니다.

9. TBI의 신경행동적 결과

외상성 뇌손상은 즉각적인 그리고 장기간의 행동 변화를 발생시키며, 행동의 변화는 개인의 외상 정도에 따라 다르다. 행동 증상 가운데 좀 더 흔하게 나타나는 것은 다음과 같다.

- 변화된 의식. 손상의 심한 정도에 따라 TBI 환자들에게는 다양한 의식상태가 관찰된다. 경미한 손상일 경우 환자는 단순히 멍해지긴 해도 의식을 잃지는 않는다. 이때 잠시 동안이라도 집중할 수 있도록 촉구해야 한다. **혼미**(stupor)란 환자가 거의 반응이 없지만, 고통이나 다른 강한 자극들에는 잠깐 정신이 들 수 있는 상태이다. **혼수상태**(coma)는 환자가 의식이 없고 외부의 거의 모든 자

극에 반응을 보이지 않는 상태이다. 혼수상태는 뇌와 뇌간의 미만성 외상으로부터 발생하는데 며칠 혹은 몇 주 동안 계속될 수 있다. 일부 환자들은 혼수상태에서 회복 없이 사망하기도 한다.

- 의식의 회복 없이 생존. TBI에서 생존하는 일부 환자들은 의식을 회복하지 못하고 식물인간의 상태로 남아 있을 수 있다. 이때 환자는 수면 각성 주기를 경험하더라도 대부분 무의식상태이다. 심지어 잠시 동안 눈을 뜨기도 한다. 반사 반응은 손상되지 않을 수 있다. 산소결핍(뇌의 산소 부족)과 미만성 뇌손상이 종종 식물인간 상태의 원인이 된다. 식물인간 상태에서 30일 이내에 깨어나지 못하는 경우엔 그러한 상태가 계속된다고 한다. 처음 6개월 이내에 지속되는 식물인간 상태에서 회복하기도 하는데, 성인들의 경우 50%, 아동의 경우 60%의 가능성이 있다. 회복의 가능성은 6개월이 지나면 감소하고 1년이 지난 후에는 매우 낮다. 늦게 회복하는 사람들은 영구적으로 장애를 갖게 된다.
- 혼돈과 지남력 상실. 의식을 회복하는 과정에 있거나 멍한 상태의 사람들은 시간과 장소에 대한 혼돈과 지남력 상실을 경험할 것이다. 부가적 증상으로는, 두통, 몽롱함, 어지러움, 흐린 시야, 귀의 울림, 피로, 무기력, 기분의 변화 등이 있다. 환자는 사건이나 구어에 집중하는 데 어려움을 보일 수 있다. 사고의 손상이 있을 수도 있다.
- 기억상실. 기억상실이란 기억을 전부 잊어버리는 것이다. 전통적인 기억상실 증상들은 내측두엽(medial temporal lobe)과 해마의 손상을 포함한다. 이러한 기억상실은 혼돈과 다른 인지 결함이 없이 경험되는 것으로 TBI 환자들에게는 보기 힘든 것이다. 그러므로 기억상실이란 용어는 기억장애라는 말보다 적절하지 않다.
- 기억장애. 혼수상태에서 빠져나온 환자들은 외상 전이나 이후의 사건들을 기억하지 못할 수 있다. 환자들은 그들 주변에서 일어나는 사건들을 기억에 새길 수 없을지 모른다. 실어증 환자들에서 발견되는 기억상실과 다르게 TBI 환자들이 경험하는 기억장애는 주로 의식 수준이 감소한다거나 과도한 각성(섬망) 상태와 연관되어 있다. 기억 기술은 다양한 구성요소들로 범주화되고 분류되는데 이는 다음 장에서 기술한다.

- 구어장애. TBI에서 회복 중에 있는 환자들은 구어에 문제가 있을 수 있다. 말이 느려지는 것을 포함하여 이러한 문제들은 뇌손상의 범위에 따라 다소 영구적인 것이 될 수 있다(구어장애에 관한 세부사항은 다음 절을 참고한다).
- 연하장애. 병원 입원 시 혹은 응급실에서 TBI 환자들은 **연하장애**(dysphagia)로 알려진, 삼킴에 문제가 있을 수 있다. 연하장애 발병률은 TBI 환자 중 25~75%로 다양하다. 삼킴의 문제는 긴 기간의 혼수상태와 관련되는데 혼수상태에 빠지지 않은 환자들도 삼킴에 문제가 있을 수 있다. 두개내 출혈과 정중선의 이동, 뇌간손상이 있는 환자들 역시 연하장애를 경험하는 것 같다. 삽관과 기관절제술을 포함한 의료적 치료나 처치들도 삼킴 문제를 더 악화시킬 수 있다.
- 다른 신경학적 증상. 중등도에서 중증에 해당하는 발작, 구토나 메스꺼움, 동공확장, 사지의 약증이나 마비, 협응의 소실, 초조함과 동요를 초래할 수 있다. 아이들의 경우는 계속 울거나 식사를 거부하는 것과 같은 부가적인 증상들을 보일 수 있다.
- 행동 및 정신적 변화. TBI 환자들을 보면 다양한 행동 변화를 목격할 수 있다. 이러한 변화 중 일부는 응급한 상황이 끝나고 바로 관찰될 수 있으며 시간이 지나면서 감소하기도 한다. 다른 변화들은 더 나중에 관찰되고 더 오래 지속될 수 있다. 아급성 회복기에는 소수 환자들에게서 환청, 작화, 망상과 같은 정신병적 반응들이 나타날 수도 있다. 일부 정신병적 문제들이나 약물남용의 이력이 있는 일부 환자들, 그리고 대뇌기저핵과 피질하 부분에 병소가 있는 경우에는 TBI 이후 우울증이 따르는 경향이 있다. 우울증보다는 덜 심각한 반응으로 무감동(apathy)을 나타내는 환자들도 있다. 뇌손상 환자들은 기능적인 회복 후에도 감정 조절이 잘 되지 않고, 사회적 위축, 짜증과 유치함, 그리고 비합리적인 행동을 보일 수 있다.

10. TBI와 관련된 의사소통장애

TBI와 연관된 의사소통의 결함은 손상의 범위, 손상된 뇌의 구조, 그리고 사고 전 환자의 의사소통 기술에 따라 다르다. 경미한 뇌손상을 입은 대부분의 환자들은 구어와 언어의 문제를 나타내지 않는다. 이들은 멍하고, 때때로 상관없는 구어적 반응을 보이고, 대답하는데 시간이 걸릴(느린 구어반응 시간) 수 있다. 대체적으로 장소에 대해서는 괜찮지만 일부의 경우 시간에 대해서는 감각을 잃을 수도 있다. 그러나 이런 모든 증상들은 일시적일 수 있다.

중등도에서 중증의 손상을 입은 환자들은 의사소통 문제를 나타낼 수 있다. 일반적으로 순수하게 언어적인 문제들은 TBI 환자들에게는 그렇게 심각하지 않을 수 있다. 대부분의 환자들에게서 문법은 손상되지 않을 것이다. 환자들은 언어적으로 정확한 문장을 만들어 내는 것보다 효율적인 의사소통을 이뤄 내는 데 더 어려움을 느낄지도 모른다. 소뇌, 뇌간 또는 말초신경에 지속되는 손상이 있는 경우에는 운동구어장애(dysarthria)라는 심각한 구어 문제가 생기는 경향이 있다.

TBI 환자들에게서 보이는 의사소통의 문제는 어쩌면 그들에게 새로운 것이 아닌지도 모른다. 그들의 교육 수준에 따라 뇌손상 환자들의 언어 기술은 아마도 손상 이전보다 제한적일 수 있다. 그러나 그러한 제한들이 손상 이후에 더 과장된 것일 수도 있다.

심각한 뇌손상을 입은 환자들은 의사소통의 문제가 계속될 수 있는데, 단어 찾기에 문제가 발생하면 착어적이고 둘러말하기식 구어를 하게 된다. 그러나 간단한 언어 측정에서는 명백하게 드러나지 않을 수 있다. 음운론적으로나 구문적으로 정확하다고 하더라도 과거에 지속적인 심각한 뇌손상을 경험한 환자들의 언어 산출에는 탐지하기 어려운 미묘한, 전통적인 구어 및 언어 평가들로는 표본을 잡을 수 없는 문제들이 있을 수 있다(Murdoch & Theodoros, 2000). 시간제한이 있는 평가는 때때로 유용한데 환자들이 시간의 압박 속에서 수행이 더 악화되기 때문이다. 담화분석은 표준화된 평가들보다 이러한 문제들을 더 효율적으로 드러낼 수 있다. 이러한 문제들은 다음 장에서 외상성 뇌손상 환자들의 의사소통장애 평가를 토론할 때 더 이야기할 것이다.

1) TBI와 연관된 언어 문제

- **함묵증(mutism).** 일부 환자들은 손상 이후 응급 단계나 혼수상태에서 깨어났을 때 말을 하지 않을 수 있다. 함묵증은 환자마다 그 지속기간이 다양하다. 중상 그리고 미만성 TBI의 결과로 함묵증이 있는 경우는 좀 더 오래가는 언어적 결함들이 예상된다.
- **혼돈스런 언어(confused language).** 손상 직후 의식이 있고 말을 하는 환자들은 혼돈스런 언어를 보일 수 있다. 구문은 정확하더라도 환자가 하는 말은 상관이 없고, 빙 둘러말하기이며, 일관성이 없고, 작화적인 방식일 수 있다.
- **명칭 실어증(anomia).** 이름대기는 환자들에게 특히 어려울 수 있다. 이런 어려움은 시각적 오인(주의집중하지 못하는 가능성도 있음)으로 인한 것이거나 충동적인 반응으로 인한 것일 수도 있다. 뇌손상 환자들은 제시된 물건의 이름을 대는데 성급한 경향이 있어 잘못 말하기 쉽다. 대체로, 이름대기 오류는 실어증 환자들보다 두드러지거나 심하지 않다.
- **보속적 구어반응.** 환자는 같은 표현을 여러 번 반복할지도 모른다.
- **단어 유창성의 감소.** 환자가 정해진 시간 내에 한 범주 내의 단어들을 가능한 많이 회상해야 하는 평가에서 명백히 드러날 수 있는 문제이다(예: 동물 이름대기). 단어 유창성의 감소는 이름대기에의 문제 그리고 주의집중의 어려움으로 인한 것이 일부 작용할 것이다.
- **대화 시작에의 어려움.** 몇몇 사례들에서는 자발적으로 사회적 상호작용을 시작하는 것이 제한적일 수 있다.
- **주고받기의 어려움.** 대체로 두서없이 말하는 환자들은 대화 상대방과 적절한 시기에 대화를 주고받는 것이 되지 않을 수 있다. 또한 환자는 앞선 발화들과 연결하지 못하면서 대화의 연속성이 부족한 모습을 보이게 된다.
- **대화주제 선택의 어려움.** 환자는 적절한 대화주제 선택에 어려움을 보일 수 있으며 부적절하거나 관계없는 주제들에 대해서 얘기할지 모른다.
- **대화주제 유지의 어려움.** 일부의 경우 한 주제에서 다음 주제로 넘어가는 것이 어려울 수도 있지만 대부분은 하나의 주제를 계속해서 유지하는 것이 어렵다.

- **이야기 일관성의 부족.** TBI 환자들 경우 자신들이 하는 이야기에 적절한 문맥적 단서를 제공하지 않으며 이야기의 일관성 역시 부족하다. 예를 들어, 담화에서 대명사 '그것'이 무엇을 가리키는 것인지 불분명하다.
- **정확성 및 직접성의 문제.** TBI 환자들은 모호하고 부정확한 용어로 말하는 경향이 있다. 여기에 빙 둘러말하기가 자주 더해질 것이다.
- **비구어적 의사소통에의 어려움.** 적절한 제스처, 얼굴 표정, 다른 비구어적 의사소통 수단들이 TBI 환자들에게는 부족할 수 있다. 또한 그러한 얼굴 표정과 제스처로 전달하는 의미를 이해하는 것도 어려워할 수 있다. 이러한 어려움 중 일부는 인지나 주의집중의 문제에 의한 것일 수 있다.
- **사회적 상호작용의 장애.** 아마도 언어와 의사소통의 화용적 기능이 심각하게 영향을 받아 TBI 환자들은 상호작용에 문제를 나타낸다.
- **청각적 이해의 문제.** 대부분의 환자들은 구어언어를 이해하는 데 문제를 가진다. 복잡하거나 추상적인 자료(예: 은유나 아이러니의 이해)와 빠르게 말하는 것을 특히 이해하기가 어려울 것이다.
- **읽기 및 쓰기의 문제.** 환자들은 자신들이 읽는 자료가 확장될수록 이해하기 힘들어한다. 쓰기의 문제는 환자에게 일관성 있고, 정확하며 좀 더 확장된 문단을 쓰라고 요구했을 때 명백하게 나타날 것이다. 이러한 어려움의 일부는 TBI의 다른 영향들을 반영하는데, 지속적인 주의집중의 부족과 일정한 순서를 따르는 것의 어려움 등과 같은 것이다. 그러나 TBI 환자들의 읽기와 쓰기에 대한 연구는 극히 제한되어 있다. 분명히 발병 이전의 읽기와 쓰기의 기술들이 TBI 환자의 그러한 기술들을 평가하는 데 고려해야 할 중요한 요인들이다.

2) TBI와 연관되는 구어 문제

기술한 언어 문제들에 더해 TBI 환자들은 심각한 구어 문제를 나타낸다. 사실, 구어 문제는 TBI 환자들에게 언어적 문제보다 더 지속적인 것일 수 있다. 언어치료사들은 종종 TBI 환자들의 언어 문제보다 구어장애를 치료하는 데 더 많은 시간을 보낸다.

■ **운동구어장애(dysarthria).** 운동구어장애인 '마비말장애'는 구어 기제의 근육 조절에 문제가 발생하여 생기는 구어 의사소통 문제들의 집합을 이르는 말이다. 운동구어장애는 넓은 범위의 의사소통장애를 포함한다. 구어를 위한 호흡의 지지, 조음, 운율, 공명, 음질, 음도와 강도, 구어의 속도와 같은 것들은 모두 운동구어장애에 좋지 않은 영향을 미친다. 중추신경병리와 말초신경병리 또는, 둘 모두가 운동구어장애에 관여한다. 대략 TBI 환자의 30~35%가 운동구어장애를 나타내지만, 급성 재활병동 환자들의 65%에 이를 정도이다(Beukelman, Burke, & Yorkston, 2003). Murdoch와 Theodoros(2001)는 TBI 환자들에게서 가장 잘 드러나는 비정상적인 구어 특징 10가지를 다음과 같이 정리하였다.

1. **과대비성.** 마비말장애 환자의 98%에 이르는 수가 대부분의 사례에서 경미한 수준부터 중등도에 이르는 과대비성을 나타낸다.
2. **구어 속도의 장애.** 마비말장애 환자들의 95%에 이르는 수가 대부분 정상보다 더 느린 속도로 말을 한다. 이러한 장애는 대부분의 사례에서 경미한 수준에서 중등도의 수준에 이른다.
3. **부정확한 자음 산출.** 마비말장애 환자들의 91%가 부정확한 자음 산출을 한다. 환자들 대다수에서 경미한 수준으로 기록될 수 있다.
4. **제한된 음도 변화.** 마비말장애 환자들의 88%는 대다수의 경우에 경도에서 중등도 정도의 제한적인 음도 변화를 나타낸다.
5. **구어를 위한 호흡지지의 감소.** 마비말장애 환자들의 88%에 이르는 수가 구어를 위한 호흡의 지지가 제한적이며 이는 대다수의 경우에 경미한 수준에서 중등도의 정도를 나타낸다.
6. **구어의 비정상적인 강세.** 마비말장애 환자들의 86%에 이르는 수가 강세가 없는 음절에 과도한 강세를 둘 수 있다. 절반 정도에 해당하는 사례들에서 경미한 수준으로 등급이 매겨진다.
7. **구 길이의 감소.** 마비말장애 환자의 84%가 짧은 구로 말할 수 있는데, 대다수의 사례에서 경증에서 중등도의 수준을 나타낸다.
8. **구어 명료도의 감소.** 약 79%에 해당하는 마비말장애 환자들의 말은 명료도가 떨어져 대다수의 사례에서 환자들의 구어를 알아듣기 위해선 약간의

노력이 필요하다.

9. 구어 간격의 연장. 79%에 이르는 마비말장애 환자들의 구어에는 간격이 연장되어 나타날 수 있는데 대부분 사례에서 경미함에서 중등도의 수준이다.
10. 구어 강도의 제한적 변화. 79%에 이르는 마비말장애 환자들은 강도 변화가 제한적인데 대부분의 사례에서 경증이거나 중등도의 수준이다.

■ 비정상적 발성. 일반적으로 마비말장애의 일부분이지만, TBI로 인한 운동구어장애 환자들에게선 두드러지는 특징이 아닐 수 있다. TBI로 인한 운동구어장애 환자들의 30~35%가 발성에 있어 거침, 목쉼, 쥐어짜는 음질, 성대 튀김소리(glottal fry) 등비정상적인 면을 보인다(Murdoch & Theodoros, 2001).

■ 마비말장애의 유형. 마비말장애의 몇 가지 유형 중에 TBI 환자들에게서 가장 흔하게 볼 수 있는 것은 경직형(spastic)이다. 경직형은 상위운동신경과 추체 및 추체외로의 손상으로 인해 발생하는데 TBI 환자들에게 자주 발생하는 전두엽 상해가 이들의 경직형 마비말장애를 설명한다. 이 유형의 마비말장애는 비정상적인 강세 패턴, 느린 구어 속도, 자음과 모음의 부정확한 산출 그리고 비록 TBI 환자들에게 두드러지게 나타나는 것은 아니지만, 다양한 발성의 문제 등과 같은 특징을 나타낸다(Murdoch & Theodoros, 2001). 환자들은 뇌손상의 병소와 성질에 따라 어떤 한 가지 유형이나 혼합된 유형의 마비말장애를 나타낼 수 있다.

■ 구어 유창성의 감소. TBI 환자들에게서 구어의 비유창성이 증가할 수 있다. 구어 속도는 잦은 멈춤으로 느려지거나, 모든 종류의 많은 비유창성을 동반하면서 정상적이거나 혹은 더 빠를 수도 있다. 그러한 편차들이 TBI로 인한 마비말장애의 일부분일 수 있다.

■ 손상된 운율. TBI 환자들에게서 구어의 운율이 손상될 수 있는데, 이는 마비말장애의 일부분으로 생각될 수 있다.

■ 사고, 추론, 계획 능력의 손상. 논리적 사고와 추론, 계획하기의 어려움은 뇌손상의 기본적인 특징이다. 일반적으로, 추론이나 계획하기의 과제가 추상적일수록 더 어렵다. 뇌손상이 심각할수록 추상과 관련된 것들은 더 어려워진다. 다

른 말로 하면, 환자의 손상이 심할수록 덜 손상을 입은 환자들보다 사고에 있어 좀 더 구체적일 수밖에 없는 것이다. TBI 환자들은 다음의 내용을 포함하여 몇 가지 사고와 추론의 기술에 어려움을 나타낸다.

- 환자들은 속담의 의미를 이해하기 어려울 수 있다. 예로, '제때의 바늘 한 땀이 아홉 땀의 수고를 던다.'라는 속담이 환자에겐 모호할 수 있다.
- 환자들은 사물과 사건 사이의 유사성과 차이점을 설명하는 것이 어려울 수 있다. 예로, '탁자'와 '의자'의 차이가 분명하지 않을 수 있다. 또한, '장미'와 '치자꽃'의 유사성을 구체화하는 것이 어려울 수 있다.
- 사물의 패턴이 인쇄된 형태로 시각적으로 제시될 때, 환자는 기하학적 패턴의 짝을 맞추고, 불완전한 패턴을 완성하며, 모양이나 색깔, 다른 특징에 따라 물건을 골라내는 것을 어려워할 수 있다. 이러한 기술을 평가하는 예가 다음 장의 평가 절에 있다.
- 환자들에게 어떤 상황을 제시했을 때 그에 대한 합리적인 답을 구하기가 어렵다. 예로, "만약 누군가의 신용카드를 어떤 가게의 바닥에서 주웠다면 어떻게 하시겠어요?"라고 물어보면 환자는 제대로 답을 할 수 없을 수 있다.
- 환자들은 진술된 문장에서 논리적으로 불일치되는 것을 찾아내지 못할 수 있다. 예를 들어, 환자는 "그녀는 배고프지 않았어요. 그래서 큰 샌드위치를 2개나 먹었어요."라는 문장에서 무엇이 잘못되었는지 잘 모를 것이다.
- 환자는 무작위로 놓인 이야기 그림들을 순서대로 배열하는 것을 혼돈스러워할 수 있다.
- 환자는 그림에 나타난 모순되는 것들을 지적하는 것이 어려울 수 있다.
- 환자는 사람이나 동물의 그림에서 무엇이 빠져 있는지 잘 모를 수도 있다.

3) 실어증과 TBI 환자들의 의사소통의 문제

TBI와 연관된 의사소통의 문제들은 일반적으로 전통적인 실어증과 다르다고 인식된다. 사실, TBI 환자들 대다수에서 실어증은 진단되지 않는다. 실어증과 TBI 환자들의 의사소통 패턴에 있어 주된 차이점은 TBI 환자들이 실어증 환자들보다 좀 더 화용적인 문제를 나타낸다는 것이다. TBI 환자들의 언어는 실어증 환자들 경우보다 좀 더 혼돈되거나 두서가 없는 양상을 나타낸다. TBI 환자들은 대부분의 브로카 실어증 환자들보다 말이 많을 것이다. TBI 환자들이 구어와 언어 기술을 더 많이 보존하고 있다고 하지만, 이들의 의사소통은 비효율적이다. 대조적으로, 실어증 환자들은 다양한 표현 방법들을 사용하는 경향이 있어 좀 더 효율적인 의사소통을 한다.

TBI 환자들에게서 발견된 의사소통의 패턴은 우반구 증후군 환자들에게서 발견된 것과 유사하다. 두 집단 모두에서 전두엽 손상이 우세한 것이 이러한 유사성을 만들어 내는 것 같다. TBI 환자들에게서 발견되는 의사소통의 문제는 인지 결함이 원인으로 지목되는데 이는 주의집중, 순서 잇기, 기억 그리고 범주화의 손상을 포함한다. TBI 환자들은 혼란스러움을 나타내고, 지남력을 상실하며, 억제되지 않고, 자극에 따르는 경향이 있다. 이러한 신경행동적 문제들이 의사소통에 영향을 미치는 것이다(Murdoch & Theodoros, 2001).

요약하면, TBI 환자들은 뇌손상의 범위와 중증도에 따라 신경학적, 신경행동적, 의사소통적 결함을 나타낸다. 다음 장에서 다룰 환자의 평가와 재활에서는 뇌손상의 다양한 결과들이 모두 고려되어야 할 것이다.

읽을거리

외상성 뇌손상(TBI)에 대해 추가적인 정보를 얻으려면 다음의 자료를 참고한다.

Cooper, P. R., & Golfinos, J. G. (Eds.). (2000). *Head injury* (4th ed.). New York: McGraw-Hill.

Gillis, R. J. (1996). *Traumatic brain injury: Rehabilitation for speech-language pathologists*. Boston: Butterworth-Heinemann.

Murdoch, B. E., & Theodoros, D. G. (2000). *Traumatic brain injury: Associated speech, language and swallowing disorders*. Albany, NY: Delmar Thomson Learning.

제 13 장

외상성 뇌손상의 평가와 치료

이 장의 개요

- 평가의 개관
- 의식 및 인지의 평가
- 기억 및 추론능력의 평가
- TBI와 연관된 의사소통장애의 평가
- TBI 환자들의 임상관리

학습 목표

이 장을 학습한 후 학생들은,

- TBI 환자들을 평가하는 구체적 파라미터를 설명할 수 있다.
- 의식, 인지, 기억, 그리고 추론 기술을 평가하는 검사 방법을 설명할 수 있다.
- TBI 환자들의 의사소통 결함을 검사하는 방법을 설명하고 평가할 수 있다.
- TBI 환자들을 위한 임상관리 전략의 개관을 제시할 수 있다.
- 기능 관리와 인지재활을 구분할 수 있다.

1. 평가의 개관

외상성 뇌손상(TBI) 환자들의 평가는 팀의 노력이 요구되며 환자들의 신경생리학적, 행동적, 지적인 상태에 변화가 있는가를 계속하여 살펴야 한다. 전문가팀은 응급 의학의를 포함하여, 신경과 의사, 방사선과 의사, 언어치료사, 물리치료사, 간호사, 그 외 전문가들로 우선적으로 환자의 일반 건강과 의식 및 인식 수준, 그리고 급박한 의료적 또는 외과적 중재가 필요할 경우를 고려하여 이뤄진다. 인지 및 행동 기능 및 수준의 사전 평가 역시 이와 같은 초기 단계에서 중요하다. 환자의 신체상태가 향상되면 손상으로 인한 인지와 행동에 대한 심층 검사가 가능해지고, 심층 검사를 통해 필요한 재활 방법도 명백해진다.

TBI 환자들의 회복 과정이 다양하기 때문에 평가는 계속되는 절차이다. 평가의 중요성은 환자의 신체상태를 안정시키는 데 급히 필요한 평가에서부터 시작하여 비교적 단기 치료를 위한 것으로, 다시 장기적 재활에 필요한 것으로 전환된다. 평가 방법과 도구는 환자의 요구가 변화함에 따라 바뀔 것이다.

언어치료사는 환자의 의사소통 기술에 관한 평가와 치료에 대부분 관여하지만, TBI 환자들의 의료적 평가와 치료에 대해서도 잘 이해할 필요가 있다. 언어치료사 업무의 범위와 형태는 환자의 신체상태와, 회복 과정, 손상의 결과에 따라 달라질 것이다.

팀의 모든 전문가들이 환자들의 초기 평가에 관여한다. 팀은 환자와 가족에 대한 정보를 필요로 한다. 모든 환자에 있어 평가는 환자의 신분과 세부 정보, 손상의 정황과 가족에 대한 신속한 평가로 시작한다.

사례사. 세부적인 사례사는 가능한 빨리 확보하되, 두부외상을 일으킨 상황과 사건들을 기록한다. 이와 함께, 환자의 발병 이전의 행동, 구어 기술, 교육, 교양, 직업, 가족 관계, 관심분야와 취미, 사회적 기술, 일반 건강, 약물남용, 알코올 중독, 장기복용 약물에 대한 정보를 확보한다.

면담. 발병 이전의 환자 프로필을 만들기 위해서는 적어도 한 명 이상의 가족을 면담해야 한다. 외상 시의 상황(예: 자동차 사고 혹은 운동 시의 부상)에 있었던 세부적인 사항을 알려 줄 수 있는 사람들 역시 면담한다.

환자의 건강상태. 환자의 현재 신체상태, 기관 손상, 약물, 기민성과 반응도가 평가되어야 한다. 이러한 초기 평가는 준의료팀이 환자를 발견하면서부터 시작하여 응급실의 상황이 허락되는 대로 계속된다.

의료적 검사. 담당의사는 가능한 빨리 필요한 검사들을 실시하도록 지시한다. 방사선 검사, 혈액 검사, 두뇌 스캔, 그리고 두개골과 뇌의 손상 범위들을 평가하기 위한 다른 검사들을 실시하도록 한다.

환자 행동의 체계적 분석. 환자의 일반적 행동과 의사소통 행동은 입원 초기에 체계적으로 분석되어야 하는데 시간에 걸쳐 증상의 일관성을 평가하기 위함이다. 가능하다면, 다른 상황에서도 환자의 증상을 기록할 수 있을 것이다. 이것은 계속적인 평가의 과정으로 이어지는데, 외상의 성격에 따라 환자의 상태가 다소 빠르게 변할 수도 있기 때문이다.

의식과 인지의 평가. 초기 평가 과제는 환자의 의식 및 인지 수준을 평가하는 것이다. 환자 행동에 대한 표준화된 척도와 체계적인 분석의 도움으로 의료팀은 환경적 자극과 일반적인 기민성에 대한 반응의 수준을 결정할 수 있다.

기억 및 추론능력의 평가. 언어치료사들과 정신과 의사들은 환자의 기억과 사고, 추론, 계획 능력을 평가한다.

의사소통 능력의 평가. 언어치료사는 표준화된 방법과 환자에 맞춘 과정을 통해 환자의 의사소통 기술을 평가한다. 의사소통의 기능적인 측면이 강조될 것이다.

연하의 평가. 대부분의 의료적 상황에서 환자의 삼킴 장애를 평가하는 것은 일차적으로 언어치료사들의 책임이다.

정보의 통합. 팀은 사례사와 구체적 평가, 의료적 평가, 의사소통 평가, 그리고 인지 평가에서 얻은 정보를 통합한다.

초기 평가는 간단하거나 환자의 의학적 및 행동 상태에 따라 다소 확대될 수도 있다. 의식을 회복하면서 환자는 일관성이 없고, 부주의한, 시간과 공간에 지남력을 상실하거나(혼란스러워하거나), 불안해하거나 짜증스런 모습을 나타낼 수도 있다. 대부분의 사례에서 초기 평가는 환자의 상태와 행동의 여러 측면들을 알아보기 위해 침상에서 행해진다.

2. 의식 및 인지 평가

초기 평가의 첫 번째 과제는 환자의 주변 환경에 대한 의식 및 기민성, 시간 및 공간에 대한 지남력, 그리고 자극과 사람들에 대한 일반적인 반응에 대한 평가이다. 기억능력은 처음에는 다소 피상적으로 평가되고 환자의 의식과 지남력이 향상되면 좀 더 심층적으로 평가한다. 일부 평가도구들은 의식과 기민성, 지남력, 그리고 기억을 평가하는 항목들을 포함한 것들에 집중되어 있다.

글래스고 혼수척도(*Glasgow Coma Scale, GCS*)(Teasdale & Jennett, 1976). 환자가 혼수상태일 때 흔히 사용되는 평가 척도이다. 주관적인 등급 척도이므로 해석에는 신중을 기해야 하며 체계적인 행동 관찰이 보완되어야 한다. 본 척도는 세 가지 범주의 행동을 평가하는데, 개안반응, 운동반응, 언어반응들이다. 각 범주에서 높은 점수는 좀 더 나은 반응을 의미한다(낮을수록 심각한 손상이다).

개안반응. 본 척도는 다음을 평가한다. (1) 자발적인 개안(최대 점수 4점), (2) 구어 명령에 눈을 뜬 경우(3점), (3) 고통스런 자극에만 반응하는 개안(2점), 반응이 없는 경우(1점)이다.

운동반응. 본 척도는 세분화된 점수로 다음을 평가한다. (1) 구어 지시 따르기(6점), (2) 고통스런 자극을 주는 평가자의 손을 치우려는 시도(5점), (3) 고통에 반응하여 신체의 부분을 끌어당기기(4점), (4) 고통에 반응하여 신체 부분을 구부리기(3점), (5) 고통에 반응하여 사지를 펴거나 강직성이 증가함(2점), 반응 없음(1점)이다.

구어반응. 본 척도는 세분화된 점수로 다음을 평가한다. (1) 양호한 지남력을 가진 상태에서 대화하기(5점), (2) 대화는 하지만 지남력 상실(5점), (3) 대화에는 참여하지 않으나 알아들을 수 있는 단어들을 사용(3점), (4) 알아들을 수 없는 단어들을 산출(2점), 반응 없음(1점)이다.

GCS의 총점수 범위는 3점부터 15점까지이다. 점수에 기준하여, 뇌손상은 다음과 같이 분류된다.

혼수상태: 8점이나 그 이하
중증의 두부손상: 3~8점
중등도의 두부손상: 9~12점
경미한 두부손상: 13~15점

사고 6시간 후에 행해진 GCS에서 얻은 점수 수준에 따라 회복 결과 또는 범위를 예견하는 데 도움이 될 수 있다. 그러나 검사할 수 없는 행동에 대해서는 점수를 매길 수 없게 되어 있어 비교적 민감하지 못한 부분이 있다. 예를 들어, 환자가 붕대를 해서 눈을 뜨지 못하거나 손상으로 인해 사지를 움직일 수 없는 경우도 있고, 삽관을 하여 구어적으로 반응할 수 없는 경우도 있을 것이다. 이로 인해, 검사가 손상의 중증도를 과대평가할 수도 있다.

■ 글래스고 결과 척도(*Glasgow Outcome Scale*, *GLOCS*)(Jennett & Teasdale, 1981). 본 검사는 TBI의 회복 결과를 측정하는 데 유용하다. TBI 환자들의 잠재적 결과를 다섯 가지 척도로 기술한다.
  - 사망
  - 식물인간 상태. 기존에 언급한 대로, 식물인간 상태의 환자는 눈을 뜨거나, 움직이는 물건을 따라 시선을 옮기거나, 수면주기를 가지기는 해도 의미 있는 반응을 나타내는 것은 아니다.
  - 중증장애. 환자는 의식이 있기는 하지만 일상생활의 활동에서 보호자의 도움에 의존한다. 인지와 신체의 기능은 비교적 유지한 상태이다.
  - 중등도 장애. 환자들은 지속되는 장애를 갖게 되지만 비교적 독립적이다. 일은 계속할 수 있을 테지만 환자들이 가정하는 책임감의 수준은 발병 이전의 그것보다는 다소 낮을 것이다.
  - 상당한 회복. 환자들은 큰 제한 없이 발병 이전의 기능을 회복할 수 있다. 경미하고 지속적인 신경행동적인 결함으로 인해 일이나 생활의 활동에 영향을

받지 않는다.

■ *Rancho Los Amigos Scale of Cognitive Levels(RLAS)*(Hagen & Malkamus, 1979; Hagen, 2000). 인지 수준 검사를 위한 본 척도는 TBI 환자들의 인지와 행동 수준을 평가하는 방법으로 널리 사용된다. 원래는 8개 수준으로 행동의 척도를 매겼지만 수정된 척도(Hagen, 2000)에서는 10개의 수준으로 행동의 등급을 두었다.

1. 무반응, 완전보조. 환자는 청각, 시각, 운동감각, 고통 등 어떤 자극에도 반응하지 않는다. 완전한 보조가 필요하다.
2. 일반적인 반응, 완전보조. 환자는 자극에 대해 불명확한 목적 없는 반응을 보인다. 고통 자극에 늦은 반응을 나타낸다. 완전보조가 필요하다.
3. 국소적 반응, 완전보조. 환자는 눈을 깜박이거나 소리가 나는 곳을 향하거나 또는 피하는 반응을 보인다. 시야 안에 들어오는 시각적 자극을 따라 눈을 움직이며 감각 자극에 구체적인 반응을 보인다. 가족들에겐 반응할 수도 있지만 타인에게는 그렇지 않을 것이다.
4. 혼돈–동요, 최대 보조. 환자는 매우 산만하지만 환경 자극들에 주의를 기울인다. 기민성이 있으며 간단한 지시에는 반응한다. 쉽게 동요되며, 부적절하고 비일관적인 구어반응을 나타낸다. 치료에 협조적이지 않을 수 있다.
5. 혼돈–부적절–동요는 없음, 최대 보조. 환자는 기민성이 있고 비교적 안정적이지만 자극을 주면 동요될 수도 있다. 혼란을 보이며 시간, 장소, 사람들에게 여전히 지남력을 상실한 모습을 나타낸다. 주의력은 향상되지만 최근 기억이 심하게 손상된 모습을 보인다. 일상의 사물들을 부적절하게 사용하려 한다.
6. 혼돈–적절, 중간 보조. 환자는 사람들과 장소에 대한 지남력을 일관적으로 보이지 못하며 병원진을 희미하게 인식한다. 간단한 지시는 계속해서 잘 따르며, 최근 기억은 손상된 모습을 나타내며 일부 신변처리 행동은 보조와 감독이 필요하다.
7. 기계적–적절, 최소 보조. 환자는 사람과 장소에 대하여 일관적인 지남력을 보이지만 시간에 관해서는 그렇지 못할 수도 있다. 익숙한 과제는 약 30분

정도 참여한다. 일상에서 반복되는 것들의 수행은 최소의 도움으로 가능하다. 사람의 상태에 대한 통찰력이 부족하며, 사람의 능력을 과대평가하기도 한다. 미래를 계획하지 못한다. 적대적 성향을 나타내거나 비협조적일 수 있다.

8. 의도적-적절, 보조 대기. 사람과 시간 및 장소에 대한 지남력이 있다. 일반적으로 적절하고 정상적인 행동을 보이나 스트레스의 역치가 낮으며 추상적인 추론능력에 어려움을 나타낼 수 있다. 익숙한 과제에 한 시간 정도 참여하며 과거와 최근의 사건들을 기억할 수 있다. 새로운 정보를 배우고 일반화할 수 있다. 누군가의 장애를 인식한다. 우울증이 생기거나 짜증을 잘 낸다거나, 쉽게 좌절할 수 있다.
9. 의도적-적절, 요구에 따른 보조 대기. 환자는 최대 2시간 동안 일할 수 있다. 과제 사이를 앞뒤로 이동할 수 있다. 대부분의 익숙한 과제들은 완수하지만 익숙하지 않은 과제들은 도움을 요청할 수 있다. 장애를 인식하며, 가벼운 좌절과 인내, 짜증, 우울증은 여전히 잘 나타난다.
10. 의도적이고 적절함, 부분 독립. 환자는 정기적인 휴식을 하며 대부분의 과제를 해 나간다. 비록 시간이 좀 더 걸릴지라도 대부분의 일상 활동을 시작하고 수행해 나간다. 환자가 문제를 알고 예상하기 때문에 보상적인 전략을 세워 사용할 수 있다. 환자의 사회적·감정적 행동들은 일관적으로 적절하다.

RLAS 점수는 환자의 회복에 대한 예후를 정확하게 예견하지 못한다. 일반적으로, 환자가 초기 단계에 더 오래 머물수록 회복에 대한 예후 역시 더 좋지 못하다.

- *Galveston Orientation and Amnesia Test(GOAT)*(Levin, O'Donnell, & Grossman, 1979). Galveston 지남력 및 기억상실증 검사는 혼수상태에서 깨어난 환자들에게 사용한다. 환자의 시간, 장소, 사람들(자신을 포함하여)에 대한 지남력, 그리고 손상 이전과 이후의 사건들에 대한 기억을 평가하기 위한 10가지 질문으로 구성된다. 견본 질문들은 다음을 포함한다.

- **신상정보.** 환자에게 "당신 이름은 무엇이죠?" "생일이 언제입니까?" "어디 사세요?" "여기에 어떻게 오셨죠?" 등을 묻는다.
- **지남력.** "지금 계신 곳이 어디죠?" "지금 몇 시죠?" "몇 월이죠?" "지금이 몇 년도죠?"와 같은 질문이 포함된다.
- **기억.** "사고 후 처음으로 기억나는 것이 무엇이죠?" "사고 후 처음 기억나는 일에 대해서 자세히(예: 시간과 날짜, 같이 있었던 사람) 설명하실 수 있어요?" "사고 바로 전에 무슨 일이 있었는지 설명하실 수 있어요?" "사고 바로 직전에 있었던 일을 자세히(시간과 날짜, 같이 있었던 사람) 설명해 주실 수 있어요?"

환자는 검사 실시 시 100점에서 시작하여 부정확한 반응을 할 때마다 점수가 차감된다. 점수는 다음과 같이 계산된다.

- 보통: 80~100점
- 경계선 사례: 66~79점
- 손상: 0~65점

몇 가지 다른 검사들이 의식과 인지, 기억능력들을 평가하는 데 사용될 수 있다. 여기에는 Disability Rating Scale(DAS)(Rappoport et al., 1982) 그리고 Comprehensive Level of Consciousness Scale(CLOCS)(Stanczak et al., 1984)이 포함된다. DAS는 Glasgow 결과 척도보다 좀 더 포괄적이고 변화에 민감하다. DAS는 개안반응, 의사소통 능력, 운동반응, 섭식, 배설, 차려입기(꾸미기), 기능의 수준(의존도), 고용 가능성에 대한 등급을 매긴다. CLOCS는 Glasgow 혼수상태 척도보다 좀 더 포괄적이며 행동을 자세, 휴식 시 눈의 위치, 자발적인 개안반응, 다른 안구의 운동, 동공 반사, 운동 활동, 반응성, 의사소통 노력의 여덟 가지 범주로 나누어 평가한다.

3. 기억 및 추론능력의 평가

TBI 환자들의 경우 비구어적 능력(예: 기억, 인식의 측면, 그리기, 구성, 추론)이 구어적 능력(예: 이름대기, 따라하기)보다 더 장애를 입는 경향이 있다. 12장에서 언급한 대로, TBI 환자들의 일부 의사소통 결함은 주의집중 및 인식, 기억에의 장애로 인한 것일 수 있다. 따라서 효과적인 재활 프로그램을 계획하기 위해서는 이러한 장애들을 이해하는 것이 필수적이다.

■ 기억장애의 평가. 기억은 셀 수 없는 방법으로 범주화되며 더 작은 구성요소들로 쪼개어 나누어진다. 다음에 기술된 종류의 기억들은 TBI 환자에 따라 그 손상의 범위가 다양하게 나타난다.

- 기억상실증(amnesia)은 일반적으로 병원에서 사용되는 용어로 기억하지 못하는 것을 의미한다. 주로 고전적인 기억상실증은 내측두엽과 해마의 손상과 연관되어 인지 기능은 비교적 손상되지 않지만 심각하게 기억을 상실하게 되는 것이다. 이러한 손상은 TBI 환자들에게 흔하지 않기 때문에 TBI 환자들의 기억장애를 설명할 때 자주 등장하지는 않는다.
- 과거기억(retrospective memory)은 과거 사건들에 대한 기억이다. 이 기억 구성요소는 선언기억과 절차기억으로 다시 나누어진다. 선언기억(declarative memory)은 과거에 배웠던 일이나, 장소, 사건들 일반에 대한 기억이다. 임상가는 일반 지식을 검사하는 질문들로 선언기억을 평가할 수 있다. 예로, 역사 및 지리, 학문적이고 사회적인 사건들에 대해 일련의 질문을 함으로써 환자의 지식을 평가하는 것이다. 절차기억(procedural memory)은 운전, 면도, 요리 등의 행동을 어떻게 수행하는지 기억하는가에 대한 것이다. 임상가는 환자에게 편지를 어떻게 보내는지, 강의 개요를 준비하는 것, 이메일을 보내는 것, 정원에 꽃을 심는 것 등의 방법을 설명하도록 해서 절차기억을 평가할 수 있다.
- 미래기억(prospective memory)은 특정 시간에 해야 할 일들을 기억하는 것이다. 하루 중 특정 시간에 약속을 지키는 것, 메일을 점검하는 것 등이 그 예이다. 임상가는 환자에게 저녁 시간에 있을 일들이라든가, 의사와의 약속 또는 회진, 약 먹는 시간, 재활 활동 일정에 대해 물어봄으로써 미래기억을 평가할 수 있다.

- 외상 후 기억상실(posttraumatic memory loss)은 순행성 기억상실증(anterograde amnesia)이라고도 알려졌으며 TBI 이후의 일들을 기억하지 못하는 것이다. 임상가는 환자에 따라 손상 후에 있어났던 사건들에 대해 질문하여 평가할 수 있다. 예를 들어, 누가 환자를 병원에 데리고 왔는지, 병원에 온 직후에 환자 자신에게 어떤 일이 있었는지, 입원 후에 있었던 활동들, 그 날 있었던 일 등에 대해 물어보는 것이다. 가족이나 환자를 병원에 이송한 경찰, 구조대원들과의 면담을 통해 환자의 설명을 보강할 수 있다.
- 외상 전 기억상실(pretraumatic memory loss)은 역행성 기억상실증(retrograde amnesia)이라고도 알려졌으며 외상 전의 일들을 기억하는 데 어려움을 갖는다. 임상가는 손상 이전의 일들에 대해 질문하여 이를 평가한다. 예로, 환자에게 사고 이전에 환자가 무엇을 하고 있었는지를 묻는 것이다. 그리고 환자와 관련이 있는 개인들(가족 등) 그리고 외상과 관련된 여러 사람들(사고 시 차에 동승했던 다른 승객들, 구조했던 경찰이나 구조대원 등)을 면담함으로써 여러 증거들을 확보하는 데 도움을 줄 것이다.
- 손상된 시각기억(visual memory)은 잠깐 동안 본 것을 기억해 내지 못하는 것이다. 이를 평가하려면, 임상가가 다양한 기하학적 형태들(예: 카드에 그려진 삼각형이나 원)을 환자에게 잠깐 보여 준 다음 그것을 기억해서 그리도록 하는 것이다.

■ **사고·추론·계획 능력의 평가.** 손상된 사고·추론·계획 능력은 표준화된 도구로뿐만 아니라(12장 참조) 비공식적으로도 평가할 수 있다. 예는 다음과 같다.

- 임상가는 구어의 추상적 의미 추론능력을 평가하기 위해 환자에게 '제때의 바늘 한 땀이 아홉 땀의 수고를 던다.'라는 속담의 의미를 설명하도록 한다. 환자에게 사물이나 단어 사이의 차이점과 유사성을 얘기하도록 할 수도 있다(예: "연필과 펜이 어떤 점이 비슷하고 어떤 점이 다를까요?" "양배추와 오이의 차이점과 유사점은 무엇일까요?"). 몇몇의 표준화된 검사들이나 그 외 검사들의 하위 평가도 구어적 추론능력을 평가하는 데 사용될 수 있다. 예를 들어, 지능을 평가하는 일부 검사들은 추론능력과 구어적 모순을 찾아내는 능력을 평가하는 항목들이 있는데, 이러한 항목들을 환자에게 적용

할 수 있다. 환자에게 하나의 이야기가 되도록 그림을 배열하도록 하는 것도 유용하다.

- 임상가는 몇 가지 검사를 통해 비구어적 추론능력을 평가할 수 있다. 흔히 사용되는 검사는 ***Standard Progressive Matrices***(Raven, 1960)이다. 이 검사는 흑백으로 된 미완성의 기하학적 도안으로 구성되어 있는데 환자가 그 도안을 제시된 몇 가지 중에 선택하여 완성하도록 하는 것이다. 컬러로 된 검사판도 나와 있다. 또 다른 검사로는 ***Wisconsin Card Sorting Test***(Grant & Berg, 1948)인데 환자에게 1개 혹은 4개의 상징물들(삼각형, 십자가, 별, 원)이 그려져 있는 카드를 골라내도록 하는 것이다. 환자가 카드를 골라낼 때마다 "맞습니다." 혹은 "아닙니다."라고 얘기해 준다.

추론능력과 사고능력의 범위가 어느 정도까지 평가될지는 환자의 요구에 따라 다르다. 지능 검사와 같은 표준화된 도구들로 하는 인지 기능에 대한 광범위한 평가는 정신과 의사가 한다. 다소 포괄적인 범위를 평가하는 몇몇의 검사도구들은 TBI 환자들의 인지능력 및 추론능력을 평가하는 데 이용할 수 있다. 이러한 것들에는 Brief Test of Head Injury(Helm-Estabrooks & Hotz, 1991), Ross Information Processing Assessment-Second Ed.(Ross, 1996), Scale of Cognitive Ability for Traumatic Brain Injury(Adamovich & Henderson, 1992), Woodcock-Johnson Psychoeducational Battery-Revised(Woodcock & Johnson, 1989) 등이 있다. 이것들과 다른 검사들은 기억력, 지남력, 추론능력 그리고 사고능력을 평가하는 데 도움을 준다.

4. TBI와 연관된 의사소통장애의 평가

TBI 환자들의 의사소통장애를 평가에 실어증 검사가 특히 유용하다는 것은 증명된 바가 없다. 그러나 일부 임상가들은 관심이 있는 반응의 표본을 얻기 위해서 일부 실어증 검사의 하위 검사들을 사용하기도 한다. 예를 들면, 대면 이름대기, 단어 유창성 검사, 읽기 및 독해의 측정, 그리고 언어이해 검사 등이다. TBI 환자들에게 발견되는 대부분의 가장 많이 나타나는 의사소통장애는 화용적인 것이므로 담화 분석의 평가를 위한 사회적 의사소통 표본들을 구해야 한다. 대화 주고받기에서 반복적으로 얻어지는 표본은 언어능력 표준화 검사들에서보다 화용적 결함을 평가하는 데 더 유용할 것이다. 뿐만 아니라 추상적이거나 복잡한 정보, 그리고 유머, 속담, 문장들의 암시적인 의미를 이해하는 데 나타나는 장애를 평가하는 데도 도움이 될 것이다. 환자가 임상가가 아닌 다른 사람들과 대화하는 것을 참고한다면 구조화된 검사 항목에서보다 좀 더 타당한 정보를 얻을 수 있을 것이다(Gillis, 1996).

1) TBI와 연관된 마비말장애(Dysarthria)의 평가

우선, 대부분의 임상가는 구어 명료도를 평가하고 구어 산출 오류의 유형과 빈도를 알아보기 위해 침상선별 검사를 실시할 것이다. 마비말장애가 초기 급성기 이후에도 확장되고 지속된다면 세부적인 평가를 실시할 것이다. 마비말장애를 평가할 때, 임상가는 전문적인 마비말장애 종합 검사들과 전통적인 조음 검사 모두를 사용할 수 있다. 구어 표본들도 유용할 것이다. 흔히 사용되는 두 가지 검사는 다음과 같다.

- *The Frenchay Dysarthria Assessment* (Enderby, 1983). 본 검사는 호흡, 조음, 공명, 발성, 운동구어 기제의 반사적 측면을 평가하는 데 도움을 준다. 전부 운동구어 시스템의 28개 측면을 평가하는데, 입술, 턱, 구개, 후두의 기능들이 포함되어 있다. 표본 채집한 기능들과 신경근육체계는 9점 척도로 등급이 매겨지는데, 9점은 정상이고 1점은 심각한 기능 이상을 의미한다.
- *Assessment of Intelligibility of Dysarthric Speech* (Yorkston & Beukelman, 1981). 본 검사는 조음능력과 구어 명료도를 평가하는데, 선택된 단어와 문장을 환자가 산출하고 이를 녹음하여 평가한다. 각각 독립된 전문가들은 구어 명료도, 구어 속도, 분당 알아들을 수 있는 단어와 그렇지 못한 단어들의 수, 분당 알아들을 수 있는 단어들을 190(정상 구어 속도)으로 나누어 계산하는 의사소통 효율성의 비, 등을 평가한다.

TBI 환자들의 조음능력은 일반적으로 단일 단어의 산출과 제한된 문장들을 표본 채집하여 조음을 평가했던 전통적인 검사로도 할 수 있다. 그러나 전통적인 검사들은 TBI 환자들의 조음능력을 정확하게 드러내지 못할 수 있는데, 왜곡되었지만 여전히 알아들을 수는 있는 소리들을 무시하는 경향이 있기 때문이다. 더구나 검사 단어들을 매우 잘 알고 있는 전문가들은 환자의 조음능력을 과대평가할 수도 있다(Yorkston, Beukelman, & Bell, 1988).

마비말장애의 철저한 분석은 많은 표준화된 검사들에서보다 운동구어체계의 좀 더 세부적인 평가를 더 많이 포함한다. 임상가는 조음과 구어 명료도를 평가하는 것에 더하여 다음을 세부적으로 평가해야 한다.

- 호흡체계. 임상가는 구어를 위한 호흡지지, 호흡 주기의 매끄러움, 노력성 호기의 정도, 호흡기의 압력과 흐름을 평가해야 한다.
- 발성체계. 임상가는 후두의 근육 기능과 발성을 평가해야 한다. 후두 근육의 약화는 환자가 기침을 하거나 성문 폐쇄음을 산출할 때 명백하게 나타날 수 있다. 그러한 목쉼, 거침, 그리고 쥐어짜는 것과 같은 음질의 문제들은 주목해야 한다.
- 공명체계. 이 검사는 연인두 구조들과 구어 산출 시 공명 측면의 적절성을 평가한다. 구어 산출 동안의 과대비성, 과소비성 그리고 비강방출을 주목한다.

운동구어 평가의 세부적인 설명은 이 장의 범위를 넘어선다. 따라서 임상가는 마비말장애 진단과 평가가 가능한 몇 가지 자료 중 하나를 참고해야 한다(Duffy, 1995; Freed, 2000; Murdoch & Theodoros, 2001; Yorkston, Beukelman, Strand, & Bell, 1999).

2) 언어능력의 평가

12장에서 요약된 대로, TBI의 다양한 신경행동적 결과들이 언어 결함을 복잡하게 한다. 주의집중의 어려움, 혼돈, 감각의 문제, 충동성, 감정적임, 판단력 부족, 추론의 문제, 추상적 개념 이해에의 어려움 등이 의사소통 능력에 영향을 준다. 또한,

주지한 대로 언어능력을 평가하는 많은 표준화된 검사들, 특히 실어증을 평가하는 검사들은 TBI 환자들의 독특한 화용적 의사소통의 결함을 잡아내지 못한다. 환자의 신체적 및 행동적 상황은 계속해서 변화하는 속성이 있으므로 평가도 계속적으로 상황에 맞게 적응적인 것이 되어야 한다.

평가는 환자의 신체적 및 행동적 상태, 의사소통과 인지 기능, 일반적인 진전 또는 진전의 부족 등에 대해 체계적이고 계속적인 분석을 해야 한다. 초기 언어평가는 간단하고 비공식적인 것이며 이어지는 평가는 좀 더 심층적이고 비공식적인 것과 공식적인 것 모두를 이용한다.

- 체계적이고 계속적인 분석. 환자들은 최초에 혼수상태였거나, 혼돈을 겪는 등 의식의 수준이 다양했을 것이다. 환자의 행동을 체계적이고 계속적으로 분석하는 것이 계속적으로 변화하는 환자의 일반 행동, 주의와 각성, 의사소통의 시도들을 기록하는 데 도움이 될 것이다. 관찰의 결과에 따라 다양한 측면의 언어평가를 실시할 수 있을 것이다.
- 초기 단계에서 언어와 의사소통의 분석. 환자는 초기 단계에서, 특히 혼수상태나 달라진 의식의 수준에서 깨어났을 때, 함묵증을 보이거나 혼돈된 언어를 나타낼 수도 있다. 환자의 상태가 나아지면서 말이 없던 환자가 말을 할 수도 있고 혼돈스런 언어도 정리될 수 있다. 자주 관찰하면서 간단한 대화를 시도한다거나 시간, 장소 및 사람들에 대한 질문을 하는 것이 환자의 초기 의사소통 수준에서 이어지는 변화들을 기록하는 데 도움이 될 것이다.
- 언어이해(수용 언어)의 평가. 혼돈스러운 응급 시기 동안에는 간단한 의사소통의 교환도 환자가 구어언어를 이해하고 있다는 생각을 줄 수 있다. 환자의 혼돈이 가라앉고 기민성이 향상되면 공식적인 언어 평가가 도움이 된다. 임상가는 Peabody Picture Vocabulary Test(Dunn & Dunn, 1981)를 통해 단일 단어의 이해를 평가할 수 있다. 원판 Token Test(DeRenzi & Vignolo, 1962)와 수정판인 Revised Token Test(McNeil & Prescott, 1978)도 언어이해 평가에 사용될 수 있다. Token 검사들은 언어이해를 평가하기 위해 일련의 지시를 한다. 비록 아이들을 대상으로 표준화되지는 않았지만, Test for Auditory Compre-

hension of Language, Third Ed.(Carrow-Woolfolk, 1999)은 언어이해의 유의미한 손상을 평가하는 데 유용하다. 읽기 검사는 환자에 따라 특별히 선택된, 신문이나 잡지 또는 이야기에서 뽑아낸 인용문을 소리 내어 읽거나 묵독하는 자료로 하여 이해를 평가하는 데 사용할 수 있다.

구어 표현의 평가. 이름대기, 단어 유창성, 그림 설명, 그리고 이야기 해설 등을 포함한 구어 표현의 다양한 측면은 환자에 맞는 방법 또는 표준화된 검사로 평가할 수 있다(8장에서 실어증 평가를 위한 검사 일부를 참조). 대화상의 구어 표본들은 녹음하여 주고받기, 주제 시작, 적절한 주제 선택, 주제 유지, 대화 수정, 구어의 사회적 적절성, 두서없음, 사건들의 논리적 연결, 적절한 몸짓의 사용과 같은 화용 기술을 분석하는 데 사용할 수 있다. 쓰기 표본은 글자 형성과 단어 및 문장 쓰기의 어려움을 분석하는 데 도움이 된다.

3) 연하장애의 평가

TBI 환자들의 연하장애의 평가가 언어치료사들의 일차적 의무이지만 이 책에서는 그 절차들에 대한 세부적인 기술이 어려우므로, 독자들은 다른 자료들(Murdoch & Theodoros, 2001)을 참고해야 한다. 평가는 삼킴에 대한 침상 평가와 방사선학적인 방법 둘 모두를 사용할 수 있다. 초기 침상 평가는 약간의 섭식 시도 및 일반 식사 시간을 관찰하는 동안에 보이는 삼킴에의 모든 문제들을 주시해야 할 것이다.

몇몇 공식적인 방법 중에 **비디오투시조영검사**(videofluoroscopy, videofluoroscopic swallowing study)는 삼킴 시의 생리학적인 과정들을 방사선학적인 방법으로 검사하는 가장 유용하면서 많이 쓰이는 방법이다. 이 과정에서 환자는 바륨(엑스레이 상에서 확연한 대조를 도와주는 물질)이 들어간 음식물 덩어리를 마시거나 삼킨다. 삼킴 운동과 그 외 문제들(특히, 흡인)이 드러나고 문제에 대한 이유도 분석된다(Logemann, 1998; Murdoch & Theodoros, 2001).

4) 평가에 있어 민족문화적 고려사항

TBI 환자들의 평가에서 민족문화적인 문제들을 다룬 연구는 거의 없다. 그러나 문제들은 실어증이나 다른 의사소통의 결함을 보이는 장애들에서 제기되는 것들과 크게 다를 것 같지 않다. 민족문화적인 배경이 다른 환자들의 평가 시 적용할 수 있는 일반적인 지침을 저술에서 참고할 수 있다(Battle, 2002; Payne, 1997; Screen & Anderson, 1994).

민족문화적으로 다양한 실어증 환자들의 평가에서 제안된 사항들은 TBI 환자들에게도 적용될 수 있다. 환자에 맞춘 접근, 환자의 민족문화적 배경과 맞지 않는 표준화된 검사도구에의 의존 최소화, 가족의 민족적 및 문화적, 언어적 배경에 대한 세부적인 정보, 환자와 가족들의 장애에 대한 견해의 이해, 환자와 가족들의 재활에 대한 기대 등은 민족문화적으로 다양한 TBI 환자들을 적절히 평가하는 데 도움을 줄 것이다. 세부사항은 8장을 참고한다.

5. TBI 환자들의 임상관리

TBI 환자들의 임상관리는 팀접근이다. 환자들의 재활에 관한 고려사항은 시간에 따라 변화한다. 초기의 관심은 환자의 신체상태를 안정화하고 생존의 기회를 높이는 것이다. 응급 의료적 치료는 최고 우선순위일 것이다. 손상의 중증도에 따라 의료적 및 외과적 치료는 환자를 안정시키는데, 또한 뇌의 부가적인 이차 손상들을 예방하기 위해서도 필요하다.

이어서, 관심은 환자의 의식, 기민성, 지남력 그리고 주의 수준을 안정화하거나 개선하기 위한 것으로 옮겨진다. 환자의 상태가 나아지면 가능한 수준에서 공식적 의사소통 치료와 물리치료 그리고 다른 재활 방법들이 실시된다. 궁극적으로, 지역사회로 돌아가는 것을 돕고, 교육 또는 직업 재개를 계획하고, 치료되지 않은 결함이 있을 경우 그것을 조절할 수 있는 보상 전략을 가르치는 것이 주된 업무가 될 것이다.

1) TBI 환자들의 의료적 및 외과적 치료

TBI 환자들은 처음에는 응급의학과와 중환자실에서 치료를 받는다. 이어 재활병동으로 옮겨지는데 뇌손상과 그 결과의 중증도에 따라 환자는 다양한 의료적 및 외과적 치료를 겪어야 한다. 중환자실과 재활병동에서 초기 단계의 TBI 환자들과 일하게 되는 언어치료사들은 이러한 치료 및 전반적인 재활계획에 미치는 영향에 대해 숙지해야 한다.

제공되는 치료의 종류는 TBI의 시기와 단계에 따라 달라진다. TBI에 따르는 첫 번째 시기인 **중환자 단계**(acute stage)에서 의료적 및 외과적 치료의 목표는 환자를 안정시키는 것이다. 중환자 단계에서 공통적으로 제공되는 의료적 및 외과적 치료의 일부는 다음을 포함한다(Cooper & Golfinos, 2000, Tien & Chesnut, 2000).

- 제일 처음에 주어지는 의료적 치료는 환자의 생명을 구하는 것인데, 환자의 기도를 확보하는 것, 혈액의 순환을 돕는 것, 호흡을 지지하는 것이다. 심폐기능 소생법이 필요할 수도 있다.
- TBI 발생 후 몇 시간 혹은 며칠 내에, 외과적 절차들이 수행될 수 있다. 예를 들어, 뇌에 혈전이 있다면 제거될 것이다. 지주막하 혈종으로 인한 두개내압 및 뇌출혈도 외과적 방법을 통해 조절될 것이다.
- 뇌조직의 붓기(부종)를 알아보기 위해서는 신경외과의가 뇌에(두개골을 통해) 두개내압(ICP) 측정기를 삽입해야 한다. 모니터에서 부종으로 인한 너무 높은 두개내압이 관찰되면 뇌 안의 액체를 혈관을 통해 빼내어 ICP를 줄이기 위해 약물을 사용해야 한다. 부종이 심한 경우에는 두개골의 일부를 일시적으로 제거하여 뇌조직의 손상을 막는다.
- 뇌에 치료를 촉진하는 적당한 산소가 공급되고 있는가를 확인하기 위해서 환자를 **인공호흡장치**(ventilator, respirator) 위에 놓을 수도 있다.
- 과도하게 생긴 액체가 뇌실에 축적되어 막히거나 팽창하지 않게 하려면 신경외과의들이 **션트**(shunt)라는 튜브를 삽입하여 액체(뇌수종)를 빼내고 뇌실이 정상 크기로 돌아오도록 한다.
- 삼킴에 문제가 있는 환자의 섭식을 용이하게 하려면 코와 위를 연결하는 비위관을 삽입할 수 있다.
- 환자의 혈압을 계속적으로 측정하고 감시하려면 **동맥라인**(A라인, arterial

lines)을 동맥에 삽입할 수 있다.

- 혈중 산소의 수준을 측정하기 위해서는 환자의 발가락, 손가락 또는 귓불에 **산소포화도측정기**(pulse oximeter)를 끼워 놓는다.
- TBI에서 심각한 결과를 낳는 발작을 제어하기 위해서 대부분의 환자들에게 최소 첫 몇 주 동안은 경련억제 약물을 투여한다.
- 나트륨, 칼슘, 당 그리고 다른 혈액의 물질들의 수준을 안정시키기 위해서는 환자에게 다양한 약물을 투여할 수 있다.
- 폐렴 및 요로 감염과 같은 가능성 있는 감염을 예방하기 위해서 부가적인 약물이 처방될 수 있다.
- 환자가 나타낼 수 있는 부가적인 증상들에 따라, 진통제, 항불안제(공포, 불안, 신경증을 줄임), 항응고제(혈전 생성 억제), 항우울제(우울증을 조절하는), 항정신병제(공격성, 적대감, 환상 등을 조절), 진정제(수면이나 진정을 유도), 자극제(주의집중과 기민성 향상) 등을 처방할 수 있다.

아급성기(subacute stage)에는 치료의 목표가 합병증을 찾아내어 치료하고, 신경학적 및 기능적 회복을 촉진하며, 부가적인 손상을 예방하는 것이다. 이 단계에서는 환자가 다음의 치료를 받을 수 있다(Cooper & Golfinos, 2000; Tien & Chesnut, 2000).

- 합병증을 알아내려면 의료진이 욕창, 근육 강직, 감염, 뇌 안에 물이 축적되는 것 등을 찾아내어 치료한다.
- 신경학적 및 기능적 회복을 촉진하기 위해서는 의사 및 간호사, 언어치료사, 작업치료사, 물리치료사, 정신과 의사, 다른 전문가들을 포함하는 재활팀이 전문화된 프로그램을 실시한다. 의료진은 환자의 진전을 계속해서 살피고 필요하다면 추가적인 약물을 처방한다.

언어치료사들과 다른 재활 전문가들은 환자가 받은 또는 받고 있는 다양한 외과적 및 의료적 치료에 대해 고려할 필요가 있다. 임상가는 환자에게 미치는 약물의 부작용에 대해서도 알고 있어야 한다. 예를 들어, 진정제가 세게 투약된 환자들은 의사소통 치료 동안에 각성이 되지 않을 수도 있다. 비위관이나 호흡기를 하고 있는 환자들은 다양한 평가 및 치료 과제들을 수행할 수 있는 상황이 되지 않을 수도 있다.

2) TBI 환자들의 의사소통 치료

TBI 환자들의 의사소통 문제는 직접적인 행동치료가 효과적이라고 알려졌다(Deaton, 1990; Marquardt, Stoll, & Sussman, 1990). 예로, 즉각적이고 반응에 따른 정확한 피드백을 줌으로써 대화 중의 보속적인 반응들, 적절치 못한 웃음, 끼어들기, 주제를 유지하지 못하는 것 등의 문제들을 감소시키는 것이 가능하다. 환자에게 자기점검 기술들을 가르쳐서 스스로 좀 더 효율적인 대화 상대자가 되도록 하는 것도 가능하다.

의사소통 및 행동의 자기관리는 환자가 도움을 필요로 하는 두 가지 긴급한 기능들이다. 언어치료사의 입장에서 의사소통과 이와 관련한 행동의 자기관리에 대해 직접적으로 개입하는 것이 일차적인 관심이 되어야 할 것이다. 불행하게도, 직접적인 의사소통 훈련에 대한 연구는 극히 제한적인데, 이는 부분적으로 전문가들 사이에 기저의 인지적 결함을 고치게 되면 의사소통과 행동의 자기관리 능력은 자동적으로 향상될 것이라는 강한 믿음이 있기 때문이다. 다음 절에서 인지재활에 대한 비판적인 토의를 다룰 것이다.

TBI 환자들의 치료는 우반구 손상 환자들의 치료와 유사하다(11장 참조). 두 환자군 모두 비슷한 의사소통 결함과 관련 행동장애들을 나타낸다.

의료적 및 재활의 노력을 통해 경미한 TBI 환자들은 대부분의 증상에서 회복하며 정상 또는 거의 정상에 가까운 생활로 복귀한다. 그러나 중등도에서 중증의 TBI 환자들의 대부분에게는 평생 지속되는 후유증들이 남을 수 있다. 그러한 경우에 임상가는 우선 구체적인 의사소통 행동을 가르치고 궁극적으로는 후유증으로 인한 영향을 최소화할 수 있는 보상적 기술 및 전략을 가르쳐야 한다.

3) 치료에 있어 민족문화적인 고려사항

민족문화적으로 다양한 TBI 환자들을 치료한 경험적 자료들은 거의 없거나 전무하다. 구체적인 자료들이 없으므로 임상가는 민족문화적으로 다양한 환자들의 의사소통장애를 치료하는 데 적절하다고 생각되는 일반적 지침을 따를 수 있다(Battle, 2002; Payne, 1997; Screen & Anderson, 1994). 민족문화적으로 다양한 환자들이 참여한 치료의 효용성에 대한 연구들을 관찰하면서 임상가는 민족문화적으로 다양한 실어증 환자들이나 다른 의사소통장애를 갖고 있는 사람들을 치료하는 일반적인 지침을 따르게 된다. 세부사항은 9장을 참조한다.

4) 치료의 기본 원칙

다음의 치료 원칙들은 좀 더 적절한 의사소통을 증가시키고 보상 기술을 가르치는 직접적인 노력에 도움을 줄 것이다.

- 환자에 따른 기능적 치료 목표, 즉 직접적인 의사소통 및 환경(시간, 장소 및 사람들을 포함)에 대한 지남력, 그리고 사건과 사람들에 대한 기억을 증진시키는 것과 혼돈을 줄일 수 있는 것을 선택한다. Hartley(1995)는 특정 생활의 영역에 따라 기능적 의사소통 기술의 종류를 요약했는데 이를 사용할 수도 있다(예: 그녀는 집이라는 영역 하에 개인적인 건강관리와 안전, 가족생활과 사회적 상호작용, 가계부 관리와 유지와 같은 기술들을 요약하였고 다른 두 영역은 지역사회와 직업이다).
- 환자와 환자의 가족 구성원, 친구, 그리고 가능하다면 동료들이나 선생님들을 치료 초기부터 참여시킨다. 환자와 참여자들이 치료 목표를 스스로에게 의미 있고 기능적인 것으로 선택하도록 한다. 환자 스스로 습득하고 싶은 기술에 대해 순서를 매기도록 한다.
- 초기 치료 환경은 학습을 촉진할 수 있도록 구조한다. 주의를 분산시킬 수 있는 것이나 소음, 사회적으로 당황시킬 가능성이 있는 것들은 피한다.
- 처음에는 표현의 구문적 또는 의미적 정확성보다 의사소통의 효율성을 강조

한다. 우선, 환자는 요구사항을 표현하기 위해 몸짓을 사용하거나 문법적으로 맞지 않는 구 및 구문들을 사용하기 쉽다. 이러한 의사소통 시도를 수용하고 강화한다.

- 치료 과제들을 단순화하라. 이러한 초기의 단순함은 좀 더 복잡한 기술을 구축하기 위한 기본적 의사소통 기술을 확립하는 데 도움을 준다. 환자가 더 간단한 기능적 기술들을 확실히 학습했을 때만 치료 과제의 복잡성을 늘린다.
- 지루함을 피하기 위해 치료 과제들을 다양하게 한다. 그러나 초기 단계에서부터 어리둥절하게 활동들을 배열하면 환자를 압도할 수도 있다. 환자가 지루하거나 피곤할 때 다른 과제로 전환하거나 과제를 단순화한다.
- 치료시간을 점차 늘리도록 한다. 처음에는 다소 잦은, 잠깐 동안의 치료가 도움이 된다는 것을 유념한다.
- 지남력, 주의집중, 기억 등과 같은 기술들을 직접적 의사소통 훈련에 통합시키도록 한다. 의사소통이나 일상 활동에 직접적으로 도움을 주지 않는 의미 없는 훈련들이나 구체적이지 않은 감각 자극들을 피한다.
- 환자와 개인적으로 관련 있는 치료 자극 및 활동들을 선택한다. 환자가 발병 이전에 좋아했거나 경험했던 음악, 그림, 이야기(환자에게 읽어 주도록)를 선택한다. 예를 들면, 환자가 좋아하는 음악이나 가족 구성원들이 좋아하는 그림은 작위적으로 선택된 음악이나 그림보다 더 적절할 것이다.
- 보호자(기관 및 가족)가 환자의 바람직한 행동 및 의사소통 시도에 대해 즉각적으로 강화하도록 훈련한다.
- 치료는 구조화된 환경에서 시작하여 점차 덜 구조화된 자연스런 환경으로 옮겨 간다. 일상생활의 활동 영역들을 포함하여 다양한 환경에서 치료를 제공한다.
- 환자에게 안정감을 줄 수 있고 예측할 수 있는 생활의 배치를 통해 환경 조절 프로그램을 구축한다. 환자의 기능이 향상됨에 따라 환경의 조절과 엄격하게 정해진 일과들을 최소화한다.
- 보상 전략 훈련이 필요한지 평가한다. 남아 있는 장애의 영향을 줄이기 위해 보상적 행동을 훈련한다.

- 임상적으로 재확립된 기술들을 일반 환경에서 유지하도록 촉진하는 전략들을 사용한다. 자기관리와 자기평가 기술을 가르친다. 유지 전략들에 대해선 뒤의 절을 참고한다.
- 지역사회로의 재편입 프로그램을 계획하고 실시한다. 학교, 직장, 사회적 공간들로 재편입하는 것을 촉진하도록 한다. 다음 절의 제안점들을 참조한다.
- 환자의 재활 계획을 사용하고 통합하며 여러 가지 노력들을 조화시키려면 다른 건강관리 전문가들과 긴밀하게 협력한다.

5) 기본적인 치료 목표와 전략

- **융통성 있는 치료 환경.** 치료 초기 단계에서는 통제된 치료 환경과 활동이나 일정에 다양성을 줄이도록 계획한다. 환자에게 간단하고, 구조화된 일과로 몇 가지 활동만 하도록 한다. 동시에 치료 및 다른 활동들을 자제하고 보호자와 임상가는 동일한 사람으로 한다. 활동의 수와 복잡성은 환자가 그것에 대한 인내가 가능할 때 늘리도록 한다. 환자의 의학적 상태가 안정화되고 행동이 개선되면 다양한 활동을 소개한다.
- **장소, 사람, 시간에 대한 지남력.** 치료의 초기 단계로 환자의 장소 및 사람, 시간에 대한 지남력을 증진시킨다. 주된 치료 기법들로 특정 질문을 하고, 모범적인 반응들을 모방하며, 이에 대한 정적 강화를 주는 방식을 이용한다.
  - 다음과 같은 질문들을 사용한다. "지금 어디에 있죠?" "내가 누구죠?" "이 사람은 누구예요?" "지금이 아침인가요? 아님 저녁인가요?" "지금 몇 시죠?"
  - 환자가 반응하지 못하거나 틀리게 반응했을 때 답을 알려 준다. 예를 들어, 물은 다음에 바로 "'나는 병원에 있어요'라고 말하세요"라고 알려 준다.
  - 몇 개의 정답 반응들을 따라한 후에는 정반응을 알려 주지 않는다. 예로, 관련 질문들을 한 다음에, 이런 촉진 자극들을 준다. "지금은 오후가 아니에요. 지금은 …" "나는 당신의 언어 …예요" "당신은 치료하는 곳에 있죠. 이것을 …라고 부르죠." "이 사람은 당신의 아들이 아니에요. 이 사람은 당신의 …(예요)."

- 모든 정반응 또는 메시지를 의사소통하는 데 성공적이었던 유사한 정반응에 신속하게 강화한다.
- 요일, 날짜, 달, 병원 이름 등 지남력을 증진시킬 수 있는 문자판을 적어 붙여 놓는다. 환자의 시야 안에 붙이고 자주 환자가 볼 수 있도록 환기시킨다.

■ **주위 환경 및 대화 상대자에게 주의집중하기.** 환자가 환경, 특히 대화 상대방에게 주의집중하는 것을 증강시킨다.

- 환자의 주의를 주위 사건들과 사람들에게로 자주 환기시킨다.
- 환자에게 말을 하는 동안에 건강관리팀의 사람들을 포함하여 사람들의 이름을 자주 말하도록 한다.
- 환자에게 주변 사건들과 사람들에 관해 질문을 하여 그들에 관한 이야기를 하도록 독려한다.
- 주의집중이나 무언가 관련 있는 것들을 말하려는 시도가 있으면 어떤 것이든 강화한다.

■ **보완대체적 장치.** 재활의 초기 단계 동안에는, 의사소통의 기본 형식을 확립하기 위해 필요한 보완대체적인 장치들을 제공한다.

- 환자의 기본적인 요구를 도와주는 간단하고 효과적인 장치들을 선택한다. 예로, 환자에게 요구사항을 표현할 수 있는 의사소통판 사용을 가르친다.
- 환자의 구어 의사소통이 나아지는 데 따라 장치의 사용을 용암시킨다.
- 보완대체적인 장치에 대한 필요는 계속하여 평가하고 남아 있는 장애로 인해 필요가 분명해질 것이므로 치료의 후반 단계에서 제공한다.

■ **일과의 기억.** 환자의 지남력과 기민성이 향상되면 일과에 대한 기억을 증진시킬 수 있는 작업을 시작한다.

- 환자를 위한 일과의 목록과 활동 일정을 만든다.
- 글자판이나 활동 목록을 붙여 환자가 일과를 상기할 수 있도록 한다. 글자판 또는 목록을 자주 상담하도록 환자를 강화한다.
- 환자와 함께 목록을 훑어보고 나서 어떤 일이 생길 것인지, 어떤 일과를 하게 될지 설명하도록 한다.
- 환자에게 하루의 활동을 기억하여 적도록 한다. 이름과 활동의 정확한 순서

를 촉진 자극으로 준다.

- 환자에게 목록을 묵독하게 한 후 목록을 보지 않고 설명하도록 한다. 촉진 자극을 주고 정반응에 대해서는 강화한다.

■ 중요한 사람들의 이름 기억. 건강관리팀과 가족들의 이름을 기억하도록 한다.

- 가족에게 부탁하여 치료시간에 가족사진을 가져오도록 하여 자주 보여 주고 그들의 이름을 말하도록 한다. 처음에는 올바른 이름들에 대한 시범을 보이거나 촉진 자극을 준다.
- 매일의 치료 활동 동안에는 비공식적인 치료 회기는 자제한다. 건강관리팀의 이름을 반복하게 하고 환자에게 말해 보도록 한다. 이름에 대한 촉진 자극과 함께 정반응은 강화한다.
- 환자에게 가족과 보호자의 이름을 써 보게 한다. 친구 및 동료, 그 외 중요한 사람들의 이름을 포함하여 점차 확대해 나간다.

■ 구어언어의 이해. 환자가 대화 상대방과 주제에 주의집중하는 것을 늘려 구어언어의 이해를 증진시키도록 한다.

- 대화의 주고받기 처음에는, "이제, 잘 들으세요." "뭣 좀 얘기하려는데요." "지금은 듣고 계세요."와 같은 말로 환자의 주의를 끈다.
- 필요하다면 대화 주고받기 내내 그러한 문구들을 사용한다.
- 환자의 대화 주제에 대한 주의집중이 나아짐에 따라 그러한 문구들은 용암시킨다. 환자가 대화에 주의집중한 것에 대해 강화한다.
- 의사소통에 주의를 갖게 하려면 새로운 주제에 대해 소개를 한다. 갑자기 주제를 소개하는 것이 아니라 환자에게 '이제 주제를 바꾸려 한다'고 말하거나 '뭔가 다른 것에 대해서 얘기를 하게 될 것이다'와 같은 방식으로 알려 준다. 새로운 주제나 토픽의 이름을 말하거나, 필요하다면 주의를 집중하도록 지시를 반복한다.
- 구어 평가를 치료의 일부로 실시한다. 환자에게 자신이 금방 말한 것을 다시 말하도록 해 보거나, 토론의 주된 요지를 전달해 보거나, 대화의 내용을 요약하도록 한다. 환자가 실수를 최소화할 수 있도록 촉진 자극을 주고 강화한다.

- 대화를 이해하거나 참여하는 의미가 있는 행동들은 강화한다. 예로, 눈 맞춤, 미소 짓기, 고개를 끄덕이기와 같은 행동은 강화한다. 그러나 강화가 적절한지 확인을 하려면 자주 이해를 평가해야 한다.
- 임상가는 환자에게 이해하지 못한 것이 있다면 물어볼 수 있도록 가르친다. 복잡한 지시를 한 후 "그게 무슨 의미예요?"라고 질문하거나 "그것 잘 모르겠는데요." "좀 더 얘기해 주세요."라고 말하여 시범을 보이고 환자에게 따라하도록 한다. 다시, 자신이 알고 있는 것 중에 환자는 잘 이해할 수 없는 말을 한 후 바로 질문을 한다. 질문하고 답하는 행동에 대해 강화한다.

■ 무관한, 부적절한, 빗나가는 반응. 이러한 반응들의 빈도를 줄이기 위해서는 주의를 자제한다.

- 이러한 반응에 반응하지 않고 주제를 바꾼다. 좀 더 관계 있는 반응이 나올 듯한 간단한 질문을 한다.
- 모든 바람직한 반응에 강화를 한다.
- 환자들이 무관한, 부적절한, 빗나가는 행동들을 할 때마다 눈길을 돌림으로써 타임아웃을 사용하여 그러한 행동을 감소시킨다.

■ 구어 산출 문제(마비말장애). 평가 결과와 마비말장애의 유형에 따라 관계된 구어 산출 문제와 마비말장애를 치료한다. 마비말장애는 구어 산출의 모든 측면들(호흡, 발성, 조음, 공명, 운율 특징들)이 수정되어야 할 수도 있기 때문에 치료가 복잡하다. 세부사항은 다른 자료들을 참조한다(Hegde, 2001b; Murdoch & Theodoros, 2001; Yorkston, Beukelman, & Bell, 1998).

- 마비말장애가 경미한 수준이어서 구어 명료도에 끼치는 결과가 미미하고 환자가 하는 일에 영향을 주지 않을 것 같다면 치료를 하지 않는 것도 고려한다.
- 중등도에서 중증의 마비말장애는 구어 명료도에 영향을 미칠 가능성이 있으므로 치료한다.
- 구어의 호흡 지지를 증진시킨다. 예를 들면, 말하는 동안 몸의 자세를 바르게 하도록 하고 보조한다. 빠르게 흡기하고 천천히 조절하면서 호기하도록 가르친다. 호기하는 동안 복부를 눌러 호기 시 복부를 지지한다. 점차로 한

호흡당 발화 수가 늘어 가도록 한다.

- 후두 기능을 증진시킨다. 가벼운 발성 시작(gentle voice onset)과 같은 방법으로 후두의 과대외전을 줄인다.
- 발성 중에 당기기, 밀기 그리고 들어올리기와 같은 기법을 통해 성대의 외전을 증가시킨다.
- VisiPitch®, VisiSpeech®, Speech Viewer®와 같은 도구들을 이용하여 음질의 일탈을 수정한다.
- 연인두 기능을 향상시켜 구어공명의 문제들을 개선한다. 환자에게 연인두 폐쇄를 향상시키기 위해 구개거상기와 같은 보철장치들을 끼우는 것도 고려해 본다. 연인두문(velopharyngeal port)의 좀 더 나은 접촉을 위해 발성 노력을 증대시키는 것을 가르친다. 비강-구강의 공명에 대한 피드백을 주려면 Nasometer®와 같은 도구를 이용한다.
- 조음을 개선시키기 위한 방법들은 다음과 같다. (1) 근육긴장도를 낮출 것인지, 높일 것인지(환자가 저긴장인지 아니면 고긴장인지) 처방된 운동법에 따른다. (2) 근육긴장도와 힘을 늘리기 위해 근전도 검사(electromyography)를 통해 바이오피드백을 제공한다. (3) 전자구개도(electropalatography)를 통해 혀의 위치에 대한 시각적 피드백을 제공한다. (4) 반복된 분절적 시도와 정적 강화를 통해 점차로 명료도가 높은 구어를 형성하도록 한다. (5) 구어 속도를 줄인다.

■ **화술과 다른 화용언어 기술.** 등급을 나누어 화술을 가르친다. 주제 유지와 이야기 시작과 같은 화용적인 기술들을 화술교육에 통합시킨다.

- 임상가가 간단하고 짧은 이야기를 해 준 후 환자에게 그것을 다시 말해 보도록 한다. 사건의 시간적 순서를 교정해 주기도 하고 반응을 하도록 촉진한다.
- 단계가 높아지면서 이야기의 길이와 복잡성을 늘리도록 한다. 환자에게 한 이야기나 에피소드에 대한 이해를 자주 평가한다.
- 환자에게 아침 차리기, 휴가 계획하기, 누군가를 위한 선물 사기, 캠핑 여행 가기 등과 같은 일반 지식이 들어간 사건들을 설명하도록 한다. 환자가 어려

워하는 단어나 이름에 대해선 촉진 자극을 주고, 정확한 이야기에 대해서는 강화한다.

- 환자에게 개인적인 경험을 이야기하도록 한다. 촉진 자극은 점차 줄여 나간다. 수용할 만한 반응에 대해서는 강화를 계속하고, 부적절한 반응에 대해서는 관심을 두지 않도록 한다.
- 환자에게 "좀 더 얘기해 주세요." "자세히 말해 주세요."라고 하여 한 주제에 대한 이야기를 확장시키도록 한다. "이건 어때요?" 또는 "저건 어때요?" 하는 식의 단서들로 환자가 놓친 세부적인 것들을 제시한다.
- 대화의 새로운 주제를 알려 주면서 새로운 주제의 시작을 가르친다. 그러한 촉진 자극들로 환자는 대화에서 새로운 주제를 시작할 수 있다.
- 환자의 끼어들기는 무시하고 대화 시 적절한 때에 말을 하면 강화하는 방식으로 주고받기를 교육한다. "당신 차례예요." "제 차례예요."와 같은 구어적 장치를 이용한다.
- 모든 단계의 의사소통 훈련에서 일이나 학교와 관련된 단어와 구, 그리고 이야기를 통합시켜 사용한다. 환자에 따른 직업 또는 학교와 관련된 어휘와 표현들을 골라서 담화와 이야기하기 훈련에 일부가 되도록 한다.

■ 자극 조절. 환경 자극들의 통제하에 목표 행동을 이루려면, 행동을 통제하고 있는 특별 자극들을 용암시킨다.

- 행동의 유도를 위해서 문자판, 촉진 자극, 일반적(환경적) 자극들로 시범 보이는 것을 특정 암시(신호), 질문, 일반적 대화 교환들과 짝짓기 한다.
- 특정 자극들로 행동을 유지하면서 문자판, 촉진 자극, 시범 보이기는 용암시킨다.

■ 자기점검 기술. 목표 기술의 유지를 증진시키기 위해 모든 단계의 훈련에서 자기점검 기술을 가르친다.

- 환자의 주의집중이 흩어졌을 때 스스로를 다잡도록 가르친다.
- 환자가 올바르고, 적절한 또는 확장된 반응을 했을 때 스스로를 강화하도록 가르친다.
- 환자에게 말을 하다가 뭔가 혼란스러워지면 말을 중지하도록 가르친다.

6) 보상 전략의 교육

임상가는 의사소통 훈련 결과가 정체기(plateau)에 이르고 남아 있는 장애들로 도움이 필요하다면 보상 전략의 필요성을 평가해야 한다. 일부 심하게 장애를 입은 사람들은 보완대체 의사소통(AAC) 형식으로부터 도움을 받을 수 있을 것이다. 9장에 AAC 전략에 대한 개관을 기술하였는데 실어증 환자뿐만 아니라 TBI 환자들에게도 사용될 수 있다.

환자의 잔존 장애들을 분석하여 보완 전략을 선택한다. 구어 표현, 구어 명료도, 기억능력에서 결함이 발견될 것이다.

환자에게 하나의 행동을 수행하는 데 관여되는 단계들을 적도록 한다. 예를 들어, 환자에게 아침 차리는 방법을 적도록 하는 것이다.

환자에게 정보를 요구하는 법을 가르친다. 예를 들어, 환자에게 시간, 날짜, 분명하지 않은 말에 대한 정보를 요청하는 법을 가르친다.

환자에게 사람들의 말을 다시 해 줄 것을 요청할 수 있게 한다. 예를 들어, 다른 사람들에게 천천히 또는 반복해서 말해 줄 것을 요청하도록 훈련하는 것이다.

환자에게 중요한 정보는 재연하도록 한다. 예를 들어, 환자가 '아침 차리기'를 어떻게 하는지 필요한 단계들을 생각하고 우선 혼자서 말해 보기를 하도록 가르친다.

환자에게 중요한 정보는 적도록 한다. 즉, 환자에게 지시사항, 약속, 일정, 약복용, 쇼핑센터에 가는 길, 중요한 장소들의 지도, 그리고 전화번호 등은 적어놓도록 가르친다.

환자가 다른 사람들에게 지시사항을 적어서 달라고 요청할 수 있도록 한다. 예를 들어, 환자가 전화번호를 받거나 약속을 잡거나 할 때 사람들에게 써서 달라고 요청할 수 있게 하는 것이다.

환자에게 전자 장치를 이용하도록 가르친다. 예를 들어, 환자가 다음의 것들을 이용할 수 있도록 한다: (1) 시간과 날짜가 보이고 약속 시간을 알려 주고 중요한 것들을 알람해 줄 수 있는 디지털시계, (2) 전달사항 및 약속을 저장할 수 있는 데이터뱅크 시계, (3) 약 복용시간을 알려 주는 전자 약통, (4) 강의, 지시

사항이나, 담화까지 녹음할 수 있는 소형 녹음기, (5) 휴대용 전자철자 검사기, (6) 좀 더 복잡한 정보관리를 위한 노트북 컴퓨터, (7) 남아 있는 장애를 구체적으로 보완할 수 있는 유용한 보조 장치 등이다.

환자에게 일정하고 관리가 가능한 일과를 세우도록 한다. 예를 들어, 환자가 처음에는 일과를 단순화하도록 한다. 점차적으로 좀 더 다양하고 복잡한 일과를 세우도록 한다.

환자에게 주의분산을 가져오는 것들을 제한하거나 환경을 변경하도록 한다. 예를 들어, 환자에게 공부할 수 있는 조용한 장소를 알아보게 하고, 조용한 장소의 필요에 맞추어 작업 환경을 바꾸도록 한다.

환자에게 소지품을 특정 장소에 두도록 한다. 예를 들어, 환자에게 차, 집 열쇠, 펜, 구두 그리고 재킷 등과 같은 개인적인 물품을 늘 두는 장소에 놓아두도록 한다.

환자에게 자기암시의 전략들을 가르친다. 예를 들어, 약속을 환기시키는 것으로 알람을 사용하는 것과 활동을 상기시킬 수 있도록 적어 둔 노트들을 눈에 잘 띄는 곳에 두는 것이다.

7) 연하장애의 관리

이 장에서 연하장애에 관해 언급하는 것은 목표가 아니지만, TBI 환자들에게 그러한 문제들이 있을 때 언어치료사가 삼킴 치료계획을 세우고 실행해야 한다는 것을 알아두어야 한다. 독자들은 연하장애의 치료와 관리에 관한 다른 자료들을 참고한다(Logemann, 1998; Murdoch & Theodoros, 2001).

8) 기능 유지 프로그램

일반 환경에서 기능 유지의 증진을 위해 세심하게 고안된 실행 프로그램은 필수적이다. 일상생활에 유용한 기능적 기술과 학교나 작업 환경에서 쓰이는 기능적 기술들은 작위적으로 선택한 것보다 더 잘 유지된다. 일상적인 상황들에서 계속해서 강화를 받는 기능들이 그렇지 않은 것들보다 더 잘 유지된다. 자기점검이 되는 기능은 그렇지 않은 기능보다 더 잘 유지되는 것 같다. 마지막으로, 추후에 그리고 보강치료를 받은 환자들의 경우 필요할 때 보강 지원을 받지 않은 사람들보다 기능들을 더 잘 유지한다.

가족 구성원 및 동료들에게 촉진 자극을 주고, 시범을 보이며, 바람직한 행동을 강화하여 일반 환경에서도 그러한 기능들을 지속할 수 있게 한다. 이를 친구, 선생님, 동료 등 환자가 규칙적으로 접촉하는 모든 사람들에게 알린다. 가족이나 다른 사람들이 알고 있는 기술을 잘 살펴서 목표 기술에 대해서는 강화하도록 한다. 수행을 향상시키려면 피드백을 제공한다.

훈련을 좀 더 일반적인 환경으로 옮겨 간다. 치료실에서 치료하던 것을 좀 더 비공식적인 장소로 옮겨서 한다. 가능하다면, 환자의 집, 교실 또는 작업장에서 비공식적인 치료를 해 본다.

칭찬을 한다거나, 미소 짓기, 유용한 피드백(예: 치료의 진전을 나타내는 차트를 보여 주기)과 같은 것을 자연 강화물로 사용한다. 가족과 함께 작업하면 자연스럽고 소중한 결과들(예: 집에서 유지되는 어떤 기능에 대해 가족들이 제공할 수 있는 갖고 싶은 선물)을 얻을 수 있다.

자기점검 기술을 길러 자립을 증진시킨다. 예를 들어, 치료시간에 환자 스스로 적절하다고 생각하는 것과 그렇지 않은 의사소통 및 비의사소통적 행동들을 세도록 한다. 환자에게 일반 환경에서 성공적이었거나 실패했던 의사소통 시도들을 노트에 기입하도록 한다.

정기적인 점검 및 보강치료를 계획한다. 점검 시간에서는 반응 유지를 측정한다. 측정 시 기능들이 퇴행한다면, 보강치료를 제공한다.

9) 집단 치료

집단 치료는 TBI 환자들의 재활에 일정 부분을 차지한다. 집단 시간은 사회적 기술을 강조함으로써 지역사회로 재편입하는 것에 대한 불안을 안정시키는 데 도움을 줄 수 있다. 집단 치료는 사회적 지지를 제공하고, 사회적 소외감에서 벗어나는 데 도움을 주며, 대화의 주고받기와 시작하기 같은 화용적 기술을 가르치기 위한 구조를 만들어 주며, 장점과 한계점을 스스로 평가할 수 있는 기회를 제공한다는 가정하에 옹호된다.

비록 집단 치료가 일부 혹은 대부분의 환자들에게 유익하다고 해도, 그러한 결과를 보여 주는 통제된 경험적 연구는 거의 없다(Brookshire, 2003; Deaton, 1990). 따라서 임상가들은 집단 형식에서 치료 목표로 하는 행동의 빈도를 세심하게 측정해야 할 것이다. 집단 치료 형식은 행동의 우연성(부수적인 사건)에 대처하는 데 익숙하다면 유용한 것이 될 수 있다. 즉, 집단 상황에서 적절한 행동들에 대한 체계적인 강화를 제공하면 사회적 상황에서도 그 기술들을 확립하는 데 도움을 줄 것이다. 사회적 기술에 대한 우연성이 없이 집단 치료를 한다면 그 가치는 의문스럽다.

10) 지역사회 재편입의 증진

TBI 환자 개인들의 재활은 지역사회로의 재편입을 최종 목표로 한다. 재활 상황에서 가정, 학교, 그리고 사무실로 비교적 매끄럽게 이동할 수 있으려면, 임상가가 환자나 일반 환경에 있는 사람들 양쪽 모두를 재편입을 위해 준비시켜야 한다. 재편입 프로그램은 개별화된 것이어야 하며 다음 단계들을 포함한다.

- 필요한 기술이나 지역사회에 재편입을 어렵게 하는 잔존 장애들을 분석한다. 환자에 대한 교육적, 사회적, 직업적 요구에 따른 분석은 재편입 프로그램의 성격을 결정하는 데 도움을 줄 것이다.
- 재편입을 위해 환자를 준비시킨다. 치료의 마지막 단계로 자립 기술 및 독립적인 삶의 기술에 중점을 둔다. 학업적·전문적·사회적·가정적 활동에 대해 환자의 흥미를 자극하도록 한다. 그러한 활동에 대한 토론을 담화 훈련에 융합시킨다.
- 가족 구성원, 교사, 관리자 등에게 환자의 현재 상태에 대한 교육을 실시한다. 주요 인물들에게는 환자가 할 수 있는 것과 없는 것, 환자가 사용하는 보상 전략들의 종류, 그리고 필요로 하는 도움의 종류 등에 대해 이해할 수 있도록 돕는다.

- 가족 구성원, 교사, 동료, 관리자 등에게 필요하다면 의사소통의 방식을 바꾸도록 교육한다. 예를 들어, 말을 천천히 해야 한다거나, 간단한 문장으로 말하기, 지시사항을 반복하기 또는 지시사항들을 쓰기와 표지 등으로 전달하기, 약속과 업무를 상기시키기 등이다.
- 필요하다면 교사나 관리자의 요구사항을 변경하도록 한다. 예를 들어, 교사는 과제의 양을 줄이거나 휴식 시간을 더 제공해야 할 수도 있다. 관리자는 환자가 새로운 도전들을 감당할 수 있을 때까지 새로운 업무를 부여하는 것을 삼가해야 할 것이다.
- 가족 구성원 및 다른 사람들에게 적대적인 행동들에 대한 이유를 이해시켜 적절한 대응을 할 수 있도록 교육한다. 예를 들어, 많은 적대적인 행동들은 어려운 과제에의 요구 때문일 수 있다. 과제가 단순화되면 좀 더 적절한 행동들이 이어질 것이다.

11) TBI 환자들의 인지재활

TBI 환자들의 임상관리에서 인지재활은 몇 가지 중요한 임상적 문제들을 불러일으킨다. 정신과 의사들과 같은 전문가들은 그 자체를 하나의 총체로 인지재활을 실행하려 하는데, 이와 같은 방법으로 언어치료사들이 인지재활을 해야 한다는 것에 대해서는 논의의 여지가 있다. 인지재활을 의사소통 훈련과 결합해야 한다는 것도 역시 논쟁이 되고 있다.

비록 인지재활이 널리 사용되고 있는 접근이긴 하지만, 그 타당성에 대해서는 의문의 여지가 있다. 모든 인지재활 프로그램들은 몇 가지 직접적으로 관찰되는 기술들을 가르친다. 예를 들어, 기억증진이라는 목표를 가진 치료는 인지재활이라고 종종 설명된다. 그러나 환자의 기억(예: 약속 기억)을 증진시키기 위해서는 달력, 업무일지, 시계와 같은 다양한 환경적 단서들이 일반적으로 사용된다. 외부적인 변수(행동을 촉진하는 자극)를 조작하는 것이나, 관찰 가능한 일부 행동(예: 약속 지키기)에 영향을 주는 것, 그리고 그러한 행동에 체계적으로 강화를 주는 것들을 제외하면, 직접적으로 인지에 영향을 줄 수 있는 방법은 없다. 만약 인지가 영향을 받았다면, 그것은 오직 관찰 가능한 행동에 의해서만 알 수 있다. 문제는 어떤 기저의 인지 과정이 개선되었는가를 가정하는 것이 타당한지 또는 필요한지에 관한 것이다(Fordyce, 1991). 명백히 개선된 것은 하나의 관찰 가능한 행동으로 나타나며 유용한 임상 결과이다. 그러한 결과를 얻는 데 사용된 것 역시 목표 반응의 선행사건(자극)과 결과(강화자)의 관찰 가능한 임상적 조작인 것이다. 인지적인 처리과정을 가정으로 중재하는 것은 이론적 엄밀성이나 임상적 효율성에는 많은 것을 보태는 것 같지 않다. **인지 처리과정**의 구성은 행동 관찰 및 평가로 확인할 수 없는 치료 목표들을 설명하지 않는다. 그러한 처리과정은 행동적 접근으로부터 추론해 낼 수 있는 치료 기법들을 제공할 수 있을 뿐이다.

인지재활은 다음과 같이 설명되는 한 불필요한 개념이다.

- 인지 처리과정은 단순히 행동 관찰로 가정되는 것이 아니다.
- 특정 기술을 배울 때 예측되는 기저의 인지 처리과정이 바뀐다.
- 인지재활은 의사소통을 향상시키고 기능적이게 한다.
- 인지재활은 의사소통 치료의 필요조건이다.

인지재활이 구체적이고, 관찰 가능하며, 향상된 의사소통으로 이어진 것을 보여주거나, 의사소통 훈련의 필요조건이 되는 의사소통 행동의 교육을 포함하지 않는 것을 보여 주는 통제된 자료들은 없다.

인지재활의 특정 측면들 중에, **구성요소 훈련**(component training)이라는 것이 유명하다. 일반적으로 훈련되는 특정 구성요소들은 주의집중, 시각정보처리, 기억을 포함한다. 이론적으로는 이러한 구성요소들이 인지와 의사소통 기술의 기저에 있는 것들로, 그러한 기술들을 훈련하는 것이 필요한 것으로 생각된다.

주의집중 훈련은 유용성이 입증된 통제된 자료보다는 이론적 모델에 더 바탕을 두고 있다. 환자에게 숫자를 들을 때마다 버튼을 누르라고 하거나, 숫자를 거꾸로 세라고 하는 활동들이 개인적으로나 사회적으로 또는 의사소통 능력 면에서 의미 있는 수확이 있었다는 믿을 만한, 실험적으로 통제된 자료들은 없다.

시각정보처리 훈련은 기하학적 도형들을 기억해서 그리거나 상징기호들을 배열해 놓은 가운데 목표물과 짝짓기 하는 것과 같은 활동들을 포함한다. 그러한 훈련들이 기능적으로 기술을 향상시켰다는 것은 분명하지 않다.

기억훈련 프로그램들은 글자, 숫자, 그림, 도형 또는 분리된 단어들을 기억해 내는 훈련들을 포함한다. 그러나 그러한 훈련들은 일상의 기능적 기술들에 의미 있는 변화를 주기에는 비효과적인 것으로 증명되었다. 따라서 기억을 증진시키는 것으로 보이는 기능적인 의사소통 기술들을 가르치는 데 효과적이라고 알려진 행동치료 기법들을 사용하는 것이 가장 생산적인 접근일 것이다(Marquardt, Stoll, & Sussman, 1990). 예를 들어, 환자가 알람시계 사용을 배우고 강화를 받은 후 약속을 지켰다면, 환자는 그러한 과제를 통해 기억이 증진되었다고 할 수 있다.

주의집중을 향상시키기 위한 시도는 의사소통 훈련의 문맥에서 더 잘 조절될 것이다. 예를 들어, 대화 중이나, 인쇄물을 읽거나, 긴 시간 동안 하나의 주제에 대해 이야기하면서 눈 맞춤 유지하기와 같은 기능적인 의사소통 기술을 치료함에 있어, 당면 과제에 주의집중이 점차로 늘어나는 데 따라 강화가 주어질 것이다(Giles & Clark-Wilson, 1993; Hartley, 1995). 의사소통 치료를 포함하는 모든 치료에서, 지시사항과 제안, 시범 보이기, 그리고 다양한 치료 과제들에 주의집중 하는 것을 강조해야 하며 자주 강화해야 한다.

본질적으로, 언어치료사가 기억과 시각적 및 청각적 주의집중을 반영하는 기술을 자신의 의사소통 훈련에 통합시켜 재활작업을 한다면 효과적일 것이다. 인지처리과정이라 가정되는 것을 반영하는 훈련들은 기능적 및 사회적 기술의 습득에 그다지 많이 기여하지 않을지도 모른다.

읽을거리

외상성 뇌손상(TBI) 환자들의 평가 및 치료에 대한 추가적인 정보를 얻으려면 다음의 자료를 참고한다.

Bigler, E. D. (Ed.). (1990). *Traumatic brain injury.* Austin, TX: Pro-Ed.

Cooper, P. R., & Golfinos, J. G. (2000). *Head injury* (4th ed.). New York: McGraw-Hill.

Deaton, A. V. (1990). Behavioral change strategies for children and adolescents with traumatic brain injury. In E. D. Bigler (Ed.), *Traumatic brain injury* (pp. 231–249). Austin, TX: Pro-Ed.

Gillis, R. J. (1996). Traumatic brain injury: Rehabilitation for speech-language pathologists. Boston: But

Logemann, J. A. (1998). *Evaluation and treatment of swallowing disorders* (2nd ed.). Austin, TX: Pro-Ed.

Marquardt, T. P., Stoll, J., & Sussman, H. (1990). Disorders of communication in traumatic brain injury. In E. D. Bigler (Ed.), *Traumatic brain injury* (pp. 181–205). Austin, TX: Pro-Ed.

Murdoch, B. E., & Theodoros, D. G. (2000). *Traumatic brain injury: Associated speech, language and swallowing disorders*. Albany, NY: Singular Thomson Learning.

제 IV 부

치 매

제14장 알츠하이머형 치매

제15장 치매의 다른 형태

제16장 치매 환자들의 평가 및 관리

제 14 장

알츠하이머형 치매

이 장의 개요

- 치매의 발병률
- 치매의 민족문화적 요인
- 치매란 무엇인가?
- 가역성 치매
- 비가역성 치매
- 알츠하이머형 치매

학습 목표

이 장을 학습한 후 학생들은,

- 치매를 정의하고 가역성 및 비가역성(진행성) 치매를 설명할 수 있다.
- 치매와 그 관리에 영향을 미치는 민족문화적 변수들에 대해 토의할 수 있다.
- 알츠하이머형 치매의 신경병리학에 대해 설명할 수 있다.
- 알츠하이머형 치매 환자의 일반 및 구어-언어적 특성을 구체화할 수 있다.

1. 치매의 발병률

치매는 후천적인 신경학적 질병들로 인해 인지 기능이 일반적으로 쇠퇴하는 것으로 노인들에게 영향을 미치는 주된 건강의 문제이다(Bayles & Kaszniak, 1987; Cummings & Benson, 1992; Lubinski, 1995; Payne, 1997; Ripich, 1991; Shadden & Toner, 1997). 요양원에 살고 있는 사람들의 6~20%가 치매가 있을 것으로 추산된다. 전체적으로 봤을 때 65세 이상 인구에서의 치매 발병률은 25%에 이를 것이다(Cummings & Benson, 1992). 연령이 더 높을수록 치매의 유병률도 더 높다. 65세 이후에는 치매의 유병률은 5년마다 배가 높아진다. 60대에는 유병률이 1% 이하였다고 하더라도 이들이 85세 이후가 되면 유병률은 30%에 이른다(Ritchie & Lovestone, 2002). 비교적 젊은 나이에 치매가 있는 환자들에는 후천성 면역결핍증(AIDS) 환자들이 상당수가 된다.

고령화 사회가 됨에 따라 치매의 발병률도 상당히 증가될 것이라고 생각된다. 미국의 경우 2030년까지, 치매를 포함하여 노인성 정신장애를 가질 인구는 1,500만 명을 초과할 것이다. 사실 향상된 건강관리로 사람들이 더 오래 살수록 치매의 발병률은 모든 사회에서 가장 주된 보건 문제가 될 것으로 예상되고 있다(Kapp, 2002).

치매는 환자가 6~8년까지의 긴 시간 동안 계속적인 보살핌을 필요로 하기 때문에 비용이 많이 드는 건강 문제이다. 그렇게 많은 비용이 드는 관리도 종종 환자의 죽음으로 끝난다. 치매와 관련한 건강관리 비용은 지난 수십 년간 매해 300억 달러를 초과하였다.

2. 치매의 민족문화적 요인

치매의 유병률에 영향을 미치는 민족문화적 요인에 관한 자료들은 해석하기도 어려울 뿐만 아니라 제한적이다. 치매의 일부 형태들(예: 알츠하이머 질병과 관련한 치매)의 유전적 기초에 관한 최근의 자료들을 보면 민족적인 면도 치매에 기여하는 요인이 있다고 한다. 일부 자료들은 사회 및 민족문화에 따라 치매의 유병률에 차이가 있는 것은 아니라고 하는데, 한 연구를 보면 백인계 미국인이나 아프리카계 미국인 남녀 모두가 치매의 발병률은 대략 같았다고 한다(Schoenberg, Anderson, & Haerer, 1985). 다른 연구들을 보면, 치매의 유형 중 특히 알츠하이머형 치매(DAT)는 아프리카계나, 아시아계 또는 스페인계 미국인들에게서보다 백인계에서 더 흔하게 나타났다고 한다(Ritchie & Lovestone, 2002; Yeo & Gallagher-Thompson, 1996). 자료들이 제한적이지만 아프리카에 사는 아프리카 사람들에게는 DAT가 흔하지 않은 질병일 수 있는데, 나이지리아에선 이 병이 보고된 바가 없다고 한다(Ritchie & Lovestone, 2002). 1997년 Payne의 자료를 보면 관련 연구 및 그들에 대한 비판적인 평가를 볼 수 있다.

일부 자료들은 치매의 늦은 발병은 백인들보다 아프리카계 미국인에서 더 흔하다고 한다. 뒤의 절에서 소개될 혈관성 치매는 스페인계나 백인 노인층에서보다 아프리카계와 아시아계 미국인들에게서 좀 더 흔하다고 한다(Yeo & Gallagher-Thompson, 1996).

일본에서는 혈관성 치매가 다른 유형들보다 더 흔하다. 유럽과 미국에 거주하는 코카서스인들에게 혈관성 치매는 알츠하이머형 치매보다 덜 흔한 유형이다.

문화적 및 사회적 요인들과 건강관리 접근에 영향을 미치는 요인들이 치매 인구자료의 정확성에 영향을 줄 것이다. 일부 문화에서는 치매의 초기 징후가 노화과정의 피할 수 없는 결과라고 생각될 수도 있다. 백인 노인들보다 비백인계 노인들은 집에서 관리를 받을 것이고 정신건강 서비스를 이용하지 않을 수 있다. 이런 요인들이 비백인계들의 치매 인구를 과소평가하게 되는 것일 수 있다(Payne, 1997).

3. 치매란 무엇인가?

치매(dementia)는 후천적인 신경학적 증후군으로 인지능력과 일반 행동에 있어 진행성 퇴행과 종종 관련 있다.

대부분의 사례들에서 그리고 특히 잘 알려진 유형들에서, 치매는 지속적으로 진행되는 것이며, 일부 사례들에서는 가역적일 수도 있다.

Cummings와 Benson(1992)은 치매를 "인지 기능의 후천적이고 지속적인 장애로 언어, 기억, 시공간적 능력, 감정 및 인격, 인지(추상, 계산, 판단, 실행 기능 등)의 정신적 활동 영역 중 적어도 3개 이상에서 문제가 나타난다."라고 정의한다. 이러한 정의는 『정신장애에 관한 진단 및 통계 매뉴얼(DSM-IV)』 및 이것의 2000년 수정판(미국 정신과 협회, 2000)에 "기억장애가 존재하며, 이와 함께 실어증(언어장애), 실행증, 실인증 또는 손상된 실행 기능의 영역 중 적어도 하나 이상에서 문제가 나타난다."라는 널리 사용되는 정의와는 다르다. 실행 기능들은 추상적 사고 및 계획하기, 시작하기, 감독하기(모니터링), 복잡한 행동 및 연결을 중지하기 등을 포함한다.

정신과적인 정의에서는 장애가 직업이나 사회생활에 영향을 줄만큼 충분히 심각해야 한다고 한다. **섬망**(delirium, 인지장애와 연관된 의식의 손상)으로 인한 인지장애를 기본으로 한 치매의 진단은 환자가 치매와 정신착란 모두가 있는 경우에는 정의에서 허용하지 않는다. 섬망은 비교적 발병이 신속하고 다소 일시적(두부외상이나 약물 중독에서와 같이)이거나 비교적 영구적(정신분열과 같이 환자가 현실과는 동떨어진 심각한 형태의 정신적 장애가 있는 경우)일 수도 있다.

Cummings와 Benson(1992)은 기억장애를 치매의 기본적인 특징이라고 생각하지 않는데, 그러한 장애는 픽병(Pick's disease)과 관련해서 볼 때 치매의 초기 및 중기 단계에는 흔하지 않기 때문이다. 또한 정신과적 정의로 볼 때, 사회적 및 직업적 요구가 제한적인 사람들의 경우에는 진단하기가 어려울 것이다.

치매는 병리학적으로 후천적이므로 선천적인 정신지체나 발달장애와 구분된다. 또한, 치매의 발병은 정상적인 지적 기능의 이후에 따르는 것이며 그렇지 않다면 발달상의 장애로 기록된다.

치매는 그 지속성으로 인해 급성 대뇌외상, 신진대사 장애, 독성(물질)으로 인한 혼돈과 같은 일시적인 상태들과는 구분된다.

치매는 좀 더 미만성의 대뇌 병리로 인해 실어증과는 구분된다. 또한, 지속적인 치매의 발병은 점차적인데 반해 혼돈과 실어증의 발병은 좀 더 급성이다. 이에 더해 치매는 대부분의 지적 기능의 측면들에서 퇴행이 진행되지만 실어증은 그렇지 않다.

치매는 복합적 원인들과 어쩌면 증상의 서로 다른 결합을 포함하는 포괄적인 용어이다. 치매의 분류에 일치된 의견은 없다. Cummings와 Benson(1992)은 피질성, 피질하성, 혼합형의 세 가지로 치매의 주요 유형을 제안한다. 혼합 다양성은 피질 및 피질하의 병리와 관계 있다.

일부 전문가들은 DAT와 픽병(Pick's disease)으로 인한 치매를 **피질성** 치매라고 설명하고, 파킨슨병 및 인간 면역결핍 바이러스와 같은 질병과 관계 있는 치매는 **피질하성**으로 분류하였다. 일반적으로, 피질성 치매에서 지적 퇴행은 언어장애를 포함하여 운동장애 이전에 나타난다. 반면, 피질하 치매에서는 운동적 증상(예: 진전, 경직, 간대성 근경련)이 먼저 나타나고 지적 퇴행은 나중 단계에서 나타난다.

미국정신의학협회의 『DSM-IV』는 특별한 범주 없이 병인에 근거하여 치매를 설명한다. 현재는 피질성-피질하성의 분류가 논쟁이 되고 있는데, 대부분의 치매가 특정 신경병리학적 및 신경화학적 결함을 공유하고 있는 것으로 보이기 때문이다. 예를 들면, DAT 환자들의 피질하구조에는 콜린성 신경화학물질이 부족할 수 있다. DAT(피질성)의 특징이라고 생각되는 신경섬유 덩어리(neurofibrillary tangles)와 신경염성 반(neuritic plaques)은 파킨슨병(피질하성) 환자들의 피질 영역에서도 발견된다. 그럼에도 불구하고, 특정 행동과 증상은 피질성인지 아니면 피질하성 치매인지에 따라 다르기 때문에 특징의 구분은 차별적인 진단을 하는 데 도움이 될 것이다. 치매의 서로 다른 유형들을 설명하면서 특징에 대해 적어 나갈 것이다.

4. 가역성 치매

치매의 대부분 사례들은 지속적이거나 진행성이다. 그러나 눈에 띄는 예외도 있다. 이러한 예외들로 인해 『DSM-IV』의 치매에 대한 정의는 장애의 경로를 제시하지 않는다. 따라서 치매는 가역성이거나, 비교적 변화가 없거나 또는 비가역성(진행성)일 수 있다.

치매는 약 10~20%의 사례에서 다양한 정도로 가역적일 수 있다(Molloy & Lubinsky, 1995; Bourgeois, 2005). 가역성 치매는 치료될 수 있는 질병이나 장애로 인한 것이기 때문이다. 예를 들어, 영양실조, 특히 비타민 B1과 B12 결핍으로 인한 것은 치매로 이어질 수 있고, 몇 가지 신진대사 장애들도 치매와 연관될 수 있다. 나트륨이나 칼슘이 적은 경우 그리고 고칼슘인 경우 둘 모두 치매로 이어질 수 있다. 만성 신부전은 치매의 한 유형인 요독성 뇌병증(uremic encephalopathy)을 불러올 수 있다. 오래된 폐질환, 심장병 그리고 빈혈은 만성 무산소증(산소결핍)을 일으킬 수 있고 이는 **무산소성 치매**(postanoxic dementia)로 이어질 수 있다. 일부 환자들에게서 장기간의 투석은 투석 치매(dialysis dementia)와 관련이 있다. 갑상선 기능저하증, 갑상선 기능항진증, 부갑상선 기능항진증과 같은 내분비 장애 역시 일부 사례에선 치매를 일으킬 수 있다.

독성 물질로 인한 치매는 몇 가지 다양성을 포함한다. 약물로 인한 치매(drug-induced dementias)는 다양하며 몇 가지 처방 약물들의 결과로 인한 것일 수 있다. 정신장애의 치료에 사용되는 많은 약물들(예: 조울증의 치료에 사용되는 리튬카보네이트, 삼환계 항우울제)은 향정신성 약물(psychotropic agents)로 일부 사람들에게는 치매를 일으킬 수 있다. 경련억제제(발작장애 치료에 사용되는)와 일부 항생제(예: 페니실린)도 치매를 일으킬 수 있다. 납과 수은을 포함하여 독성금속중독 역시 치매를 일으킬 수 있다. 알코올 중독은 치매를 유도하는 또 다른 독성 요인이다.

다양한 감염 역시 치매를 일으킨다. 일부 치료되지 않거나 신속하고 효과적으로 치료되지 않은 감염(예: 매독)은 치매로 이어진다. 감염성 치매의 주된 두 가지는 AIDS 복합성 치매와 크로이츠펠트-야콥병인데 독립된 절에서 설명할 것이다.

치매를 일으키는 기저의 질병이 초기에 진단되고 효과적으로 치료되면 치매의 경로는 역전되거나 매우 향상될 수 있다. 적어도 환자의 인지 및 행동 상태는 안정될 수 있고, 이 경우 환자들은 비교적 안정적인 치매의 다양한 수준을 나타낼 것이다(Bhatnagar, 2002; Cummings & Benson, 1992).

5. 비가역성 치매

치매의 몇몇 유형들은 비가역성이다. 이러한 유형들 중에 알츠하이머 질병으로 인한 치매가 가장 흔하다. 다른 비가역성 치매들은 파킨슨병, 픽병, 헌팅턴병과 연관되어 있다.

6. 알츠하이머형 치매(DAT)

알츠하이머병은 치매의 가장 큰 원인이다. 비록 과대평가된 수치일지는 모르지만, 보고된 치매의 대략 50%가 알츠하이머병에 의한 것이다. 알츠하이머형의 치매는 피질성 치매로 분류된다(Cummings & Benson, 1992).

DAT는 1906년 후반부터 알려졌는데 독일의 신경심리학자인 Alois Alzheimer (1864~1915)는 프랑크푸르트의 한 수용소에 정신이상으로 있었던 51세 여인의 임상적인 상태를 기술하였다. Alzheimer는 여인이 남편에 대한 질투심이 있으며, 기억력이 빠르게 나빠지고, 자신의 아파트를 알지 못할 정도로 지남력을 상실했으며, 다양한 형태의 망상적인 증상들을 보인다고 기술하였다. 여인은 운동 기능 장애가 없고, 걸음걸이, 협응, 반사 등이 정상이었다. 그녀는 발병 4년 6개월이 지나 사망했다. 부검 결과 피질세포가 광범위하게 소실되었으며 후에 신경섬유 덩어리와 신경염성 반이라고 불리게 된 것들을 발견할 수 있었다.

Alzheimer가 놀랍게도, 그의 스승인 저명한 독일의 심리학자 Emil Kraepelin이 1910년 '알츠하이머병(Alzheimer's disease)'이라는 용어를 조합하였다. 폴란드에 있는 브레슬라우(Breslau)에서 심리학과 교수였던 Alzheimer는 1915년 사망 당시 겨우 51세였다.

1) DAT의 발병률과 유병률

- DAT의 유병률은 연구마다 서로 다르지만, 75세 이하에서는 대략 2~3%, 75~84세 사이에서는 6%, 85세 이상에서는 거의 15%로 추산된다. 흔하지는 않지

만 40대에 발병하는 사례들도 보고되었다.

- DAT는 남성보다 여성에게 더 많이 진단되는데, 이는 여성이 더 높은 유병률을 가진다기보다는 여성의 수명이 더 길고 고령에서 DAT에 노출될 위험이 높기 때문이다.
- DAT는 다운증후군의 가족력과의 연관성을 종종 나타내는데, 나이가 든 다운증후군 환자들의 경우 뇌의 형태학적 변화가 DAT와 관련이 있다.
- 일반 인구에서보다 가족력이 있는 경우에 유병률이 더 높다는 보고가 있다.
- 효과적인 치료법이 개발되지 않는다면 알츠하이머병의 발병률은 2047년이면 4배가 될 것이다. 미국에서는 1990년대 후반 230만 명의 사람들이 영향을 받았으며, 2047년에는 발병률이 864만 명이 될 것으로 예상된다(Larkin, 1998).

2) DAT의 병인

DAT의 원인은 정확하게 알려지지 않았으나 최근의 연구들을 보면 몇 가지 잠정적인 원인들이 강하게 제기되고 있는데, 특히 유전적인 요인들이다.

- 유전적인 요인은 가장 강하게 제기되고 있는 병인이다(Jacques & Jackson, 2000; Simon, Aminoff, & Greenberg, 1999; Weiner, 1996). 가족력이 있는 알츠하이머병은 상염색체 우성 유전이라고 생각된다. DAT 환자의 직계 가족 사이에서 유병률은 약 50% 정도이다. 그러나 다른 종류의 유전적 기형들이 알츠하이머병의 가족력 내에 포함될 수도 있다.
- 가족력 사례에서 일부 이른 발병을 보면, 아밀로이드 전구단백질에 관여하는 유전자에 영향을 주는 돌연변이들은 21번 염색체에서 분명할 수 있다.
- 14번 염색체의 변성은 치매의 이른 발병을 낳는 다른 가족력의 사례에 관여하는데, 이와 관계된 유전자는 프레세닐린 1(presenilin 1)이라고 불린다.
- 또 다른 사례들에서 아포리포단백질 E(ApoE)에 영향을 미치는 19번 염색체의 기형은, 특히 치매의 늦은 발병에 관여할 것이다. ApoE는 신체에서 지방의 신진대사와 이동을 담당하는 단백질이다. ApoE는 세 가지 이형 유전자들이 있는데, ApoE2, ApoE3, ApoE4이다. 이들 중에 ApoE4의 존재는 알츠하이머형

치매의 위험을 증가시키는 원인이 되는 반면, ApoE2형은 방어적일 수도 있다.

- 좀 더 최근에, 12번 염색체가 가족력이 있는 알츠하이머형 치매의 늦은 발병에 연관된 특정 사례들에 관계한 것으로 발견되었다.
- 소수의 볼가 독일인(Volga German) 후예들에서 가족력의 알츠하이머병 유병률이 높았는데, 이는 1번 염색체의 프레세닐린 2라고 하는 단백질과 연결되어 있다. 그러나 17번 염색체에서 발견된 미세관 관련 단백질 타우(microtubule-associated protein tau)라는 다른 단백질이 가족성 알츠하이머형 치매와 관계 있는 것일 수 있다. 10번 염색체(D10S1423)의 한 영역은 알츠하이머형 치매의 늦은 발병에 민감성을 증가시킬 수 있다는 연구가 있다(Butcher, 2000; Frankish, 2001).
- 많은 사례들에서 DAT를 설명할 수 있는 유전적 기형들은 미토콘드리아(세포 신진대사를 담당하는 세포의 세포질 내 구조)의 변이들을 포함한다. 그렇지만 그러한 변이들이 각 사례나 세대에서 유전되는 것인지 아니면 새로 생겨나는 것인지는 확실하지 않다.
- 다운증후군을 일으키는 **삼염색체** 21(Trisomy 21)도 알츠하이머병의 위험을 증가시키는 요인이다. 삼염색체 21은 21번 염색체 3개가 복제되는 유전자적 상태로, 다운증후군인 사람들은 40대쯤 알츠하이머병을 나타낼 가능성이 있다.
- 몇 가지 사례들에서 교란된 면역 기능은, 아직 그 정확한 역할이 명확히 연구되지 않았지만, 원인 중에 하나일 수도 있다(이들은 원인일 수도 있고, 관계된 병리이거나 또는 DAT의 결과일 수도 있다).
- 바이러스 감염에 대한 가설도 있지만 증명된 바는 없다.

알려진 유전적 요인들 외에, 진행성 DAT의 위험을 증가시키는 것들은 다음과 관계가 있다.

- 고령
- DAT 가족력
- 다운증후군
- 다운증후군의 가족력

- 두부외상의 이력(DAT 발병의 20년이나 혹은 그 이전)
- 제한적인 교육 및 제한적인 지적 활동
- 대뇌혈류 감소
- 혈관성 질병
- 감염

다음은 알츠하이머병의 위험을 감소시킨다는 요인들로 관찰된 증거들에 의한 것이다.

- 에스트로겐 섭취
- 아포리포단백질 E2
- 신경성장 인자
- 항산화제
- 지속적인 지적 활동
- 콜레스테롤을 낮추는 약물 및 활동
- 신체 활동
- 혈관성 질병(예: 과긴장)을 유발하는 요인들의 조절
- 항염증 약물(예: 아스피린)

3) 알츠하이머병(DAT)의 신경병리학

DAT의 신경병리학은 그 원인들보다는 더 잘 알려져 있다. DAT 진단을 가능하게 하는 결정적인 실험적 결과들이 없기 때문에 DAT 기저의 신경병리에 대한 확실한 증거는 오직 부검을 통해서만 얻을 수 있다.

일상적인 혈액, 소변, 척수액 검사는 특정 기형들을 나타내 준다고는 하지만 DAT 진단에 결정적인 것은 아니다. 심지어 다양한 뇌영상 기술(3장 참조)도, 종종 도움이 되는 자료들을 얻는 데 사용되기는 하지만, 분명하게 DAT를 진단할 수 있는 증거를 내놓지는 못한다.

대뇌 위축, 뇌실 팽창, 신경 퇴행, 신경섬유 덩어리, 노인반, 백질의 변화, 신경전

달물질의 고갈 등을 포함하는 다양한 신경 및 신경화학적 병리들이 DAT와 관계 있다. 이러한 변화들은 측두정-후두 연결 부분(temporoparietal-occipital junctions) 및 하측두엽에서 가장 뚜렷하다. 전두엽, 운동 및 감각 피질들, 후두엽, 소뇌, 그리고 뇌간은 비교적 손상되지 않고 남아 있는 편이다.

뇌의 깊숙한 구조까지 손상이 확대될 수 있다는 증거들이 있다. 아세틸콜린(ACh)과 같은 신경전달물질을 생산하는 세포체의 일부는 반구의 내부 중간 깊은 곳에 있는 구조인 마이네르트 기저핵(nucleus basalis of Meynert)에 있다(Bhatnagar, 2002).

1990년대 이래로 연구자들은 대뇌감염 경로가 알츠하이머병에 관여하고 있다는 것을 발견하였다(Jones, 2001). 대부분의 사례에서 감염은 말초신경구조를 제외한 대뇌구조에 제한된다.

현재, 대부분의 전문가들은 신경섬유 덩어리, 신경염성 반, 신경세포의 손실이 DAT와 관계된 가장 주된 세 가지 구조적 신경병리들이라고 생각한다. 아마도 구조적 변화들의 결과일 수 있는 신경화학적 변화들도 임상적 상황에 유의미하게 기여한다.

(1) 신경섬유 덩어리

신경섬유(neurofibril)들은 신경세포체, 수상돌기 그리고 축삭에 존재하는 실모양의 구조들이다. DAT 환자들에게서 이러한 신경섬유들은 두꺼워지고, 꼬이며, 엉키게 된다. 이들은 보통과는 다른 고리 및 삼각형 모양을 형성하는데, 피질의 피라미드 뉴런(pyramidal neuron), 해마, 편도체에서 엉킨 신경섬유들이 가장 자주 발견된다.

이러한 신경섬유 덩어리들(neurofibrillary tangles)은 다른 신경학적 질병들(예: 뇌염 후 파킨슨병, 진행성 핵상 마비)과 치매는 없으나 나이가 있는 다운증후군인 사람들, 그리고 분명히 건강한 노인들에게도 발견될 수 있다.

(2) 신경염성 반

신경염성(노인성) 반(neuritic plaque)은 피질 및 피질하 조직 퇴행의 미세 영역들이다. 이러한 반들은 시냅스의 연결을 파괴하여 메시지가 신경세포 간 전달되는 것을 방해한다. 일차적으로 대뇌피질과 해마(뇌 깊숙한 곳의 구조로 기억에 관계하는 것으로 추정)에 나타나지만, 선조체, 편도체, 시상에서도 볼 수 있다.

Alzheimer는 환자의 피질 영역에 '특이한 물질'이 축적되어 있는 것을 주목하였다. 이 물질은 지금은 신경염성 반의 주된 화학구성 요소로 베타아밀로이드 단백질이라고 불린다. 이 단백질은 대뇌와 뇌막의 혈관에서도 발견된다. 베타아밀로이드 단백질의 축적은 알츠하이머병 환자들의 대뇌 병리에 영향을 미칠 수 있는 신진대사의 손상을 의미한다.

신경염성 반은 다운증후군인 사람들, 크로이츠펠트-야콥병, 납 뇌병증(연뇌증), 그리고 분명히 건강한 노인들에게서도 발견된다.

(3) 신경세포의 손상

알츠하이머병 환자의 대뇌피질은 신경세포의 손상으로 크기가 줄어든다. 뇌실은 뇌조직이 위축되고 줄어듦에 따라 확장된다. 위축은 대뇌에서 가장 흔하고, 특히 측두엽과 두정엽에서 일어난다.

연속적인 자기공명영상으로 살펴본 뇌구조에 대한 최근의 연구들은 알츠하이머병 환자들의 신경 손실에 대한 세부사항들을 기록하였다(예: Fox et al., 2001). 증상은 없지만 고위험군인 사람들에 대한 연구는 신경세포의 손실이 인지의 쇠퇴가 분명해지는 발병의 몇 해 전부터 시작될 수 있다는 것을 보여 주었다. 손실은 해마 및 그 주변 지역들과 다른 구조들로 퍼지면서 시작되는 경향이 있다.

(4) 신경화학적 변화

아세틸콜린, 소마토스타틴, 바소프레신, 베타엔도르핀, 코르티코트로핀과 같은 신경전달을 촉진하는 뇌의 화학물질들은 알츠하이머병 환자들에게 있어 심하게 고갈된 것으로 나타난다. 이러한 고갈은 선택적인 신경세포의 죽음 때문일 수도 있지만, 많은 인지 결함들은 아마도 이렇게 줄어든 신경전달물질들 때문일 것이다.

앞서 주지한 대로, 일종의 단백질인 베타아밀로이드는 대뇌 및 뇌막의 혈관뿐만 아니라 신경염성 반에도 축적되는 경향이 있다. 몇몇 전문가들은 이러한 축적이 특정 세포의 죽음에 책임이 있을 수 있다고 생각한다(Simon, Aminoff, & Greenberg, 1999).

(5) 알츠하이머병에 있어서 파킨슨병의 증상

알츠하이머병 환자 중 일부는 파킨슨병과 일치하는 증상들을 발달시킬 수도 있다. 흑질에 신경섬유 덩어리가 나타나는 환자들의 경우 파킨슨병의 증상을 보일 가능성이 있다. 그러한 환자들의 경우 사망률은 더 높아지는 것으로 알려졌다(Bennett et al., 1998).

(6) DAT의 증상

DAT의 증상들은 가벼운 것으로 시작해서 해가 갈수록 심해진다. 병이 진행됨에 따라 부가적인 증상들이 나타난다(Bayles & Kaszniak, 1987; Bourgeois, 2005; Cummings & Benson, 1992; Hamdy, Turnbull, Edwards, & Lancaster, 1998; Jacques & Jackson, 2000; Kempler, 1995; Lubinski, 1995; Rabins, Lyketsos, & Steele, 1999; Simon, Aminoff, & Greenberg, 1999).

DAT의 초기 단계 증상들

초기 단계에서는 증상들이 경미하다. 환자의 행동은 급작스런 변화들을 보이지 않는다. 운동 기능은 일반적으로 정상이다.

초기 단계에서 환자는 다음과 같은 증상들을 나타낼 수 있다.

- 미묘한 기억장애. 환자는 오래된 일들을 기억하는 데 경미한 장애를 나타내거나, 새로운 것을 학습하고 좀 더 최근의 일들을 기억하는 것에 좀 더 심한 어려움을 나타낼 수 있다. 일반적으로 가족만이 이러한 문제들을 눈치 챌 수 있다. 환자는 이러한 기억의 문제들을 의식할 수 있으며 특정 조치들(예: 기억할 일을 적어 놓기)로 이에 대응하려고 할 것이다.
- 시공간적 능력의 손상. 환자는 3차원 그림을 그리거나, 블록 도안을 구성하거나, 신발 끈을 매거나 하는 일들에 어려움을 나타낼 수 있다. 여러 가지 과제들을 동시에 수행하는 것(예: 녹음기의 조정관과 튜너를 동시에 조절하는 것)도 손상될 수 있다.
- 추론과 판단의 약화. 환자는 사회적 및 개인적 상황에서 판단력이 약화된 모습을 보일 수 있다. 환자는 요금 청구서의 지불을 잊거나 또는 같은 청구서를 반

복해서 지불할 수도 있다. 다른 어느 증상보다, 판단력의 약화는 가족 구성원들에게 심각한 문제로 받아들여질 것이다.

- **행동의 변화.** 초기에 주목되는 인격이나 행동의 변화들은 미묘하거나 다소 보상이 된다. 환자는 특정 어려운 과제들(예: 요리하기, 뜨개 뜨기, 책 읽기)을 피할 수도 있다. 환자는 특정 과제들(예: 테니스를 치면 상대방에게 점수를 적어 달라고 한다)을 누군가에게 대신해 달라고 요청하기도 한다. 자기방임(self-neglect)은 또 다른 중요한 행동의 변화이다. 환자들은 스스로를 돌보지 않고 타인들에게 자신들이 어떻게 보일지에 대해 신경을 쓰지 않는다.
- **지남력 상실.** 초기 단계에서는 지남력과 혼돈이 새로운 환경에서만 제한적으로 나타난다.
- **우울.** 초기의 어려움에 대한 인식은 환자를 우울하게 할 수 있다. 잦은 기분의 변화와 일부 냉담함도 보일 수 있다.
- **미묘한 언어적 어려움.** 비록 타인들은 잘 알 수 없을지라도 환자 자신은 초기 단계에서도 미묘한 언어적 문제를 가질 수 있다(세부사항은 다음 절을 참조한다).

인지 기능들의 갑작스런 쇠퇴는 대뇌혈관 질병과 결합되면 알츠하이머병의 매우 초기 단계에서도 발생할 수 있다. 알츠하이머병이 좀 더 진전된 단계에서는 대뇌혈관 질병이 크게 차이를 만드는 것으로 보이지는 않는다.

DAT의 후기 단계 증상들

병이 진행됨에 따라, 초기의 증상들은 점점 심화되고 새로운 증상들이 출현한다.

- **심각한 기억 손실.** 최근의 기억이나 먼 기억들을 회상하는 것이 심하게 영향을 받는다.
- **심각한 시공간적 능력의 장애.** 초기 단계들의 문제가 심화된다. 병이 더 진전되면, 가장 자동적인 기술들도 손상된다. 옷 입기와 벗기, 먹기, 걷기, 목욕하기 등과 같이 일상적인 기능들이 심각하게 손상된다.
- **일반화된 지적 퇴행.** 요리하기, 장보기, 개인적 또는 가족의 재정을 처리하기 등

과 같은 일상 활동들을 관리하는 데 문제들이 분명해진다. 새로운 정보와 문제들을 통합하고 합리적 결정을 내리는 데 어려움을 겪는 것이 명백해질 것이다.

- 불안, 동요, 과잉행동. 이러한 반응들은 목적 없이 걷거나, 의식을 행하듯이 의미 없이 사물을 조작한다든가, 물건들을 집어 드는 것 등을 포함한다.
- 실산증. 산수나 수학적인 계산들에서의 어려움은 후기 단계로 갈수록 더 심화된다.
- 심각한 지남력 상실. 환자는 자신의 집에서 혹은 다른 익숙한 환경들에서도 길을 잃을 수 있다. 환자들은 아마도 배회할 수도 있다. 결국, 시간과 장소, 사람들에 대한 지남력을 모두 잃게 된다.
- 실인증. 마지막에, 환자들은 사람이나 사물들의 이름을 말할 수 없을 뿐만 아니라 그것을 알아보지도 못한다. 포크를 숟가락으로 생각할 수도 있고, 더 나아가면 연필을 포크로 생각하여 식사 도구로 사용하려고 할 수도 있다. 가족들은 환자가 자신들을 알아보지 못하고 심지어 그들을 이방인이나 침입자라고 고발하는 가장 좌절스러운 상황에 놓이게 된다.
- 학대에의 망상. 환자들은 가족이나 다른 보호자들이 자신을 괴롭히려 한다고 믿을 수도 있다.
- 일탈된 행동들. 환자들은 그들의 망상대로 행동하여, 근거 없는 고발을 한다거나, 물건을 훔치거나 숨기고, 다른 사람들의 방을 뒤지고 다니기도 한다. 환자들은 제어되지 않는 다양한 행동들을 나타낼 수 있는데, 부적절한 유머와 시의적절하지 않은 폭소, 부적절한 장소에서의 방뇨와 공공장소에서의 자위 등이 포함된다. 파국반응(catastrophic reaction)이라고 하는 감정적인 폭발은 사소한 사건들에서도 분명하게 관찰될 수 있다.
- 자발적 행동의 소실. 환자들은 동기화가 되지 못할 수 있는데, 감정 결핍을 보인다거나, 임상적으로 보면 우울증을 나타낼 수 있다. 힘든 경험에 대해서 아무런 감정 없이 얘기하기도 한다.
- 배변 실금(incontinence). 비뇨기의 기능 조절 약화는 병이 악화될수록 더욱 명백해진다.
- 언어 및 의사소통 문제. 세부사항은 다음 절을 참조한다.

- 신체적 퇴행. 운동 및 신체적 문제들은 가장 진전된 단계에서만 나타난다. 환자들은 일반화된 근육의 강직이나 경련을 경험할 수 있다. 불안정한 걸음걸이와 잦은 넘어짐으로 인해 환자들은 그냥 앉아서나 누워서 시간을 보내려고 할 것이다. 당황스러운 얼굴 표정이 역력할 것이다. 대부분을 침상에서 보내게 될 때, 환자들은 태아처럼 웅크리거나, 발작이 있을 수 있고, 쥐기와 빨기 반사를 나타낼 수도 있으며, 체중이 줄고, 대소변을 실금하게 된다.

대부분의 사례들에서 알츠하이머병은 흡인으로 인한 폐렴이나, 심장마비 또는 감염으로 인한 사망으로 이어진다.

(7) DAT 환자들의 의사소통 문제

초기 단계들에서 언어는 인지만큼 영향을 받지 않는다. 치매의 다른 측면들과 마찬가지로 언어능력도 진행성의 퇴행을 보인다. 조음은 제일 나중 단계까지 유지된다(Bayles & Kaszniak, 1987; Bourgeois, 2005; Cummings & Benson, 1992; Kempler, 1995; Lubinski, 1995; Mentis, Briggs-Whittaker, U Gramigna, 1995; Orange, Lubinski, & Higginbotham, 1996).

초기와 중기 단계의 언어 문제

- 명칭 실어증(anomia). 경미한 이름대기에의 문제는 치매의 아주 이른 초기에 나타나는 징후들 중 하나이다. 처음에 명칭 실어증은 자주 사용하는 단어가 아닐 경우에 더 현저하게 나타난다. 환자들은 특정 글자로 시작하는 단어들을 얘기해 보라는 과제와 같은 것을 잘 수행하지 못한다. 문제를 인식하기 시작하면서 환자는 착어증적인 구어를 통해 보상하려 할 것이다.
- 구어착어증(verbal paraphasia). Alzheimer는 환자들의 둘러말하기(사물의 이름은 대지 않고 설명하기)와 구어착어증을 주목하였는데, 그의 첫 번째 환자는 주전자를 보고 우유 붓는 것이라고 말했다고 한다. 명칭 실어증이 그러한 착어증적 표현들로 유도한다고 가정할 수 있다.
- 언어이해의 결함. 전문적으로 평가를 하지 않으면 추상적이고, 암시적이거나, 격언 및 유머의 이해와 같은 미묘한 문제들은 알아채지 못할 수 있다. 구체적

언어의 이해는 초기 단계에서는 손상되지 않고 남아 있다.

- 그림 설명에의 결함. 명칭 실어증이 그림을 설명하는 데 영향을 줄 수 있으며, 착어적이고 둘러말하기 식의 설명이 될 것이다.
- 주제 유지의 어려움. 환자들은 주제를 갑자기 바꿀 수 있으며 자신들이 말하던 것을 잊고 다른 얘기를 할 수도 있다.

초기에는 구어음들의 조음, 음성, 구문적인 측면들, 리듬과 억양, 그리고 몸짓 등을 포함하는 구어에 동반되는 것들과 언어의 대부분의 측면들은, 자동구어와 마찬가지로 영향을 받지 않는다.

소리 내어 읽기와 쓰기 역시 치매의 초기 단계들에서는 손상되지 않는다.

DAT 환자들의 구어는 다소 유창한데, 연결피질 감각 실어증(transcortical sensory aphasia) 환자들의 구어와 비슷하다. DAT 환자들은 브로카 실어증 환자들처럼 문법에 맞지 않고 수고스러운 듯한 구어는 나타내지 않는다.

후기 단계의 언어 문제

- 자성(발음) 착어증〔literal(phonetic) paraphasia〕. 환자는 하나의 소리를 다른 소리로 대치할 수 있다(예: 'American'을 'Lamerican'으로 대치). 또는 단어에 소리를 첨가하기도 한다(예: 'American'을 'Amelrican'으로).
- 빈번해진 둘러말하기. 환자는 직접적인 표현들을 사용하는 대신 에둘러 말할 것이다. 많은 환자들이 정확한 대명사를 사용하지 못한다.
- 자곤과 의미 없는 구어. 반복적이고, 착어적이고, 자곤으로 가득찬 구어는 듣는 사람에게는 공허하게 들릴 것이다.
- 과유창성. 일부 사례들에서는 의미는 없을지라도 구어가 지극히 유창하고 흘러넘칠 수 있다.
- 일관성 없는 구어. 후기 단계들에서는 구어가 조직적이지 못한 사고 처리로 인해 완전히 비일관적일 수 있다.
- 의사소통 능력의 손상. 대부분의 화용언어능력은 손상되어 대화를 유지하는 데 심각한 문제들을 갖는다.
- 이해의 손상. 이런 결함은 병이 진전될수록 심화된다. 복잡한 구어 자료에서는

이해의 손상이 더 명백해진다(예: 과제 수행을 위해 주어진 지시사항).

- 독해의 손상. 읽기는 구어언어를 이해하는 것이 점차적으로 나빠지는 것과 함께 퇴행할 것이다.
- 음독(oral reading)의 손상. 이러한 능력은 후기 단계까지 잘 유지될 수 있다.
- 글자 쓰기와 다른 쓰기의 문제들은 실어증 환자들에게서 보이는 것과 같다.
- 반향어증(echolalia), 동어반복증(palilalia), 어간대(logoclonia). 환자는 들은 말을 반복하거나(반향어증), 자신의 발화를 반복하거나(동어반복증), 단어의 마지막 음절을 반복한다(어간대).
- 대화 시작의 어려움. 환자들은 사회적 상호작용을 먼저 시작하는 것을 다소 꺼려할 수 있다.
- 사회적 관습들에 주의를 기울이지 않음. 환자는 사람들을 만날 때나 헤어질 때 하는 인사에 무심할 수 있다.
- 의미 있는 구어의 결여. 병의 마지막 단계에서는 구어는 많은 착어들과 혼돈된 언어들로 인해 대체로 해석이 불가능하다.
- 지남력의 완전한 상실. 마지막 단계에서 환자는 시간, 장소, 자신과 타인에 대해 완전히 의식하지 못할 수 있다.
- 조음의 문제들. 일반적으로, 치매 환자들에게 조음능력은 유지된다. 그러나 다른 신경병리학적 상황들이 치매에 운동구어장애를 부가함으로써 조음의 문제를 유도할 수 있다. 많은 환자들에게서 구어는 마지막 단계에서 분명치 않게 된다.
- 함묵증. 비언어적 소리들을 반복하거나 완전한 함묵증이 마지막 단계에서 나타날 수 있다.

일부 연구들에선 소수의 DAT 환자들이 시각적인 결함으로 인해 대면 명명하기에서 문제들을 나타내는 것이라고 제안했다. 관념운동실행증(자발적으로 실행하는 데 문제가 없다가도 지시하면 수행하는 데 어려움)과 관념성 실행증(연속적인 움직임을 시연하는 데 어려움. 예를 들어, 컵에 물을 따라 채우기)은 후기 단계에서는 대부분의 환자들에게서 나타날 수 있다.

읽을거리

알츠하이머형 치매(DAT)에 대한 좀 더 많은 정보를 얻으려면 다음의 자료를 참고한다.

Bourgeois, M. (2005). Dementia. In L. L. LaPointe (Ed.), *Aphasia and related neurogenic language disorders* (3rd ed., pp. 199–213). New York: Thieme.

Clark, C. M., & Trojunowski, J. Q. (2000). *Neurodegenerative dementias.* New York: McGraw-Hill.

Cummings, J. L., & Benson, F. D. (1992). *Dementia: A clinical approach.* Newton, MA: Butterworth-Heinemann.

Jacques, A., & Jackson, G. A. (2000). *Understanding dementia* (3rd ed.). New York: Churchill Livingstone.

Lubinski, R. (Ed.). (1995). *Dementia and communication.* San Diego, CA: Singular Publishing Group.

Simon, R. P., Aminoff, M. J., & Greenberg, D. A. (1999). *Clinical neurology* (4th ed.). Stamford, CT: Ap & Lange.

Weiner, M. F. (1996). *The dementias: Diagnosis, management, and research* (2nd ed.). Washington, DC: American Psychiatric Press.

제 15 장

치매의 다른 형태

이 장의 개요

- 치매의 다른 형태 개관
- 전두측두엽성 치매(픽병 포함)
- 파킨슨병
- 헌팅턴병(HD)
- 진행성 핵상 마비
- 감염성 치매
- 혈관성 치매
- 외상성 뇌손상과 연관된 치매
- 그 외 치매 증후군

학습 목표

이 장을 학습한 후 학생들은,

- 전두측두엽성 치매와 픽병이 어떻게 연관되는지를 설명할 수 있다.
- 픽병, 파킨슨병, 헌팅턴병에서 발견되는 신경병리학적·행동적 증상들(의사소통 결함을 포함하여)을 구별할 수 있다.
- 치매와 진행성 핵상 마비, 감염성 치매, 혈관성 치매를 어떻게 구분하는지 설명할 수 있다.
- TBI와 연관된 치매를 설명하고 그 특징들을 구체적으로 설명할 수 있다.

1. 치매의 다른 형태 개관

알츠하이머형 치매가 가장 흔하고 많이 연구되었지만, 다른 형태의 치매들에 대한 정보도 빠른 속도로 늘어나고 있다. 몇 가지 신경병리학적 질병들이 다양한 형태의 치매와 관계 있다.

이 장에서는 다음 종류의 치매들과 그들과 연관된 신경병리들을 학습할 것이다.

- 전두측두엽성 치매(픽병 포함)
- 파킨슨병
- 헌팅턴병
- 진행성 핵상 마비
- 감염성 치매
- 혈관성 치매
- 외상성 뇌손상과 연관된 치매
- 그 외 치매 증후군

2. 전두측두엽성 치매(픽병 포함)

1892년 프라하의 정신과 의사였던 Arnold Pick(1851~1924)은 현저한 언어 문제와 치매가 있는 한 남성을 보고하였다. Pick은 자신의 환자들에게서 나타난 두 가지 종류의 신경세포 기형들을 설명했는데 하나는 신경세포의 세포질 내에 치밀한 세포 간 형성으로 나중에 픽소체(Pick bodies)라고 불리는 것이며, 다른 한 종류는 팽창된 신경세포들로 나중에 픽세포(Pick cells)라고 불리는 것이었다. 그가 설명한 증후군은 **픽병**(Pick's disease, PiD)으로 알려지게 되었으며, 피질성 치매의 형태로 결론지어진다(Rossor, 2001). 대략 20%의 사례들에서 PiD가 가족력을 나타내는데 이는 상염색체 우성 유전임을 제시한다(Dickson, 2001).

PiD의 전형적인 발병 시기는 40~60세 사이이다. 환자들의 생존기간은 6~12

년이다. 일부 자료에서는 남자들이 여자들보다 PiD 발병률이 더 높다고 한다.

현재, PiD는 전두엽 및 측두엽의 퇴행과 관계된 **전두측두엽 증후군**(frontotemporal syndrome) 또는 **전두측두엽성 치매**(frontotemporal dementia, FTD)라고 불리는 질병 집단의 하나로 간주된다. 이미 1848년에, Pick의 1892년 설명 그 이전에, 전두엽 상해로 인한 행동 및 '인격'의 심각한 변화가 알려졌다(Morris, 2001). 최근까지도 PiD는 희귀한 뇌의 퇴행성 질병이라고 생각되었지만, 고전적 형태의 PiD보다 확장된 진단적 범주의 FTD는 더 흔하다. 일부 자료에서는 FTD는 65세 이하에서 치매 진단을 받은 사례의 12%에서 발견된다고 한다(Rossor, 2001). 이제는 비알츠하이머형(non-Alzheimer) 치매의 주된 형태로 생각된다(Morris, 2001).

FTD는 특정한 특징들을 공유하는 이질적인 질병들의 집단이다(Hodges, 2001). FTD 내에서의 진단 범주는 여전히 변화하고 있으며, 의학 저술에서는 다른 진단적 분류들이 지지되기도 한다(Dickson, 2001). 더 나아가 FTD, 특히 PiD는 종종 알츠하이머형으로 오진되거나 혼돈된다(Perry & Miller, 2001).

FTD는 행동(인격) 변화 및 사회적 행동과 관련이 있다. 영향을 받은 사람들은 이전에는 보이지 않던 불경한 행동, 무책임, 불손한 언행, 사회적 관습에의 무시 등을 보이는 완전히 다른 사람이 된다(Morris, 2001). 일부 자료에서는 17번 염색체의 기형이 이 질병의 원인이라고 제시한다. 전두측두엽성 치매 환자들의 잠정적인 진단 특징 중 하나는 이들이 타인의 행동을 따라 하지 말라고 하는데도 불구하고 몸짓을 따라 하려고 하는 경향이 있다는 것이다. 이렇게 모방하는 행동을 고집스런 모방(obstinate imitation)이라고 부른다(Shimomura & Mori, 1998).

1) 전두측두엽성 치매의 신경병리

일반적인 신경병리는 좌우 전두엽과 측두엽의 세포들이 퇴행하는 것이다(Morris, 2001). 측두엽은 1/4의 환자들에게서, 전두엽은 또 다른 1/4에서 위축이 뚜렷하다. 나머지는 전두엽과 측두엽 양쪽에서 위축이 있다. 뇌의 좌우 모두가 영향을 받으면, 일부 환자들은 좌측이 우세하게 퇴행하는가 하면, 다른 환자들의 경우 우측이 우세하게 퇴행하기도 한다. 전두엽과 측두엽 그리고 좌우의 어느 쪽이 영향을 받았는가에 따라 다소 다른 임상적인 상황이 나타난다.

PiD의 고전적인 유형(일부 자료들에서, A Pick's disease로 분류)의 구체적인 신경병리는 다음과 같다(Dickson, 2001; Hodges, 2001; Morris, 2001; Rossor, 2001).

- 측두엽과 전두엽의 앞쪽에 비교적 국소적인 위축이 있다. 상측두회 뒤쪽과 중심전회 및 중심후회는 일반적으로 정상이다.
- **픽소체**(Pick bodies: 신경세포의 세포질 내에 치밀한 세포 간 형성)가, 특히 대뇌피질의 두 번째와 세 번째, 여섯 번째 층의 비각추 세포들(nonpyramidal cells)에 존재한다.
- **픽세포**(Pick cells: 풍선과 같은, 팽창되거나 확장된 신경세포)가, 특히 중간 및 아래의 대뇌피질 층에 존재한다. 그러나 픽세포는 다른 신경퇴행성 질환들(예: 크로이츠펠트-야콥병과 진행성 핵상 마비)에서도 발견되기 때문에 중요한 진단기준은 아니다.
- 측뇌실의 팽창과 미상핵의 위축과 같은 기형들이 있을 수 있다.
- 좌반구(우세반구)에서 위축이 더 심할 수 있다.

FTD의 다른 형태들의 신경병리학은 다음과 같이 특징지어진다.

- FTD의 변이형에서는 픽소체나 픽세포가 없다.
- 위축되고, 아교되고(gliosed), 팽창된 뇌세포들〔**신경아교증**(Gliosis)은 FTD 변이형의 위축된 뇌 영역에 성상교세포(신경교세포)들이 과도하게 축적되는 것〕이 존재한다.
- 조직적으로 특징적인 곳은 없지만 전두측두 영역에 위축이 있는 것도 FTD의 또 다른 변이형이다.

일부 전문가들은 전두측두엽성 치매를 전두엽 이형(FvFTD)과 측두엽 이형(TvFTD)으로 설명한다. 측두엽 이형은 고전적인 실어증 증후군들과 다소 혼돈될 수도 있으나, 의미성 실어증(semantic aphasia)으로도 설명된다(Hodges, 2001). 용어들이 의미하듯이, 전두엽 피질의 퇴행이 우세한 것이 FvFTD 환자들의 특징이고, 측두엽의 퇴행이 우세한 경우가 TvFTD 환자들의 특징이다.

몇몇 연구자들은 고전적 형태의 PiD을 포함하여, FTD에서 발견되는 다양한 복합 증후군은 좌반구나 우반구의 차별적인 위축이라는 관점에서 더 잘 이해될 수 있다고 강조한다. 위축이 좌측 또는 우측 전두엽에 발생했는가, 아니면 좌측 또는 우측 측두엽에 발생했는가에 따라 복합 증후군이 다르기 때문이다. 또한 FTD는 행동적인 변화들이 병의 진단기준이 된다는 의미에서 일차적으로 신경행동장애임을 제시하기도 한다. 눈에 띄는 행동 증상들로 인해 FTD의 초기 단계에서 환자들은 정신분열증 그리고 우울증과 같은 정신과적 장애 진단을 받을 수도 있다(Mychack, Kramer, Boone, & Miller, 2001; Perry & Miller, 2001).

2) PiD를 포함하는 전두측두엽성 치매의 일반 증상

전두측두엽성 치매는 특정 구어-언어적 행동을 포함하여 극적인 행동 변화가 특징이다(Dickson, 2001; Hodges, 2001; Morris, 2001; Rossor, 2001).

- 잠행성 발병으로 인해 병의 발병시점을 측정하기 어렵다.
- 종종 초기의 그리고 눈에 띄는 증상들인 행동 변화들은 위축이 오른쪽에 우세한 환자들에게서 확인된다. 왼쪽에 위축에 있는 환자들의 경우 행동 증상들은 거의 없거나 별로 심각하지 않은 것들이지만 언어장애가 더 눈에 띈다.
- 제어되지 않는 행동, 부적절한 사회적 행동을 포함하여 전에 없던 성적 농담, 그리고 사회적으로 부적절한 언급을 한다.
- 뒤로 물러나기, 짜증, 불규칙한 기분의 변화, 줄어든 말수의 특징이 있는 우울증 그러나 FTD 환자의 우울증은 죄의식이나 자살에 대한 상상과는 연관이 없다.
- 다행증(euphoric symptoms), 격앙된 기분, 과도한 익살 그리고 과장된 자존감, 이러한 증상들은 다른 때에 나타나는 우울증과 역설적으로 대조된다.
- 많은 FTD 환자들이 무감동(apathy)을 나타낸다. 환자들은 주위 사람들에 대한 감정에 냉담하거나 관심이 없을 수 있다.
- 피해의식 없는 망상을 나타낸다. 환청은 나타내지 않는다.
- 지적 퇴행을 보이는데, 판단 및 통찰력의 손상, 구성능력, 계획하기, 추상능력

의 손상을 포함한다. DAT에서 나타나는 현상과는 반대로, PiD를 포함하여 FTD는 행동 변화가 지적인 퇴행을 선행한다.

- 아는 사람의 이름, 얼굴, 목소리를 잘 알아내지 못한다. 특히, 오른쪽이 더 많이 위축된 환자들에게 눈에 띄게 나타난다.
- 많은 환자들이 반복적이고 무의미한 행동을 보인다. 환자들은 반복해서 냅킨을 접거나 이를 여러 번 닦거나, 침실 정리를 항상 한다거나, 음식을 계속해서 세고 비축하고, 시계와 문을 끝도 없이 확인하고, 똑같은 음식을 매일 똑같은 시간에 먹으려고 고집을 부릴 수도 있다.
- 과식으로 체중이 증가한다. 환자들은 탄수화물에 대한 중독이 생길 수도 있다. 후기 단계에서는 환자가 기괴하게 섞은 음식을 먹거나, 심지어 먹을 수 없는 것도 먹으려고 할 수도 있다.
- 타인의 상태에 대한 통찰력의 부족도 FTD의 초기 증상이다.

3) 전두측두엽성 치매(픽병 포함)와 관계된 언어장애

- 언어장애는 좌측 측두엽에 위축이 우세하게 나타난 환자들에게서 나타나는 초기 증상이다. 이런 환자들에게서는 우측이 위축된 환자들에게서 나타나는 행동장애들은 눈에 덜 띈다. 좌측이 위축된 환자들은 마지막 단계까지 사회적으로 적절한 수준을 유지한다.
- DAT와 다르게, 기억과 지남력은 더 잘 보존되지만 언어장애가 우세하다.
- 명칭 실어증(단어 이름대기 문제들과 대면 명명하기의 손상)은 좌측 측두엽 위축이 있는 환자들에게서 더욱 현저하다. 이러한 어려움은 심각할 수 있고 이름대기에만 한정될 수도 있으며, 환자들의 구어는 비교적 유창할 수 있다. 이름대기 문제는 단어 및 개념들의 기저에 있는 의미와 지식의 상실을 반영하는 것으로 생각된다. 이런 이유로, 일부에서는 좌측 측두엽 위축 환자들의 언어 문제를 설명하기 위해 의미성 치매(semantic dementia)라는 용어를 사용하기도 한다(Hodges, 2001).
- 표현하는 어휘가 점차 줄어들면서 구어 착어증과 둘러말하기, 구체적 단어들

대신에 막연한 단어들(예: 이것, 저것, 그것)을 사용하게 될 수도 있다. 초기나 중기 단계에서는 문법과 음운적인 측면들이 비교적 잘 보존되기 때문에 훨씬 나중까지도 점차 줄어드는 어휘의 문제가 분명하지 않을 수 있다.

- 단어 정의하기 과제와 범주별로 단어 목록 만들기 과제(예: 동물 이름대기)에서는 심한 손상을 보일 수 있다. 이러한 문제들은 측두엽에 병리가 있는 환자들에게서 두드러진다.
- 전두엽에 위축이 우세하게 나타난 환자들은 자발적인 대화는 줄어들지만 이름대기에 심각한 어려움을 보이지 않는다. 이러한 환자들은 간이정신상태검사(Mini-Mental State Examination)에서 시각적 사물 및 공간 인식에 대한 과제들은 잘 해낸다.
- 환자들은 반향어 및 고착적 구어, 의미 없는 구의 반복, 같은 비유나 이야기를 단음도로 되뇌기(녹음기 증후군) 등을 나타낸다. 이러한 특징들은 병이 진전된 단계에서 더 눈에 띈다.
- 구어 및 인쇄물의 이해가 손상된다. 이러한 문제들은 계속 악화된다.
- 눈에 띄게 음운적 문제들이 나타나면서 구어가 비유창해진다. 이와 같은 어려움들은, 픽소체나 픽세포들이 없는데, 픽과 같은 병리를 가진 환자군에서 눈에 띈다. 이러한 환자들은 병의 초기에는 심각한 행동의 변화나 언어이해의 문제를 보이지 않을 수도 있다(Hodges, 2001).
- 병의 마지막 단계에서 완전한 함묵증이 될 수 있다. 심각하게 손상된 기억과 지남력은 혼돈과 결합하여 심각한 치매로 이끈다.

일부 PiD 환자들은 읽기, 쓰기, 시공간적 능력을 마지막 단계까지 유지할 수 있다.

PiD 환자들의 사망은 (DAT에서와 같이) 종종 흡인으로 인한 폐렴 또는 감염으로 인한 것이다.

4) 전두측두엽성 치매 환자들의 의료적 처치

FTD 환자들의 의료적 처치에 관해 출판된 연구들은 거의 없다. 일부 자료들이 세로토닌성 약물들이, 특히 전두엽에 줄어든 세로토닌으로 인해 병리가 생긴 환자들에게, 도움이 될 것이라고 제시한다. 세로토닌성 약물은 우울증, 무감동(apathy) 그리고 폭력적인 행동들을 완화시킨다(Litvan, 2001).

FTD 환자들을 도파민으로 치료하는 것에 대해서는 논쟁이 있다. FTD 환자들 모두에게서 또는 대부분에게서 도파민의 양이 줄었는지는 분명하지 않다(Litvan, 2001).

5) FTD 환자들의 행동관리

FTD 환자들의 행동관리는 다음 장에서 설명되는 과정과 유사하다. 일반적으로, 임상 경험으로 볼 때 환자와 보호자들 모두 행동치료가 필요하다. 치매 환자들의 보호자들은 상당한 스트레스를 받고, 그들이 느끼는 스트레스의 정도는 환자를 요양원에 보내는 것과 상관관계가 있다. 보호자가 경험하는 스트레스는 신체적으로 해롭고, 그들의 면역체계는 손상되며, 감염에 취약해지는 결과로 나타난다. 보호자들에게 치료(특히 정서적인 면과 사회적 지원)를 제공하면 그들의 면역체계 기능이 향상된다는 연구 결과들이 있다(Litvan, 2001).

보호자들은 (1) 질병과 그것의 불가피한 진행성에 대한 교육을 받아야 하며, (2) 우울증이나 다른 정신적 문제들을 겪고 있는가에 대한 세심한 점검을 받아야 하며, (3) 신속하게 상담 및 정신과적 치료를 제공받아야 하며, (4) 사회적 및 감정적인 지원을 받아야 하며, (5) 환자의 일시적 위탁을 제공받아야 한다.

3. 파킨슨병

영국인 내과 의사였던 James Parkinson(1755~1824)은 1817년 처음으로, 지금은 그의 이름을 딴 퇴행성 뇌질환에 대해 기술하였다(Olanow, Watts, & Koller, 2001; Rajput, 2001). 역설적으로 Parkinson이나 다른 전문가들은 치매가 이 신경학적 질병의 일부일 것이라고는 생각하지 못했다. 1980년대 이래로 파킨슨병(Parkinson's disease, PD)이 치매를 일으킬 수 있다는 데 일반적인 합의가 이뤄졌다. 일부 전문가들은 파킨슨병과 관계된 치매를 **피질하성**이라고 분류한다(Cummings & Benson, 1992).

파킨슨병은 여자들보다 남자들에게 더 흔하다(Cummings & Benson, 1992). 유병률은 전 세계적으로 비교적 균일하다(Simon, Aminoff, & Greenberg, 1999). 유병률은 나이가 올라감에 따라 상승한다. 일반적인 유병률은 106/100,000(명)이지만 50세 이후에는 100명 중에 1명이 이 병으로 고통을 받는다. 대략 1백만 명의 사람들이 PD 환자이며 해마다 6만 명의 새로운 사례가 보고되고 있다(Olanow, Watts, & Koller, 2001). 평균적인 발병 시기는 60세이나, 청소년기 형태도 존재한다. 대부분의 환자들은 발병 후 약 8년 정도 생존하지만, 좀 더 젊었을 때 진단되면 더 오래 생존하기도 한다.

파킨슨병이라는 용어는 **진전마비**(paralysis agitans)**라고도** 알려진 하나의 단일 질병을 의미한다. 전통적으로 원인을 알 수 없었기 때문에 **특발성**이라고 설명되었는데, 연구가 계속되어 병리와 잠정적인 원인들에 대해 좀 더 밝혀지고 있다. **파킨슨병**(parkinsonism)이라는 용어는 과소운동(hypokinesia), 진전, 근육의 강직이라는 신경학적 장애를 가진 집단을 의미하는데, 이러한 장애의 원인은 각각 다르다(예: 뇌염 후 파킨슨병, 약물로 인한 파킨슨병). **파킨슨인**(parkinsonian)은 이러한 병을 갖고 있는 사람들을 가리킨다. 불행하게도, 이러한 용어를 사용하는 데 있어 자료들이 모두 일치된 것은 아니다.

PD 환자들에 있어 치매의 보고된 발병률은 연구마다 매우 다양하다. 연구를 검토해 본 결과 PD 환자들의 35~55%에서 치매가 발병될 수 있다고 한다(Cummings & Benson, 1992). 치매 진단이 적용되지 않은 파킨슨 환자들도 경미한 인지 결함을 나타낼 수 있다.

1) 파킨슨병의 병인

비록 병인적 요인들에 대해 아직 잘 알려지지는 않았지만(그렇기에 대부분의 사례들에 **특발성**이란 용어를 사용), 최근의 연구는 일부 사례들에서 유전적 요인의 중요성에 대해 제시하고 있다. 상염색체 우성 유전이 이 질병의 가족력이 있는 경우에서 확인되었다.

상염색체 열성 유전은 비교적 이른 발병의 사례들에서 확인되었다. 6번 염색체의 긴팔에서 유전자 변이가 관찰되었다. 이 유전자는 *parkin*이라는 단백질로 부호화하였다(Olanow et al., 2001).

50세 이후 시작되는 파킨슨병은 제초제와 살충제, 시골 생활, 우물 식수 등과 같은 환경적 요인들에의 노출과 관계가 있을 수 있다. 대부분의 사례들에서, 유전적인 민감성 그리고 환경적 독소들에의 노출이 영향을 미칠 수 있다(Olanow et al., 2001).

2) 파킨슨병의 신경병리학

파킨슨병(진전마비 또는 떨리는 마비)은 서서히 진행되는 질병으로 다음과 같은 특징을 지닌다(Giasson et al., 2001; Olanow et al., 2001; Rajput, 2001; Subramanian, 2001).

- 신경핵의 퇴행. 이것은 특히 뇌간에서 분명하다.
- 넓어지는 구(sulci). 이것은 특히 전두 영역에서 뚜렷하다.
- 흑질로부터의 세포 손실. 이 구조에서 가장 심한 변화가 발생한다. 뇌간의 다른 부분들과 간뇌핵에서 이보다 덜 심한 손상이 발견될 수 있다.
- 신경섬유 덩어리와 신경염성 반. 일반적으로 알츠하이머병에서 발견되는 이러한 피질의 기형들이 많은 PD 환자들의 피질 영역에서 발견될 수 있다(Olanow et al., 2001).
- 루이소체(Lewy bodies). 신경세포 내 포함 입자들로 알려진 루이소체들은 기저핵, 뇌간, 척수, 교감신경절에서 발견된다(루이소체에 관한 더 많은 내용은 뒤에 나오는 '루이소체 유형의 치매' 참조).
- 도파민 수준의 감소. 억제성의 신경전달물질인 도파민의 고갈된 수준은, 특히 기저핵에서 뚜렷하다. 다른 뇌 화학물질들, 노르에피네프린, 세로토닌, 글루탐산 탈탄산효소(glutamate decarboxylase) 등도 역시 고갈될 수 있다. 신경전달물질의 소실은 신경세포의 손실로 이어진다. 도파민의 고갈된 수준은 과도한

콜린성 홍분과 이어지는 파킨슨병 환자들의 운동 증상들을 일으키게 된다.

3) 파킨슨병의 운동장애

운동장애는 PD 환자들의 주된 운동 증상이다.

- 서동(bradykinesia). 저운동증(hypokinesia) 또는 무운동증(akinesia)이라고도 알려진 서동은 움직임이 없거나 느린 수의적 움직임들을 의미한다. 안면표정의 감소와 줄어든 자발적인 눈깜박임은 가면과 같은 얼굴의 느낌을 준다.
- 진전(tremor). 쉬고 있는 근육에 가장 잘 나타나는 것들은 4Hz, 6Hz, 8Hz의 진전들이다. 손이나 발에서 시작하여 사지로 퍼질 수 있다. 진전은 스트레스로 인해 악화되며 수의적인 활동을 할 때는 감소한다.
- 강직(rigidity). 움직이는 동안 사지와 몸체의 근육들에 긴장이 증가하고 저항이 심해지는 것이 뚜렷하다. 심해지면 진전이 나타나지 않을 수 있다.
- 보행 및 자세의 장애. 구부정하게 선 자세가 전형적이다. 앉은 자세에서 바로 서는 것이 어렵고, 보폭이 작고 비틀거리며, 앞쪽으로 기울어진 자세로, 걸을 때는 손의 흔들림이 없으나, 걸음걸이가 병적으로 빨라지는(짧고, 가속화되는, 불수의적인 걸음) 것 등이 이러한 장애의 특징이다.
- 낙상. 운동 기능부전으로 인해 PD 환자들은 자주 넘어진다.
- 보행 동결(freezing). PD 환자들은 동작 중에 얼어붙는 경향이 있는데, 발이 땅에 붙어 버리는 것이다. 보행 동결은 걸음걸이를 시작할 때나 문을 지나가려 할 때 흔하게 나타난다.
- 삼킴장애. 환자들의 40%에서 발생하는 연하장애는 L-dopa가 효율적이지 못할 때(의료적 처치 부분을 참조) 좀 더 심각해질 수 있다. 환자는 삼키는 데 문제가 발생하여 침을 흘릴 수 있다.

4) 파킨슨병과 연관된 치매 및 관련 문제

PD 환자들에게서 발견되는 치매는 일반적으로 경미하거나 중등도 정도이다. PD

환자들의 대략 30~40%에서 치매가 발병하는데, 연구마다 발병률은 20~50% 정도로 다양하게 나타난다(Simunti & Hurtig, 2001). 파킨슨병이 60세 이후에 발병했을 때 치매의 가능성이 더 많은 것 같다. 파킨슨병과 치매 환자들의 의사소통과 이와 관련한 결함들은 최근에 와서 기록되었다(Murray, 2000; Murray & Stout, 1999). 파킨슨병과 관계된 치매 환자들의 다양한 특징은 다음과 같다(Giasson et al., 2001; Murray & Stout, 1999; Olanow et al., 2001; Rajput, 2001; Simuni & Hurtig, 2001).

- 기억장애. 기억력의 퇴행은 치매의 다른 유형들에서도 뚜렷하다. 일부 자료들을 보면, 알츠하이머형과는 다르게 PD 환자들은 사건을 기억하는 것보다 날짜를 기억하는 것을 특히 더 어려워한다고 제시한다.
- 이름대기 장애. 치매가 더 진전될수록 명명하기의 범위는 더 커진다. 반대로 알츠하이머병 환자들은 치매는 경미하더라도 심각한 명명하기 장애를 나타낸다.
- 단어 목록 만들기의 손상. 알츠하이머형 환자들보다 파킨슨형의 환자들이 이런 능력은 덜 손상된 것으로 나타난다.
- 담화 이해에의 손상. 경미하거나 치매가 없는 환자들이 담화의 주된 관점은 이해를 하더라도, 대화 중의 세부적인 사항들이나 암시적인 측면들을 놓칠 수 있다.
- 시공간적 인식의 손상. 전형적인 피질하성 치매의 환자가 아닌, 파킨슨병 환자들의 경우 각을 맞추거나, 도형 구분하기, 공간적인 위치 인식하기, 모양과 크기의 일관성 및 그림에 보이는 대로 자신의 신체 부분 맞추기 등에서 어려움을 나타낼 수 있다.
- 음성 문제. 단음도와 단강도가 가장 주된 그리고 흔한 두 가지 문제이다. 목쉰 소리, 기식화된 소리, 거친 소리 역시 관찰될 수 있다. 일부 환자들은 과대비성을 보인다.
- 증가된 음의 길이와 잦은 멈춤. 문장의 시작 부분에서 주저와 멈춤들이 좀 더 뚜렷할 수 있다.

- **마비말장애 구어**(dysarthric speech). PD 환자들의 거의 절반이 운동구어장애를 나타낸다. 파킨슨병은 저운동형(hypokinetic) 마비말장애의 가장 흔한 원인이다(Yorkston, Miller, & Strand, 2003). 구어 속도는 늦어지거나, 증가하거나 또는 병적으로 빨라질 수도 있다. 줄어든 구어, 짧은 구, 짧게 쏟아지는 구어, 자음들의 부정확한 산출 등은 저운동형 마비말장애의 눈에 띄는 특징들이다. 음소의 반복 역시 이러한 구어장애의 특징이다.
- **무감동과 우울증**. PD 환자들은 무감동(감정의 변화 없음)을 보이는 경향이 있는데, 사회적 대인관계나 활동을 하지 않고, 불안, 우울증을 보인다.
- **혼돈, 환상, 망상(일부 환자들에게서 관찰됨)**. 시각적인 환상이 청각적인 것보다 더 흔하다. 환자들은 보호자들에게 그러한 환상을 말하려고 하지 않는다(Korczyn, 20001). 이러한 증상들은 항파킨슨병 약물로 인해 악화될 수도 있다.
- **수면장애**. PD 환자들의 75% 이상이 잠들기, 낮 시간의 졸림, 조각 잠으로 인해 수면에 어려움을 가질 수 있다. 악몽과 괴로울 정도의 생생한 꿈들이 수면장애를 악화시킬 수 있다. L-dopa와 관련 있을 경우, 일부 환자들은 갑자기 잠에 빠질 수도 있다(수면 발작).
- **소자증**(micrographia). 극히 작은 글자를 쓰는 것이 PD 환자들의 특징 중 하나로 알츠하이머형 환자들에게는 눈에 띄게 드러나지 않는다.

실어증, 실인증, 심각한 기억상실과 같은 증상들은 파킨슨병과 관계된 치매 환자들에게는 드물다.

5) 파킨슨병의 의료적 처치

L-dopa(Levodopa)는 신경전달물질로 PD 환자들의 치료에 가장 많이 처방되는 약물이다. 이 신경전달물질은 신경학적 증상들의 일부를, 특히 운동장애를 감소시킨다. L-dopa가 유도하는 경향이 있는 메스꺼움과 구토를 조절하기 위해서 주로 **탈탄산효소 억제제**(decarboxylase inhibitor)와 결합하여 사용한다(Olanow et al., 2001; Rascol, Goetz, Koller, Poewe, & Sampaio, 2001; Colcher & stern, 2001). 일부 지적 기능의 향상과 L-dopa 치료가 관계 있다.

L-dopa의 장기 치료는 심각한 운동 및 신경심리학적 합병증과 연관된다. 운동 합병증은 운동동요(motor fluctuations)와 운동장애(dyskinesia)를 포함한다. 운동동요는 주기를 가지는데, 운동의 문제가 감소하여 치료에 반응할 때도 있고 반대로 문제가 증가하여 반응하지 못할 때도 있다. 운동동요에 더하여 환자는 기분과 인지에도 동요를 경험할 수 있다. L-dopa의 장기 사용은 인지 손상과 혼돈이 있는 경우 이를 악화시킬 수 있다.

운동장애는 L-dopa의 장기사용과 관련이 있으며 불수의적인, 무도병과 같은 또는 춤을 추는 것과 같은 움직임이 머리와 목, 몸통, 사지, 호흡 근육에까지 나타난다.

PD 환자들을 치료하기 위해 사용되는 다른 약물군은 **도파민 작용제**(dopamine agonists)라고 알려졌는데, 이는 도파민 수용기들을 직접적으로 자극하여 도파민 치료로 인한 운동 합병증을 최소화한다. 이러한 이유로 종종 L-dopa와 혼합된다. 그러나 도파민 작용제들은 환상과 같은 정신병적 증상을 유도하는 경향이 있다.

약물치료와 관련한 운동 합병증 및 장애들이 지속되고 악화되어, 신경외과적 대안들이 연구되었다. 기능적 신경외과학이라는 집단에 속하는 세 가지 기술들은 과잉행동적인 뇌조직들을 파괴하기 위해 고안되었다. **시상절제술**(thalamotomy)에서는 시상의 배쪽 중개핵이 외과적으로 제거되어 진전의 빈도 및 강도가 줄어든다. **담창구제거술**(pallidotomy)에서는 담창구의 내측 부분이 제거된다. 마지막으로, **시상밑핵절제술**(subthalamic nucleotomy)에서는 시상밑핵이 제거된다. 진전이 감소하는 것에 더하여, 뒤의 두 처치들은 무운동증, 강직, 걸음걸이의 문제 및 자세의 문제들을 최소화하는 데 도움을 준다(Olanow et al., 2001; Rascol et al., 2002). 모든 외과적 제거술들은 이웃하는 조직들의 파괴에 대한 위험이 있어 운동구어장애, 연하장애, 인지 결함 등의 부가적인 문제들을 일으킬 수 있다. 따라서 목표가 되는 구조의 외과적 제거에 대한 대안은 **고주파 심부뇌자극**(high-frequency deep brain stimulation, DBS)으로 뇌조직을 제거하는 것이 아니라 제거의 효과를 내기 위해서 자극하는 것이다. DBS 방법은 목표 뇌세포들에 전극을 심어야 한다. 전극은 외부에서 조정할 수 있는 자극 생성기(pulse generator)와 연결되는데, 자극 생성기는 흉벽, 피부 바로 밑에 장착된다.

유산된 태아의 도파민 생성 조직을 PD 환자의 뇌에 태아 이식(fetal transplantation)하는 방법이 현재 실험되고 있는 방법이다(Colcher & Stern, 2001; Subramanian, 2001). 동물실험과 이식한 환자들의 뇌를 사후 부검한 결과 이식된 태아의 흑질세포들은 질병에 의해 영향을 받은 뇌 영역에서 신경이 분포되고, 성장하여 기능하기 시작했다는 것을 보여 주었다. 이 방법은 최고의 이식 지점을 결정하기 위해 추가 연구가 필요하다(Lindvall, 2001).

또 다른 실험적 방법은 실제로 어느 종류의 세포로든 분화할 수 있는 전구 세포(precursor cells)인 **줄기세포**(stem cells)를 영향을 받은 환자의 뇌 지점에 이식하는 것이다(Lindvall, 2001). 인간 태아의 줄기세포 이식은 일부 가망성을 보여 주었다.

태아의 뇌조직 또는 태아의 줄기세포를 이식하는 것은 그 효용성과 장기적인 효과 면에서 추가적인 연구가 필요하다. 절차 방법이 윤리적인 논쟁을 일으키고 있다.

일부 사례에서는 환상(hallucinations)을 조절하기 위해서 L-dopa와 다른 항파킨슨 약물들의 사용을 줄이거나 철회해야 한다고 말한다. **항정신성 약물**〔antipsychotic drug; antipsychotic은 신경이완제의(neuroleptic)라고도 불림〕은 환상이나 혼돈을 줄이기 위해서 필요할 수도 있다. 항우울제 처방 역시 일부 환자들에게 필요하다.

현재 병의 경로를 바꿀 수 있는 치료 방법은 없다. 모든 의료적 치료법들은 병의 증상을 최소화하거나 조절하기 위해 개발되었으며, 치료 효과가 감소되기 시작하는 단계에까지 진행된다(Cummings & Benson, 1992).

4. 헌팅턴병

1872년 미국의 내과의였던 George Huntington(1850~1916)은 롱아일랜드 한 가족의 사례를 기술하였다. 무도병(chorea), 정신병적 문제들, 인지 퇴행의 특징을 보이는 뇌의 특발성 퇴행병인 이 질병은 지금은 그의 이름으로 불린다(Hake &

Farlow, 2001). 기존에는 이 병이 헌팅턴 무도병(Huntington's chorea)이라고도 알려졌지만, 일부 환자들에게서는 무도 현상이 나타나지 않아 현재는 헌팅턴병이라는 용어가 선호된다.

헌팅턴병(Huntington's disease, HD)은 유전자의(유전되는) 신경퇴행성 질병이다. 상염색체 우성 유전으로 영향을 받은 사람은 자식들의 절반이 같은 질병을 갖게 될 수 있다. 헌팅턴병을 일으키는 유전적인 돌연변이는 4번 염색체의 짧은 팔에서 발생하며 DNA 연결체 CAG(cytosine-adenine-guanine)를 수십 개 복제하는 결과를 낳는다. CAG는 아미노산 유형의 신경전달물질인 글루타메이트(Glu)로 유전 암호를 지정한다. 반복된 CAG 연결체는 일련의 증상들을 불러오는데, 많은 수의 반복은 좀 더 심각한 증상들을 일으키고 더 이른 발병을 가져온다(Haines, 2004; Simon, Aminoff, & Greenberg, 1999). 이러한 돌연변이는 영국에서 유래되었고 영국의 식민화로 인해 세계의 다른 지역들로 퍼졌다고 생각되었다(Harper, 1996). 유전자 변이의 파괴적인 산물인 헌팅틴(huntingtin)은 움직임과 기억을 조절하는 뇌세포들을 죽이는 기형의 단백질이다. 헌팅틴 단백질은 세포의 미토콘드리아 막에 부정적인 영향을 준다. 유전자 검사가 가능하며 질병에 대한 정확한 진단을 얻을 수 있다.

헌팅턴병의 발병률은 100만 명당 대략 40~70명 선이며 남녀 비율은 같다. 일반적인 발병 시기는 35~40세 사이이다. 사례들의 약 5%에서는 20세 이전에 발병한다(Harper, 1996).

일부 전문가들은 HD와 관계된 치매를 피질하성으로 구분한다(Cummings & Benson, 1992).

1) HD의 신경병리학

HD 환자들에게서 발견되는 일반적 신경병리는 일차적으로 기저핵 신경세포들의 손실이다. 신경세포의 손실은 기저핵의 미상핵(caudate nucleus)과 피각(putamen)에서 두드러진다. 신경세포의 손실은 좀 더 적은 범위로 담창구(globus pallidus)에서도 발견될 수 있다. 위축은 전전두엽과 두정엽에서 뚜렷하게 나타날 수 있다. 헌팅턴병의 피질세포 손실의 범위는 논란이 되고 있다(Klein, Ferrante, & Ball, 2001).

기저핵에서의 신경세포의 손실은 GABA(Gamma-amino butyric acid)와 아세틸콜린과 같은 억제형 신경전달물질의 수준을 감소시키는 결과를 낳는다. 파킨슨병과 대조적으로 HD는 도파민의 고갈과 관련이 없다. 억제형 신경전달물질은 움직임을 제어하는 데 도움을 준다.

2) HD와 연관 있는 치매 및 관련 문제

HD 환자들의 의사소통 형태는 파킨슨병 환자들과 유사하다(Murray, 2000; Murray & Stout, 1999; Yorkston, Miller, & Strand, 2003). 일반적으로, HD 환자들은 다음과 같은 종류의 결함을 나타내는 경향이 있다.

- 행동 변화로 과도한 불평, 잔소리, 괴벽스러움, 짜증, 감정 폭발, 잘못된 우월감 등이 병의 초기 징후 중에 나타나며 대부분의 사례에서 무도병을 앞선다.
- 두드러진 감정 변화(우울증과 다행감), 정신분열적인 행동들(편집증, 피해망상, 환상)과 같은 정신병적 장애들은 좀 더 진전된 단계의 특징들이다. HD 환자들의 약 8%가 자살로 인해 사망하며, 자살시도도 흔하다. 정신과적인 장애들은 약 1/3에 해당하는 환자들에게서 무도병을 앞선다.
- **무도병**(chorea)은 HD의 주된 신경학적 증상으로, 불규칙적이고, 경련이 생기는, 불수의적인 사지와, 목, 머리 그리고 안면근육의 움직임을 동반한다. 초기에는 단순히 불안과 안절부절못하는 형태일 수 있으나 결국에는 총체적으로 비정상적인 무도병으로 발전한다.
- 다양한 틱과 같은 움직임 장애, 빠르게 지나가는 얼굴의 찡그림, 머리 끄덕이기와 같은 것은 초기의 신경학적 증상들이다. 이러한 움직임들은 점점 제어가 되지 않는다.
- HD 환자들에게 전형적인 보행장애는 걷는 동안 손이 번갈아 가면서 신전-회내(extension-pronation) 그리고 굴곡-회외(flexion-supination)하는 것을 포함한다. 이러한 움직임들은 갈지자로 비틀거리는, 머뭇거리는, 넘어질 듯한 움

직임들과 결합하여 환자가 걷는 동안 마치 춤을 추는 것과 같은 인상을 준다.

- 병이 진전되면 움직임이 느려진다. 마지막 단계에서 환자는 자발적 움직임을 거의 보이지 않을 수 있다.
- 강직은 파킨슨병의 일반적인 특징으로 HD에서는 전형적인 형태는 아니지만, 약 12~14% 정도의 환자들에게서 보일 수 있다. 이러한 상태는 무운동성-강직형(Westphal variant)이라고 알려졌으며 청소년기(20세 이전)에 발병하는 HD에서 더 흔하게 나타나고 종종 간질과 관계된다.
- 최근 및 오래된 사건들에 대한 기억의 손상, 주의력 결핍, 모든 지적 활동의 속도 저하는 무도병의 발병에 이어진다.
- 의사소통 결함은 병의 후기 단계에서만 뚜렷해지는데 이름대기의 손상, 경미한 명명하기의 어려움(특히, 사용 빈도가 낮은 단어들의 기억), 더 짧아지고 간단해지는 발화들, 문법적으로 정확한 발화들의 줄어듦, 담화의 미묘하고 암시적인 측면 이해에의 어려움 등을 포함한다.
- 마비말장애는 HD 환자들의 두드러진 특징이다(Yorkston, Miller & Strand, 2003). 입술과 혀의 무도형 움직임들은 구어의 조음에 영향을 주어 과운동형의 마비말장애를 일으킨다. 호흡근육과 후두의 이러한 움직임들은 과운동형 마비말장애의 다른 증상들을 일으키는데, 구어 강도의 지나친 변동, 단강도, 짧은 구, 단음도, 거친 음질 등이다.
- 환자는 병의 최종 단계에서 함묵증이 나타날 수 있다. 일반적으로 함묵증에 극심한 지적 퇴행이 동반된다.
- 마지막 단계에서, 환자는 배변실금, 수면장애, 연하장애, 수면 반전 등을 겪을 수 있다. 일부 환자들은 폭력적이고 극심한 혼돈을 보일 수 있다. 당뇨, 심장병, 폐질환, 다양한 종류의 감염에 취약하다. 일반적으로 발병 후 10~20년 내에 사망한다.

3) 헌팅턴병의 의학적 치료

치료 방법이 없지만, 증상에 따른 치료로 HD 환자들의 신경학적 및 정신병적 문제들을 관리할 수 있다. 페노티아진(phenothiazine), 할로페리돌(haloperidol)과 같은 진정제들은 비정상적인 움직임을 통제하기 위해 자주 처방된다. 일부 GABA성 약물들이 효과가 있는 환자들도 있었다. 파킨슨병 환자들과 달리 L-dopa 치료는 금지되는데 무도형 움직임들을 악화시키기 때문이다.

정신과적인 문제들은 향정신성 약물로 조절될 수 있을 것이다. 예를 들어, 항우울제는 우울증을 최소화하고, 신경이완제들은 짜증과 분노폭발 등을 도울 수 있을 것이다(Cummings & Benson, 1992).

HD의 치료를 위한 몇몇 새로운 방법들이 연구되고 있다. 그 한 가지는 환자들이 미토콘드리아 에너지 결핍을 보이므로 **코엔자임 큐**(co-enzyme Q)라고 알려진 영양 보충물의 유용성을 실험하고 있다. 일부 세포괴사는 지나친 자극의 산물이므로, 목표 세포들에 주어지는 해로운 자극을 줄일 수 있는 약물이 실험되고 있다.

연구 중에 있는 외과적 치료법으로는 태아의 줄기세포 또는 태아 기저핵 세포들을 환자의 영향받은 뇌 지점(예: 피각과 미상핵두)에 이식하는 것이다. 일차적 결과들은 운동 및 인지 기능들이 일부 환자들에게서 향상되거나 안정화되는 모습을 보였다(Lindvall, 2001; Lindvall & Bjorklund, 2000; McMurray, 2001). 어떤 치료 방법들이 결국에 이 병을 멈출 수 있는지 또는 병의 경로를 역행시킬 수 있는지에 대해서는 알 수 없다.

5. 진행성 핵상 마비

진행성 핵상 마비(Progressive Supranuclear Palsy, PSP)는 파킨슨병과 유사한 증상을 보이는 퇴행성 신경장애이다. PSP는 일반적으로 60세나 70세쯤 발병하는 추체외로장애(extrapyramidal disorder)로 비교적 드물게 나타나며, 여성보다 남성에게 더 영향을 미친다.

PSP의 신경병리는 대체로 기저핵 및 뇌간에 국한되며 피질구조들은 대부분 안전하다. 일반적인 신경세포 손실, 신경섬유 덩어리, 과립공포성 퇴행(granulovacuolar degeneration), 탈수초화(demyelination), 신경아교증(gliosis)이 자주 목격

된다(Greenberg, Aminoff, & Simon, 2002). 신경화학물질 결핍은 도파민의 고갈 수준 및 콜린성 체계의 손상을 포함한다.

PSP의 신경병리적 증상들은 파킨슨병을 특징짓는 것과 마찬가지로 강직, 서동(bradykinesia), 균형의 손상을 포함한다. 차별적인 진단기준이 되는 것은 PSP 환자들은 파킨슨병에서 보이는 것과 같은 진전이 없다는 것이다. PSP의 부가적인 증상들은 눈 움직임의 손상, 뒤로 젖힌 머리 위치, 가면과 같은 얼굴, 얼굴과 턱의 갑작스런 움직임, 연하장애, 침 흘리기 등이다. 안구의 일탈은 PSP의 초기 증상 중 하나로, 손상된 하향주시(downgaze)는 초기에 나타난다. 걷는 도중 아래를 내려다볼 수 없어 환자는 넘어지는 경향이 있다. 나중에는 위쪽이나 옆쪽으로의 안구 운동도 영향을 받는다.

핵상 마비로 인한 치매는 피질하성 치매로 분류된다(Cummings & Benson, 1992). 치매의 증상들은 무감동, 우울, 사고 처리 속도의 느림, 망각 등이 포함된다. 환상에 바탕한 놀라운 시각적 환영 및 망상들이 나타날 수도 있다. 일반적으로, 지적 퇴행은 병의 후기 단계까지 심각하지 않다.

PSP와 관련된 의사소통의 문제들은 마비말장애를 포함하는데, 아마도 가장 빨리 나타나서 주목되는 구어장애의 하나일 것이다. PSP 환자들은 다양한 형태의 마비말장애 유형들을 보일 수 있는데, 저운동형, 저운동형과 경직성의 혼합형, 저운동형과 경직형 및 실조형의 혼합형 등을 포함한다. 일반적으로, PSP와 관계된 운동구어장애는 단음도, 목쉰 소리, 비강방출, 과도하고 변화 없는 강세, 과대비성, 부정확한 조음 등을 들 수 있다(Duffy, 1995).

언어능력들은 PSP 마지막 단계까지 영향을 받지 않는다. 마비말장애의 악화로 환자의 말을 알아들을 수 없게 되고 나중에는 함묵증을 보이게 된다.

PSP의 의학적 치료는 향정신성 약물로 우울증과 무감동을 조절하는 것에 제한되어 있다. L-dopa 치료는 일부 환자들의 운동 증상들을 조절하는 데 도움이 되는 것으로 밝혀졌다(Cummings & Benson, 1992). 모든 의료적 치료들은 병이 진전되면서 그 효력을 상실한다.

6. 감염성 치매

몇몇 감염들은 종국에 치매로 이어진다. HIV 감염으로 인한 치매(Larsen, 1998)와 크로이츠펠트-야콥병(Cummings & Benson, 1992) 등이 속한다.

1) AIDS 치매 복합증(인간 면역결핍 바이러스 뇌병증)

인간 면역결핍 바이러스(HIV) 감염과 이의 결과로 생기는 후천성 면역결핍 증후군(AIDS)은 피질하성 치매의 형태로 이어지고 결국 사망하게 된다. 이는 최근에 발견되어 가장 자주 보고되는 감염성 치매의 종류가 되었다(Larsen, 1998).

HIV 감염은 미국과 다른 서양의 산업화된 나라들에서는 통제가 되고 있다. 1995년 이래로, 미국에서는 감염 발병률이 낮아지고 있다. 병의 발병률은 많은 아시아 및 아프리카 국가들에서는 여전히 높다. 세계적으로 약 3,000만 명이 감염되었으리라고 추산된다(Rabins, Lyketsos, & Steele, 1999).

HIV-1 감염은 다양한 신경학적 질병과 관계된 많은 것들을 포함하는 여러 가지 증상들을 일으킨다. 신체의 면역체계 효율성이 떨어지면서 약해진 신체에 침입하여 자신들 고유의 다양한 증상들을 만들어 내는 다양한 **기회감염**(opportunistic infections) 역시 발생한다. 예를 들어, HIV에 감염된 사람들은 특히 크립토콕쿠스 뇌막염(cryptococcal meningitis)과 같은 뇌감염에 걸리기 쉬운데, 이는 언어장애, 정서장애, 실행 기능 장애를 일으킨다. 피질하성 치매를 유발하는 톡소플라즈마증(toxoplasmosis)도 뇌감염의 한 예이다.

기회감염이 없이도 HIV 감염 그 자체는 뇌에 영향을 주며 치매를 불러일으킨다. HIV 뇌병증, AIDS 치매 복합증 또는 HIV-1 관련 치매라고 알려진 질병은 서서히 진행되며 마지막 단계에서는 급속한 퇴행으로 사망에 이르는 특징이 있다. 대부분의 HIV 감염 환자들은 다양한 정도의 치매를 다양한 휴지기를 가지면서 발달시킬 것이다. 일부의 경우는 치매의 진단이 본격적인 AIDS의 진단보다 앞설 수도 있다.

뇌병증(encephalopathy)은 뇌에 관한 모든 질병을 언급하는 일반적인 용어이며, 대부분이 퇴행성이다. HIV 뇌병증은 피질하의 백질, 기저핵의 퇴행을 가져오며 결국에는 피질층에도 영향을 미친다(Cummings & Benson, 1992).

AIDS 치매 복합증의 증상들은 다음과 같다.

- 신경학적 증상들은 환자들마다 조금씩 다르지만, 보행장애, 진전, 두통, 발작, 실조, 강직, 운동력 약화, 간대성 근경련(myoclonus), 안면신경마비, 배변실금 등이 있다.
- 치매 증상들은 건망증, 집중력 손상, 둔화된 사고, 무감증, 일에 대한 흥미의 상실, 성욕 감퇴, 사회적 위축, 우울증 및 조증, 혼돈, 환상, 망상들이다. 기억 손실은 병이 진전되면서 심화될 것이다. 언어 문제들은 두드러지지는 않을 것이지만 마지막 단계에서 함묵증은 뚜렷하게 나타난다.

HIV 감염의 의학적 관리는 지난 10년간 상당한 발전을 했다. 약물을 혼합하여 사용하는 '고활성 항바이러스요법(HAART)'을 통한 치료는 (1) 체내에 HIV 바이러스의 양을 줄이고, (2) 증상의 수와 중증도를 최소화하며, (3) 환자의 수명을 연장시키고, (4) 기회감염의 발병을 감소시키고, (5) 사망률을 감소시키며, (6) AIDS 치매 복합증의 발병률을 약 50%까지 줄이는데 효과를 나타냈다. 불행하게도, HAART는 어떤 중독성을 유발하는데, 이는 오랜 시간 동안 많은 수의 환자들이 치료를 받아 왔으므로 증가 추세에 있다(Sacktor, 2002).

2) 크로이츠펠트-야콥병

독일의 정신과 의사인 Hans Creutzfeldt(1885~1964)와 Alfons Jakob(1884~1931)의 이름을 따라 지은 **크로이츠펠트-야콥병**(Creutzfeldt-Jakob Disease)은 바이러스 감염을 통해 일으킨다고 생각되었다. 발병률이 100만 명에 1명으로 드문 질병이며, 치매와 연관이 있다.

현미경으로는 바이러스를 확인할 수는 없었지만 **프라이온**(prion)이라는 잘 알려지지 않은 감염인자가 원인으로 제기되었다. 이것은 단백질 같은 감염입자(단백질의 형태)를 말하는 것으로 크로이츠펠트-야콥병을 가졌던 환자들의 뇌에서 프라이온의 흔적들이 확인되었다. 따라서 크로이츠펠트-야콥병으로 인한 치매는 때때로 프라이온 치매의 형태라고도 언급된다. 이 병은 감염이나 면역 반응을 만들어 내는 것은 아니지만, 뇌가 전반적으로 스펀지 모양처럼 변해 간다.

발병 시기는 60~85세에 이르지만, 일반적인 시기는 60대나 70대이다. 약 10%의 사례들에서 가족력이 발견되며, 성에 따른 구분은 비교적 동등하다. 감염성이라고 생각되어도 사람 사이의 전이는 드물지만, 사람과 동물 사이의 전이는 실험적으로 증명되었다.

다른 치매들과는 달리, 이 형태는 좀 더 빠른 경로와 치명성을 보인다. 모든 환자들이 발병 후 12~18개월 사이에 사망한다. 평균 유병 기간은 7개월이다. 치료 방법은 없다.

새로운 형태의 크로이츠펠트-야콥병은 **광우병**(bovine spongiform encephalopathy)이라고 알려졌는데 감염이 소(bovine)로부터 인간에게로 옮겨진다고 생각되었기 때문이다. 평균 발병 나이는 약 30세이며, 장애의 경과 경로는 고전적인 크로이츠펠트-야콥병보다 더 길게 나타난다. 초기 증상들은 우울증과 행동 변화를 포함한다.

크로이츠펠트-야콥병과 관계된 신경병리학은 다음과 같다.

- 많은 피질 영역, 기저핵, 시상, 뇌간 그리고 척수에서 신경세포들의 미만성인 다양한 손실이 발견된다.
- 뇌, 특히 대뇌피질, 시상, 미상(caudate)과 피각에 스펀지 형태가 발견된다. 스펀지 형태는 뇌세포 내에 형성되는 **공포**(vacuoles)라고 불리는 빈 공간들 때문이다.

크로이츠펠트-야콥병의 증상들은 다음과 같다.

- 초기 증상들은 몸이 불편하고, 피곤하며, 염려가 많으며, 수면장애, 건망증, 집중력의 손상 등을 포함한다.
- 곧, 기억장애, 추론에의 어려움, 문제해결의 손상과 같은 치매의 징후들이 나타나기 시작한다.
- 정신병적인 증상으로는 불안, 다행감, 우울, 환상, 망상 등이 나타난다.

- 추가적으로 나타나는 신경학적 증상들은 소뇌 실조증, 진전, 강직, 무도병, 무정위 운동증, 시각적 문제들이다.
- 이 병은 필연적으로 전반적이고 심각한 지적 퇴행(치매)으로 이어진다.
- 식물인간 상태인 마지막 단계에서는 혼수상태와 함묵증, 간대성 근경련, 발작 등이 나타난다. 대부분의 환자들은 요로감염, 흡인으로 인한 폐렴과 같은 질병으로 사망한다.

7. 혈관성 치매

혈관성 치매(vascular dementia)는 대뇌혈관계에 영향을 미치는 다양한 질병들과 관계가 있다. 넓은 범위에 퍼지는, 양측성 손상을 입히는 혈관성 질병으로 인한 치매는 피질하성이거나 피질성 또는 둘 모두의 혼합형일 수도 있다. 혈관병은 알츠하이머병에서도 기여한다. 혈관성 치매는 두 번째로 흔한 형태의 치매이며, 첫 번째는 알츠하이머형이다.

일부 최근의 연구에서 알츠하이머형의 치매가 혈관성 치매와 다르다는 전통적인 생각에 의문을 제기했다. 소수의 연구들에서 혈관성 치매가 뇌졸중에 이어 진단되었을 때 이미 존재하고 있었을지도 모를 알츠하이머형 치매가 진단되지 않았을 수도 있다고 제시했다. 잠재하는 치매의 증상들은 뇌졸중에 이어 더 악화되어 혈관성 치매로 진단하게 된다는 것이다(Jagust, 2001).

혈관성 치매는 여성들보다 남성들에게서 더 흔하며 고혈압과 연관이 있다. DAT 환자들과 비교하여 혈관성 치매 환자들은 일반적으로 더 젊고 더 일찍 사망한다. 그러나 고혈압을 적극적으로 치료하면 사망률뿐만 아니라 치매의 발병률도 줄일 수 있다.

백인들에 비하여 아프리카계 흑인들은 고혈압, 대뇌혈관계 질병, 그리고 뇌졸중의 유병률이 높은 경향이 있다. 따라서 혈관성 치매는 백인들보다는 아프리카계 미국인들에게 더 흔하다.

다른 대부분의 치매들과는 달리, 혈관성 치매의 발병은 비교적 갑작스러운 편이다. 다만 피질하 백질의 퇴행으로 인한 치매의 발병은 다소 점진적이다. 치매의 과정은 변동이 많으며 환자는 밤이 되면 더 혼돈을 겪는다.

혈관성 치매는 하나의 이질적인 증후군으로, 그 다양성을 기술하거나 분류하는 데 약간의 불일치가 존재한다. 흔히 얘기되는 혈관성 치매의 세 가지는 **다발성 양측성 피질 경색**(multiple bilateral cortical infarcts), **열공상태**(lacunar state), 그리고 **빈스방거병**(binswanger's disease)이다.

1) 다발성 양측성 피질 경색

다발성 양측성 피질 경색(multiple bilateral cortical infarcts)은 피질 및 피질하 병리 모두를 지닌 혼합형 치매의 다양한 양상을 보인다. 치매는 혈전이나 색전으로 인한 대뇌혈관 사고들이 양측에서, 다발적(반복적)으로 일어난 결과이다(3장 참조).

실어증으로 이어지는(3장 참조) 대뇌혈관 사고를 일으키는 대부분의 병인들은 대뇌혈관성 치매도 불러온다. 단일 경색이 국소적인 손상과 고전적인 실어증 증후군을 일으킨다면, 다발성 경색은 미만성 손상과 결국은 치매로 이어져, 종종 **다발성 경색 치매**(multi-infarct dementia, MID)라고 불린다.

MID의 증상들은 경색의 빈도와 손상된 영역들에 따라 다른데 다음을 포함한다.

- MID와 관계 있는 복합적인 신경학적 증상들은 사지의 경직, 강직, 과도한 반사, 보행 기형, 편측부전마비 또는 편마비, 그리고 배변실금으로 양측성 추체로와 추체외로 증상들을 포함한다.
- 의사소통 결함은 유형, 빈도, 손상 부위에 따라 다른데 실어증과 실행증 증상들을 포함할 수 있다. 알츠하이머형 치매 환자들과는 다르게, MID 환자들은 그들의 상태에 대한 약간의 통찰력과 감정적으로 반응할 수 있는 능력을 보유하고 있을 수 있다. 결과적으로, 그들의 의사소통 실패나 다른 문제들로 인해 좌절하고 낙담하게 된다.
- 치매의 증상에는 지적 기능의 점차적인 퇴행, 비일관적으로 나타나는 기억상실, 미흡한 판단력, 사고 및 추상 능력의 퇴행, 행동의 퇴행 등이 있다.
- 서서히 퇴행하는 일반적인 과정은 큰 뇌졸중으로 인해 갑작스런 퇴행을 겪게

될 수 있다. 이렇게 큰 일 뒤에 이어 환자는 망상이나 급성의 혼돈을 경험할 수 있다. 그 결과로, 지적인 기능은 그 이전의 수준은 아니더라도 향상할 수도 있다.

2) 열공상태

열공상태(lacunar state)는 다양한 피질하성 치매와 관계된 신경위축(neural atrophy)의 특별한 유형이다. **열공**(lacuna)이라는 것은 해부학적 구조에서 빈 공간, 강(cavity) 또는 틈이다. 대뇌의 열공상태들은 허혈성 경색들로 인한 열공들에 의해 생겨났다. 그러한 경색들은 뇌의 깊숙한 구조에서 중대뇌, 후대뇌 그리고 기저 동맥들의 작은 말단 동맥가지들이 폐색되어 발생한다. 기저핵과 시상, 중뇌, 뇌간에서의 다발성 및 작은 경색들을 흔히 볼 수 있다. 오랜 고혈압은 열공상태와 관계가 깊다.

열공상태의 증상들은 다음과 같다.

- 처음에는 환자가 뇌졸중, 반신마비 그리고 관련 증상들을 가질 수 있으며 회복하는 경우가 많다. 고혈압이 오래 지속된 이력이 있는 환자들이 이러한 특징을 가진다.
- 반복된 경색들은 지속되는 신경학적 증상들을 낳는데 강직, 가소성(plasticity), 가성연수마비, 사지 쇠약 등이다.
- 말소리장애 및 삼킴의 문제들은 대부분의 환자들에게서 나타난다.
- 치매 증상은 70~80% 사례들에서 나타나는데 구체적이지는 않다. 증상은 병의 후기 단계에서야 나타난다.
- 언어 문제도 후기 단계에서 나타난다.
- 무감동, 탈억제(사회적으로 부적절한 행동), 잦은 감정 기복 등의 정신과적 증상들을 나타낸다.

3) 빈스방거병

빈스방거병(Binswanger's disease)은 때때로 피질하 동맥경화성 뇌병증(subcortical arteriosclerotic encephalopathy)으로 언급되는데, 피질하 백질이 위축되는 백질변성(leukoareosis)과 관계 있다. 이러한 종류의 위축은 다른 다양한 피질하 혈관성 치매를 발생시킨다. 이러한 상태는 다발성 경색으로 인한 것이며, 열공성의 경색들도 빈스방거병 환자들의 기저핵 및 시상에서 흔히 발견된다. 피질 구조들은 대부분 안전하다. 고혈압의 오래된 이력 그리고 급성인 경우 이 병과 관계가 있다.

빈스방거병의 증상들은 열공상태의 경우와 유사한데 다음을 포함한다.

- 급성 뇌졸중은 국소적인 신경학적 증상들이 서서히 누적되는 결과를 유발한다.
- 가성연수마비를 포함하여 심각한 운동의 문제들이 나타난다.
- 지적 퇴행은 결국 치매로 이어진다.

8. 외상성 뇌손상과 연관된 치매

반복된 뇌손상은 일부 사례들에서 치매의 원인이 된다. 심각한 개방성 또는 폐쇄성 두부손상들(세부사항은 12장 참조)은 치매를 불러올 수 있다. 오랜 시간 동안의 무의식상태를 불러오는 두부손상들의 경우 치매를 일으킬 확률이 더 높은 것 같다. 외상성 뇌손상과 관계 있는 다른 치매 위험 인자들을 보면, 노년기의 외상, 손상으로부터의 더딘 회복(오랜 입원기간), 발병 이전의 낮은 지적 수준, 손상 이전의 뇌병소의 존재, 고강도의 폐쇄성 뇌손상 등이 있다.

손상의 지점과 범위에 따라 외상성 뇌손상은 피질성, 피질하성 또는 혼합형의 치매를 발생시킨다. 실어증 증상은 외상성 뇌손상에서 살아남은 환자들의 30%에서 발견된다. 심각한 기억장애는 흔하게 나타난다. 환자는 외상 이전의 사건들을 기억하지 못할 수 있고(역행성 기억상실), 새로운 정보를 학습하거나 기억하는 것이 어려울 수도 있다(순행성 기억상실).

외상성 뇌손상에 따르는 치매는 혼돈, 불안, 위축, 우울증 그리고 빈약한 주의집중과 같은 정신과적 증상들과도 관계될 수 있다.

외상후 치매의 변종은 **권투선수 치매**(dementia pugilistica)로 불리는데〔일명 '맞아서 비틀거리는(punch drunk)'〕, 반복적인 두부손상을 겪는 직업 권투선수들에게서 나타난다. 권투를 그만둔 지 오래된 권투선수들에게 나타나는 지적 둔화, 기억장애, 짜증, 보행장애, 운동구어장애, 파킨슨병과 같은 증상들이 특징이다. 일부 사례에서 편집증, 다행감, 우울증도 발견된다.

9. 그 외 치매 증후군

치매의 증후군은 많지만 이 책에서 모두 설명할 수는 없다. 그러나 이 책에서 정의하는 몇 가지 추가적인 치매들은 치매를 야기할 수 있는 넓은 범위의 상태들에 대해 제시하기 위함이다(American Psychiatric Association, 2000; Cummings & Benson, 1992).

1) 가성치매

가성치매(pseudodementias)는 정신질환과 관계된 치매이다. 우울증, 조증, 정신분열과 같은 정신병적 장애들과 연관된 인지 및 행동 문제들이 치매의 형태로 설명될 수 있다. 가성치매로 진단된 대부분의 환자들은 임상적으로 우울증이 있다. 따라서 가성치매 역시 기분장애와 관계된 치매로 설명될 수 있다.

일부 뇌졸중 후의 환자들과 몇몇 다른 종류의 치매가 있는 환자(예: 파킨슨병 환자)도 우울증이 있을 수 있기 때문에 차별적인 진단이 중요하다. 일반적으로, 정신병적인 이유로 인한 가성치매는 퇴행성 질병으로 인한 발병보다 다소 급속하게 발병한다. 다양한 검사를 통해 가성치매와 진성 치매를 구별할 수 있을 것이다. 진성치매 환자들은 검사 수행에서 비교적 안정적인 모습을 보이지만 가성치매 환자들은 변동이 매우 심한 편이다.

기분장애로 인한 치매는 퇴행성 질병으로 인한 치매보다 좀 더 효과적으로 치료된다. 항우울제 약물들과 정신과적 또는 행동치료 방법들을 결합하여 대부분의 사례에 도움을 줄 수 있다.

2) 일반적인 의학적 상황들과 관계된 치매

여러 가지 일반적인 의학적 상황들이 특정 사례에서 치매와 연관될 수 있다. 예를 들면, 원발성이나 이차성 뇌종양들은 뇌척수액의 흐름을 막아 수두증성 치매(hydrocephalus dementia)를 일으킬 수 있다. 경막하 혈종, 머리에 가해진 전기충격, 두개내 방사선치료(intracranial radiation), 다발성 경화증(MS, 뇌백질의 탈수초성 질환) 역시 치매를 유도한다.

3) 루이소체형 치매

루이소체 치매(Lewy body dementia)는 비교적 새로운 진단 범주이다. **루이소체**(Lewy bodies)는 신경세포 간 핵내 봉입체(intraneuronal cytoplasmic inclusions)로도 알려졌으며, 손상된 신경세포들 내의 작은 병리적인 점들로 뇌간의 꼭대기에 위치하는 흑질에서 발견된다. 이 신경세포의 병리는 독일 출생의 미국 신경학자 Frederick Lewy(1885~1950)의 이름을 따라 지었다.

루이소체는 파킨슨병 환자들의 흑질에서 주로 발견된다. 최근에는 피질 영역들에 루이소체가 있는 특정 치매 증상들을 보이는 환자들이 보고되었다(루이소체는 PD 환자들의 피질 영역에서는 잘 발견되는 것들이 아니다). 이 병은 시각적 및 청각적 환상들, 편집증적인 사고, 파킨슨병의 경미한 특징들(예: 근육강직과 움직임의 둔화), 반복된 낙상을 유도하는 일시적인 의식의 변화들 등의 특징을 보인다. 다른 치매들과 달리, 특히 초기에는 시각적 및 공간적 능력들이 기억력보다 좀 더 심각하게 문제된다. 이러한 환자들의 중요한 특징은 환상을 치료하기 위해 처방된 항정신성 약물들에 매우 민감하다는 것이다. 일부 사례들에서는 그러한 약물들에 대한 음성 반응으로 심하면 사망에 이르기도 한다(Jacques & Jackson, 2000; Weiner, 1996).

일부 전문가들은 루이소체 치매가 알츠하이머형 치매의 이형이라고 하는데, 알츠하이머 치매 환자들을 부검한 결과 1/3에 해당하는 이들의 피질 영역에서 루이소체가 발견되었기 때문이다. 다른 사람들은 루이소체 치매가 독특한 경로를 가지는 분리된 질병이라고 믿는데, 알츠하이머형보다 더 신속하게 퇴행하는 것으로 보고되기 때문이다(Jacques & Jackson, 2000; Weiner, 1996).

4) 다발적 원인에 의한 치매

일부 사례에서 치매는 다발적 원인에 의한 것일 수 있다. 예를 들면, 일부에서는 치매가 알츠하이머병뿐만 아니라 두부외상으로 인한 것일 수 있다. 또 다른 사례에서는 약물남용과 파킨슨병 둘 모두가 치매의 기저요인이 될 수도 있다.

읽을거리

다른 형태의 치매에 대한 추가적 정보를 얻으려면 다음의 자료를 참고한다.

Clark, C. M., & Trojanowski, J. Q. (2000). *Neurodegenerative dementias*. New York: McGraw-Hill.

Dickson, D. W. (2001). Neuropathology of Pick's disease. *Neurology*, *56* (Suppl 4), S16–S18.

Hodges, J. R. (2001). Frontotemporal dementia (Pick's disease): Clinical features and assessment. *Neurology*, *56* (Suppl 4), S6–S9.

Jagust, W (2001). Understanding vascular dementia. *Lancet*, *358*, 2097–2098.

Larsen, C. (1998). *HIV and communication disorders*. Albany, NY: Thomson Delmar.

Litvan, I. (2001). Therapy and management of frontal lobe dementia patients. *Neurology*, *56* (Suppl 4), S41–S44.

McMurray, C. T. (2001). Huntington's disease: Expanding horizons for treatment. *Lancet*, *358* (Suppl), S37.

Rascol, O., Goetz, C., Koller, W., Poewe, W, & Sampaio, C. (2002). Treatment interventions for Parkinson's disease: An evidence based assessment. *Lancet*, *359* (9317), 1589–1598.

Sacktor, N. (2002). The epidemiology of human immunodeficiency virus-associated neurological disease in the era of highly active antiretroviral therapy. *Journal of Neurovirology, 8* (Suppl 2), 115-121.

Yorkston, K. M., Miller, R. M., & Strand, E. A. (2003). *Management of speech and swallowing in degenerative diseases* (2nd ed.). Austin, TX: Pro-Ed.

제 16 장

치매 환자들의 평가 및 관리

이 장의 개요

- 치매의 평가
- 치매의 임상관리

학습 목표

이 장을 학습한 후 학생들은,

- 치매 환자들을 평가하는 다양한 의학적, 신경학적, 실험적, 그리고 가족 평가 파라미터들을 정확히 요약할 수 있다.
- 치매 환자들의 정신상태, 인지 기능, 지적 수준을 평가하는 절차에 대해 간단히 설명할 수 있다.
- 의사소통 평가의 절차와 도구들에 대해 설명할 수 있다.
- 서로 다른 치매 관리팀에 의해 수행된 다양한 관리 전략들을 구체화할 수 있다.
- 치매 환자들의 의사소통 및 행동 결함을 관리하기 위해 고안된 방법들을 기술할 수 있다.

1. 치매의 평가

앞 장에서 언급한 대로, 지난 몇 년간 행해진 치매에 관한 연구들은 병에 대한 이해를 크게 증진시켰고, 좀 더 정확한 진단을 가능하게 하였다. 비록 임상관리 기술들에 대한 실험적 연구는 아직 부족하지만 지금은 행동 및 의료적 전략들이 많이 저술되고 있다.

치매 환자의 평가는 팀원들의 노력이 필요하다. 의료진과 비의료진 전문가들이 평가 과정에 참여한다. 질병이 다양한 양상을 보이기 때문에 포괄적인 평가는 시간과 비용이 많이 든다. 많은 사례에서, 다양한 치매들에 서로 다른 감별 진단을 한다는 것은 어려울 수 있다. 치매의 구체적 진단이 확실하려면 부검을 통한 신경병리학적 증거들이 필요할 것이다.

치매의 진단은 다양한 자료를 통해 수집된 정보를 기반으로 하여 내려진다. 손상된 능력들과 보존된 것들의 포괄적인 평가로 각 환자에 맞는 치료계획을 세울 수 있다(Tomoeda, 2001). 평가 결과들이 의료 전문가, 언어치료사, 임상심리사, 다른 전문가들에 의해 보고되면 통합되어 하나의 진단에 이르게 되고 치료계획이 세워진다.

중등도에서 중증의 치매 증상들은 쉽게 알 수 있다. 따라서 중등도에서 중증의 치매 진단은 심각하게 어려운 것은 아니더라도 감별 진단을 위해서 행동적인 퇴행의 세부적인 기록이 요구된다. 경증의 치매 진단은 좀 더 차원이 높은 지적 및 언어 기능의 세심한 분석을 필요로 한다. 일반적인 사물에 대한 구어 설명과, 사건들에 대한 즉각적 및 지연된 회상, 어휘력(환자에게 'ㄷ'으로 시작되는 모든 단어들을 대보라고 한다)은 경증의 치매를 진단하는 데 유용한 세 가지 과제들이다. 제시되는 자극들을 가리키기나 자동구어 과제들은 초기의 경증의 치매를 진단하기에는 그 민감도가 매우 떨어진다. 언어치료사는 이런 진단에 있어 매우 중요한 역할을 하게 될 것이다.

많은 환자들이 조기에 진단을 받지 못하는데 환자 자신과 가족들이 기억장애와 같은 문제들을 정상적인 노화로 생각하는 경향이 있기 때문이다. 가족들은 환자들이 위험한 행동이나 위기를 초래하기 시작하면 그때서야 평가를 의뢰한다(Rabins,

Lyketsos, & Steele, 1999). 조기 진단이 중요한 것은 효과적으로 치료될 수 있는 가역성 치매를 발견할 수도 있기 때문이다. 비가역성의 치매일지라도 조기 진단으로 가능한 범위 내에서 증상들을 최소화하거나 환자를 안정시키는 데 도움을 줄 수 있다.

평가의 목표는 치매를 진단하고, 손상된 능력 및 잔존 능력을 측정하고, 기초선을 세운 후 중재를 통한 향상을 측정할 수 있도록 하며, 환자를 위한 중재계획 및 보호자들을 위한 상담과 훈련계획을 고안할 수 있도록 하기 위함이다. 치매가 나이와 관련한 퇴행이기 때문에 노화와 관련한 부정적인 변화들과 질병의 진행적 과정을 구분하는 것이 매우 중요하다.

치매의 평가는 다음의 정보원으로부터 정보를 수집하기 위해서 진단팀이 필요하다.

- 사례사
- 평가의 파라미터
- 신체적·신경학적 검사
- 실험실 검사
- 정신상태, 인지 기능, 지적 능력의 평가
- 의사소통 평가

1) 사례사

확대가족의 구성원들을 면담하여 세심하게 사례사를 얻는다면, 환자의 발병 이전의 능력 및 행동 양상들, 그리고 환자의 가족들이 목격한 치매의 조기 징후들을 평가하는 데 도움이 될 것이다. 임상가는 다양한 문제들에 대하여 정보를 구해야 하는데, 그 내용은 다음을 포함한다.

- 도움을 찾게 된 이유(환자나 환자의 가족들이 느끼는 현재의 문제들)
- 상담하게 된 증상들의 갑작스럽거나, 점차적·항시적 또는 변동적인 발병 형태
- 환자의 건강상태 및 만성 질병의 유무, 의료적 및 외과적 치료 경험

- 가족 구성 및 현재의 생활 상태(보호자들에 대한 정보, 환자 또는 가족의 재정 상황, 법적 문제 유무)
- 치매의 가족력
- 환자의 교육 및 직업 이력, 취미, 여가 활동, 종교, 일반적인 일상 활동
- 환자의 행동이나 지적 기능을 가족 구성원들이 알아챈 시기
- 다음을 포함하여 변화를 설명할 수 있는 의료적 상황들
  - 뇌졸중(원발성 혹은 다발성), 뇌종양, 두부외상 또는 다른 신경학적 문제들
  - 감염(특히, AIDS), 고열, 발작 또는 가역성 치매를 암시할 만한 의학적 상태들
  - 알코올 중독과 다른 약물남용, 발작 억제제와 다른 항생제(예: 페니실린)들의 장기 복용
  - 신장장애로 인한 장기 투석
  - 비타민 결핍(특히 B1과 B12 결핍), 내분비 장애
  - 오래된 폐 및 심장 질병, 빈혈과 무산소증
  - 신경학적 증상들(예: 틱, 진전, 강직, 안면 표정, 보행장애) 및 이들 증상의 발병 시기
  - 다운증후군의 가족력
- 치매의 발병 이전에 존재했을 수도 있는 정신병적 문제들의 오래된 징후들(예: 정신분열 및 관련 망상들, 환상, 편집증, 불안, 우울증, 조증)
- 행동에서의 변화들(예: 섭식 및 수면 문제들, 짜증의 출현, 괴벽, 감정 폭발, 모든 형태의 비전형적인 행동들, 기억이나 다른 지적 과제들에서의 퇴행, 자기관리 및 운전, 요리, 장보기와 같은 일상 활동들에서의 퇴행)
- 구어 및 언어, 의사소통, 읽기와 쓰기에서의 변화들

세부적인 사례사로 치매의 일차적인 진단을 할 수 있고 감별 진단에 대한 제시도 가능하다. 그러나 좀 더 확실한 진단은 다른 측면들의 평가를 완수해야 한다.

2) 평가의 파라미터

세부적인 사례사를 완성하고 나면, 임상가는 평가할 파라미터들(특정 행동 또는 능력)을 선택해야 한다. 완전한 평가를 하기 위해서는 다음에 제시되는 환자들의 능력, 기능의 수준 또는 특징이 평가되어야 한다(Clark, 2000; Cummings & Benson, 1992; Tomoeda, 2001).

- **의식상태.** 환자가 충분히 의식이 있는지, 환경과 제시하는 질문들을 인식하는지, 의식은 하지만 우울증이 있는지, 전혀 깨어 있지 않은지(주로 수면상태), 또는 깨어 있으나 혼돈의 상태인지 평가해야 한다.
- **기분 및 정서.** 환자가 우울증을 느끼는지, 미래에 대해 낙관적인지 또는 감정의 변화가 없는지를 평가해야 한다.
- **구어 및 언어능력.** 언어치료사들이 충분히 평가하고 감별 진단을 위해 극히 민감한 정보를 제공해야 하는 능력이다. 언어치료사는 전체 평가 계획에서 실어증과 실행증, 실서증, 실독증, 마비말장애의 유무를 평가해야 한다. 언어를 평가할 때는 언어치료사가 자발화 표본을 구하고, 구어언어의 이해, 단어 따라 말하기, 이름대기, 읽기, 쓰기를 평가해야 한다. 구어 및 언어의 평가는 이어지는 절에서 더 토의된다(의사소통 평가 참조).
- **기억력.** 환자가 새로운 것들을 배울 수 있는지, 과거의 일들을 기억하는지, 그리고 가장 최근의 사건들을 기억하는지가 평가되어야 한다. 환자가 없는 일을 꾸며서 말하는지도 평가한다.
- **다른 인지 기능.** 산수 계산, 속담 이해, 개념 또는 사물들의 닮은 점 및 다른 점 말하기(예: "사과와 바나나의 닮은 점이 뭐죠?") 등을 평가한다.
- **사고, 믿음, 판단.** 비정상적인 사고, 환상 또는 망상적인 믿음들, 부족한 판단력의 증거 또는 통찰력의 부족 등이 평가되어야 한다.
- **시공간적 능력.** 환자가 단순한 그림 및 3차원 그림을 따라 그릴 수 있고 블록 모형을 구성할 수 있는지 평가되어야 한다.

3) 신체 및 신경학적 검사

포괄적인 신체 및 신경학적 검사들이 필요하다. 신체 검사는 환자의 전반적인 건강을 평가한다. 종합 신경검사는 감각체계(예: 시각 및 청각), 대뇌신경기능, 근육강도 및 긴장도, 보행 문제들과 진전을 포함하여 운동장애를 평가하는 데 도움이 된다.

포괄적인 신체 및 신경학적 검사들은 일상적인 엑스레이 검사 및 뇌영상 촬영을 포함하여 다양한 검사들이 포함된다. 실험실 검사들은 다음 절에서 기술한다.

4) 실험실 검사

DAT 및 다른 특발성 진행성 신경학적 질병들은 일부 실험실 검사(예: 혈액과 소변)에서는 정상으로 나타날 수도 있다. 그러나 혈액, 소변, 척수를 분석하면 치매와 관계되는 감염질환(예: AIDS)을 진단하는 데 도움이 된다. 뇌척수액(CSF)에서 타우(hyperphosphorylated tau)라고 불리는 단백질의 수준이 상승되었다는 것은 신경섬유 덩어리들이 존재한다는 생리화학적 표시로 생각된다. 따라서 CSF 타우 수준의 임상 분석이 종종 실시된다(Clark, 2000).

다른 실험실 검사들은 뇌전도(electroencephalogram), 두개골 엑스레이, 3장에서 소개된 다양한 뇌영상 기술들이 있다. 컴퓨터 단층촬영(CT) 또는 자기공명영상은 두개골과 뇌, 뇌실, 그리고 다양한 회 및 구들을 검사함으로써 뇌 위축 및 관련 문제들을 시각화하는데 대체적으로 충분하다고 간주된다. 자기공명영상(MRI)은 기저핵과 해마를 포함하는 피질 및 피질하 구조들을 시각화하는 데 유용하다. 다양한 영상 기술들은 위축과 더불어 악성 종양, 뇌출혈 그리고 다른 기형들 역시 함께 보여 줄 것이다(Clark, 2000).

기능적 영상들은 뇌의 구조를 시각화하여 보여 줌으로써 통합성에 대한 부가적인 정보를 제공한다. 퇴행성 질병들은 뇌의 신진대사에 영향을 주는데, 이는 양전자방사단층촬영(PET)과 같은 기술을 통해 살펴볼 수 있으며, 이것으로 포도당 대사를 평가하는 데 도움이 된다. 단일광자방출 컴퓨터단층촬영법(SPECT)은 구역별 대뇌혈류를 평가하는 데 도움을 준다. 불행하게도, 이러한 기술들은 치매의 초기 단계와 관계되는 경미한 대사저하(hypometabolism)는 알아낼 수 없을 수 있다.

5) 정신상태, 인지 기능, 지적 능력의 평가

세심하게 기록한 사례사에 더하여, 정신상태와 인지 기능들을 평가하는 것은 치매 진단의 가장 중요한 요소이다. 몇 가지 평가 검사들과 배터리들을 사용할 수 있는데 다음에 기술하는 것들이 흔하게 사용되는 도구들이다.

- *The Mini-Mental State Examination(MMSE)*(Folstein, Folstein, & McHugh, 1975). 일반적인 정신상태에 대한 간단한 선별 검사로 치매의 가능성을 확인하는 데 유용한 검사이다. 본 검사는 특정 행동들을 세부적으로 측정하지는 않는다. 정상 점수는 30점으로, 25점 아래로는 임상적으로 살펴볼 필요가 있다고 생각된다. 검사에서는 간단한 질문들로 지남력(예: "오늘 며칠이죠?"), '기명'(예: "사물 이름 세 가지를 대어 보세요"), 주의집중, 계산능력(환자에게 7씩 거꾸로 세어 보도록 하거나 단어의 철자를 거꾸로 대도록 한다), 앞서 검사한 단어들을 기억하기, 기본 언어능력(선택된 물건을 지적하기, 구를 반복하기, 지시 따르기, 문장 쓰기), 도형 따라 그리기 등을 평가한다. 수정된 간이정신상태검사(Teng & Chui, 1987)는 항목들이 확대되었고 점수의 범위도 더 넓어졌다(원래는 0~30점이었던 것이 0~100점으로 수정).
- *The Blessed Dementia Scale*(Blessed, Tomlinson, & Roth, 1968). 널리 사용되는 등급 척도로 가족과 전문 간병인들로부터 수집하고, 의료기록, 임상가가 매긴 일상 활동 수행의 등급 변화(예: 집안일 또는 실내에서 길 찾기 과제들을 수행할 수 없음), 그리고 다양한 습관의 변화(예: 먹기, 옷 입기, 괄약근 조절, 감정 조절)를 통한 정보에 바탕하여 이뤄지는 검사이다. 점수는 손상 없음(4점 이하), 경미한 손상(4~9점), 중등도에서 중증의 손상(10점 및 그 이상으로 최대 점수는 28점)으로 나뉘어 있다.
- *The Global Deterioration Scale(GDS)*(Reisberg, Ferris, DeLeon, & Crook, 1982). 이 검사는 행동 및 지능의 퇴행을 측정하는 7점 척도 검사로 자주 사용된다. GDS는 기능적 수준에 대한 환자의 불평과 반응들(예: 기억 손실에 관한

주관적 감정들)을 포함하여, 다양한 정보원들을 통해 모은 정보를 필요로 하는데 인지퇴행이 없음(no cognitive decline)에서 매우 심각한 퇴행(very severe decline)의 범위기준으로 평가한다. GDS에서 임상적으로 의미 있는 점수들은 3점(경미한 인지 손상)에서 4점(경미한 치매), 5점(중등도의 치매), 6점(다소 중증의 치매), 7점(중증의 치매)이다. 비록 약물학적 결과들에 그 결과가 큰 것은 제외하고, 비교적 민감하지 못하다고 알려졌지만 이 척도는 치료 효용성 조사 연구에서 널리 사용되었다(Ferris & Mohs, 2000).

- *The Progressive Deterioration Scale(PDS)*(Dejong, Osterlund, & Roy, 1989). 이 척도는 시간에 걸친 퇴행을 기록하는 데 도움이 되는 일상생활(ADL)에서의 변화를 평가하는 데 유용하다. ADL 척도는 일반적으로 환자의 개인적 관리 과제들(예: 먹기, 옷 입기) 그리고 독립적 생활에 필요한 기술들(예: 돈 관리, 전화 사용하기 또는 다른 가정용품 이용하기, 혼자 살 수 있음)을 평가한다. PDS는 보호자들에게 묻는 27개 문항들과 환자의 기능적 퇴행 측정으로 구성된다. 이러한 척도는 치매 환자들의 치료 효용성을 평가하는 데도 유용하다.
- *The Clinical Dementia Rating Scale(CDR)*(Morris, 1993). CDR은 GDS와 유사한데, 둘 모두 환자와 보호자들을 면담하여 얻어진 정보로부터 기술과 행동에 대한 광범위한 척도를 내기 때문이다. 이 검사는 6개 범주의 인지 기능, 즉 기억, 지남력, 문제해결과 판단력, 지역사회의 일, 가정과 취미, 신변관리를 평가한다. 환자의 손상 정도는 다음과 같이 등급을 매긴다. 0점은 없음, 0.5점은 의심이 감, 1점은 경미함, 2점은 중등도, 3점은 중증이다. 치료 연구에 사용되기는 하지만, GDS와 마찬가지로 소량의 약물학적 결과들에는 다소 둔감하다.
- *Alzheimer's Disease Assessment Scale(ADAS)*(Rosen, Mohs, & Davis, 1984). ADAS는 병원에서 다소 널리 이용되는 평가 척도로, 비인지적 및 인지 행동들 그리고 그 행동들의 알츠하이머병으로 인한 시간에 따른 퇴행, 둘 모두를 평가한다. 이 척도는 약물 실험(실험군)에 등록된 환자들을 평가하기 위해 특별히 고안되었으며 환자들의 반복 측정을 위해 대안적인 형식들을 제공한다. 40개 항목 척도는 인지능력 평가를 위한 11개 항목들을 포함하며, 기억, 지남력, 주의집중, 추론, 언어능력, 운동수행을 평가하는 데 도움이 된다. 산출 점수의 범

위는 0점(손상 없음)에서 70점(심각하게 손상됨)에 이른다. 이 척도는 무작위적인 임상실험들에서 약물치료의 결과 및 이와 관련한 향상이나 효과를 평가하는 데 선호되는 것으로 나타났다(Thomas, 2000).

- *Dementia Deficit Scale(DDS)*(Snow et al., 2004). 이 새로운 척도는 치매 환자들의 결함에 대한 자각을 평가하기 위한 것이다. 환자들의 결함에 대한 자각 부족이 위험한 행동들로 이어질 수 있기 때문이다. 다차원적인 평가도구인 DDS는 인지, 감정, 기능적 결함들에 대한 자각을 평가한다. 환자, 임상가 그리고 정보제공자는 각각 독립된 형식의, 그러나 서로 같은 내용들을 작성한다. 이 도구는 각각이 기록한 결함 점수로 환자와 임상가, 환자와 정보제공자 사이에 점수 불일치를 평가하게 되어 있다. 불일치가 클수록, 환자의 결함에 대한 자각은 낮을 것이다.
- *Activities of Daily Living Questionnaire(ADLQ)*(Johnson, Barion, Rademaker, Rehkemper, & Weintraub, 2004). 치매 환자들의 일상생활 측정을 목표로 하는 새로운 척도로 환자를 관찰해 온 정보제공자의 도움으로 실시된다. 설문지가 목표로 하는 여섯 가지 기능들은 자기관리, 집안 관리, 고용 및 여가, 장보기 및 금전관리, 여행, 의사소통이다. ADLQ는 시간에 걸쳐 나타난 일상생활 능력들의 퇴행을 평가하는 데 도움을 준다.
- 구체적 기억력 검사. 치매의 척도가 어느 정도 범위 내의 기억력을 평가하지만, 구체적 기억 검사들은 세부적으로 기억력을 평가하는 데 사용될 수 있을 것이다. 치매를 평가함에 있어 순행성 기억이나 최근에 학습한 정보에 해당하는 최근 기억들의 평가가 특히 중요하다. 몇몇의 기억 검사들이 사용 가능한데, 웩슬러 기억척도-수정판(Wechsler Memory Scale-Revised, Wechsler, 1987)은 숫자나 이야기, 모양들의 즉각적인 인식, 등을 평가하는 데 도움이 된다. 다른 검사들은 기억 평가 척도(Memory Assessment Scales, Williams, 1991)와 벤톤 시각유지 검사(Benton Visual Retention Test, Benton, 1992)가 있다. 벤톤 시각유지 검사는 다양한 자극 카드들을 제시하고 즉각적으로 재생하는 시각적 기억력을 평가한다.
- 일반적 지능 검사. 심리학자들은 환자들의 일반적인 지능 수준을 평가하기 위

해 지능 검사를 할 것이다. 치매 환자를 평가하는 데 웩슬러 성인지능 검사(Wechsler Adult Intelligence Scale-III, WAIS-III)(Wechsler, 1997)와 같은 검사들이 사용되었다. 지금은 일부 표준적인 정보들이 74세 이상의 노인들에게 사용 가능하다. WAIS-III의 하위 검사들은 치매로 인한 지적 퇴행을 평가하는 데 특히 적절하다. 블록 디자인, 숫자 상징(digit symbol), 유사성 검사들에서 보인 퇴행성의 정도가 어휘와 그림완성 검사들에서보다 훨씬 큰 것으로 나타났다.

검사를 하고 등급 척도를 이용하는 데 있어 임상가는 많은 주관적 판단을 할 필요성이 있다. 또한, 다음 절에서 언급되지만, 많은 검사들과 검사 배터리들은 여성, 소수집단, 다양한 교육적 및 사회경제적 배경을 가진 사람들을 대표하는 표본으로 표준화된 것이 아니다. 따라서 그러한 도구들에서 얻은 결과를 해석하는 데 신중해야 할 것이다. 검사 및 등급 척도 결과들은 세부적인 행동관찰과 구체적 능력(예: 기억손실이나 언어 퇴행)의 심층적인 평가를 추가해야 한다.

6) 의사소통 평가

언어능력의 변화는 치매의 중요한 그리고 종종 조기 징후의 하나가 된다. 또 다른 중요한 조기 징후인 기억력의 변화는 의사소통 평가에서 뚜렷할 것이다. 따라서 의사소통 능력을 신중하게 평가하면, 특히 초기 단계에서, 치매 진단을 하는 데 도움이 될 수 있다. 의사소통 평가와 기억, 지적(인지) 기능, 의학적 평가(실험실 검사들을 포함)의 검사 결과와 결합하면 환자의 전반적인 상태를 알 수 있을 것이다. 공식적(표준화된) 및 비공식적 절차들 모두는 아래의 설명이 보여 주는 것과 같이 유용할 것이다.

- 일반적 그림 설명. 이야기나 사건을 묘사하는 그림들은 단어의 기억, 시간적 순서, 논리적 연결, 앞선 사건 및 뒤의 결과, 문장의 문법적 구조, 주제 유지와 같은 언어능력의 다양한 측면들을 평가하는 데 사용될 수 있다. 많은 임상가들이 보스턴 실어증 진단 검사(Goodglass, Kaplan, & Barresi, 2001)의 '쿠키 도둑'

그림을 사용한다. 그러나 다른 유사한 그림들도 사용하는 것이 적절하다.

- *The Arizona Battery of Communication Disorders of Dementia*(Bayles & Tomoeda, 1991). 이 검사는 알츠하이머병과 관계된 치매를 평가하는 데 특히 적절한데, 알츠하이머병 환자 50명과 동일 연령의 정상 성인 50명을 대상으로 하여 표준화되었기 때문이다. 구어 변별, 시각 인식 및 문맹, 시야 검사, 시각적 실인증의 4개 선별 하위 검사들과 정신상태, 언어적 표현, 언어적 이해력, 시공간적 구성을 평가하는 14개의 하위 검사들로 구성되어 있다.
- 다양한 실어증 검사. 치매 환자들로 표준화된 도구들과 더불어, 언어치료사는 8장에서 기술된 다양한 실어증 검사들을 치매 환자들의 구체적 언어 평가에도 사용할 수 있다. 실어증 검사들은 치매 환자들로 표준화한 것이 아니지만, 웨스턴 실어증 검사(Western Aphasia Battery, Appell, Kertesz, & Fishman, 1982)와 일상생활에서의 의사소통 능력(Communicative Abilities in Daily Living, Fromm & Holland, 1989) 검사는 이용이 가능하도록 한 약간의 표준적인 정보와 함께 치매 환자들에게도 사용되어 왔다. 이름에 대한 기억력을 검사하려면, 실어증 검사의 적당한 하위 검사들이나 보스턴 이름대기 검사(Goodglass, Kaplan, & Weintraub, 2001)가 사용될 수 있다. 피검사자들은 하나의 범주 내(예: 음식 항목들 또는 의류)의 이름들이나 하나의 주어진 글자로 시작하는 단어들을 가능한 많이 대야 한다. 일반적으로 초기 치매 환자들은 하나의 범주에서 이름을 대는 것보다 주어진 글자로 시작하는 낱말을 대는 것에서 수행력이 더 좋다. 신중하게 결과를 분석하면 실어증 검사는 의사소통과 기억 결함을 확인하는 데 도움이 된다.
- 다양한 언어이해력 검사. 복잡한 구문구조들을 포함하는 검사들은 초기 단계 치매 환자들의 변화를 탐지하기 위해 실시할 수 있다. 청각언어이해 검사(Test for Auditory Comprehension of Language)(Carrow-Woodfolk, 1999)와 담화 이해력 검사(Discourse Comprehension Test)(Brookshire & Nicholas, 1993)와 같은 도구들을 실시할 수 있다. 후자는 주제, 함축적인 세부사항들, 서술된 세부사항들에 대한 이해를 평가하는 데 특히 유용할 것이다. 경증의 치매 환자들은 담화 도중에 제공하는 함축적인 세부사항들을 기억하는데 눈

에 띄는 결함을 보일 수 있다. 환자들에게 짧은 이야기를 들려주고 세부사항들을 기억해 내도록 하는 지연된 이야기 회상 과제들과 Peabody 그림 어휘력 검사(Dunn & Dunn, 1981)는 초기 알츠하이머병 환자들의 기억력 변화를 감지하는 것으로 알려졌다.

7) 평가 시 민족문화적 고려사항

치매 환자들의 평가 시 고려해야 하는 민족문화적 사항들에 대한 연구는 제한적이다. 제기되는 문제들은 실어증 환자들의 평가 시와 유사하다. 치매 환자들에게 실시한 평가 검사 및 배터리의 결과를 해석하기 위해서는 표준적인 자료들이 있어야 한다. 노인들의 정상적인 지적 퇴행에 대한 표준 자료들이 출현하고 이다. 그러나 표준 자료가 다양한 인구들을 대표하지 못하는 비교적 소수의 개인들을 바탕으로 하여 구축된다. 민족문화적 균형이 부족한 표준 표본들은 여전히 논란이 되는 문제이다. 게다가, 검사의 표준 표본들은 다양한 사회경제적 수준들, 성별, 교육적 배경, 시골 인구들을 적절히 대표하고 있지도 못하다(Ogrocki & Welsh-Bohmer, 2000).

임상가는 다양한 민족문화적 배경이 적용되는 피검자들을 평가함에 있어 문헌에 제시된 일반적인 지침을 따라야 할 것이다(Battle, 2002; Payne, 1997; Screen & Anderson, 1994). 실어증의 평가에 민족문화적으로 다양한 피검자들을 위해 제안된 사항들이 치매 환자들에게도 적용 가능할 것이다. 세부사항은 8장을 참조한다.

2. 치매의 임상관리

치매의 치료 방법이 없다고는 하지만 약학적, 행동적, 의사소통 치료 전략들에 대한 관심은 증가하고 있다. 최근까지도 치매 환자들에 대한 의사소통 및 행동치료에 대한 통제된 실험 연구는 제한적이었는데, 아마도 신경퇴행성 질병들의 예후가 좋지 못하기 때문일 수 있다. 다행스럽게도, 진행성 뇌질환은 치료해 봐야 소용이 없다는 생각이 빠르게 바뀌고 있다(Bayles & Kim, 2003; Bourgeois et al., 2003;

Hopper, 2003). 이제까지 행해진 일부 치료 연구들에 기초하여 잘 개발된 치료 방법들은 환자들과 그들의 보호자들 모두에게 유용할 수 있다는 것을 임상가들과 임상 연구가들이 이제는 믿고 있다. 치매 환자들은 다른 상황들에서도 일반화되는 새로운 학습이 가능하며 이를 유지할 수 있다는 것을 보여 주었다(Bourgeois et al., 2003; Camp, Bird, & Cherry, 2000).

치매 환자를 위한 약물치료와 함께 가족이나 간병인들을 포함하는 체계적인 행동 중재는 능력을 향상시키거나 기능적인 퇴행을 줄이는 데 크게 기여할 수 있다(Abrahams & Camp, 1993; Arkin, 1998, 2001; Bayles & Kim, 2003; Bourgeois & Mason, 1996; Bourgeois et al., 2003; Camp et al., 1996, 2001; Chapman et al., 2004; Mahendra, 2001; Mahendra & Arkin, 2003; Mahendra & Arkin, 2004; Quayhagen & Quayhagen, 1989, 2001). 의료적 및 행동적 치료 연구들에서 알츠하이머형 치매는 높은 유병률로 인해 많은 주목을 받은 면이 있다.

1) 치매 중재 전략들의 효과 측정

치료 연구들이 증가하고 있지만 치매 환자들의 치료 효과에 대한 측정은 특별한 도전에 직면해 있다. 치매에서 나이는 장애의 확장을 유도하는 자연적이고 통제할 수 없는 변수인데, 치료 연구에서는 노화의 결과들과 구체적 질병의 진행 결과들을 분리해 내야만 한다. 이와 같은 과제는 방법적으로 매우 복잡한 과제이다(Ferris & Mohs, 2000; Thomas, 2000).

새로운 약물치료 평가 연구들에서도, 결과는 오직 행동에 의해서만 측정되는데 약물의 생리학적 결과들을 측정할 수 있는 방법이 없기 때문이다(Ferris & Mohs, 2000). 따라서 치매에 있어 치료 효과에 대한 의문은 다양한 방법으로 대답할 수 있을 것이다. 하나의 치료가 끝나고 몇 년 후에 치료를 통해 무엇을 얻을 수 있는가를 알 수 있을 것이다. 가장 바람직한 것으로부터 가장 기대하지 않는 결과들을 순서대로 보면, (1) 퇴행 과정의 역전 및 정상 능력의 회복(치료), (2) 능력들 대부분의 부분적 회복, (3) 능력들 일부의 부분 회복, (4) 병의 진행이 둔화되고 증상들의 중증도 감소, (5) 퇴행의 정도가 줄지 않더라도 증상들의 심화 감소로 나열할 수 있다. 적어도 이 결과들 중 하나는 치료 효과의 기록을 위해서 현실화되어야 할 것이다.

약물학적 치료 효용성 연구들에서 무엇이 측정되고 어떻게 측정되는가에 따른 변수들을 감소시키기 위해서, 미국 식품의약청(FDA)은 치매를 위한 새로운 약물 치료들의 효과를 어떻게 기록하고 무엇을 측정해야 하는지에 대한 지침을 마련하도록 도왔다(Ad Hoc Dementia Assessment Task Force, 1991). 지침은 치료 효용성 연구들이 두 가지 독립적인 결과 측정에서 향상을 나타낼 것을 요구하는데, (1) 인지 기능의 측정과, (2) 훈련받은 임상가들이 명백하다고 판단하는 환자 행동의 (전반적인) 향상에 근거한 임상 측정이다.

비록 유사한 FDA 지침들이 행동치료 연구(의사소통을 포함하여)에 관해서는 부족하지만, 행동 면에서 개인적으로 그리고 사회적으로 유의미한 향상이 있다면 바람직한 능력의 증가 및 문제 행동의 감소로 기록되어야 할 것이다. 그러한 향상은 치료 종결 후 자연스런 상황들에서 적어도 얼마 동안은 유지되어야 할 것이다.

2) 관리 계획의 구성요소

전문가들로 구성된 팀은 환자를 관리하기 위한 프로그램을 고안하여, 환자의 가족이 질병과 그 결과에 대처하고, 환자를 가능한 범위에서 안정시키도록 한다. 치매 환자들의 임상관리는 다면적으로 여러 전문분야의 접근을 포함한다. 서로 다른 전문가들은 치매 환자들이 보이는 다른 종류의 문제들을 관리하도록 돕는다.

의료적 치료가 행동 및 인지에 영향을 주는 뇌기능을 향상시키고자 한다면, 행동치료는 행동적인 결함을 통제하기 위해 환경적인 변수들을 조작하는 데 집중한다.

관리에 있어 가장 주된 관심은 가족 구성원 및 다른 보호자들이 병에 대한 대처와 관리 전략에서 도움을 필요로 한다는 것이다. 전문가들은 환자와 그 보호자들 모두에게 가해지는 치매의 파괴적인 결과들을 최소화해야 하며 가능한 모든 지원을 해야 한다. 따라서 환자의 병이 진행됨에 따라 보호자들에게 계속적인 상담과 지원을 늘리는 것도 관리 전략의 필수적인 구성요소이다.

치매에 관한 연구들은 사람들을 치매에 걸리게 하는 위험요인들에 주목하는 것이 중요함을 제시한다(Doody, 2000). 앞 장에서 검토된 대로, 생활방식의 많은 요인들이 치매 발전의 가능성에 영향을 미친다. 따라서 위험요소들을 감소시키는 것도 포괄적인 관리 계획의 일부분이다.

포괄적이고 다차원적인 치료 접근은 (1) 치매의 유병률을 줄이기 위한 위험요소들의 관리, (2) 치매 환자들의 신경학적 증상, 정신과적 문제, 인지 퇴행을 통제하기 위한 의학적 치료, (3) 치매 환자들의 관리를 위한 보호자 교육, 훈련 및 지원, (4) 행동적 문제들을 통제하기 위한 일반적인 행동관리 프로그램, (5) 인지 결함 관리, (6) 의사소통 문제들의 관리, (7) 환자의 안전과 건강을 향상시키기 위한 환경적 조절을 포함한다.

3) 치매 위험요소의 관리

치매의 위험을 감소시키거나 그 발병을 늦출 수 있는 특정 단계들이 있다는 증거들이 모아지고 있다(Coulson, Strang, Marino, & Minichiello, 2004; Doody, 2000). 위험요소들을 감소시키려면 공공 교육, 예방적인 의료적 치료, 행동 수정이 요구된다.

사람들의 건강하지 못한 행동 패턴들을 바꾸도록 교육하는 것이 공공 교육과 예방의 핵심이다. 심장병과 뇌졸중을 일으키는 요인들을 피하는 사람들은 삶의 후반부에 치매에 걸릴 확률을 줄일 수 있을 것이다. 심장병, 뇌졸중 그리고 결과적인 치매에의 위험은 다음과 같은 방법에 의해 줄일 수 있다는 자료들이 있다.

- 건강한 식단. 몇몇 연구들에서 포화지방을 줄이고 과일과 야채, 단순불포화지방, 적당한 알코올 섭취를 포함하는, 소위 '지중해식 식단'이 나이와 관련한 인지 퇴행을 지연시킬 수 있다고 보고하였다. 이와 같이 건강한 식단과 규칙적인 운동을 결합하면 혈중 콜레스테롤을 감소시키고, 혈관성 장애들과 뇌졸중 및 치매와 연관된 다른 상황들을 함께 감소시키는 데 도움이 된다(Solfrizzi, Panza, & Capurso, 2003; Solfrizzi et al., 2005).
- 규칙적 운동. 규칙적인 신체 운동이 탄력 유지, 체중의 조절, 스트레스의 감소와

신체 및 감정적인 평안을 증진시키는 데 도움이 된다는 사실은 모두 잘 알 것이다. 하루에 약 3 킬로미터를 걷는 사람들에게는 치매가 발병할 위험이 줄어든다는 것을 연구를 통해서 보여 주었다(Abbot et al., 2004). 몇몇 연구들은 이미 치매가 있는 환자들도 규칙적으로 운동을 하면 인지능력이 향상된다는 사실을 보고하였다(연구의 고찰 및 메타 분석은 Heyn, Abreu, & Ottenbacher, 2004 참조).

- 고혈압의 신속하고 효과적인 치료. 장년층에서 고혈압을 줄이면 알츠하이머병 및 혈관성 치매를 줄일 수 있다는 증거가 있다(Sys-Eur Investigators, 1998).
- 높은 콜레스테롤 수준 조절하기. 스타틴(statins)이라고 알려진 약물군이 높은 콜레스테롤 수준을 낮추는 데 효과적이라는 연구가 있는데, 이로써 알츠하이머 및 혈관성 치매의 위험을 감소시킬 수도 있을 것이다(Hick, Zornberg, Jick, Seshadri, & Drachman, 2000).
- 항염증성 약물의 사용. 아스피린(그리고 이부프로펜)의 규칙적 복용은 뇌졸중의 위험을 줄여 치매의 위험을 줄이는 데 도움이 될 수 있다(Jacques & Jackson, 2000).
- 두부손상의 가능성 줄이기. 이른 나이에 두부손상을 경험한 경우는 노년에 치매의 가능성을 높이는 요인이 된다. 두부손상을 예방하기 위한 조치들(예: 자동차에서는 안전벨트를 하기)은 나중에 치매에 걸릴 위험을 줄이는 데 도움을 줄 수도 있다(Doody, 2000).
- 지속적인 지적 활동. 읽고 쓸 줄 모르거나 교육 수준이 낮은 경우의 사람들에 비해 고등 교육을 받거나 규칙적인 읽기 및 쓰기를 경험한 사람들은 치매의 발병 위험이 더 낮다(Doody, 2000; Friedland, 1993). 이를 보면, 생애에 걸친 높은 수준의 지적 및 읽고 쓰는 활동들이 치매의 위험을 줄일 수 있는 예방책이 될 것이다.

4) 치매의 의학적 치료

치매의 유전학적 기초를 발견하기 위해 많은 연구에 노력을 기울여 왔다. 서로 다른 형태의 치매가 발견됨에 따라 새로운 치료법의 출현이 기대되고 있다.

의학적 치료는 가역성 치매의 사례에서 가장 효과적이다. 12장에 언급된 대로, 기저의 질병을 치료할 수 있다면, 이어지는 치매의 위험을 피할 수도 있을 것이다. 예를 들면, 비타민 B12 결핍, 신장 질환 및 그러한 내분비계 장애들은 조기 진단되면 효과적으로 치료될 수 있고 종국에는 치매를 예방할 수 있을 것이다.

약학적 치료들에 대한 연구가 계속되지만, 아직 치매를 완전히 역행시키거나 과정을 멈출 수 있는 성공적인 치료법은 없다(Ferris & Mohs, 2001). 그러나 약물치료는 치매 환자들의 신경학적 증상 및 행동이나 인지의 수준을 향상 또는 안정시키는 단기 목표들을 이루는 데 중요한 역할을 해 왔다.

14장과 15장은 다양한 구체적인 치매 유형들에 사용 가능한 약물치료법에 대한 정보를 제공하였다. 신경전달을 향상시키는 (그래서 **신경전달물질**이라 불리는) 콜린성 약물군은 치매 환자들의 인지 및 행동 증상을 적정 수준으로 향상시키는 데 영향을 미쳤다(Erkinjuntti et al., 2002). 15장에서 언급한 대로, 도파민의 전구체인 L-dopa는 파킨슨병 환자들의 운동장애뿐만 아니라 인지 결함에도 좋은 영향을 미친다.

아세틸콜린(Ach) 신경전달물질은 인지 기능의 향상, 정신병적 및 행동 증상들의 감소와 관련이 있다. 아세틸콜린 양의 감소는 기억 손실과 관련이 있다는 사실은 잘 알려진 것이다. 불행하게도, 아세틸콜린은 수명이 매우 짧아 환자에게 직접 투여할 수 없다. 환자들의 뇌에서 아세틸콜린 수준을 증가시키거나 유지하기 위해 취해지는 몇 가지 접근법 중에, 그 자체의 자연발생적 파괴를 줄이는 것이 가장 성공적이었다. 아세틸콜린에스트라제(AchE)라고 불리는 효소는 뇌의 아세틸콜린을 파괴한다. AchE를 억제하는 약물들은 뇌에서 아세틸콜린의 수준을 증가시키거나 유지하게 할 수 있다. AchE 억제제를 투여한 경증 및 중증의 알츠하이머병 환자들에게서 행동적인 면뿐만 아니라 인지적인 향상이 있음이 관찰되었다(Doody et al., 2001).

몇 가지 다른 종류의 약물들도 연구되고 있다. 일부 동물 연구는 미래에 인간에게도 적용할 수 있다는 희망을 보여 주기도 했다. **베타판 파괴 펩타이드**(beta-sheet breaker peptide)라고 불리는 약물은 쥐의 뇌에 반(plaques)을 예방하는 데 성공적이었다. 더 효과적인 치매 치료법을 개발하기 위해 연구자들은 피질세포 괴사, 신경예방적 신경교세포 기능의 변화, B형 모노아민산화(monoamine oxidase type-B) 억제를 예방하는 방법들을 포함하는 몇 가지 주도적인 연구들에 심혈을 기울이고 있다.

정신과적 증상들에 대한 의학적 치료는 폭넓게 사용되었다. 정신분열증을 포함하는 다양한 형태의 정신질환을 치료하는데 항정신성 약물들을 포함하여 구체적 약물들이 사용되어 왔다. 일부 항정신성 약물들은 치매 환자, 특히 알츠하이머형에서 나타나는 환상과 망상을 감소시키는 데 효과적인 반면, 일부 항정신성 약물들은 파킨슨병적인 증상들인 진전과 둔화와 같은 것들을 증가시킨다. 항정신성 약물들의 장기 사용은 특히 안면, 볼, 혀와 사지의 불수의적 운동으로 특징지어지는 지발성 안면마비(tardive dyskinesia)를 야기할 수도 있다. 따라서 파킨슨병 환자들에게는 적절치 않다.

치매 환자들의 행동 및 정신과적 증상들을 치료하기 위해 사용되는 몇 가지 다른 종류의 약물들이 있다. 이러한 약물들은 우울증, 폭력적 행동, 감정 폭발, 짜증, 다행감, 흥분 등을 조절하는 데 도움을 준다. 다른 종류의 약물들로 수면장애 및 불안을 감소시키는 데 유용하다.

치매 환자, 특히 알츠하이머병, 파킨슨병, 루이소체 치매 환자들에게서 발견되는 운동장애들은 L-dopa 및 아만타딘(amantadine)과 같은 도파민 작용제(도파민을 자극하는 효능제)들로 치료된다.

특정 종류의 치매를 위한 외과적 치료법도 연구되었다. 15장에서 언급된 대로, 줄기세포나 유산된 태아의 도파민 조직을 파킨슨병 환자의 뇌에 이식하는 것과 같은 외과적 방법들은 현재 실험 단계이다.

5) 보호자 교육, 훈련 및 지원

경증에서 중등도의 치매 환자들 대부분이 그들의 가정에서 보호를 받고 있다. 가족 구성원은 치매가 걸린 그들의 사랑하는 사람을 2~15년까지 돌보게 된다. 환자는 가족이 환자를 돌보는 데 필요한, 높아지는 요구들에 대처할 수 없게 되었을 때만 시설로 옮겨지는 것으로 보인다. 요양원에서 얼마간의 시간을 보낸 뒤, 대부분의 환자들은 병의 마지막 단계 동안 확대 보호 시설로 옮겨진다.

임상가들은 환자와 보호자 모두가 행동치료가 필요하다는 것을 알고 있다. 환자들의 가족 보호자들은 심각한 스트레스에 시달리고 스트레스의 정도는 환자를 요양원에 보내는 비율과 상관관계가 있다. 보호자들이 경험하는 스트레스는 신체적으로도 손상을 가하여 감염에 취약한 상태가 된다. 보호자들에게 치료를, 특히 감정적 및 사회적 지원을, 제공한 결과 그들의 면역체계가 향상되었다는 연구 결과들이 있다(Litvan, 2001). 더 나아가 가족 보호자들에게 효율적인 지원을 제공한 경우 환자들이 요양원으로 배치되는 시간이 12개월에서 24개월 정도 더 늦어진다고 한다(Doody et al., 2001).

가족 보호자들은 (1) 질병 및 병의 불가결한 진행에 관한 교육을 받아야 하며, (2) 우울증이나 다른 정신과적 문제들을 겪고 있는지 자세히 관찰되어야 하고, (3) 신속한 상담과 정신과적 치료를 제공받아야 하며, (4) 환자를 보호하지 않고 쉴 수 있는 휴식기가 있어야 한다.

시설의 (전문적인) 간병인은 가족 보호자들과 함께, 환자 지원 및 상호작용에 대해 훈련받을 필요가 있다. 일부 연구들은 요양원의 직원들이 나이 든 치매 환자들을 만지거나 이들과 얘기하는 것을 삼가고 있다고 보고한다(Kaplan & Hoffman, 1998). 치료적인 접촉이 치매 환자들의 불안, 무작정 소리 내기, 그리고 다른 바람직하지 않은 행동들을 감소시킨다는 자료들이 있는데도 말이다(Woods, Craven, & Whitney, 2005).

간병인들에게 적응적인 전략들을 사용해 주길 바라기 이전에, 치매 환자들을 관리하기 위한 훈련을 제공할 필요가 있다. 그러한 훈련은 가족 구성원과 전문적 간병인 모두에게 제공되어야 하며 다음과 같이 구성되어야 한다.

- 보호자들에게 치매, 그 원인들, 일반적인 결과들에 대해 교육한다. 신경학적 질병들과 치매의 구체적 유형과 그 원인에 대한 정보를 제공한다. 보호자들에게 장기 재활의 필요와 환자의 예후에 대해 교육한다.
- 보호자들에게 지역사회에서 이용할 수 있는 지원 시설들에 대한 정보를 제공

한다. 지원 시설들은 재정적 지원, 자원봉사를 지원하는 기관, 자립 집단, 사회적 및 전문적 기관 등을 포함한다.

- 보호자들에게 퇴행성 신경 질환 환자를 돌보는 데 필요한 요구들에 대처할 수 있도록 상담을 제공한다.
- 보호자들이 휴식을 가질 수 있도록 한다. 휴식기는 가족 구성원들에게 간병의 끊임없는 요구로부터 벗어나 쉴 수 있거나 잠시 다른 삶의 측면을 돌볼 수 있는 기회를 갖게 한다.

보호자 지원의 부가적이고 중요한 영역은 이들이 환자의 의사소통, 인지 및 행동장애들을 관리할 수 있도록 훈련하는 것이다. 그러한 전략들을 이어지는 절에서 요약하였다.

6) 일반적인 행동장애의 관리

치매 환자들의 행동 문제들을 관리하는 것은 모든 간병인들의 중대한 관심사이다. 그러한 문제들을 신중하게 관리하는 것 역시 환자의 안전 및 건강, 안녕을 보장할 것이다.

보호자들을 가장 좌절하게 하는 환자의 행동은 감정 폭발, 흥분, 우울증, 망상, 탈출(집 나가기), 기억 문제 및 관련된 어려움들을 포함한다. 환상, 우울증과 같은 정신과적 문제들은 앞서 언급된 대로 의학적으로 치료될 수 있을 것이다. 의학적 처치가 아닌 행동관리 전략은 다음과 같은 방법들을 포함한다.

- 가족 구성원과 간병인에게 파괴적인 행동들의 전조가 되는 사건들을 분석하도록 한다. 흥분과 감정 폭발과 같은 가장 파괴적인 행동들이 너무 크거나 또는 미미한 감각 자극들과 같은 환경적인 사건들에 의해 발생되는지를 주목한다. 너무 큰 소음, 너무 많은 빽빽한 활동 일정, 너무 어려운 과제에의 요구, 일반적인 피로, 조절되지 않는 신체 증상들, 수면 부족 등은 흥분과 폭발을 촉발할 수 있다. 환자에게 익숙한 감각적 자극의 부족(예: 진정시키는 음악의 부족, 쉴 수 있는 조용한 장소, 환자가 즐기는 게임이나 활동)도 파괴적인 행동을 발

생시킬 수 있다.

- 가족 구성원과 다른 간병인에게 파괴적 행동의 전조 사건이 되는 것을 최소화하거나 제거하도록 한다. 예를 들어, 간병인이 환자에게 불가능할 수도 있는 일을 요구하는 것을 중지시킨다. 간병인에게 환자가 즐길 수 있도록 좀 더 바람직한 행동이나 활동을 할 수 있는 환경을 최대화하도록 가르친다. 예를 들어, 환자에게 좋은 게임이나 음악을 제공해 보도록 한다. 환자의 모든 바람직한 행동들을 강화하도록 간병인에게 가르친다.
- 간병인에게 환자가 혼돈이나 혼란을 피할 수 있도록 선택권의 제한을 두게 한다. 예로, 간병인은 환자가 한 번에 오직 두 가지의 음식(예: "오렌지 주스 드실래요? 우유 드실래요?")에서 또는 두 가지 옷(예: "이 파란색 셔츠? 아님 초록색 셔츠 입으실래요?)에서 선택할 수 있도록 한다.
- 간병인은 옷을 입는 순서대로 놓아두도록 한다.
- 간병인은 환자와 대결하기보다는 필요한 도움을 제공하는 쪽으로 한다.
- 간병인은 우울한 환자들을 자세히 살펴서 그들이 즐기는 활동과 감각적 자극을 확인하도록 한다. 간병인은 그러한 자극(예: 음악)과 활동(예: 텔레비전 시청)의 빈도를 증가시키도록 한다.
- 간병인은 환자의 불안을 자극하는 경향이 있는 상황의 빈도를 줄이도록 한다. 간병인은 과제 요구를 줄이고, 일상의 일과들을 단순화하며, 예측할 수 있는 활동 일정을 따르는 것이 환자의 불안을 줄일 수 있다는 것을 발견하게 될 것이다.
- 간병인은 바람직한 행동들에 대한 정적 강화를 하되, 바람직하지 않은 행동들에 대해서는 칭찬과 관심, 다른 형태의 강화인자들을 자제하도록 한다.

7) 인지 및 의사소통 결함 관리

성공적인 행동 및 의학적 치료 프로그램은 인지 및 의사소통 모두에 영향을 미치는데 두 범주의 능력들은 서로 긴밀하게 연관되어 있기 때문이다. 이러한 구분의 유용성에 의문을 제기할 여지들이 있다. 일부 인지 기능이 향상되었을 때, 의사소통 능력은 향상을 보일 수도, 보이지 않을 수도 있다. 예를 들어, 지능 검사의 블록 디자인에서 환자의 수행이 나아졌다고 하더라도 의사소통은 나아질 수도 있고, 그렇지 않을 수도 있다. 다른 인지 기능들의 향상은 일부 의사소통 능력에는 영향을 줄 수도 있다. 예를 들어, 기억이 증진된 환자들은 이름을 좀 더 신속하게 기억해 낼 수 있어 담화에서 향상을 보일 수 있을 것이다.

다른 면에서, 의사소통의 향상은 거의 언제나 인지에서의 향상을 의미한다. 예로, 가족 구성원의 사진을 보고 이름대기를 직접적으로 교육받은 환자는 인지 기능인 기억력이 향상되었다고 얘기될 수 있을 것이다. 언어치료사들에게는 환자의 이름대기 능력과 담화가 향상되는 것이 더 중요하다. 이러한 예가 보여 주는 것처럼 인지치료의 목표는 비의사소통적인 지적 능력들일 수도 있고 의사소통 기술들일 수도 있다. 후자가 목표가 되었을 때, 인지 및 의사소통 치료 사이의 구분은 중요하지 않다.

언어치료사는 전문가팀과 함께 일을 한다. 의사소통 문제, 인지 결함, 정신과적 증상, 행동 일탈 등의 관리는 서로 연결되어 있다. 치매의 초기 단계들에서는 언어치료사가 의사소통을 유지하는 가장 중요한 기술들을 가르친다. 기억력을 향상시키기 위해 사용되는 조치들은 많은 도움이 될 것이다. 임상가들은 각 환자들의 기능적 기억력을 목표로 한다. 그들을 가르치는 방법들이 꼭 독특한 것이어야 할 필요는 없다.

환자와 다른 사람들 간의 의사소통을 안정화시키거나 향상시키는 것이 언어치료사가 해야 할 주된 업무이다. 비록 언어치료사가 환자에게 의사소통을 증진시키는 전략들을 고안하고 실행하는 데 주도적인 역할을 한다고 해도 가족과 전문가들을 포함한 모든 간병인들이 그 과정에 참여하도록 해야 한다. 자신의 능력이 퇴행하고 있음을 이해하는 초기 단계의 환자는 치료 전략에 개방적인 태도를 취한다. 그러한 사례들에서는 일종의 직접적의 치료가 효과적일 것이다. 후기 단계에서는 환자가 자신의 능력에 대한 통찰력이 떨어지기 때문에 그러한 직접 치료가 효과적이지 않다. 따라서 후기 단계에서는 빠르게 퇴행하는 환자의 능력과 행동에 간병인들이 적응하도록 돕는 범위에서 의사소통을 유지하도록 하는 것이 주된 관심사가 된다.

앞선 두 개의 장에서 언급된 대로, 인지 및 의사소통 능력에서의 퇴행은 진행성이다. 그러나 퇴행을 최소화하려는 노력들은 의미가 있는데, 특히 병의 초기 단계나 중간 정도의 단계에서 그렇다. 몇몇 연구들은 일시적인 행동 중재들로도 인지 퇴행이 억제될 수 있음을 보여 주었다. Chapman 등(2004)은 인지-의사소통 자극이 도네페질(donepezil) 약물과 아세틸콜린에스트라제 억제제와 결합하여 사용되었을 때 효과가 있음을 보여 주었다. 인지-의사소통 집단에서는 환자들이 토론 및 생활에서 있었던 일들을 얘기하며 적절한 구어 산출을 훈련받았고, 가정에서 취미와 활동들에 참여할 수 있도록 하고, 알츠하이머병에 관해 참가자들과 그 가족들에게 교육을 하였다. 저자는 알츠하이머병 환자들이 담화능력과 감정 면에서 향상을 보였으며 문제 행동들이 감소하였다고 보고한다. 그러나 치료의 정확한 방법에 대해서는 조작적 용어들로 기술되어 있지 않다.

Quayhagen과 그의 동료들은 알츠하이머 환자들에 대한 인지 자극과 조기관리 및 보호자들을 위한 상담에 대한 일련의 연구들에서 인지와 감정 반응, 일반 행동이 향상되었다는 대체로 긍정적인 결과들을 보고하였다(Quayhagen & Quayhagen, 1989, 2001; Quayhagen et al., 2000). 보호자들도 스트레스를 비교적 덜 경험하는 편이었다.

Arkin(1998, 2001), Arkin과 Mahendra(2001), Mahendra와 Arkin (2003, 2004)의 일련의 연구들은 언어 자극, 신체적 운동(체력과 근력 훈련), 사회적 상호작용(사회 기관에서의 서비스와 레크리에이션 활동들)의 포괄적인 프로그램이 치매 환자들에게 긍정적인 변화를 낳는다는 것을 보여 주었다. 언어 자극 활동은 광범위한 기술을 아우르는 것으로, 그림과 사물 설명, 퀴즈와 함께 이야기 회상하기, 범주 이름대기, 생성 이름대기(generative naming), 문제해결, 속담 해석, 단어 연상, 유명한 이름 기억하기를 포함한다. Mahendra와 Arkin(2003)은 4년 동안의 운동, 언어, 사회적 관습에 대한 프로그램 후 치매 환자들이 담화능력의 향상을 나타냈다고 보고하였다. 프로그램이 훈련받은 학부생들의 도움으로 실행되었다는 것은 이 프로그램의 중요한 측면이다.

또 다른 측면의 연구들은 다양한 기억 보조도구들이 적절한 시기에 적절한 행동을 촉발시키는 데 효과적임을 보여 주었다. 일반적으로 기억 훈련 형태로 환자에게 정보를 시연하도록 하는 것은 별로 효과적이지 못하다. 기억력을 증진시키기 위한 좀 더 효과적인 전략은 환자에게 보조적인 기억도구들을 사용하도록 가르치는 것이다(Turkstra, 2001 참조). 예를 들어, Bourgeois(1990), Bourgeois와 Mason(1996)은 읽기 능력이 아직 손상되지 않은 치매 환자들에게 개인적 및 실질적 정보를 쓴 색인 카드를 넣는 기억 수첩이 효과적으로 사용될 수 있음을 보여 주었다. 환자들은 카드를 사용하여 카드가 없을 때보다 더 적절한 그리고 정교한 구어 표현들을 산출하였다.

치매 환자들에게 스크랩북, 색인 카드, 게시판에 붙여 놓은 정보들을 사용하게 함으로써 환자들의 반복된 질문과 요구들을 줄일 수 있었다는 연구들도 있었다(Bourgeois et al., 2003). 환자들이 그러한 장치들을 이용할 수 있도록 하는 것은 간병인들에게 쉽게 훈련할 수 있었다.

많은 형태의 기억 보조도구들은 치매 환자들이 신속한 시간에 정확한 반응을 할 수 있다는 것을 보여 주었다. 이것은 다양한 형태의 달력, 신호 카드, 일기, 해야 할 것들의 목록, 주중 계획, 일상적 일들을 기억시켜 주는 문자 신호들, 알람시계, 타이머, 진동 신호, 눈에 띄도록 놓은 간판 및 방향 표시판, 그 외 많은 다른 형태의 신호들이 환자들에게 유용하였다. 그러나 이러한 장치들은 환자들이 사용하는 것을 기억하는 한도 내에서만 효과적이다. 많은 경우에서 환자들로 하여금 기억도구들을 사용하게 하려면 간병인들이 계속적으로 촉진해야 할 것이다(Bourgeois et al., 2003).

시간차 회생 훈련으로 불리는 방법에 대한 몇몇 연구들은 외부 기억 보조도구들의 사용을 촉진한 것에서 인상적인 결과들을 내놓았다. 이 방법은 서로 다른 종류의 치매 환자들에게 기억 보조도구들을 사용하도록 한 것이 효과적임을 보여 주었다(Camp et al., 2000; Bourgeois et al., 2003). **시간차 회생 훈련**(spaced retrieval)은 환자에게 점점 긴 시간 간격을 두고 하나의 정보를 기억하도록 가르치는 것이다. 이 방법은 본질적으로 하나의 행동형성법인데 특정 정보의 회상과 그 다음 회상과의 기간 차이가 점차로 늘어난다. 이러한 형성법으로 거의 혹은 전혀 실수가 없게 된다. 그러한 실수 없는 학습이 더 나은 유지를 촉진하는 것으로 생각된다(Bourgeois et al., 2003).

시간차 회생 훈련은 "오늘 무엇을 해야 하는지 알고 싶으면, 일상 활동 목록을 보세요. 오늘 무엇을 해야 하는지 알려면 무엇을 봐야 하죠?"와 같은 질문으로 시작될 수 있다. 환자가 "일상 활동 목록을 봐요."라고 대답하면, 임상가가 정반응에 대한 강화를 하고, 그 다음 관계없는 이야기들을 미리 정해 놓은 시간 동안(1분 또는 2분 등) 하다가 정해진 간격이 되면 다시 질문하는 것이다. 환자의 반응이 틀리면, 임상가가 정반응 시범을 보이고 환자가 따라 하면 강화한다. 촉진 자극(질문) 사이의 간격은 환자가 정반응을 보인다면 24시간의 간격까지 점차로 늘려 나간다. 간격이 3~4분 정도로 늘어나면 임상가는 그 사이에 다른 기술을 훈련시킬 수도 있다(예: 단순히 다른 얘기들을 하는 대신에 물건 골라내기를 한다).

소수의 예외를 제외하면, 인지 자극 및 의사소통 훈련은 일반적으로 그 과정들에 대한 구체적 세부사항들을 제시하지 못했다. 무엇을 훈련했는지는 잘 구체화하였지만, 어떻게 했는지에 대해서는 아니었다. 치료 보고는 치료과정들을 좀 더 세부적으로, 조작적 구체성을 가지고 설명한다면 임상가들에게 더 유용할 것이다.

지금까지 기록한 임상 경험과 연구는 임상가가 치매 환자들의 기억력을 향상시키거나 유지하고 다른 인지 결함들의 영향을 줄이기 위해서 몇 가지 방법을 실시할 수 있음을 제시한다. 여기에 요약된 방법들은 환자에게 직접적인 인지나 의사소통 훈련을 하고 환자가 다른 사람에게 도움을 요청하도록 훈련하는 것들이다(Bayles & Kaszniak, 1987; Bayles & Kim, 2003; Brookshire, 2003; Lubinski, 1995; Shadden & Toner, 1997을 참조).

- 사례 연구와 통제된 실험 평가에서 하나 혹은 그 이상의 직접적인 중재 방법들을 사용한다(예: 앞서 기술된 시간차 회생 훈련법, 기억 수첩, 인지 자극을 신체운동 및 사회 활동과 결합하고, 인지 자극을 약물치료와 병행한다).
- 간병인들을 모든 치료 프로그램에 참여시켜서 환자의 활동과 의사소통 능력에 필요한 지원을 할 수 있도록 한다.
- 과제와 활동에 필요한 다양한 상기책(reminders)을 고안한다. 기억 수첩, 일상 계획표, 알람, 지시문, 해야 할 일 목록, 직원 표시, 자기점검 장치, 약속이나 활동 시간을 상기시켜 주는 진동전자 장치, 활동 및 그 시간을 알려 주는 표지판,

주거 공간에서의 방향표시판, 자주 묻는 질문에 대한 답은 게시판에 붙여 놓기, 환자가 착용하고 볼 수 있는 커다란 디지털 시계 등이다.

- 치료 중에, 가능하면 언제든지 실체적인 자극들을 사용한다. 간병인들에게도 대화 중에 가능하면 실체적인 자극들을 사용하도록 훈련한다.
- 환자에게 각각의 날에 무엇을 해야 하는지 목록을 적도록 가르친다.
- 환자에게 기억이 흐려지기 시작하면 지시사항과 방법을 적도록 가르친다.
- 환자에게 전화번호와 소지품을 늘 특정한 장소에 두도록 한다.
- 환자에게 집을 떠나기 전에 할 일들의 목록을 챙기도록 한다.
- 환자에게 보호자의 이름과 주소, 전화번호가 있는 카드를 지니고 다니도록 한다.
- 환자에게 환자의 신상 정보와 보호자의 주소, 전화번호가 있는 팔찌를 착용하도록 한다.
- 환자의 거실과 침실에 커다란 달력을 두고 매일 밤 그 날의 날짜를 지운다. 이렇게 함으로써 요일과 시간에 대한 지남력을 유지하는 데 도움이 된다.
- 환자에게 자주 방문하는 장소의 지도를 지니도록 한다(예: 친척이나 친구들의 집, 가게, 식당 등).
- 환자에게 전달내용을, 특히 복잡한 방법 및 지시사항을 말로 해 줄 뿐만 아니라 써서 달라고 요구할 수 있도록 가르친다.
- 환자에게 글로 쓴 전달내용 및 지시사항을 충분히 따를 수 있을 때까지 자주 상의할 수 있도록 한다.
- 환자에게 말을 하거나 질문에 대답할 시간을 더 요청하도록 가르친다. 이는 특히 단어 찾기에 문제가 있거나 반응시간이 보통과 달리 긴 사람들에게 유용하다.
- 환자에게 만약 전달내용을 이해할 수 없다면 그것을 표현하거나 몸짓으로 말하도록 가르친다. 이로써 상대방이 전달내용을 좀 더 이해하기 쉽게 변경하여 말할 수 있게 한다.
- 환자에게 구어 전달내용을 이해하지 못했을 경우에는 상대방에게 반복을 요청하도록 가르친다.

- 대화의 주제를 잊는 환자에게는 대화의 상대방에게 주제를 상기시켜 줄 것을 요청하도록 가르친다.
- 환자에게 이름대기에 실패했을 경우 사물과 사람에 대한 설명을 할 수 있도록 또는 비구어적으로 사물의 사용을 가리킬 수 있도록 가르친다.
- 환자에게 단어가 생각이 나지 않으면 몸짓, 기호, 얼굴 표정, 그리고 다른 형태의 비구어적 의사소통을 할 수 있도록 가르친다.
- 표현의 문법적 또는 음운론적 정확성보다는 효과적인 의사소통을 강조한다.
- 환자 및 보호자들을 교육할 때는 효과적인 행동 원리들을 사용한다. 즉, 구어나 비구어적 의사소통 시도들을 촉진하고, 형성하고, 시범을 보이고, 정적 강화를 하도록 한다.

의사소통을 향상시키고 유지하는 것을 돕기 위한 보호자 전략은 환자들을 직접 치료하는 것만큼 중요하다. 병의 진행성 때문에 보호자들은 의미 있는 의사소통을 가능한 많이 하려면 계속적으로 그들의 행동을 수정하여야 한다.

치매 환자들과 그들의 가족 구성원 또는 전문 간병인을 참여시키는 몇 가지 의사소통 전략들이 설명되었다. 임상가들은 일반적으로 그러한 전략들을 추천한다. 전략들의 일부는 상식과 사회적 예의에 바탕한 것들이다(검토를 위해서는 Small, Gutman, Makela, & Hillhouse, 2003; Bayles & Kim, 2003; Doody et al., 2001; Kaplan & Hoffman, 1998; Orange, 2001; Rabins, Lyketsos, & Steele, 1999; Shekim, 1997; Weiner, 1996 참조). 모든 전략들이 간병인들에게 똑같이 효과적이거나 흔히 사용되는 것은 아니다. 사실, 실험 분석된 전략들은 거의 없다. 따라서 임상가는 각각의 제시된 전략들의 효용성을 개별 환자들, 가족 구성원들, 전문 간병인들과 함께 평가해야 한다. 신중하게 유용성을 평가한다는 관점에서 임상가는 간병인들에게 다음을 훈련시킬 수 있다.

- 질문을 하고 즉각적으로 정확한 반응을 촉진한다(예: "오늘 10시에 뭐해요? 목록을 보고 저에게 말해 주세요.").
- 정반응을 위한 단서를 제공한다(실어증 환자들에게 제공하는 단서들과 유사하다. 9장 참조).

- 환자들은 갑작스런 일들을 두려워하기 때문에 천천히 접근하도록 한다.
- 말하기 전에 눈 맞춤을 한다. 말하기 전에 환자들의 시야에 자신이 있는지를 확인한다.
- 환자에게 말을 하기 전에 그들이 안경을 쓰거나 보청기를 착용하도록 한다.
- 말하기 전에 환자의 주의를 확인한다. 환자의 이름을 부르고, 환자가 당신에게 주의를 기울일 때까지 몇 번이고 반복적으로 부른다.
- 환자가 이름에 더 잘 반응하는지 아니면 성에 더 잘 응답하는지 알아낸다. 애칭과 같은 용어들을 피한다(예: '자기' 또는 '여보'). 환자가 이름에 더 잘 반응한다면 간병인도 이름을 사용하도록 한다.
- 앉아 있는 환자들에게 말할 때는 무릎을 굽히거나 구부린다.
- 환자의 의사소통 시도를 신중하게 듣고, 끼어들지 않는다. 잘못된 언어 표현이더라도 환자는 몇 개의 중요 단어만 갖고도 의사소통을 할 수 있다.
- 둘러말하기를 독려한다. 환자가 단어를 기억하지 못해 구체적 표현을 못할 때는 간접적이고 돌려서 말하는 방식으로 얘기하도록 한다.
- 몸짓, 미소, 자세, 다른 단서들로 구어 표현을 보완하도록 한다. 필요하다면, 구어로 지시하기 전에 비구어적 단서를 먼저 제공한다. 예를 들어, 환자에게 일어나라고 먼저 몸짓으로 단서를 준 뒤에, "아침 먹으러 식당에 갈 시간이에요."라고 말한다.
- 구어 지시사항들과 함께 요청된 행동의 시범을 보인다. 예를 들면, 행동을 시연하면서 식탁을 닦아 달라고 말하고 나서 환자에게 행주를 건넨다.
- 명백하고 직접적이며 간단하고 짧은 문장으로 말한다. 그러나 반드시 느리게 말할 필요는 없다. 너무 느린 속도는 도움이 되지 않는다.
- 의사소통상 어쩔 수 없이 복잡한 문장은 반복하여 이해를 돕도록 한다.
- 환자의 청력 범위 내에서, 큰소리보다는 부드럽게 말하도록 한다.
- 복잡한 대화 소재는 피한다.
- 대상물을 구체화하고 대명사의 사용은 최소화한다. 예를 들어, 다른 사람을 언급할 때는 간병인은 '그' 또는 '그녀'의 사용을 피하고 그 사람들의 이름을 사용하도록 한다. 유사하게 사물들을 언급할 때도 '그것'보다는 그 사물의 이름을

직접 사용한다.

- 사실적인 반응들이 필요할 때는 예/아니요 질문으로 한다(예: “아침으로 뭘 드시겠어요?” 대신에 “아침에 시리얼 드시겠어요?”라고 물어본다).
- 이야기, 기분, 의견 등의 자유로운 표현들을 독려하려면 개방형의 질문을 하도록 한다.
- 한 번에 하나의 질문만 한다. 환자가 시간을 필요로 하면 반응할 때까지 기다려 주고 필요하다면 단서와 촉진 자극을 제공한다.
- 과제의 복잡성을 최소화하고 환자가 한 번에 하나씩 하도록 한다.
- 일단계 지시를 주도록 한다. 필요하다면 몸짓이나 시범을 보여 지시사항을 보완한다.
- 요청한 행동에 대해 손으로 보여 주거나 신체적으로 보조를 한다. 예를 들어, 환자에게 일어서라고 하면서 일어나는 것을 신체적으로 돕는다.
- 중요한 정보는 충분히 넘칠 정도로 여러 번 얘기한다. 똑같은 말로 반복하는 것은 도움이 되지 않으므로 다른 단어들을 사용하여 지시사항들을 반복한다.
- 익숙한 주제들을 유지하고 대화하는 사물들은 관찰 가능한 것으로 한다.
- 환자가 이야기를 하는 동안 주제에서 벗어나지 않고 순서를 지킬 수 있도록 다음과 같은 질문들을 한다. “얘기가 어떻게 시작해요?” “그 다음에 무슨 일이 일어나는데요?” “그 여자가 뭐라고 했어요?” “얘기가 어떻게 끝나요?”
- 환자가 같은 질문을 반복적으로 하면 당연한 태도로 바로 대답한다. 가능하다면, 환자의 주의를 전달내용이 적힌 게시판, 기억 보조도구, 인쇄 목록 또는 그러한 종류의 정보가 있는 곳으로 돌린다. 또는 환자의 주의를 활동이나 새로운 대화 주제로 돌리는 방법도 있다.
- 안정을 시키고, 주의를 끌고, 재확인을 시키고, 구어 접촉을 강화시키기 위해서 접촉을 사용하도록 한다.
- 환자의 비구어적 행동들에, 특히 의사소통 능력이 퇴행할 때 세밀한 주의를 기울인다. 간병인은 환자의 얼굴 표정, 신체 자세, 몸짓, 다른 비구어적 행동들을 해독하기 위해 노력하도록 한다.
- 환자의 운율적 특징들에 주의를 기울인다. 사용하는 단어들은 적절하지 못하

더라도 운율적 특징들은 어느 정도까지 손상되지 않을 수도 있고 의사소통 시에 효과적일 수 있다.

- 환자에게 정상적인 운율 특징으로 얘기한다. 단조로운 음조나 과장된 조음은 피한다.
- 적절한 구어 및 비구어적 행동에 대해선 정적 강화를 하도록 한다. 순응적인 행동에 대해서는 구어적으로 칭찬한다.
- 이중 언어 환자들에게서 나타날 수 있는 모국어 표현들을 주시한다. 그러한 표현들의 해석에 도움을 요청한다.
- 헤어질 때는 언제나 "안녕히 계세요."라고 하거나 다른 헤어진다는 표시를 하도록 한다.

8) 환경 조절

환경 조절(environmental modifications)은 환자의 의사소통 및 상호작용을 유지하고, 바람직하지 못한 행동들을 감소시키며, 일반 건강과 안전을 돕기 위해 주거 상황의 구조를 변경하는 것을 의미한다(Calkins & Chafetz, 1996). 그러한 환경 조절은 집이나 요양원 같은 전문적 기관들일 수도 있는, 환자의 주거 환경 내에서 실현되어야 한다. 환경 조절의 효과를 평가한 실험적 연구들은 거의 없지만, 간병인들이 집의 환경을 변경하도록 교육을 받고 환자의 훈련종결 뒤에 12개월 동안 훈련의 효과를 유지할 수 있다는 일부 자료가 있다(Gitlin, Hauck, Dennis, & Winter, 2005).

환자들의 환경을 변경하기 위해서는 간병인과 전문가들이 팀을 짜서 다음의 일부 또는 전부를 실천하도록 한다.

- 환자를 위해 간단한 일과를 짜고 나서 환자의 주거 환경을 구조한다. 환자의 활동 일정은 매일같이 꾸준한 것으로 하되 약간의 다양성을 첨가하는 것도 환자의 삶의 질을 높일 수는 있을 것이다. 또한, 개인차를 고려해야 하는데 일부의 경우는 구조적 조정이 없어도 잘할 수 있다.
- 일반적으로 시설의 환경을 가정과 유사하게 구조하도록 한다.

- 환자에게 흥분, 파괴적인 행동, 공격적 행동, 불안정을 유도하는 감각적 자극들을 줄이도록 한다. 치매 환자들을 괴롭히는 소음을 최소화한다. 시끄러운 초인종을 없애고 확성장치의 사용을 최소화한다. 주거 영역들에는 카펫을 깔고 단단한 표면에서 반사되는 소리 및 소음을 최소화하려면 창문을 닫는다. 환자에게 얘기할 때는 텔레비전과 라디오는 끈다.
- 환자에게 단서를 주고 안정을 주기 위해서 생활 상황과 연관되는 소리들을 사용한다. 예를 들어, 저녁 시간을 알리려면 부엌에서 나는 (저녁상을 차리는 것과 같은) 소리들을 유지하거나 환자를 안정시키려면 새소리와 음악을 사용한다.
- 노화와 치매로 인해 시력이 나빠진 환자들에게는 시야에 방해가 되는 자극들을 피한다. 직접적이고 번쩍이는 햇빛은 최소화한다. 주거 공간에 균등한 조명을 배열하고 어두운 곳은 환자가 놀랄 수 있으므로 피한다.
- 시각적 구별을 향상시키고 적절한 행동을 촉진하려면 대조를 이용한다. 예를 들어, 식탁과는 대조되는 식기를 사용하고 벽과는 대조되는 카펫을 깐다.
- 하나의 방을 다용도로 사용하는 것을 피한다. 다른 목적의 활동을 위해서는 다른 방을 이용하도록 한다.
- 위험한 물건에는 접근을 제한한다. 칼, 가위, 망치, 드라이버와 같은 물건들은 손이 닿지 않는 곳에 둔다. 부엌에서는 화상을 입히지 않는 자동으로 전원이 차단되는 오븐이나 전열 레인지와 같은 장치들을 설치한다.
- 환자들의 환경을 피폐하게 하지 않는다. 환자들이 집어 들고, 살펴보고, 사용하려는 항목들(부드러운 공, 책 또는 잡지, 게임들) 중에 위험하지 않은 물건들은 그대로 두어 접근할 수 있게 한다.
- 인식과 지남력을 향상시키려면 다양한 촉진 전략들을 사용한다. 단어와 그림, 모두를 사용하여 환자를 침실, 욕실, 식탁, 그 외 다른 장소로 이끌 수 있는 복합적인 단서들을 사용한다. 기관 환경에서는 환자의 침실이나 욕실의 입구에 개인 소지품을 두도록 한다.
- 식사는 예상되는 시간에 구체적인, 비교적 일정한 장소에서 하도록 한다. 음악 또는 일정한 활동과 같은 자극들을 사용하여 다른 활동들, 예를 들면 식사하기

와 같은 것을 알린다.

- 환자들이 가족사진, 게임, 다른 소지품들과 종교적 또는 문화적으로 의미가 있는 것들을 시설 환경의 침실에서도 계속 사용하도록 한다.
- 환자들이 가정환경에서 즐겨했던 활동이나 일과의 일부를 시설에서도 계속 유지할 수 있게 한다. 예를 들어, 일부 거주지에서 익숙하지 않은 과제들(바구니 짜기나 그림 그리기 등)을 억지로 시키기보다는 그들이 늘 하던 활동들이나 취미들(카드 놀이나 뜨개질 등)을 하도록 한다.
- 과도하게 자유를 구속하지 않는 선에서 안전을 제공한다. 하나 혹은 그 이상의 다양한 방법들을 이용해 탈출(집 밖으로 나가기)을 통제한다. 문의 열쇠는 환자의 손에 닿지 않는 곳에 두거나 숨기도록 한다. 문의 손잡이에 벨크로를 부착한 천으로 가로질러 붙이고 잠그도록 하며, 문을 열려면 암호가 필요한 전기 안전장치를 설치한다.
- 흥분을 감소시킨다고 알려진 이동의 자유를 제공하지만, 환자의 안전 및 안위를 확인하도록 한다. 예를 들어, 환자가 문을 열고 들어가 걸어 다닐 수 있도록 뜰이나 정원을 안전 설계한다.
- 바닥의 높이 변화를 최소화한다. 이것이 불가능하다면 층마다 다른 색의 테이프를 붙여 대조가 확연하도록 한다.
- 손상을 최소화하려면 모서리가 둥글고 단단한 가구들을 배치한다.

9) 마지막 관리

최종적인 단계의 환자들은 삶의 모든 측면에서 도움이 필요하다. 마지막 단계에서 환자들은 걷지도, 말하지도, 옷을 입을 수도, 목욕을 할 수도 없다. 소변이나 대변을 실금하기도 한다. 의학적으로 연하장애, 흡인성 폐렴, 요로감염, 패혈증(혈액의 체계적 질병), 욕창성 궤양(욕창 또는 압박형 종양들), 항생제 처방 시 발열, 그 외 많은 다른 질병과 합병증의 동반 질환을 경험하는 것으로 나타난다(Rabins, Lyketsos, & Steele, 1999).

최종 단계의 관리는 의학적 문제들의 관리를 포함한다. 연하장애는 미온의, 비교적 농도가 짙은 액체들을 제공하며 먹는 동안에는 침대의 머리를 올리고, 천천히 적은 양을 제공하는 방법으로 관리될 수 있다. 피부 관리를 잘한다면(침대에서 자주 위치를 바꿔 주는 것과 같은 방법) 욕창성 궤양을 최소화할 수도 있다. 환자들에게 자신들의 옷을 입히고, 나름의 스타일로 가꾸어 주며, 구강위생을 유지하고, 배변실금을 조절하도록 고안된 상품으로 자주 교환해 주는 것과 같은 방법이 환자의 존엄과 평안을 유지하는 데 도움이 될 것이다. 대부분의 가족들과 의료팀은 치매의 마지막 단계에 있는 환자들의 생명을 구하기 위해 영웅적인 방법의 사용을 수용할 수는 없을 것이다(Rabins, Lyketsos, & Steele, 1999).

치매 치료의 효용성 연구는 제한적이다. 임상가들은 새로운 치료 방법에 대해 보고하는 연구 및 이와 같은 자료에 기술된 흔히 사용되는 기법의 효용성에 대해서도 주시해야 할 것이다. 전문가들은 일반적으로 환자들을 임상관리하면, 비록 병은 퇴행성이고 회복도 점차 줄어들지만, 환자들의 행동에는 눈에 띄는 변화가 있을 것이라고 믿는다. 치매 환자의 전반적인 단계에서 가족 및 다른 간병인들과 함께 작업을 하는 것은 매우 중요하다.

읽을거리

치매 환자들의 평가 및 관리에 대한 부가적인 정보를 얻으려면 다음의 자료를 참고한다.

Bayles, K. A., & Kim, E. S. (2003). Improving the functioning of individuals with Alzheimer's disease: Emergence of behavioral interventions. *Journal of Communication Disorders, 36*, 327-343.

Bourgeois, M., Camp, C., Rose, M., White, B., Malone, M., Carr, J., & Rovine, M. (2003). A comparison of training strategies to enhance use of external aids by persons with dementia. *Journal of Communication Disorders, 36*, 361-378.

Ferris, S. F., & Mohs, R. C. (2001). Measuring treatment efficacy in Alzheimer's disease. In C. M. Clark & J. Q. Trojanowski (Eds.), *Neurodegenerative dementias: Clinical features and pathological mechanisms* (pp. 395-404). New York: McGraw-Hill.

Kaplan, M., & Hoffman, S. B. (1998). *Behavior in dementia: Best practice for suc-*

cessful management. Baltimore, MD: Health Professions Press.

Mahendra, N., & Arkin, S. M. (2003). Effects of four years of exercise, language, and social interventions on Alzheimer discourse. *Journal of Communication Disorders, 36*, 395-422.

Ogrocki, P. K., & Welsh-Bohmer, K. A. (2000). Assessment of cognitive and functional impairment in the elderly. In C. M. Clark & J. Q. Trojanowski (Eds.), *Neurodegenerative dementias: Clinical features and pathological mechanisms* (pp. 15-32). New York: McGraw-Hill.

Rabins, P. V., Lyketsos, C. G., & Steele, C. D. (1999). *Practical dementia care.* New York: Oxford University Press.

Shadden, B. B., & Toner, M. A. (Eds.) (1997). *Aging and communication.* Austin, TX: PRO-ED.

Tomoeda, C. K. (2001). Comprehensive assessment for dementia: A necessity for differential diagnosis and management. *Seminars in Speech and Language, 22* (4), 275-289.

부록 A

의학용어의 생략과 상징

실어증 및 다른 신경언어장애 그리고 구어장애가 있는 환자들과 일하는 언어치료사들은 환자의 의료 기록에서 볼 수 있고 자주 사용되는 의학적 용어들의 약어 및 부호들을 알아야 할 필요가 있다. 임상가는 평가 및 치료를 계획함에 있어 환자들이 복용하고 있는 약물을 포함하여 그들의 의학적 상태에 대해 명확히 이해해야 한다. 다음에 이어지는 내용은 흔히 사용되는 의학용어의 생략 및 부호이다. 다른 두문자어 및 생략어, 부호가 일부 경우에는 다소 생소할 수 있을 것이다. 생략이나 부호에 익숙하지 못한 언어치료사나 실습 학생은 그러한 용어의 의미를 추측하는 대신에 의료진이나 간호사들에게 묻도록 한다.

a.c.	식사 전에(before meals)
ACU	통원치료실(ambulatory care unit) 또는 응급치료실(acute care unit)
ACVD	죽상경화성 심혈관질환(atheroschlerotic cardiovascular disease)
Al	알레르기(allergy)
A.M.	아침(오전)
Amb	걸을 수 있는(ambulatory)

A&O	기민성이 있고 지남력이 있는(alert and oriented)
Asp	흡인(aspirate)
ATC	24시간의(around the clock)
AW.	원자량(atomic weight)
A&W	생존 및 상태 양호(alive and well)
BADL	기본적인 일상생활(basic activities of daily life)
BAER	뇌간청각유발반응(brainstem auditory evoked response)
BALB	양이교대성 음량평형검사(binaural alternate loudness balance test)
BBB	뇌혈관장벽(blood brain barrier)
b.i.d.	하루에 두 번
b.i.n.	하룻밤에 두 번
b.p.	혈압(blood pressure)
BSER	뇌간유발반응(청력 검사)
c	~와 함께
c-a	심동맥(의)(cardioarterial)
Ca	칼슘, 음극의(cathodal, cathode)
CA	암
caps.	캡슐
CAT	컴퓨터 단층촬영
C.C.	심도자법(cardiac catheterization) 또는 주된 호소(chief complaint)
cc	입방센티미터
CCU	관상동맥질환 집중치료실 또는 중환자실(critical care unit)
CDC	질병통제센터
CHF	울혈성심부전(congestive heat failure)
CHI	폐쇄성 뇌손상(closed-head injury)
CN	뇌신경(cranial nerve)

CNS	중추신경계(central nervous system)
C/O	~을 호소하는(complains of)
comp.	복합(compound)
CP	뇌성마비(cerebral palsy)
CPD	심폐질환(cardiopulmonary disease)
CPR	심폐소생술(cardiopulmonary resuscitation)
CSF	뇌척수액(cerebrospinal fluid)
CVA	대뇌혈관 사고(cerebrovascular accident)
CXR	흉부 엑스레이(chest X-ray)
d.	낮(day)
DC (D/C)	중단 또는 퇴원
dil	희석(dilute)
div.	나눔(divide)
DNR	연명치료중지(do not resuscitate)
DNT	미검사(did not test)
DOA	즉사(dead on arrival)
DSA	디지털 혈관조영술(digital subtraction angiography)
DU	진단불명(diagnosis unknown)
Dx	진단(diagnosis)
ECG	심전도(electrocardiogram)
ECHO	초음파심전도(echocardiogram)
ECU	응급실
e.m.p.	지시대로(as directed)
FH	가족사
FIM	기능적 독립상태(functional independence measure)
Fx	골절(fracture)
Gm., g.	그램(gram)
h.	시(hour)

h.s., hor.som.	수면 또는 침상 시간
HUC	병원사무원(hopital unit clerk)
Hx.	이력(history)
IAO	발병 직후(immediately after onset)
ICU	집중치료실(intensive care unit)
i.m.	근육 내의(intramuscular)
i.v.	혈관 내의(intravenous)
LOS	재원 기간(length of stay)
Lt. (L)	왼쪽
LTM	장기기억(long-term memory)
mcg.	마이크로그램(microgram)
m.dict.	지시된 대로(as directed)
mg.	밀리그램(milligram)
Ml.	밀리리터(milliliter)
M.	혼합(mix)
MRI	자기공명영상(magnetic resonance imaging)
MS	정신상태(mental status) 또는 다발성경화증(multiple sclerosis)
MVA	차량 사고(motor vehicle accident)
N.F.	국가공인처방(National Formulary)
NGT.	비위관(nasogastric tube)
NKA	알려지지 않은 알레르기(no known allergies)
no.	수(번호)
non.rep.	반복 금지(do not repeat) 또는 재충전 금지(no refills)
n.p.o.	금식(nothing by mouth)
OG	구위관(oralgastric tube)
OTC	처방전 없이(nonprescription drug)
p.c.	식후
P.M.	오후(저녁)

p.o.	구강으로
ppm	백만분의 일(parts per million)
p.r.n.	요구대로(as necessary)
pt.	환자
q.	매(every)
q.a.d.	격일(이틀에 한 번)
q.d.	매일
q.h.	매시간
q.o.d.	격일(q.a.d.)
q.v.	원하는 만큼(as much as you wish)
rep	반복하도록 할 것
RO	재처방
R/O	제외(rule-out)
Rt.(R)	오른쪽
Rx	처방 또는 치료
s	~없이(without)
SLP	언어병리학자, 언어치료사
sol.	해결(책)
ss, sss.	반(one half)
Stat.	즉시
STM	단기기억(short-term memory)
Sx	증상(symptom)
tab.	정(tablet)
tal.	그러한(such)
tal. dos.	그러한 양(such doses)
TAR	치료승인요구(therapy authorization request)
TBI	외상성 뇌손상(traumatic brain injury)
t.i.d.	하루에 세 번

t.i.n.	하룻밤에 세 번
TM	고막 또는 최대 이동률(transport maximum)
TMJ	악관절(temporomandibular joint)
TPR	체온, 맥막, 호흡
tsp.	찻숟가락으로 하나의 분량
Tx	치료(therapy, treatment)
w.a.	깨어 있는 동안
WBC	백혈구 세포
WFL	기능적 한계 내에서(within functional limits)
Wk	주
WNL	정상 범위 내에서(within normal limits)
y.o.	세(year old)
yr.	연
♀	**여성**
♂	**남성**
↑	위로 또는 증가
↓	아래로 또는 감소
O	결여(absent) 또는 무반응(no response)
O	**없음(no or none)**
?	의문시되거나 알 수 없음
−	음성의(negative)
+	양성의(positive)

부록 B

세계보건기구(2001)의 기능, 장애, 건강에 대한 국제 분류

세계보건기구는 1980년에 다양한 질병들로부터 생기는 상해(impairments), 장애(disabilities), 사회적 불리(handicap)의 분류 체계를 출판하였다(WHO, 1980). 국제장애분류(International Classification of Impairments, Disabilities, and Handicap, ICIDH)라고도 불리는 이 분류 체계는 질병이나 장애에 따르는 서로 다른 종류의 결과들을 설명하는 것뿐만 아니라 구별하는 데도 사용되는 공통어를 제공한다. 예를 들어, 질병과 장애는 다음의 결과로 이어질 수 있다:

- 상해: 심리학적, 생리학적, 또는 해부학적 구조나 기능의 이상
- 장애: 인간으로서 정상이라고 생각되는 방법으로 또는 그 범위 내에서 활동을 수행하는 능력의 제한 혹은 결핍
- 사회적 불리: 개인의 정상적 역할을 제한하거나 하지 못하게 하는 불이익

언어병리사들을 포함하여 다양한 건강 관련 전문가들에게 이러한 분류가 중요한 것은 질병이 매우 다양한 결과들을 가져오며 환자를 이해하고 평가와 치료를 계획하기 위해서는 신중한 분석 및 구별이 필요하다는 것이다. 예로, 실어증의 증상들을 단지 기술하고 평가하여 개선하는 것은 더 이상 충분하지 않다는 것이 명백하다. 효율적인 치료 프로그램을 짜기 위해서는 뇌졸중과 실어증으로 인한 개인적, 사회적, 직업적, 가족적 결과들을 이해하는 것이 필요해졌다. WHO의 취지는 개인과 가족, 그리고 사회에 다양한 결과들을 낳을 수 있는 건강과 질병들을 이해하고

개선하는데 사회적, 개인적 철학들과 접근법들을 포함할 수 있도록 질병 및 증상들에 대한 제한적인 의료적 모델을 확장하는 것이었다.

2001년, WHO는 1980년의 분류 체계를 개정하여 기능, 장애, 건강의 분류, 또는 ICF라고 불렀다. 개정은 이 전의 개념들이 건강의 전반적 상태보다는 의료적 모델의 질병, 상해, 장애에 지나친 강조를 두었다는 비판에 따른 것이었다. 추가적으로 개인의 건강 상태에 영향을 미치는 환경적 및 사회적 요인들의 역할이 강조되지 않았다는 비판도 있었다. 개정에서는 이러한 함축적 의미들을 피하고 삶의 질을 강조하였다. 여기에는 개인의 제한점뿐만 아니라 강점(개인이 할 수 있는 것), 그리고 사람의 전반적 건강을 평가하는 데 고려되어야 할 환경적 요인들, 사회적 조건, 가족 구조 및 지원, 의사소통 양식이 포함되었다. 질병의 결과를 강조하는 대신, 개정에서는 다양한 건강의 구성 요소들이 강조되었다. 또한, 개정에서는 **사회적 불리**라는 용어를 피하고 개인이 경험하는 다양한 상해, 제한 및 한계들을 포함하는 **장애**라는 용어를 사용하였다(Eadie, 2003; Yarus, 2003; WHO, 2001).

2001년 개정은 (1) 신체 기능, (2) 신체 구조, (3) 활동 및 참여, 그리고 (4) 개인의 건강 및 웰빙에 영향을 미치는 문맥적(환경적 및 개인적) 요인들의 관점에서 구성되었다. **신체 기능**은 감각적, 정신적, 음성 및 구어, 그리고 다양한 생리학적 기능 및 신체의 신경계를 포함한다. 이 중 **정신 기능**은 의식, 성향, 지적 기능을 포함한다. **음성 및 구어 기능**은 구어, 음성, 그리고 유창성을 포함한다. **신체 구조** 부분은 그 기능들을 지원하는 신경생리학적 구조 및 체계에 대한 개관이다.

ICF의 **활동**과 **참여 부분**은 이전의 **사회적 불리**라는 개념을 명백히 피하고, 학습 및 지식의 적용, 보편적 과제 요구, 의사소통, 이동성, 자기관리, 가정생활, 상호작용 및 관계, 주된 삶의 영역, 지역공동체, 사회적 및 시민으로서의 삶과 같은 활동들을 개인의 건강 경험 및 상태를 평가하는 데 중요한 구성요소로 기술하고 있다. 이 부분에서는 사람이 하는 것(**수행**)과 사람이 할 수 있는 것(**능력**) 그러나 한계 또는 제약(사회적 불리 대신) 때문에 하지 않고 있는 것에 대한 중요한 구분이 되어 있다.

문맥적 요인들은 개인의 건강 및 기능에 부정적으로 또는 긍정적으로 영향을 미치는 **환경적 요인들**을 포함한다. 환경적 요인들은 개인의 건강 경험에 영향을 미치는 모든 외부 변인들(신체적 및 사회적 상황들)을 가리키며, 일, 가정, 학교 상황;

사회적 환경; 문화적 상황; 사회적 또는 다른 지원 체계 및 정책; 건강과 수행에 영향을 미치는 상품 및 기술과 같은 요소들을 포함한다. 개인적 요인들은 개인의 배경, 개인이 사용하는 대처 전략, 심리적 자산, 다른 강점들과 같은 '내적' 변인들을 포함한다.

Eadie(2001, 2003)와 Yarus(2003)는 ICF가 언어병리학자에게 주는 임상적 의미를 탐색하였다. 일반적으로 효과적인 평가와 중재 절차를 마련하기 위해서는, 대상자의 개인적, 가족적, 사회적 환경을 고려하는 것이 증상과 장애를 나열하는 것보다 더 중요하다. 대상자의 사회적 및 문화적 배경, 개인의 능력과 한계, 개인이 유지하던 그리고 여전히 유지할 수 있는 전반적인 삶의 질 역시 똑같이 고려해야 할 중요 사안이다. 이 책에서는 재활이나 치료 프로그램을 계획하기 이전에 대상자의 개인적, 가족적, 사회적 변인들이 평가되어야 한다는 대상자에 대한 개별적인 접근법을 지지하며 이는 ICF의 기본 원리와도 일치한다.

ICF는 좀 더 포괄적이고자 건강과 웰빙에 대해 다양한 측면들을 기술하였는데, 그 중 일부는 상당히 모호하고 조작적이지 않다. 수행과 대조되는 개인의 '능력', '심리적 자산', '개인 생활의 배경', '대처 양식', '전반적 행동 양식 및 성격 양식'과 같은 변인들은 정량화하거나 체계적으로 관찰하기 힘들다. 그럼에도 불구하고, ICF는 임상가가 증상과 그것들을 줄이는 데 집중하는 것 대신에 대상자를 좀 더 넓은 개인적, 가족적, 사회적 문맥에서 이해하려는 쪽으로 노력하도록 도울 수 있다.

이에 대한 흥미를 느끼는 독자들은 WHO의 웹 사이트(http://www.who.int/en/)에서 ICF에 대한 자료들을 볼 수 있다.

부록 C

치료사와 환자에게 도움이 되는 인터넷 참고 사이트

임상가들은 환자 및 그들의 가족과 나눌 수 있는 뇌졸중, 치매 그리고 외상성 뇌손상에 대한 유용한 정보를 많이 얻을 수 있다. 다음의 사이트들은 환자 및 가족의 교육 자료들, 초기 징후들에 대한 정보, 시의 적절한 치료, 진단 및 치료에 대한 연구와 진보 사항들, 그리고 사람들이 취할 수 있는 예방책들을 알려 준다.

뇌졸중과 실어증

1. National Stroke Association: http://www.stroke.org
2. American Stroke Association: http://www.strokeassociation.org
3. Mayo Clinic: http://www.mayoclinic.com
4. National Aphasia Association: http://www.aphasia.org
5. National Institute of Neurological Disease and Stroke: http://www.ninds.nih.gov
6. Centers for Disease Control and Prevention(CDC): http//www.cdc.gov/

치매

1. National Institute of Neurological Disease and Stroke: http://www.ninds.nih.gov/disorders/alzheimersdisease

2. Alzheimer's Association: http://www.alz.org
3. National Institute on Aging, Alzheimer's Disease Education & Referral Center (ADEAR): http://www.alzheimers.org/
4. Centers for Disease Control and Prevention (CDC): http://www.cdc.gov/

외상성 뇌손상

1. National Institute of Neurological Disease and Stroke: http://www.ninds.nih.gov/disorders/tbi
2. Mayo Clinic: http://www.mayoclinic.com
3. Brain Injury Association of America: http://www.biausa.org/Pages/types_of_brain_injury.html
4. Centers for Disease Control and Prevention (CDC): http://www.cdc.gov/

건강 및 질병에 관한 정보

건강 및 질병에 관련한 다양한 정보들은 국립보건원에서 운영하는 국립의학도서관의 다음 웹사이트에서 포괄적인 자료들을 얻을 수 있다.

http://www.nlm.nih.gov/medlineplus

참고 문헌

Abbot, R. D., White, L. R., Ross, G. W, Masaki, K. H., Curb, J. D., & Petrovitch, H. (2004). Walking and dementia in physically capable elderly men. *Journal of the American Medical Association, 22; 292* (12), 1447-1453.

Abrahams, J., & Camp, C. (1993). Maintenance and generalization of object naming training associated with degenerative dementia. *Clinical Gerontologist, 12* (3), 57-71.

Adamovich, B. L. (1997). Traumatic brain injury. In L. L. LaPointe (Ed.), *Aphasia and related neurogenic language disorders* (2nd ed., pp. 226-237). New York: Thieme Medical Publishers.

Adamovich, B. B., & Henderson, J. (1992). *Scales of cognitive ability for traumatic brain injury.* Chicago: Riverside.

Ad Hoc Dementia Assessment Task Force. (1991). Meeting report: Antidementia drug assessment symposium. *Neurobiology of Aging, 12*, 379-382.

Albert, M. L. (1973). A simple test of visual neglect. *Neurology, 23*, 658-664.

American Heart Association. (2005). *Heart disease and stroke statistics: 2005 update.* Dallas, TX: Author. Available online at: http://www.strokeassociation.org.

American Psychiatric Association. (2000). *Diagnostic and statistical manual of mental disorders* (4th ed, text revision). Washington, DC: Author.

Andrews, B. T. (2000). Prognosis in severe head injury. In P. R. Cooper & J. G. Golfinos (Eds.), *Head injury* (4th ed., pp. 555-563). New York: McGraw-Hill.

Appell, J., Kertesz, A., & Fishman, M. (1982). A study of language functioning in Alzheimer's patients. *Brain and Language, 17*, 73-81.

Arkin, S. (1998). Alzheimer memory training; previous success replicated. *American Journal of Alzheimer's Disease, 13*, 102-104.

Arkin, S. (2001). Alzheimer rehabilitation by students: Intervention and outcomes. *Neuropsychological Rehabilitation, 11*, 273-317.

Arkin, S., & Mahendra, N. (2001). Discourse analysis of Alzheimer's patients before and after interventions: Methodology and outcome. *Aphasiology, 15* (6), 533-569.

Aten, J. L., Caliguri, M. P., & Holland, A. (1982). The efficacy of functional communication therapy for chronic aphasic patients. *Journal of Speech and Hearing Disorders, 47*, 93-96.

Aten, J., Wertz, R. T., Simpson, M., Vogel, D., & Garner, D. (1991). A long-term follow-up of aphasic patients after intensive treatment. In T. E. Prescott (Ed.), *Clinical aphasiology, Vol. 20* (pp. 299-306). Austin, TX: Pro-Ed.

Avent, J. R. (1997). Group treatment in aphasia using cooperative learning methods. *Journal of Medical Speech-Language Pathology, 5* (1), 9-26.

Basso, A. (2003). *Aphasia and its therapy*. New York: Oxford University Press.

Basso, A., Capitani, E., & Vignolo, L. A. (1979). Influence of rehabilitation on language skills in aphasic patients: A controlled study. *Archives of Neurology, 36*, 190-196.

Basso, A., & Rusconi, M. L. (1998). Aphasia in left-handers. In P. Coppens, Y. Lebrun, & A. Basso (Eds.), *Aphasia in atypical populations* (pp. 1-34). Mahwah, NJ: Lawrence Erlbaum.

Battle, D. (Ed.). (2002). *Communication disorders in multicultural populations* (2nd ed.). Boston: Butterworth-Heinemann.

Bayles, K. A., & Kaszniak, A. W. (1987). *Communication and cognition in normal aging and dementia*. Austin, TX: Pro-Ed.

Bayles, K. A., & Kim, E. S. (2003). Improving the functioning of individuals with Alzheimer's disease: Emergence of behavioral interventions. *Journal of Communication Disorders, 36*, 327-343.

Bayles, K. A., & Tomoeda, C. (1991). *Arizona Battery for Communication Disorders of Dementia* (Research Edition). Tucson, AZ: Canyonlands Publishing.

Bear, M. F., Connors, B. W., & Paradiso, M. A. (2001). *Neuroscience: Exploring the brain* (2nd ed.). Baltimore, MD: Lippincott Williams & Wilkins.

Bennett, D. A., Beckett, L. A., Wilson, R. S., Murray, A. M., & Evans, D. A. (1998). Parkinsonian signs and mortality from Alzheimer's disease. *Lancet, 351*, 1631.

Benson, D. F. (1979a). *Aphasia, alexia, and agraphia*. New York: Churchill Livingstone.

Benson, D. F. (1979b). Aphasia rehabilitation. *Archives of Neurology, 36*, 187-189.

Benson, D. F. (1985). Aphasia. In H. K. Valenstein (Ed.), *Clinical neurophysiology*. New York: Oxford. University Press.

Benson, D. F., & Ardila, A. (1996). *Aphasia: A clinical perspective*. New York: Oxford University Press.

Benton, A. L. (1992). *The revised visual retention test* (5th ed.). San Antonio, TX: Psychological Corporation.

Benton, A., & Anderson, S. W. (1998). Aphasia: Historical perspectives. In M. T. Sarno (Ed.), *Acquired aphasia* (3rd ed., pp. 1-24). New York: Academic Press.

Benton, A. L., & Hamsher, K. (1978). *Multilingual aphasia examination* (Rev. ed.). Iowa City: University of Iowa.

Benton, A. L., & Joynt, R. J. (1960). *Early deof aphasia. Archives of Neurology (Chicago)*, 3, 205-221.

Berker, E. A., Berker, A. H., & Smith, A. (1986). Translation of Broca's 1865 report: Localization of speech in the third frontal convolution. *Archives of Neurology (Chicago)*, 43, 1065-1072.

Beukelman, D. B., Burke, R., & Yorkston, K. M. (2003). Dysarthria and traumatic brain injury. In K. Hux (Ed.), *Assisting survivors of traumatic brain injury* (135-168). Austin, TX: Pro-Ed.

Beukelman, D., & Mirenda, M. (1989). *Augmentative communication: Management of children and adults with severe communication disorders* (2nd ed.). Baltimore: Paul H. Brookes.

Beukelman, D. R., & Yorkston, K. M. (1991). *Communication disorders following traumatic brain injury: Management of cognitive, language, and motor impairments.* Austin, TX: Pro-Ed.

Beukelman, D. R., Yorkston, K. M., & Reichle, J. (2000). *Augmentative and alternative communication for adults with acquired neurologic disorders.* Baltimore, MD: Paul H. Brookes.

Bhatnagar, S. C. (2002). *Neuroscience for the study of communicative disorders* (2nd ed.). Baltimore: Williams & Wilkins.

Bhogal, S. K., Teasell, R., Foley, N. C., & Speechley, M. (2003). Rehabilitation of aphasia: More is better. *Top Stroke Rehabilitation, 10* (2), 66-76.

Bhogal, S. K., Teasell, R, & Speechley, M. (2003). Intensity of aphasia therapy, Impact on recovery. *Stroke, 34*, 987-993.

Bigler, E. D. (Ed.) (1990). *Traumatic brain injury.* Austin, TX: Pro-Ed.

Bigler, E. D., Clark, E., & Farmer, J. E. (Eds.). (1997). *Childhood traumatic brain injury: Diagnosis, assessment, and injury.* Austin, TX: Pro-Ed.

Blessed, G., Tomlinson, B. E., & Roth, M. (1968). The association between quantitative measures of dementia and of senile changes in the cerebral gray matter of elderly subjects. *British Journal of Psychiatry, 114*, 797-811.

Blomert, L., Kean, M. L., Koster, C., & Schokker, J. (1994). Amsterdam-Nijmegen Everyday Language Test: Construction, reliability, and validity. *Aphasiology, 8* (4), 381-407.

Bloodstein, O. (1995). *A handbook on stuttering* (5th ed.). Clifton Park, NY: Thomson Delmar Learning.

Blosser, J. L., & DePompei, R. (1994). *Pediatric traumatic brain injury*. San Diego, CA: Singular Publishing Group.

Bourgeois, M. (1990). Enhancing conversation skills in Alzheimer's disease using a prosthetic memory aid. *Journal of Applied Behavior Analysis, 23*, 29–42.

Bourgeois, M. (2005). Dementia. In L. L. LaPointe (Ed.), *Aphasia and related neurogenic language disorders* (3rd ed., pp. 199–213). New York: Thieme.

Bourgeois, M., Camp, C., Rose, M., White, B., Malone, M., Carr, J., & Rovine, M. (2003). A comparison of training strategies to enhance use of external aids by persons with dementia. *Journal of Communication Disorders, 36*, 361–378.

Bourgeois, M., & Mason, L. (1996). Memory wallet intervention in an adult day care setting. *Behavioral Interventions, 11*, 3–18.

Boyle, M. (2004). Semantic feature analysis treatment for anomia in two fluent aphasia syndromes. *American Journal of Speech-Language Pathology, 13* (3), 236–249.

Brookshire, R. (2003). *An introduction to neurogenic communication disorders* (6th ed.). St. Louis: Mosby Year Book.

Brookshire, R., & Nicholas, L. E. (1993). *The discourse comprehension test*. Minneapolis, MN: BRK Publishers.

Brookshire, R., & Nicholas, L. E. (1997). *The discourse comprehension test: Test manual* (Rev. ed). Minneapolis, MN: BRK Publishers.

Brown, J. I., Fischco, V. V., & Hanna, G. (1993). *The Nelson-Denny reading skills test*. Chicago: Riverside.

Bryan, L. L. (1995). *The right hemisphere language battery* (2nd ed.). London: Whur Publishers.

Burns, M. (1997). *The Burns brief inventory of communication and cognition*. San Antonio, TX: Psychological Corporation.

Burns, M. S., Halper, A. S., & Mogil, S. I. (1985). *Clinical management of right hemisphere dysfunction*. Rockville, MD: Aspen.

Butcher, J. (2000). Alzheimer's amyloid hypothesis gains support. *Lancet, 356*, 2161.

Catkins, M. P., & Chafetz, P. K. (1996). Structuring environment for patients with dementia. In M. F. Weiner (Ed.), *The dementias: Diagnosis, management, and research* (2nd ed., pp. 297–311). Washington, DC: American Psychiatric Press.

Calvin, W H., & Ojemann, G. A. (1980). *Inside the brain*. New York: New American Library.

Camp, C., Bird, M. J., & Cherry K. C. (2000). Retrieval strategies as a rehabilitation aid for cognitive loss in pathological aging. In R. D. Hill, L. Backman, & A. S. Neely

(Eds.), *Cognitive rehabilitation in old age* (pp. 224–248). New York: Oxford University Press.

Camp, C., Foss, J., O'Hanlon, A., & Stevens, A. (1996). Memory interventions for persons with dementia. *Applied Cognitive Psychology, 10,* 193–210.

Carrow-Woodfolk, E. (1999). *Test for auditory comprehension of language* (3rd ed.). Austin, TX: Pro-Ed.

Caspari, I. (2005). Wernicke's asphasia. In L. L. LaPointe (Ed.), *Aphasia and related neurogenic language disorders* (3rd ed), pp. 142–154). New York: Thieme.

Castro, A. J., Merchut, M. P., Neafsey, E. J., & Wurster, R. D. (2002). *Neuroscience: An outline approach.* St. Louis: Mosby.

Chapey, R. (1981). Assessment of language disorders in adults. In R. Chapey (Ed.), *Language intervention strategies in adult aphasia* (pp. 31–84). Baltimore, MD: Williams & Wilkins.

Chapey, R. (Ed.). (2001) *Language intervention strategies in adult aphasia and related neurogenic disorders* (4th ed.). Baltimore: Lippincott Williams & Wilkins.

Chapey, R., Duchan, J. F., Elman, R. J., Garcia, L. J., Kagan, A., Lyon, J. G., & Simmons-Mackie, N. (2001). Life participation approach to aphasia: A statement of values for the future. In R. Chapey (Ed.), *Language intervention strategies in aphasia and related neurogenic communication disorders* (4th ed., pp. 235–245). Philadelphia: Lippincott Williams & Wilkins.

Chapman, S. B., Weiner, M. E, Racldey, A., Hynan, L. S., & Zientz, J. (2004). Effects of cognitive-communication stimulation for Alzheimer's disease patients treated with donepezil. *Journal of Speech, Language, and Hearing Research, 47*(5), 1149–1163.

Cimino-Knight, A. M., Hollingsworth, A. L., & Gonzalez Rothi, L. J. (2005). The transcortical aphasias. In L. L. LaPointe (Ed.), *Aphasia and related neurogenic language disorders* (3rd ed., pp. 169–185). New York: Thieme Medical Publishers.

Clark, C. M. (2000). Clinical manifestations and diagnostic evaluation of patients with Alzheimer's disease. In C. M. Clark & J. Q. Trojunowski (Eds.), *Neurodegenerative dementias* (pp. 95–111). New York: McGraw-Hill.

Clark, C. M., & Trojtinowski, J. Q. (Eds.). (2000). *Neurodegenerative dementias.* New York: McGraw-Hill.

Colcher, A., & Stern, M. B. (2001). Treatment of Parkinson's disease. In C. M. Clark & J. Q. Trojunowski (Eds.), *Neurodegenerative dementias* (pp. 205–217). New York: McGraw-Hill.

Cole, M. F., & Cole, M. (1971). *Pierre Marie's papers on speech disorders.* New York: Hafner Press.

Collins, M. J. (1991). *Diagnosis and treatment of global aphasia.* San Diego, CA: Singular Publishing Group.

Collins, M. J. (2005). Global aphasia. In L. L. LaPointe (Ed.), *Aphasia and related neurogenic language disorders* (3rd ed., pp. 186–198). New York: Thieme Medical Publishers.

Collins, M. J., & Wertz, T. (1981). Coping with success. The maintenance of therapeutic effect in aphasia. In R. H. Brookshire (Ed.), *Clinical aphasiology* (Vol. 14, pp. 156–163). Minneapolis, MN: BRK Publishers.

CoolSpring Software (n.d.). *The Test of Visual Field Attention.* Walkersville, MD: Author.

Cooper, P. R., & Golfinos, J. G. (Eds.). (2000). *Head injury* (4th ed.). New York: McGraw-Hill.

Coppens, P., & Hungerford, S. (1998). Crossed aphasia. In P. Coppens, Y. Lebrun, & A. Basso (Eds.), *Aphasia in atypical populations* (pp. 203–260). Mahwah, NJ: Lawrence Erlbaum.

Coppens, P., Lebrun,Y., & Basso, A. (Eds.). (1998). *Aphasia in atypical populations.* Mahwah, NJ: Lawrence Erlbaum.

Corina, D. (1998). Aphasia in users of signed languages. In P. Coppens, Y. Lebrun, & A. Basso (Eds.), *Aphasia in atypical populations* (pp. 261–309). Mahwah, NJ: Lawrence Erlbaum.

Coulson, I., Strang, V., Marmno, R., & Minichiello, V. (2004). Knowledge and lifestyle of healthy older adults related to modifying the onset of vascular dementia. *Archives of Gerontology and Geriatrics, 39* (1), 43–58.

Crary M. A., Haak, N. J., & Malinsky A. E. (1989). Preliminary psychometric evaluation of an acute aphasia screening protocol. *Aphasiology, 3,* 611–618.

Cummings, J. L., & Benson, F. D. (1992). *Dementia: A clinical approach.* Newton, MA: Butterworth-Heinemann.

Damasio, A. (1981). The nature of aphasia: Signs and syndromes. In M. T. Sarno (Ed.), *Acquired aphasia* (pp. 51–65). New York: Academic Press.

Damasio, A. (2001). Neural basis of language disorders. In R. Chapey (Ed.), *Language intervention strategies in aphasia and related neurogenic communication disorders* (4th ed., pp. 18–36). Philadelphia: Lippincott Williams & Wilkins.

Darley, F. L. (1982). *Aphasia.* Philadelphia: W. B. Saunders.

David, R., Enderby, P., & Bainton, D. (1982). Treatment of acquired aphasia: Speech therapists and volunteers compared. *Journal of Neurology, Neurosurgery, and Psychiatry, 45,* 957–961.

Davis, G. A. (1992). *A survey of adult aphasia.* Englewood Cliffs, NJ: PrenticeHall.

Davis, G. A. (2000). *Aphasiology: Disorders and clinical practice.* Needham Heights, MA: Allyn & Bacon.

Davis, G. A., & Wilcox, J. (1981). Incorporating parameters of natural conversation in aphasia. In R. Chapey (Ed.), *Language intervention strategies in adult aphasia* (pp. 169–194). Baltimore, MD: Williams & Wilkins.

Deaton, A. V. (1990). Behavioral change strategies for children and adolescents with traumatic brain injury. In E. D. Bigler (Ed.), *Traumatic brain injury* (pp. 231–249). Austin, TX: Pro-Ed.

Dejong, R, Osterlund, O. W., & Roy, G. W. (1989). Measurement of quality-of-life changes in patients with Alzheimer's disease. *Clinical Therapeutics, 11*, 545–554.

DeRenzi, E., & Faglioni, P. (1978). Normative data and screening power of a shortened version of the Token Test. *Cortex, 14*, 41–49.

DeRenzi, E., & Vignolo, L. A. (1962). The token test: A sensitive test to detect receptive disturbances in aphasics. *Brain, 85*, 665–678.

Dickson, D. W. (2001). Neuropathology of Pick's disease. *Neurology, 56* (Suppl 4), S16–S18.

Doeshorgh, S. J., van de Sandt-Koenderman, M. W, Dippel, D. W., van Harskamp, E, Koudstaal, P. J., & Visch-Brink, E. G. (2004). Effects of semantic treatment on verbal communication and linguistic processing in aphasia after stroke: A randomized controlled trial. *Stroke, 35* (1), 141–146.

Donnan, G. A., Carey, L, & Saling, M. M. (1999). More (or less) on Broca. *Lancet, 353* (9158), 1061–1062.

Doody, R. S. (2000). Treatment strategies in Alzheimer's disease. In C. M. Clark & J. Q. Trojunowski (Eds.), *Neurodegenerative dementias* (pp. 115–116). New York: McGraw-Hill.

Doody, R. S., Stevens, J. C., Beck, C., Dubinsky, R. M., Kaye, J. A., Gwyther, L., Mohs, R. C., Thal, L. J., Whitehouse, P. J., Dekosky, S. T., & Cummings, J. L. (2001). Practice parameter: Management of dementia (an evidence based review Report of the Quality Standards Subcommittee of the American Academy of Neurology. *Neurology, 56*, 1154–1166.

Dorland's illustrated medical dictionary (28th ed.) (1994). Philadelphia: W. B. Saunders.

Doyle, P. J., Goldstein, H., & Bourgeois, M. S. (1987). Experimental analysis of syntax training in Broca's aphasia: A generalization and social validation study. *Journal of Speech and Hearing Disorders, 52* (2), 143–155.

Duffy, J. R. (1995). *Motor speech disorders*. St. Louis: Mosby.

Dunn, L. M., & Dunn L. M. (1981). *Peabody picture vocabulary test* (Rev. ed.). Circle Pines, MN: American Guidance Service.

Eggert, G. H. (1977). *Wernicke's work on aphasia*. The Hague: Mouton.

Eisenson, J. (1954). *Examining for aphasia*. New York: Psychological Corporation.

Elman, R. J. (Ed.). (1999). *Group treatment for neurogenic communication disorders: The expert clinician's approach.* Woburn, MA: Butterworth-Heinemann.

Elman, R. J. (2005). Social and life participation approaches to aphasia intervention. In L. L. LaPointe (Ed.), *Aphasia and related neurogenic language disorders* (3rd ed., pp. 39-50). New York: Thieme Medical Publishers.

Elman, R. J., & Bernstein-Ellis, E. (1999). The efficacy of group communication treatment in adults with chronic aphasia. *Journal of Speech, Language, and Hearing Research, 42,* 411-419.

Enderby, P. M. (1983). *Frenchay Dysarthria Assessment.* San Diego, CA: College-Hill Press.

Erkinjuntti, T., Kurz, A., Gauthier, S., Bullock, R., Lilienfeld, S., Rao, C., & Damaraju, V. (2002). Efficacy of galantamine in probable vascular dementia and Alzheimer's disease combined with cerebrovascular disease: A randomized trial. *Lancet, 359,* 1283-1290.

Ferris, S. F., & Mohs, R. C. (2000). Measuring treatment efficacy in Alzheimer's disease. In C. M. Clark & J. Q. Trojanowski (Eds.), *Neurodegenerative dementias: Clinical features and pathological mechanisms* (pp. 395-404). New York: McGraw-Hill.

Fitch-West, J., & Sands, E. S. (1998). *The bedside evaluation screening* (2nd ed.) (BEST2). Austin, TX: Pro-Ed.

Folstein, M. F., Folstein, S. E., & McHugh, P. R. (1975). Mini-Mental State: A practical method for grading the cognitive state of patients for the clinician. *Journal of Psychiatric Research, 12,* 189-198.

Fordyce, D. J. (1991). Conceptual issues in cognitive rehabilitation. In D. R. Beukelman & K. M. Yorkston (Eds), *Communication disorders following traumatic brain injury: Management of cognitive, language, and motor impairments* (pp. 57-73). Austin, TX: Pro-Ed.

Fox, N. C., Crum, W. R., Scahill, R. I., Stevens, J. M., Janssen, J. C., & Rosser, M. N. (2001). Imaging of onset and progression of Alzheimer's disease with voxel-compression mapping of serial magnetic resonance images. *Lancet, 358,* 201-205.

Frankish, H. (2001). Genetic locus increases susceptibility to Alzheimer's disease. *Lancet, 357,* 2031

Frattali, C. M. (Ed.). (1998). *Measuring outcomes in speech-language pathology.* New York: Thieme.

Frattali, C. M., Thompson, C. K., Holland, A. L., Wohl, C. B., & Ferketic, M. M. (1995). *Functional assessment of communication skills for adults* (ASHA FACS). Rockville, MD: American Speech-Language-Hearing Association.

Freed, D. (2000). *Motor speech disorders: Diagnosis and treatment.* Clifton Park, NY: Thomson Delmar Learning.

Freed, D., Celery K., & Marshall, R. C. (2004). Effectiveness of personalized and phonological cueing on long-term naming performance by aphasic subjects: A clinical investigation. *Aphasiology, 18*(8), 743–757.

Friedland, R. (1993). Epidemiology, education, and the etiology of Alzheimer's disease. *Neurology, 43*, 246–249.

Fromm, D., & Holland, A. L. (1989). Functional communication in Alzheimer's disease. *Journal of Speech and Hearing Disorders, 54*, 535–540.

Gates, W H., MacGinitie, R. K., & Maria, K. (2000). *Gates-MacGinitie reading test.* Chicago: Riverside.

Gauthier, L., Dehaut, F., & Joanette, V. (1989). The Bells test: A quantitative and qualitative test for visual neglect. *International Journal of Clinical Neuropsychology, 11*, 49–54.

Geshwind, N. (1965). Disconnexion syndromes in animals and man. *Brain, 88*, 237–294, 585–644.

Geshwind, N. (1967). Wernicke's contributions to the study of aphasia. *Cortex, 3*, 449–463.

Giasson, B. I., Galvin, J. E., Lee, V. M.-Y., & Trojanowski, J. Q. (2001). The cellular and molecular pathology of Parkinson's disease. In C. M. Clark & J. Q. Trojunowski (Eds.), *Neurodegenerative dementias* (pp. 219–228). New York: McGraw-Hill.

Giles, G. M., & Clark-Wilson, J. (1993). *Brain injury rehabilitation: A neurofunctional approach.* London: Chapman & Hall.

Gillette, V. (2003). *Achieving communication independence: A comprehensive guide to assessment and intervention.* Eau Claire, WI: Thinking Publications.

Gillis, R. J. (1996). *Traumatic brain injury: Rehabilitation for speech-language pathologists.* Boston: Butterworth-Heinemann.

Gitlin, L. N., Hauck, W W., Dennis, M. P., & Winter, L. (2005). Maintenance of effects of the home environmental skill-building program for family caregivers and individuals with Alzheimer's disease and related disorders. *Journal of Gerontology, 60*(3), 368–374.

Goldstein, K. (1948). *Language and language disturbances.* New York: Grune & Stratton.

Golper, L. A. (1996). Language assessment. In G. L. Wallace (Ed.), *Adult aphasia rehabilitation* (pp. 57–86). Boston: Butterworth-Heinemann.

Goodglass, H. (1988). Historical perspectives on concepts of aphasia. In E Boiler & J. Grafman (Eds.), *Handbook of neuropsychology* (Vol. 1, pp. 51–63). Amsterdam: Elsevier.

Goodglass, H. (1993). *Understanding aphasia.* San Diego, CA: Academic Press.

Goodglass, H., & Kaplan, E. (1983). *The assessment of aphasia and related disorders* (2nd ed.). Philadelphia: Lee & Febiger.

Goodglass, H., Kaplan, E., & Barresi, B. (2001). *The Boston diagnostic aphasia examination* (3rd ed.). Austin, TX: Pro-Ed.

Goodglass, H., Kaplan, E., & Barresi, B. (2001). *The assessment of aphasia and related disorders* (3rd ed.). Philadelphia: Lippincott Williams & Wilkins.

Gordon, W. A., & Associates (1984). *Evaluation of the deficits associated with right-brain damage: Normative data on the Institute of Rehabilitation Medicine test battery.* New York: Department of Behavioral Sciences, NYU Medical Center.

Graham, D. I., & Gennarelli, T. A. (2000). Pathology of brain damage after head injury. In P. R. Cooper & J. G. Golfinos (Eds.), *Head injury* (4th ed., pp. 133-153). New York: McGraw-Hill.

Graham-Kegan, L., & Caspari, I. (1997). Wernicke's aphasia. In L. L. LaPointe (Ed.), *Aphasia and related neurogenic language disorders* (2nd ed., pp. 42-62). New York: Thieme Medical Publishers.

Grant, D. A., & Berg, E. A. (1948). A behavioral analysis of degree of reinforcement and ease of shifting to new responses in Weight-type card sorting problem. *Journal of Experimental Psychology, 38*, 403-411.

Greener, J., Enderby, P., & Whurr, R. (2001). Pharmacological treatment of aphasia following stroke. Cochrane Database Systematic Review, 4, CD000424.

Greenberg, D. A., Aminoff, M. J., & Simon, R. P. (2002). *Clinical neurology* (5th ed.). New York: Lange Medical Books/McGraw-Hill.

Hachinsky, V. F., Iilliff, L. D., Zilhka, E., & Associates (1975). Cerebral blood flow in dementia. *Archives of Neurology, 32*, 632-637.

Hagen, C. (2000, February). *Ranchos Los Amigos Levels of Cognitive Functioning—Revised.* Downey, CA: Communication Disorders Services: Ranchos Los Amigos National Rehabilitation Center.

Hagen, C., & Malkamus, D. (1979). Interaction strategies for language disorders secondary to head trauma. Paper presented at the annual convention of the American Speech-Language-Hearing Association, Atlanta, GA.

Haines, D. E. (2004). *Neuroanatomy: An atlas of structures, sections, and systems* (6th ed.). Philadelphia: Lippincott Williams & Wilkins.

Haines, D. E., & Lancon, J. A. (2003). *A review of neuroscience.* New York: Churchill Livingstone.

Hake, A. M., & Farlow, M. R. (2001). Hunting's disease. In C. M. Clark & J. Q. Trojunowski (Eds.), *Neurodegenerative dementias* (pp. 301-3 10). New York: McGraw-Hill.

Halper, A., Cherney, L. R., & Burns, M. S. (1996). *Clinical management of right hemi-*

sphere dysfunction (2nd ed.). Gaithersburg, MD: Aspen.

Hamdy, R. C., Turnbull, J. M., Edwards, J., & Lancaster, M. M. (1998). *Alzheimer's disease: A handbook for caregivers* (3rd ed.). St. Louis: Mosby.

Hanna, G., Schell, L. M., & Schreiner, R. (1977). *The Nelson reading skills test.* Chicago: Riverside.

Harper, P. S. (Ed.). (1996). *Huntington's disease.* London: W B. Saunders.

Harrington, T., & Apostohides, P. (2000). Penetrating brain injury. In P. R. Cooper & J. G. Golfinos (Eds.), *Head injury* (4th ed., pp. 349-359). New York: McGraw-Hill.

Hartley, L. L. (1995). *Cognitive-communicative abilities following brain injury.* San Diego, CA: Singular Publishing Group.

Haskins, S. (1976). A treatment procedure for writing disorders. In R. H. Brookshire (Ed.), *Clinical aphasiology conference proceedings* (pp. 192-199). Minneapolis, MN: BRK.

Head, H. (1926). *Aphasia and kindred disorders.* London: Cambridge University Press.

Hegde, M. N. (1998). *Treatment procedures in communicative disorders* (3rd ed.). Austin, TX: Pro-Ed.

Hegde, M. N. (2001). *Hegde's pocketguide to assessment in speech-language pathology* (2nd ed.). Clifton Park, NY: Thomson Delmar Learning.

Hegde, M. N. (2003). *Clinical research in communication disorders: Principles and strategies* (3rd ed.). Austin, TX: Pro-Ed.

Hegde, M. N., & Davis, D. (2005). *Clinical method and practicum in speech-language pathology* (4th ed.). Clifton Park, NY: Thomson Delmar Learning.

Hehm-Estabrooks, N. (1981). *Helm Elicited Language program for Syntax Stimulation.* Austin, TX: Pro-Ed.

Helm-Estabrooks, N. (1986). Diagnosis and management of neurogenic stuttering in adults. In K. O. St. Louis (Ed.), *The atypical stutterer* (pp. 193-218). New York: Academic Press.

Hehm-Estabrooks, N., & Albert, M. L. (2004). *A manual of aphasia therapy* (2nd ed.). Austin, TX: Pro-Ed.

Helm-Estabrooks, N., Fitzpatrick, P. M., & Barresi, B. (1982). Response of an agrammatic patient to a syntax stimulation program for aphasia. *Journal of Speech and Hearing Disorders, 46,* 422-427.

Helm-Estabrooks, N., & Hohhand, A. (Eds.). (1998). *Approaches to the treatment of aphasia.* San Diego, CA: Singular Publishing Group.

Helm-Estabrooks, N., & Hotz, G. (1991). *Brief test of head injury.* Chicago: Riverside.

Helm-Estabrooks, N., Ramsberger, G., Nicholas, M., & Morgan, A. (1989). *Boston assessment of severe aphasia.* Austin, TX: Pro-Ed.

Hering-Hanit, R., Achiron, R., Lipitz, S., & Achiron, A. (2001). Asymmetry of fetal cerebral hemispheres: In utero ultrasound study. *Archives of Disease in Childhood-Fetal and Neonatal Edition, 85* (3), F194-F196.

Heyn, P., Abreu, B. C., & Ottenbacher, K. J. (2004). The effects of exercise training on elderly persons with cognitive impairment and dementia: A meta-analysis. *Archives of Physical Medicine and Rehabilitation, 85* (10), 1694-1704.

Hick, J., Zornberg, G. L., Jick, S. S., Seshadri, S., & Drachman, D. A. (2000). Statins and the risk of dementia. *Lancet, 356*, 1627-1631.

Hickin, J., Herbert, R., Best, W., Howard, D., & Osborne, F. (2002). Phonological therapy for word finding difficulties: A re-evaluation. *Aphasiology, 16*, 981-999.

Hodges, J. R. (2001). Frontotemporal dementia (Pick's disease): Clinical features and assessment. *Neurology, 56* (Suppl 4), S6-S9.

Holland, A. L. (1980). *Communicative abilities in daily living.* Baltimore, MD: University Park Press.

Holland, A. (1996). Pragmatic assessment and treatment for aphasia. In G. L. Wallace (Ed.), *Adult aphasia rehabilitation* (pp. 161-173). Boston: Butterworth-Heinemann.

Holland, A. L., & Beeson, P. (1999). Aphasia groups: The Arizona experience. In R. Elman (Ed.), *Group treatment for neurogenic communication disorders: The expert clinician's approach* (pp. 77-84). Woburn, MA: Butterworth-Heinemann.

Holland, A. L, Frattahi, C. M., & Fromm, D. (1998). *Communication activities in daily living* (2nd ed.). Austin, TX: Pro-Ed.

Holland, A. L., Fromm, D. S., DeRuyter, F., & Stein, M. (1996). Treatment efficacy: Aphasia. *Journal of Speech and Hearing Research, 39* (5), S27-S36.

Hopper, T. L. (2003). "They are just going to get worse anyway": Perspective on rehabilitation for nursing home residents with dementia. *Journal of Communication Disorders, 36*, 345-359.

Horner, R. D., Swanson, J. W., Bosworth, H. B., & Matchar, D. B. (2003). Effects of race and poverty on the process and outcome of inpatient rehabilitation services among stroke patients. *Stroke, 43* (4), 1027-1031.

Huber, W. (1999). The role of piracetam in the treatment of acute and chronic aphasia. *Pharmacopsychiatry, 32* (Suppl) 1, 38-43.

Hux, K., Manasse, N., Weiss, A., & Beukelman, D. R. (2001). Augmentative and alternative communication for persons with aphasia. In R. Chapey (Ed.), *Language intervention strategies in adult aphasia and related neurogenic disorders*, 4th ed., (pp. 675-687). Baltimore, MD: Lippincott Williams & Wilkins.

Jackson, J. H. (1874). On affections of speech from diseases of the brain. *Brain, 1*, 304-330.

Jacobs, B. S., Boden-Albala, B., Lin, I. F., & Sacco, R. L. (2002). Stroke in the young in the Northern Manhattan Stroke Study. *Stroke, 33*(12), 2789-2793.

Jakobson, R. (1956). Two aspects of language and two types of aphasic disturbances. In R. Jakobson & M. Halle (Eds.), *Fundamentals of language* (pp. 55-87). The Hague: Mouton.

Jacques, A., & Jackson, G. A. (2000). *Understanding dementia* (3rd ed.). New York: Churchill Livingstone.

Jagust, W. (2001). Understanding vascular dementia. *Lancet, 358*, 2097-2098.

Jennett, B., & Teasdale, G. (1981). *Management of head injuries*. Philadelphia: FA Davis Company.

Jeremitsky E., Omemt, L., Dunham, C. M., Protetch, J., & Rodriguez, A. (2003). Harbingers of poor outcome the day after severe brain injury: hypothermia, hypoxia, and hypoperfusion. *Journal of Trauma, 54*(2), 312-319.

Johnson, N., Barion, A., Rademaker, A., Rehkempem, G., & Weintmaub, S. (2004). The Activities of Daily Living Questionnaire: A validation study in patients with dementia. *Alzheimer's Disease and Associated Disorders, 18*(4), 223-230.

Jones, R. W. (2001). Inflammation and Alzheimer's disease. *Lancet, 358*, 436-437.

Kagan, A. (1995). Revealing the competence of aphasic adults through conversation: Challenge to health professions. *Topics in Stroke Rehabilitation, 2*, 15-28.

Kagan, A., Black, S. E., Duchan, J. F., Simmons-Mackie, N., & Square, P. (2001). Training volunteers as conversation partners using supported conversational for adults with aphasia (SCA): A controlled trial. *Journal of Speech, Language, and Hearing Research, 44*, 624-638.

Kagan, A., & Gailey, G. F. (1993). Function is not enough: Training conversation partners for aphasic adults. In A. L. Holland & M. M. Forbes (Eds.), *Aphasia treatment: World perspectives* (pp. 199-225). San Diego, CA: Singular Publishing Group.

Kaiser, H. (Ed.). (1995). *Bilingual speech-language pathology: An Hispanic focus*. San Diego, CA: Singular Publishing Group.

Kaplan, E., Goodglass, H., & Weintraub, S. (2001). *The Boston naming test*. Philadelphia: Lippincott Williams & Wilkins.

Kaplan, M., & Hofman, S. B. (1998). *Behavior in dementia: Best practice for successful management*. Baltimore, MD: Health Professions Press.

Kapp, M. B. (2002). Legal standards for the medical diagnosis and treatment of dementia. *Journal of Legal Medicine, 23*(3), 25-32.

Kearns, K. P. (2005). Broca's aphasia. In L. L. LaPointe (Ed.), *Aphasia and related neurogenic language disorders* (3rd ed., pp. 117-141). New York: Thieme Medical Publishers.

Kearns, K. P., & Elman, R. J. (2001). Group therapy for aphasia: Theoretical and practical considerations. In R. Chapey (Ed.), *Language intervention strategies in aphasia and related neurogenic communication disorders* (4th ed., pp. 315–337). Philadelphia: Lippincott Williams & Wilkins.

Kearns, K. P., & Potechin-Schem, G. (1989). The generalization of response elaboration training effects. In T. E. Prescott (Ed.), *Clinical aphasiology* (Vol. 18, pp. 223–246). San Diego, CA: College-Hill Press.

Keenan, J. S., & Brassell, E. G. (1975). *Aphasia language performance scales.* Murphresboro, TN: Pinnacle Press.

Kempler, D. (1995). Language changes in dementia of the Alzheimer type. In R. Lubinski (Ed.), *Dementia and communication* (pp. 98–114). San Diego, CA: Singular Publishing Group.

Kemtesz, A. (1982). *Western aphasia battery.* New York: Grune & Stratton.

Kessler, J., Thiel, A., Karbe, H., & Heiss, W. D. (2000). Piracetam improves activated blood flow and facilitates rehabilitation of post-stroke aphasic patients. *Stroke, 31,* 2112–2116.

Kiernan, J. A. (2005). *Barr's the human nervous system: An anatomical viewpoint* (8th ed.). Philadelphia: J. B. Lippincott.

King, W. J., MacKay, M., & Simnick, A. (2003). Shaken baby syndrome in Canada: Clinical characteristics and outcomes of hospital cases. *Canadian Medical Association Journal, 168* (2), 155–159.

Klein, A. M., Femrante, R. J., & Ball, M. F. (2001). Cellular and molecular pathology of Huntington's disease. In C. M. Clark & J. Q. Trojunowski (Eds.), *Neurodegenerative dementias* (pp. 311–328). New York: McGraw-Hill.

Korczyn, A. D. (2001). Hallucinations in Parkin's disease. *Lancet, 358* (9287), 1031–1032.

Kraus, J. K., & McArthur, D. L. (2000). Epidemiology of brain injury. In P. R. Cooper & J. G. Golfinos (Eds.), *Head injury* (4th ed., pp. 1–26). New York: McGraw-Hill.

LaPointe, L. L. (1977). Base-10 programmed stimulation. Task specification, scoring and plotting performance in aphasia therapy. *Journal of Speech and Hearing Disorders, 42,* 90–105.

LaPointe, L. L. (Ed.) (2005). *Aphasia and related neurogenic language disorders* (3rd ed.). New York: Thieme Medical Publishers.

LaPointe, L. L., & Homer, J. (1978). The functional auditory comprehension task (FACT): Protocol and test format. *FLASHA Journal,* 27–33.

LaPointe, L. L., & Homer, J. (1998). *Reading comprehension battery for aphasia* (Rev. ed.). Austin, TX: Pro-Ed.

Larkin, M. (1998). Alzheimer's disease prevalence may quadruple. *Lancet, 352,* 965.

Larsen, C. (1998). *HIV and communication disorders.* Clifton Park, NY: Thomson Delmar Learning.

Lee, L. (1971). *Northwestern syntax screening test.* Evanston, IL: Northwestern University Press.

Le Roux, P. D. (2000). Prevention and management of seizures in the head injured patient. In P. R. Cooper & J. G. Golfinos (Eds.), *Head injury* (4th ed., pp. 499–516). New York: McGraw-Hill.

Levin, H. S., O'Donnell, V. N., & Grossman, R. G. (1979). The Galveston orientation and amnesia test: A practical scale to assess cognition after head injury. *Journal of Nervous Mental Disorders, 167,* 675–684.

Lincoln, N. B., Mulley, G. P., Jones, A. C., & Associates (1984). Effectiveness of speech therapy for aphasic stroke patients: A randomized controlled trial. *Lancet, 2,* 1197–1200.

Lindvall, O. (2001). Stem cell transplantation. *Lancet, 358* (Supplement), S47.

Lindvall, O., & Bjorklund, A. (2000). First step towards cell therapy for Huntington's disease. *Lancet, 456* (9246), 1945–1946.

Linebaugh, C. W. (1997). Lexical retrieval problems. In L. L. LaPointe (Ed.), *Aphasia and related neurogenic language disorders* (2nd ed., pp. 112–132). New York: Thieme Medical Publishers.

Litvan, I. (2001). Therapy and management of frontal lobe dementia patients. *Neurology, 56* (Suppl 4), S41–S44.

Logemann, J. A. (1998). *Evaluation and treatment of swallowing disorders* (2nd ed.). Austin, TX: Pro-Ed.

Lomas, J., Pickard, L., Bester, S., & Associates (1989). The communicative effectiveness index: Clinical and research assessment of head injury outcome. *International Rehabilitation Medicine, 7,* 145–149.

Love, R. J., & Webb, W. G. (2001). *Neurology for the speech-language pathologist* (4th ed.). Boston: Butterworth-Heinemann.

Lubinski, R. (1981). Speech, language, and audiology programs in home health care agencies and nursing homes. In D. S. Beasley & G. A. Davis (Eds.), *Aging: Communication processes and disorders* (pp. 339–356). New York: Grune & Stratton.

Lubinski, R. (Ed.). (1995). *Dementia and communication.* San Diego, CA: Singular Publishing Group.

Lubinski, R., & Frattali, C. (Eds.). (1994). *Professional issues in speech-language pathology.* San Diego, CA: Singular Publishing Group.

Luria, A. R. (1963). *Restoration of function after brain injury.* Oxford, England: Pergamon Press.

Lumia, A. R. (1970). *Traumatic aphasia.* The Hague: Mouton.

Lyon, J. (1997). Volunteers as partners: Moving intervention outside the treatment room. In B. B. Shadden & M. A. Toner (Eds.), *Aging and communication* (pp. 299–323). Austin, TX: Pro–Ed.

Lyon, J. (1998). Treating real–life functionality in a couple coping with severe aphasia. In N. Helm–Estabrooks & A. Holland (Eds.), *Approaches to the treatment of aphasia* (pp. 203–240). San Diego, CA: Singular Publishing Group.

Mahendra, N. (2001). Direct interventions for improving the performance of individuals with Alzheimer's disease. *Seminars–in–Speech–and–Language, 22* (4), 291–304.

Mahendra, N., & Arkin, S. M. (2003). Effects of four years of exercise, language, and social interventions on Alzheimer discourse. *Journal of Communication Disorders, 36*, 395–422.

Mahendra, N., & Arkin, S. M. (2004). Exercise and volunteer work: Context for AD language and memory interventions. *Seminars–in–Speech–and–Language, 25* (2), 151–167.

Martin, A. D. (1981). The role of theory in therapy: A rationale. *Topics in Language Disorders, 1*, 63–72.

Marshall, R. C. (1999). *Introduction to group treatment for aphasia: Design and management.* Boston: Butterworth–Heinemann.

Marquardt, T. P., Stoll, J., & Sussman, H. (1990). Disorders of communication in traumatic brain injury. In E. D. Bigler (Ed.), *Traumatic brain injury* (pp. 181–205). Austin, TX: Pro–Ed.

McMurray, C. T. (2001). Huntington's disease: Expanding horizons for treatment. *Lancet, 358* (Suppl), s37.

McNeil, M. R., Doyle, P. J., Spencer, K., Goda, A. J., Flores, D., & Smith, S. (1997). A double–blind, placebo controlled, pharmacological and behavioral treatment of lexical–semantic deficits in aphasia. *Aphasiology, 11*, 385–400.

McNeil, M. R., & Prescott, T. E. (1978). *The revised token test.* Baltimore, MD: University Park Press.

Mentis, M., Briggs–Whittaker, J., & Gramigna, G. D. (1995). Discourse topic management in senile dementia of the Alzheimer's type. *Journal of Speech and Hearing Research, 38*, 1054–1066.

Mlcoch, A. G., & Metier, E. J. (2001). Medical aspects of stroke rehabilitation. In R. Chapey (Ed.), *Language intervention strategies in adult aphasia* (pp. 37–54). Baltimore, MD: Williams & Wilkins.

Mohr, J. P. (1980). Revision of Broca's aphasia and the syndrome of Broca's area infarction and its implication in aphasia theory. *Clinical Aphasiology Conference Proceedings* (pp. 1–16). Minneapolis, MN: BRK Publishers.

Molloy, D. W., & Lubinski, R. (1995). Dementia: Impact and clinical perspectives. In R. Lubinski (Ed.), *Dementia and communication* (pp. 2–21). Philadelphia: B. C. Decker.

Morris, J. C. (1993). The Clinical Dementia Rating Scale (CDR): Current version and scoring rules. *Neurology, 43*, 2412–2414.

Morris, J. C. (2001). Frontotemporal dementias. In C. M. Clark & J. Q. Trojunowski (Eds.), *Neurodegenerative dementias* (pp. 279–290). New York: McGraw-Hill.

Murdoch, B. E., & Theodomos, D. G. (2001). *Traumatic brain injury: Associated speech, language and swallowing disorders*. Albany, NY: Singular Thomson Learning.

Murray, L. L. (2000). Spoken language production in Huntington's and Parkinson's disease. *Journal of Speech, Language, and Hearing Research, 43* (6), 1350–1366.

Murray, L. L., & Chapey, R. (2001). Assessment of language disorders in adults. In R. Chapey (Ed.), *Language intervention strategies in adult aphasia* (pp. 55–118). Baltimore, MD: Williams & Wilkins.

Murray, L. L., & Stout, J. (1999). Discourse comprehension in Huntington's and Parkinson's diseases. *American Journal of Speech-Language Pathology, 8* (2), 137–148.

Mychack, P., Kramer, J. H., Boone, K. B., & Miller, B. L. (2001). *Neurology, 56* (Suppl 4), S11–S14.

Myers, P. S. (1997). Right hemisphere syndrome. In L. L. LaPointe (Ed.), *Aphasia and related neurogenic language disorders* (2nd ed., pp. 201–225). New York: Thieme Medical Publishers.

Myers, P. S. (1999). *Right hemisphere damage*. Clifton Park, NY: Thomson Delmar Learning.

Nickels, L. (2002). Therapy for naming disorders: Revisiting, revising, and reviewing. *Aphasiology, 16* (10/11), 935–979.

Nickels, L., & Best, W. (1996a). Therapy for naming disorders (Part I): Principles, puzzles and progress. *Aphasiology, 10* (1), 21–47.

Nickels, L., & Best, W. (1996b). Therapy for naming disorders (Part II): Specifics, surprises and suggestions. *Aphasiology, 10* (2), 109–136.

Nielsen, J. M. (1936). *Agnosia, apraxia and aphasia: Their value in cerebral localization*. New York: Hafner.

Nolte, J. (2002). *The human brain: An introduction to its functional anatomy* (5th ed.). St. Louis: Mosby Year Book.

Ogrocki, P. K., & Welsh-Bohmer, K. A. (2000). Assessment of cognitive and functional impairment in the elderly. In C. M. Clark & J. Q. Trojanowski (Eds.), *Neurodegenerative dementias: Clinical features and pathological mechanisms* (pp. 15–32). New York: McGraw-Hill.

Olanow, C. W., Watts, R. L., & Koller, W. (2001). An algorithm (decision tree) for the management of Parkinson's disease. *Neurology, 2001, 56* (Suppl 5): S1–S88.

Orange, J. B. (2001). Family caregivers, communication and Alzheimer's disease. In M. L. Hummert & J. F. Nussbaum (Eds.), *Aging, communication, and health* (pp. 225–248). Mahwah, NJ: Erlbaum.

Orange, J. B., Lubinski, R., & Higginbotham, D. J. (1996). Conversational repair by individuals with dementia of the Alzheimer's disease. *Journal of Speech and Hearing Research, 39*, 881–895.

Paradis, M. (1987). *The assessment of bilingual aphasia*. Hillsdale, NJ: Lawrence Erlbaum.

Paradis, M. (1998). Aphasia in bilinguals: How atypical is it? In P. Coppens, Y. Lebrun, & A. Basso (Eds.), *Aphasia in atypical populations* (pp. 35–66). Mahwah, NJ: Lawrence Erlbaum.

Payne, J. C. (1994). *Communication profile: A functional skills survey*. San Antonio, TX: Communication Skill Builders.

Payne, J. C. (1997). *Adult neurogenic language disorders: Assessment and treatment*. San Diego, CA: Singular Publishing Group.

Peach, R. K. (2001). Clinical intervention for global aphasia. In R. Chapey (Ed.), *Language intervention strategies in aphasia and related neurogenic communication disorders* (4th ed., pp. 487–512). Philadelphia: Lippincott Williams & Wilkins

Penfield, W., & Roberts, L. (1959). *Speech and brain mechanisms*. Princeton, NJ: Princeton University Press.

Perry, R. J., & Miller, B. L. (2001). Behavior and treatment in frontotemporal dementia. *Neurology, 56* (Suppl 4), S46–S50.

Pimental, P. A., & Kingsbury, N. A. (1989). *Neuropsychological aspects of right brain injury*. Austin, TX: Pro–Ed.

Porch, B. E. (2001). *Porch index of communicative ability* (4th ed.). Palo Alto, CA: Consulting Psychologists Press.

Prutting. C. A., & Kircher, D. M. (1987). A clinical appraisal of the pragmatic aspects of language. *Journal of Speech and Hearing Disorders, 52*, 105–119.

Pulvermuller, F., Neininger, B., Elbert, T., Mohr, B., Rockstroh, B., Koebbel, P., & Taub, E. (2001). Constrained–induced therapy of chronic aphasia after stroke. *Stroke, 32* (7), 1621–1626.

Quayhagen, M, & Quayhagen, M. (1989). Differential effects of family–based strategies on Alzheiiner's disease. *The Gerontologist, 49*, 150–155.

Quayhagen, M., & Quayhagen, M. (2001). Testing of cognitive stimulation intervention for dementia caregiving dyads. *Neuropsychological Rehabilitation, 11*, 319–332.

Quayhagen, M., Quayhagen, M., Carbeil, R., Hendrix, R., Jackson, J., & Snyder, L. (2000). Coping with dementia: Evaluation of four non-pharmacological interventions. *International Psychogeriatrics, 12*, 249-265.

Rabins, P. V., Lyketsos, C. G., & Steele, C. D. (1999). *Practical dementia care.* New York: Oxford University Press.

Radonjic, V., & Rakuscek, N. (1991). Group therapy encourage communication ability in aphasic patients. *Aphasiology, 5*(4-5), 451-455.

Rajput, A. H. (2001). Epidemiology and clinical genetics of Parkinson's disease. In C. M. Clark & J. Q. Trojunowski (Eds.), *Neurodegenerative dementia* (pp. 177-192). New York: McGraw-Hill.

Rappoport, M., Hall, K. M., Hopkins, K., & Associates (1982). Disability rating scale for severe head trauma: Coma to community. *Archives of Physical Medicine and Rehabilitation, 63*, 118-123.

Rascol, O., Goetz, C., Koller, W., Poewe, W., & Sampaio, C. (2002). Treatment interventions for Parkinson's disease: An evidence based assessment. *Lancet, 359*(9317), 1589-1598.

Raven, J. C. (1960). *The standard progressive matrices.* New York: Psychological Corporation.

Raymer, A. (2005). Naming and word retrieval problems. In L. L. LaPointe (Ed.), *Aphasia and related neurogenic language disorders* (3rd ed., pp. 68-82). New York: Thieine Medical Publishers.

Rayner, H., & Marshall, J. (2003). Training volunteers as conversation partners for people with aphasia. *International Journal of Language and Communication Disorders, 38*(2), 149-64.

Reisberg, B., Ferris, S. H., DeLeon, M. J., & Crook, T. (1982). The global deterioration scale for assessment of primary degenerative dementia. *American Journal of Psychiatry, 139*, 1136-1139.

Reitan, R. M. (1991). *Aphasia Screening Test* (2nd ed.). Tucson, AZ: Reitan Neuropsychology Laboratory.

Ritchie, K., & Lovestone, S. (2002). The deinentias. *The Lancet, 360*(9347), 1759-1766.

Ripich, D. N. (1995). Differential diagnosis and assessment. In R. Lubinski (Ed.), *Dementia and communication* (pp. 188-222). San Diego, CA: Singular Publishing Group.

Robey, R. R. (1994). Efficacy of treatment for aphasic persons: A meta-analysis. *Brain and Language, 47*, 585-608.

Robey, R. R. (1998). A meta-analysis of clinical outcomes in the treatment of aphasia. *Journal of Speech, Language, and Hearing Research, 41*, 172-187.

Robey, R. R., Schultz, M. C., Crawford, A. B., & Sinner, C. A. (1999). Single-subject clinical-outcome research: designs, data, effect sizes, and analyses. *Aphasiology, 13* (6), 445-473.

Rosen, W. G., Mohs, R. C., & Davis, K. L. (1984). A new rating scale for Alzheiiner's disease. *American Journal of Psychiatry, 141*, 1356-1364.

Rosenbek, J. C., LaPointe, L. L., & Wertz, R. T. (1989). *Aphasia: A clinical approach.* Austin: TX: Pro-Ed.

Ross, D. G. (1996). *Ross information processing assessment* (2nd ed.). Austin, TX: Pro-Ed.

Rossor, M. N. (2001). Pick's disease: A clinical overview. *Neurology, 56* (Suppl 4), S3-S5.

Rothi, L. J. G. (1997). Transcortical aphasias. In L. L. LaPointe (Ed.), *Aphasia and related neurogenic language disorders* (2nd ed., pp. 91-111). New York: Thieme Medical Publishers.

Sacktor, N. (2002). The epidemiology of human immunodeficiency virus-associated neurological disease in the era of highly active antiretroviral therapy. *Journal of Neurovirology, 8* (Suppl 2), 115-121.

Sarno, M. T. (1969). *The functional communication profile: Manual of directions.* New York: New York University Medical Center, Institute of Rehabilitation Medicine.

Sarno, M. T. (Ed.). (1998). *Acquired aphasia* (3rd ed.). New York: Academic Press.

Schoenberg, B. S., Anderson, D. W, & Haerer A. F. (1985). Severe dementia: Prevalence and clinical features in a biracial US population. *Archives of Neurology, 42*, 740-743.

Schuell, H. M. (1955). *The Minnesota Test for the Differential Diagnosis of Aphasia.* Minneapolis: University of Minnesota Press.

Schuell, H. M. (1973). *Differential diagnosis of aphasia with the Minnesota test* (2nd ed., revised by Sefer, J. W). Minneapolis: University of Minnesota Press.

Schuell, H., Jenkins, J. J., & Carroll, J. B. (1962). A factor analysis of the Minnesota Test for Differential Diagnosis of Aphasia. *Journal of Speech and Hearing Research, 5*, 349-369.

Schuell, H. M., Jenkins, J. J., & Jimenez-Pabon, E. (1964). *Aphasia in adults: Diagnosis, prognosis and treatment.* New York: Hoeber Medical Division, Harper & Row.

Screen, R. M., & Anderson, N. B. (1994). *Multicultural perspectives in communication disorders.* San Diego, CA: Singular Publishing Group.

Seikel, J. A., King, D. W., & Drumright, D. G. (2005). *Anatomy and physiology for speech, language, and hearing* (3rd ed.). Clifton Park, NY: Thomson Delmar Learning.

Shadden, B. B., & Toner, M. A. (Eds.). (1997). *Aging and communication.* Austin, TX:

Pro-Ed.

Shekim, L. O. (1997). Dementia. In L. L. LaPointe (Ed.), *Aphasia and related neurogenic language disorders* (2nd ed., pp. 238-249). New York: Thieme Medical Publishers.

Shewan, C. M. (1981). *Auditory comprehension test for sentences*. Chicago: Biolinguistics Clinical Institutes.

Shimomura, T, & Mori, E. (1998). Obstinate imitation behaviour in differentiation of frontotemporal dementia from Alzheimer's disease. *Lancet, 352*, 623-624.

Shipley, K. G., & McAfee, J. G. (2004). *Assessment in speech-language pathology: A resource manual* (3rd ed.). Clifton Park, NY: Thomson Delmar Learning.

Simon, R. P., Aminoff, M. J., & Greenberg, D. A. (1999). *Clinical neurology* (4th ed.). Stamford, CT: Appleton & Lange.

Simmons-Mackie, N. (1997). Conduction aphasia. In L. L. LaPointe (Ed.), *Aphasia and related neurogenic language disorders* (2nd ed., pp. 63-90). New York: Thieme Medical Publishers.

Simmons-Mackie, N. (2001). Social approaches to aphasia treatment. In R Chapey (Ed.), *Language intervention strategies in aphasia and related neurogenic communication disorders* (4th ed., pp. 246-268). Philadelphia: Lippincott Williams & Wilkins.

Simmons-Mackie, N. (2005). Conduction aphasia. In L. L. LaPointe (Ed.), *Aphasia and related neurogenic language disorders* (3rd ed., pp. 155-168). New York: Thieine Medical Publishers.

Simuni, T, & Hurtig, H. I. (2001). Parkinson's disease: Clinical picture. In C. M. Clark & J. Q. Troj unowski (Eds.), *Neurodegenerative dementias* (pp. 193-203). New York: McGraw-Hill.

Skelly, M. (1979). *Amerind gestural code based on universal American Indian hand talk*. New York: Elsevier-North Holland.

Sldar, M. (1983). *Sklar aphasia scale*. Los Angeles: Western Psychological Services.

Small, J. A., Gutman, G., Makela, S., & Hillhouse, B. (2003). Effectiveness of communication strategy used by caregivers of persons with Alzheiiner's disease during activities of daily living. *Journal of Speech, Language, Hearing Research, 46*, 353-367.

Snow, A. L., Norris, M. P., Doody, R., Molinari, V. A., Orengo, C. A., & Kunik, M. E. (2004). Dementia Deficits Scale: Rating self-awareness of deficits. *Alzheimer's Disease and Associated Disorders, 18* (1), 22-31.

Solfrizzi, V., D'Introno, A., Colacicco, A. M., Capurso, C., Del Parigi, A., Capurso, S., Gadaleta, A., Caourso, A., & Panza, F. (2005). Dietary fatty acids intake: Possible role in cognitive decline and dementia. *Experimental Gerontology, 40* (4), 257-270.

Solfrizzi, V., Panza, F., & Capurso, A. (2003). The role of diet in cognitive decline. *Journal of Neural Transmission, 10* (1), 95-110.

Spencer, K. A., Doyle, P. J., McNeil, M. R., Wambaugh, J. L., Park, G., & Carroll, B. (2000). Examining the facilitative effects of rhyme in a patient with output lexicon damage. *Aphasiology, 14*, 567–584.

Sperry, R. W. (1964). The great cerebral commissure. *Scientific American, 246*, 124–135.

Spreen, O., & Benton, A. L. (1977). *Neurosensory Center Comprehensive Examination for Aphasia.* Victoria, BC: University of Victoria.

Spreen, O., & Risser, A. (1998). Assessment of aphasia. In M. T. Sarno (Ed.), *Acquired aphasia* (3rd ed., pp. 71–156). New York: Academic Press.

Stanczak, D. E., et al. (1984). Assessment of level of consciousness following severe neurological insult. *Journal of Neurosurgery, 60*, 955–960.

Stanton, K., Yorkston, K. M., Talley-Kenyon, V., & Associates. (1981). Language utilization in teaching reading to left neglect patients. In R. H. Brookshire (Ed.), *Clinical Aphasiology Conference Proceedings* (pp. 262–271). Minneapolis, MN: BRK Publishers.

Subramanian, T. (2001). Cell transplantation for the treatment of Parkinson's disease. *Seminars in Neurology, 21* (1), 103–115.

Sys-Eur Investigators. (1998). Prevention of dementia in randomized double-blind placebo-controlled Systolic Hypertension in Europe (Sys-Eur) trial. *Lancet, 352*, 1347–1351.

Tanner, D. C., & Culbertson, W. (1999). *Quick assessment for aphasia.* Oceanside, CA: Academic Communication Associates.

Teasdale, G., & Jennett, B. (1976). Assessment and prognosis of coma after head injury. *Acta Neurochirargica (Wien), 34*, 45–55.

Teng, E. L., & Chui, K. (1987). The Modified Mini-Mental State (3MS) Examination. *Journal of Clinical Psychiatry, 48*, 314–318.

Terrell, B. & Ripich, D. (1989). Discourse competence as a variable in intervention. *Seminars in Speech and Language: Aphasia and Pragmatics, 10*, 282–297.

Thomas, R. G. (2000). Biostatistical issues in neurodegenerative disease. In C. M. Clark & J. Q. Troj unowski (Eds.), *Neurodegenerative dementias* (pp. 411–414). New York: McGraw-Hill.

Tien, R., & Chesnut, R. M. (2000). Medical management of the traumatic brain injured patient. In P. R. Cooper & J. G. Golfinos (Eds.), *Head injury* (4th ed., pp. 457–482). New York: McGraw-Hill.

Tomoeda. C. K. (2001). Comprehensive assessment for dementia: A necessity for differential diagnosis and management. *Seminars in Speech and Language, 22* (4), 275–289.

Tompkins, C. A. (1995). *Right hemisphere communication disorders: Theory and practice.* Clifton Park, NY: Thomson Delmar Learning.

Tonkovich, J. D. (2002). Multicultural issues in the management of neurogenic communication and swallowing disorders. In D. E. Battle (Ed.), *Communication disorders in multicultural populations* (3rd ed., pp. 233-265). Boston: Butterworth-Heinemann.

Tseng, C., & McNeil, M. (1997). Nature and management of acquired neurogenic dysgraphias. In L. L. LaPointe (Ed.), *Aphasia and related neurogenic language disorders* (2nd ed., pp. 172-200). New York: Thieme Medical Publishers.

Turkstra, L. S. (2001). Treating memory problems in adults with neurogenic communication disorders. *Seminars in Speech and Language, 22* (2), 147-155.

Walker-Baston, D., Curtis, S., Nagarajan, R., Ford, J., Dronkers, N., Salmeron, E., Lai, J., & Urwin, D. H. (2001). A double-blind, placebo controlled study of the effects of amphetamine in the treatment of aphasia. *Stroke, 32* (9), 2093-2098.

Wallace, G. L. (1996). Management of aphasic individuals from culturally and linguistically diverse populations. In G. L. Wallace (Ed.), *Adult aphasia rehabilitation* (pp. 103-119). Boston: Butterworth-Heinemann.

Webb, W. (1997). Acquired dyslexias. In L. L. LaPointe (Ed.), *Aphasia andrelatedneurogenic language disorders* (2nd ed., pp. 151-171). New York: Thieme.

Webster, D. B. (1999). *Neuroscience of communication* (2nd ed.). Albany, NY: Singular Thomson.

Wechsler, D. (1987). *Wechsler Memory Scale—Revised: Manual.* New York: Psychological Corporation.

Wechsler, D. (1997). *Wechsler Adult Intelligence Scale-III: Manual.* New York: Psychological Corporation.

Weiner, M. F. (1996). *The dementias: Diagnosis, management, and research* (2nd ed.). Washington, DC: American Psychiatric Press.

Weisenburg, T. S., & McBride, K. L. (1964). *Aphasia.* New York: Hafner.

Wepman, J. M. (1951). *Recovery from aphasia.* New York: Ronald Press.

Wertz, It T, Coffins, M. J., Weiss, D., Kurtzke, J. E, Friden, T., Brookshire, It H., Pierce, J., Holtzapple, P., Hubbard, D. J., Porch, B. E., West, J. A., Davis, L., Matovich, V., Morley, G. K., & Resurreccion, E. (1981). Veterans adcooperative study on aphasia: A comparison of individual and group treatment. *Journal of Speech and Hearing Research, 24*, 580-594.

Wertz, T. (1996). Clinical descriptions. In G. L. Wallace (Ed.), *Adult aphasia rehabilitation* (pp. 39-56). Boston: Butterworth-Heinemann.

Wertz, R. T., LaPointe, L. L., & Rosenbek, J. C. (1984). *Apraxia of speech in adults: The disorder and its management.* San Diego, CA: Singular Publishing Group.

Whurr, R. (1996). *The aphasia screening test* (2nd ed.). San Diego, CA: Singular.

Wilberger, J. E., Jr. (2000). Emergency care and initial evaluation. In P. R. Cooper & J. G. Golfinos (Eds.), *Head injury* (4th ed., pp. 27–40). New York: McGraw-Hill.

Williams, J. M. (1991). *Memory assessment scales professional manual.* New York: Psychological Corporation.

Wilson, B. A., Cockburn, J., & Halligan, P. (1987). *Behavioral inattention test.* Suffolk, England: Thames Valley Test Compnay.

Wirz, S., Skinner, C., & Dean, E. (1990). *Revised Edinburgh functional communication profile.* Tuscon, AZ: Communication Skill Builders.

Woodcock, R. W., & Johnson, M. B. (1989). *Woodcock-Johnson psycho-educational battery—Revised.* Allen, TX: DLM Teaching Resources.

Woods, D. L., Craven, R. F., & Whitney, J. (2005). The effects of therapeutic touch on behavioral symptoms of persons with dementia. *Alternative Therapeutic Health and Medicine, 11* (1), 66–74.

World Health Organization. (2001). *International classification of functioning, disability and health, ICF.* Geneva, Switzerland: WHO.

Yeo, G., & Gallagher-Thompson, D. (1996). *Ethnicity and the dementias.* Washington, DC: Taylor & Francis.

Yorkston, K. M., & Beukelman, D. R. (1981). *Assessment of intelligibility of dysarthric speech.* Austin, TX: Pro-Ed.

Yorkston, K. M., Beukelman, D. R., & Bell, K. R. (1988). *Clinical management of dysarthric speakers.* San Diego, CA: College-Hill Press.

Yorkston, K. M., Beukelman, D. R., Strand, E. A., & Bell, K. R. (1999). *Management of motor speech disorders in children and adults* (2nd ed.). Austin, TX: Pro-Ed.

Yorkston, K. M., Miller, R. M., & Strand, E. A. (2003). *Management of speech and swallowing in degenerative diseases* (2nd ed.). Austin, TX: Pro-Ed.

Zemlin, W. (1998). *Speech and hearing science: Anatomy & physiology* (4th ed.). Englewood Cliffs, NJ: PrenticeHall.

용어 해설

가/감속 손상(acceleration/deceleration injuries). 두개골 내 머리와 뇌의 가속 및 감속 운동으로 인한 뇌손상.

가성치매(pseudodementias). 우울증 및 정신분열증과 같은 정신질환과 연관되는 치매들.

가역성 허혈성 신경학적 결손(reversible ischemic neurological deficit, RIND). 경한 뇌졸중이라고도 알려졌으며, 증상은 24시간 이상 지속될 수 있으나 환자는 완전히 또는 거의 완전히 회복할 수 있다.

각가속(angular acceleration). 머리 부분의 각(선형이 아닌)이 있는 움직임으로, 각도가 있는 힘에 의해 생긴 움직임으로 뇌에 손상을 일으킨다.

각회(각이랑, angular gyrus). 연상회(supramarginal gyrus)의 뒤쪽 부분에 위치한 회(이랑). 이 부분에 손상을 입으면 이름대기, 읽기 및 쓰기에 장애가 생긴다. 일부 사례들에서는 연결피질성 감각 실어증(transcortical sensory aphasia)이 보고된다.

간뇌(diencephalon). 뇌간과 대뇌반구 사이의 구조.

간질병소(epileptic focus). 간질 발작을 일으키는 뇌의 손상된 또는 병리적 영역.

감각성 실어증(sensory aphasia). '베르니케 실어증'이라고도 함.

감각신경(sensory nerves). 감각충동들을 말초감각기관들에서 뇌로 전달하는 신경들. 중앙으로 정보를 나르기 때문에 감각신경들은 '구심성 신경들'이라고도 한다.

감마아미노부트릭산(gamma-amino butyric acidm, GABA). 억제성 신경전달물질로 헌팅턴병과 같은 신경퇴행성 질병이 있는 경우 감소한다.

경계영역(ischemic penumbra). 뇌경색이 일어난 주위를 둘러싸는 영역의 조직.

경동맥 내막절제술(carotid endarterectomy). 뇌의 혈류를 증진시키기 위해 총경동맥 또는 내경동맥에 형성된 혈전을 제거하는 외과적 처치.

경동맥 내부음혈관조영검사(carotid phonoangiography). 혈액이 동맥을 통과하면서 생성되는 소리의 특징을 바탕으로 경동맥의 건강을 평가하는 방법이다.

경막(dura mater). 거칠고, 두꺼운 막으로 한쪽은 두개골에 다른 한쪽은 거미막에 접해 있다. 뇌막의 일부분으로 뇌를 보호한다.

경막외 혈종〔epidural(extradural) hematoma〕. 경막과 두개골 사이에 혈액이 축적된 것.

경막하 혈종(subdural hematoma). 경막과 지주막 사이에 혈액이 축적되는 것.

고속 손상(high-velocity injuries). 군무기, 권총 또는 다른 자동 공격무기들에 의한 뇌손상.

고주파 심부뇌자극 〔high-frequency deep brain stimulation(DBS)〕. 전극을 목표 뇌세포들에 심는 방법으로, 전극은 외부로는 피부 바로 아래의 흉벽 위에 설치한 조절 가능한 자극생성기와 연결되어 있다. 파킨슨병 환자들의 치료에 이용된다.

골상학(phrenology). 사람의 두개골 모양과 크기를 가지고 정신적 및 지적 능력을 연결짓는 사이비 과학.

과소운동성 실서증(소서증)〔hypokinetic agraphia(micrographia)〕. 비정상적으로 작게 글자를 쓰거나 점점 작게 쓰는 운동장애로 인한 쓰기장애.

과운동성 실서증(hyperkinetic agraphia). 진전, 틱, 무도, 근긴장이상증(dystonia)과 연관된 쓰기장애.

과유창성(hyperfluency). 다소 의미 없을 수 있는 말들을 지극히 유창하게 끊임없이 하는 것.

관류강조자기공명영상(profusion-weighted magnetic resonance imaging). 혈류 변화에 기초한 영상을 만들어 내는 스캐닝 방법.

관상면(coronal plane). 수직으로 자른 단면. 뇌를 반으로, 또는 다른 해부학적 구조로 나눌 수 있다.

관통성 뇌손상(penetrating brain injuries). 부딪치거나 관통하는 물체로 인해 머리에 개방된 상처가 나는 것으로 두개골이 골절되거나, 구멍이 생기며, 뇌의 덮개(뇌막들)가 찢어지고, 뇌조직의 손상이 다양하게 나타난다.

괴사(괴저, necrosis). 손상된 세포들.

교(pons). 소뇌를 포함하는 뇌교(metencephalon)의 일부분으로 대뇌반구들과 소뇌를 잇는 다리가 된다.

교련섬유(commissural fibers). 두 반구의 대응하는 영역들을 연결하는 섬유다발.

교차 실어증(crossed aphasia). 오른손잡이며 우반구에만 단일 손상이 있는 사람에게 생기는 실어증의 한 유형으로 드물게 나타난다.

구(sulci). 뇌 표면의 홈과 골짜기 구조들.

구강안면 실행증(buccofacial apraxia). 구강안면 운동을 요구했을 때 실행하는 데 어려움이 있다.

구성장애(constructional impairment). 시공간적(지각적) 손상의 한 형태로, 환자는 블록 디자인을 따라 구성해 보는 것과 같은 과제들을 수행하지 못한다.

구심성 신경(afferent nerves). 감각성 신경(sensory nerves)이라고도 알려졌으며 말초감각기관들로부터 받은 감각 정보들을 뇌로 전달한다.

구어 실행증(apraxia of speech). 구어장애로 구어의 운동계획에 어려움을 가진다. 조음을 시작하는 데 어려움을 보이고, 힘들게 조음하며, 조음 시 모색현상(groping movements)을 나타내며, 근육의 약증이나 마비가 없는 데도 조음에 일관성이 없는 양상을 나타낸다.

국재주의자(localizationist). 특정 행동 기능은 뇌의 특정 구조에 의해 엄격하게 조절된다는 견해를 가진 사람.

권투선수 치매〔dementia pugilistica(punch drunk)〕. 외상후(posttraumatic) 치매의 변종으로 반복적으로 머리 손상을 입는 전문 권투선수들에게서 나타난다.

근거리의(proximal). 지시하는 구조와 비교적 가까운 데 위치하는 것.

근전도검사(electromyography). 신경들이 결합할 때 생성되는 전위를 기록하여 근육의 기능을 살피는 방법.

기능 평가도구(functional assessment tools). 일반적이고 사회적인 의사소통의 상황에서 나타나는 의사소통 능력의 표본을 채취하기 하기 위한 평가도구.

기능적 자기공명영상(functional magnetic resonance imaging, fMRI). MRI 검사를 하기 전에 대조 물질을 정맥 내로 주사하여 환자가 다른 활동들을 할 때나 다른 상황들을 경험할 때 나타나는 대뇌 혈류의 변화를 관찰하는 방법.

기억상실증(amnesia). 총체적인 또는 거의 전반적인 기억상실.

기저핵(basal ganglia). 뇌 속의 깊은 곳에 자리한 구조로 미상핵, 담창구, 피각을 포함하며, 운동을 조절한다.

꼬리(**미측**, caudal). 척수의 아래쪽 또는 꼬리 쪽 부분을 가리킨다. 뇌의 뒤쪽 부분을 지칭하기도 한다.

난독증(dyslexia). 교수방법이 적절함에도 불구하고 아동들이 읽기의 학습에 어려움을 나타내는 장애.

내경동맥(internal carotid artery). 총경동맥의 한 가지로 뇌에 혈액을 공급하는 주동맥.

뇌간(brainstem). 연수, 교, 중뇌를 포함하는 구조.

뇌기저동맥(basilar artery). 척추동맥과 결합한다.

뇌량(corpus callosum). 반구의 바닥에 자리한 넓은 섬유다발로, 2개의 반구를 연결한다.

뇌량절제(commissurotomy). 외과적 뇌량의 절제.

뇌병증(encephalopathy). 뇌의 질병으로 종종 퇴행성이다.

뇌수막염(bacterial meningitis). 뇌막 및 뇌척수액의 감염.

뇌수막염(hydrocephalus). 뇌척수액이 쌓여 뇌실이 팽창되는 것으로, 아이들의 경우 지적 장애와 연관될 수 있다.

뇌신경(cranial nerves). 뇌간에서 출현하여 뇌의 바닥에 부착되는 12쌍의 신경들. 후두, 혀, 인두, 안면 및 머리와 목의 근육들에 신경을 분포시킨다.

뇌실(cerebral ventricles). 뇌의 깊숙한 곳에 서로 연결된 공간들의 체계로 뇌척수액으로 채워져 있다.

뇌의 분수계 영역(watershed areas of the brain). 뇌에 혈액을 공급하는 3개의 일차 동맥들 –전·중·후 대뇌동맥들의 작은 말단 가지들로부터 혈액을 받는 곳으로, 혈액의 공급은 일차 대뇌동맥들의 진원지로부터 멀리 떨어져 있기 때문에 다소 비효율적일 수 있다.

뇌졸중(stroke). 급성 발병이 있는 증후군의 하나로 국소적 뇌손상을 일으키며, 대뇌의 혈액 순환에 장애가 생기면서 발생한다. 대뇌혈관 사고와 같다.

뇌척수액(cerebrospinal fluid, CSF). 뇌실 내의 액체.

뇌혈관 사고(cerebrovascular accidents, CVAs). 뇌졸중으로 종종 실어증의 직접적인 원인이 된다.

뇌혈관장벽(blood-brain barrier). 해로운 화학적 물질 및 감염성 미생물들이 대뇌에 침입하지 못하도록 하는 기제.

누(**공동**, sinuses). 혈액이나 다른 액체들이 흐르는 경로.

뉴런(neurons). 신경원, 신경세포들.

다발성 뇌경색 치매(multi-infarct dementia, MID). 다발성 뇌졸중으로 인한 치매의 한 형태로, 종종 뇌의 양측에서 발생하며, 일종의 혈관성 치매이다.

다발성 양측피질경색(multiple bilateral cortical infarcts). 양측 반구에 반복된 뇌졸중으로 피질 및 피질하성 병리를 보이는 다양한 혼합형 혈관성 치매를 나타낸다.

다형성아교모세포종(glioblastoma multiforme). 아교 내의 악성종양으로 사망률이 가장 높다.

단서(cue). 이름대기 반응을 훈련하기 위해 사용되는 다양한 촉진 자극들. '음소적 단서들(phonetic cues)'과 '의미적 단서들(semantic cues)'을 참조한다.

단일언어화자(unilingual). 오직 하나의 언어를 말하는 사람.

담창구제거술(pallidotomy). 담창구(globus pallidus)의 내부 부분들을 제거하는 것으로 파킨슨병 환자들의 외과적 치료 중 하나이다.

대뇌 혈관경련(cerebral vasospasm). 혈관들을 둘러싸는 근육층의 수축.

대뇌(cerebrum). 대뇌피질로 신경계의 최종적인 통합 및 실행 구조이다.

대뇌독혈증(cerebral toxemia). 뇌의 중독.

대뇌종렬(longitudinal cerebral fissure). 대뇌를 좌·우로 나누는 열.

대뇌혈관조영술(cerebral angiography). 뢴트겐 사진으로 보이는 대조 물질이 선택된 동맥들에, 특히 사타구니의 대퇴동맥(femoral artery)에 주입되는 방사선학적 방법.

대뇌혈종(intracerebral hematoma). 뇌에 혈액이 축적되는 것.

대동맥(aorta). 심장의 주가 되는 동맥으로 혈액을 좌심실에서, 폐를 제외한 신체의 모든 부분에 공급한다.

대면 명명하기(confrontation naming). 사물이나 사람의 이름을 물어봤을 때 대답하기. 실어증 환자들에게 어렵다.

대체의사소통(alternative communication). 구어 의사소통 기능이 극히 제한적인 사람들이 사용할 수 있는 비구어적 수단들로 구어 의사소통을 대체할 수 있다.

도파민(dopamine). 억제성 신경전달물질로, 특히 기저핵의 흑질에 있는 신경세포에 의해 생성된다. 도파민의 감소는 파킨슨병에서 나타나는 몇 가지 증상의 원인이 된다고 생각된다.

도플러 초음파촬영술(doppler ultrasonography). 초음파(ultrasound)라고도 불리며, 혈류의 속도를 측정하여 동맥의 건강을 평가하는 데 유용하다.

동맥류(aneurysm). 동맥의 약하고 얇아진 부분이 풍선처럼 부풀어 올라 종국에는 파열한다.

동어반복증(palilalia). 자기 자신의 발화를 반복하는 것.

두개내 종양〔ntracranial neoplasms(tumors)〕. 두개 구조 내에 병리적인 신생물.

두개내 혈종(intracranial hematoma). 두개골 내 혹은 뇌에 출혈로 인한 피가 축적되는 것.

두개대뇌외상(craniocerebral trauma). 외상성 뇌손상(TBI)이라고도 알려져 있다.

둘러말하기(circumlocution). 직접적으로 표현하는 대신에 '빙빙 돌려서' 얘기하는 방식.

등쪽의(dorsal). 등쪽 부분을 가리킨다. 특히 구체적으로 뇌(또는 다른 구조들)의 상층부와 후측부 사이의 부분을 가리킨다.

레보도파(levodopa). 파킨슨병 환자의 치료에 가장 많이 처방되는 신경전달물질로 운동장애에 효과가 있다.

레크리에이션(오락) 치료사(recreation therapists). 재활 환경에서 환자들의 일상 활동을 관리하는 전문가.

롤란도 열(중심구)〔fissure of Rolando(central sulcus)〕. 뇌의 한쪽으로부터 다른 한쪽으로, 앞뒤의 아래 방향으로 세로로 내려오는 중심이 되는 열(틈새).

루이소체 치매(Lewy body dementia). 루이소체에 의해 생긴 치매의 한 형태로 시각 및 청각적 환상, 편집증적 사고 그리고 경증의 파킨슨병적 특징들을 나타낸다.

루이소체(Lewy bodies). 신경원 내 봉입 소체들로 기저핵, 뇌간, 척수 그리고 파킨슨병 환자들과 루이소체 치매로 진단된 사람들의 교감신경절에서 발견된다.

마비말장애(dysarthria). 신경적인 구어장애로 호흡, 발성, 조음, 공명 및 운율적 특징들에 영향을 주는 근육의 약증에 의해 발생한다.

말단부(distal). 지칭하는 구조로부터 멀리 떨어진 구조들.

말더듬(stuttering). 유창성 장애로 비유창한 것들이 과도하게 많거나 간격이 길다.

말초신경계(peripheral nervous system). 뇌와 척수를 제외한 모든 신경계를 포함한다.

머리(앞) 쪽의(rostral **또는** anterior). 뇌에서는 머리의 앞쪽에 있는 부분.

명칭 실어증(anomia). 사물이나 사람의 이름을 대는 데 어려움을 나타내는 장애로 의사소통 중에 명사를 인출해 내지 못한다. 실어증의 거의 모든 유형에서 나타난다.

명칭성 실어증(anomic aphasia). 언어능력은 비교적 손상이 없는데 특징적으로 이름대기에 심각하고 지속적인 문제를 가지는 실어증적 증후군. (역자 주: 'anomia'를 이름대기 장애를 나타내는 증상으로 '명칭실증', 'anomic aphasia'를 그러한 증상이 주를 이루는 실어증으로 '명칭성 실어증'이라고 구분하는 학자도 있다.).

무도(chorea). 헌팅턴병의 주된 신경학적 증상으로 사지와 목, 머리 그리고 안면근육들의 불규칙적인, 경련성의, 불수의적 움직임.

무산소성 치매(postanoxic dementia). 만성적인 산소결핍에 의한 치매.

무시(neglect). 자극들에 대해 민감성이 줄어드는 것으로, 공간에 대한 인식이 감소하거나, 특정 시야에서 이전에는 반응하던 자극들에 대해 아무런 반응을 보이지 않는다.

무작위적 착어증 〔random(unrelated) paraphasia〕. 의미적으로나 음소적으로 목표단어와는 다른 단어들을 대치하는 것으로 실어증 환자들에게서 나타난다.

물리치료사(physical therapists). 환자의 신체상태를 증진시키는 데 관여하는 전문가로, 다양한 신체 운동 및 체력, 인내, 운동범위, 일반적 기동성과 균형을 향상시키기 위한 프로그램들을 실행한다.

미래기억(prospective memory). 특정 시간에 해야 할 특정한 일을 기억하는 것.

미만성 축삭 손상(diffuse axonal injury). 대뇌 축삭들이 꼬이고 찢어지는 손상으로, 머리의 각운동을 통해 발생한다.

미만성 혈관손상(diffuse vascular injury). 뇌혈관에 작고 넓게 퍼진 파열들.

반충(contrecoup). 초기 충격의 반대쪽 지점의 뇌에 가해지는 손상으로 두개골 내부의 가격으로 뇌가 움직이면서 발생한다.

반향증(echolalia). 들은 것을 반복하며, 앵무새처럼 흉내 내는 반응.

배변실금(incontinence). 배변 기능 조절의 결함.

배쪽의(ventral). 뇌의 낮은 아래쪽 부분.

베르니케 실어증(Wernicke's aphasia). 청각적 이해력이 떨어져 문법적으로 정확한 구어 표현이 유창할지라도 착어증적인, 공허한 구어가 특징인 실어증의 한 유형.

베르니케 영역(Wernicke's area). 좌측(또는 우세) 반구의 상측두회의 뒤쪽 2/3에 해당하는 지역으로 구어의 이해 및 형성에 관여한다.

변별 자극(discriminative stimuli). 목표 기술들을 불러일으킬 수 있도록 하는 특별한 자극들(예: 각 쪽의 왼쪽 여백에 색칠한 경계선은 환자의 주의를 왼쪽으로 이끌게 한다.).

보완대체 의사소통(augmentative communication). 제한적인 구어적 의사소통 능력을 가진 사람들의 의사소통을 향상시키고, 확대하거나, 확장시키는 비구어적인 의사소통 방법들.

부종(edema). 조직의 부풀어 오름.

분리증후군(disconnection syndromes). 2개의 대뇌반구들을 연결시켜 주는 뇌량의 손상으로 움직임, 읽기, 이름대기에 장애가 생긴다.

브로카 실어증(Broca's aphasia). 비유창성 실어증으로, 언어 산출이 힘겹고 비문법적이지만 일반적으로 의미가 통하며 청각적인 이해력도 비교적 괜찮다. 마비말장애(dysarthria)와 관련이 있을 수도 있다.

브로카 영역(Broca's area). 외측렬(lateral fissure)과 중심렬(central fissure)이 만나는 지점의 하전두회 전두엽의 좌측 아래 뒤쪽 부분으로 구어 산출에 관여한다.

비가속 손상(nonacceleration injuries). 움직이는 물체가 정지된 머리를 쳐서 발생되는 뇌손상.

비관통성 손상(nonpenetrating injury). 폐쇄형 뇌손상으로 두개골은 파열될 수 있지만 뇌막은 손상되지 않은 채로 남아 있다.

비디오투시조영검사(videofluoroscopy). 삼킴장애를 분석하기 위해 삼킴과 관련된 생리학적인 움직임을 검사하는 방사선학적 방법이다. 특히 환자의 흡인 여부와 왜 흡인이 일어나는지에 대한 이유를 밝히는 데 유용하다. 바륨검사(modified barium swallow study)라고도 한다.

비문법적 구어(agrammatic speech). 비유창성 실어증의 특징으로 문법적 요소들이 맞지 않는 구어.

빈스방거병(Binswanger's disease). 피질하 동맥경화성 뇌병증(subcortical arterio-sclerotic encephalopathy)으로도 불린다. 피질하 혈관성 치매를 발생시키는 피질하 백질의 위축인 백질변성(leukoareosis)과 연관된다.

산소결핍증(anoxia). 산소의 결핍이나 부족.

산소포화도측정기(pulse oximeter). 작고, 집게처럼 생긴 도구로 환자의 발가락, 손가락, 귓불에 부착하여 혈액 중 산소 수준을 측정한다.

상모실인증(prosopagnosia). 익숙한 얼굴들을 알아보지 못하는 것. 우반구 증후군에서 나타난다.

상측의(superior). 뇌(혹은 다른 구조)의 위쪽 부분.

색전(embolus). 돌아다니는 덩어리로 생성된 곳에서 멀리 떨어진 지점에서 혈관을 막을 수 있다.

색전증(embolism). 동맥질환으로 동맥 찌꺼기들의 작은 파편들이 돌아다니다가 작은 동맥의 가지를 막으면서 발생한다.

서동(bradykinesia). 운동장애로, 움직임을 시작하는 것이 어려우며 일반적으로 움직임도 느리다.

선형가속(linear acceleration). 머리의 정중선을 치는 힘으로 인해 두부가 직선으로 움직이는 것.

섬망(delirium). 인지 결함과 관련된 의식의 손상.

성상세포(astrocytes). 중추신경계의 다양한 신경아교세포(glial cells)로 신경원(neuron) 사이의 공간을 차지하는 다양한 가지들이 달려 있다.

성상세포종(astrocytomas). 성상세포에서 발생한 악성 종양.

션트(shunt). 동맥과 같은 신체기관에 삽입되는 튜브로, 과도한 액체를 빼내거나 구조들을 개방해 놓기 위해 사용한다.

소뇌(cerebellum). 후뇌의 주된 부분을 차지하며 운동성 움직임을 조절한다.

소동맥(세동맥, arterioles). 큰 동맥들의 작은 가지들.

속화(cluttering). 유창성 장애로 과도하게 빠른 속도로 말하여 비유창성의 수가 증가되는 것이 특징이다.

수막종(meningiomas). 뇌막 내에 자라는 종양들.

수상돌기(dendrites). 세포체에서 퍼져 나오는 짧고, 수초화되지 않은 신경섬유.

수초(myelin). 신경섬유를 둘러싸 보호하는 지방성 물질로 흰색을 띤다.

수평면(horizontal plane). 뇌(또는 다른 해부학적 구조)를 두 부분으로 나누는 것.

순수한 실서증(pure agraphia). 독립적인 쓰기장애로, 다른 모든 언어 기능 및 청각적 이해력은 정상이거나 거의 그렇다.

순행성 기억상실증(anterograde amnesia). 외상성 뇌손상 이후에 이어진 사건들을 기억하는 데 장애가 있는 것으로, 외상후 기억상실증(postraumatic amnesia)과 같다.

슈반 세포(Schwann cells). 말초신경의 수초.

시각적 실인증(visual agnosia). 정상적으로 보이는 물건의 의미가 이해되지 않는 희귀 장애이다.

시간차 회생훈련(간헐적 인출, spaced retrieval). 치매 환자들이 하나의 정보를 회상하는 데 있어 점점 더 긴 간격을 두고 실수 없이 회상하도록 훈련하는 방법으로, 본질적으로는 행동형성법이다.

시냅스 틈새(연접간격, synaptic cleft). 물리적 그러나 화학적이지 않은 신경접합부 사이의 틈.

시냅스(synapse). 2개의 뉴런들이 접촉하는 지점으로 신경접합부.

시범(modeling). 환자의 모방을 독려하기 위해 임상가가 보여 주는 정반응.

시상(thalamus). 간뇌 구조 중에 가장 큰 것으로, 감각 경험들을 통합하고 이들을 대뇌 피질 영역들과 연결한다.

시상면(sagittal plane). 뇌를 세로(종단)로 자르는 것으로 좌·우 부분이 동일하지 않다.

시상밑핵절제술(subthalamic nucleotomy). 시상밑핵의 절제로, 파킨슨병 환자의 외과적 처치법 중 하나이다.

시상절제술(thalamotomy). 시상의 배측 중간핵을 제거하는 수술로, 파킨슨병 환자들의 진전 빈도 및 강도를 줄인다.

신경(nerves). 축삭, 수상돌기 또는 둘 모두를 포함하는 다발로 특정 기능들을 담당한다.

신경교세포(microglia). 중추신경계의 신경아교세포의 하나로, 길고 분지된 세포질 돌기들(가느다랗게 뻗친)이 있다.

신경교증(gliosis). 다양한 형태의 전두측두엽 치매 환자들의 뇌 영역 중 위축이 있는 부분에서 성상세포(신경아교세포 중 하나)가 과도하게 축적된 것.

신경생리학(neurophysiology). 신경학의 한 가지로 신경계의 기능을 연구하는 학문.

신경섬유 덩어리(neurofibrillary tangles). 꼬이고 엉킨 신경섬유들로 알츠하이머 환자들의 뇌에서 발견된다.

신경성 말더듬(neurogenic stuttering). 뇌질환이나 외상 환자들에게 발견되는 유창성 장애. 실어증과 관련이 있을 수도, 없을 수도 있다.

신경아교(글리아)세포(glial cells). 비신경원 세포들로, 아교(glue) 또는 신경교(neuroglia)에서 유래하여 아교(glia)라고도 알려졌다. 신경세포들의 구조적 토대를 제공한다.

신경염성반(노인반)〔neuritic(senile) plaques〕. 피질 및 피질하 조직 퇴행의 미세 영역들로 알츠하이머병 환자들에게서 발견된다.

신경원섬유(neurofibrils). 세포체, 수상돌기, 축삭의 가는 섬유와 같은 구조들.

신경전달물질(neurotransmitters). 축삭의 종말단추 내의 화학 복합물로 시냅스 연접을 건너 정보 전달을 돕는다.

신경조직학(neurohistology). 신경세포들, 조직, 기관들의 기본적인 구조들을 그 기능과 관련하여 연구하는 학문.

신경진단학적 방법들(neurodiagnostic methods). 신경병리 및 그 다양한 결과들을 진단하는 대부분 의학적 방법들.

신경학(neurology). 신경학적 질병과 장애 및 그들의 진단과 치료에 대한 의학적 연구.

신경해부학(neuroanatomy). 신경계 구조들의 연구.

신뢰도(reliability). 반복측정의 일관성.

실독증(alexia). 신경학적 손상으로 인한 읽기장애로 기존에 학습한 읽기 능력들이 손실됨을 의미한다. 난독증(dyslexia)과는 대조된다.

실서증(agraphia). (최근의) 뇌손상과 관련하여 발생한 쓰기장애.

실서증을 동반하는 실독증(alexia with agraphia). 신경학적 손상으로 발생한 읽기 및 쓰기의 장애.

실서증을 동반하지 않는 실독증(alexia without agraphia). 뇌손상으로 인해 발생한 읽기장애로 쓰기 기능은 손상되지 않고 남아 있다.

실성증(aphonia). 음성이 나오지 않는 음성장애.

실어증(aphasia). 뇌의 외상이나 병리로 인한 언어장애.

실인증(agnosia). 감각적 손상은 없는데 특정 자극들의 의미를 파악하는 것이 어려움.

실행증(apraxia). 운동장애로 감각이나 신경근육에 문제가 없는데 연속적 및 수의적인 움직임을 실행하는 데 어려움을 나타낸다.

실행증적 실서증(apraxic agraphia). 실행증과 관련한 쓰기장애.

아급성기(subacute stage). 급성기 이후의 단계로 환자는 안정화되고 다양한 재활을 할 준비가 된 상태이다. 기능적 회복이 촉진되는 시기이다.

아미노산(amino acids). 감마아미노부티르산(GABA), 글루타메이트(Glu), 글리신(Gly)을 포함하는 신경전달물질들.

아민(amines). 아세틸콜린(Ach), 도파민, 에피네프린, 히스타민, 노르에피네프린 그리고 세로토닌을 포함하는 신경전달물질.

아세틸콜린(acetylcholine, Ach). 인지 기능, 정신질환 및 행동 증상들을 개선시키는 신경전달물질. 치매의 의학적 치료로 제공된다.

앞쪽〔anterior, 또는 **문측**(rostral)〕. 해부학적인 용어로 볼 때 지시하는 구조의 앞쪽 부분을 지칭하는 것으로, 뇌의 경우로 보면 전두엽 부분이다.

양전자방출단층촬영(positron emission tomography, PET). 대뇌의 대사 속도들을 측정함으로써 다양한 활동과 관련된 뇌구조의 활성화를 연구하는 도구.

어간대(logoclonia). 단어의 마지막 음절을 반복하는 것.

언어적 청각 실인증 또는 순수단어 농(auditory verbal agnosia or pure word deafness). 환자가 말을 들을 수 있지만 그 의미를 이해하지 못하는 장애이다.

에이즈 복합성 치매(AIDS dementia complex). 인간 면역결핍 바이러스(HIV)의 감염에 의해 야기된 진행성 치매의 한 형태로 'HIV 뇌병증'이라고도 부른다.

역행성 기억상실(retrograde amnesia). 외상성 뇌손상 이전의 일들을 기억하는 데 장애가 있는 것으로, 외상전 기억상실(pretraumatic memory loss)이라고도 한다.

연결피질 감각성 실어증(transcortical sensory aphasia). 유창하고, 조음 상태도 좋으나 청각적 이해력이 부족한 상태에서 착어증과 다소 반향어적인, 공허한 구어가 특징인 실어증의 한 형태.

연결피질 운동성 실어증(transcortical motor aphasia). 따라하기 능력은 있지만, 구어가 비문법적이고, 수고스럽고, 전보식인 특징을 나타내는 비유창성 실어증의 형태.

연막(pia mater). 가늘고, 섬세하며, 투명한 막으로 뇌의 표면에 부착되어 있다. 뇌를 덮는 막들의 일부이다.

연수(medulla). 숨골(medulla oblongata) 또는 수뇌(myelencephalon)라고도 한다. 척수의 위로 확장된 부분.

연하장애(dysphagia). 삼킴장애.

연합섬유(association fibers). 반구 내에서 영역들을 연결하는 짧거나 긴 섬유들.

연합주의자(associationist). 단어 및 구의 개념들이 사물 및 사건과 서로 연합되어 있고 실어증 환자에게는 이러한 연합이 끊겨 있다는 실어증에 대한 견해 중 하나.

열(fissures). 뇌의 고랑.

열공(lacuna). 해부학적 구조에서 빈 공간, 강 또는 틈.

열공상태(lacunar states). 다양한 혈관성 치매와 관련되어 뇌에 생긴 빈 공간들.

(완벽한)이중언어자 〔equilingual(balanced)〕. 2개의 언어를 그 수준과 관계없이, 동일한 수준으로 말하는 사람.

외경동맥(external carotid artery). 총경동맥의 한 가지. 얼굴 및 목, 비강 및 구강, 머리, 두개골, 경막의 측면에 혈액을 공급한다.

외상성 뇌손상(traumatic brain injury, TBI). 신체적 외상이나 외부의 힘에 의해(질병이나 뇌졸중이 아닌) 생긴 뇌의 손상.

외상전 기억상실(pretraumatic memory loss). 외상성 뇌손상 이전의 사건들을 기억하지 못하는 것으로 역행성 기억상실(retrograde amnesia)이라고도 한다.

외상후 기억상실(posttraumatic memory loss). 외상성 뇌손상 이후의 사건들을 기억하는데 장애가 있는 것으로 순행성 기억상실증(anterograde amnesia)이라고도 한다.

요독성 뇌병증(uremic encephalopathy). 만성 신장장애로 인해 유발된 치매의 한 형태.

요추천자(**척수천자**, lumbar puncture). 중추신경계의 감염이나 출혈을 진단하는 방법으로 뇌척수액의 표본을 분석한다.

우세 이중언어자(dominant bilingual). 2개의 언어를 말하지만 그 중 한 언어가 다른 언어에 비해 훨씬 더 유창한 경우.

운동성 실서증(motor agraphia). 운동신경 문제로 인한 쓰기장애.

운동성 실어증(**구음불능증**, aphemia). 뇌손상과 관련한 언어장애들을 설명하는 브로카

(Broca)의 용어로 지금은 브로카 실어증(Broca's aphasia)으로 불린다.

운동신경(motor nerves). 근육의 수축(운동) 또는 선의 분비(glandular secretions)를 담당하는 신경원들.

원심성신경(efferent nerves). 운동신경(motor nerves)이라고도 한다. 중추신경계로부터 밖으로 자극을 전달하는 신경들.

윌리스환(circle of Willis). 2개의 경동맥과 2개의 척추 동맥들이 문합되어 형성되며 다양한 대뇌동맥가지에 총(잉여의)혈액공급.

음소적 단서(phonetic cues). 환자에게 주는 목표 단어들의 첫 글자, 또는 소리의 산출(예: 'ball'이란 단어의 산출을 돕기 위해 '글자는 /b/로 시작해요.'라고 단서를 준다.).

응고(coagulation). 혈액의 응고.

의미적 단서(semantic cues). 임상가가 이름대기를 하는 중에 목표 단어에 대한 촉진 자극으로 제시하는 단어(예: 환자는 "'남편'의 반대말이 뭐죠?"라고 물어 '아내'라는 단어를 유도한다).

의미적 착어증(semantic paraphasia). 의미가 비슷한 단어들을 대치. 실어증과 관련한 언어 결함.

이중기억착오(reduplicative paramnesia). 똑같은 사람들이나, 장소, 신체의 일부가 여러 개 존재한다는 믿음으로, 우반구 증후군 환자들에게서 드물게 발견된다.

이중언어자(ambilingual **또는** perfect bilingual). 2개 국어를 동일하게 원어민과 같이 유창하게 말하는 사람.

이중언어장애(semilingual). 2개의 언어를 하지만, 둘 모두 원어민 수준이 되지 못하고 표현력이 떨어진다.

이차성 두개내 종양(secondary intracranial tumors). '전이성 두개내 종양'으로도 알려져 있다.

인간 면역결핍 바이러스 뇌병증(human immunodeficiency virus encephalopathy). 'AIDS 복합 치매'라고도 한다.

인지(cognition). 지식, 기억, 그리고 두뇌의 정보처리 방법이라고 가정되는 것들을 포함하는 지적 기능들의 복합.

일과성 뇌허혈 발작(transient ischemic attack, TIA). '미니뇌졸중'으로 증상이 잠시 지속되는데(대체로 30분이나 그 이하) 지속되는 증상은 없다. 좀 더 심각한 뇌졸중의 사전 경고가 될 수도 있다.

일차 손상지점(병소)[primary focal lesions(injury)]. 뇌손상 지점.

일차성 두개내 종양들(primary intracranial tumors). 뇌에서 생겨난 종양들.

일차운동피질(primary motor cortex). 대개 전두엽의 전중심회(precentral gyrus)에 자리하며 신체 반대쪽(대측성) 골격근들의 수의적 움직임들을 조절한다.

일차청각피질(primary auditory cortex). 상측두회와 외측열의 경계에 있는 구조로 청각에 관여한다.

자기공명영상(magnetic resonance imaging, MRI). 뇌구조의 영상을 생성해 내는 방법으로 뇌의 전기 활동을 바꾸는 강력한 자기장의 도움으로 이뤄진다.

자기공명혈관조영술(magnetic resonance angiography, MRA). 대뇌구조의 혈액 공급 속도와 비를 측정하는 방법.

자동구어(automated speech). 요일이나 알파벳, 계절 등을 암송하는 것처럼 판에 박히고 계속된 학습으로 이뤄지는 구어 산출.

자율신경계(automatic nervous system). 신체 내부 환경을 조절하는 체계로 긴장하면 활성화된다.

작업치료사(occupational therapists). 자기관리(요리, 목욕, 옷 입기, 운전), 안전 및 그와 같은 기능적인 일들을 포함하는 일상생활 활동에 관여하는 전문가들.

저속손상(low-velocity injuries). 화살이나 못총과 같은 투사체들에 의해 발생한 뇌손상.

저혈압(hypotension). 혈압의 감소.

전대뇌동맥(anterior cerebral artery). 기저핵과 뇌량을 포함하여 전두엽 및 두정엽의 주로 내측 부분에 혈액을 공급하는 동맥.

전도성 실어증(conduction aphasia). 이해력은 양호하지만 착어증적인 유창성을 보이고 반복하는 데 결함을 나타내는 것이 특징인 실어증의 한 유형.

전두엽 실독증(frontal alexia). 전두엽 피질에 손상을 입은 환자들이 겪는 읽기장애.

전두측두엽 치매(증후군)〔frontotemporal dementia(syndrome)〕. 전두엽의 우측 및 좌측 측두엽 또는 양쪽 모두의 퇴행과 관련된 치매 유형이다. 픽병도 이 증후군 중의 하나이다.

전반적(전체성) 실어증(global aphasia). 의사소통 기능에 전반적인 영향을 미치는 가장 중증 형태의 실어증.

전이성 두개강내 종양(metastatic intracranial tumors). 신체의 어느 부분에서 생겨나 뇌로 전이된 후 자라기 시작하는 종양들.

정맥(veins). 기관들로부터 산소가 떨어져 나간 혈액을 빼내고 다시 심장과 폐로 보내 혈액에 산소를 공급하도록 하는 체계.

정맥내 혈전용해치료(intravenous thrombolytic therapy). 뇌졸중 환자들의 약물치료의 한 형태로 혈전용해제(recombinant tissue plasminogen activator, t-PA)로 알려져 있다.

정신분열증(schizophrenia). 심각한 정신병적 장애로 사고, 정서, 행동들에 장애가 나타나며, 구어도 부적절하거나 혼돈될 수 있다.

정위적 수술(stereotactic surgery). 피질하 구조들을 자세히 지도화하여 피질하의 기형들을 치료하는 외과적 방법.

정중면(median plane). 뇌(또는 다른 해부학적 구조)를 오른쪽과 왼쪽으로 나누는 세로의(수직의) 선.

제안적 구어(propositional speech). 의도적이고 의미가 있는 구어.

종말가지(telodendria). 축삭에 달린 많은 작은 선들.

종말단추(terminal Buttons). 축삭의 마지막 지점들에 뚜껑을 씌우는 작은 구조들.

종양(tumors). 공간을 차지하는 병소로 부풀어 올라 주변 조직에 점차 압력을 가한다.

종양학자(oncologist). 암 전문가.

좌편무시(left neglect). 환자가 자신의 왼쪽에 있는 사물이나 사람에 대해 인식하지 못하는 상태로 종종 우반구 상해와 연관된다.

주고받기(turn taking). 대화에서 청자와 화자의 역할을 적절히 하는 것.

주제 유지(topic maintenance). 같은 주제로 사회적으로 적절하다고 생각되는 시간 동안 이야기하는 것으로 화용언어 기술이다.

죽상동맥경화증(atherosclerosis). 느린 속도로 진행되는 동맥질환으로 동맥이 지질 및 다른 미립자들에 의해 점차 단단해지고 좁아진다.

줄기세포(stem cells). 실질적으로 신체의 어느 부분으로든 분화될 수 있는 전구 세포.

중뇌(midbrain). 중뇌(mesencephalon)라고도 하며 교(pons) 위에 자리한다.

중대뇌동맥(middle cerebral artery). 내경동맥 중 가장 큰 가지로 대뇌피질의 전체 외측 표면과 전두엽의 주된 영역들에 혈액을 공급한다.

중추신경계(central nervous system). 뇌, 척수를 포함하며 둘 모두 뼈 속에 들어 있다.

중환자 단계(급성기)(acute stage). 손상(뇌손상 포함) 또는 뇌졸중과 같은 갑작스런 발병의 초기 및 가장 심각한 단계.

지남력 상실(disorientation). 시간, 공간, 타인 및 자아에 대한 혼돈으로 뇌손상의 증상.

지리적 지남력 상실(geographic disorientation). 자신의 지리적 위치에 대한 혼돈.

지역적 대뇌혈류(regional cerebral blood flow, rCBF). 뇌의 서로 다른 영역들의 혈류량을 검사하는 방법.

지주막(arachnoid). 얇고, 반투명한, 혈관이 없는, 섬세하고 거미줄처럼 생긴 막으로 위는 경막, 아래로는 연막이 있다. 뇌를 덮고 있는 뇌막의 일부이다.

지형적 지남력 상실(topographic disorientation). 공간에 대한 혼돈. 뇌손상 환자들에게서 발견된다.

진행성 핵상 마비(progressive supranuclear palsy, PSP). 파킨슨병에서 발견되는 것과 유사한 증상을 보이는 퇴행성 신경학적 질병으로, 기저핵 세포들의 위축과 관련 있다.

질병인식불능증(병시결손증, anosagnosia). 환자가 자신의 질병을 부인하는 것으로, 자신의 팔이 마비되었어도 그것을 믿지 않는다.

착어증(paraphasia). 목표음이나 단어를 잘못된 소리나 단어로 대치하는 것이 특징인 구어 오류.

척수(spinal cord). 척추 기둥 내에 있는 신경섬유들의 원통모양의 다발로, 연수의 꼬리에 이어진다.

척수신경(spinal nerves). 척수에서 기원하는 31쌍의 신경들.

척추동맥(vertebral arteries). 대동맥궁에서 나오는 2개의 쇄골하 동맥의 가지들.

청각 실인증(auditory agnosia). 말초적인 청력은 정상임에도 불구하고, 청각자극들의 의미를 알아차리거나 이해하지 못한다.

촉각실인증(tactile agnosia). 환자가 사물을 보지 못하거나 사물이 내는 소리를 듣지 못하면 만지면서도 그것이 무엇인지 알아내지 못하는 장애.

총체적 접근(holistic approach). 뇌의 기능들이 하나의 총체적인 단위로 통합되어 있으며, 한 영역의 병소는 전부는 아니더라도 대부분의 기능에 영향을 미치게 된다는 견해이다. 기능 국재주의자(localizationist)와 대조된다.

축삭(axon). 수상돌기보다 긴 신경섬유.

출혈성 뇌졸중(hemorrhagic stroke). 뇌혈관이 파열하여 대뇌의 출혈로 인한 뇌졸중.

충격손상(coup injury). 외상의 충격 지점에 두개골의 압박으로 인해 발생한 뇌손상.

충격외상〔impression (impact) trauma〕. 머리와 같은 신체 구조가 물체와 처음으로 부딪친 지점의 외상.

측대뇌열(구)〔lateral cerebral fissure(sulcus)〕. 뇌 바닥의 하전두엽에서 시작하여 측면 위로 올라가는 깊은 고랑으로 실비우스열(sylvian fissure)로도 알려졌다.

측평면(lateral plane). 내측평면에서 떨어져 놓여 있는 구조들.

치매(dementia). 후천적인 신경학적 증후군으로 지적 능력 및 일반 행동이 서서히 퇴행하는 것과 종종 관련된다.

컴퓨터 단층촬영(computed tomography). 신체구조를 부분별로 살펴볼 수 있는 비침습적인 방사선학적 방법으로, 일반적으로 CT 정밀검사로 알려졌다.

크로이츠펠트-야콥병(Creutzfeldt-Jakob disease). 신경학적 질병으로 대뇌피질의 많은 영역과, 기저핵, 시상, 뇌간, 척수 등에서 신경원이 미만성으로 다양하게 손상된다. 치매에 이를 수 있다.

타당성(validity). 측정하려고 의도한 기술을 반영하는 측정 방법.

텅빈 발화(empty speech). 일반적으로 유창하고 문법적으로도 맞는 구어이지만 착어증적인 표현의 광범위한 사용으로 의미가 없는 구어.

투사섬유(projection fibers). 감각 정보를 뇌에, 운동 정보를 근육 및 선(gland)으로 전달하는 섬유다발.

파킨슨병(parkinson's disease). 기저핵과 뇌간에 있는 신경세포의 퇴행과 관련되는 신경학적 질병으로, 도파민 생성세포들이 특히 영향을 받는다.

펩타이드(peptides). 콜레시스토키닌(CCK), 다이노르핀, 뉴로펩타이드 y, 소마토스타틴을 포함하는 신경전달물질.

편무시(hemineglect). 자신의 신체 반쪽을 무시하는 경향으로 우반구 증후군 환자들에게서 흔히 나타난다.

편요(편주, yaw). 움직이는 물체가 그 경로를 바꾸는 경향. 물체들은 두개골을 관통한 후 안쪽으로 들어가면서 그들의 경로를 바꾸는데 이것이 심각한 손상을 일으킨다.

피질하성 실어증(subcortical aphasias). 피질하 구조들의 손상과 관련된 실어증으로, 종종 기저핵과 시상이 관련된다.

피해망상(delusions of persecution). 가족이나 다른 사람들이 자신을 해치려고 한다는 잘못된 믿음을 고집함.

픽병(Pick's disease). 측두엽의 픽세포 및 픽소체들과 같은 신경병리학적 특징과 관련되는 신경퇴행성 질병으로, 현재는 전두측두엽 증후군의 일부이다.

픽세포(Pick cells). 특히 대뇌피질의 중간 아래쪽 층에서 발견되는 풍선처럼 팽창되거나 확장된 신경세포들로, 픽병을 포함하여 전두측두엽성 치매에서 발견되는 신경병리학적 특징이다.

픽소체(Pick bodies). 신경세포의 세포질, 특히 대뇌피질의 두 번째, 세 번째, 여섯 번째 층의 비피라미드 세포들 내에서 발견되는 고밀도의 세포간내 형성체로, 픽병을 포함하여 전두측두엽성 치매에서 발견되는 신경병리학적 특징이다.

항응고제(anticoagulation agents). 심장혈전으로 인한 뇌졸중 환자들의 혈액응고를 방지하기 위한 약물들.

항정신성 약물〔antipsychotic(neuroleptic) drugs〕. 정신질환 증상, 예로, 망상, 환상, 우울증 등을 조절하는 약물들.

항혈소판제(항혈전제제, antiplatelet agents). 혈소판의 형성을 차단하는 약물들로 혈액의 응고에 관여한다.

허혈(ischemia). 혈액 공급이 막히면서 산소결핍으로 이어진다.

허혈성 뇌졸중(ischemic strokes). 뇌혈관 사고로 뇌의 한 영역에 혈류 공급이 중단되거나 막히면서 뇌경색을 야기하는 산소결핍이 생기는 폐쇄성 혈관장애.

헌팅턴병(Huntington's disease). 신경퇴행성 질병으로 일차적으로 기저핵(특히 미상핵과 피각)에서 신경원이 소실되는 것과 관련이 있다.

혈관성 치매(vascular dementia). 대뇌혈관계에 영향을 미치는 다양한 질병들로 인해 생긴 치매의 한 형태.

혈소판(platelets). 혈액 내의 작은 디스크 모양 구조로 주로 응고에 관여한다.

혈전(thrombus). 혈액이 응고된 덩어리로 혈액의 공급을 제한한다.

혈전증(thrombosis). 혈전의 형성을 포함하는 혈관성 질환.

호흡기(ventilator 또는 respirator). 외부 보조 없이 스스로 숨을 쉴 수 없는 환자들의 호흡을 도와주는 도구.

혼돈된 언어(language of confusion). 외상성 뇌손상, 약물중독, 신진대사 및 화확적 불균형, 뇌질환 등으로 인해 작화를 하거나 혼돈된 언어를 나타내는 상태로 실어증과 구분된다.

혼미(stupor). 환자가 일반적으로 반응이 없는 상태이지만 고통이나 다른 강한 자극들에 잠시 깨어날 수도 있다.

혼수상태(coma). 환자가 외부 자극에 거의 혹은 전혀 의식하지 못하고 반응하지 않는 상태.

혼합형 연결피질 실어증(mixed transcortical aphasia). 연결피질 운동 실어증과 연결피질 감각 실어증(유창한 형태의 실어증)의 증상들이 혼합되어 나타나는 유형으로 반복 능력은 보유하고 있으나 언어장애가 있다.

확산강조 자기공명영상(diffuse-weighted MRI). 뇌조직의 수분 양성자들의 미세한 움직임을 추적하여 조직의 그림을 구성하는 자기공명영상 방법.

환경 조절(environmental modifications). 치매 및 다른 장애를 지닌 환자들이 의사소통 및 사회적 상호작용을 포함하는 일상생활의 기능을 유지할 수 있도록 생활환경의 구조를 변경하는 것.

환자 개별형 평가(client-specific measures). 기능의 평가나 목표 행동들을 구체적으로 환자 개인에 맞추는 방법들.

회(gyri). 뇌에서 상승되어 볼록한 표면 부분.

회상적 기억(retrospective memory). 과거의 사건들을 기억하기.

후대뇌동맥(posterior cerebral arteries). 측두엽의 아래쪽 및 측면 그리고 후두엽의 가운데 및 측면 부분에 혈액을 공급하는 동맥들.

후면(뒤쪽의, posterior). 뇌의 또는 다른 구조들의 뒤쪽 면.

희돌기아교세포(oligodendrocytes). 일종의 신경아교세포로 중추신경계의 회백질과 백질 모두에서 발견된다.

희돌기아교세포종(핍지교종, oligodendrogliomas). 희돌기아교세포에서 발견되는 종양들로 특히 성인의 전두엽에서 발견된다.

21번 삼염색체(trisomy 21). 21번 염색체가 3개 복제되는 유전적 상태로 '다운증후군'이라 불리는 지적 장애를 야기한다.

A라인(arterial lines). 환자의 혈압을 계속적으로 점검하기 위해 동맥에 삽입하는 튜브.

MRI 분광기(MRI spectroscopy). 뇌구조의 영상을 보기 위해 스캐닝하는 방법으로, 조직의 생화학적 구성을 탐지한다.

venues 정맥의 미세한 가지들.

영한 용어 대조

acceleration/deceleration injuries	가/감속 손상
acetylcholine(Ach)	아세틸콜린
acute stage	중환자 단계(급성기)
afferent nerves	구심성 신경
sensory nerves	감각성 신경
amines	아민
agnosia	실인증
agrammatic speech	비문법적 구어
agraphia	실서증
AIDS dementia complex	에이즈 복합성 치매
alexia	실독증
alexia with agraphia	실서증을 동반하는 실독증
alexia without agraphia	실서증을 동반하지 않는 실독증
alternative communication	대체의사소통
ambilingual(또는 perfect bilingual)	이중언어자
amino acids	아미노산
amnesia	기억상실증
aneurysm	동맥류
angular acceleration	각가속
angular gyrus	각회(각이랑)
supramarginal gyrus	연상회
anomia	명칭 실어증
anomic aphasia	명칭성 실어증
anosagnosia	질병인식불능증(병시결손증)
anoxia	산소결핍증
anterior cerebral artery	전대뇌동맥

anterior	앞쪽
rostral	문측
anterograde amnesia	순행성 기억상실증
anticoagulation agents	항응고제
antiplatelet agents	항혈소판제(항혈전제제)
antipsychotic(neuroleptic) drugs	항정신성 약물
aorta	대동맥
aphasia	실어증
aphemia	운동성 실어증(구음불능증)
aphonia	실성증
apraxia	실행증
apraxia of speech	구어 실행증
apraxic agraphia	실행증적 실서증
arachnoid	지주막
arterial lines	A라인
arterioles	소동맥(세동맥)
association fibers	연합섬유
associationist	연합주의자
astrocytes	성상세포
astrocytomas	성상세포종
atherosclerosis	죽상동맥경화증
auditory agnosia	청각 실인증
auditory verbal agnosia or pure word deafness	언어적 청각 실인증 또는 순수단어 농
augmentative communication	보완대체 의사소통
automated speech	자동구어
automatic nervous system	자율신경계
axon	축삭
bacterial meningitis	뇌수막염
basal ganglia	기저핵
basilar artery	뇌기저동맥
Binswanger's disease	빈스방거병
blood-brain barrier	뇌혈관장벽
bradykinesia	서동
brainstem	뇌간
Broca's aphasia	브로카 실어증
Broca's area	브로카 영역
buccofacial apraxia	구강안면 실행증

carotid endarterectomy	경동맥 내막절제술
carotid phonoangiography	경동맥 내부음혈관조영검사
caudal	꼬리(미측)
central nervous system	중추신경계
cerebellum	소뇌
cerebral angiography	대뇌혈관조영술
cerebral toxemia	대뇌독혈증
cerebral vasospasm	대뇌 혈관경련
cerebral ventricles	뇌실
cerebrospinal fluid(CSF)	뇌척수액
cerebrovascular accidents(CVAs)	뇌혈관 사고
cerebrum	대뇌
chorea	무도
circle of Willis	윌리스환
circumlocution	둘러말하기
client-specific measures	환자 개별형 평가
cluttering	속화
coagulation	응고
cognition	인지
coma	혼수상태
commissural fibers	교련섬유
commissurotomy	뇌량절제
computed tomography	컴퓨터 단층촬영
conduction aphasia	전도성 실어증
confrontation naming	대면 명명하기
constructional impairment	구성장애
contrecoup	반충
coronal plane	관상면
corpus callosum	뇌량
coup injury	충격손상
cranial nerves	뇌신경
craniocerebral trauma	두 개대뇌외상
Creutzfeldt-Jakob disease	크로이츠펠트-야콥병
crossed aphasia	교차 실어증
cue	단서
delirium	섬망
delusions of persecution	피해망상

dementia	치매
dementia pugilistica(punch drunk)	권투선수 치매
dendrites	수상돌기
diencephalon	간뇌
diffuse axonal injury	미만성 축삭 손상
diffuse vascular injury	미만성 혈관손상
diffuse-weighted MRI	확산강조 자기공명영상
disconnection syndromes	분리증후군
discriminative stimuli	변별 자극
disorientation	지남력 상실
distal	말단부
dominant bilingual	우세 이중언어자
dopamine	도파민
doppler ultrasonography	도플러 초음파촬영술
dorsal	등쪽의
dura mater	경막
dysarthria	마비말장애
dyslexia	난독증
dysphagia	연하장애
echolalia	반향증
edema	부종
efferent nerves	원심성신경
electromyography	근전도검사
embolism	색전증
embolus	색전
empty speech	텅빈 발화
encephalopathy	뇌병증
environmental modifications	환경 조절
epidural(extradural) hematoma	경막외 혈종
epileptic focus	간질병소
equilingual(balanced)	(완벽한)이중언어자
external carotid artery	외경동맥
fissure of Rolando(central sulcus)	롤란도 열(중심구)
fissures	열
frontal alexia	전두엽 실독증
frontotemporal dementia(syndrome)	전두측두엽 치매(증후군)
functional assessment tools	기능 평가도구

functional magnetic resonance imaging(fMRI)	기능적 자기공명영상
gamma-amino butyric acidm(GABA)	감마아미노부트릭산
geographic disorientation	지리적 지남력 상실
glial cells	신경아교(글리아)세포
glioblastoma multiforme	다형성아교모세포종
gliosis	신경교증
global aphasia	전반적(전체성) 실어증
gyri	회
hemineglect	편무시
hemorrhagic stroke	출혈성 뇌졸중
high-frequency deep brain stimulation(DBS)	고주파 심부뇌자극
high-velocity injuries	고속 손상
holistic approach	총체적 접근
horizontal plane	수평면
human immunodeficiency virus encephalopathy	인간 면역결핍 바이러스 뇌병증
Huntington's disease	헌팅턴병
hydrocephalus	뇌수막염
hyperfluency	과유창성
hyperkinetic agraphia	과운동성 실서증
hypokinetic agraphia(micrographia)	과소운동성 실서증(소서증)
hypotension	저혈압
impression(impact) trauma	충격외상
incontinence	배변실금
internal carotid artery	내경동맥
intracerebral hematoma	대뇌혈종
intracranial hematoma	두개내 혈종
ntracranial neoplasms(tumors)	두개내 종양
intravenous thrombolytic therapy	정맥내 혈전용해치료
ischemia	허혈
ischemic penumbra	경계영역
ischemic strokes	허혈성 뇌졸중
lacuna	열공
lacunar states	열공상태
language of confusion	혼돈된 언어
lateral cerebral fissure(sulcus)	측대뇌열(구)
lateral plane	측평면
left neglect	좌편무시

levodopa	레보도파
Lewy bodies	루이소체
Lewy body dementia	루이소체 치매
linear acceleration	선형가속
localizationist	국재주의자
logoclonia	어간대
longitudinal cerebral fissure	대뇌종렬
low-velocity injuries	저속손상
lumbar puncture	요추천자(척수천자)
magnetic resonance angiography(MRA)	자기공명혈관조영술
magnetic resonance imaging(MRI)	자기공명영상
median plane	정중면
medulla	연수
meningiomas	수막종
metastatic intracranial tumors	전이성 두개강내 종양
microglia	신경교세포
midbrain	중뇌
middle cerebral artery	중대뇌동맥
mixed transcortical aphasia	혼합형 연결피질 실어증
modeling	시범
motor agraphia	운동성 실서증
motor nerves	운동신경
MRI spectroscopy	MRI 분광기
multi-infarct dementia(MID)	다발성 뇌경색 치매
multiple bilateral cortical infarcts	다발성 양측피질경색
myelin	수초
necrosis	괴사(괴저)
neglect	무시
nerves	신경
neuritic(senile) plaques	신경염성반(노인반)
neuroanatomy	신경해부학
neurodiagnostic methods	신경진단학적 방법들
neurofibrillary tangles	신경섬유 덩어리
neurofibrils	신경원섬유
neurogenic stuttering	신경성 말더듬
neurohistology	신경조직학
neurology	신경학

neurons	뉴런
neurophysiology	신경생리학
neurotransmitters	신경전달물질
nonacceleration injuries	비가속 손상
nonpenetrating injury	비관통성 손상
occupational therapists	작업치료사
oligodendrocytes	희돌기아교세포
oligodendrogliomas	희돌기아교세포종(핍지교종)
oncologist	종양학자
palilalia	동어반복증
pallidotomy	담창구제거술
paraphasia	착어증
parkinson's disease	파킨슨병
penetrating brain injuries	관통성 뇌손상
peptides	펩타이드
peripheral nervous system	말초신경계
phonetic cues	음소적 단서
phrenology	골상학
physical therapists	물리치료사
pia mater	연막
Pick bodies	픽소체
Pick cells	픽세포
Pick's disease	픽병
platelets	혈소판
pons	교
positron emission tomography(PET)	양전자방출단층촬영
postanoxic dementia	무산소성 치매
posterior	후면(뒤쪽)의
posterior cerebral arteries	후대뇌동맥
posttraumatic memory loss	외상후 기억상실
pretraumatic memory loss	외상전 기억상실
primary auditory cortex	일차청각피질
primary focal lesions(injury)	일차 손상지점(병소)
primary intracranial tumors	일차성 두개내 종양들
primary motor cortex	일차운동피질
profusion-weighted magnetic resonance imaging	관류강조자기공명영상
progressive supranuclear palsy(PSP)	진행성 핵상 마비

projection fibers	투사섬유
propositional speech	제안적 구어
prosopagnosia	상모실인증
prospective memory	미래기억
proximal	근거리의
pseudodementias	가성치매
pulse oximeter	산소포화도측정기
pure agraphia	순수한 실서증
random(unrelated) paraphasia	무작위적 착어증
(recreation therapists)	레크리에이션(오락) 치료사
reduplicative paramnesia	이중기억착오
regional cerebral blood flow(rCBF)	지역적 대뇌혈류
reliability	신뢰도
reversible ischemic neurological deficit(RIND)	가역성 허혈성 신경학적 결손
rostral(또는 anterior)	머리(앞) 쪽의
retrograde amnesia	역행성 기억상실
retrospective memory	회상적 기억
sagittal plane	시상면
schizophrenia	정신분열증
Schwann cells	슈반 세포
secondary intracranial tumors	이차성 두개내 종양
semantic cues	의미적 단서
semantic paraphasia	의미적 착어증
semilingual	이중언어장애
sensory aphasia	감각성 실어증
sensory nerves	감각신경
shunt	션트
sinuses	누(공동)
spaced retrieval	시간차 회생훈련(간헐적 인출)
spinal cord	척수
spinal nerves	척수신경
stem cells	줄기세포
stereotactic surgery	정위적 수술
stroke	뇌졸중
stupor	혼미
stuttering	말더듬
subacute stage	아급성기

subcortical aphasias	피질하성 실어증
subdural hematoma	경막하 혈종
subthalamic nucleotomy	시상밑핵절제술
sulci	구
superior	상측의
synapse	시냅스
synaptic cleft	시냅스 틈새(연접간격)
tactile agnosia	촉각실인증
telodendria	종말가지
terminal Buttons	종말단추
thalamotomy	시상절제술
thalamus	시상
thrombosis	혈전증
thrombus	혈전
topic maintenance	주제 유지
topographic disorientation	지형적 지남력 상실
transcortical motor aphasia	연결피질 운동성 실어증
transcortical sensory aphasia	연결피질 감각성 실어증
transient ischemic attack(TIA)	일과성 뇌허혈 발작
traumatic brain injury(TBI)	외상성 뇌손상
trisomy 21	21번 삼염색체
tumors	종양
turn taking	주고받기
unilingual	단일언어화자
uremic encephalopathy	요독성 뇌병증
vascular dementia	혈관성 치매
validity	타당성
veins	정맥
ventilator(또는 respirator)	호흡기
ventral	배쪽의
vertebral arteries	척추동맥
videofluoroscopy	비디오투시조영검사
visual agnosia	시각적 실인증
watershed areas of the brain	뇌의 분수계 영역
Wernicke's aphasia	베르니케 실어증
Wernicke's area	베르니케 영역
yaw	편요(편주)

찾아보기

<ㄱ>

가감속 손상 … 366
가성치매 … 467
가역적 허혈성 신경 결손 … 85
각회 실독증 … 193
각회 … 54
간뇌 … 37
간질의 진원지 … 70
감각 실어증 … 160, 161
감각성 실어증 … 8
감각신경 … 29
감각피질 … 53
강직 … 450
개방형 뇌손상 … 361
건망성 실어증 … 180
건망성 이름대기 문제 … 278
게슈탈트 … 10
경동맥 내막절제술 … 263
경동맥 혈관조영술 … 80
경두개 도플러 초음파촬영 … 81
경막 … 56
경막동 … 65
경막외강 … 56
경막하강 … 56
경색 … 86
경정맥 … 65
고립 실어증 … 148, 149
고립 증후군 … 143
고립된 수초 … 26
고속 손상 … 362
고주파 심부뇌자극 … 453
고집스런 모방 … 442
골상학 … 6
공명주파수 … 76
과거기억 … 392
과대 구어 착어증 … 277
과대운동형 실서증 … 200
과소운동형 실서증 … 200
관상면 … 20
관통성 뇌손상 … 361
관통성 손상 … 361
광우병 … 462
괴사 … 83
교 … 36
교감신경계 … 32
교련섬유 … 43, 313
교모세포종 … 91

교세포 … 24
교차 실어증 … 207
교호운동 … 218
구문 실어증 … 12, 134
구상속 … 42
구심성 신경 … 29
구어 건망증 … 5
구어 실어증 … 134
구어 실인증 … 160
구어 실행증 … 129, 139
구어 유창성 … 216
구어장애 … 376
구어착어증 … 436
국소 뇌졸중 … 85
국소대뇌혈류 … 79
국재주의자 … 8
궁형속 … 42
권투선수 치매 … 467
근위 … 20
글루타메이트 … 455
기능 기술 단서 … 285
기능적 신경외과학 … 453
기능적 자기공명영상 … 77
기능적 평가도구 … 228
기억상실 … 375
기억상실증 … 392
기억 수첩 … 494
기억장애 … 375
기저동맥 … 62
기저판 … 66
기저핵 … 39

<ㄴ>

난독증 … 122, 191
내경동맥 … 60
냉담 … 145
놀이치료사 … 265
뇌간 … 33
뇌동맥류 … 89
뇌량 … 43, 45
뇌량 이름대기 문제 … 279
뇌량절개술 … 44, 313
뇌병증 … 460
뇌신경 … 31
뇌실 … 54
뇌의 분수령 … 63
뇌졸중 … 84, 85, 97
뇌척수액 … 55
뇌출혈 … 85, 88
뇌파 … 72
뇌허혈 … 85
뉴런 … 21
뉴런 세포막 … 23

<ㄷ>

다극성 뉴런 … 23
다량강조영상 … 77
다발 … 41
다발성 경색 치매 … 464
다발성 양측성 피질 경색 … 464
다중 색전증 … 149
단극성 뉴런 … 23
단어농 … 160, 168
단어맹 … 168
단어 산출형 이름대기 문제 … 277
단어 선택 이름대기 문제 … 278
단어 유창성 과업 … 120
단어 재현문제 … 12

단절 증후군 … 44
단편화 … 277
담창구제거술 … 453
대뇌 … 45
대뇌 부종 … 149
대뇌반구 … 37
대뇌수도 … 55
대뇌종렬 … 46
대뇌피질 … 45
대뇌혈관 사고 … 97
대뇌혈관조영술 … 73
대동맥 … 60
대면 이름대기 … 120
대상회 … 325
대체 의사소통 … 304
도엽 … 48
도파민 작용제 … 453
도플러 초음파촬영 … 80
독성금속중독 … 426
독혈증 … 94
동 … 65
동맥라인 … 400
동맥염 … 94
두개내 신생물 … 90
두개뇌외상 … 358
두개절개술 … 70
두정-측두 실독증 … 194
디옥시리보핵산 … 23
디지털 감산 혈관조영술 … 74
따라 말하기 실어증 … 174

<ㄹ>

렌즈핵 … 39
롤란도 열 … 47
루이소체 … 449, 468
루이소체 치매 … 468

<ㅁ>

마비말장애 … 129, 141
말더듬 … 132
말운동 영역 … 50
말초신경계 … 30
맥락총 … 55
명사 기억상실 실어증 … 180
명사 실어증 … 180
명제적 구어 … 10
명칭 실어증 … 181, 378, 436
모델링 … 283
모세혈관 … 59
무도병 … 456
무산소성 치매 … 426
무산소증 … 426
무시 … 319
무운동성-강직형 … 457
무운동증 … 450
묶음 단서 … 285
문법 실어증 … 160
문자맹 … 194
문합 … 62
물리치료사 … 266
미래기억 … 392
미만성 축삭 손상 … 367, 369
미부 … 20
미세아교세포 … 24, 26

<ㅂ>

반구 내 … 42

반충 … 366
반향 … 145
반향어 … 151
발달성 난독증 … 191
방사관 … 41
배측뇌 … 20
백질변성 … 466
베르니케 실어증 … 8, 161, 269
베르니케 영역 … 51
베타판 파괴 펩타이드 … 487
변연엽 … 325
별아교세포종 … 25
병적 다변증 … 164
보속증 … 145, 277
보완 의사소통 … 304
보완대체 의사소통 … 304
보조운동 영역 … 49
보조운동 영역 실어증 … 144
보행 동결 … 450
복측뇌 … 20
부교감신경계 … 32
부분 단어 단서 … 284
부전실운율증 … 328
부종 … 83
분절 이름대기 문제 … 278
분할 뇌 … 44
브로카 실어증 … 134
브로카 영역 … 50, 135
비가속 손상 … 368
비관통성 손상 … 364
비디오투시조영검사 … 398
비전형적 증후군 … 187
빈스방거병 … 464, 466

<ㅅ>

산소포화도측정기 … 401
삼염색체 21 … 429
상뇌 … 20
상모실인증 … 321
상종속 … 42
상측뇌 … 20
상측두회 … 51
색전 … 87
색전증 … 87
생존 읽기 기술 … 299
서동 … 450
선언기억 … 392
선조체 … 39
선조피질 … 53
섬망 … 424
성상교세포 … 24, 25
성상교세포종 … 91
성상교세포 흉터 … 26
세동맥 … 59
세포체 … 22
션트 … 400
소거 … 320
소뇌 … 37
소뇌반구 … 37
소뇌이랑 … 37
소자증 … 452
속화 … 132
수두증 … 56
수막종 … 57, 92
수상돌기 … 23
수용성 실어증 … 160
수직축 … 20
수초 … 23

수초화 … 26
수축전위 … 73
수평면 … 20
수평축 … 20
순수 단어맹 … 192, 201
순수 실독증 … 123, 192
순수 실서증 … 198
순행성 기억상실증 … 393
숨뇌 … 33
슈반 세포 … 24, 26
시각 실어증 … 192
시각 실인증 … 201
시각 양식 이름대기 문제 … 279
시간뼈 … 50
시간차 회생 훈련 … 494
시상 … 37, 190
시상면 … 20
시상밀핵절제술 … 453
시상절제술 … 453
신경 … 29
신경근접합부 … 28
신경돌기 … 22
신경생리학 … 18
신경섬유 … 431
신경아교 … 24
신경아교세포 … 91
신경아교종 … 91
신경아교증 … 443
신경언어학 … 12
신경염성(노인성) 반 … 431
신경전달물질 … 27, 487
신경전도 연구 … 73
신경조직학 … 21
신경학 … 18
신경학적 말더듬 … 132
신경학적 진단 방법 … 69
신경해부학 … 18
신뢰도 … 214
신피질 … 45
실독증 … 6, 122, 191
실문법증 … 12
실문법 실어증 … 134
실비우스열 … 48
실비우스열 외부 실어증 … 143
실비우스열 외부(연결피질) 감각 실어증 … 168
실비우스열 인접 실어증 … 134
실비우스열 주변부 … 113
실산증 … 435
실서증 … 6, 54, 120, 197, 198
실서증을 동반하는 실독증 … 193
실서증을 동반하지 않는 실독증 … 191, 192
실성증 … 5
실어증 … 4, 18, 135
실어증적 실서증 … 122
실운율증 … 328
실인 실독증 … 192
실인증 … 187, 200, 435
실조형 마비말장애 … 37
실행 실서증 … 199
실행증 … 129, 154

<ㅇ>

아교모세포종 … 25
아교세포 … 24
아급성기 … 401
아미노산 … 28
아민 … 28
안면 실행증 … 179

알코올 중독 … 426
양극성 뉴런 … 23
양전자방출 단층촬영 … 78
언어 간 통제 … 284
엑스너 영역 … 198
역동적 실어증 … 143
역행성 기억상실증 … 393
연결피질 … 143
연결피질 감각 실어증 … 54, 168
연결피질 운동 실어증 … 143
연결피질 혼합 실어증 … 149
연막 … 56, 57
연수 … 33
연접 … 24
연접 틈새 … 24
연하장애 … 376
연합섬유 … 42
연합신경섬유 다발 … 143
연합주의자 … 8
열 … 45
열공 … 465
열공상태 … 464, 465
엽 … 37
외경동맥 … 60
외상 전 기억상실 … 393
외상 후 기억상실 … 393
외상성 뇌손상 … 358
외측도 … 20
외측렬 … 48
외측면 … 20
요독성 뇌병증 … 426
요추천자 … 81
운동구어장애 … 139, 380
운동 뉴런 … 29
운동 실서증 … 199
운동성 실어증 … 7
운동신경 … 29
운동장애 … 144
원심성 신경 … 23, 29
원심성 운동 실어증 … 134
원심성 전도 실어증 … 174
원위 … 20
원형질 … 22
위성세포 … 24
윌리스환 … 62
음성 … 116
음소 … 116
음소 단서 … 284
음소 변별 이름대기 문제 … 278
응답 지연 … 279
의미 실독증 … 194
의미 이름대기 문제 … 278
의미 착어증 … 116
의미성 실어증 … 443
의미성 치매 … 445
이름대기 문제 … 119, 181
이중기억착오 … 324
이차성(전이성) 두개내 종양 … 92
인공호흡장치 … 400
인지 … 10
인지 시스템 손상 … 107
인지적 처리과정의 손상 … 107
일과성 뇌허혈 발작 … 83
일차성 두개내 종양 … 91
임의적(무관계) 착어증 … 116
입체뇌수술 … 71

<ㅈ>

자기공명영상 … 75

자기공명혈관조영술 … 77
자성(발음) 착어증 … 437
자연 회복 … 258
자율신경계 … 32
작업치료사 … 265
저속 손상 … 362
저운동증 … 450
전교련 … 45
전교통동맥 … 62
전뇌 … 20
전대뇌동맥 … 60
전도성 실어증 … 54, 174
전두엽 실독증 … 195
전두측두엽 증후군 … 442
전두측두엽성 치매 … 442
전반 실어증 … 134
전언어피질 … 135
전운동 영역 … 49
전이 … 92
전전두엽 증후군 … 60
전전두영역 … 49
전전두 이름대기 문제 … 277
전체성 실어증 … 153
절차기억 … 392
정맥 … 64
정신분열증 … 128
정중면 … 20
정중시상면 … 20
제3뇌실 … 55
제4뇌실 … 55
조음 감소 이름대기 문제 … 278
조음 개시 이름대기 문제 … 277
종말 단추 … 23, 25
종양 … 91
종양전문의 … 93
좌측 반맹 … 319
좌편무시 … 53, 319
죽상경화판 … 86
죽상동맥경화증 … 86
줄기세포 … 454
중간뇌 … 36
중뇌 … 36
중대뇌동맥 … 60
중심구 … 47
중심전회 … 48
중심후회 … 53
중추신경계 … 29
중추신경계 연접 … 28
중추 실독증 … 194
중추 실어증 … 161, 174, 175
중추 운동 실어증 … 134
중측두회 … 51
중풍 … 5
중환자 단계 … 400
지주막 … 56
지형장애 … 324
진전 … 450
진전마비 … 448
진행성 핵상 마비 … 458
질병 인식 불능 … 321

<ㅊ>

착문법증 … 12
착어증 … 171
척수 … 33
척수신경 … 32
청각 구어 실인증 … 201
청각 실인증 … 200
청각적 명칭 실어증 … 160

청각정서실인증 … 328
초음파 … 80
초음파 촬영 … 80
촉각 실인증 … 201
총체적 접근법 … 8
추체로 … 49
추체외로 … 49
축삭 … 23
축삭끝가지 … 23
축삭소구 … 23
출혈성 뇌졸중 … 88
충격손상 … 366
측뇌실 … 54
측두덮개지역 … 312
측두엽 … 50
측두평면 … 312
치매 … 126, 423

<ㅋ>

카그라스 증후군 … 322
컴퓨터 단층촬영술 … 74
크로이츠펠트-야콥병 … 461

<ㅌ>

타당도 … 215
탈탄산효소 억제제 … 452
투사섬유 … 41
투석 치매 … 426

<ㅍ>

파국반응 … 137, 325
파킨슨병 … 448
펩티드 … 28
편요 … 362
편측무시 … 154
폐쇄형 뇌손상 … 361
포식세포 … 26
표현 실어증 … 134
프라이온 치매 … 462
프라이온 … 461
피질 … 45
피질 유발 전위검사 … 72
피질하 실어증 … 187
픽병 … 441
픽세포 … 441, 443
픽소체 … 441, 443

<ㅎ>

하전두회 … 50
하종속 … 42
하측뇌 … 20
하측두회 … 51
함묵 … 145
함묵증 … 378
항응고제 … 262
항정신성 약물 … 454
항혈소판제 … 262
해마 … 52
핵자기공명영상 … 75
행동 철회 … 145
허혈 … 86
허혈성 뇌졸중 … 86
허혈성 반음영 … 83
헌팅턴 무도병 … 455
헌팅턴병 … 455
헤쉴회 … 51

혈관성 치매 … 463
혈뇌장벽 … 25, 66
혈소판 … 262
혈전 … 86
혈전증 … 86
혼돈스런 언어 … 378
혼미 … 374
혼수상태 … 374
확산강조영상 … 77
환경 조절 … 500
환자 개별형 평가 … 215
회 … 45
후교통동맥 … 62
후뇌 … 20, 36
후대뇌동맥 … 62
후두엽 실독증 … 192
후반 실독증 … 192
후반 실어증 … 161
후방 고립 증후군 … 168
후언어피질 … 161
후천성 난독증 … 191
희돌기교종 … 91
희소돌기아교세포 … 24, 26

<기타>

1차 감각 영역 … 53
1차 시각 영역 … 52
1차 운동 영역 … 49
1차 청각 영역 … 51
2차 시각 영역 … 52
2차 청각 영역 … 51
AIDS 치매 복합증 … 460
CT 촬영 … 74
HIV 뇌병증 … 460
HIV-1 관련 치매 … 460
L-dopa(Levodopa) … 452
MRI 분광법 … 77
PiD의 고전적인 유형 … 443

◈ 역자 소개

김지채

대구대학교 언어치료학과 학사
대구대학교 대학원 석사·박사
대구대학교·대구사이버대학교·김천대학교 언어치료학과 강사
현, 대구가톨릭대학교병원 언어치료사

♣ 주요 저·역서 및 논문

성인용 음성치료 프로그램(2006, 시그마프레스)
문화-언어 변인에 따른 중국인과 한국인의 음성에 대한 비교 연구(2009, 일본영어음성학회)
대구실어증진단검사 개발 및 표준화 연구: 신뢰도와 타당도(2005, 한국음성학회)

김화수

이화여자대학교 사범대학 특수교육학과 학사
이화여자대학교 일반대학원 특수교육학과(언어장애전공) 석사
이화여자대학교 일반대학원 언어병리학과 박사
현, 대구대학교 언어치료학과 교수

♣ 주요 저·역서 및 논문

언어장애와 의사소통장애(2010, 시그마프레스)
언어발달: 이론에서 실제까지(2010, 학지사)
의사소통장애: 전생애적 조망(2007, 시그마프레스)

이은경

대구대학교 대학원 언어치료학과 석사·박사
대구대학교 재활과학대학원 언어치료학과 겸임교수
현, 동신대학교 언어치료학과 교수

♣ 주요 저·역서 및 논문

단일대상연구(2012, 센게이지러닝 코리아)
다문화가정 영유아의 언어발달 양상(2011, 특수교육재활과학연구)
다문화가정 청각장애아동의 조음음운 특성에 대한 사례연구(2010, 언어치료연구)

이은정

경희대학교 영어영문학과 학사·석사
대구대학교 언어치료학과 석사·박사
현, 대구대학교, 상지영서대학교 강사

♣ 주요 저·역서 및 논문

예비교사를 대상으로 한 음성 사용 및 위생법 교육(2012, 아시아교육연구)
직업적 음성사용자들의 음성치료에 대한 인식 실태조사(2011, 한국음성학회)
연하장애 평가 및 치료체계에 대한 실태조사(2008, 언어치료연구)

실어증과 신경언어장애

발 행 일	2012년 9월 5일 초판 1쇄 발행
저　　자	M. N. Hegde, Ph.D.
역　　자	김지채·김화수·이은경·이은정
발 행 인	구본하
발 행 처	도서출판 박학사
주　　소	서울시 마포구 서교동 460-26 동아빌딩 2층
전　　화	(02)3142-3764~5
팩　　스	(02)3142-3766
웹사이트	www.pakhaksa.co.kr
등록번호	제10-2230호

가격 25,000원 ISBN 978-89-91633-91-9